# MARIE-ANTOINETTE

CORRESPONDANCE SECRÈTE

ENTRE

MARIE-THÉRÈSE ET LE C<sup>TE</sup> DE MERCY-ARGENTEAU

TYPOGRAPHIE FIRMIN DIDOT. — MESNIL (EURE).

# MARIE-ANTOINETTE

## CORRESPONDANCE SECRÈTE

ENTRE

## MARIE-THÉRÈSE ET LE C<sup>te</sup> DE MERCY-ARGENTEAU

AVEC LES LETTRES DE MARIE-THÉRÈSE ET DE MARIE-ANTOINETTE

Publiée avec une introduction et des notes

PAR

M. LE CHEVALIER ALFRED D'ARNETH

DIRECTEUR DES ARCHIVES DE LA MAISON IMPÉRIALE ET DE L'ÉTAT D'AUTRICHE

ET

M. A. GEFFROY

DE L'INSTITUT
PROFESSEUR A LA FACULTÉ DES LETTRES DE PARIS

TOME TROISIÈME

PARIS

LIBRAIRIE DE FIRMIN DIDOT FRÈRES, FILS ET C<sup>ie</sup>
IMPRIMEURS DE L'INSTITUT, RUE JACOB, 56

1874

Tous droits réservés

# MARIE-ANTOINETTE.

## CORRESPONDANCE SECRÈTE

ENTRE

## MARIE-THÉRÈSE ET LE Cᵀᴱ DE MERCY-ARGENTEAU.

## ANNÉE 1777.

I. — Marie-Thérèse a Marie-Antoinette.

*Vienne, 2 janvier.* — Madame ma chère fille, Cette année commence si heureusement pour vous que j'espère que vous en sentirez pour longtemps les effets. Dans un mois vous verrez l'empereur; c'est une époque pour vous bien intéressante. Vous connaissez son cœur et sa sagacité. Du premier vous avez tout à attendre : il ne restera pas en défaut, se faisant une vraie satisfaction de vous voir; et de l'autre vous pourriez en tirer une grande ressource. J'espère que vous lui parlerez avec cette confiance et tendresse qu'il mérite et qui doit resserrer pour toujours les liens, non-seulement de nos maisons et familles, mais la plus tendre amitié entre les souverains : unique moyen de rendre heureux nos États comme nos familles. J'espère qu'il conviendra au roi, et, les premiers embarras passés, que l'amitié et confiance prendront place. J'espère que les eaux et bols raffermiront votre santé, que le carnaval ne gâtera pas, et cette visite sera pour vous le plus sûr remède. Souvenez-vous de votre maman en vous trouvant ensemble; je jouis dès à cette heure de cette consolation, et croyez-moi toujours toute à vous.

## II. — Marie-Thérèse a Mercy.

*Vienne, 3 janvier.* — Comte de Mercy, J'ai reçu votre lettre du 18 du passé par le courrier La Montagne, arrivé ici entre le 28 et le 29 du même mois. J'y vois les mêmes marques de votre zèle, mais encore les mêmes sujets d'inquiétude sur la conduite légère et peu réfléchie de ma fille. Ce sont surtout les mauvais sujets, admis dans sa société, qui doivent alarmer. Vous pourriez en parler à l'empereur, en lui faisant encore sentir de m'en avoir écrit en gros, mais en dissimulant de m'avoir nommé ces mauvais sujets, quoique vous ne devriez pas douter de les nommer à l'empereur, comme le duc de Lauzun, le comte d'Esterhazy, etc., en lui faisant connaître leur caractère dangereux, et les intrigues qu'ils emploient pour engager ma fille dans leurs vues pernicieuses.

Comme je ne veux pas entrer dans le détail du voyage de l'empereur, je ne pense non plus m'occuper des points qu'il y aurait à réformer dans le plan qu'il a formé à ce sujet; peut-être sera-t-il possible d'y faire quelque changement lorsqu'il se trouvera sur les lieux. [Pour la voiture de louage, je l'espère qu'il acceptera une des vôtres sans votre livrée, et qu'il ne demandera pas le dîner dans un hôtel garni, ni de loger à Versailles, en ville et non à Trianon (1).]

Au reste je ne compte guères sur le bon effet de ce voyage. Si je ne me trompe pas, il en suivra une de ces deux choses : ou ma fille gagnera par ses complaisances et agréments l'empereur, ou il l'impatientera en la voulant trop endoctriner. Le premier me paraît plus probable; mais dans l'un ou l'autre cas il ne faut point espérer une crise heureuse à opérer par la présence de l'empereur. [ L'empereur vous communiquera ou peut-être même la chancellerie par ce courrier des points (2) faits pour le total de la politique; très-bien : ce n'est pas pour en faire usage, plutôt pour être prêt à tout si on

---

(1) Nous avons cité à la fin du second volume, en note à la pièce LXI (18 décembre 1776), des extraits d'une lettre à Mercy (31 décembre) dans laquelle Joseph II entendait régler son voyage sur le pied du plus strict incognito. Marie-Thérèse y aurait voulu quelque tempérament.

(2) C'est-à-dire les points arrêtés d'avance entre l'impératrice, l'empereur et le ministre autrichien relativement aux objets politiques dont l'empereur pouvait se trouver entraîné à parler pendant son voyage en France.

parlait d'affaires. Je vois l'empereur très-bien prévenu pour vous, surtout ne voulant se décider que sur vos conseils; je suis donc tranquille.]

C'est le dernier courrier qui passe par Bruxelles à Paris; tous les autres, qui seront expédiés d'ici toutes les semaines pendant le séjour de l'empereur en France, iront en droiture à Paris [adressés à vous]. Dans cet intervalle vous rédigerez vos rapports à moi dans la forme des ostensibles, en les adressant comme jusqu'ici à Pichler; mais, après le départ de l'empereur, j'attends par le premier courrier un rapport bien circonstancié sur tout ce qui sera passé pendant le séjour de l'empereur à Paris. Si néanmoins il arrivait pendant ce temps des choses intéressantes, dont je devrais être informée au plus tôt, vous pourriez les mander par une occasion sûre à Starhemberg [qui en est déjà prévenu], qui aura soin de les faire passer ici, comme je l'en préviens par ce courrier. [Je trouve mieux que toutes les fois que le courrier sera expédié, tant que l'empereur sera à Paris ou à Versailles, vous vous contentiez de me faire les rapports ostensibles, en y ajoutant un journal de ce dont s'est occupé l'empereur et ce qu'il a vu, et vous le remettrez sans être cacheté à l'empereur pour me l'envoyer; même cela peut être de la main d'un secrétaire, ne voulant vous occuper à part pendant ce séjour. Il n'y aura plus de courrier à cette heure par Bruxelles que celui des deux que vous renverrez.]

## III. — MARIE-ANTOINETTE A MARIE-THÉRÈSE.

*Versailles*, 16 *janvier*. — Madame ma très-chère mère, Je suis comblée de l'espérance de voir bientôt mon frère; je n'ai pas besoin de le dire, ma chère maman le sait bien, il me sera dur de ne pouvoir le loger auprès de moi. On en sera surpris, mais je sacrifie tout à son goût: il sera logé et vivra comme il l'ordonnera; le voir et causer avec lui, ce sera un si grand bonheur pour moi! Je compte sur son amitié, il doit être sûr de la mienne, et quand la sienne serait égale, je gagnerais bien plus que lui, puisqu'il me parlera de ma chère maman, dont je suis si éloignée. Je suis persuadée que le voyage de l'empereur fera bien à tous égards; je connais bien sa discrétion et parlerai en confiance. Passé le premier moment, qui aura peut-être un peu d'embarras, le roi sera content de le voir et de lui parler : il ne peut s'en suivre que du bien, et pour les affaires et pour moi. Ma santé va fort bien, le carnaval est court, et d'ailleurs je m'y ménage ; j'espère en être moins fatiguée que les années dernières. Je voudrais avoir la même espérance pour le carême de ma chère maman, sa santé et le bonheur de la satisfaire sont mes plus grands désirs. Permet-elle que je l'embrasse ?

### IV. — Mercy a Marie-Thérèse.

*Paris*, 17 *janvier*. —. Sacrée Majesté, Depuis que le temps ordinaire à cette saison s'est décidé, la reine est beaucoup moins sortie de Versailles, et n'est venue qu'une fois la semaine aux spectacles à Paris. S. M. a même diminué la fréquence de ses promenades en voiture et à pied. Les autres années elle ne craignait point de s'exposer au mauvais temps ; sa santé en avait souffert en plusieurs occasions, et elle s'est enfin rendue aux représentations qui lui ont été faites sur la nécessité d'un régime un peu plus réservé pendant l'hiver. Jusqu'à présent cette petite privation n'a pas été trop compensée par les amusements de l'intérieur de la cour. Les bals de la reine ne sont ni aussi nombreux ni aussi vifs qu'ils l'étaient les années précédentes. Les femmes de Paris s'y refusent par des raisons que j'ai déjà exposées ; la reine commence à se persuader par le fait que les formes d'une société privée ne peuvent être applicables à une grande cour sans qu'il en résulte une diminution notable dans l'affluence des courtisans, et c'est ce que l'on ne voit que trop à Versailles, où personne ne va qu'autant que des affaires indispensables l'exigent.

La reine cultive encore la musique avec assez de suite ; S. M. a par semaine deux ou trois petits concerts chez elle, mais elle s'amuse de préférence à jouer au billard, parce que ces occasions réunissent mieux tout ce monde que la reine appelle sa société, et avec lequel elle aime à s'entretenir ; cela roule toujours sur les mêmes personnages que j'ai cités plusieurs fois. Dans ce nombre le duc de Coigny est un des plus constamment favorisés, et le plus consulté. Le comte d'Esterhazy, sans être tout à fait dans la même mesure, en approche cependant beaucoup ; mais tous les autres ont une part très-subordonnée dans la confiance de la reine. Le baron de Breteuil y fait cependant quelques progrès ; il est sans contredit le seul dans ce cercle de personnes qui soit en état, par sa tournure d'esprit et ses connaissances, de tenir à la reine un langage instructif et amusant, et je vois qu'à cet égard il s'est prévalu avec zèle, sagesse et quelque succès, des renseignements que je lui ai donnés sur les points les plus essentiels au service de la reine. Les deux favorites de cette auguste princesse se trouvent toujours à peu près dans la même position : l'une diminuant insensiblement de crédit, et c'est la surintendante, tandis que la comtesse de Polignac fait plus de progrès sur l'esprit et le goût de sa souveraine, auprès de laquelle elle est plus assidûment que jamais ; cependant la concurrence de ces deux rivales n'a rien produit de remarquable depuis quelque temps, et elles cachent leur jalousie réciproque sous des dehors circonspects qui ne produisent aucun éclat.

La reine s'est occupée en dernier lieu d'un objet qui lui fait grand honneur dans le public, et dont les détails doivent par cette raison être rapportés à V. M.

Feu M. le dauphin, au retour d'une chasse, en badinant avec un de ses gentilshommes qu'il aimait beaucoup et qui se nommait le comte de Chambord, eut le malheur de le tuer d'un coup de fusil, catastrophe dont ce prince ne s'est jamais consolé, et qui lui fit renoncer à la chasse. Ce Chambord laissait une veuve enceinte ; on lui fit un sort considérable, et étant accouchée d'un garçon, M. le dauphin demanda en grâce au roi que cet enfant eût l'assurance d'une place de gentilhomme auprès d'un des fils de France. Quelque sacré que fût l'accomplissement d'une telle promesse, elle était cependant, au grand scandale du public, restée sans effet. La reine, informée des faits et invoquée par ledit Chambord, n'hésita pas à lui marquer la protection la plus décidée, et comme il n'y avait aucune place qui pût être donnée dans le service personnel du roi, la reine proposa à Monsieur de remplir les intentions du feu dauphin ; mais Monsieur et Madame cherchèrent à éluder cette demande, qui fut mieux reçue par M. le comte d'Artois, chez lequel le jeune Chambord obtint une place de gentilhomme d'honneur. Monsieur ne tarda pas à sentir la faute qu'il avait faite en se refusant à une pareille occasion ; on a su de même que M. le comte d'Artois n'y avait suppléé que parce que la reine l'avait exigé, et tout le mérite de cette action juste et bien placée en est demeuré à S. M.

Après de longues sollicitations, la reine s'est laissé persuader de demander au roi le titre de duc à brevet pour le comte de Mailly, mari de la dame d'atours de ce nom (1). La grâce, quoique accordée, n'est pas encore publiée; je crois qu'en cela la reine n'a pas pris le parti le plus avantageux à son service. J'avais proposé dans le temps d'attacher le titre en question à la charge et non à la personne ; c'eût été un moyen d'honorer cette place dans la maison de la reine, au lieu qu'elle n'est recherchée que pour avoir un titre, et qu'après l'avoir obtenue, les dames d'atours sont facilement tentées de quitter leurs charges. D'ailleurs cette faveur accordée au comte de Mailly va exciter une grande jalousie et plusieurs réclamations de la part de ceux qui présument avoir plus de droits à pareille grâce. Le comte du Châtelet est nommément dans ce cas, et le duc de Choiseul se donne les plus grands mouvements pour obtenir la protection de la reine en faveur dudit comte du Châtelet.

A la suite d'une quantité de neige qui était tombée ces jours derniers, la reine a été deux fois en traîneau ; la dernière course s'est faite au bois de Boulogne ; Monsieur était de cette partie, Madame s'en abstint à cause d'un rhume très-léger. M$^{me}$ la comtesse d'Artois suivit la reine, et cette fête fut terminée par un dîner donné à la Muette par M. le comte d'Artois. Comme ces amusements rassemblent toujours les mêmes entours, ils ont toujours aussi les mêmes inconvénients, dont le principal est de donner lieu à des bruits absurdes et faux répandus dans le public, et à l'occasion dont il s'agit on débita dans Paris qu'après la course de traîneaux, la reine avait été souper dans une maison appartenante au duc de Chartres, où on devait avoir joué une partie de la nuit, ce qui était de toute fausseté.

Le dimanche 12, la reine vint au bal de l'Opéra. S. M. n'y resta que peu de temps ; mais cette course de nuit lui donna un peu de rhume. Le lendemain, le courrier mensuel m'ayant apporté les ordres de V. M. en date du 3 de ce mois, je me rendis sur-le-champ à Versailles et y présentai à la reine les lettres qui lui étaient adressées. Elle me parla beaucoup de tout ce qui a trait à la prochaine arrivée de S. M. l'empereur, qui a refusé de prendre un logement à Trianon non plus que dans aucune maison appartenante à la cour. Conformément aux ordres de ce monarque, je viens de retenir un logement à Versailles dans une maison particulière et près du château. J'ai fait établir dans ce logement les meubles convenables,

---

(1) Le comte de Mailly était fils du marquis, plus tard maréchal de Mailly. V. tome II, p. 424.

mais les moins recherchés possible. Le jour où l'empereur arrivera, je conduirai S. M. par des passages détournés jusque dans les cabinets de la reine, de façon que le monarque ne sera aperçu de personne à cette première entrevue avec son auguste sœur (1). Le roi surviendra quelques moments après par la communication intérieure de son appartement avec celui de la reine, et de cette façon tout se passera ainsi que S. M. l'empereur en a daigné donner l'idée lui-même.

### V. — Mercy a Marie-Thérèse.

*Paris, le 17 janvier.* — Peu après le départ du dernier courrier, je trouvai la reine inquiète et embarrassée sur l'état de ses dettes, dont elle ne savait pas elle-même le montant. J'en fis le relevé, qui se portait à la somme de vingt mille trois cents et trois louis, ou quatre cent quatre-vingt-sept mille deux cent soixante et douze livres. La reine, un peu surprise de voir ses finances dérangées à un tel point, sentit combien elle allait être gênée dans ses dépenses courantes, et elle se détermina, quoique avec bien de la peine, à sonder les dispositions où pourrait être le roi de se charger au moins d'une partie des dettes susdites. Au premier mot que la reine prononça sur ce chapitre, le roi, sans hésiter et de la meilleure grâce possible, consentit d'abord à payer toute la somme. Il ne demanda que quelques mois de délai, voulant que cette dette fût acquittée sur sa cassette particulière et sans l'intervention d'aucun ministre, ce dont il n'y a pas eu un exemple ici pendant tout le règne passé (2).

---

(1) Dans la lettre déjà citée du 31 décembre, Joseph II écrivait à Mercy : « J'arriverai vers le soir. Le lendemain, en allant à Versailles, je désire arriver chez la reine par le côté de ses femmes, et qu'elle m'attende dans son cabinet sans venir à ma rencontre, et que là, pour ne point jouer la comédie aux autres, nous soyons seuls à nous donner les marques du plaisir que nous avons de nous revoir. »

(2) On trouve à la date du 14 janvier 1777 dans la *Correspondance* de Métra, une anecdote répétée encore ailleurs, et qui, fort invraisemblable par elle-même, se trouve ici, comme on voit, tout à fait démentie : « La reine, dit Métra, a dernièrement envoyé demander à M. Necker une ordonnance pour toucher au trésor royal 150,000 livres dont elle avait un besoin urgent ; le directeur a écrit fort respectueusement à la reine : « L'état du trésor ne permet absolument pas d'accorder à S. M. sa demande, mais ma fortune me met à même de lui offrir cette même somme de ma bourse, et j'aurai l'honneur de la lui porter ce soir. » Comment supposer que la reine eût accepté un tel service, et qu'aurait dit Marie-Thérèse si elle eût oublié ainsi le soin de sa dignité ?

Le lendemain de cette promesse le roi porta lui-même deux mille louis à la reine ; à la fin de décembre il ajouta vingt-cinq mille livres ; dans le courant de février il y aura cent mille écus acquittés, et le restant le sera avant la fin d'avril. Cette conduite du roi est d'autant plus remarquable qu'il est naturellement fort économe, surtout de l'argent qui est sous sa main, et j'ai vu la reine dans la dernière surprise d'une complaisance aussi prompte, aussi facile, et à laquelle elle ne s'attendait pas. Cela m'a donné lieu à faire de très-sérieuses représentations à S. M. sur la nécessité absolue de ne plus se livrer à des dépenses désordonnées, et de se fixer enfin à un système de conduite générale qui s'accorde un peu plus avec la manière d'être du roi. J'observai que, quoiqu'il n'exige rien de la reine, et qu'il paraisse faire céder tous ses goûts à ceux de son auguste épouse, il n'en serait pas moins dangereux d'user toujours de cette condescendance du roi sans y répondre jamais par aucun retour, ce que la reine n'a que trop à se reprocher jusqu'à présent, ce dont elle est convenue de bonne foi vis-à-vis de moi. J'ai représenté à S. M. qu'en cela elle manquait à tout principe, et à la bonté naturelle de son caractère. Elle m'a paru touchée de cette remarque, qui ferait certainement une impression durable dans son âme si les insinuations fatales des entours n'en dissipaient sans cesse les effets. Tous mes soins ainsi que ceux de l'abbé de Vermond portent essentiellement à tâcher d'ouvrir les yeux à la reine sur les personnes qui l'environnent ; nous sommes parvenus à lui démasquer le duc de Lauzun, qui était un des plus dangereux personnages, et la reine s'est décidée à lui refuser désormais tout accès de confiance. Il nous a réussi également de détruire le pernicieux crédit de la princesse de Guéménée ; mais la reine, en la connaissant pour ce qu'elle vaut, la ménage encore pour pouvoir aller de temps en temps passer des heures de la soirée chez la dite princesse, qui rassemble chez elle la jeunesse de Versailles. Le baron de Breteuil m'a témoigné une grande surprise de l'extrême dissipation dans laquelle il trouve la reine ; il en est presque éconduit ; comme S. M. le traite avec bonté, il a voulu saisir quelques occasions de parler de réflexions raisonnables. Quoiqu'il y mît toute l'adresse et la gaieté possibles, la reine n'a jamais voulu prendre sur pareilles matières. J'ai suggéré à l'ambassadeur susdit de tenter une autre voie qui pourrait être utile, et qui serait de faire concevoir à la comtesse de Polignac, favorite intime, combien il est absurde, soit pour elle, soit pour tous ceux qui sont attachés à la reine, de l'entretenir dans ce système de légèreté qui tôt ou tard doit détruire le crédit de cette auguste princesse, puisque tous les entours en question tiennent l'avantage essentiel de leur faveur de ce même crédit de leur protectrice, raisonnement qui est aussi palpable que facile à démontrer.

La reine, toujours plus inquiète des remarques que S. M. l'empereur pourra faire, et des représentations que ces remarques pourraient occasionner, avait commencé à faire à ses favorites des petites confidences sur ses embarras. J'ai observé à la reine combien son auguste frère aurait lieu d'être choqué s'il s'apercevait jamais que semblables confidences eussent été faites, et j'ai obtenu de S. M. la promesse qu'elle ne parlerait plus à qui que ce soit sur cette matière.

D'ailleurs la reine est un peu tranquillisée par la dernière lettre de S. M. l'empereur, où il dit « qu'il ne vient ici ni pour observer ni « critiquer, encore moins pour y donner des leçons ; que son unique « but est de jouir du plaisir de voir son auguste sœur, et qu'il veut « que rien ne trouble cette satisfaction ».

Cet événement, qui peut en bien et en mal avoir de très-grandes conséquences, est peut-être la seule occasion que j'aurai en ma vie d'exercer avec quelque utilité mon zèle pour le bien du service et pour la satisfaction personnelle de V. M.; aussi ne suis-je occupé que de cet important objet. J'ai fait et continue encore un ouvrage assez considérable pour me trouver en mesure de prévoir et prévenir tous les cas possibles, soit dans ce qui peut se passer entre l'empereur et la reine, soit relativement au roi, à ses ministres, aux affaires, et surtout relativement à la façon dont l'empereur sera porté à juger de tout ce qu'il verra ici. Il est essentiel que S. M. ne soit point induite en erreur par des apparences souvent trompeuses, et qu'aucun préjugé n'altère l'exacte vérité à ses yeux. Ce sera un des points qui fixera ma plus grande attention, et il n'y aura certainement ni soins ni moyens omis de ma part ; si j'obtiens que S. M. daigne me permettre de la suivre, je ne la quitterai pas un seul instant ni à Paris ni à Versailles, et quand l'empereur sera dans l'intérieur avec la reine ou avec le roi, je resterai dans les antichambres pour me trouver sur ses pas à sa sortie ; mais si cela s'arrange ainsi, je trouverai bien difficilement des moments à pouvoir écrire de très-humbles rapports à V. M., et il faudrait alors que je réservasse pour le courrier de mars les détails très-étendus que j'aurai à mettre à ses pieds.

Malgré mes très-humbles instances, la reine a permis au comte d'Esterhazy d'aller à Strasbourg pour y faire la cour à l'empereur et le suivre dans son voyage, ce à quoi j'espère que S. M. ne consentira pas. Le prince de Rohan voulait aussi se rendre à Strasbourg; je lui ai suscité des obstacles qui l'ont retenu jusqu'à présent; j'ignore s'il me réussira de l'arrêter tout à fait. Le prince de Ligne a écrit à la reine pour la supplier de lui obtenir la permission de l'empereur de venir ici; je n'ai pu gagner sur la reine de se refuser à cette demande, et je crains que S. M. l'empereur n'y cède. J'en serais d'autant plus peiné que la présence du prince de Ligne n'est nullement convenable à l'occasion présente; mais quoi qu'il en arrive en cela ainsi qu'en plusieurs autres pareils incidents, j'espère qu'il y aura moyen de parer aux inconvénients. Je me flatte que tout ira bien et que V. M. n'aura que des sujets de satisfaction d'un voyage aussi intéressant.

Le prince de Kaunitz m'a communiqué les points politiques présentés à S. M. l'empereur. Je ne témoignerai point en avoir connaissance, mais ils me seront très-utiles dans les cas où ces matières vinssent à être agitées. Je mets ici aux pieds de V. M. une copie de la dernière lettre que l'empereur a daigné m'écrire; s'il plaît à S. M. de me le permettre, je lui exposerai la vérité sur tous les points, soit relativement au personnel, soit aux choses et à leurs effets.

### VI. — Mercy a Marie-Thérèse.

24 *janvier*. — Sacrée Majesté, Depuis vendredi dernier, jour du départ du courrier mensuel, il n'est rien survenu qui puisse mériter d'être rapporté à V. M., et je dois me borner aujourd'hui à la simple expédition des deux lettres ci-incluses. La reine est très-affectée du retard survenu au voyage de S. M. L'empereur (1); la reine craint que d'autres obstacles ne se présentent successivement, et ne la privent encore d'une satisfaction si longtemps espérée, désirée, et jusqu'à présent toujours déçue.

La reine est venue mardi au soir à Paris pour y voir au théâtre de

---

(1) Le voyage projeté de Joseph II fut retardé de quelques mois.

l'Opéra un nouveau ballet de la composition de Noverre (1). Le bal de mercredi à Versailles n'a été ni plus brillant ni plus nombreux que les précédents ; le duc de Chartres désirerait fort de faire agréer à la reine au Palais-Royal un bal d'où S. M. aurait la facilité de passer au bal de l'Opéra et se promener successivement ainsi d'un bal à l'autre. Ce projet est proposé pour la semaine prochaine ; il ne paraît pas que la reine soit décidée à l'agréer, et je désire bien que S. M. ne cède pas aux instances que M. le comte d'Artois lui fait à ce sujet.

### VII. — Mercy a Marie-Thérèse.

*24 janvier.* — Sacrée Majesté, L'avant-dernière lettre de S. M. l'empereur avait tellement rassuré la reine sur ses craintes des représentations sévères, qu'elle s'était du depuis uniquement livrée au plaisir prochain de revoir son auguste frère ; mais la reine en conserve maintenant très-peu d'espoir. Elle remarque que l'empereur, en parlant de l'obstacle occasionné par les neiges, ajoute que si cet obstacle avait été le seul, S. M. l'aurait vaincu en voyageant en traîneau ; mais elle avoue qu'elle est arrêtée par « d'autres causes (2) », et elle ne promet que faiblement son arrivée au printemps. Quant aux conjectures qui se font à Versailles, elles sont très-variées ; peu de gens croient que le mauvais temps ait été la cause de retard du voyage de l'empereur. Le grand nombre impute ce retard aux inquiétudes que causent les mouvements du roi de Prusse, et ç'a été le premier mot du comte de Maurepas. Enfin d'autres personnes ont imaginé que les ministres du roi, embarrassés du coup d'œil pénétrant que l'empereur jetterait sur tout ce qui se passe ici, ont travaillé avec succès à intercepter ce voyage de S. M. Une petite circonstance qui a surpris ici, c'est que, tandis que le jour de l'arrivée de S. M. l'empereur était comme désigné et regardé comme certain, le duc de Choiseul offrait de faire des paris que le voyage de ce monarque n'au-

---

(1) Le ballet était celui des *Horaces*, dont la première représentation eut lieu le 21 janvier. Il avait été très-goûté en Allemagne, mais réussit beaucoup moins en France. C'était toute la tragédie de Corneille mise en pantomime !

(2) Joseph II était en effet retenu par des circonstances politiques ; il écrivait : « Je ne quitterai pas d'ici que je ne sois entièrement tranquillisé sur les dispositions qu'on fera au sujet de la Bohême. » Correspondance inédite de Joseph II et Mercy, aux Archives de Vienne.

rait pas lieu, d'où on conclut maintenant que le duc de Choiseul s'était procuré à Vienne des moyens d'être informé avec plus d'exactitude que personne.

La lettre de la reine à l'empereur en contient une que le roi écrit à S. M. (1).

### VIII. — MARIE-THÉRÈSE A MERCY.

*Vienne, le 31 janvier.* — Comte de Mercy, J'ai reçu votre lettre du 17 par le courrier Gergowitz, arrivé ici le 25 de ce mois. Toute généreuse qu'est la démarche du roi en se chargeant des dettes de ma fille, la façon aimable dont il s'y est pris en relève de beaucoup le prix. J'en suis charmée on ne saurait plus, et je serais inconsolable si, comptant encore pour l'avenir sur la générosité du roi, ma fille ne mettait plus d'ordre dans ses finances. La complaisance que le roi a pour elle en toute occasion devrait plutôt l'engager à y répondre par un parfait retour, en abandonnant ce train de vie dissipée, si contraire au caractère et goût du roi; mais je vois avec regret que, si vos remontrances et celles de l'abbé Vermond font sur ma fille quelque impression, elle est bientôt effacée par les insinuations de ses entours et par son peu de réflexion. Je compte peu sur la tentative que Breteuil pense faire par la Polignac, l'entremise des gens peu sûrs étant toujours sujette à caution. La confidence que ma fille a faite à ses favorites de son embarras sur l'arrivée de l'empereur est un effet ordinaire de sa légèreté.

Je suis très-tranquille de la façon dont, à l'arrivée de l'empereur, vous lui ferez envisager la cour et le ministère de France, et dont vous réglerez votre conduite vis-à-vis de lui. Je suis sûre que vos propos et vos démarches seront accompagnés de cette prévoyance et discrétion qui dirigent toutes vos actions.

Quelque convaincue que je suis de l'inconvénient de la course du comte d'Esterhazy à Strasbourg, je ne crois pas pouvoir l'en empêcher, en me servant à cet effet du canal du comte de Rosenberg, dont je ne connais pas la discrétion à toute épreuve [et bien de la légèreté (2)], mais je me doute fort que l'empereur voudra avoir à sa

---

(1) C'est-à-dire à l'empereur. Voir plus bas le commencement de la pièce IX.
(2) Nous avons vu précédemment plusieurs témoignages de confiance et de bonté de la

suite le comte d'Esterhazy. Il est moins encore probable de pouvoir arrêter Rohan d'aller à Strasbourg, où il est coadjuteur. Cet homme me paraît de plus en plus dangereux, et je crains qu'un jour sa charge de grand aumônier ne lui donne de l'influence et même de l'accès auprès de ma fille. Léger et étourdi reconnu, il ne laisse pas d'être insinuant et agréable dans la société. Nos jeunes dames ne cessent pas encore de faire son éloge, et il conserve toujours nombre de partisans ici. L'empereur le méprise, mais il ne l'en goûte pas moins ; il est même convenu de lui avoir écrit (selon qu'il est rapporté dans la correspondance de Goltz) (1), mais que c'était seulement depuis l'avoir vu en Italie, et qu'ayant reçu une lettre de Rohan encore par le dernier courrier, il ne lui fera plus réponse. Au reste vous trouverez dans la correspondance de Goltz plusieurs traits assez remarquables sur la légèreté de ma fille et sur le caractère de l'empereur, traits qui fournissent assez de matières à bien des réflexions. Vergennes a répondu à merveille aux insinuations insidieuses de Goltz, comme vous le verrez par la lettre de Vergennes à Pons, à Berlin.

Pour le prince de Ligne, il y aura peut-être moyen de l'empêcher de venir à Paris, en faisant en général (sans le nommer) défense aux Flamands de s'y rendre pendant que l'empereur s'y trouvera, pour ne pas l'incommoder pendant le peu de temps qu'il voudrait passer avec le roi et la reine tout à son aise.

### IX. — Marie-Thérèse a Mercy.

*Vienne, 3 février.* — Comte de Mercy, Le courrier Kleiner, arrivé ici le dernier du mois passé, m'a remis votre lettre du 24 du même mois. Je ne veux point entrer dans la discussion de la sensation que ma fille a témoignée sur le voyage suspendu ou manqué de l'empereur, mais le roi s'est conduit à merveille dans cette occasion, en écrivant une lettre à l'empereur pour lui marquer ses regrets sur ce

---

part de l'impératrice à l'égard du comte de Rosenberg ; on voit que cette confiance n'était pas toutefois sans restrictions. Il est vraisemblable que Marie-Thérèse gardait mémoire des lettres un peu légères que Rosenberg avait naguère reçues de Marie-Antoinette. Voir notre tome II, page 361 (17 avril et 13 juillet 1775).

(1) C'est-à-dire dans ce qu'on interceptait de la correspondance du ministre de Prusse à Paris. Chaque cabinet parvenait alors à intercepter plus ou moins continûment les dépêches des autres cabinets.

contre-temps, et son désir de jouir un jour de la satisfaction de voir l'empereur, en l'assurant que le comte de Falkenstein sera en France le maître absolu de faire ce qu'il voudra.

[Je n'ai jamais su que l'empereur avait écrit au roi; je ne le sais que dès ce moment. Jugez par là combien peu je me peux flatter de confiance dans un cas qui m'aurait fait plaisir. Celui de Rohan restera à juste titre encore plus secret.]

Le roi dit entre autres dans sa lettre qu'à présent les neiges lui étaient plus insupportables encore qu'autrefois. Cette phrase pourrait bien se rapporter aux courses de traîneaux de ma fille, aussi peu conformes au goût du roi.

Je me doute fort si ma fille aura résisté à la longue aux instances du comte d'Artois et du duc de Chartres sur le projet du bal à donner au Palais-Royal pour en passer à celui de l'Opéra.

Comme il se trouve quelquefois dans les gazettes que vous m'envoyez (1) [et interceptées du roi de Prusse, lesquelles vous saurez donner avec toute la circonspection et pas ceux à Goltz] des traits assez singuliers sur la conduite de ma fille et sur sa situation vis-à-vis du roi, j'ai imaginé si vous ne trouveriez pas à propos de les lui communiquer de temps en temps, en lui faisant sentir que vous étiez informé de Vienne [je touche quelque chose dans ma lettre exprès] que ces nouvelles y étaient connues et que vous ne doutiez pas que je les savais, ce qui vous donnait de l'embarras pour le silence que vous étiez accoutumé à garder vis-à-vis de moi sur cette matière.

## X. — MARIE-THÉRÈSE A MERCY.

*Vienne, 3 février.* — Comte de Mercy, Je vous envoie la copie de la lettre de la comtesse de Brionne que vous m'avez envoyée par le dernier courrier mensuel, de même que celle de ma réponse. Ayant

---

(1) Dans la correspondance du baron de Pichler avec Mercy, nous trouvons les détails suivants sur un nouvel arrangement que venait de faire l'ambassadeur pour tenir l'impératrice au courant des nouvelles de Paris : « 4 février 1777. — S. M. approuve l'accord que V. E. vient de faire avec un homme de police qui s'est engagé à fournir les nouvelles les plus curieuses de Paris pour une gratification annuelle de 120 livres. Quelque peu intéressants que soient ces objets, on s'en occupe beaucoup ici par malignité, frivolité, ou faute de savoir employer plus utilement son temps ; et comme tant de personnes font parade de savoir toutes les nouvelles de Paris, S. M. ne croit pas qu'il convienne que la souveraine les ignore. » Archives de Vienne.

communiqué au prince de Kaunitz la lettre de la comtesse de Brionne pour me faire rapport sur sa demande, il est d'avis que je devrais, selon le système établi, laisser l'arrangement de tout ce qui a trait à la tutelle de la princesse de Montmorency, à son éducation et établissement, aux tuteurs et au collége des Parchons à Gand, du ressort desquels est cette affaire, sans donner un refus formel à la comtesse de Brionne sous motif que son fils est étranger (1). Le prince de Kaunitz s'est encore chargé de faire réponse à ladite lettre de la comtesse de Brionne, et je vous laisse par conséquent à examiner si vous trouviez à propos de lui remettre encore ma réponse ci-jointe, ou bien de la supprimer. [Je n'ai écrit cette lettre que dans la crainte

---

(1) Par une lettre du 13 janvier 1777, la comtesse de Brionne avait demandé à l'impératrice d'approuver le projet qu'elle avait conçu de marier son fils le prince d'Elbeuf avec la princesse de Montmorency, d'écarter les obstacles que les magistrats de Gand opposaient à son dessein, et de faire venir la jeune héritière en France pour achever son éducation et la marier. — La magistrature urbaine de Gand se composait alors de deux bancs ou colléges. Il y avait le collége échevinal de la Keure (13 membres élus), autorité gouvernante ou exécutive de la commune, — et le collége échevinal des Parchons, composé aussi de 13 conseillers élus, magistrats partageurs des biens (*parchon* ou *portion*), chefs-tuteurs (*opper-voochden*) des orphelins-mineurs. Ils intervenaient dans les successions, ventes ou contrats où des mineurs se trouvaient intéressés. — Les détails généalogiques concordent ici parfaitement. Les Montmorency possédaient de grands domaines dans l'ancien duché de Bourgogne. Vers 1410 se détacha de la souche principale la branche des seigneurs de Croisilles et de Neufville-Wistache (en Artois), restée au service des ducs de Bourgogne. Cette branche a donné vers 1570 le rameau des seigneurs de Neufville-Wistache. Depuis le mariage de Guillaume de Montmorency, chevalier seigneur de Neufville-Wistache, avec Marie de Montjoye, vicomtesse de Roullers (1602), les héritiers directs portaient le titre de vicomte de Roullers, jusqu'à Philippe François de Montmorency (m. 1704), qui prit celui de prince. Son petit-fils Louis Ernest Gabriel, dit le prince de Montmorency, comte de Lagny, vicomte de Roullers, baron de Bellem, etc., colonel en 1755 et général-major au service de l'impératrice en 1759, épousa en août 1761 à Amsterdam Marguerite-Élisabeth-Barbe de Wassenaer-d'Alkemade. Ils n'eurent qu'une fille : Louise-Auguste-Élisabeth-Marie-Colette de Montmorency, née le 31 mai 1762. C'est la jeune princesse dont il est ici question. En effet son père mourut le 26 mars 1768, et sa mère se remaria, le 29 octobre 1775, à Jean François Philippe comte d'Asson, chambellan de LL. MM. impériales. Elle avait dû donner la *parchon* à sa fille du premier lit ; mais elle mourut elle-même le 12 décembre 1776, et la jeune orpheline, à l'âge de quatorze ans et demi, fut placée au collége des Parchons à Gand et eut ses tuteurs. La comtesse de Brionne réussit dans son dessein : la princesse épousa le 30 décembre 1778 Marie-Joseph-Louis, prince de Lorraine d'Elbeuf, second fils de Louis Charles prince de Lorraine et de Lambesc, comte de Brionne, de Harcourt et d'Armagnac, grand-écuyer de France (m. 28 juin 1761), et de Louise-Julie de Rohan Montauban, sa 3ᵉ femme. Ce prince d'Elbeuf, ou plutôt prince de Vaudemont (le titre de prince d'Elbeuf ne fut porté légalement que par son frère aîné, dernier grand-écuyer de France), né en 1759, mourut en mai 1802 sans postérité. — Les éléments de cette dernière note nous ont été communiqués par M. Gust. Pawlowski, directeur des Publications nobiliaires de la maison Didot.

que la réponse du prince pourrait être oubliée, comme cela est arrivé souvent, et que je suis accoutumée à lui écrire.]

Le prince de Starhemberg m'a encore communiqué ses vues de marier son fils avec la princesse de Montmorency, dont la mère, avant sa mort, lui a fait faire des ouvertures à cet effet, et le prince de Ligne recherche de même cette demoiselle pour son fils. Le prince de Ligne ne manque pas ici, comme vous savez, de partisans et protecteurs, mais je donnerais toujours la préférence à Starhemberg, dès qu'il trouverait l'alliance en question convenable à son fils. Je ne lui en expose pas moins quelques doutes à examiner préalablement par rapport à cette alliance, et je lui fais part quel en est le sentiment du prince de Kaunitz, en ne lui dissimulant non plus les démarches du prince de Ligne pour l'alliance de la princesse de Montmorency avec son fils.

## XI. — Marie-Thérèse a Marie-Antoinette.

*Vienne, 3 février.* — Madame ma chère fille, Vos lettres du 16 et du 24 m'ont causé de différents sentiments ; celle qui exprimait si vivement l'attente de votre cher frère m'a bien fait du plaisir, mais en même temps augmenté mes chagrins de la voir manquée. La lettre du roi m'a sensiblement touchée, et si vous le trouvez convenable, marquez-lui en ma sensibilité. Ne souhaitant plus rien dans ce monde que le bien de notre sainte religion, le bonheur de mes chers et plus que chers enfants, le bien-être de nos États et le bonheur de nos peuples, que j'aime aussi bien sincèrement, je ne souhaite donc que de voir liées étroitement et indissolublement, comme elles le sont actuellement, nos maisons et intérêts, et de même les personnes d'une amitié et cordialité à toute épreuve, qu'aucun ministre, ni envieux de cette union ne puisse jamais faire changer ou diminuer. L'empereur et le roi étant si jeunes, tous deux avec le cœur bon et grand, mes espérances sont bien fondées s'ils se connaissent et constatent cette confiance mutuelle qui leur sera si nécessaire et utile dans leur course politique, pour être heureux et rendre tels leurs États et même l'Europe. Ces réflexions d'une vieille bonne maman et souveraine m'ont engagée d'envoyer de nouvelles instructions à Mercy, lui ordonnant de vous informer et concerter comment se prendre vis-à-vis de vos ministres. Voilà les plus grands objets que je ne vous touche qu'en passant. Les dissensions entre les Turcs et les Russes, entre l'Espagne et le Portugal aussi bien que la guerre en Amérique (1) peuvent bien facilement causer un embrasement où je pourrais être entraînée malgré moi, d'autant plus qu'avec notre mauvais voisin il faut aller avec autant plus de circonspection, sa haine ordinaire contre nous s'étant beaucoup augmentée depuis que nous avons osé, en Pologne et ailleurs, agir contre ses principes injustes. Il fait l'impossible pour s'accrocher ou au moins diminuer partout à toutes les cours notre façon d'agir ; aucune calomnie n'est ménagée, mais surtout en France, et c'est la raison qui me fait doublement regretter que l'entrevue n'a pas eu lieu. La joie que le roi de Prusse en a est une sûre marque combien cela lui importe, et doit nous lier d'autant plus immuablement (2) ; l'étant, ni lui ni personne n'osera nous inquiéter. Je ne puis vous cacher que vous n'êtes pas mieux ménagée dans votre particulier, et j'en ai touché à Mercy quelques traits, qui depuis longtemps me font bien de la peine, sur vos divertissements, jeux, promenades : étant mal avec le roi, séparée de lit, voulant rester toute la nuit à jouer, c'est ce que le roi ne voulait pas : que vous étiez frappée sur l'arrivée de l'empereur, et que vous ne l'aviez nullement souhaitée, et même que vous étiez charmée à cette heure, pour laisser le libre cours à vos plaisirs. Toutes ces insinuations viennent de Berlin en Saxe, Pologne, etc., et partout, et j'avoue, depuis quelques mois elles m'ont causé des chagrins cuisants. Ma consolation était, que disant des calomnies atroces contre l'empereur et moi, que cela sera de même contre vous ; mais, ma chère fille, les gazettes ne confirment que trop tous ces différents amusements où ma chère reine se trouve sans ses belles-sœurs et le roi, et m'ont causé bien de tristes moments. Vous aimant si tendrement, je vois un peu dans l'avenir et je vous prie d'en faire autant.

---

(1) De nouvelles difficultés venaient de surgir entre la Russie et la Turquie ; au mois de mars suivant, une armée russe envahit la Crimée. Dans l'Amérique méridionale, l'Espagne et le Portugal se disputaient réciproquement leurs colonies, tandis que, dans celle du nord, éclatait la rupture entre les colonies anglaises et la métropole. Le 4 juillet 1776, les États-Unis proclamaient leur indépendance et envoyaient des ambassadeurs à la France et à l'Espagne pour les attirer à leur cause.

(2) Dès la première annonce de ce projet de voyage de Joseph II en France, Louis XVI écrivait à M. de Vergennes, le 13 juillet 1776, « Je crois que ce voyage donnera une furieuse jalousie au roi de Prusse ». Archives nationales, à Paris, Cartons des rois, K, 164.

Vous me rassurez sur votre santé ; c'est déjà un grand point pour moi, mais je vous conjure, tâchez de conserver cette estime et affection du public que vous aviez si parfaitement, et croyez-moi toujours votre bien tendre mère et amie.

P. S. Je ne saurais vous flatter trop, nonobstant que je le souhaite ardemment, sur l'arrivée de l'empereur en avril. Il s'en explique lui-même là-dessus, les affaires de Bohême exigent les plus grandes attentions. Je suis mal servie et peu soutenue ; dans ces circonstances, qui ne permettent pas de retard, je ne saurais me passer de votre frère.

### XII. — Mercy a Marie-Thérèse.

*Paris*, 15 *février*. — Sacrée Majesté, Le carnaval de cet hiver n'a point pris à Versailles la même tournure qu'il avait eue dans les années précédentes, et quoiqu'il n'y eût rien de changé au genre ni à la fréquence des amusements ordinaires à cette saison, ils ont langui par un défaut de disposition à la gaieté, à l'exception du dernier bal chez la reine ; les précédents avaient été peu nombreux, on cherchait des prétextes pour se dispenser d'y aller. Depuis longtemps on n'a vu Versailles aussi désert qu'il l'a été pendant cet hiver, et il pourrait le devenir encore davantage, si on laisse subsister les causes de l'humeur et des jalousies qui ont occasionné cet inconvénient. La reine en a paru sérieusement occupée, et elle m'a donné lieu de lui rappeler les observations que j'ai souvent été dans le cas de lui exposer à ce sujet. Quoique S. M. traite un chacun avec beaucoup de bonté et de grâce quand on se présente devant elle, il n'en est pas moins vrai que le petit nombre de ceux que la reine appelle « sa société » éloigne le plus grand nombre des courtisans des deux sexes, et ôte à ces derniers les occasions et la possibilité de faire leur cour. Il s'ensuit que les avantages et les agréments, que l'on espère d'obtenir en s'approchant des souverains disparaissent, lorsque ceux-ci adoptent un genre de vie privée qui est incompatible avec la tenue d'une grande cour, où tous les sujets d'un certain rang ont droit de prétendre au traitement que leur assignent leurs dignités, leur âge, leur mérite personnel et leurs services. Cette langueur des amusements de Versailles a décidé la reine à s'en procurer de plus vifs par des promenades et même des chasses faites au bois de

Boulogne dans le moment de la saison qui le comportait le moins, et cela n'a point eu lieu sans que la santé de la reine en ait souffert, soit par des commencements de rhume, lesquels heureusement n'ont point eu de suite, soit par des insomnies et des maux d'entrailles, lesquels, quoique légers, pouvaient aboutir à des indispositions plus inquiétantes. La reine est venue à plusieurs reprises au bal masqué de l'Opéra, toujours suivie par Monsieur et Madame ou par M. le comte et M$^{me}$ la comtesse d'Artois. Les deux princesses ne sont venues qu'alternativement; Monsieur n'a été qu'à deux bals, mais M. le comte d'Artois n'en a manqué aucun de ceux où était la reine. Dans pareilles occasions cette auguste princesse n'est jamais perdue de vue par un officier des gardes du corps qui la suit en masque et à quelques pas de distance. S. M. a pareillement auprès d'elle une de ses dames qui reste à ses côtés ; il arrive quelquefois en même temps que la reine daigne se promener dans le bal avec des hommes, mais toujours des personnes connues et de distinction. S. M. a fait le même honneur à quelques étrangers, nommément au duc Dorset, cavalier anglais que la reine traite particulièrement bien. Il y a toujours ici un nombre d'étrangers de cette nation, et comme ils ont plus que les autres le goût et l'habitude de la danse, et qu'ils devenaient par cette raison des acteurs utiles pour les bals et la reine, cela a attiré des distinctions de préférence. Les nationaux en ont un peu murmuré, et on en a d'abord conclu que la reine avait une prédilection pour les Anglais ; au reste, comme cette faveur devait finir avec les bals, les remarques que l'on avait faites ont fini de même, et cela n'a tiré à d'autres conséquences que celles d'occasionner des propos toujours déplacés et injustes, mais qui seraient d'autant plus faciles à éviter que la reine met réellement peu d'intérêt aux actions qui les font naître. La reine s'est rendue à un bal que le duc de Chartres a donné le 30 du mois passé dans l'hôtel du duc d'Orléans son père, que l'on nomme le Palais-Royal. S. M. avait hésité d'aller à cette fête, mais elle céda aux instances qui lui furent faites à ce sujet. Mesdames de France, qui avaient fait espérer à la duchesse de Chartres qu'elles iraient à ce bal, n'y sont point venues. La reine y arriva vers minuit, suivie de Monsieur, de Madame, de M. le comte et de M$^{me}$ la comtesse d'Artois. S. M. dansa et se promena beaucoup ; à quatre heures du matin elle passa quelques moments dans la loge du duc d'Orléans pour y voir le bal masqué

2.

de l'Opéra ; S. M. ne descendit point dans la salle, elle rentra dans les appartements du Palais-Royal, d'où elle ne repartit pour Versailles qu'à six heures. Le bal était demi-paré sans masque ; il devait y avoir des quadrilles, mais elles manquèrent parce que la mort du marquis de Hautefort (1), survenue la veille, empêcha de paraître des dames de ses parentes qui devaient être des quadrilles en question. Cet incident donna lieu au duc de Chartres de supplier la reine d'honorer de sa présence un second bal le jeudi suivant 6 de ce mois, et où les quadrilles projetées auraient lieu. S. M. daigna y consentir, les quadrilles furent exécutées au jour marqué : elles étaient d'une grande élégance dans les habillements et elles exécutèrent avec beaucoup de précision un ballet figuré. La reine en fut très-satisfaite, et donna toutes sortes de marques de bonté et de grâces à cette brillante assemblée. S. M. se rendit dans une loge d'où elle vit le bal de l'Opéra, et elle repartit pour Versailles à six heures du matin, toujours suivie des princes et princesses royales. La reine revint au bal de l'Opéra le dimanche gras, et y resta jusqu'au jour. Le lundi il y eut bal à Versailles, et la fête était plus particulièrement dédiée au roi, qui, selon sa coutume, a pris d'ailleurs très-peu de part aux amusements de ce genre. Le mardi la reine eut bal chez elle depuis cinq heures jusqu'à neuf ; après le souper S. M. vint au bal de l'Opéra, y resta jusqu'à six heures, et termina ainsi son carnaval par cette dernière veillée. Il était grand temps de rentrer dans le repos du carême, parce qu'à la longue la santé de la reine aurait pu souffrir considérablement d'un genre de vie aussi agité. S. M. est maigrie de cette fatigue, il lui reste encore un peu de rhume, mais son premier médecin n'en est point inquiet, et en effet cette légère incommodité n'a point empêché la reine de venir vendredi dernier à l'Opéra. Ce même jour, qui était le 14, le courrier mensuel m'ayant remis les ordres de V. M. en date du 3, j'envoyai sur-le-champ à la reine les lettres qui lui étaient adressées. Je ne les portai pas moi-même, sachant le projet de S. M. de venir le soir en ville, et je préférai d'aller le lendemain lui faire ma cour à Versailles. J'y trouvai la reine toujours fort occupée du voyage de S. M. l'empereur ; elle me parut peinée des doutes qui lui restaient à cet égard. Il fut question de tout ce qui s'était passé pendant le carnaval ; en récapitulant ce chapitre, la reine convint que la

---

(1) Le marquis d'Hautefort était maréchal de camp ; il mourut le 30 janvier.

dissipation avait été dans une mesure un peu trop étendue, et, sur quelques remarques que je fis à S. M., je la portai à convenir de même qu'en voulant accumuler au delà des bornes les divertissements, elle s'était cependant en total peu amusée. J'observai qu'il en serait toujours ainsi toutes fois et quantés le temps se trouverait rempli par des objets qui ne laissent après eux qu'un grand vide, et le regret d'avoir omis nombre de choses utiles. Je donnai à ce commentaire toute l'extension dont il me parut susceptible, et la reine daigna l'écouter avec bonté.

### XIII. — Marie-Antoinette a Marie-Thérèse.

*Versailles, le 17 février.* — Madame ma très-chère, Je puis entièrement rassurer la bonté de ma chère maman. Ma santé est très-bonne et s'est bien soutenue à la fin du carnaval; je prends pourtant des bouillons rafraîchissants depuis trois jours, et je compte qu'après cela je me porterai mieux qu'avant. J'ai vu hier Mercy, il m'a parlé de tout ce dont ma chère maman l'a chargé. Je suis plus révoltée qu'étonnée des vilainies et méchancetés du mauvais voisin (1); peut-être lui-même est-il trompé sur quelques points par le ministre qu'il a ici; il est connu depuis longtemps pour un homme peu scrupuleux et qui, pour se faire valoir auprès de son maître, n'hésite pas à lui mander toutes sortes de fables.

Je dois avouer à ma chère maman que j'ai profité non-seulement des bals chez moi, mais encore de ceux de l'Opéra à Paris; mais je n'y ai été qu'après en avoir parlé au roi, et m'être assurée que cela ne lui déplairait pas. Il m'a répondu de bonne amitié que je pouvais aller autant que cela m'amuserait; au reste je n'y ai jamais été qu'avec Monsieur, qui me donnait toujours le bras dans le bal. Sur le dernier temps la comtesse d'Artois y est aussi venue. Il est bien triste pour moi que ma chère maman s'est toujours affectée de pareils bruits.

Quoique j'aie fort peu d'expérience des affaires, je ne puis me défendre d'une grande inquiétude sur tout ce qui se passe en Europe de tous côtés. Il serait bien terrible si les Turcs et les Russes recommençaient la guerre. Au moins pour ce pays-ci, je suis bien sûre

---

(1) Frédéric II. Voir la fin de la lettre du 3 février, de Marie-Thérèse à Mercy, page 14.

qu'on a grand désir d'entretenir la paix. Si mon frère était venu, je pense bien, comme ma chère maman, que la connaissance qu'il aurait faite avec le roi, aurait été fort utile pour le bien et la tranquillité générale. Ce serait le plus grand bonheur si la confiance pouvait s'établir entre ces deux souverains qui me touchent de si près; ils pourraient finir bien des choses par eux-mêmes, et ils seraient à l'abri de la maladresse et de l'intérêt personnel de leurs ministres.

Le grand aumônier est à l'extrémité; le Prince Louis le remplacera dans cette charge. J'en suis bien fâchée, et c'est bien à contre-cœur que le roi le nommera; mais il y a deux ans qu'il s'est laissé surprendre par M. de Soubise et $M^{me}$ de Marsan une demi-promesse, qu'ils ont rendue entière en remerciant, et qu'ils ont bien su faire valoir dans ce moment-ci. S'il se conduit comme par le passé, cela fera beaucoup d'intrigues ici.

Malgré mon trouble et mes inquiétudes pour la guerre, il me semble pourtant que tout peut encore se concilier. C'est mon plus grand désir, et outre les maux affreux qui en résulteraient, je serais surtout accablée des peines et chagrins qu'en aurait ma chère maman. Sa santé et sa satisfaction, c'est le plus ardent de mes vœux. Permet-elle que je l'embrasse?

### XIV. — Mercy a Marie-Thérèse.

*Paris, le 19 février.* — Le carnaval qui vient de finir a été aussi fâcheux par l'excès de dissipation auquel la reine s'est livrée que par le peu de moyens que j'ai eus de fixer l'attention de S. M. sur les mouvements d'intrigues qui se sont élevés à Versailles, et qui y subsistent encore dans le plus grand degré de chaleur. Deux objets et deux partis différents ont donné lieu à ces manœuvres, lesquelles malheureusement aboutissent toutes à tendre des piéges à la reine. D'un côté les Choiseul, en formant de grands projets sur le voyage de S. M. l'empereur à cette cour, ont cru que dans cette circonstance ils devaient ranimer tous leurs efforts auprès de la reine pour la porter à quelque grande démarche contre le ministère actuel, et cela dans l'espoir que s'il pouvait s'opérer quelque changement le duc de Choiseul ne manquerait pas d'être remis en place. Je n'ai pas eu la moindre peine à détourner de pareils projets, parce que dans le fond la reine n'y prend aucun intérêt réel, et que d'ailleurs elle est peu disposée à s'occuper d'objets sérieux qui exigeraient une conduite suivie et réfléchie ; mais S. M., sans se livrer à des plans aussi vastes, en écoute quelques détails et en répète des propos qui suffisent pour alarmer les ministres actuels ; c'est ce qui était arrivé à l'égard du comte de Maurepas et du comte de Vergennes, et comme ils s'adressent toujours à moi pour éclaircir leurs doutes, cela m'a donné toute facilité à les tranquilliser et à écarter tout levain de défiance contre la reine. D'un autre côté, les Choiseul me font depuis quelque temps de grandes avances ; j'y réponds avec une politesse recherchée, mais je sais qu'ils voient avec peine l'uniformité de ma marche, de laquelle ils ne trouvent aucun moyen de m'écarter. Le second foyer d'intrigues provient de la famille de Rohan, et c'est la comtesse de Marsan qui régit cette cabale. V. M. daignera se rappeler qu'un de mes très-humbles rapports précédents citait une conversation dans laquelle la reine obtint du roi sa « parole d'honneur » que le coadjuteur de Strasbourg n'aurait jamais la grande-aumônerie de France. C'était par instigation du duc de Choiseul, ennemi mortel du coadjuteur, que la reine avait sollicité cette exclusion, et malheureusement elle eut la facilité de confier au duc que le roi lui avait donné sa parole à cet égard. Je me récriai dans le temps contre cet aveu de la reine, et lui en démontrai les conséquences ; mais le mal était fait. Ces jours derniers, le cardinal de la Roche-Aymon ayant été à toute extrémité, la comtesse de Marsan se mit en avant pour assurer l'accomplissement d'une promesse signée du feu roi et confirmée par le roi d'aujourd'hui pour la charge de grand-aumônier en faveur du coadjuteur ; mais la dite comtesse fut bien étonnée de trouver les choses changées et de rencontrer des obstacles auxquels elle ne s'attendait pas. Les soupçons tombèrent d'abord sur la reine ; les Rohan se mirent dans un mouvement prodigieux : ils cherchèrent et réussirent à gagner le comte de Maurepas. Le duc de Choiseul mit de son côté en action tous les ressorts de l'intrigue pour soutenir l'effet du coup porté à son ennemi, et il en résulta une guerre des plus acharnées. Le prince de Soubise fit écrire à la reine par la princesse de Guéménée ; S. M. se trouva embarrassée, elle répondit dans des termes vagues, mais qui cependant désavouaient en quelque sorte son opposition. Le 4 de ce mois la comtesse de Marsan eut une audience du roi, dans laquelle elle tint un langage d'une telle force, que le jeune monarque en fut intimidé et voulut capituler, et finalement il déclara que le coadjuteur n'aurait la place que sous condition qu'il donnerait par écrit un engagement de se démettre de cette même place au bout d'une année. La comtesse de Marsan était trop habile pour ne pas se soumettre à cette loi, dont elle reconnut d'abord l'illusion. Le roi alla sur-le-champ en rendre compte à la reine, et ils crurent avoir parfaitement rempli leurs vues et assuré l'éloignement du coadjuteur. Quand la reine daigna m'en parler, je lui exposai toutes les fautes accumulées qui, pour le fond ainsi que pour la forme, avaient été commises dans cette affaire. Je prédis que le coadjuteur, une fois nanti de la charge, aurait toutes sortes de moyens pour la conserver, et cela d'autant plus que les entours de la reine étaient encore parvenus à la tromper dans le cas présent, et à se procurer aux dépens de S. M. la coopération du comte de Maurepas. Cependant le cardinal de la Roche-Aymon, qui était mourant, est presque hors de danger; mais son grand âge et la nature de ses infirmités n'annoncent pas un long répit, et je regarde comme un très-grand mal que le prince de Rohan occupe cette place; son audace en intrigue peut devenir dangereuse à la reine. S. M., qui ne peut souffrir ce coadjuteur, le traitera mal, sans lui en imposer, et ce dernier n'en sera que plus envenimé dans les machinations qu'il est très-capable d'inventer. Cette cabale de la comtesse de Marsan est une des plus méchantes qui existe à cette cour; tous les moyens leur sont égaux quand il s'agit de parvenir à leurs fins, et ils ont des ouvriers propres à ce genre de manœuvres, entre autres l'abbé Georgel, que je sais avoir été employé en certaines occasions à écrire des lettres supposées (1) et à faire répandre des bruits dans le public, ce qui nommément est arrivé par rapport au baron de Breteuil, qui a été vivement harcelé par la cabale susdite. Je sais aussi que je suis devenu pour ce parti un objet d'attention et de grande méfiance; mais en me conduisant avec circonspection, je ne serai jamais embarrassé ni arrêté dans la marche que me dicte mon devoir et mon zèle pour le

---

(1) On se rappelle que, par une lettre du 3 février 1774 (voir notre tome II, page 103), Marie-Thérèse accuse Rohan de citer dans ses correspondances des lettres soi-disant émanées d'elle et qu'en réalité elle n'a jamais écrites. Voici maintenant l'abbé Georgel accusé de produire des lettres supposées. Ce sont là autant d'indices et de témoignages qui jettent de nouvelles lumières sur le caractère du cardinal de Rohan et sur celui de son confident. Il faut s'en souvenir pour juger plus tard leur rôle dans l'affaire du Collier.

bien du service de la reine. Je ne puis ni ne dois dissimuler que cette auguste princesse, par pure inattention et vivacité, sans qu'il y ait d'ailleurs rien de grave à lui reprocher, a accumulé pendant ce carnaval un nombre de petites fautes qui font des impressions fâcheuses. Elle n'a pu résister à venir aux deux bals du Palais-Royal et à cinq ou six bals masqués de l'Opéra. Elle y parle à tout le monde, s'y promène suivie de jeunes gens, d'un nombre d'étrangers, particulièrement des Anglais, qu'elle distingue, et tout cela s'est passé avec une tournure de familiarité à laquelle le public ne s'accoutumera jamais. Comme la reine ne me cache aucune des moindres circonstances et qu'elle paraît même empressée à m'en parler la première, je m'enhardis dans ces occasions à lui faire les représentations les plus énergiques. J'y mets l'expression de l'exacte vérité, du zèle le plus ardent et du plus vrai et respectueux attachement; tout cela est reçu avec une grâce et une bonté infinie; la reine avoue de la meilleure foi que mes raisons sont sans réplique, qu'elle m'en sait gré; elle veut que je ne cesse de les lui répéter, mais elle ajoute à cela (et avec vérité) que le roi approuve tout ce qu'elle fait, qu'il l'y excite même, que d'ailleurs il faut bien jouir un peu du temps de la jeunesse, que le moment de la réflexion viendra, et qu'alors les frivolités disparaîtront. Je réplique à la reine que bien éloigné de lui prêcher cette morale sévère qui n'admet ni les plaisirs ni les amusements, je voudrais seulement qu'elle combinât l'un et l'autre, de manière à jouir agréablement du présent sans se préparer des regrets pour l'avenir, et surtout sans compromettre la dignité si essentielle aux personnes augustes. J'observai à la reine que, faute d'y donner la moindre attention, on s'accoutumait peu à peu, même dans les démonstrations publiques, à perdre de vue le profond respect qui est dû à S. M. J'en citai sur-le-champ un exemple tout récent. Le lendemain du jour où la reine avait été au premier bal du Palais-Royal, le secrétaire des commandements du duc de Chartres fit insérer dans le Journal de Paris (dont la feuille est ci-jointe) l'article, qui parle du bal en question (1). Je fus choqué de la tournure de cet article par la raison qu'une reine ne peut point être « invitée » à une fête, et que,

---

(1) On lit en effet dans le *Journal de Paris* du vendredi 31 janvier 1771 : « Aujourd'hui à minuit, S. A. S. M$^{gr}$ le duc de Chartres a donné, au Palais-Royal, un bal auquel la reine et la famille royale ont été invitées. »

quand elle daigne y aller, on ne peut en parler qu'en disant « qu'elle « a honoré de sa présence » telle ou telle assemblée. En effet, sur les plaintes que je portai, le secrétaire du duc de Chartres ainsi que le journaliste furent réprimandés ; mais quand j'exposai ce fait à la reine, elle en fut moins frappée qu'empressée à excuser l'intention du duc de Chartres. Il est constant qu'un des plus grands inconvénients actuels consiste dans l'oubli absolu auquel la reine s'habitue de tout ce qui tient à sa dignité extérieure, et je ne puis assez insister sur les dangereuses conséquences qui peuvent en résulter parmi une nation aussi légère, aussi familière que l'est celle-ci. L'abbé de Vermond est resté dans son assiduité ordinaire, et ne s'occupe qu'à concerter avec moi les moyens de parer aux inconvénients qui se présentent et qui se multiplient même presque au delà de ce que comportent nos forces. Le baron de Breteuil, très-bien traité d'ailleurs, et presque constamment à Versailles pour y faire sa cour, est fort affligé de ne pas pouvoir amener la reine à un quart d'heure d'entretien sérieux ; elle daigne cependant lui parler beaucoup, même en particulier, mais aussitôt que cet ambassadeur tourne le discours sur des matières utiles, il est éconduit et peu écouté. La reine m'a fait la grâce de me dire que dans sa dernière lettre, en marquant à V. M. tous ses regrets de la suspension du voyage de S. M. l'empereur, elle avait ajouté que si cet auguste monarque avait été témoin oculaire de la conduite de la reine il aurait pu en rendre à V. M. un compte assez satisfaisant pour la tranquilliser sur les bruits qui quelquefois parviennent jusqu'à elle et semblent lui donner de l'inquiétude. Je ne pus cacher à la reine que cet article de sa lettre me paraissait un peu hasardé, et qu'il s'en fallait de beaucoup que j'imaginasse que S. M. l'empereur eût lieu d'être si parfaitement content de tout ce qu'il verrait, et si porté à en rendre un compte favorable. J'entrai en effet dans un détail qui justifiait mes doutes, et je finis par voir que la reine ne s'était exprimée ainsi que parce qu'elle croit dans le fond que le voyage de son auguste frère n'aura point lieu.

Mon très-humble rapport était écrit jusqu'ici lors de l'arrivée du courrier, qui m'a remis la très-gracieuse lettre et les deux P. S. de V. M. Je vais reprendre les articles de l'une et des autres, en exposant des particularités qui ne peuvent être connues que de V. M. seule.

Relativement au voyage possible de S. M. l'empereur, mes mesures sont prises de façon à espérer que tout a été prévu, et que j'aurai des moyens à obvier aux inconvénients qui pourraient se présenter. En cela je crains peu les manœuvres du prince de Rohan, parce que j'éclairerai sa marche de près ; ce serait un point avantageux de gagné que celui de tenir le prince de Ligne à l'écart dans cette occasion.

Je connais assez la tournure d'esprit du roi pour pouvoir assurer à V. M. qu'il n'a point pensé aux courses de traîneaux, en disant dans sa lettre « que les neiges lui étaient plus insupportables qu'autrefois » ; cette phrase n'était qu'une tournure d'honnêteté, et la vraie preuve, c'est que la reine a dicté une partie de cette lettre à son auguste époux.

Avant que V. M. ait daigné me l'ordonner, j'ai toujours informé la reine des bruits publics qui se répandent sur son compte ; elle a même exigé que je prisse soin de l'en instruire, et j'ai été très-exact à cet égard. Je dois me référer au contenu de ma dépêche d'office sur une partie de l'audience que j'ai eue de la reine à l'arrivée du courrier, mais il me reste à ajouter les particularités les plus essentielles.

Si jamais j'ai pu me flatter d'avoir fait impression, c'est certainement dans l'occasion dont il s'agit. Je vis la reine sérieusement effrayée du tableau que je lui présentai sur la possibilité des troubles de guerre (1), sur l'influence que S. M. aurait pu se procurer à coopérer au bien des choses, sur l'intérêt personnel et majeur qu'elle y aurait trouvé. Je comparai cela au discrédit vers lequel elle s'achemine. La reine n'en étant pas, à beaucoup près, au point où la prudence pût permettre de lui confier ce que c'est que des lettres interceptées, je pris une tournure qui me parut nécessaire ; je dis à la reine que des gens qui servent V. M. avec zèle avaient trouvé moyen de découvrir que le roi de Prusse était fort occupé à mettre des obstacles au rôle brillant que la reine pourrait remplir à cette cour ; que ces mêmes gens, aidés par d'heureux hasards, étaient parvenus à se procurer une lettre du roi de Prusse à son ministre Goltz, et après avoir reçu la parole de la reine sur un secret le plus inviolable, je lui fis lecture de la dépêche prussienne datée du 16 décembre. La

---

(1) Voir la lettre de Marie-Thérèse du 3 février, et celle de Marie-Antoinette du 17.

reine en fut extraordinairement frappée; j'ajoutai qu'on avait des traces de bien d'autres manœuvres plus fortes et plus dangereuses de la part de la cour de Berlin. J'en laissai à la reine toute l'inquiétude, sans pour cette fois m'expliquer davantage jusqu'à ce que je puisse voir la tournure des impressions que cette première démarche a produites sur la reine. Je la prévins surtout de l'importance dont il était que, ni par le moindre propos, ni même par sa contenance extérieure, le ministre Goltz n'eût jamais sujet de remarquer que la reine eût des soupçons sur lui ou sur sa cour, et S. M. comprit parfaitement la force des raisons que je lui exposai à ce sujet.

J'ose espérer que je me trouve dans une bonne voie pour fixer un peu l'attention de la reine; ce ne sera que d'après les circonstances que je pourrai juger du degré d'énergie qu'il s'agira d'employer dans une méthode aussi délicate, et qui le devient infiniment plus encore quand on considère toutes les précautions qu'exigent des entours pareils à ceux qui investissent la reine.

Dans l'expédition que m'a apportée le présent courrier, il ne s'y est trouvé aucune lettre du prince de Kaunitz à la comtesse de Brionne, de façon que je n'ai pas hésité à remettre celle que V. M. a daigné lui écrire. Il est à prévoir que la dite comtesse n'en restera pas à ses premières démarches sur un objet qu'elle paraît avoir tant à cœur, mais j'ai déjà commencé à écarter vis-à-vis du comte de Vergennes toutes les tournures ministérielles que l'on pourrait chercher à donner à une affaire qui n'en est nullement susceptible, et dont l'entière et exclusive décision ne peut dépendre que du bon plaisir de V. M.

## XV. — Marie-Thérèse a Mercy.

*Vienne, le 4 mars.* — Comte de Mercy, L'empereur paraît revenir à son projet de voyage en France, qui pourrait être exécuté vers le 20 de ce mois. Je le trouve à présent assez bien disposé, aussi bien pour ce qui regarde ma fille que pour l'alliance. Il témoigne encore d'avoir beaucoup de confiance en vous; j'en suis bien aise, on ne saurait plus, convaincue comme je suis combien vos conseils lui seraient utiles sur tout ce qui a rapport à la famille royale, au ministère et au public de France. Au reste, pour tout ce qui regarde le séjour de l'empereur en France, je me rapporte à ce que je vous en ai déjà mandé, en me remettant avec une entière confiance aux directions que vous trouverez à propos de donner aux différents objets importants dont il s'agira pendant tout le temps que l'empereur sera en France.

### XVI. — Marie-Thérèse a Mercy.

*Vienne, 4 mars.* — Comte de Mercy, J'ai reçu votre lettre du 19 du passé par le courrier Morenheim, arrivé ici le 2 de ce mois.

Je trouve bien intéressant le contenu de cette lettre, aussi bien pour ce qui regarde la conduite toujours légère de ma fille que par la suite des intrigues nouées par les Choiseul, Rohan et leurs partisans. J'aurais bien souhaité de communiquer votre lettre à l'empereur, s'il était possible, sans éventer le mystère de votre correspondance secrète, mais vous pourriez tout lui exposer à son arrivée à Paris, comme des anecdotes que vous auriez gardées pour lui seul, sans lui faire remarquer de m'en avoir informé d'avance.

Après vous avoir parlé tant de fois du caractère dangereux de Rohan, qui n'en laisse pas moins d'avoir ici nombre de partisans, même parmi des gens du premier ordre, et qui est encore beaucoup goûté par l'empereur, comme je vous en ai marqué plusieurs traits, malgré qu'il a d'ailleurs pour lui tout le mépris qu'il mérite, je vous avoue que mes craintes redoublent pour tout le mal qu'un homme de cette espèce serait capable de faire si jamais il venait à se fixer à la cour.

Quelque persuadée que je suis du meilleur parti que vous sauriez tirer vis-à-vis de ma fille de quelques traits plus intéressants de la correspondance de Goltz, je crois cependant qu'il faut y mettre beaucoup de discrétion, celle de ma fille n'étant pas à toute épreuve.

### XVII. — Marie-Thérèse a Marie-Antoinette.

*Vienne, le 4 mars.* — Madame ma chère fille, J'ai des remerciements à vous faire ; la belle et magnifique table est arrivée il y a dix jours dans le meilleur état ; elle fait l'admiration d'ici. Vous me parlez des bouillons rafraîchissants, les gazettes parlent des eaux de Plombières ; j'aimerais mieux une façon de vivre plus réglée que des remèdes. A la longue ces courses nuiront à votre santé et crédit. Cn dit que le roi ne sait rien vous refuser, et qu'il est difficile de vous résister. Employez ces talents, cette amitié pour un avenir solide, et évitez les légèretés des jeunes gens, qui ne laissent qu'un vide d'autant plus dangereux que la santé et toute application sérieuse en est bannie ; à la longue cela ne se soutient.

La place que Rohan doit occuper m'afflige ; c'est un cruel ennemi, tant pour vous que pour ses principes, qui sont les plus pervers. Sous un dehors affable, facile, prévenant, il a fait beaucoup de mal ici, et je dois le voir à côté du roi et de vous ! Il ne fera guère d'honneur non plus à sa place comme évêque.

Je veux bien me flatter, comme vous, qu'on pourra encore empêcher la guerre, mais à la longue j'ai bien peur, et c'est une des raisons pour lesquelles j'ai souhaité que les deux beaux-frères se connaissent et se lient de cœur comme d'intérêt. Je vous embrasse sincèrement.

### XVIII. — Marie-Antoinette a Marie-Thérèse.

*Versailles, 4 mars.* — Madame ma très-chère mère, Le roi est enrhumé et depuis huit jours il n'a point quitté sa chambre ; je lui ai tenu fidèle compagnie ; son rhume commence à mûrir, j'espère qu'il en sera bientôt quitte. Les eaux de Plombières sont un rêve du gazetier ; je n'y ai jamais pensé, et je serais très-fâchée d'être obligée à m'éloigner si longtemps du roi.

Je pense bien comme ma chère maman sur le prince Louis, que je crois de fort mauvais principes et très-dangereux par ses intrigues, et s'il n'avait tenu qu'à moi, il n'aurait pas de place ici. Au reste celle de grand-aumônier ne lui donne aucun rapport avec moi, et n'aura pas grande parole du roi, qu'il ne verra qu'à son lever et à l'église.

Je ne puis tout à fait me refuser à l'espérance si douce de voir mon frère ici ; indépendamment de mon bonheur particulier, je suis bien persuadée que le bien public gagnera beaucoup à la connaissance qui se fera entre le roi et lui.

Je suis charmée que la table soit arrivée en bon état ; puisse-t-elle rappeler à ma chère maman une fille qui ne pourra jamais assez lui prouver sa tendresse et son respect (1).

---

(1) Sur cette lettre nous trouvons la note suivante de Pichler à Mercy, 1er avril 1777 — V. E. trouvera ci-jointe la copie de la dernière lettre de la reine, dont son auguste mère

## XIX. — Mercy a Marie-Thérèse.

*Paris*, 18 *mars*. — Depuis le commencement du carême il n'y a eu (hors la cessation des bals) aucun changement notable dans le régime habituel de Versailles. Les spectacles y ont été continués deux fois la semaine jusqu'au 15 de ce mois, et le beau temps ayant reparu cette année vers la fin de février, la reine en a profité pour ses promenades presque journalières et qui la conduisent à différents objets d'amusement. S. M. est venue aux spectacles de Paris deux ou trois fois chaque semaine. Il y a eu quatre courses de chevaux anglais, la reine n'en a manqué aucune; ces courses se font à côté du bois de Boulogne dans un endroit nommé la plaine des Sablons (1). Il y a été construit un bâtiment en charpente à peu près dans la forme de celui qui existait à Fontainebleau; on y sert un déjeûner, les hommes y arrivent vêtus fort négligemment, et il s'y établit un bruit et un pêle-mêle qui ne s'accorde guère avec la décence et le respect que devrait inspirer la présence de la cour. Un des plus grands inconvénients est que tout cela se passe sous les yeux d'une grande partie des habitants de Paris que la curiosité attire à ce genre de spectacle et qui s'occupent ensuite des remarques vraies ou fausses qu'ils croient avoir été à portée de faire. M. le comte d'Artois, qui est le promoteur de ces courses, devrait en être rebuté par le peu de succès qu'il y éprouve. Malgré la dépense considérable qu'il fait en chevaux et en postillons anglais, jamais il ne gagne un pari, et on se permet là-dessus des plaisanteries dont il est infiniment piqué.

Quand la reine rentre de bonne heure à Versailles, elle y tient cercle pendant la soirée, mais le gros jeu que l'on y joue écarte beaucoup de monde, et cet inconvénient, s'il subsiste, contribuera de plus en plus à rendre la cour déserte, ce qui n'est déjà que trop visible depuis un certain temps.

---

n'était guère contente par le peu d'essentiel qui la remplit; aussi S. M. a-t-elle trouvé à propos d'y faire une réponse fort courte.

(1) La plaine des Sablons, où l'on passait généralement les revues des troupes, et qui offrait un vaste espace commode pour les courses de chevaux, était située au nord du bois de Boulogne. Sur cet emplacement, contigu aujourd'hui aux fortifications de Paris, s'est élevé le village de Sablonville.

Il n'est survenu aucun changement dans ce que la reine appelle sa société particulière. Les individus qui la composent s'y maintiennent à peu près dans le même degré d'influence que chacun d'eux a su s'y procurer, et dont ils abusent tous plus ou moins selon ce que l'exigent leurs divers intérêts. La comtesse de Polignac conserve une supériorité de faveur qui n'a cessé d'accroître jusqu'à présent; la princesse de Lamballe, après s'être donné des tourments et des peines fort inutiles, commence à envisager plus tranquillement les avantages de sa rivale. Cette surintendante cherche à s'en dédommager en obtenant pour elle et pour les siens des petites grâces qui compromettent souvent la complaisance et la protection de la reine. C'est surtout dans le département militaire que cet abus se fait le plus sentir et qu'il cause aussi le plus de clameurs. En général on ne pourrait pas citer dans les alentours de la reine une seule personne qui, par ses qualités ou par un vrai zèle, cherche à se rendre utile au service de cette auguste princesse. C'est ce que j'ai été bien souvent dans le cas de lui représenter avec la franchise qu'elle daigne me permettre, et qui m'a toujours valu de nouvelles marques de gré et de bonté de sa part.

Pendant ce carême, la reine a repris l'habitude de passer plus fréquemment les soirées chez la princesse de Guémenée, qui réunit chez elle le double inconvénient du gros jeu et d'une compagnie fort mêlée. S. M. y est fort importunée de sollicitations; elle a résisté cependant à toutes celles qui lui ont été faites en faveur du duc de Lauzun, lequel, à l'âge de vingt-six ans, après avoir mangé le fonds de 100,000 écus de rente, est maintenant poursuivi par ses créanciers pour près de deux millions de dettes. Ce protégé de la princesse de Guémenée désirait d'obtenir par la reine des lettres d'État (1) qui le missent à couvert de toutes poursuites, mais sur les représentations instantes qui ont été faites à S. M., elle a vu toute l'injustice d'une pareille demande, et elle s'y est refusée (2).

---

(1) Par lettres d'État on entendait, avant 1789, des lettres de grande chancellerie contresignées par un secrétaire d'État, et par lesquelles le roi accordait à des personnes absentes pour service public un sursis aux poursuites judiciaires qui pouvaient les atteindre en matière civile.

(2) Le duc de Lauzun, dans ses Mémoires (page 152), présente la chose tout autrement. Selon son récit, il écrivit au roi pour lui faire connaître l'état de sa fortune, craignant les exagérations de ses ennemis, et pria la reine de remettre sa lettre; elle le reçut d'un

Rien n'a varié dans les marques de la complaisance sans bornes, de l'amitié et de l'attachement que le roi est sans cesse occupé de donner à la reine dans toutes les occasions. Il n'y a rien à désirer sur ce point capital; mais d'ailleurs on peut dire que, dans l'intérieur de la famille royale, il y règne plus de tranquillité que de véritable union. On ne voit plus Mesdames de France hors de leurs appartements, et je cite dans ma dépêche d'office le sujet de la brouillerie très-grave qui s'est élevée entre le roi et M$^{me}$ Louise la Carmélite (1). M$^{me}$ Adélaïde, mais particulièrement M$^{me}$ Sophie n'aiment point la reine; M$^{me}$ Victoire s'est toujours maintenue assez bien avec S. M. Monsieur et Madame tiennent une conduite politique dont l'objet momentané paraît être l'intérêt pécuniaire. Madame est d'une singulière attention à cet article; elle sait très-bien conduire son époux dans les arrangements qui peuvent augmenter ses revenus et établir l'ordre et l'économie dans sa maison. Rien n'indique pour le présent que leurs vues soient plus étendues; elles méritent cependant d'être observées de près, et cela d'autant plus que, sous des dehors de prévenance et d'attention, il m'est assez démontré que leurs sentiments pour la reine sont infiniment suspects.

Quant à M. le comte et à M$^{me}$ la comtesse d'Artois, il n'y a que désordre d'une part et ineptie de l'autre; ils n'ont ni projet ni système; le jeune prince ne pense qu'à une dissipation effrénée qu'il satisfait sans réserve, et qui, par cette raison, rend sa société très-nuisible à la reine.

Le courrier mensuel m'a remis le 15 de ce mois les ordres de V. M. en date du 4, et je me suis rendu sur-le-champ à Versailles pour y présenter à la reine les lettres qui lui étaient adressées. Je trouvai S. M. entièrement rétablie d'un léger mal de gorge qu'elle avait eu pendant quelques jours; elle n'a point quitté le roi tout le temps où ce monarque s'est trouvé indisposé d'un assez gros rhume,

---

air contraint et embarrassé et lui offrit sa protection « un peu trop en reine pour la circonstance », sur quoi il rompit la conversation et la laissa dans un embarras qui faisait peine. Cependant le roi lui offrit une forte somme et une pension qu'il refusa.

(1) Dans sa dépêche, Mercy explique que M$^{me}$ Louise réclamait une pension de 200,000 livres, semblable à celle que le roi faisait à chaque autre de mesdames ses tantes. Louis XVI trouva étrange une telle demande, la princesse ayant fait vœu de pauvreté; il n'y répondit même point, et cessa les visites qu'il lui rendait jusqu'alors.

qui a été accompagné d'un peu de fièvre et de quelques vomissements, mais qui s'est dissipé au point qu'il n'en reste presque plus de vestiges. Dans le courant de cette indisposition, la reine a marqué à son auguste époux les soins et les attentions les plus suivis, ce dont le jeune monarque a paru infiniment touché.

Je me retrouve maintenant dans l'attente de l'arrivée prochaine de S. M. l'empereur, et il ne me reste presque rien à ajouter aux préparatifs que j'ai eu le temps de disposer de longue main à cet égard. La reine est vivement occupée du moment où elle aura la satisfaction de revoir son auguste frère, et elle se propose d'accompagner S. M. I. dans une partie des promenades qu'elle fera dans les différentes maisons royales situées aux environs de Paris et de Versailles.

## XX. — Mercy a Marie-Thérèse.

*Paris, 18 mars.* — Depuis trois semaines le séjour de Versailles a été très-agité par les intrigues qui ont rapport au coadjuteur de Strasbourg, et on est encore parvenu à cet égard à induire la reine dans des erreurs et des démarches auxquelles je n'ai pu remédier qu'en partie.

Le duc de Choiseul et tous ses amis, voyant l'impossibilité d'écarter le prince de Rohan de la grande aumônerie, n'ont su imaginer d'autre expédient que celui de tâcher d'obtenir que la place restât vacante pendant quelque temps, et ils ont persuadé à la reine d'en faire la proposition au roi. J'ai représenté à S. M. qu'une pareille démarche de sa part serait fausse, dangereuse et même contraire à la dignité. En effet, puisque le coadjuteur a la promesse de la charge en question, il importe fort peu qu'il la remplisse deux ou trois mois plus tard ; ce délai ne fera d'ailleurs que porter les intrigues à un plus grand degré d'action, et si l'on considère tout ce dont cette cabale des Rohan est capable, on ne peut se dissimuler qu'il n'y ait quelque danger à exciter leurs manœuvres.

Il se joint à cela que la reine s'est engagée vis-à-vis de la princesse de Guéménée à ne plus s'opposer à l'arrangement susdit, et par conséquent il n'est point de la dignité de S. M. d'avoir recours à des petits expédients inutiles qui auraient l'apparence de faiblesse et même celle de manquer à une parole donnée.

La reine a parfaitement compris ces raisons et les a trouvées sans réplique ; malgré cela, elle n'a pu résister aux insinuations réitérées des Choiseul, et elle a parlé au roi de l'idée de laisser quelque temps la place de grand aumônier vacante dans le cas de la mort du cardinal de la Roche-Aymon. Le roi, qui a de l'éloignement personnel pour le prince de Rohan, a fort goûté le projet de retarder le moment de le voir auprès de sa personne ; mais quand il s'agira de décider ce fait, je crains qu'il ne se présente plus d'inconvénients que d'avantages dans cette marche.

Une des circonstances les plus fâcheuses, par le mauvais effet qu'elle produit dans le public et par les conséquences très-graves qu'elle peut entraîner, c'est le goût immodéré de la reine pour les jeux de hasard. Ces jeux, toujours défendus par les ordonnances antérieures, avaient repris dans Paris, sans bornes ni gêne, depuis que la cour avait donné l'exemple de cette licence ; pendant l'hiver dernier, ces jeux ont donné lieu à des pertes si considérables, à tant d'escroqueries et de vilaines aventures que le gouvernement a dû renouveler les anciennes défenses, même avec des précautions plus sévères. La reine en a marqué un peu d'humeur au roi qui, avec sa douceur et complaisance naturelles, n'a presque pas osé avouer les ordres prohibitifs qu'il avait été obligé de donner ; aussi la reine ne s'en gêne-t-elle aucunement ; on joue presque tous les jours chez elle au pharaon.

M. le comte d'Artois, qui en a la fureur, tourmente tout le monde et forme une espèce de quête dans Versailles pour rassembler cinq à six cents louis dont on forme une banque, et contre laquelle on joue très-gros jeu ; la reine y perd considérablement et presque journellement. Je lui ai fait voir qu'indépendamment de toutes les raisons qui devaient retenir S. M., il se trouvait encore qu'elle jouait sans conduite et de manière à devoir perdre inévitablement ; elle en est convenue ; mais mes représentations n'ont rien effectué au-delà. Cependant les sommes que le roi destinait à l'extinction des dettes de la reine, et qu'il lui porte de semaine en semaine, ces sommes, dis-je, sont au moins en partie absorbées par les pertes journalières qui se font au jeu, et si ce désordre continue, la reine se trouvera dans le double embarras d'avoir augmenté ses dettes, et d'avoir en quelque façon abusé du bon procédé du roi. Cet article du jeu me parait exiger les avis les plus sérieux de la part de V. M. ; mais je dois observer en même temps que V. M. ne peut pas paraître instruite des dettes payées par le roi, sans que je me trouvasse compromis sur le secret qui m'a été confié.

Le baron de Breteuil cherchera sans doute d'obtenir de V. M. la permission de rendre compte de plusieurs audiences qu'il a eues de la reine dans le courant de ce mois. Breteuil a parlé avec beaucoup de zèle et d'énergie sur deux points capitaux ; le premier a été de démontrer à la reine que, vis-à-vis des princes de la maison de Bourbon, dont le caractère est d'être entraînés et liés par l'habitude, il n'y avait jamais existé de crédit solide qui ne tint plus ou moins au courant des affaires du gouvernement, et que, si la reine négligeait de s'en instruire et de s'accoutumer à parler au roi de ces sortes d'objets, elle s'exposerait à des vicissitudes fâcheuses et perdrait très-certainement les plus précieux avantages de sa position. Le second article des remarques du baron, et qui n'était peut-être pas exempt d'intérêt personnel, a été d'observer à la reine combien il lui importait d'influer dans le choix des ministres et de n'admettre dans ces places que des gens qui « crussent ne pouvoir remplir leur adminis-
« tration qu'autant qu'ils feraient régner la reine ». Ce sont les expressions de Breteuil ; il a paru que la reine en sentait la force, qu'elle en savait gré au baron, qui a été constamment bien traité, sans cependant que la reine lui ait confié les particularités intéressantes de sa manière d'être avec le roi. Breteuil s'est lié jusqu'à un certain point avec la comtesse de Polignac ; il a, à quelques égards, assez bien déchiffré cette petite personne, et j'ai eu lieu de croire qu'il m'en a parlé de bonne foi. Il n'a vu dans cette favorite que peu d'esprit, encore moins de connaissances acquises, et en cela il a raison ; mais il s'est fort trompé en supposant à cette comtesse un caractère d'ingénuité dont elle est bien éloignée. Sans m'ouvrir là-dessus vis-à-vis de Breteuil au-delà de ce que comportait la prudence, je sais et vois journellement davantage que la favorite en question devient de plus en plus dangereuse à la reine, et que l'engouement de cette auguste princesse rend presque impossibles les moyens de lui dessiller les yeux. Tous mes efforts à cet égard n'ont produit que des doutes momentanés, et j'en suis encore à épier des circonstances qui aient le degré d'évidence nécessaire à pouvoir éclairer la reine sur la vérité des faits. L'abbé de Vermond est fort attaché à ce point, parce qu'il en voit bien toutes les conséquences ;

il continue son service assidu, et nous agissons toujours dans le plus parfait concert en tout ce qui intéresse le service de la reine. Je dois en revenir au chapitre du baron de Breteuil, et j'observerai d'abord qu'il a été établi par la reine le principal négociateur de l'arrangement des ambassades de Suisse, de Venise et de Portugal. Ledit baron s'est très-bien remis dans l'esprit du roi, mais il a effarouché le comte de Maurepas par sa tournure active, entreprenante et un peu avantageuse. Le comte de Vergennes n'a jamais non plus été bien tranquille sur la présence du baron. Cet ambassadeur s'est livré à tout ce que j'ai désiré de lui relativement au service de la reine; il m'a parlé aussi avec la plus entière confiance sur tout ce qui le touchait personnellement; mais je l'ai trouvé plus réservé en matière d'affaires d'État, et, quoique me tenant le meilleur langage sur les objets et principes généraux, il ne s'est jamais laissé aller dans les détails où j'aurais voulu l'amener, et qui regardent les circonstances les plus délicates à traiter entre les deux cours. Je n'en augure pas moins bien des intentions du baron, et de la conduite qu'il tiendra à son poste, parce que la nature des choses et son intérêt personnel lui font là-dessus sa leçon; il a vu clairement que toute sa fortune à venir dépend de se maintenir dans son ambassade jusqu'à ce qu'il y ait ouverture au ministère, et il pourrait encore avoir longtemps à attendre; il ne lui reste même aucun espoir fondé tant que le comte de Maurepas vivra. Il a tout à obtenir de la protection de la reine; il ne peut conserver cette protection qu'autant qu'il se rendra agréable à V. M., et c'est d'après ce calcul que je présume de la conduite que tiendra l'ambassadeur dont il s'agit. J'ai cru ce petit détail nécessaire pour que V. M. daigne le combiner avec le langage que pourra tenir le baron de Breteuil à son retour à Vienne.

Je reprends maintenant le contenu de la très-gracieuse lettre et P. S. de V. M., en observant d'abord que je remplirai exactement l'ordre qu'elle daigne me donner de rendre compte à S. M. l'empereur, comme d'anecdotes qui lui étaient réservées, de tout ce qui a trait à l'affaire du prince de Rohan.

Dans ma dernière audience, la reine est entrée presque au delà de ce que j'avais osé l'espérer, dans des détails d'affaires d'État, et je me trouve en meilleure mesure de lui en parler. Elle a fort bien compris les objets principaux du système politique des deux cours; elle est particulièrement bien prévenue et frappée des manœuvres du roi de Prusse, au point que l'idée ne s'en effacera jamais. Je ne perdrai aucune occasion de l'y affermir, en observant cependant toutes les précautions que V. M. daigne me prescrire et qui sont en effet indispensables.

Relativement au séjour que fera ici S. M. l'empereur, et à toutes les circonstances qui pourront en résulter, il ne me reste pas la moindre incertitude sur les hautes intentions de V. M., et ses ordres seront remplis avec tout le scrupule et le soin qu'exige l'importance d'une pareille conjoncture dont il peut résulter tant de différents effets. Mon objet principal sera d'abord que S. M. l'empereur voie les objets tels qu'ils sont réellement, et qu'ils ne lui soient point masqués par des apparences. Quant à la forme et l'application des moyens à employer pour faire impression sur la reine, je n'exposerai rien à l'empereur qui ne soit appuyé d'un exemple précédent et par lequel S. M. puisse voir avec évidence les effets des partis qu'elle jugera à propos de prendre. Je me suis encore aperçu en dernier lieu que les embarras de la reine redoublaient sensiblement; il s'agira de les diminuer dans le principe, et de la ramener à un état de confiance qui fournira à l'empereur les seuls moyens efficaces qu'il y ait à employer. Tous les détails sur cette importante matière seront mis fidèlement sous les yeux de V. M., et il ne tiendra pas à mon zèle qu'elle n'y trouve les sujets de satisfaction que j'ose espérer.

Dans la semaine dernière je découvris que la femme d'un trésorier de la maison du roi nommée Cahuet de Villers avait eu l'audace d'emprunter de l'argent sous le nom de la reine, et de produire des lettres supposées de S. M. (1). Sur les recherches que je fis et les plaintes que je portai au ministre de Paris, ladite de Villers a été arrêtée et conduite à la Bastille, où elle a déjà avoué une partie de ses fourberies; elle sera plus amplement examinée sous peu de jours, et je rendrai compte à V. M. de ce qui se découvrira dans cette vilaine affaire.

### XXI. — MARIE-THÉRÈSE A MERCY.

*Vienne, le 31 mars.* — Comte de Mercy, J'ai reçu votre lettre du 18 par le courrier Caironi, arrivé ici le 27 de ce mois.

---

(1) Le rapport suivant, du 16 avril, donnera tous les détails de cette affaire.

Par tout ce que vous me marquez sur le train de vie dissipée de ma fille, je vois avec regret que plus elle continue dans cette mauvaise habitude, plus son retour devient difficile. Je ne vous en sais pas moins de gré des peines que vous vous donnez pour le bien de ma fille, et si même l'effet n'en est pas aussi complet que nous le voudrions tous deux, je suis persuadée que vous ne vous laisserez pas rebuter de tâcher de lui être utile autant qu'il sera possible.

Je ne manderai rien par ce courrier à ma fille relativement aux articles de votre dernière lettre ; l'arrivée de l'empereur à Paris s'approchant, il pourra entrer en matière avec sa sœur de la façon qu'il le trouvera à propos. Je vous répète seulement que vous devrez parler à l'empereur avec toute la franchise sur tout ce qui regarde le roi, la reine, la famille royale, le ministère, la cour, les personnes de quelque considération particulière, le pays et tous les autres objets intéressants. C'est le ton que l'empereur aime ; si même il ne rencontre pas toujours avec sa façon de penser, il suffit alors de se taire, après avoir dit son sentiment de la façon qu'on en est persuadé par la conviction intérieure.

J'ai toujours entrevu beaucoup de politique dans la conduite de Monsieur et de Madame ; ce sont cependant des personnes à ménager par le rôle qu'elles joueront, si ma fille reste sans enfants. [Vous pouvez bien croire que ce point est un des plus importants à éclaircir, s'il y a à espérer de la succession ou point, et vous tâcherez de mettre au clair cela avec l'empereur.]

J'ai reconnu, dans le détail que vous me faites des démarches du baron de Breteuil pendant son séjour à Paris, son génie agissant et même entreprenant. Sûrement Maurepas et Vergennes ne seraient pas trop contents de le voir entrer dans le ministère, et je crois que Breteuil se trouvera mieux ici, où je le verrai avec plaisir.

Pour ce qui regarde le voyage de l'empereur en France, je ne saurais rien ajouter à ce que je vous en ai déjà marqué. La confiance que j'ai en vous par rapport à cet événement est la plus entière, et si l'empereur, comme je le souhaite et espère, vous accorde la sienne, je serai tout à fait tranquille, comptant surtout sur les rapports que vous me ferez sur un objet qui me tient tant à cœur.

[Pendant que l'empereur sera en France, il y aura tous les quinze jours des courriers ; le premier sera expédié le 12 d'avril. Je ne suis pas peu inquiète pour la santé de l'empereur, surtout pour la tournée pendant juin et juillet dans ces climats chauds. Mandez-moi des nouvelles de Sinsin et de Koch (1) ; on en débite rien de bon de tous deux.]

### XXII. — Marie-Thérèse a Mercy.

*Ce 11 d'avril.* — Comte de Mercy, Celle-ci vous viendra en même temps que l'empereur, ce serait donc indiscrétion de vous distraire. Je compte l'arrivée du premier le 15 ; ce courrier a ordre de rester autant que vous voudrez ; rien ne presse, quoique vous pouvez bien croire mon impatience de recevoir des nouvelles de chez vous. Cette lettre ne dit rien, hors que j'anime la reine de suivre les conseils de l'empereur.

Breteuil est arrivé avant-hier ; il me paraît boutonné et sérieux ; il excuse toutes les frivolités de la reine et espère même un changement dans son état de mariage à l'arrivée de l'empereur. Je le souhaite plus que je ne l'espère. Je vous recommande votre santé et de vous conserver ; il m'importe beaucoup. Dites à Barré que les deux jeunes Pistrich (2) viendront à la fin de mai, que j'approuve le compte qu'il m'en a fait, et que vous les lui payerez et enverrez les comptes à Starhemberg qui les payera.

### XXIII. — Mercy a Marie-Thérèse.

*Paris, 16 avril.* — Sacrée Majesté, Par mon dernier et très-humble rapport secret, j'ai rendu compte à V. M. de l'emprisonnement fait à ma demande de la nommée Cahuet de Villers, épouse d'un trésorier de la maison du roi. Cette femme a d'abord avoué dans son premier interrogatoire qu'elle s'était servie du nom de la reine pour emprunter de l'argent à différents particuliers ; qu'à cet effet elle avait fabriqué et produit des lettres supposées de la reine ; qu'elle

---

(1 Le comte de Sinzendorff, que Marie-Thérèse désigne ici par une abréviation familière (voir la note de la page 486, tome II), et le baron de Koch séjournaient en France pour rétablir leur santé. — Le baron Jean Baptiste de Koch, fils du baron Ignace de Koch, secrétaire et homme de confiance de l'impératrice, s'était distingué comme militaire pendant la guerre de Sept ans. Il devint lieutenant général en 1773. Il mourut à Paris en 1780.

(2) Il s'agit sans doute des fils de Jacques de Pistrich, conseiller auprès du gouvernement de la Basse-Autriche. L'impératrice faisait les frais de l'éducation en France de ces deux jeunes gens.

s'était faussement vantée d'avoir de fréquentes audiences de S. M., quoiqu'en effet elle n'ait jamais été dans le cas d'approcher de cette auguste princesse; qu'enfin elle s'était aussi munie d'un registre sur la couverture duquel étaient les armes de la reine, et qu'elle montrait ce prétendu livre de comptes pour éblouir les dupes auxquelles elle s'adressait. La facilité que l'on trouve dans ce pays-ci à faire croire aux apparences les plus absurdes avait si bien servi à ladite de Villers que, par ses stratagèmes, elle s'était procuré cent mille écus du sieur Bérenger, trésorier du duc d'Orléans, et une somme de 100,000 livres d'un banquier nommé Lafosse. Dans la recherche de toutes les menées de cette femme il s'y est trouvé beaucoup d'autres intrigues où nombre de gens fort connus seraient compromis, si le jugement final de cette criminelle était prononcé par les tribunaux ordinaires. Comme tout ce qui tient à la gloire de la reine doit être mis dans le plus grand jour, j'avais proposé à S. M. de faire porter le procès dont il s'agit en justice réglée; mais les ministres du roi y ont répugné. Ils insistent pour que la connaissance et le jugement de cette affaire soient réservés à une commission extraordinaire; c'est particulièrement l'opinion du comte de Maurepas, et il se pourrait que ce dernier craignît que son neveu le duc d'Aiguillon ne se trouvât impliqué dans les machinations de cette de Villers, laquelle a eu une grande part à l'élévation de la comtesse du Barry. Si la coupable était jugée d'après les lois de ce pays-ci, elle pourrait être condamnée à la potence; mais il est probable qu'elle sera enfermée dans une maison de correction pour le reste de ses jours. Son mari, qui d'abord avait été arrêté avec elle, a été remis en liberté sur les preuves qu'il n'avait eu aucune part aux menées de sa femme (1). Il est à présumer que cette aventure, qui a fait assez de bruit dans Paris, sera annoncée dans les gazetins qui sont envoyés au dehors; mais je doute que les nouvellistes en aient su les détails avec précision, et qu'ils soient dans le cas d'en rendre un compte exact.

Lorsque le roi monta sur le trône, le sieur Lieutaud, qui était son

---

(1) Les Mémoires de M<sup>me</sup> Campan (chapitre VI) donnent quelques détails de plus sur cette affaire : le mari de cette femme avait une charge de trésorier de France; mais ce fut par un nommé Saint-Charles, qui avait la charge peu importante d'intendant des finances de la reine, qu'elle entra au château, et qu'elle se procura des ordonnances signées par la reine d'après lesquelles elle imita son écriture.

médecin ordinaire, devint par droit premier médecin du roi; mais il fut décidé en même temps que cette place passerait au sieur de Lassone (1) quand Lieutaud viendrait à manquer; ce dernier approche de quatre-vingts ans (2). Lorsque cette disposition fut connue, on se donna beaucoup de mouvements pour décider la reine à se choisir d'avance un premier médecin dans le cas où le sien passât au roi; on proposa un médecin de Paris nommé Bordeu (3), homme qui avait de la réputation dans son art, mais qui était reconnu pour un intrigant du premier ordre. La reine s'était laissé persuader sur ce choix avant que je n'en eusse eu la moindre notion; mais ce même Bordeu étant mort subitement l'hiver dernier, je viens d'obtenir de la reine qu'elle gardera Lassone pour son premier médecin, quand même il occupera la même place auprès du roi. Je crois avoir par là effectué une chose d'autant plus utile que le dit Lassone est un fort honnête homme et très-sincèrement attaché à la reine. La position où il se trouvera un jour peut lui fournir bien des moyens de se rendre utile au service de sa souveraine, et j'ai tout sujet de croire qu'il n'en manquera aucune occasion.

Je vais reprendre le contenu de la très-gracieuse lettre de V. M., et j'observerai d'abord que ni le peu de succès de mes soins, ni les contrariétés qu'ils éprouvent, ne prendront jamais sur le courage et le zèle que j'emploierai sans relâche au bien du service de la reine. C'est le plus précieux de mes devoirs envers V. M., qui daigne me combler de grâces, et d'ailleurs je suis personnellement si attaché à la reine que rien ne me coûte quand il s'agit de sa gloire ou de son bonheur. Cette auguste princesse, si intéressante par les qualités uniques de son esprit et de son caractère, serait sans reproche, si on la laissait à elle-même; c'est à ses indignes entours qu'il faut s'en prendre, et je les combattrai jusqu'au dernier moment avec la même fermeté que je leur ai toujours montrée. L'abbé de Vermond reste jusqu'à présent ainsi que moi dans la même posture; j'espère de conserver longtemps un secours qui m'est si nécessaire et auquel rien ne pourrait suppléer.

---

(1) Voir sur Lassone notre tome 1, page 437.
(2) Joseph Lieutaud, célèbre médecin, l'avait été de Louis XV; Mercy se trompe sur son âge, car il était né en 1703; il mourut en 1780; il a laissé un grand nombre d'ouvrages.
(3) Théophile Bordeu, d'une famille de médecins dont il fut le plus célèbre, a laissé un grand nombre d'ouvrages de médecine; né en 1722, il mourut en 1776.

## 16 AVRIL 1777.

Samedi dernier, je restai près de deux heures chez la reine, et j'eus tout le temps d'observer combien on avait travaillé à remplir son esprit de craintes et de soupçons, et à l'éloigner de toute confiance envers S. M. l'empereur. La reine, accoutumée à me montrer le fond de son âme, me dit à ce sujet des choses qui me révoltèrent au point que, sans garder le moindre ménagement, je fis une des plus terribles sorties que j'aie tentées contre les favoris et favorites, que je dépeignis les uns après les autres. Je ne pourrais pas exposer ici en détail à V. M. tous les propos que je tins en vivacité ; mais je ne crois pas avoir oublié une nuance ni un objet. La reine en fut très-émue, et l'audience finit de manière à me tranquilliser, par ce propos de S. M. : « Je vois combien vous m'êtes attaché ; vous m'en avez tou- « jours donné des preuves et je les sens bien ».

La conduite de S. M. l'empereur vis-à-vis de son auguste sœur deviendra un point très-délicat, d'autant plus que, malgré ce que j'ai pu représenter à la reine, elle tiendra peut-être au projet de donner le change à l'empereur sur bien des objets ; mais si ce monarque daigne m'écouter, il sera éclairé sur tous les points les plus essentiels, tels que sont celui du goût immodéré pour le jeu, celui de l'influence des favoris et favorites et de l'abus qu'ils en font. Je m'expliquerai particulièrement sur l'article le plus capital, qui est celui du peu de soin que la reine prend de se rapprocher du roi, de recueillir et d'augmenter les occasions d'être avec lui, et de penser à tout ce qui peut établir l'intimité du mariage ; les négligences à cet égard deviendraient fatales à la longue. Je sais que, dans ce tourbillon pervers de la cour, il existe des misérables qui méditent sourdement le projet d'induire le roi au libertinage ; je sais de plus qu'on a osé lui parler d'une actrice de la Comédie française nommée Contat (1). Ces horribles tentatives n'ont produit aucun effet, et je suis moralement certain qu'ils n'en produiront jamais ; cependant il faut que la reine y veille, et je ne lui ai rien laissé ignorer de ce que j'expose ici. C'est de quoi S. M. l'empereur sera également informé, et je mettrai tout en action pour réussir, dans une conjoncture si importante, à donner

---

(1) Louise Contat créa le rôle de Suzanne dans le *Mariage de Figaro*. Sa figure charmante ajoutait au succès que lui valait la perfection de son jeu. En 1793 elle fut arrêtée comme suspecte, et faillit être condamnée pour une lettre écrite quatre années avant, où elle exprimait le plaisir qu'elle avait eu à apprendre en deux jours un rôle que la reine désirait lui voir jouer. Elle mourut en 1813.

quelques marques efficaces de mon zèle, et de mon extrême désir que V. M. ait des sujets de satisfaction.

Je ne m'attends plus, pendant quelques semaines, à recevoir de V. M. que des ordres ostensibles, et je n'écrirai de rapports secrets qu'après le départ de S. M. l'empereur ; à cette époque je mettrai sous les yeux de V. M. les détails les plus exacts sur tous les points possibles.

On me mande de Marseille que le comte de Sinzendorff y est arrivé dans le plus triste état, et que les médecins désespèrent du rétablissement de sa santé. Celle du baron de Koch, sans être si mauvaise, reste toujours chancelante ; il y a quelquefois des lueurs d'apparences de pouvoir se rétablir, mais la moindre chose recule ses progrès ; il peut exister longtemps dans cet état, mais il est fort douteux qu'il parvienne à recouvrer assez de santé pour vivre sans souffrances, et bien moins encore pour remplir les devoirs d'un état quelconque.

### XXIV. — Mercy a Marie-Thérèse.

*Paris,* 18 *avril.* — Sacrée Majesté, J'ai rendu compte dans le temps à V. M. de toutes les tracasseries qu'avait occasionnées la survivance de la charge de premier-écuyer de la reine, accordée au comte Jules de Polignac, et je n'avais que trop bien prévu les suites de cet arrangement peu convenable et extorqué par l'ascendant d'une favorite. En effet, depuis cette époque, le service de la reine a souffert de toutes manières dans le département de ses écuries, soit par une augmentation très-considérable de dépense, soit par la mésintelligence qui n'a cessé de régner entre les deux chefs et leurs subordonnés. Le comte de Tessé avait cependant toujours conservé l'autorité majeure et presque exclusive dans l'administration de la charge ; mais, excité par l'humeur de sa femme, il vient de prendre le parti de s'absenter pour quinze mois, et d'employer ce temps à voyager en Italie. La reine, en daignant consentir à ce projet, observa avec toute raison que, pendant une si longue absence du chef, il fallait que son survivancier entrât dans ses droits et dans toute l'autorité attribuée à l'exercice de cette place, ce qui devint pour le comte de Tessé un nouveau sujet de mortification, et pour toute la famille de Noailles un motif de plaintes et de propos qui a produit du scandale dans le public. L'aigreur en vint au point que le comte de Tessé et le comte de Polignac s'écrivirent des lettres piquantes, et peu s'en est fallu que la chose ne se terminât par une querelle d'honneur. Lorsque la reine me parla de l'ennui et des embarras que lui causait ce démêlé, je fis voir à S. M. qu'elle s'était préparée de longue main ces sortes d'inconvénients, et qu'ils ne feraient qu'accroître en tous genres aussi longtemps que la reine se livrerait à des complaisances peu réfléchies envers les personnes qui s'emparent momentanément de sa faveur, et qui savent en abuser d'une étrange manière en tout ce qui tient à leur intérêt particulier. Dans l'énumération de ces sortes d'abus, j'observai que la reine, en croyant avoir des volontés propres, n'en avait cependant dans le fait que celles qui lui étaient suggérées par ses entours, et j'en citai tant de preuves évidentes que S. M. en parut frappée. Elle ne put disconvenir qu'elle avait tout sujet d'être contente du respect et des soins avec lesquels les ministres du roi cherchaient à lui obéir et à lui plaire. Je rappelai les époques où la reine était très-satisfaite du comte de Maurepas, du comte de Vergennes et du prince de Montbarey (1); je fis voir ensuite les motifs qui indisposaient maintenant S. M. contre ces mêmes ministres, motifs qui sont aussi étrangers à la reine qu'ils tiennent de près aux intérêts personnels de ses favorites et favoris. J'en conclus que ces derniers se jouaient indignement de l'influence et du pouvoir de la reine, en faisant uniquement tourner à leur profit ce qui ne devrait servir qu'à la gloire et au bien de S. M. Toutes ces raisons furent écoutées avec bonté, mais je reste toujours dans l'incertitude sur l'effet qu'elles pourront produire.

Dans le courant de ce mois les occupations, ou pour mieux dire les amusements de la reine, n'ont varié ni dans leurs objets ordinaires, ni dans leur fréquence. S. M. est entièrement rétablie de son rhume, mais il lui est resté encore quelque indice d'obstruction à la rate, son premier médecin y emploie des fondants légers, et n'a aucune inquiétude sur ce principe d'indisposition aisé à dissiper, et qui ne menace d'ailleurs d'aucune suite fâcheuse. Le lundi de Pâques la reine est venue au concert spirituel (2), un des spectacles de Paris

---

(1) Le comte de Montbarey, prince de l'empire depuis 1774, avait été adjoint en 1776, avec le titre de directeur de la guerre, au comte de Saint-Germain, qu'il remplaça comme ministre en septembre 1777.

(2) Les concerts spirituels avaient lieu dans une salle des Tuileries; ils avaient été créés

qu'elle ne connaissait point encore. A l'ouverture des théâtres, S. M. s'est rendue successivement à l'Opéra, à la Comédie française et à la Comédie italienne. Elle a été accueillie partout avec de grands applaudissements de la part du public ; j'en ai été d'autant plus agréablement surpris que, depuis quelque temps, ce même public s'était occupé outre mesure à gloser sur le goût de la reine pour les jeux de hasard, et sur les inconvénients multipliés qui résultent à Versailles de ce dangereux amusement. On ne peut disconvenir que cette critique ne soit malheureusement trop fondée ; un nombre de gens attachés à la cour, les femmes surtout, qui n'ont ni le désir ni les moyens de jouer gros jeu, s'y voient forcés pour plaire à la reine, et les plus intrigantes d'entre elles se procurent l'avantage d'attirer cette auguste princesse chez elles par l'appât d'un pharaon. Il en résulte toute sorte de facilités et d'occasions prochaines à multiplier les sollicitations, à extorquer des grâces injustes, à inspirer des préjugés contre ceux auxquels on cherche à nuire, et à attiser l'esprit de parti ; d'ailleurs les veillées se prolongent, et, comme elles ne s'accordent point avec le goût et le régime habituel du roi, il s'ensuit une différence trop frappante, et encore plus nuisible, entre le genre de vie du monarque et celui de son auguste épouse.

Le courrier mensuel m'ayant apporté le 10 les ordres de V. M. en date du 31 de mars, j'ai été sur-le-champ présenter les lettres adressées à la reine, qui a ressenti vivement toute la joie que devait lui causer la certitude d'embrasser bientôt S. M. l'empereur. J'ai toujours espéré que cette époque pourrait devenir d'une grande utilité pour la reine, et, d'après les hautes intentions de V. M., si l'empereur daigne me l'ordonner, je mettrai sous ses yeux un tableau si exact de l'état de toutes choses, que S. M. se trouvera à même de se décider sur les moyens qu'elle jugera à propos d'employer pour faire sur son auguste sœur des impressions utiles et durables.

Par une fatalité bien cruelle, je suis depuis deux jours atteint d'une

---

en 1725 par le musicien Philidor, et se donnaient régulièrement pendant le temps de Pâques et à certaines fêtes religieuses de l'année, lorsque les théâtres étaient fermés. Ils ne se composaient que de musique religieuse, ou de symphonies. Ces concerts, qui durèrent jusqu'en 1791, étaient dirigés en 1777 par le musicien Le Gros, et jouissaient d'une grande faveur auprès du public. Les mémoires de Bachaumont racontent cette séance du lundi de Pâques, 1er avril, à laquelle assista la reine. On choisit les morceaux qui avaient eu le plus de succès dans les concerts précédents. La reine applaudit particulièrement une cantatrice italienne nommée Danzi.

maladie douloureuse qui me réduit à ne pas pouvoir me remuer. Des saignées abondantes ont, j'espère, coupé court à ce mal, et j'ose me flatter d'être sous peu de jours en état de suivre S. M. l'empereur.

## XXV. — Mercy a Marie-Thérèse.

*Paris, 7 mai.* — Sacrée Majesté, Le misérable état de santé où je me trouvais lors du départ du dernier courrier m'a empêché d'accuser la réception de la très-gracieuse lettre de V. M. du 11 avril, et je me suis borné à écrire succinctement au secrétaire du cabinet baron de Pichler le peu que j'avais à lui mander dans ce moment-là.

Depuis le 1er de ce mois, S. M. l'empereur a daigné me permettre d'être à sa suite (1). Ce n'est que par ce monarque que V. M. peut apprendre tout ce que sa présence ici a opéré et opère encore journellement d'intéressant par rapport à la reine. Quoique je me fusse à cet égard attendu à de bons effets, j'ose dire que ceux dont je suis témoin ont passé mes espérances. L'empereur a si parfaitement saisi et ménagé les moyens de faire une impression forte sur son auguste sœur que les idées qui lui sont présentées ne peuvent manquer de germer dans son esprit. Ce qu'il y a de très-heureux, c'est que la reine a été d'abord rassurée et confiante. S. M. attaque ses préjugés sans les brusquer, il expose des raisons précises, il en tire des conséquences d'après les exemples antérieurs, et, cette façon de convaincre n'admettant ni réplique ni échappatoires, le bon esprit de la reine se trouve subjugué.

Il n'est point encore possible de juger de l'effet que peut avoir produit la présence de S. M. l'empereur sur le roi. Les dispositions morales de ce prince étaient trop peu préparées pour que les objets, quelque frappants qu'ils soient, agissent sur lui avec une certaine promptitude et énergie. Il n'est pas douteux cependant que les conversations de S. M. l'empereur et le bon exemple qu'il présente en toutes choses, n'aient développé dans l'âme du roi quelques idées dont, par la suite, on reconnaîtra le fruit.

Le point d'utilité essentielle qui me paraît le plus avancé est celui de voir que la reine est plus persuadée par S. M. l'empereur qu'elle ne l'a jamais été ci-devant de la nécessité de se rapprocher du roi, de

---

(1) Joseph II était arrivé à Paris le 18 avril.

ménager son affection, sa confiance, d'être avec lui le plus souvent possible, et de sentir enfin que cet article fondamental de conduite est celui qui doit décider à la longue de son crédit et de l'existence solide et durable de sa position.

J'ose espérer que les premières nouvelles nous apprendront l'entier et parfait rétablissement de la précieuse santé de V. M.

### XXVI. — Marie-Antoinette a Marie-Thérèse.

*Versailles*, 14 *juin*. — Madame ma très-chère mère, Il est vrai que le départ de l'empereur m'a laissé un vide dont je ne puis revenir; j'étais si heureuse pendant ce peu de temps que tout cela me paraît un songe dans ce moment-ci. Mais tout ce qui n'en sera jamais un pour moi, c'est tous les bons conseils et avis qu'il m'a donnés et qui sont gravés à jamais dans mon cœur.

J'avouerai à ma chère maman qu'il m'a donné une chose que je lui ai bien demandée et qui me fait le plus grand plaisir : c'est des conseils par écrit qu'il m'a laissés. Cela fait ma lecture principale dans le moment présent, et si jamais (ce dont je doute) je pouvais oublier ce qu'il m'a dit, j'aurais ailleurs ce papier toujours devant moi qui me rappellerait bientôt à mon devoir.

Ma chère maman aura vu par le courrier qui est parti hier combien le roi s'est bien conduit dans les derniers moments que mon frère a été ici. En tout j'ose assurer à ma chère maman que je le connais bien et qu'il a été véritablement affecté de ce départ. Comme il n'a pas toujours les formes pour lui, il lui est moins aisé de prouver à l'extérieur ses sentiments; mais tout ce que j'en vois me prouve qu'il est bien véritablement attaché à mon frère et qu'il a beaucoup d'amitié pour lui. Dans le moment de ce départ où j'étais le plus au désespoir, le roi a eu des attentions et des recherches de tendresse pour moi que je n'oublierai de ma vie, et qui m'y attacheraient si je ne l'étais déjà.

Il est impossible que mon frère n'ait pas été content de la nation d'ici, car pour lui qui sait examiner les hommes, il doit avoir vu que, malgré la grande légèreté qui est établie, il y a pourtant des hommes faits et d'esprit, et en général un cœur excellent et beaucoup d'envie de bien faire. Il n'y a qu'à bien mener; il en voit un exemple à cette heure dans la marine, dont il est très-content, et dont, j'imagine, il rendra compte à ma chère maman.

Je reçois dans l'instant par la poste une lettre de ma chère maman. Quelle bonté que, dans le moment où elle a tant d'affaires, elle veut bien encore penser à mon jour de nom! Cela me rend bien confuse. Elle veut faire des vœux pour mon bonheur ; ah! le plus grand de tous est de la savoir contente de moi, de mériter toujours ses bontés et de pouvoir lui persuader que personne au monde ne l'aime plus tendrement et plus respectueusement que moi.

## XXVII. — Mercy a Marie-Thérèse.

*Paris, 15 juin.* — Sacrée Majesté, Dans les premiers temps du séjour qu'a fait ici S. M. l'empereur, l'état de ma santé m'a obligé d'interrompre mes très-humbles rapports, et aussitôt que j'ai pu suivre S. M., je n'ai plus eu le temps d'écrire, de façon que je crois devoir aujourd'hui mettre sous les yeux de V. M. un journal détaillé de tout ce qui s'est passé depuis le 18 avril jusqu'au 31 de mai. Je ne pourrai me dispenser de répéter ici une partie de ce que renfermait le journal qui a été adressé à V. M. chaque jour de poste (1), parce que cette répétition est nécessaire pour lier un grand nombre de faits qui n'ont pu être insérés dans le journal susdit, qui a été rédigé dans le temps sous ma dictée.

Le 18 avril S. M. l'empereur arriva à sept heures et demie du soir, et daigna venir d'abord auprès de mon lit, où j'étais fort souffrant ; S. M. parut touchée du chagrin mortel que me causait mon état d'inaction ; après des expressions remplies de bonté, elle monta dans son appartement (2), y soupa, revint à neuf heures auprès de moi, et y resta jusqu'à dix heures et demie. Pendant ce temps, sur l'ordre que l'empereur m'en donna, je lui exposai un tableau fidèle de tout ce qui allait passer sous ses yeux. Je m'attachai particulièrement à tout

---

(1) Ce journal, confié chaque jour à la poste, ne contient que le récit des actes extérieurs et publics du séjour de l'empereur à Paris. Les mémoires du temps fournissent, sur ces mêmes faits, d'abondants renseignements (Voir Bachaumont, la *Correspondance* de Métra, les *Mémoires* de M$^{me}$ de Genlis, de M$^{me}$ Campan, etc.). Il n'en est pas de même des détails intimes que Mercy va nous donner ici sur les rapports entre Joseph II, Louis XVI et Marie-Antoinette ; ces détails n'ont pu être connus le plus souvent que par le témoignage direct de l'empereur ou de la reine.

(2) L'empereur, qui voyageait sous le nom de comte de Falckenstein, demeura, pendant son séjour à Paris, chez le comte de Mercy, au Petit-Luxembourg.

ce qui concernait la reine, et je tâchai de prévoir et de prévenir sur toutes les différentes tournures que pourrait prendre la première entrevue.

Le 19 l'empereur partit à huit heures et un quart, suivi du comte Belgiojoso (1). Il arriva à Versailles à neuf heures et demie; ainsi que je l'avais arrangé d'avance, l'abbé de Vermond se trouva à la portière du carrosse : il conduisit l'empereur, seul, par un escalier dérobé, jusque dans les cabinets de la reine, sans passer par aucune des antichambres, qui étaient remplies de monde. Tous les curieux furent éconduits, et pas une âme ne vit passer l'empereur. Le premier moment entre lui et la reine fut des plus touchants; ils s'embrassèrent et restèrent longtemps dans l'attendrissement et le silence. Ils passèrent dans un arrière-cabinet, où ils restèrent près de deux heures seuls. Ce fut alors que leurs cœurs s'épanouirent; celui de la reine était vivement agité; il le devint plus encore par deux propos que lui tint l'empereur, en marquant toute sa satisfaction de la retrouver telle qu'il la voyait. Il ajouta que, si elle n'était point sa sœur et qu'il pût être uni à elle, il ne balancerait point à se remarier pour se donner une compagne aussi charmante. Le second propos fut de dire à la reine que, si elle devenait veuve sans avoir d'enfants, il désirerait qu'elle revînt vivre auprès de V. M. et de lui. Les deux propos susdits touchèrent la reine au point que, dès ce moment, elle se sentit entraînée à ouvrir son âme à l'empereur, et à lui parler sans détour des points les plus essentiels à sa position. Elle parla d'abord des conjonctures relatives à l'intimité matrimoniale, et V. M. apprendra par S. M. l'empereur que cet article est éclairci autant que possible, même d'une manière satisfaisante. La reine parla ensuite de ses habitudes, de ses dissipations, de son goût pour le jeu, de ses sociétés, des favorites, seul article sur lequel la reine ne s'expliqua pas avec la même franchise qu'elle avait apportée sur tous les autres points. L'empereur, qui s'était d'abord proposé de réserver ses avis pour un autre

---

(1) Le comte Louis-Charles de Belgiojoso était fils d'Antoine de Belgiojoso, créé prince de l'empire en 1769. Il fut ministre d'Autriche à Stockholm en 1764 et ambassadeur à Londres en 1770. Joseph II désira l'avoir à sa suite à Paris, pour faire sa connaissance. Il succéda en 1783 au prince de Starhemberg comme ministre plénipotentiaire aux Pays-Bas autrichiens, charge importante qui donnait le gouvernement effectif du pays, qu'il abandonna en 1787 à la suite des troubles survenus en cette année. Il mourut à Vienne en 1802. (Voir la *Biographie nationale de Belgique* article de M. Gachard, tome II, pages 118-124.)

temps, ne put éviter l'occasion inattendue qui se présentait d'entrer en matière; mais il s'en acquitta avec une circonspection et une douceur qui rendirent de plus en plus la reine confiante et tranquille. L'empereur se borna pour cette fois à quelques observations sur l'importance des objets, et il demanda du temps pour les méditer. La reine le conduisit chez le roi, les deux monarques s'embrassèrent; le roi tint quelques propos qui marquaient un vrai désir de paraître cordial et honnête; l'empereur remarqua l'intention et s'en contenta; avec son esprit et sa bonne grâce il sut, dès le premier moment, mettre le roi à son aise. La reine mena ensuite son auguste frère chez les princes et princesses; ces visites se passèrent sur le même ton d'aisance. L'empereur alla ensuite chez le comte de Maurepas et chez le comte de Vergennes; S. M. dit à ces deux ministres des choses si obligeantes et si bien adaptées à leur personnel, à leur position et à leur tournure, qu'ils furent l'un et l'autre captés au premier abord, mais particulièrement le comte de Maurepas, qui dans la même journée répéta à des gens de sa confiance, et avec une satisfaction extraordinaire, tout ce que l'empereur lui avait dit de gracieux.

S. M. dîna chez la reine avec le roi; la conversation dura longtemps après le dîner, mais elle ne porta que sur des objets généraux. L'empereur passa chez les autres ministres, il trouva le contrôleur général, M. de Sartine et le prince de Montbarey. S. M. revint le soir à Paris et daigna me faire le récit de ce qui s'était passé dans la journée; elle m'ordonna de lui exposer mes remarques, et je m'en acquittai sur une quantité d'objets : 1° sur ceux qui ont trait à la façon de voir et de juger de ce pays-ci et surtout du langage que l'on y tient, et qui quelquefois pourrait facilement induire en erreur; 2° sur la mesure que je croyais utile à garder vis-à-vis de la reine d'après la connaissance que j'ai de son caractère; 3° sur le personnel du roi, des princes ses frères et des princesses, enfin sur les ministres, leur génie, leur influence et leurs entours.

Le 20, l'empereur passa cette journée ainsi que l'a indiqué dans le temps le journal envoyé, auquel, pour éviter trop de répétitions et de longueurs, je me référerai toujours quand il ne s'agira que des visites et courses matérielles dans Paris. S. M. daigna s'entretenir fort longtemps avec moi le matin et le soir.

Le 21 l'empereur alla à Versailles; il passa quelques moments chez la reine, fit des visites chez plusieurs dames et revint dîner chez la reine avec le roi. Après midi, la conversation dura plus de deux heures ; le discours porta sur une grande variété d'objets, même sur des matières d'État. L'empereur trouva que le roi n'était pas absolument dépourvu de connaissances, qu'il paraissait tenir à ses idées plus par obstination que par conviction de raisonnement, qu'il semblait porté à vouloir le bien. L'empereur fit encore quelques visites, entre autres chez la comtesse de Maurepas. S. M. revint chez la reine et, après le concert, alla souper avec elle chez Madame. Le souper fut plus que gai, c'est-à-dire de la part du roi et des deux princes ses frères. Ils se mirent tellement à leur aise qu'au lever de table ils s'amusèrent à des enfantillages, à courir dans la chambre, à se jeter sur les sophas, au point que la reine et les princesses en furent embarrassées à cause de la présence de l'empereur qui, sans paraître faire attention à ces incongruités, continuait la conversation avec les princesses. Madame, dans un mouvement d'impatience, appela son époux et lui dit qu'elle ne l'avait jamais vu si enfant. Tout cela se termina cependant de bonne grâce, sans que l'empereur eût laissé remarquer la surprise que lui avait causé un si étrange spectacle. S. M. se retira ensuite dans son hôtel garni, n'ayant jamais voulu accepter d'autre logement. La reine lui avait proposé un petit appartement en entresol de ses cabinets ; l'empereur en reçut une clef, mais il déclara qu'il ne ferait usage de cet appartement que pour s'y reposer dans quelques moments de la journée.

Le 22 la reine conduisit son auguste frère à Trianon ; ils y dînèrent ensemble sans autre suite que celle de la comtesse de Mailly, dame d'atours, et de la duchesse de Duras, dame du palais. Après le dîner, l'empereur et la reine se promenèrent seuls dans les jardins, où ils eurent une longue conversation. Le monarque reprit les objets essentiels relatifs à la reine et dont elle lui avait parlé elle-même. Il développa ses réflexions, fit un tableau frappant de la position de la reine, des écueils qui l'environnaient, de la facilité avec laquelle elle s'y laissait entraîner par l'appât trompeur des dissipations ; il en présenta les conséquences infaillibles et effrayantes pour l'avenir. Dans ce chapitre furent compris les articles de la négligence envers le roi, des sociétés de la reine, de l'abandon de toute occupation sérieuse, et de la passion pour le jeu. L'empereur, prenant le ton de l'intérêt et de la sensibilité, mit une mesure si juste à ses remontrances qu'elles n'effarouchèrent aucunement la reine. Cette princesse lui fit des aveux plus étendus sur le roi, sur ses entours; elle convint des raisons de l'empereur, en mettant cette restriction « qu'il viendrait un temps où elle suivrait de si bons avis ». La princesse de Lamballe avait fort déplu à l'empereur; la reine convint que, par engouement, elle s'était trompée sur cette favorite et qu'elle était au repentir de l'avoir mise à la place qu'elle occupe. En revanche la reine vit avec plaisir que son auguste frère avait pris assez bonne opinion du duc de Coigny.

Pendant ma maladie, la reine m'avait comblé de grâce en envoyant tous les jours savoir de mes nouvelles, et s'exprimant à Versailles sur mon compte avec une bonté infinie; au premier moment, elle s'en était exprimée ainsi vis-à-vis de l'empereur, et S. M. avait daigné me le dire. Ce même jour 22, la reine m'avait envoyé le matin l'abbé de Vermond; elle me fit proposer quelques doutes, elle craignait qu'en laissant l'empereur seul avec le roi, S. M. n'établît des maximes trop rigides et de nature à écarter l'influence de la reine dans des matières de recommandations, de protection et d'affaires. Je chargeai l'abbé de faire voir à la reine combien elle jugeait mal les intentions de l'empereur, qui, dans ses entretiens particuliers avec le roi, coopérerait très-efficacement à tout ce qui pourrait établir le plus solidement le crédit de la reine; qu'elle devait par conséquent s'occuper des moyens de procurer à son auguste frère le plus d'occasions possible de se lier intimement avec le roi, de lui parler seul et de lui insinuer des principes qui ne pouvaient tendre qu'au plus grand avantage de la reine. S. M. se persuada cette vérité, et depuis ce moment favorisa les entrevues particulières de l'empereur avec le roi.

Le 23 au matin, l'empereur daigna me communiquer tout ce que je viens d'exposer ci-dessus. Je rendis compte à S. M. de mon entretien avec l'abbé de Vermond; elle vit dans la journée quelques objets matériels, alla au spectacle et fit quelques visites.

Le 24 l'abbé de Vermond devait encore revenir en ville dans cette matinée; je proposai à l'empereur de le voir et S. M. se trouva chez moi quand l'abbé y arriva. Je provoquai une conversation intéressante sur le chapitre de la reine; l'abbé parla avec beaucoup de zèle et de franchise, il fit des remarques très-utiles sur les moyens propres à émouvoir la reine. L'empereur traita l'abbé avec beaucoup de bonté et fut fort content de lui. S. M. employa le reste de la journée ainsi que l'a annoncé le journal hebdomadaire.

Le 25 l'empereur vint me trouver de grand matin ; il me communiqua la lettre qu'il écrivait à V. M. (1) et daigna me dire qu'il se proposait d'en faire lecture à la reine. J'observai que cette marque de franchise et de confiance ne pouvait produire qu'un très-bon effet. S. M. I. partit pour Versailles et y resta deux heures, exécuta son projet, et, quoique la reine fût un peu embarrassée de quelques phrases de la lettre qui lui était communiquée, cependant elle fut touchée de cette confiance et en parut infiniment contente. Elle convint avec l'empereur de se retrouver le soir à l'Opéra à Paris ; le monarque se rendit dans la loge de la reine : il voulait s'y tenir caché ; mais, le public marquant un extrême empressement de le voir, la reine prit son auguste frère par le bras et l'attira sur le devant de la loge ; alors tout le théâtre retentit d'acclamations et de battements de mains qui interrompirent le spectacle pendant plusieurs minutes (2). Partout où l'empereur paraît, il est accueilli par les démonstrations les plus vives, son hôtel est toujours entouré d'une foule de peuple qui est enchanté de son air de bonté et d'affabilité. S. M. tâche toujours de cacher sa marche, mais on la devine et il y a toujours une grande affluence sur ses pas.

Le 26 l'empereur alla voir une course de chevaux que donnait M. le comte d'Artois et à laquelle la reine et les princesses étaient présentes. Il y eut un grand déjeuner et cela se passa comme de coutume ; j'avais prévenu l'empereur sur la tournure de ces sortes de divertissements ; S. M. fut peu contente du désordre et de l'espèce de familiarité qui y régnaient. Elle daigna me dire que je lui avais rendu cet objet dans son vrai état naturel. Après midi il alla voir à Paris les princesses du sang, ainsi que la duchesse de la Vallière et la maréchale de Mouchy, ci-devant dame d'honneur de la reine.

Le 27, me trouvant en état de sortir de ma chambre, j'allai à huit heures du matin dans l'appartement de l'empereur, qui daigna me donner une très-longue audience. J'exposai à S. M. dans le plus grand détail les points suivants :

1° Les motifs sur lesquels se fonde l'ascendant de la reine sur son époux. Je fis voir que ce dernier se glorifie des charmes et des qua-

---

(1) Cette lettre ne s'est point retrouvée.
(2) On jouait *Iphigénie en Aulide* de Gluck ; le chœur : « Chantons, célébrons notre reine ! » fut couvert d'applaudissements auxquels s'associa Joseph II

lités de la reine, qu'il l'aime autant qu'il est capable d'aimer, mais qu'il la craint au moins autant qu'il l'aime, ce dont je citai des preuves ; — 2° J'analysai les vrais sentiments de la reine pour le roi ; j'observai qu'elle le négligeait trop et qu'elle l'intimidait souvent ; — 3° Je prouvai que les princes de la maison de Bourbon ne sont tenus que par l'habitude, et surtout par celle qui les accoutume à parler d'affaires ; — 4° Je parlai du danger qu'il y a pour la reine à faire sans cesse des petites demandes, qui, par la frivolité de leurs objets, deviennent des importunités et souvent des injustices ; — 5° Nécessité pour la reine de songer, avec le temps, de former un ministère qui lui soit dévoué. Pour cela il faut apprendre à connaître des sujets, combien les entours de la reine sont peu propres à lui donner cette connaissance ; — 6° Je dépeignis tous ces entours, particulièrement la princesse de Guéménée ; — 7° J'observai le penchant de la reine à la méfiance, qui n'est souvent calmé que par l'appât des amusements ; — 8° Je parlai des fantaisies de la reine, de son goût pour les diamants, de ses dettes, de la complaisance du roi en facilitant les moyens de les payer ; — 9° Je m'étendis beaucoup sur la passion du jeu, sur ses conséquences ; — 10° Je rendis compte de mon système de conduite vis-à-vis de la reine, de ma méthode dans les représentations à lui faire, de mes moyens pour remplir son service, de la nécessité où je m'étais trouvé de m'isoler, de rompre en grande partie avec toute société. Je démontrai que, sans cette précaution, je serais devenu inutile à la reine, et me serais trouvé enveloppé dans toutes les intrigues. J'observai la ressemblance de position et de conduite entre l'abbé de Vermond et moi.

Je ne cite ici que le texte des articles que je déduisis à fond et que j'établis sur des faits notoires ; l'empereur parut satisfait de tout cet exposé.

S. M. partit à dix heures pour Versailles, où elle voulait voir comme la cour s'y tient le dimanche ; elle alla à toutes les fonctions de la journée et assista le soir au grand couvert (1).

S. M., ne recevant à Paris ni visites ni requêtes ni hommages d'ou-

---

(1) Voici comment Joseph II rendait compte à son frère Léopold de cette journée : « Hier j'ai vu célébrer un dimanche à Versailles *in publico* ; le lever, la messe, le grand couvert ; pour moi j'étais confondu dans la foule à tout observer. J'avoue que cela était amusant, et que, jouant la comédie si souvent, je profite de la voir jouer à d'autres ». Lettre à Léopold du 29 avril 1777.

vrages de nature quelconque, on s'adressait à moi toute la journée, et elle ne me suffisait pas pour répondre à des centaines de lettres qui m'arrivaient de toute part.

Le 28 l'empereur revint le matin, et en descendant de voiture il daigna entrer dans mon appartement. S. M. m'apprit que la veille, pour céder au désir de la reine, il l'avait accompagnée dans la soirée chez la princesse de Guéménée, qu'il avait été choqué du mauvais ton de l'assemblage des gens, et de l'air de licence qui régnait chez cette dame. S. M. y avait vu jouer au pharaon ; elle avait entendu elle-même des espèces de reproches faits en présence de la reine à M$^{me}$ de Guéménée sur sa façon suspecte de jouer. L'empereur était indigné de cette indécence ; il avait dit nettement à la reine que cette maison était un vrai tripot ; la reine avait cherché à pallier cette vérité, elle était même retournée après minuit chez la dite princesse sous prétexte qu'elle le lui avait promis ; l'empereur en était mortifié et en concluait une obstination décourageante. J'observai à S. M. que, comme il s'agissait de ramener la reine de fort loin, il n'était pas possible d'effectuer ce changement tout d'un coup, qu'il fallait avec patience tâcher de gagner du terrain peu à peu. S. M. daigna écouter avec bonté quelques moyens que je proposai et qui, quelques jours après, eurent beaucoup d'effet. S. M. alla voir exercer le régiment des gardes suisses ; elle revint le soir un peu indisposée de fatigue et se coucha avant huit heures.

Le 29 l'empereur se rendit à Versailles, y passa la journée ainsi que celle du 30. Il revint le soir et daigna me confier le résultat de ce voyage. Il avait eu avec son auguste sœur deux conversations fort longues et très-satisfaisantes. Dans la première, il avait été question de la nécessité de se rapprocher du roi ; la reine avait fait des réflexions sur ce point important, elle les déduisit elle-même de manière à ne laisser aucun doute qu'elle s'en était occupée. La seconde conversation avait eu le jeu pour objet ; la reine s'était défendue plus faiblement sur cet article, elle était convenue de la justesse des remarques de l'empereur sur la princesse de Guéménée et sa société. En revanche, la reine avait tâché de donner à l'empereur une bonne opinion de la comtesse de Polignac. Par un hasard, peut-être fait exprès, on avait apporté dans ce même moment une lettre de la dite comtesse ; cette lettre, communiquée à l'empereur, était remplie des plus beaux sentiments et des marques du zèle le plus éclairé et le plus pur. On s'attendait que cela produirait un grand effet sur l'esprit de l'empereur ; mais S. M., croyant apercevoir un piége dans toute cette tournure, ne s'y laissa pas prendre. Elle remarqua que, sans contester à M^me de Polignac les bonnes qualités qu'elle peut avoir, cette femme était trop jeune et avait des entours trop suspects pour qu'elle servît à la reine de conseil. L'empereur appuya cette idée sur plusieurs faits dont je lui avais rendu compte, et la reine se trouva dans l'embarras de ne point trouver de réponse. Le roi était survenu, et pour la première fois la reine le laissa seul avec l'empereur. La conversation s'était d'abord établie sur un ton d'aisance et de confiance, le roi parla naturellement de sa position dans l'état de mariage, et « qu'il espérait d'avoir bientôt des enfants ». L'empereur se borna à le confirmer dans cet espoir et ne lui fit d'ailleurs aucune autre question sur cette matière, la reine ne lui en ayant rien laissé ignorer. Le roi parla ensuite de quelques objets du gouvernement intérieur ; ces propos ne furent que vagues, et l'empereur ne voulant ni l'embarrasser, ni marquer de la curiosité, s'en tint à écouter et à ne parler que de manière à entretenir la conversation. S. M. I. fut d'ailleurs assez contente du roi ; il n'en a pas été de même de Monsieur (1). Ce prince a été vis-à-vis de l'empereur dans une sorte de réserve et de décontenancement, desquels il n'est point sorti. Madame a déplu également à S. M., elle a été plus satisfaite de l'air de franchise de M. le comte d'Artois (2). Celui-ci a marqué assez d'empressement à l'empereur, qui lui a dit des vérités utiles, que le jeune prince a écoutées avec quelque apparence d'attention et de reconnaissance.

---

(1) Le manque de sympathie entre Joseph II et le comte de Provence fut réciproque. Ce dernier écrivait au roi de Suède, Gustave III : « L'empereur est fort cajolant, grand faiseur de protestations et de serments d'amitié ; mais, à l'examiner de près, ses protestations et son air ouvert cachent le désir de faire ce qui s'appelle tirer les vers du nez, et de dissimuler ses sentiments propres ; mais il est maladroit, car avec un peu d'encens, dont il est fort friand, loin d'être pénétré par lui, on le pénètre facilement. Il pousse l'indiscrétion en ce cas jusqu'à l'excès. Ses connaissances sont très-superficielles, etc... » *Gustave III et la cour de France* par A. Geffroy, tome II, page 390. — Joseph II, de son côté, écrivait à son frère Léopold : « Monsieur est un être indéfinissable ; mieux que le roi, il est d'un froid mortel. Madame, laide et grossière, n'est pas piémontaise pour rien, remplie d'intrigues, etc. » *Maria Theresia und Joseph II*, par A. d'Arneth, tome II, page 134.

(2) Dans la lettre citée dans la note qui précède, Joseph II écrivait : « Le comte d'Artois est un petit-maître dans toutes les formes. Sa femme, qui seule fait des enfants, est imbécile absolument. »

Mesdames de France ont été très-sensibles aux attentions que leur a marquées l'empereur. Un jour où il était chez Mme Adélaïde, sous prétexte de lui faire voir des portraits, elle le pria de passer dans un cabinet, et y étant seule, elle embrassa l'empereur, en lui disant que cette marque d'amitié devait être permise à une vieille tante. S. M. revint de Versailles le soir.

Le 1$^{er}$ mai. J'avais ménagé de longue main un moyen de procurer à l'empereur des notions bien exactes et détaillées sur les finances de ce pays-ci, sur leur manutention actuelle, et leur vrai état. Je m'étais adressé à cet effet à l'ancien banquier de la cour, Laborde (1), lequel, ayant manié tous ces objets pendant dix à douze ans, les connaît à fond. Cet homme s'étant prêté de la meilleure grâce et avec zèle à ce que je désirais, S. M. lui donna une audience de près de trois heures. Laborde lui présenta les états les plus détaillés sur les revenus du roi, sur la dépense, sur l'organisation du trésor royal, sur les abus dans la manutention générale. Je persuadai encore Laborde de laisser prendre copie de ses mémoires, que j'ai remis ensuite à S. M. (2). Elle alla vers midi chez le sieur de Trudaine (3) pour y

---

(1) Jean-Joseph de Laborde, financier célèbre au XVIII$^e$ siècle par son immense fortune et le noble usage qu'il en fit. Marie-Antoinette le distinguait et l'aimait; il s'en montra digne, quand les jours malheureux arrivèrent, par son dévouement et sa fidélité envers le roi et la reine; il resta en France dans l'espoir de leur être utile, fut emprisonné et périt sur l'échafaud révolutionnaire le 18 avril 1794. Joseph II, en quittant la France, après sa tournée dans les provinces, écrivait à Mercy : « Vous voudrez bien témoigner à M. de Laborde de ma part combien m'ont été utiles, en me procurant de bonnes connaissances, les adresses qu'il m'avait données dans toutes les places marchandes, pour les informations relatives au commerce du lieu. Ornez cette épître, je vous prie, car cet honnête homme ne se paie que de cette monnaie. Genève, 13 juillet ». (*Correspondance inédite de Joseph II et Mercy*, Archives de Vienne.)

(2) Les archives de Vienne possèdent un dossier considérable de communications faites à l'empereur pendant son séjour en France : mémoires sur le commerce, les manufactures, les finances, l'organisation militaire, etc.

(3) Les Trudaine furent toute une famille illustre au XVII$^e$ et XVIII$^e$ siècle. Le premier, prévôt des marchands et conseiller d'État, fut disgracié sous le Régent pour s'être opposé aux actes de dilapidation dont il était témoin dans l'administration des finances. Son fils fut intendant des finances et directeur des ponts et chaussées. Sous sa direction s'exécutèrent les grands travaux de routes et de ponts qui contribuèrent à la prospérité de la France sous Louis XV. Enfin le troisième Trudaine, fils du précédent, lui succéda dans toutes ses charges et fut comme lui membre de l'Académie des sciences ; il mourut vers la fin de l'année 1777 quelques mois après la visite de Joseph II. Il laissait deux fils distingués, amis du peintre David, qui fit pour l'un d'eux son tableau de la mort de Socrate, et du poëte André Chénier. Ils partagèrent les espérances de ce dernier au commencement de la révolution, mais bientôt

examiner tout ce qui a trait aux ponts et chaussées. Tout le corps des ingénieurs de ce département présentèrent les modèles, machines et plans ; ils furent tous surpris des questions que leur fit l'empereur, et de sa pénétration à approfondir et saisir les objets. Je commençai ce jour là à me mettre à la suite de S. M. ; ce ne fut qu'avec peine que j'en obtins la permission, mais j'observai à l'empereur qu'il m'importait infiniment d'être témoin de la façon dont on lui présentait les choses, parce qu'ayant connaissance des prestiges que l'on cherche souvent à mettre ici aux objets, je serais dans le cas de dévoiler à S. M. la vérité, et en effet j'ai eu lieu plus d'une fois de lui faire remarquer des nuances par lesquelles on aurait voulu lui masquer les inconvénients et les défauts qui se trouvent mêlés ici avec les choses les plus utiles. Après midi, S. M. alla voir le garde-meuble du roi (1) ; elle se rendit ensuite à la Comédie française où la reine était venue. Cette auguste princesse ayant appris que j'étais au théâtre, me fit dire d'aller dans sa loge ; l'empereur y était, ainsi que Madame et M$^{me}$ la comtesse d'Artois. La reine daigna me marquer avec une bonté infinie qu'elle avait pris part à ma maladie, et qu'elle voyait avec plaisir que j'étais en état de suivre maintenant S. M. I.

Le 2, de grand matin, l'empereur alla voir l'hôpital général nommé la Salpétrière. Il passa ensuite à la maison de force à Bicêtre. Au retour, l'abbé de Vermond m'attendait chez moi ; S. M. s'entretint quelque temps avec cet ecclésiastique. Je tournai la conversation sur les points les plus intéressants à la reine, et j'interpellai l'abbé de manière à le faire parler sur les moyens les plus propres à persuader cette princesse des vérités qui lui sont utiles. Mon objet était que

---

aussi son indignation des excès révolutionnaires. Enfermés dans la même prison, à Saint-Lazare, ils montèrent sur l'échafaud un jour après lui, le 8 thermidor.

(1) Le garde-meuble occupait l'hôtel, situé au coin de la rue Royale et de la place Louis XV (de la Concorde), qui est devenu aujourd'hui le ministère de la marine ; il avait été construit pour remplacer en 1758 l'hôtel du petit Bourbon, démoli pour agrandir la place du Louvre. Au garde-meuble étaient conservées de fameuses et admirables tapisseries : L'histoire de Josué, les Actes des apôtres, l'histoire de Psyché, les batailles de Scipion, les chasses de l'empereur Maximilien, d'après les dessins de Raphaël, Jules Romain, Albert Dürer, et bien d'autres encore des XVI$^e$ et XVII$^e$ siècles, qu'on exposait autour des murailles du Louvre pour la procession de la Fête-Dieu et en d'autres occasions solennelles. On allait encore y admirer une quantité de meubles anciens et précieux : miroirs, bronzes, pièces d'orfévrerie, étoffes ; des armes anciennes, les armures de François I$^{er}$, Henri II, etc...

l'empereur vit l'uniformité de mes idées et de ma marche avec celle de l'abbé; nous ne nous étions point concertés et nous nous trouvâmes d'accord sur tous les points. L'empereur marqua beaucoup de bonté à l'abbé de Vermond; après midi S. M. alla voir le Colisée (1), ensuite l'Opéra, après lequel elle fit une visite à la duchesse de Praslin (2), et au général baron de Koch, qui était malade.

Le 3 S. M. vit la manufacture des Gobelins, le Cabinet d'histoire naturelle du roi au Jardin des plantes. M. de Buffon, qui en est le directeur, se trouvant malade, S. M. l'empereur voulut le voir dans son appartement, et dit à ce vieillard célèbre des choses remplies de grâce; après midi S. M. partit pour Versailles, d'où elle ne revint qu'à une heure après minuit.

Le 4 l'empereur, à l'heure de son lever, me dit que, la veille, il avait eu une conversation longue et vive avec la reine, qu'il avait parlé avec force sur les inconvénients de la société de la princesse de Guéménée, qu'il avait repris l'article du jeu et insisté sur les conséquences de ce dangereux amusement. Par les expressions que S. M. daigna me répéter, et par les réponses de la reine, il me parut que la conversation avait été un peu orageuse; j'en exposai la remarque, en soumettant aux lumières de S. M. s'il n'y aurait pas quelque risque à serrer trop la mesure. Ce jour le roi invita l'empereur à venir le voir dans son particulier quand cela conviendrait à S. M. I. Dans la matinée, l'empereur alla au jardin du duc de Chartres (le jardin du Palais-Royal), après midi à la Comédie française, ensuite chez M. de Necker, et il passa le reste de la soirée au Palais-Royal chez la duchesse de Chartres. S. M. avait daigné me confier les papiers qu'elle avait reçus par le dernier courrier; j'en pris occasion de lui rendre compte de plusieurs circonstances politiques relatives à ma mission, et au contenu de mes dépêches d'office. Cela me conduisit à des observations sur le personnel des ministres français, et à un nombre d'objets relatifs à l'intérieur de ce royaume.

---

(1) Le Colisée était un vaste monument entouré de jardins, et destiné à des fêtes de tous genres : spectacles, fêtes nautiques, feux d'artifice, etc. Il avait été construit en 1776, la dépense en fut évaluée à 2,700,000 fr. Cette entreprise ne répondit point aux espérances des spéculateurs qui l'avaient faite; le Colisée et ses fêtes furent bientôt hors de mode; il fût démoli en 1784. Il était situé entre les Champs-Élysées et le faubourg Saint-Honoré. La rue actuelle du Colisée en conserve le souvenir.

(2) La duchesse de Choiseul-Praslin, dont le mari avait été ambassadeur à Vienne.

Le 5 je me rendis de grand matin à Versailles, avant l'empereur. Après avoir parlé d'affaires avec le comte de Vergennes, j'allai chez la reine, qui me confia tout l'essentiel des conversations qu'elle avait eues avec son auguste frère. Je vis avec grand plaisir que le dernier entretien n'avait point occasionné de nuages. La reine me fit lecture de la lettre qu'elle écrivait à V. M.; elle m'ajouta des expressions très-touchantes sur le contentement où elle était de l'empereur, sur les vraies marques d'amitié qu'il lui donnait, sur ses conseils dont elle reconnaissait toute l'utilité.

Je répondis à tout cela de la manière qui me parut la plus propre à confirmer la reine dans des dispositions aussi raisonnables; elle me fit ensuite quelques remarques, dont la première portait sur sa surprise de ce que l'empereur était si bien instruit de tout ce qui la regardait. J'observai que l'empereur devait toutes ses notions à la justesse de son coup d'œil, et au grand intérêt qu'il mettait aux objets qui concernent la reine. Je lui démontrai ensuite que, vu l'état où toutes choses se trouvaient ici, il était fort aisé de les remarquer; que d'ailleurs la confiance très-bien placée que la reine avait marquée dans les premiers instants à l'empereur était plus que suffisante pour l'éclairer; qu'au reste il aurait été contre tout sentiment et toute raison de chercher à se cacher vis-à-vis d'un frère que rien ne conduit dans ce pays-ci que sa tendresse pour une sœur à laquelle il désire si ardemment d'être utile. J'eus occasion de parler fort au long sur ce texte, et je tâchai de ne rien oublier de ce qu'il y avait à dire. Je vis clairement que la reine avait l'âme émue par le langage de l'empereur, et qu'elle était disposée à des réflexions sérieuses. S. M. I. arriva vers midi, elle dîna avec la reine; à quatre heures je suivis l'empereur au débotté du roi, qui revenait de la chasse. Les deux monarques firent la conversation ensemble, devant les courtisans qui se trouvaient présents. L'empereur repassa un moment chez la reine; il alla voir ensuite le comte de Saint-Germain et eut avec lui une longue conversation sur les objets militaires. Le ministre parla avec assez d'ouverture; il se plaignit de la légèreté de la nation et de la difficulté de l'assujettir à la règle. L'empereur remarqua avec grâce que M. de Saint-Germain trouverait plus de facilité que bien d'autres à remplir une tâche difficile, « parce qu'il y apportait la « constance d'un philosophe et le courage d'un soldat ». La reine envoya appeler l'empereur pour le conduire à l'opéra de *Castor et*

*Pollux* (1), qui était représenté sur le grand théâtre de Versailles. Le même jour j'eus une conversation avec les comtes de Maurepas et de Vergennes ; le premier me dit toutes les marques de bonté que lui avait données l'empereur ; ce vieillard m'en parut pénétré, et je lui fis plusieurs petits commentaires qu'il écouta avec grand plaisir. Le langage du comte de Vergennes fut à peu près de la même tournure.

Le 6 la reine conduisit l'empereur à la revue des deux régiments des gardes françaises et suisses (2). Leurs Majestés dînèrent à la Muette et retournèrent à Versailles ; l'empereur y écrivit sa lettre à V. M.; il la communiqua à la reine en lui disant que c'était à l'archiduchesse d'Autriche et non à la reine de France qu'il marquait cette confiance. La lettre traitait de la personne du roi, de son ministère et du gouvernement intérieur de ce pays-ci ; S. M. daigna me faire lecture de cette même lettre. L'empereur passa la soirée chez la reine, où se trouvèrent la comtesse de Polignac et le duc de Coigny ; la conversation fut très-vague ; l'empereur ne prit pas une grande idée de la portée de l'esprit de M$^{me}$ de Polignac, mais il la traita très-bien.

Le 7 S. M. revint en ville à neuf heures du matin ; elle daigna s'entretenir longtemps avec moi de tout ce qui s'était passé la veille. L'empereur témoigna douter de l'effet que ses avis pourraient produire sur la reine ; je l'assurai que, pourvu qu'il y mît de la patience, beaucoup d'amitié, de sensibilité et point de roideur, il obtiendrait un peu pour le présent, beaucoup plus pour l'avenir. Je dévoilai beaucoup de nuances du caractère de la reine ; l'empereur avoua qu'il avait été surpris de la trouver telle qu'elle est, qu'il ne lui avait jamais supposé tant de sagacité et d'esprit. En rendant compte de mes entretiens de la veille avec les ministres, j'eus occasion de faire sur eux toutes les remarques qui se rapportent aux affaires et au système d'après lequel on les traite ici (3). Je mis sous les yeux de S. M.

---

(1) Opéra de Rameau, paroles de Gentil Bernard, joué pour la première fois en 1737.

(2) Cette revue, qui fut passée par le roi, eut lieu, selon l'ordinaire, dans la plaine des Sablons, attenante au bois de Boulogne.

(3) Joseph II expliquait ainsi à son frère ce qu'il croyait voir de la manière de gouverner en France : « Chaque ministre dans son département est maître absolu, mais avec la crainte continuelle d'être, non dirigé par le souverain, mais déplacé. Par là chacun ne tend qu'à se conserver, et aucun bien ne se fait s'il n'est analogue à cette vue. Le roi n'est absolu que pour passer d'un esclavage à un autre. » Lettre à Léopold du 11 mai 1777.

mes dépêches et toutes les lettres que j'écrivais par le courrier. Dans le reste de la journée, l'empereur alla voir des objets de curiosités matérielles.

Le 8 l'empereur alla voir le matin après la messe l'Imprimerie royale (1), la manufacture de la Savonnerie (2), le cabinet de physique du roi établi à Passy (3), et le château du Luxembourg. S. M. fit faire un présent d'une boîte émaillée et d'une médaille d'or à l'abbé de l'Épée, qui instruit les sourds et muets. S. M. avait vu l'avant-veille cette école ; elle avait été très-satisfaite de l'homme zélé et vertueux qui la dirige gratuitement. La marque de bonté que S. M. donna à l'ecclésiastique susdit ne fut point ignorée dans le public, et y produisit le meilleur effet (4). Depuis quelques jours, l'empereur m'ordonnait d'aller seul en voiture avec lui ; les Messieurs de la suite étaient dans une seconde voiture, pour que S. M. pût chemin faisant me parler sans témoin. Elle daigna me dire, entre autres, qu'elle avait été choquée du maintien trop libre de M. le comte d'Artois vis-à-vis de la reine ; je n'oubliai aucune des remarques et des conséquences qui tenaient à cet inconvénient, et je traitai fort au long le chapitre de la décence. En récapitulant ainsi chaque jour quelque nouvelle matière, V. M. daignera observer, par le contenu de ce journal, qu'il n'a été omis aucun objet qui pût intéresser la reine. Je prévins l'empereur sur les présents que je savais qui lui seraient offerts de la part du roi, savoir : trois des plus belles tentures de tapisserie des Gobelins, plusieurs tapis de la Savonnerie et un service de porcelaine de Sèvres ; tous ces objets formant à peu près une valeur de cent

---

(1) L'Imprimerie royale était alors au Louvre.

(2) La Savonnerie était une fabrique royale de tapis, fondée au Louvre par Henri IV en 1604. On chercha particulièrement à y imiter les tapis du Levant. Elle fut transportée en 1615 dans les bâtiments d'une fabrique de savon, quai de Billy. Cet établissement a été réuni en 1828 à celui des Gobelins.

(3) Le cabinet de physique de Passy fut établi près de la Muette, par Louis XV, en 1755, dans une maison particulière, acquise d'abord par M$^{me}$ de Pompadour et ensuite par le roi. Il fut dirigé d'abord par Dom Noël, bénédictin de la congrégation de Saint-Maur, qui eut le titre de garde et démonstrateur du cabinet de physique du roi. En 1760, le cabinet fut installé dans un pavillon construit à cet effet à une extrémité du jardin de la Muette, et dès lors fit partie du département des bâtiments du roi. Rochon en fut nommé, en 1775, garde et démonstrateur pour la partie de l'optique.

(4) Cette visite eut un grand retentissement dans Paris. L'abbé de l'Épée et son école, qui n'avaient point excité grand intérêt jusque là, devinrent à la mode, tout le monde voulut les avoir vus.

cinquante à deux cent mille livres. S. M. aurait voulu éviter ces présents; je lui exposai que cela serait presque impossible, s'agissant d'une galanterie personnelle du roi. Après midi l'empereur retourna à Versailles; dans ce moment la reine était chez la princesse de Guéménée; l'empereur ne voulut point s'y rendre et préféra de passer deux heures chez Mme Adélaïde; la reine remarqua cette leçon tacite.

Le 9 l'empereur alla à la chasse avec le roi; ils montèrent en voiture ensemble; au retour S. M. I. détermina, avec quelque peine, la reine à aller trouver le roi dans son appartement. Elle s'y rendit cependant et le ramena peu de temps après chez elle, où on joua au billard jusqu'au moment du souper, qui eut lieu chez Madame. Dans cette journée et la précédente, l'empereur avait eu des conversations particulières avec le roi. Il en avait eu aussi avec la reine; les avis avaient été donnés avec un peu plus de force et il en était résulté de petites altercations.

Le 10 l'empereur revint de grand matin de Versailles; il se rendit en droiture au dépôt des gardes françaises; après avoir examiné cet établissement, S. M. alla voir quelques artistes, des maisons et jardins de particuliers; après midi elle assista à une assemblée de l'Académie des sciences (1); elle alla ensuite à la Comédie française, de là chez la duchesse de Bourbon, et elle rentra, comme de coutume, à dix heures. Tous les soirs S. M. daignait faire une demi-heure de conversation avec moi sur ce qui s'était passé dans la journée. Il fut question des petits mouvements d'humeur que la reine avait marqués la veille. J'observai à l'empereur qu'il était important de ne point laisser germer cette disposition à l'aigreur, que cela gâterait tout, que je croyais qu'il fallait s'assurer de quelques points essentiels, sans songer à porter trop tôt la réforme sur de moindres objets, et que surtout la voie d'une persuasion amicale et raisonnée était la seule qui pût être employée avec succès.

Le 11 S. M. me prit en voiture avec elle, et en chemin faisant vers une église où elle voulait entendre la messe, elle me dit avoir

---

(1) Il assista à la lecture faite par Lavoisier d'un mémoire *sur les altérations qui arrivent à l'air... et sur les moyens de le ramener à l'état d'air respirable;* diverses expériences furent faites en séance à ce sujet; on lut ensuite un rapport sur un perfectionnement à apporter à la fabrication des poudres et on présenta à l'Académie deux fusils d'un nouveau modèle, d'un tir plus rapide et d'une plus longue portée que ceux en usage.

beaucoup pensé à ce que je lui avais exposé la veille, et que cela la déterminait à aller tout de suite à Versailles. J'ajoutai encore quelques remarques à mes observations précédentes ; l'empereur partit à onze heures et demie pour Versailles, où il passa le reste de la journée ; il revint cependant en ville le même soir.

Le 12, en allant à l'École vétérinaire, située à une lieue de Paris (1), S. M. daigna me dire qu'elle avait eu la veille une conversation fort affectueuse et tendre avec la reine, que le ton d'amitié et de gaieté de l'empereur avait rétabli la confiance et la bonne volonté de la reine, qu'elle avait demandé d'elle-même des points par écrit pour lui servir de règles dans sa conduite à venir. Le reste de la journée fut employé à voir des objets de curiosité ; S. M. se retira de bonne heure.

Le 13 l'empereur alla de bonne heure voir le château et les jardins de Bellevue (2) ; il se rendit ensuite à Trianon, où il dîna avec la reine. Cette auguste princesse m'avait ordonné d'y venir après midi avec les comtes de Belgiojoso, de Colloredo et Cobenzl (3). Nous y arrivâmes à cinq heures ; on se promena dans les jardins, où il y eut différents petits spectacles amusants. Madame et M<sup>me</sup> la comtesse d'Artois s'y trouvaient, mais avec une suite très-bornée. On passa dans les cabinets de la reine, où on attendit l'arrivée du roi, qui vint avec Monsieur et une suite assez nombreuse en hommes. M<sup>me</sup> Sophie et M<sup>me</sup> Élisabeth arrivèrent en même temps ; on soupa à neuf heures ; on se rendit à dix heures et demie au spectacle, qui dura jusqu'à près de deux heures ; cette fête, très-bien ordonnée, devint charmante par les grâces que la reine y déploya envers un chacun. Le roi y mit de la gaieté, et, autant que le comporte sa tournure, il parut attentif envers l'empereur. Je remarquai dans cette occasion, ainsi que dans plusieurs autres, combien S. M. I., par l'aisance de son maintien, sait allier la forme de l'incognito avec une

---

(1) L'École vétérinaire, fondée en 1766, était et est encore à Alfort, à 8 kil. de Paris.

(2) Le château de Bellevue, on le sait, appartenait à Mesdames. Voir la note de la page 17, tome I.

(3) Le comte Jean-Philippe de Cobenzl, né à Laybach en 1741, s'était distingué dans l'organisation des douanes. Au retour de son voyage à la suite de Joseph II, il fut employé dans la diplomatie ; il négocia pour l'Autriche la paix de Teschen en 1779. Après la paix de Lunéville, en 1801, il vint en France comme envoyé extraordinaire. Il mourut à Vienne en 1810. Son cousin, le comte Louis de Cobenzl, eut un rôle plus important encore comme diplomate et homme d'État.

contenance de supériorité, laquelle, sans rie... tous les hommages. Il paraissait être le père de toute la ...ale, et il a toujours conservé cette forme depuis son début à ...our jusqu'au moment de son départ.

Le 14, l'empereur avait passé la nuit à Versailles; il alla voir le matin la grande et la petite écurie, la machine de Marly et le pavillon de Louveciennes (1). La comtesse du Barry, qui a conservé cette possession, s'y trouvait alors; l'empereur la rencontra dans les jardins et fit avec elle quelques moments la conversation; S. M. trouva la dite comtesse telle que j'ai été dans le cas de la dépeindre. A son retour par Versailles, l'empereur eut un entretien particulier avec le roi, qui lui fit de nouvelles confidences sur son état de mariage; mais c'est à l'empereur seul qu'il doit être réservé de rendre compte de cet objet à V. M. Dans une visite que S. M. I. fit au comte de Maurepas, ce ministre parla avec beaucoup d'ouverture et d'apparence de zèle sur ce qui regarde la reine. Encouragé par des propos très-sages et très-habiles de l'empereur, le vieux ministre parut désirer que S. M. le protégeât auprès de la reine, et qu'il intercédât pour la grâce entière du duc d'Aiguillon, auquel il est interdit de paraître à Versailles. L'empereur, sans s'engager positivement, dit tout ce qu'il fallait pour rendre le ministre confiant et de bonne volonté; S. M. revint le soir à Paris.

Le 15 S. M. alla entendre plaider une cause au parlement; elle employa le reste de la matinée à voir des maisons particulières. Dans cette tournée je présentai à l'empereur quelques réflexions sur la demande que lui avait faite la reine d'un règlement par écrit. J'observai qu'en se prêtant à cette proposition, il y avait deux inconvénients à prévoir : 1° celui des confidences qui échapperaient un jour ou l'autre à la reine; 2° qu'ensuite du peu d'habitude de cette princesse à s'occuper de choses sérieuses, on ne pouvait se flatter qu'elle relût souvent un papier dont le contenu serait aussi détaillé que le devait être un règlement raisonné. Je pris la liberté de proposer une forme plus simple et à coup sûr plus efficace; cette forme était qu'il plût à

---

(1) Le pavillon de Louveciennes ou Luciennes avait été construit en 1772 pour M$^{me}$ du Barry avec un luxe scandaleux. Louis XVI, après avoir fait subir à la favorite un court exil au couvent du Pont-aux-Dames, lui avait permis de rentrer en possession de Louveciennes et d'y habiter.

l'empereur d'écrire très en abrégé et de sa main l'intitulé de quelques points les plus essentiels comme par exemple : Devoirs de la reine envers le roi; Article des jeux de hasard; Choix des entours; Dangers à éviter à cet égard; Application aux choses utiles et sérieuses.

Je proposai que cette espèce de bordereau fût remise par l'empereur, et qu'il demandât à la reine si elle consentait que de temps à autre il lui écrivît, et la questionnât sur ces mêmes objets. D'après la connaissance que j'ai du caractère de la reine, je suis assuré qu'ayant donné le consentement susdit, elle se croirait liée à recevoir des avis et à y répondre, ce qui deviendrait toujours pour la suite un moyen très-utile. S. M. I. daigna goûter cette idée et me dit qu'elle la suivrait. L'empereur alla dîner à Choisy, où toute la famille royale l'attendait; il communiqua à la reine la lettre écrite à V. M., qui devait partir le lendemain par le courrier. La reine fut frappée d'un passage de cette lettre où l'empereur marque qu'il présume que son auguste sœur a senti la force de ses avis, qu'il croit qu'elle en profitera, mais que ce ne sera qu'après le départ de l'empereur, pour ne pas paraître avoir cédé à sa manière de voir et de penser. La reine, avec franchise, avoua à son auguste frère qu'il l'avait devinée dans ce point, et qu'elle s'était proposé de lui dire la même chose un moment avant qu'il ne partît. Il y eut spectacle à Choisy et souper; S. M. I. en revint après minuit.

Le 16 elle monta à cheval et alla voir exercer le régiment des gardes françaises; le reste de la matinée fut employé à voir des curiosités et à lire les dépêches arrivées par le courrier Kleiner. Après midi l'empereur se rendit à l'Académie des inscriptions et belles-lettres (1); il alla ensuite trouver la reine à l'Opéra, lui remit les lettres à son adresse arrivées par le courrier, et reçut celles que la reine avait écrites. Après le spectacle, l'empereur rentra pour travailler à l'expédition du courrier Zinner.

Le 17 S. M. se rendit à neuf heures à Saint-Denis pour y voir M<sup>me</sup> Louise; l'empereur entra dans l'intérieur du couvent, et les

---

(1) On demanda au comte de Falckenstein de présider l'assemblée, ce qu'il refusa; il prit séance et assista à la lecture de fragments choisis dans cinq mémoires différents pour lui donner une idée des travaux divers dont s'occupait l'Académie; à la fin de la séance on lui demanda d'accepter un jeton de présence; on en donna de même aux personnes qui l'accompagnaient. (Voir la *Gazette de France* du 26 mai 1777, page 371.)

quatre personnes de sa suite, au nombre desquelles j'étais, y furent admises. On parcourut d'abord tout le cloître ; pendant ce temps les propos eurent pour objet les détails de la vie religieuse de cette maison. M<sup>me</sup> Louise resta seule ensuite avec l'empereur, et eut un entretien de près de trois quarts d'heure. Au sortir de ce couvent S. M. alla voir l'abbaye de Saint-Denis ; elle se promena au retour dans quelques maisons de campagne situées sur la route de Paris. Après midi elle assista à une séance de l'Académie française (1); elle passa une heure à la comédie et se rendit le soir à Versailles.

Le 18 S. M. I. fut présente à la cérémonie de l'ordre du Saint-Esprit (2). Le duc de Choiseul était revenu de ses terres pour assister à cette fonction ; il saisit cette occasion de faire sa cour à l'empereur. Il s'était présenté la veille à l'hôtel, mais ce ne fut que dans l'antichambre du roi qu'il vit S. M. I. ; elle traita le duc avec bonté, lui parla assez longtemps, mais d'objets indifférents, et l'empereur évita ensuite de se trouver dans les endroits où il prévoyait pouvoir rencontrer le duc, qui ne sera pas fort content d'avoir tiré si peu de parti du séjour de l'empereur en France. Ce même jour S. M. alla

---

(1) La Harpe, dans sa *Correspondance littéraire*, tome II, page 106, raconte ainsi cette séance : « Nous étions quinze lorsque l'empereur nous a fait l'honneur de venir ; il s'est fait nommer tous les académiciens par le maréchal de Duras, l'un de nos confrères. D'Alembert a lu quelques synonymes dans le goût de l'abbé Girard ; le dernier était *simplicité et modestie*; et en définissant la simplicité dans les grands, il avait eu l'art de rassembler plusieurs traits qui regardaient l'empereur, et dont ce prince parut saisir l'application, quoique avec l'embarras de se reconnaître dans ses propres louanges. D'Alembert lut ensuite quelques anecdotes sur Fénelon à propos desquelles il sut amener, sans affectation, un morceau sur la manière de voyager convenable aux princes et qui caractérisait l'empereur. Je récitai quelques fragments d'une imitation en vers du premier chant de la Pharsale, et Marmontel des morceaux d'une épître sur l'histoire... L'empereur se leva après une heure et demie, et s'adressant à d'Alembert s'informa des détails relatifs à l'Académie, s'exprimant de la manière la plus flatteuse. Il traita d'Alembert en particulier avec toute sorte de distinctions, s'informant de sa santé, des voyages qu'il devait faire à Berlin et des raisons qui l'empêchaient. D'Alembert répondit que sa santé toujours faible ne lui permettait pas les longs voyages ; il ajouta : J'aurais voulu être à Neiss quand le roi de Prusse y reçut l'empereur, mais à présent je n'ai plus rien à regretter. — J'aurais été bien fâché, dit l'empereur, de ne pouvoir dire du plus grand capitaine de mon siècle : je l'ai vu ; c'est un disciple qui allait voir son maître. — Il finit par promettre à l'Académie son portrait. »

(2) Cette cérémonie consista dans une réunion du chapitre tenue dans le cabinet du roi, qui y proclama de nouvelles nominations. Puis, revêtu du manteau et du collier de l'ordre, le roi se rendit solennellement à la chapelle du château, suivi des princes de la famille royale, et de tous les membres de l'ordre ; après la messe, il fut ramené dans son appartement par le même cortège. Le soir il y eut réception et gala à la cour. Voir la *Gazette de France* du 23 mai 1777, page 359.

voir la comtesse de Brionne, qui avait demandé une audience à S. M. La comtesse lui parla d'abord avec une extrême chaleur sur les avantages, souvent contestés, dont jouit ici la branche de la maison de Lorraine qui s'y trouve fixée. M^me de Brionne insista de la façon la plus pressante sur son projet de mariage de son second fils avec la jeune princesse de Montmorency (1). L'empereur, avec gaieté, esprit et grâce, éluda toute proposition captieuse, et il se borna à promettre de rendre compte en son temps à V. M. de tout ce qui avait été dit dans cette conversation. L'empereur en eut une après midi avec le roi et la reine ; cette conversation porta sur des objets variés, mais sérieux et intéressants. S. M. I. amena le discours sur le bonheur du roi d'avoir eu au commencement de son règne un ministère sage et tranquille. L'empereur ajouta que « si le duc de Choiseul avait été en place, sa tête inquiète et turbulente aurait pu jeter le royaume dans de grands embarras ». L'empereur remarqua que le roi applaudissait fort à cette observation, mais S. M. I. crut voir en même temps qu'elle déplaisait à la reine. Dans d'autres occasions j'ai exposé les idées de cette princesse sur le duc de Choiseul. La reine a toujours paru fort éloignée de le vouloir dans le ministère ; mais le parti du duc, qui environne la reine, lui représente sans cesse qu'à la mort de M. de Maurepas il n'y a que deux sujets qui puissent le remplacer, savoir : le duc de Choiseul ou le duc d'Aiguillon. Ce parallèle est un piège que l'on tend à la reine, et j'ai soumis aux lumières de l'empereur s'il ne serait pas utile qu'il détrompât son auguste sœur ; j'en ai en même temps suggéré les moyens. Le roi reprit encore l'objet de son état de mariage et fit à cet égard de nouvelles confidences à l'empereur.

Le 19 le comte de Vergennes conduisit l'empereur au dépôt des affaires étrangères. S. M. eut avec le ministre susdit une conversation sur les matières politiques du moment. Le comte de Vergennes se para beaucoup de son humeur pacifique ; l'empereur lui remit une lettre adressée à V. M., et dont le courrier du baron de Breteuil devait être chargé. S. M. I. revint à Paris pour le moment de la Comédie française ; au sortir du théâtre, elle alla passer le reste de la soirée chez la duchesse de Cossé.

Le 20 l'empereur avait grand désir de connaître l'archevêque de

---

(1) Voir plus haut la note de la page 15.

Toulouse (1), et pour éviter tout propos et remarques, j'arrangeai cette entrevue de manière qu'elle eût lieu chez le général baron de Koch. L'archevêque parla avec beaucoup de franchise et sur les objets les plus importants du gouvernement; il les déduisit avec une sagacité qui plut infiniment à l'empereur, et S. M. prit une très-bonne idée du prélat. J'étais allé dans cette même matinée à Versailles, où j'eus une audience d'une heure chez la reine; elle daigna me confier tous ses entretiens avec son auguste frère; elle parla de lui avec une vraie tendresse, et convenant de l'utilité et de la sagesse de ses avis, elle ne se récria un peu que sur la forme, selon elle trop sévère, sous laquelle ces mêmes avis étaient donnés. Je représentai à la reine que cette franchise de l'empereur était précisément ce qui devait le plus la satisfaire et la toucher; j'observai qu'il aurait été très-facile à ce monarque de prendre des détours pour insinuer ce qu'il trouve raisonnable, mais qu'en prenant cette méthode c'eût été faire injure au bon esprit et au sentiment de la reine. Je lui représentai avec énergie que ce n'était que le désir de son bonheur et de sa gloire qui pût dicter à l'empereur le langage qu'il lui tenait, et qu'il était impossible qu'elle méconnût cette vérité. En analysant différents objets, je vis bien clairement que la reine était persuadée sur plusieurs points essentiels; elle m'assura qu'elle agirait en conséquence, mais après le départ de l'empereur, « parce qu'elle ne vou-« lait point avoir l'air d'être conduite. » Elle crut avoir été grondée par V. M. au sujet de son portrait; je lui représentai qu'elle prenait comme réprimande ce qui n'était qu'un reproche tendre, que d'ailleurs la reine ne pouvait se dissimuler la faute de n'avoir pas mis assez d'empressement et de soin dans une chose que V. M. désire. La reine me parla ensuite de l'envie qu'elle avait que la comtesse de Polignac réussît auprès de l'empereur.

Le comte de Vergennes m'avait dit l'entretien de la veille avec S. M. I., et le comte de Maurepas, en me parlant avec joie des bontés que lui avait marquées ce monarque, ne me dissimula pas le désir qu'il avait d'en éprouver des effets en obtenant par l'intercession de l'empereur le retour du duc d'Aiguillon à la cour. Je fis sur ce sujet des phrases honnêtes pour le vieux ministre, sans trop m'arrêter sur le fond de l'objet.

---

(1) Loménie de Brienne.

A mon retour, je rendis compte à S. M. I. de tout ce que ci-dessus, et je pris la respectueuse liberté de proposer un langage conciliant vis-à-vis de la reine, et de ne point la contrarier ouvertement sur la comtesse de Polignac, attendu que pour le présent cela serait inutile, et que d'ailleurs cet engouement de la reine, qui n'est pas le mal le plus pressant, se dissiperait peu à peu de lui-même.

L'empereur, après la Comédie française, se rendit à Versailles pour y souper dans les cabinets.

Le 21 la reine ramena son auguste frère à la Comédie française. Après le spectacle, S. M. I. alla passer une heure chez la comtesse de Bentheim; elle rentra ensuite chez elle et daigna s'entretenir le reste de la soirée avec moi. L'empereur me dit que ses conversations avec la reine, de la veille au soir et de la matinée de ce jour, avaient été d'un ton le plus affectueux et le plus amical, que la reine avait insisté pour que l'empereur lui donnât des remarques et des conseils par écrit, qu'elle était convenue que la présence de S. M. I. lui avait été très-utile, et le serait encore bien plus dans un plus long séjour; mais que, dans ce dernier cas, elle ne dissimulait pas à l'empereur « qu'ils auraient souvent de grandes disputes ensemble ». J'osai encore rappeler mes remarques sur la forme des points à donner par écrit, et l'empereur parut disposé à agréer mon idée. S. M. avait eu aussi un entretien particulier avec le roi; il s'était agi d'affaires politiques et nommément de celles qui regardent la Russie et la cour de Berlin. L'empereur avait tenu sur ce chapitre quelques propos intéressants et concluants; mais le roi était resté silencieux, approuvant généralement ce que disait S. M. I., mais n'ajoutant pas une réponse qui pût donner à connaître qu'il comprenait bien l'objet.

Le 22 S. M. passa la matinée à voir des artistes; elle m'ordonna de remettre au comte d'Angivillers (1) une boîte garnie de diamants avec le portrait de S. M.; elle fit donner cent louis aux manufactures des Gobelins et de la Savonnerie, cinquante louis à la manufacture de Sèvres, une bague d'un diamant entouré à l'inspecteur des deux premières manufactures, nommé Soufflot, et pareille bague au sieur Parent, directeur de la manufacture de Sèvres. En général, partout où S. M. a été voir simplement les objets, elle a fait donner des gratifications qui répondent à sa grandeur. Elle a aussi

---

(1) Directeur des bâtiments du roi.

fait beaucoup d'actes de charité dans les hôpitaux, et partout où sa bienfaisance en trouvait l'occasion.

Après midi l'empereur alla voir la maison de plaisance du duc de Penthièvre à Sceaux; il se retira de bonne heure.

Le 23 S. M. alla le matin voir le jardin du maréchal de Biron (1). Elle partit de là pour Versailles, d'où elle ne fut de retour qu'après minuit. Dans cette journée, les entretiens de l'empereur avec le roi et la reine n'eurent rien de remarquable; l'empereur eut une longue conversation avec le sieur de Sartine, qui rendit compte à S. M. de tout ce qu'elle voulut savoir sur l'état actuel de la marine de France.

Le 24 S. M. employa cette journée à voir Chantilly et une belle maison de plaisance nommée Ermenonville (2). Cette promenade était un objet de trente lieues à aller et revenir; S. M. ne rentra à Paris que fort tard.

Le 25 l'empereur employa toute la matinée à écrire; il daigna me communiquer sa lettre à V. M. avant de la faire lire à la reine, à laquelle il voulait donner une leçon indirecte en même temps qu'une marque de confiance. Cette méthode ne pouvait produire qu'un très-bon effet, et S. M. récapitula encore les points essentiels sur lesquels elle se proposait de donner ses derniers avis à son auguste sœur. J'osai remarquer la nécessité d'écarter, dans ces moments si prochains d'une séparation, tout sujet de reproches, afin que la tendresse des adieux ne fût troublée par rien. S. M. I. m'y parut disposée. Elle m'ordonna de remettre de sa part une boîte avec son portrait à l'abbé de Vermond; cela fut exécuté sur l'heure, cet ecclésiastique s'étant trouvé en ville. Je le vis bien pénétré d'une grâce si flatteuse, et propre à animer son zèle. L'empereur, après la messe, vit encore quelques objets de curiosité; après midi, il daigna honorer de sa présence l'assemblée des ambassadeurs, qui se tenait ce jour-là chez le lord Stormond. S. M. passa ensuite chez la marquise de Matignon (3) qui n'était point chez elle. S. M. voulut passer quel-

---

(1) Voir au tome I, la note de la page 54.
(2) Le château d'Ermenonville appartenait au comte de Girardin, qui l'avait récemment réparé et avait créé, dans le goût du temps, son magnifique parc. Il attirait dès lors la curiosité des voyageurs, avant que le séjour et la mort de Rousseau lui eussent donné une célébrité exceptionnelle.
(3) Fille du comte de Breteuil.

ques moments chez M^me Geoffrin (1); elle fit ensuite une visite à la comtesse de Brionne, où se trouvait le duc de Choiseul. La conversation roula sur des objets intéressants et relatifs au temps du ministère du duc. L'empereur se rendit ensuite à Versailles.

Le 26 la reine conduisit son auguste frère à Saint-Hubert, où il chassa avec le roi par une pluie continuelle; après le souper la cour retourna à Versailles, où elle n'arriva qu'à une heure après minuit.

Le 27 je me rendis de grand matin à Versailles, où, après avoir parlé d'affaires avec le comte de Vergennes, j'allai à l'hôtel garni qu'occupait l'empereur. Le premier médecin Lassone avait été pendant une heure chez S. M., et elle était alors dans son cabinet avec l'abbé de Vermond. Je passai au château et entrai chez la reine, où l'empereur arriva quelques instants après; leurs Majestés m'ordonnèrent de rester, et je fus témoin de leur conversation, dans laquelle l'empereur récapitula d'une manière forte et pressante des points de conduite très-essentiels. La reine, interpellée sur ces mêmes objets, eut quelques moments d'embarras et un peu d'humeur; cela finit cependant par des témoignages mutuels d'affection, de confiance et de tendresse entre ces augustes frère et sœur. L'empereur passa encore le reste de la journée à Versailles et n'en revint qu'après minuit.

Le 28. J'avais persuadé de longue main l'intendant de Paris de donner relativement à sa place toutes les notions qui pourraient intéresser la curiosité de l'empereur. Le sieur Bertier (2) s'y étant prêté, il vint chez moi le matin, et S. M., ne voulant voir personne dans son appartement, daigna venir dans le mien, où pendant près de trois heures elle se fit rendre compte de tout ce qui concerne l'organisation des intendances en France; cette partie intéressante de l'administration fut exposée par le sieur Bertier dans le plus grand détail. Après cette conférence, l'empereur daigna me dire qu'il avait passé la veille près de deux heures seul avec le roi; la conversation s'était portée sur le gouvernement intérieur de la France, sur le génie de la nation et la manière de la conduire. Le roi avait expliqué ses principes, plusieurs faits particuliers, beau-

---

(1) Voir la note de la page 378, tome II, sur la faveur dont jouissait M^me Geoffrin près de Marie-Thérèse.

(2) Bertier de Sauvigny, intendant de la généralité de Paris. Lui et son beau-père Foulon furent les premières victimes de la fureur révolutionnaire de la populace en 1789.

coup de détails confidentiels, et l'empereur, comme il daigna me le dire lui-même, fut dans un vrai étonnement d'entendre une suite de notions et de raisonnements qu'il avait crus fort au-dessus de la portée du roi (1). Ce prince fit, entre autres, des observations très-judicieuses sur le goût qui règne en France pour les modes et coutumes anglaises; il en discuta les inconvénients. Il parla ensuite de son grand désir d'avoir des enfants, et s'étendit sur les conséquences importantes attachées à ce bonheur. Il s'exprima sur la reine avec un épanchement de tendresse, et releva avec satisfaction toutes les qualités charmantes de cette auguste princesse. Cet entretien était si franc et si cordial, que l'empereur me dit : « Si je m'y étais prêté, « le roi m'aurait montré ses papiers et tout ce que j'aurais voulu sa- « voir de ses affaires. » Ils finirent par convenir de s'écrire de temps en temps amicalement. S. M., après m'avoir parlé de tout ce que je viens d'exposer, m'adressa personnellement des choses remplies d'une trop grande bonté et clémence pour que je puisse les répéter ici. Elle me marqua d'être particulièrement satisfaite de mon zèle pour la reine; elle daigna me donner une boîte enrichie de diamants et où était l'ornement le plus précieux, c'est-à-dire son portrait. Je restai pénétré de cette grâce d'autant moins méritée que je dois dire, avec toute vérité, que l'empereur doit uniquement à ses propres lumières et à la perfection de sa conduite les succès extraordinaires qu'il a eus ici, sans que les petites et faibles notions que j'ai pu lui exposer y aient contribué en rien. Après midi S. M. fit une visite à la duchesse de Duras, à la comtesse de Polignac; elle alla ensuite trouver la reine à la Comédie française, et Leurs Majestés retournèrent ensemble à Versailles.

Le 29, jour de la Fête-Dieu, l'empereur assista aux offices d'église, dîna chez la reine et employa une partie de cette journée à faire des visites à la famille royale. Vers le soir, l'empereur et le roi se promenèrent à pied dans les bosquets de Versailles ; ils étaient seuls et sans autre suite qu'un exempt des gardes qui se tenait éloigné ; j'ignore la conversation qui eut lieu pendant cette promenade. Après

---

(1) Voici le jugement que Joseph II, écrivant à son frère Léopold, portait sur Louis XVI : « Cet homme est un peu faible, mais point imbécile ; il a des notions, il a du jugement, mais c'est une apathie de corps comme d'esprit. Il fait des conversations raisonnables et il n'a aucun goût de s'instruire ni curiosité, enfin le *fiat lux* n'est pas encore venu, la matière est encore en globe ». Lettre du 9 juin 1777.

le souper dans les cabinets, l'empereur revint à Paris après minuit.

Le 30, à sept heures du matin, S. M. me donna une longue audience, où elle récapitula tout ce qui pouvait concerner la reine. L'empereur reçut ensuite l'abbé de Véry (1) qui resta près d'une heure auprès de S. M. Elle partit pour Versailles à onze heures, et m'ordonna d'attendre jusqu'à deux heures le courrier, qu'elle croyait qui arriverait ce jour-là. Ce courrier ne paraissant pas, je me rendis à Versailles ; l'empereur, en y arrivant, avait fait une visite au comte de Maurepas et au comte de Vergennes. J'allai voir ces deux ministres et les trouvai pénétrés des bontés que leur avait marquées l'empereur. S. M. resta avec le roi et la reine jusqu'au temps du salut ; au retour de l'église, l'empereur et la reine allèrent se promener à pied dans les jardins de Versailles. Ils m'ordonnèrent de les suivre avec une seule dame de la reine et deux valets de pied ; cette promenade dura plus d'une heure. L'empereur reçut de son auguste sœur une montre jolie, mais simple, et dont le seul ornement était le portrait de la reine assez ressemblant. Un cordon formé de ses cheveux avait d'abord été destiné pour cette montre ; mais la reine crut que cette petite recherche ne plairait point à l'empereur, et ce cordon fut supprimé. De retour au château, je restai seul avec Leurs Majestés, et la conversation devint sérieuse et intéressante. L'empereur répéta brièvement, avec bonne grâce et amitié, ce qu'il y avait à dire de plus essentiel et de plus utile pour la reine ; je fus en quelque façon pris comme témoin des promesses que cette princesse fit de suivre les avis de son auguste frère. La reine me dit que le roi, en lui parlant du départ de l'empereur, avait témoigné des regrets de se séparer de lui au moment où il avait commencé à le connaître et à se lier d'amitié avec lui ; que le roi, en marquant un goût personnel pour S. M. I., s'était étendu sur les qualités essentielles et aimables de ce monarque ; qu'enfin le roi avait dit à la reine : « nous avons été plus « souvent et plus longtemps ensemble pendant le séjour que l'empe- « reur a fait ici, et c'est une grande obligation que je lui dois ». Sur cet énoncé de la reine, je me permis de faire en présence de l'empereur toutes les remarques dont une matière si importante était susceptible ; il fut question ensuite de plusieurs autres objets, nommé-

---

(1) L'abbé de Véry, économiste, ami de Turgot, qui eût souhaité le voir entrer au ministère quand Malesherbes se retira. Voir la note de la page 245 du tome II.

ment de la mesure à garder vis-à-vis des ministres, des gens de la cour et du public en général. La reine écouta bien, et convint de la solidité des raisonnements qui lui furent exposés sur ces différents articles. Leurs Majestés restèrent encore quelque temps ensemble et seules ; elles allèrent ensuite souper chez Madame, où la famille royale se rassembla. Entre onze heures et minuit, l'empereur fit ses adieux ; ils furent très-attendrissants pour la reine, qui se fit violence pour cacher une partie de son trouble. L'empereur, en embrassant le roi, lui dit avec émotion, mais d'un ton d'amitié, qu'il lui recommandait instamment une sœur qu'il aimait si tendrement « que ja- « mais il ne serait tranquille qu'autant qu'il la saurait heureuse ». Le roi répondit que c'était également le plus vif de ses désirs et l'objet de tous ses soins. S. M. I. avait tenu pareil propos dans la matinée au comte de Maurepas. L'empereur rentra dans son hôtel garni ; je le vis très-affecté et il daigna me le dire de lui-même. Après s'être entretenu une demi-heure avec moi, et m'avoir donné de nouvelles marques de grâce et de bonté, il m'ordonna de retourner à Paris. S. M. ne prit que quelques heures de repos, elle se leva à cinq heures ; l'abbé de Vermond vint encore lui faire sa cour jusqu'à l'instant de son départ, qui eut lieu avant six heures. L'empereur avait ordonné aux Messieurs de sa suite de se trouver à Saint-Germain-en-Laye, où S. M. les rejoignit de Versailles. La reine, qui avait voulu trop prendre sur elle pour tenir bonne contenance, eut le même soir des convulsions de nerfs assez violentes ; mais le lendemain je retrouvai S. M. plus tranquille et en bonne santé, cependant toujours fort attristée. Elle voulut passer la journée dans la solitude et elle se fit suivre au Petit-Trianon par la princesse de Lamballe, la comtesse Jules de Polignac et une seule dame du palais. Le même jour le courrier Neumann apporta une lettre de V. M. à la reine, et le contenu de cette lettre la satisfit et la calma infiniment.

J'ai cru devoir hâter le moment de mettre sous les yeux de V. M. le présent et très-humble journal, qui aurait été rédigé avec plus d'ordre si j'avais pu employer plus de temps à l'écrire. Il était impossible d'y insérer tous les détails que comporterait la matière, et je me suis borné à tâcher de ne rien omettre d'essentiel ; je crois en avoir assez dit pour prouver que l'empereur a mis beaucoup de suite et d'attention à examiner l'ensemble de ce pays-ci. Je n'ai pas remarqué que S. M. cherchât à voir les objets d'un œil critique. En convenant qu'il y a de beaux établissements en France, elle a trouvé que les choses s'y faisaient à trop grands frais, et que, dans toutes les entreprises, l'on donnait plus au luxe qu'à l'utilité réelle (1), et cette observation est fondée en partie. D'après ce que S. M. a daigné me dire souvent elle-même, la façon de vivre à Paris lui plaisait assez ; elle y voyait de grandes ressources du côté de l'agrément. La légèreté dont cette nation est accusée à juste titre n'a pas paru déplaire ni choquer l'empereur autant que je l'aurais imaginé ; mais S. M. a souvent marqué d'être impatientée des démonstrations du public à son égard, de la foule qui se portait partout sur ses pas, qui environnait son hôtel, des acclamations et battements de mains qui avaient lieu chaque fois où elle paraissait au théâtre. Ç'a été dans ces occasions seules où l'empereur, prenant un visage sérieux et ennuyé, s'est départi de cet air gracieux et affable qui lui a attiré tant d'éloges. Le public a été enthousiasmé de la façon simple de se montrer d'un aussi grand monarque ; ce même public disait hautement que l'empereur venait donner ici un bon exemple à la cour de France, mais qu'on ne pouvait se flatter que cet exemple fût suivi.

L'empereur, par sa conduite aussi éclairée que prudente, a su se concilier également les suffrages à Versailles, ce qui était assez délicat et difficile. Tous les ministres ont été contents, et V. M. a tenu le milieu exact, en faisant ce qu'il fallait, sans en faire trop, sans occasionner ni jalousies, ni soupçons, ni embarras.

Je me persuade avec certitude que l'empereur a fait des impressions réelles dans l'âme de la reine sur plusieurs points qui lui sont essentiels ; le temps était trop court pour remarquer l'effet de ces impressions, mais j'ose espérer que l'avenir en fera voir le fruit.

On ne saurait présumer dans le roi un caractère assez formé et décidé pour le croire capable de concevoir une profonde estime ni une amitié forte ; ces sentiments exigent plus de nerf, de combinaison et de réflexion qu'on ne peut en attribuer au roi ; mais à en juger par bien des indices, il a senti pour l'empereur toute la propension dont il est capable, et on ne pouvait s'en promettre davantage.

---

(1) « Il y a des objets à voir très-intéressants, écrivait Joseph II, des établissements dont l'appareil et l'apparence sont superbes ; l'on bâtit avec une recherche et un luxe étonnants, enfin l'on met toute l'apparence ; mais, quand on va plus loin et qu'on recherche vraiment l'utile, on est détrompé. » Lettre à Léopold du 11 mai 1777.

Pour résumer en dernière analyse le contenu de ce journal, il semble prouver évidemment que le séjour de l'empereur, soit ici, soit à Versailles, a eu le plus grand succès ; que S. M. s'y est fait connaître de manière à s'attirer des hommages vrais et réels d'admiration générale, suivie et exempte de toute critique, qu'elle s'y est conciliée l'affection du public, et qu'elle a opéré utilement pour la reine ce qu'il était possible d'espérer, eu égard au peu de temps et à l'ensemble des conjonctures telles qu'elles se trouvent à cette cour.

## XXVIII. — Mercy a Marie-Thérèse.

*Paris, 15 juin.* — Sacrée Majesté, Il me reste quelques observations à exposer à V. M. seule, et je vais les déduire en citant à la marge le jour de mon grand journal auquel elles se rapportent.

Le 19. S. M. avait des doutes sur le degré de bonté et de confiance que la reine m'accorde. Je soupçonne que ces doutes avaient été inspirés par le prince de Rohan, dans une conversation qu'il avait eue en route avec S. M.

L'empereur sonda la reine sur mon compte ; c'était dans le moment où j'étais malade, et où cette auguste princesse daignait s'occuper de moi bien plus que je ne puis le mériter. Elle parla à l'empereur sur mon sujet d'une manière si favorable qu'il en fut un peu surpris ; c'est de la reine même que je tiens cette particularité.

Le 21. L'empereur a aperçu dans le roi tous les défauts de son éducation ; mais je crois qu'il l'a jugé un peu trop sévèrement du côté de ses qualités morales et de son aptitude. Il m'a paru que l'empereur le tient pour être plus borné qu'il ne l'est en effet. S. M. I. a mieux jugé Monsieur et Madame ; son opinion de M. le comte d'Artois m'a paru plus favorable que ne le mérite ce prince, et je crains que la reine n'en soit que plus affermie dans ses liaisons avec lui. J'ai pris la liberté d'exposer cette remarque à S. M. I., elle a daigné l'écouter avec bonté ; elle a été favorablement prévenue pour M$^{me}$ Adélaïde, à laquelle elle a trouvé de l'esprit.

Le 4 mai. C'est par l'insinuation de la reine que le roi proposa à l'empereur d'aller le voir dans son particulier quand cela lui conviendrait. Le grand usage du monde que possède l'empereur, sa manière d'être décidée et active, jointe à sa grande supériorité d'esprit, semblaient avoir un peu subjugué le roi, sans cependant l'intimider. J'ai vu par plusieurs traits qu'il prenait confiance dans l'empereur. S. M. ne s'en est prévalue qu'avec beaucoup de modération et de réserve. Pour le peu de temps qu'elle avait à rester ici, cette méthode était la plus prudente.

Le 6, le prince de Rohan écrivit à l'empereur pour lui demander une audience, dans laquelle il avait, disait-il, des choses essentielles à communiquer. S. M. n'a ni répondu à la lettre, ni accordé d'audience ; elle s'est constamment expliquée d'une manière peu favorable au coadjuteur, et, quelque mouvement que se soit donné ce dernier, il n'a pu réussir à obtenir un traitement distingué par S. M., à laquelle je n'ai rien dissimulé de ce que je savais sur la tournure dangereuse dudit prélat.

Le 9. Jusqu'alors l'empereur avait tenu à la reine un langage très-cordial et mesuré ; ce jour il changea de ton et en prit un qui aurait pu les brouiller sérieusement. Il fut question du projet d'engager le roi à faire quelques voyages dans son royaume, et nommément d'aller à Brest ; cette idée avait d'abord été suggérée par l'empereur, la reine l'avait adoptée et suivie auprès du roi. L'empereur trouva après coup que, dans le cas de pareils voyages, la reine ne devrait pas accompagner le roi, « parce qu'elle ne lui était bonne à rien ». Cette expression fut suivie de quelques reproches sur « un air trop leste que la reine prenait vis-à-vis de son époux », sur « son langage trop peu respectueux » et sur « le manque de soumission ». Ces termes avaient fort effarouché la reine ; elle ne l'était pas moins de ce que l'empereur, en présence du duc de Coigny et de la comtesse de Polignac, l'avait forcée d'une manière sèche à aller trouver le roi dans son appartement. Il se joignait à cela qu'après le souper chez Madame, la reine avait proposé d'aller prendre l'air sur une terrasse, le roi et Monsieur s'y étaient prêtés, sur quoi l'empereur les avait plaisantés sur leur complaisance, en ajoutant que, pour lui, il ne sortirait pas. Tous ces petits griefs réunis avaient établi de l'humeur. Au retour de Versailles, l'empereur ne m'avait rien dit de ces circonstances ; mais, dès le lendemain, la reine m'en avait fait instruire par l'abbé de Vermond, et l'empereur fut bien surpris quand, dans la soirée, je lui répétai mot à mot ses dernières conversations avec la reine. Il me dit en riant que j'étais bien informé, qu'il en avait agi ainsi pour sonder l'âme de la reine, et voir si, par la force, il n'y aurait pas moyen d'obtenir plus que par la douceur. Je démontrai à S. M., avec la franchise la plus respectueuse, mais la plus complète, tout le danger de pareils essais, qui très-certainement ne réussiraient pas, et j'en exposai tant de raisons palpables que l'empereur en parut frappé. Ce fut ce qui détermina immédiatement son voyage à Versailles, où, reprenant sa première méthode de douceur, il apaisa ce commencement de brouillerie.

Le 14. L'empereur, avant de revenir ce jour-là à Paris, eut deux conversations très-intéressantes à Versailles, l'une avec le roi, qui de lui-même confia à S. M. I. son chagrin de ne point avoir d'enfants; il entra dans les détails les plus circonstanciés sur son état physique, et il demanda des conseils à l'empereur. Ce n'est que par le récit verbal de ce monarque que V. M. pourra bien juger de ce point si important. La seule remarque qui me reste à faire ici, c'est que le roi, malgré sa taciturnité naturelle et son caractère timide, a eu vis-à-vis de son auguste beau-frère plus d'épanchement que l'on n'aurait pu en présumer. Il en est arrivé de même de la part du comte de Maurepas, et c'est de bonne foi que ce vieux ministre a cru pouvoir compter sur les intentions favorables de l'empereur à son égard. Cette persuasion a produit un excellent effet, et elle me fournit des moyens dont je pourrai me prévaloir dans la suite pour le service de V. M.

Le 19. La reine a fait quelques reproches à l'empereur de ce qu'en présence du roi il avait parlé si peu favorablement du duc de Choiseul. La reine a voulu soutenir qu'en effet, si le comte de Maurepas venait à manquer, il n'y avait que le duc de Choiseul ou le duc d'Aiguillon qui eussent les talents nécessaires à le remplacer. Cette idée de la reine est neuve, et lui aura été suggérée par le duc de Coigny et le comte Esterhazy. Je ne prévois pas que la reine persiste dans cette opinion, qui n'a jamais été la sienne propre; cela exige cependant de l'attention, et je ne perdrai pas de vue la suite de cette manœuvre.

Le 23 il y eut encore des vivacités entre l'empereur et la reine; ils étaient allés ensemble à la Comédie de la ville à Versailles. Au retour, la reine parla d'aller le lendemain à la Comédie italienne à Paris. L'empereur observa que c'était un jour de jeûne, que le roi ne dînait pas, et qu'il serait mal de lui faire attendre trop tard son souper. L'empereur ajouta à cela quelques raisons qui déplurent à la reine, parce qu'elles étaient dites en présence de deux dames du palais. De retour au château, la reine querella l'empereur en présence de la comtesse de Polignac ; mais S. M. I. y mit de la douceur et cette petite altercation s'apaisa. Dans cette même occasion, l'empereur voulut faire parler la comtesse de Polignac sur les objets intéressants pour la reine ; ladite comtesse s'en tira fort mal, et l'empereur en porta le jugement qu'elle mérite.

Le 27 il y eut encore, moi présent, une petite dispute dans laquelle l'empereur mit beaucoup de rigidité. Il s'agissait d'une bagatelle que la reine désirait et qui lui était contestée par son auguste frère. Cette bagatelle entraîna une autre proposition de la part de l'empereur ; ce fut de dire que, s'il avait été le mari de la reine, il aurait su diriger ses volontés et les faire naître dans la forme où il les aurait voulues. Le vrai sens de ce propos ne fut pas compris par la reine ; elle n'y vit que le projet de la dominer, et cela la mortifia. Je me permis de tourner la conversation en gaieté, en faisant observer combien on s'était écarté du premier objet. Je restai ensuite un moment seul avec la reine, et je lui exposai, sur tout ce qui avait été dit, des remarques qui la calmèrent. S. M. l'empereur m'ayant reparlé le lendemain de cette même conversation, je n'hésitai pas à lui représenter, très-humblement, qu'à la longue, s'il voulait gagner des choses essentielles sur l'esprit de la reine, il faudrait nécessairement qu'il cédât quelquefois sur des objets indifférents ou de pure complaisance. J'avançai avec assurance que personne ne connaît mieux que moi toutes les nuances du caractère de la reine, puisque depuis sept ans j'en ai fait presque mon unique étude, et qu'il m'était démontré que jamais on ne parviendrait à persuader cette princesse par des moyens sévères, fussent-ils d'ailleurs les plus raisonnables, parce qu'elle les regarde toujours comme un projet de la gouverner. Je n'ajoutai pas une autre remarque, qui est que la reine a toujours été en défiance de l'idée que, pour peu qu'elle cédât à l'empereur, il s'en formerait un titre pour la maîtriser. Cette défiance, au contraire, n'a jamais existé à l'égard de V. M. ; la reine peut quelquefois éluder l'autorité maternelle, mais elle en reconnaît la légitimité et la respecte au fond de son cœur, d'où il résulte qu'il n'y a que V. M. seule qui, dans les occasions, puisse prendre avec succès un ton ferme vis-à-vis de la reine ; et j'en ai la certitude par l'aveu de cette princesse, qui me dit, dans une circonstance où elle prévoyait de recevoir quelques vis sérieux : « De ma mère je recevrai tout avec respect, mais quant « à mon frère, je saurai lui répondre. »

Le 28. Relativement au règlement à laisser par écrit à la reine, V. M. daignera voir dans mon grand journal, à la date du 15 de mai, quel avait été mon avis. L'empereur parut d'abord le trouver bon, mais il changea de sentiment et rédigea une instruction assez longue dont il daigna me faire la lecture. Cette instruction est parfaitement déduite ; elle présente à la reine ses devoirs sous deux faces : 1° comme femme envers son époux, 2° comme reine. L'empereur y a mis l'adresse d'éviter tout reproche direct ; il établit les règles et dit à son auguste sœur que c'est à elle-même à s'examiner, et à juger « si elle a rempli les devoirs de son état » (1). Quelque parfaite que soit cette instruction, il est cependant arrivé ce que j'avais prévu. La reine, en la recevant, dit d'abord qu'elle voulait répondre à tous les points, et prouver que sa conduite avait presque toujours été raisonnée d'après des motifs justes ; c'est-à-dire que la reine voudra chercher des échappatoires et ne convenir de rien. Ceci cependant ne doit être entendu que relativement à l'instruction par écrit, car d'ailleurs je crois fermement que les représentations verbales de l'empereur pro-

---

(1) Ces conseils écrits forment une longue instruction quelque peu diffuse que l'on trouvera tout entière dans le volume *Marie-Antoinette, Joseph II et Léopold*, publié par M. A. d'Arneth page 4. Nous n'en donnons qu'une rapide analyse. Joseph II s'y montre juge éclairé mais sévère. Il considère d'abord les devoirs de sa sœur, comme épouse : Vous rendez-vous nécessaire au roi ? Voit-il votre attachement uniquement occupé de lui ? modérez-vous votre gloriole de briller à ses dépens ? Êtes-vous d'une discrétion impénétrable, sur ses défauts et ses faiblesses ? Mettez-vous du liant et du tendre quand vous êtes avec lui ?... Votre seul objet, le but de vos actions doit être l'amitié et la confiance du roi. Comme reine vous avez un emploi lumineux..... Votre façon n'est-elle pas un peu trop leste, et n'avez-vous pas à la cour adopté un peu des façons du moment où vous êtes venue ici ?... Avez-vous pensé à l'effet de vos liaisons et amitiés, si elles ne sont point placées sur des personnes en tout point irréprochables ?... Avez-vous pesé les conséquences affreuses des jeux de hasard ?..... Daignez penser un moment aux inconvénients que vous avez déjà rencontrés aux bals de l'opéra et aux aventures que vous m'avez racontées vous-même là-dessus. » Après avoir ainsi scruté sévèrement chacun des points sur lesquels la reine peut avoir des reproches à se faire, il aborde les conseils : à ses goûts frivoles il voudrait substituer celui de la lecture et d'une société raisonnable. Il veut qu'elle évite les conversations dont le scandale fait tout l'attrait, et jusqu'à la curiosité de connaître les aventures et commérages de la cour. Qu'elle ménage les recommandations ; pour un favori qu'on oblige on dégoûte dix honnêtes gens. Qu'elle évite la familiarité en société et particulièrement avec les étrangers, trop facilement admis près d'elle. Enfin il la rappelle à une tenue plus grave à l'église et conforme aux sentiments de piété qu'il ne doute pas qu'elle n'ait conservés intérieurement.

duiront un changement favorable et solide dans l'esprit et la conduite de la reine. Dès à présent elle est décidée à cesser peu à peu de fréquenter la princesse de Guéménée, à s'abstenir du gros jeu, à s'occuper quelques heures de la journée chez elle, enfin, ce qui est le plus essentiel, à être avec le roi plus assidûment que par le passé. Si l'empereur, ainsi qu'il s'y était pris les cinq ou six premiers jours, avait continué à employer les seuls moyens de persuasion, de raisonnement et de douceur, je présume qu'il aurait obtenu davantage; mais la fermeté de son caractère ne lui a pas permis l'usage constant de cette méthode patiente. Relativement à tout autre objet, j'ai exposé la pure et simple vérité à la fin de mon grand journal. On a généralement admiré, et à très-juste titre, la sagesse, la sagacité et la grande présence d'esprit de S. M. l'empereur. Les seuls moments qu'il ait donnés à ses plaisirs ont été ceux qu'il a passés au spectacle; le reste des journées a été employé aux choses utiles et à bien voir tout ce qui méritait attention. S. M. a daigné me marquer beaucoup de confiance, mais encore plus de bonté. J'ai cru ne pouvoir la mériter en partie qu'en parlant toujours vrai, et c'est ce que j'ai observé rigoureusement. Je n'y ai mis d'autre mesure que celle d'attendre toujours l'ordre de parler. Selon mon faible jugement, l'empereur est parti d'ici avec une bonne idée des ressources et des moyens de cette monarchie, mais avec peu d'opinion de ceux qui la gouvernent. Il ne m'a pas paru que la nation lui ait déplu, mais il a repoussé un peu froidement les démonstrations d'hommage que lui faisait le public. Quant aux particuliers qui étaient à portée de l'approcher, ils ont tous été traités avec la plus grande affabilité; enfin tout le monde a été content, et je n'ai pas entendu la moindre plainte ni critique après le départ de S. M.

## XXIX. — Mercy a Marie-Thérèse.

*Paris, 15 juin.* — Sacrée Majesté, Lors du départ de l'empereur, S. M., en m'ordonnant de lui envoyer au haras du roi le courrier qui était attendu, daigna ajouter positivement qu'elle me renverrait ce même courrier le 4 ou le 5 du mois, de façon que je me hâtai de rédiger en trois jours mon grand journal, qui aurait été écrit avec plus d'ordre et de méthode si j'avais pu prévoir que ce courrier, que je devais attendre le 4, n'arriverait que le 12 au soir. J'observe cette circonstance pour implorer l'indulgence de V. M. sur mon très-humble rapport, duquel je serai dans le cas de rectifier les défauts et les omissions à mesure que V. M. daignera me les faire apercevoir.

La dernière fois que j'ai été à Versailles, j'ai trouvé la reine triste encore et fort attendrie sur le départ de son auguste frère. Elle m'a parlé d'un ton fort recueilli, sur ses projets de réforme de conduite ; depuis huit jours elle n'a fait en effet aucune promenade à Paris, et elle n'a point joué aux jeux de hasard. S. M. s'est montrée très-occupée du roi lorsqu'il se fit une petite blessure à la chasse, et il est visible que la reine, au moins dans ces premiers moments, réfléchit au point capital d'être plus attentive envers le roi et de se trouver plus fréquemment avec lui. D'ici à quelque temps on pourra juger avec plus de certitude des effets désirables que l'on ne fait encore qu'entrevoir ; à mesure qu'ils se réaliseront, je tâcherai particulièrement de fixer l'attention de la reine sur quelques objets politiques ; cela pourrait devenir essentiel au service de V. M., surtout depuis que le roi de Prusse paraît si occupé à manœuvrer à cette cour, et que d'ailleurs les affaires relatives à la Porte pourraient donner lieu à telles circonstances infiniment délicates, qui pourraient peut-être exiger de grands ménagements.

J'avais soumis au jugement de l'empereur si, par bien des raisons que je déduisis, il ne conviendrait pas que lorsque S. M. écrirait au roi, elle voulût envoyer à la reine une copie de ses lettres, afin qu'elle se trouvât informée de leur contenu. L'empereur a daigné agréer cette idée ; il a écrit au roi de Brest, et a envoyé copie de sa lettre à la reine.

J'ignore d'ailleurs ce que cette lettre contenait, ainsi que celle qui était directement dirigée à la reine, mais je présume que S. M. m'en parlera à la première occasion.

### XXX. — MARIE-ANTOINETTE A MARIE-THÉRÈSE.

*Versailles,* 16 *juin.* — Madame ma très-chère mère, Ma séparation de mon frère m'a donné une cruelle secousse ; j'ai souffert tout ce qui est possible, et je ne puis me consoler qu'en pensant qu'il a partagé ma peine ; toute la famille d'ici en a été touchée et attendrie. Mon frère a eu une conduite si parfaite avec tout le monde qu'il emporte les regrets et l'admiration de tous les états ; on ne l'oubliera jamais. Pour moi je serais bien injuste si ma douleur et le vide que j'éprouve ne me laissaient que des regrets. Rien ne peut payer le bonheur dont j'ai joui et les marques d'amitié qu'il m'a données. J'étais bien sûre qu'il ne voulait que mon bonheur, et tous ses conseils en sont la preuve ; je ne les oublierai pas. Il ne lui a manqué que le temps nécessaire pour connaître plus particulièrement les gens avec qui j'ai à vivre.

Je me suis mise à la discrétion du peintre, pour autant qu'il voudra, et dans l'attitude qu'il voudra. Je donnerais tout au monde pour qu'il pût réussir et satisfaire ma chère maman ; quand je ne devrais pas tout faire pour la contenter, qui pourrait résister à la tendresse avec laquelle elle s'occupe de ma figure ?

Le beau temps a commencé le jour que mon frère est parti : s'étant bien porté ici, j'espère pour la suite du voyage. Je ne crains que pour son courage, qui lui fait prendre plus de fatigue qu'un homme n'en peut porter. Les grandes chaleurs ne doivent naturellement commencer qu'après le temps où il sera sorti des provinces méridionales.

On croit la comtesse d'Artois encore grosse. C'est un coup d'œil assez désagréable pour moi après plus de sept ans de mariage ; il y aurait pourtant de l'injustice à en montrer de l'humeur. Je ne suis pas sans espérance, mon frère pourra dire à ma chère maman ce qui en est. Le roi a causé avec lui sur ce chapitre avec sincérité et confiance.

Je suis bien charmée que la maladie du prince Albert (1) n'a pas eu des suites. Ma chère maman me permettra-t-elle une petite représentation ? Elle a la bonté de me rassurer sur les ménagements dont elle a besoin. Je désirerais beaucoup qu'elle diminuât de son travail et de ses jeûnes ; pour le mouvement et la dissipation elle ne peut que lui être salutaire. Comment ma chère maman peut-elle craindre d'être à charge ? Tout ce qui a le bonheur d'approcher d'elle, aura toujours de la joie de ce qui lui sera utile ou commode ; j'en répondrais bien.

Je reçois dans l'instant une lettre de mon frère, de Brest ; il m'en paraît fort content. Comme le courrier doit partir tout de suite, ma

---

(1) Le prince Albert de Saxe-Teschen.

chère maman me permettra de me borner à l'assurer de ma tendresse respectueuse.

### XXXI. — Marie-Thérèse a Marie-Antoinette.

*Schlosshof, le 29 juin.* — Madame ma chère fille, Je dois prévenir d'écrire un jour plus tôt, pour que le courrier parte le 1er. J'ai à répondre sur deux de vos chères et intéressantes lettres, du 14 et 16. J'ai prévu la secousse que cela vous aura causée, et j'en étais bien en peine : effectivement on mande que vos nerfs s'en sont ressentis. J'espère que cela n'aura eu des suites, puisque vous ne me mandez rien et Mercy non plus. Il est bien flatteur et consolant pour moi l'approbation générale que ce cher fils s'est attirée. J'avais un peu peur que sa rigide philosophie et simplicité ne plairaient pas et que lui ne trouverait non plus cette nation à son gré; mais j'ai la consolation de voir le contraire. C'est tout ce que j'aurais pu souhaiter, me voilà contente; mais ce qui met le comble, c'est ce que vous me dites de l'amitié et de la confiance mutuelle des deux beaux-frères. Dieu donne que cela soit pour tout leur règne, pour le bien des États et de nos familles, que je regarde depuis longtemps comme la même! Vous pouvez le plus contribuer à cet heureux commencement, en suivant les conseils de votre frère, desquels vous me paraissez si contente et convaincue; et tout ce que vous me dites là dessus et sur les papiers qu'il vous a laissés m'a touchée jusqu'aux larmes. Conservez exactement cette bonne volonté; ne la laissez pas tarir. L'empereur a été touché de vous goûter; il trouvait une grande douceur dans votre conversation et amitié. Je ne le trahis pas en mettant ses propres paroles, que je ne pourrais jamais rendre si bien : « *J'ai quitté Versailles avec peine, attaché vraiment à ma sœur; j'ai trouvé une espèce de douceur de vie à laquelle j'avais renoncé, mais dont je vois que le goût ne m'avait pas quitté. Elle est aimable et charmante; j'ai passé des heures et des heures avec elle, sans m'apercevoir comment elles s'écoulaient. Sa sensibilité au départ était grande, sa contenance bonne; il m'a fallu toute ma force pour trouver des jambes pour m'en aller.* »

Jugez combien ce récit a de consolant et de touchant pour une mère qui aime si tendrement ses enfants. J'en attends les plus heureuses suites, et même pour votre état de mariage, sur lequel on me laisse espérance : mais on remet le tout au retour, où on pourra me parler. J'avoue, cela me donne un peu d'humeur, car il s'agit pour vous du tout au tout, d'avoir de la succession ; et je trouve très-bien votre façon de penser sur la grossesse de votre belle-sœur. Pardonnez-moi mon importunité pour votre portrait en grand, Mercy reçoit aujourd'hui les mesures pour cela ; le premier sera pour mon cabinet, pour y être avec celui du roi, mais ce grand sera pour une salle où toute la famille est en grand ; et cette charmante reine ne devrait pas s'y trouver? Sa mère seule devrait en être privée de cette chère fille? Je voudrais avoir votre figure et habillement de cour, si le visage même ne sera pas si ressemblant. Pour ne vous trop incommoder, il me suffit que j'aie la figure et le maintien, que je ne connais pas et dont tout le monde est si content. Ayant perdu ma chère fille bien petite et enfant, ce désir de la connaitre comme elle s'est formée doit excuser mon importunité, venant d'un fond de tendresse maternelle bien vive.

L'empereur a été très-content de la nation, et c'est ce qui augmente mon contentement. Il est revenu de bien des préjugés qu'on lui a donnés contre ; mais il n'est occupé que des regrets d'avoir dû vous quitter, et content de l'amitié et confiance du roi. Tout ce que vous m'en dites, du roi, met le comble, des soins et tendresse qu'il vous a montrées dans cette occasion, que vous avez bien raison de dire de ne l'oublier jamais. Continuez à mettre en exécution les conseils de votre ami et frère, et vous en verrez en peu de temps l'effet, et votre bonheur constaté en sera la suite. Je vous embrasse tendrement et avec consolation, et suis toujours pour la vie.....

### XXXII. — MARIE-THÉRÈSE A MERCY.

*Schönbrunn*, 30 *juin*. — Comte de Mercy, J'ai reçu par le courrier Neumann arrivé ici le 22 le journal que vous avez formé sur ce qui s'est passé à Paris pendant le séjour que l'empereur y a fait. Je suis contente, on ne saurait plus, de l'exactitude et de la précision que vous avez employée à rédiger ce journal, en le couchant surtout de votre propre main dans un temps où votre santé ne paraît pas encore tout à fait affermie. [M'étant informée auprès des courriers comme vous vous portez, ils vous trouvent encore défait, ce qui m'inquiète. Je vous recommande d'avoir bien soin de votre santé ; c'est le plus grand service que vous me pouvez rendre.]

La conduite que vous avez tenue vis-à-vis de l'empereur est parfaitement analogue aux principes de probité et de prudence qui caractérisent toutes vos actions ; aussi avez-vous rencontré toute son approbation. Vous ne sauriez douter de la mienne, connaissant la justice que je rends à votre zèle et à vos talents.

Je ne saurais qu'être flattée des marques de respect, d'admiration et d'affection dont l'empereur a été comblé en France ; mais ces marques étant souvent passagères, il faut attendre quel en sera l'effet dans la suite, et surtout si les remontrances de l'empereur opéreront un changement décisif dans la conduite de la reine. Pour les points qu'il lui a remis, je suis de votre avis qu'il aurait peut-être mieux valu de ne pas y entrer avec tant de détail, pour être plus sûr du secret sur un objet aussi délicat. [Je crains ni les paroles ni les écrits feront effet.]

Le roi de Prusse ne laissera sûrement pas de faire à la France les insinuations les plus odieuses contre nos vues sur la succession de Bavière (1) et contre nos projets de conquête sur la Porte en cas d'une nouvelle guerre avec la Russie. Il paraît par la correspondance de Goltz que le roi de Prusse s'en est procuré quelques notions, ou du moins qu'il en soupçonne quelque chose. Si l'idée d'établir notre commerce sur la mer Noire prenait aussi consistance, il vous faudra employer toute votre dextérité pour ne pas laisser revivre l'ancienne jalousie de la France contre les vues d'agrandissement de ma maison.

Quoiqu'on dise que ces mesures ne soient dictées que par la nécessité d'être préparé à tout événement, l'exemple du démembrement de la Pologne ne me fait craindre que trop d'être entraînée contre mon gré et sentiment dans des démarches dont on ne saurait prévoir les suites [mais dont je me défendrai autant que je pourrai].

[Je ne peux que vous répéter encore une fois toute ma satisfaction du séjour de l'empereur. Je vous la dois par vos soins d'avoir mis au fait l'empereur et par votre sage conduite et conseils, mais je ne sau-

---

(1) La grande question de la succession de Bavière ne s'ouvrit réellement qu'au commencement de 1778, l'électeur Maximilien-Joseph étant mort le 30 décembre précédent ; mais on voit que la cour de Vienne méditait à l'avance de ce côté comme à l'Orient ses projets d'agrandissements. On verra que ces projets venaient de Joseph II plus que de Marie-Thérèse.

rais vous marquer assez combien j'étais touchée du journal exact tout de votre main. J'en ai senti tout le prix, marque bien convaincante de votre attachement et attention pour moi.]

### XXXIII. — Mercy a Marie-Thérèse.

*Paris, 1ᵉʳ juillet.* — Sacrée Majesté, Quoiqu'il n'existe aucun motif d'affaires qui exige l'expédition d'un courrier, je prends le parti de renvoyer le présent dans la crainte que V. M. n'apprenne par la voix publique que la reine a eu vendredi 27 juin un accès de fièvre assez vif. S. M. se disposait à aller à Saint-Hubert lorsqu'il lui prit un frisson suivi de trois heures de grande chaleur et de transpiration; cependant, à neuf heures du soir, tout l'accès était passé, et la reine se trouva bien la journée suivante du samedi. Elle daigna me mander elle-même, mais le soir fort tard, son indisposition de la veille. Je me rendis le lendemain à Versailles ; la journée se passa sans retour d'accès et sans autres symptômes que le pouls un peu serré et un très-léger mal de tête. Je restai longtemps chez la reine, qui daigna s'entretenir avec moi. S. M. a été purgée hier ; j'irai ce soir prendre ses lettres, et à la suite de ce présent et très-humble rapport, je serai en état de rendre compte à V. M. de ce qui se sera passé dans la journée. Si, comme je l'espère et comme l'a prévu le médecin Lassone, elle ne produit aucun ressentiment de fièvre, ce sera la marque certaine que cette petite indisposition est entièrement terminée.

Depuis le départ du dernier courrier j'ai eu plusieurs audiences de la reine, et, de son propre mouvement, elle m'a toujours parlé de ses projets de conduite, desquels elle paraît en effet plus sérieusement occupée que par le passé. Voici les faits réels qui en sont résultés depuis peu.

Dans tout le mois passé la reine n'est venue que trois fois au spectacle à Paris ; elle a accompagné le roi à plusieurs de ses chasses et régulièrement aux voyages de Saint-Hubert. Il n'a plus été question de jeux de hasard dans des endroits tiers ; la princesse de Guéménée est journellement plus délaissée et elle en conçoit un dépit qu'elle tâche d'inspirer à toute sa famille. La reine a presque journellement passé une heure et plus seule dans ses cabinets, où elle s'est occupée de lectures, mais quant à ce dernier article, il tournera plus à profit au retour de l'abbé de Vermond, qui a fait une absence de trois semaines pour des arrangements d'affaires relatives à son abbaye. On remarque que la reine, sans être moins affable, met plus de dignité aux témoignages de ses bontés, et qu'elle en marque plus que ci-devant aux personnes d'âge et de rang. Ce changement fait une impression très-avantageuse dans Paris ; cependant j'avouerai, avec la vérité qui doit toujours guider mon zèle, qu'avant d'oser compter sur la solidité de ces heureux indices, il faut qu'ils se soutiennent pendant quelque temps contre la séduction perpétuelle qui s'oppose à leurs effets. Tant que je verrai les choses en si bon train, je crois devoir être sobre dans mes représentations, pour ne pas troubler le propre mouvement de la reine, qui tient beaucoup à l'idée de ne se déterminer que par ses réflexions et volontés personnelles. Il est certain qu'elle a été très-frappée de la force des avis de son auguste frère, mais elle ne conviendra jamais de s'être décidée d'après ces mêmes avis. Dans une de mes audiences, la reine a voulu que je l'informasse plus particulièrement des objets politiques, et elle a fort bien écouté et compris les détails que je lui ai exposés, nommément sur les affaires relatives à la Turquie, en démontrant que cet objet, si majeur, n'était ni assez bien vu ni assez senti par le ministère français. J'ai observé vaguement que ce même objet pouvait faire naître des circonstances infiniment délicates, et dans lesquelles la reine devait se mettre en mesure d'intervenir au besoin pour le maintien du vrai intérêt des deux cours et de leur bonne intelligence. Je me suis attaché particulièrement à tenir l'esprit de la reine dans toute la défiance qu'exigent les manœuvres insidieuses du roi de Prusse, et je suis assuré que ce que j'ai dit à cet égard produira son effet.

S. M. l'empereur a écrit de Brest au roi et à la reine, et de Rochefort à la reine seulement. Le roi lui a répondu sur-le-champ, et S. M. I. a daigné me marquer qu'elle avait été contente de la tournure de cette réponse. Tous les détails qui arrivent ici de la suite du voyage de ce monarque sont remplis d'éloges et d'admiration ; on est surpris qu'en se refusant à tout amusement, l'empereur ne s'occupe que du soin d'acquérir des connaissances et qu'il s'y donne une peine infatigable. Son affabilité produit le plus grand effet, et ce qui y ajoute encore, c'est le contraste de la façon dont Monsieur et M. le comte d'Artois ont voyagé. L'empereur a mandé à la reine combien il était surpris et scandalisé de la méthode de voyager de ces deux princes, qui ont fort mal réussi dans les provinces (1). S. M. I., en abrégeant sa tournée, a évité de passer à Chanteloup ; cette circonstance a causé une grande satisfaction au comte de Maurepas et à tout le ministère d'ici. En revanche le parti Choiseul est vivement mortifié (2) ; j'en ai vu la reine un peu émue ; mais je suis parvenu à la persuader des bonnes raisons qu'il y avait à dire sur cet article. Le retour de M. le comte d'Artois n'a encore produit aucune dissipation, ni de ces parties bruyantes auxquelles la reine était entraînée. Il n'y a eu que la répétition d'une fête donnée à Trianon à l'empereur. Par le dernier courrier, j'ai rendu compte brièvement à S. M. de l'état des choses telles qu'elles se trouvent ici depuis son départ. J'observerai que l'empereur, en écrivant au roi, a envoyé copie de sa lettre à la reine.

La reine s'est mise au lit cet après-midi par précaution, en attendant l'accès de fièvre, qui n'est point venu. S. M. n'a eu qu'un peu de malaise, et son médecin assure que cette indisposition est finie.

L'abbé de Vermond est de retour depuis ce matin.

---

(1) Monsieur et le comte d'Artois voyageaient alors séparément, visitant les provinces de l'est et du sud. Les voyages se faisaient à grand appareil, avec une suite nombreuse. La comtesse de la Marck en écrit ainsi au roi Gustave III : « Monsieur et M. le comte d'Artois viennent de voyager, mais comme ces gens-là voyagent, avec une dépense affreuse, la dévastation des postes et des provinces, et n'en rapportant qu'une graisse surprenante. Monsieur est revenu gros comme un tonneau ; pour M. le comte d'Artois, il y met bon ordre par la vie qu'il mène. » Il est vrai que la simplicité de Joseph II ne trouve pas plus grâce aux yeux de la comtesse de la Marck que le faste des princes français : « Nous avons eu ici l'empereur ; tout le monde a couru après lui. Il a affiché la plus grande simplicité : la tête en tournait à tout Paris. On répétait les lieux communs qu'il disait avec une emphase à faire mourir de rire.... Il a dit à la reine quelques vérités qui n'ont pas germé. » Lettre à Gustave III, 7 août 1777. Archives d'Upsal.

(2) Le parti Choiseul avait compté sur la présence de Joseph II pour appuyer sa faveur auprès de la reine et peut-être faire accepter au roi le retour de son chef aux affaires ; il n'en fut rien, comme on l'a vu, et ce fut une mortification sensible que de voir l'empereur traverser la Touraine sans s'arrêter à Chanteloup, où de grands préparatifs avaient été faits pour le recevoir. Dès les premiers jours après son arrivée, il avait été sollicité pour cette visite. « L'empereur, écrit le comte de Creutz, ambassadeur de Suède, a rencontré la duchesse de Gramont chez M$^{me}$ de Brionne. Ce prince, demandant quelle était la province de France la plus fertile, la duchesse dit que c'était la Touraine ; elle ajouta : « Mon frère y a une chaumière, il serait le plus heureux des hommes s'il pouvait vous y recevoir. L'empereur garda le silence et changea de conversation. » Dépêche du 24 avril 1777, Archives d'Upsal. On verra par la lettre de l'impératrice du 31 juillet qu'elle n'approuva point que l'empereur eût causé une si grande mortification à Choiseul.

## XXXIV. — Mercy a Marie-Thérèse.

*Paris, 15 juillet.* — Sacrée Majesté, Le peu du temps qui s'est passé depuis mon très-humble et dernier rapport ne donne pas lieu à rendre celui-ci fort détaillé ni intéressant. Ce que j'ai de plus essentiel à y exposer est que la reine continue à suivre un meilleur plan de conduite, et qu'elle ne s'est point encore trop écartée des résolutions réfléchies qu'elle semble avoir prises à cet égard. S. M. voit le roi plus souvent, et presque tous les jours après midi, ils passent une heure ou deux ensemble et seuls dans l'intérieur de leur appartement. Depuis le commencement du mois, la reine n'est venue qu'une fois au spectacle à Paris ; même ses promenades dans les environs de Versailles ont été moins fréquentes. La reine semble prendre plus de goût pour son château de Trianon, et quand elle va y passer les après-midi, elle n'y est suivie que par deux ou trois dames. S. M. a choisi l'histoire d'Angleterre pour l'objet de ses lectures, et elle y emploie fort régulièrement une heure et plus dans la journée. Elle n'a pas encore varié non plus dans la résolution sage de ne pas jouer hors de chez elle ; mais, quant à ce dernier article, il n'existe qu'un demi-bien, parce que le pharaon, qui se tient les soirs chez la reine, est trop considérable. Le duc de Fronsac et le marquis d'Ossun y ont une forte banque, à laquelle la reine s'est intéressée ; la semaine dernière S. M. avait gagné cinq cents louis ; M. le comte d'Artois en avait perdu dix-sept cents, Madame quatre cents et M$^{me}$ la comtesse d'Artois deux cent cinquante. Ce gros jeu semble aller toujours en augmentant, et il est très-certain que le roi le supporte avec peine, quoiqu'il ne se permette pas de le témoigner à la reine.

Lorsque la reine fut menacée d'une fièvre tierce, j'en donnai avis sur-le-champ à l'abbé de Vermond, qui était à son abbaye ; je l'exhortai à revenir, et il se rendit à Versailles le 1$^{er}$ du mois. Cet ecclésiastique est content des lectures de la reine ; elles donnent lieu à des conversations utiles, et qui sont quelquefois prolongées au delà de deux heures. Si cette habitude peut s'établir, il en résultera l'avantage essentiel d'accoutumer la reine à rester chez elle et à savoir s'y occuper de manière à éviter l'ennui. Je crains un peu que le prochain voyage à Compiègne ne fasse une diversion nuisible au nouveau régime de la reine. A la vérité ce voyage sera fort court; il doit avoir lieu le 28 ou le 30 de ce mois, et la cour revient à Versailles à la fin du mois prochain.

Dans l'attente du courrier mensuel, j'avais commencé ce présent et très-humble rapport, lorsque sur ces entrefaites, le mercredi 9, la reine, par un temps froid et humide, ayant voulu se promener à cheval, rentra peu de temps après avec un frisson qui fut suivi de mal de tête et de chaleur. Vendredi S. M. eut un second accès bien caractérisé, qui dura neuf heures, et qui marqua l'existence d'une fièvre tierce, dont cependant les symptômes n'ont rien d'inquiétant. Les accès n'ont point été violents; à peine la reine était-elle un peu abattue; son premier médecin Lassone ne craint aucune suite fâcheuse à cette indisposition; à moins que la fièvre ne quitte d'elle-même, il ne veut pas la faire cesser avant le sixième accès. Dès le second il a été décidé qu'il n'y aura pas cette année de voyage à Compiègne. Quoique très-mortifié de la cause, je suis bien aise pour le service de la reine que le voyage susdit n'ait pas lieu. Il y en aura un à Choisy de six à huit jours, et quelques spectacles. J'avais suspendu d'écrire mon très-humble rapport pour attendre les suites de l'indisposition de la reine; elle n'a eu que la menace d'un troisième accès, et le quatrième n'a pas eu lieu, de façon que le premier médecin Lassone est moralement assuré qu'il n'y aura plus de retour à cette légère maladie. Dans la persuasion que S. M. l'empereur pourrait encore être à Fribourg, la reine a désiré que le courrier y passât pour remettre une lettre à son auguste frère.

Le courrier mensuel m'ayant remis le 10 les ordres de V. M. en date du 30 du mois passé, je ne tardai pas à aller présenter à la reine les lettres qui lui étaient adressées. Je présume que l'indisposition de cette auguste princesse l'aura forcée à abréger un peu sa réponse; mais d'ailleurs je l'ai vue très-occupée et touchée de la lettre qu'elle avait reçue de V. M.

Je ne puis exprimer ce que me fait ressentir au fond de l'âme l'extrême bonté que V. M. daigne me marquer, soit au sujet du journal que j'ai mis à ses pieds, soit relativement à ce qui regarde le dérangement de ma santé. Si quelque chose pouvait ajouter à mon zèle, ce serait certainement le bonheur d'éprouver tant de clémence de la plus grande et de la meilleure des souveraines.

## XXXV. — Mercy a Marie-Thérèse.

*Paris, 15 juillet.* — Sacrée Majesté, Toute la famille des Choiseul et ses partisans ont été d'autant plus mortifiés de ne point recevoir S. M. l'empereur à Chanteloup qu'ils avaient mis beaucoup d'ostentation à la visite qu'ils espéraient de ce monarque. Frustrés dans cette attente, et fort piqués des propos que cela a occasionnés, ils ont fait parvenir leurs plaintes à la reine, et j'ai vu un moment que cette auguste princesse était disposée à les trouver fondées. Lorsqu'elle daigna m'en parler, je lui fis voir toute l'absurdité de ces mêmes plaintes, puisque, dans le fait, l'empereur ne s'était dispensé d'aller à Chanteloup que par le motif d'abréger son voyage, et qu'il était très-déplacé, de la part d'un particulier, de prétendre que S. M. I. fit un détour pour la raison unique de l'aller voir. J'observai qu'en pareil cas, si la reine paraissait approuver les prétentions des Choiseul, cela ferait le plus mauvais effet pour elle-même vis-à-vis de tout le public, et S. M. comprit si bien mes raisons à cet égard qu'elle n'hésita pas à en convenir. Il subsiste encore des nuances de ce retour d'affection de la reine pour le duc de Choiseul, et je vois qu'il en a l'obligation à son ami le duc de Coigny ; cependant je ne prévois pas que la reine pût jamais se déterminer aux grands efforts et à la suite qui serait nécessaire pour faire rentrer le duc de Choiseul dans le ministère, et, sans rien précipiter sur cet objet, il y aura assez de moyens de ramener la reine aux idées justes et sages qu'elle avait adoptées sur l'ex-ministre en question. Il se présente même une circonstance dont je chercherai à tirer parti. Depuis peu de temps le surcroît de bonté et de confiance de la reine pour sa favorite la comtesse de Polignac a causé tant d'ombrage au duc de Coigny qu'il s'est déterminé à fronder la dite comtesse, et à chercher de la rendre suspecte à la reine. Cette favorite, soit par ses liaisons avec le comte de Maurepas, soit par les entours de sa famille, peut donner matière à des attaques assez fondées et par conséquent dangereuses. Elle est ennemie des Choiseul, et les regardera comme les principaux instigateurs de sa querelle avec le duc de Coigny, et, comme je prévois que ce dernier ne l'emportera pas sur sa concurrente, il est certain que celle-ci fera usage de son influence sur la reine pour la retenir dans tout ce qui pourrait être utile au duc de Choiseul.

Depuis que la reine a été menacée de la fièvre, le roi n'a plus passé les nuits chez elle ; mais il y va les après-midi ; malgré cela il est de la plus grande conséquence que la reine ne laisse pas prendre au roi l'habitude de faire lit à part. J'ai insinué là-dessus tout ce qu'il m'était permis de dire, et j'ai engagé le premier médecin Lassone, ainsi que l'abbé de Vermond, à parler sur cet article avec toute la force nécessaire à persuader la reine. S. M. a reçu une lettre de son auguste frère, du Languedoc ; l'empereur écrit qu'ayant eu plus d'occasions de connaître l'archevêque de Toulouse dans son diocèse, S. M. avait pris de lui une haute idée, qu'elle regardait ce prélat comme un des sujets les plus capables au ministère, et qu'elle exhortait son auguste sœur à porter l'attention du roi sur le prélat en question (1). Cet avis a produit de l'effet sur la reine, et elle a montré au roi la lettre de l'empereur. On ne saurait prévoir ce qui en arrivera dans la suite ; mais, de tous les sujets qui, dans le ministère, pourraient le mieux convenir au bien du service de la reine, l'archevêque de Toulouse serait un de ceux sur lequel il y aurait le plus à compter.

Je dois revenir au contenu de la très-gracieuse lettre de V. M., et mettre de nouveau à ses pieds la très-profonde et respectueuse sensibilité avec laquelle j'éprouve des marques d'une clémence et d'une bonté que je ne pourrai jamais mériter. Tout mon zèle est dû à V. M. ; mais je puis protester que mon très-respectueux attachement à sa sacrée personne rend ce même zèle nécessaire à ma propre tranquillité, et que les satisfactions de V. M. et le bonheur de la reine sont les objets qui peuvent le plus m'émouvoir et m'intéresser dans la vie.

Quoique, parmi cette nation légère, les idées soient rarement bien stables, je vois que celles que l'on a prises sur S. M. l'empereur ont une solidité peu commune dans ce pays-ci ; tout Paris parle encore de ce monarque avec le même empressement et affection. Tandis que l'on ne dit pas un mot ni du voyage ni du retour des fils de France, on n'a cessé de s'occuper dans le public des détails du voyage de l'empereur ; on se plaît à composer mille histoires que je ne crois pas réelles, mais qui sont toutes à la louange de S. M. I. Ce que je vois de bien certain, par un nombre de lettres de gens

---

(1) Voir la note de la page 328 du tome I.

connus et sensés, c'est que l'empereur a observé partout le même système de simplicité, d'affabilité, d'attention aux choses utiles, donnant toujours des preuves de talents et de lumières qui attirent la plus juste admiration (1). S. M. a daigné m'écrire quelques lignes de Toulon ; elle paraît avoir trouvé singulières la forme et la pompe du voyage de Monsieur.

Quant à l'effet des bons avis donnés par l'empereur à la reine, V. M. a sous les yeux ce qui en est résulté jusqu'à présent. J'espère et me tiens même assuré qu'il restera des impressions utiles ; mais il faut plus de temps pour évaluer le degré et la solidité de ce bien, et je n'oserais me flatter qu'il ne survienne encore nombre d'incidents, auxquels il s'agira de remédier à mesure qu'ils se présenteront.

J'ai exposé dans mes dépêches d'office tout ce qui a trait aux manœuvres odieuses du roi de Prusse ; elles exigent ici de ma part la plus sérieuse attention. Je ne cesse de provoquer celle de la reine sur ce même objet ; dans les conjonctures présentes et qui peuvent devenir bien critiques, il dépendrait de la reine de se mettre en mesure de rendre de grands services à son auguste maison, en coopérant au bien réel de la France. La grande affaire de la succession de Bavière, même celle d'un commerce à établir sur la mer Noire,

---

(1) Mercy n'exagère point ; tous les Mémoires du temps montrent que l'empereur eut un plein succès en France ; il sut flatter habilement le sentiment national, et s'il fronda sur plus d'un point le gouvernement et la cour, l'opinion publique aimait trop à faire de l'opposition pour n'y point applaudir. Sa simplicité sembla un trait digne d'admiration. Ce qu'il y eut dans cette attitude d'habileté et de mise en scène, Joseph II lui-même nous le dira dans une lettre très-fine et spirituelle à son frère Léopold, datée de Lyon, 11 juillet. « Vous valez mieux que moi, lui écrit-il, mais je suis plus charlatan, et, dans ce pays-ci, il faut l'être. Moi je le suis de raison, de modestie ; j'outre un peu là-dessus, en paraissant simple, naturel, réfléchi, même à l'excès. Voilà ce qui a excité un enthousiasme qui vraiment m'embarrasse. Dans toute la tournée des provinces, je n'ai été à aucun spectacle, à aucun amusement ; j'ai tâché de me cacher au lieu de me faire voir. J'ai parlé dans chaque endroit aux gens les plus instruits, et cela pendant des heures, mais seulement à trois ou quatre par endroit ; ceux-là je les ai fait parler, je suis entré dans leur sens, je les ai satisfaits ; ils l'ont raconté, tout le monde aurait voulu m'entendre parler, et ne le pouvant, j'ai passé pour un oracle sans l'être : car la rareté est une chose bien précieuse. Enfin demain je pars pour Genève, et je quitte très-content ce royaume, mais sans regret, car j'en avais assez de mon rôle, et je crois que l'on est assez content de moi. J'y ai vu et observé des choses fort intéressantes, et j'ai trouvé une bonne volonté de me parler des choses les plus secrètes qui m'a servi et étonné, mais dont je me garderai bien de découvrir les auteurs. » A. d'Arneth, *Maria-Theresia und Joseph II*, p. 148, 149.

sont deux matières qui me paraissent pouvoir être traitées sans que, vis-à-vis de cette cour-ci, on tombe dans de trop grands embarras; mais je ne prévois pas qu'il en fût de même s'il s'agissait du démembrement de l'empire turc, et ce tableau effrayant dans tous ses aspects est trop au-dessus de mes faibles vues pour que je me permette de calculer les suites qu'il pourrait entraîner.

## XXXVI. — Mercy a Marie-Thérèse.

*Paris,* 15 *juillet.* — Étant hier avec la reine dans ses cabinets, elle me montra une lettre, datée du 3 et de Toulon, dans laquelle S. M. l'empereur s'explique avec une force et une énergie singulière sur le voyage de Monsieur et de M. le comte d'Artois dans les provinces. S. M. mandait que le dernier de ces princes avait achevé de se perdre de réputation par ses débauches, étourderies, et par son impolitesse; que la reine se ferait le plus grand tort par la fréquentation si habituelle du prince susdit et par l'affection particulière qu'elle lui témoignait. Une sorte de prévention favorable, que l'empereur avait prise d'abord pour le comte d'Artois, m'avait fait peine, et j'ai été charmé de voir que S. M. I. était revenue à une opinion vraie et juste. Sur le chapitre de Monsieur, l'empereur observe que le voyage de ce prince n'a été qu'un étalage de faste et de moyens de se concilier l'affection publique, aux dépens et détriment du roi. L'empereur ajoute : « Pour moi qui aime le roi, et qui, au besoin, me battrais pour lui, je n'ai pu voir tout cela sans indignation, et, à moins que M. de Maurepas ne soit une pomme cuite, on ne conçoit pas qu'il souffre choses pareilles. »

Cette lettre, qui a été envoyée par la poste ordinaire, pourrait avoir été ouverte. La reine a été très-frappée de son contenu; elle a été dans un autre sens infiniment touchée de la dernière lettre de V. M. (1). La reine me disait qu'elle y trouvait une expression de bonté et de tendresse qui la ravissait. J'ai pris ce bon moment pour représenter à la reine combien elle devait s'occuper à procurer du contentement à une auguste mère dont elle était tant aimée. Les détails de ce discours ont attendri la reine jusqu'aux larmes.

---

(1) La lettre du 29 juin.

## XXXVII. — Marie-Thérèse a Mercy.

*Schönbrunn, 31 juillet.* — Comte de Mercy, J'ai reçu votre lettre du 15 par le courrier la Montagne, arrivé ici le 25 de ce mois.

C'est avec bien du plaisir que je vous répète l'assurance de mon entière satisfaction sur la conduite que vous avez tenue pendant le séjour de l'empereur à Paris. Je suis très-persuadée qu'il doit en grande partie le succès qu'il y a eu aux notions intéressantes que vous lui avez fournies; mais comme votre santé n'aura pas laissé de souffrir dans ce temps par des fatigues inévitables, il m'importe infiniment que vous tâchiez à présent de la bien rétablir. C'est le meilleur service que vous sauriez me rendre dans ce moment, votre conservation m'intéressant également pour le bien de mon service et pour le bonheur de ma fille. Je vois bien que les conseils de l'empereur n'ont pas opéré un changement aussi subit et parfait dans son train de vie qu'il aurait été à souhaiter. Je le supposais d'abord, ne sachant que trop combien elle est entière dans ses idées et fertile à trouver des moyens pour les exécuter, sans avoir jamais été trop docile à se prêter à mes conseils. Je serais contente de la voir revenir peu à peu de ses habitudes et légèretés, surtout à l'égard des points essentiels, du nombre desquels est nommément son penchant pour le gros jeu, malgré la répugnance qu'elle connaît au roi pour un divertissement aussi indécent que dangereux.

Je ne suis pas fâchée que le voyage de Compiègne a manqué, et je crois bien que Maurepas en sera très-content. Je vous sais bien du gré des démarches que vous avez faites pour empêcher qu'à l'occasion de la maladie de ma fille le roi ne s'accoutumât à faire lit à part.

Je ne veux pas vous dissimuler que j'aurais mieux aimé que l'empereur eût été à Chanteloup, seulement pour une ou deux heures, en passant, sans y dîner ni coucher. Après que la visite de Chanteloup a été annoncée avec une espèce de publicité, et que l'empereur y a donné peut-être lui-même lieu, Choiseul doit être assez mortifié de s'en voir frustré. Ce n'est pourtant pas un homme à pousser à bout, vu l'incertitude s'il ne pourrait rentrer tôt ou tard dans la carrière. Je lui crois bien de la rancune. J'aurais été [plus] contente si l'empereur s'était dispensé de voir cette méprisable du Barry, et je suis dans la joie de mon cœur qu'en passant par Genève il a évité de se trouver avec le malheureux Voltaire.

Je me doute que l'usage que ma fille a fait de la lettre de l'empereur, si avantageuse à l'archevêque de Toulouse, en la montrant au roi, pourra plutôt reculer qu'avancer les intérêts de ce prélat, en faisant naître des soupçons sur sa façon de penser.

J'aurais encore souhaité que l'empereur ne se fût pas expliqué, dans sa lettre à la reine, avec tant de franchise sur le voyage de Monsieur et du comte d'Artois, ou que du moins il n'eût pas mandé cette lettre par la poste, au risque d'être ouverte, comme il sera arrivé probablement.

La succession de la Bavière, le commerce sur la mer Noire et le partage de l'empire turc sont tous des objets qui exigent beaucoup de réflexion. Je ne vois pas encore assez clair dans la justice de nos titres pour pouvoir prétendre à une partie de la succession de la Bavière; mais je suis toujours sûre que nombre de difficultés s'opposeront à nos vues. Si ensuite d'un concert avec les parties intéressées nous pourrions nous procurer, moyennant un échange d'États, un arrondissement avantageux à la monarchie, je crois que ce serait le parti le plus sûr et profitable à tirer de la succession de la Bavière. [Je ne me flatte pas de survivre à l'Électeur, qui pourrait être mon fils et se porte très-bien.]

Pour le commerce sur la mer Noire, je me doute fort que jamais nous pourrions le soutenir vis-à-vis des Français, Anglais et même Russes. Apparemment tout finira au bout du compte par la perte des frais, comme il arrivera encore avec l'expédition de Bolts (1). Mais le partage de l'empire turc serait de toutes les entreprises la plus hasardeuse et la plus dangereuse, par les suites qu'il y en aurait à craindre. Que gagnerions-nous en poussant nos conquêtes, même jusqu'aux portes de Constantinople? Des provinces malsaines, sans culture, dépeuplées ou habitées par des Grecs perfides et mal inten-

---

(1) Guillaume de Bolts, navigateur, né en Hollande en 1740, fut d'abord employé par l'Angleterre dans ses établissements des Indes; il entra ensuite au service de l'Autriche, obtint le titre de lieutenant général, et fut chargé de la direction des établissements autrichiens dans les Indes orientales. Plusieurs comptoirs, destinés à servir principalement les intérêts du commerce des Pays-Bas autrichiens, furent fondés par lui sur les côtes de Coromandel et de Malabar, à Car-Nicobar et Rio de la Goa. Disgracié par l'empereur Joseph II, il mourut à Paris en 1808 dans la misère.

7.

tionnés seraient plutôt capables d'épuiser que d'augmenter les forces de la monarchie. De plus le crédit que ma maison était toujours si jalouse de se conserver par sa bonne foi serait perdu à jamais, et c'est toujours une perte irréparable. Ce serait un événement plus critique encore que le partage de la Pologne, [qui me tient toujours tant à cœur,] plus avantageux à mes voisins redoutables qu'à ma monarchie. Je ne cesse de regretter d'y avoir été entraînée, et, à moins d'une fatale combinaison inévitable des circonstances malheureuses, je suis bien éloignée de me prêter jamais au partage de l'empire turc [et j'espère que nos neveux même ne les verront hors de l'Europe].

Le roi de Prusse compte beaucoup sur ses pourparlers avec Jaucourt (1). Il pense le charger de ses dépêches pour son ministre Goltz, ce qui nous ôtera le moyen d'en savoir le contenu. Je vous communique le rapport que Jaucourt fait sur le militaire prussien, dont il ne paraît pas enthousiasmé; il est cependant à remarquer que Jaucourt l'a fait partir d'ici par la poste, peut-être dans la vue qu'on en prenne ici connaissance. Il affecte encore ici un langage assez indifférent sur ce qui regarde les arrangements prussiens, en y mêlant beaucoup de suffisance; mais comme le roi de Prusse témoigne être très-satisfait du début de Jaucourt, celui-ci pourrait bien accommoder son langage plutôt au goût d'ici qu'à ses propres idées. Je crois encore remarquer que Vergennes s'énonce avec beaucoup de réserve sur le compte du roi de Prusse [je ne le crois pas net sur ce chapitre.]

Je suis bien aise que vous avez déjà connu le caractère de Scarnafis (2); c'est un homme délié et qui s'est fait ici nombre d'amis et de partisans par le bon ton qu'il sait employer dans les compagnies [surtout amuser], qualité peu commune à nos gens. L'empereur et Kaunitz sont sensibles à le perdre et ne laisseront pas de le recom-

---

(1) Le marquis de Jaucourt, maréchal de camp, était alors chargé d'une mission diplomatique et militaire à Berlin, qu'il avait momentanément quitté pour une visite à Vienne. Il était en 1770 commandant en Bresse; Voltaire lui adressait, au mois de juin de cette année, une lettre intéressante, dans laquelle il lui parle des articles du chevalier de Jaucourt dans l'*Encyclopédie*; ce sont donc deux personnages différents. On comprend que le rapport dont parle Marie-Thérèse est une pièce interceptée.

(2) Le comte Ponte de Scarnafis, ministre de Sardaigne à la cour d'Autriche, passait à celle de France pour y remplacer le comte de Viri; il y occupa le poste d'ambassadeur jusqu'en 1788.

mander au mieux en France ; c'est un motif de plus à vous engager à veiller sur ses allures.

Breteuil est, depuis son retour, d'une santé chancelante et d'une humeur sombre ; quel pourrait en être le sujet ? Il a assez mauvaise mine ; il serait fâcheux si l'assiette de son esprit ou corps venait à influer dans les affaires.

## XXXVIII. — Mercy a Marie-Thérèse.

*Paris*, 15 *août*. — Sacrée Majesté, Les menaces réitérées que la reine avait eues d'une fièvre tierce se trouvaient presque entièrement dissipées lors du départ du courrier de juillet, et depuis ce temps-là il n'est plus survenu de dérangement à la santé de cette auguste princesse ; il a fallu cependant que la reine s'assujettît à un régime. Quelques indices d'obstructions à la rate et une tendance à engendrer des humeurs glaireuses ont décidé le premier médecin de S. M. à lui prescrire l'usage de certaines pilules d'ipécacuana et des bains. Cela n'a point mis d'obstacle aux promenades et amusements ordinaires de la reine. Depuis la fin de juillet jusqu'au 3 de ce mois, la cour a habité Choisy ; un nombre d'hommes et de femmes de Paris y ont été appelés successivement. Il y a eu dans ce voyage beaucoup de divertissements, des spectacles, des promenades sur l'eau, et malheureusement beaucoup trop de jeux de hasard ; on a d'ailleurs infiniment remarqué et relevé l'affabilité de la reine, plus d'attention dans le choix des personnes admises à faire leur cour, plus de dignité et de mesure dans la manière de leur marquer des bontés ; plus de soin à éviter des démonstrations de faveurs exclusives, propres à occasionner des tracasseries et jalousies, inconvénient qui n'a point eu lieu pendant ce voyage. Le jour du retour, la reine est venue à Paris par eau, suivie d'un nombre de jeunes dames. S. M. a été à la Comédie italienne, de là au Colisée, où il y avait un monde énorme, et après y avoir vu des joutes sur l'eau et un feu d'artifice, elle est rentrée le soir à Versailles. Ce voyage à Choisy a si bien réussi qu'il est décidé qu'il y en aura incessamment un second, qui sera fixé d'un moment à l'autre.

Quelque absurde et déplacée que soit la comparaison, on s'en est permis une ici sur le voyage de l'empereur avec celui de Monsieur et de M. le comte d'Artois. Le public, en relevant à très-juste titre la façon parfaite de se montrer de S. M. I., son affabilité, sa manière simple et son attention judicieuse à tous les objets utiles, en a pris occasion, par les raisons contraires, de couvrir les deux fils de France de blâme et de ridicule, et on ne s'est point gêné dans Paris sur les propos à ce sujet. Ils m'ont servi de texte à exposer bien des observations à la reine, en lui montrant dans la conduite de Monsieur les mauvais effets d'une affectation de popularité mal entendue, et d'une manière de mendier les suffrages qui ne s'obtiennent qu'à des titres solides et en faisant voir dans la tournure de M. le comte d'Artois l'éloignement qu'inspirent l'indécence dans les mœurs et l'esprit de hauteur et d'inattention. Je suis bien sûr maintenant que la reine évalue le caractère de ce prince ainsi que le peu de fond qu'il y a à faire sur l'apparence d'attachement qu'il lui marquait. Malgré cela je ne crains que trop qu'avec toute connaissance de cause, la reine ne soit pas toujours en garde contre les inconvénients qu'entraîne la société du prince son beau-frère. Depuis un mois la reine est encore restée sur quelques articles de conduite dans les termes de réforme que S. M. l'empereur y avait opérés; les moments de retraite et de lecture subsistent, ainsi que le maintien plus attentif et amical envers le roi. Les changements en mieux qui se remarquent le plus consistent dans le traitement accordé à un chacun avec discernement, bonté et dignité; il se joint à cela une diminution considérable dans les dissipations trop bruyantes, mais une des plus dangereuses subsiste : ce sont les jeux de hasard, auxquels la reine est attachée avec une passion dont elle conçoit elle-même le travers, ainsi qu'elle nous l'a plusieurs fois avoué, à l'abbé de Vermond et à moi. Cette auguste princesse semblait en dernier lieu se reprocher bien de bonne foi d'avoir manqué à ses engagements en allant un soir jouer chez la princesse de Guéménée, ce qui n'est arrivé qu'une seule fois depuis six semaines. Au reste le gros jeu a toujours augmenté chez la reine : elle y a gagné pendant quelque temps; mais la chance a tourné, et S. M. perd maintenant assez pour être fort gênée dans ses autres dépenses. Les dettes contractées par l'achat des diamants se paient mal; il n'y a plus de fonds pour les dons de bienfaisance, et le pire de tout c'est le mauvais exemple, le regret qu'il cause au roi, et l'effet fâcheux qu'il produit dans le public. Je ne cesse de représenter la nécessité de donner un peu plus d'attention aux choses sérieuses et de nature à établir solidement le crédit et la considération de la reine ; faute d'avoir négligé de questionner ou même d'écouter, elle n'a été informée qu'après coup des changements qui se sont faits tout récemment dans le département des finances (1), et il en est arrivé de même par rapport à plusieurs charges et grâces notables qui ont été distribuées presque à l'insu de la reine. J'ai relevé les conséquences d'une conduite si indifférente ; il m'a paru que mes raisons étaient senties, et je les répéterai avec zèle dans toutes les occasions.

Le courrier mensuel m'ayant remis le 10 au matin les très-gracieux ordres de V. M. en date du 31 de juillet, je ne tardai pas à aller présenter à la reine les lettres qui lui étaient adressées. S. M. l'empereur avait fait arrêter quelques moments le courrier à St-Polten (2) pour écrire par cette occasion à son auguste sœur. Je suis pénétré au delà de toute expression de ce que V. M. daigne me marquer avec tant de bonté et de clémence sur l'état de ma santé, qui est considérablement rétablie depuis quelques semaines, et qui ne gêne plus en rien le zèle que j'apporterai dans tous les moments de ma vie à ce qui regarde le service de V. M. et celui de la reine. Je n'avais jamais osé espérer que les conseils donnés à cette auguste princesse auraient un effet aussi décidé et aussi prompt qu'il serait à désirer ; mais c'est toujours un grand point de gagné que celui d'avoir réveillé en elle des réflexions qu'un peu d'expérience rendra plus sensibles et efficaces. Il ne s'agit dans cet intervalle que de sauver les inconvénients passagers qui se présentent, et si celui du jeu pouvait être réformé, je ne serais pas infiniment en peine des autres.

### XXXIX. — Mercy a Marie-Thérèse.

*Paris*, 15 *août*. — Sacrée Majesté, Le grand nombre de lettres que j'ai vues écrites des provinces attestent toute l'admiration et le contentement que la présence de S. M. l'empereur y a occasionnés. Les chefs et principaux employés ont mandé à leurs ministres respectifs qu'ils avaient été comblés de l'affabilité et des grâces de

---

(1) Necker qui, depuis le 22 juin 1776, avait été adjoint, avec le titre de directeur du trésor, à Taboureau des Réaux, contrôleur général, lui succéda le 29 juin 1777, n'ayant cependant que le titre de directeur général des finances, à cause de sa religion.

(2) Sankt Polten, ville de la Basse Autriche, sur la Fraisen.

S. M. I. A Brest il y a eu un peu de jalousie parmi les capitaines de vaisseaux, parce que l'empereur a plus particulièrement distingué un d'entre eux nommé Bougainville (1), qui a fait de grands voyages sur mer, mais qui n'est point aimé dans son corps. Ces mêmes lettres parlent beaucoup des soins et peines infatigables que l'empereur s'est données pour bien voir les objets utiles, en négligeant ceux qui n'auraient été que de simple agrément. On a cité les observations éclairées que S. M. a faites sur toutes les matières qui excitaient son attention. A Brest, au canal de Languedoc et particulièrement à Toulon (2), on a observé la modération et délicatesse avec laquelle l'empereur a usé des ordres donnés partout de lui exposer sans réserve les objets auxquels on met du secret, et on ajoute que S. M. a quelquefois refusé à cet égard des communications qui lui ont été

---

(1) Bougainville, dont le nom est resté célèbre, avait déjà accompli alors son grand voyage de découvertes dans les mers australes. Il en avait publié en 1771 un récit plein d'intérêt et de charme, qui avait eu un grand succès. Bougainville avait d'abord servi dans l'armée de terre ; il n'était entré qu'à l'âge de trente-six ans dans la marine, où il avait rapidement conquis une réputation tout exceptionnelle. De là pouvaient bien naître autour de lui certaines jalousies.

(2) Joseph II a raconté sa visite aux provinces de France dans ses lettres à son frère Léopold. Il traverse d'abord la Normandie ; à Brest il admire le port et les grands travaux récemment exécutés, mais les magasins sont vides et les navires sont mal armés. « Lorient, dit-il, est assez joli, mais la dissolution de la compagnie des Indes lui a fait perdre son lustre... Nantes est une ville considérable et où il y a des gens de tête ; le débouché de la Loire, qui traverse tout le royaume, est une position unique, quoique les gênes et impôts sur la navigation de tous les fleuves et canaux en France fassent presque sur tous les points préférer la voie des rouliers... J'ai remonté la Loire jusqu'à Tours, dit-il encore, le long d'une digue ; le pays est superbe, dans le goût en vérité des bords du Pô et du Reno vers Ferrare... La Rochelle est un mauvais port ; on y veut dépenser de l'argent : ce sera le jeter. Rochefort, établissement de construction sur la rivière Charente, ne peut être regardé que comme chantier de construction... De là je vins à Bordeaux, qui est une ville bien agissante, surtout pour l'exportation de ses vins et eaux-de-vie, dont elle fournit l'Angleterre et tout le Nord. La Garonne est une belle rivière, dans laquelle bien deux à trois cents voiles se trouvaient. Elle fait aussi le plus grand commerce comme échelle des produits des îles d'Amérique, et avec les rebelles américains, dont j'ai vu une dizaine de bâtiments... De là à Bayonne, au travers des landes, pays dépeuplé et inculte où, pendant trente-six heures de voyage, je n'ai trouvé que trois villages. » Après une pointe en Espagne jusqu'à Saint-Sébastien, Joseph II vient à Toulouse, visite le canal du Languedoc ; il admire « cette superbe province de Languedoc, d'une culture qui fait vraiment plaisir », Agde, Cette, Montpellier, Nîmes, Aix, Marseille, Toulon « le plus beau port que j'aie vu », dit-il. Il ajoute : « Malgré cela je ne sais ce que c'est, mais la marine française ne m'inspire aucune confiance. Ses équipages sont mauvais et mal exercés ; j'en ai jugé par les manœuvres que j'ai vues et par les avaries continuelles qui arrivent à leurs vaisseaux. » Lettres du 9 juin et 3 juillet 1777. — V. A. d'Arneth, *Maria Theresia und Joseph II*, tome II, p. 138, 142.

offertes par écrit. D'après ces mêmes relations, le public des villes aurait désiré que l'empereur se fût prêté un peu davantage à l'empressement qu'on avait de le voir et de l'entourer, ce qui a occasionné quelquefois de la part de S. M. I. des mouvements d'impatience très-marqués ; il n'y a eu cependant à ce sujet que des regrets sans plaintes positives. Les frivolités de Paris n'avaient pas favorablement disposé l'opinion de l'empereur sur la valeur intrinsèque de ce pays-ci, mais je sais par le comte Belgiojoso et par d'autres voies que S. M. a été fort frappée de ce qu'elle a vu dans les provinces, et qu'elle s'est formé une grande idée de la consistance et des ressources de cette monarchie.

J'ai supplié la reine de faire usage de tous ces objets dans ses conversations avec le roi ; je les ai employés moi-même auprès de la reine pour tâcher de la fixer un peu plus sur les choses solides et utiles. Le règlement par écrit que lui a donné l'empereur a été relu ; mais la crise de dissipation n'est point encore suffisamment calmée pour que les avis solides aient leur plein effet. Les idées en restent cependant ; j'en retrouve des traces dans mes entretiens avec la reine, et je saisis ces moments avec des succès variés, mais qui ne sont pas absolument stériles, hors dans les matières qui tiennent immédiatement aux amusements.

Les petites indispositions de la reine ont donné lieu à faire lit à part avec le roi ; il est cependant revenu passer les nuits chez la reine ; mais ce n'est pas sans interruption et avec cette habitude constante sur laquelle j'insiste toujours, comme sur le point le plus essentiel à maintenir.

Je reviens au contenu de la très-gracieuse lettre de V. M., et j'observe d'abord que la remarque relative au duc de Choiseul est d'autant plus fondée que cet ex-ministre, par son parti nombreux et bien plus par ses intrigues adroites, peut, dans bien des cas, signifier encore quelque chose dans ce pays-ci, sans même qu'il revienne en place, ce qui ne pourrait arriver que par l'appui de la reine et au plus grand détriment de ses avantages réels. J'ai lieu d'espérer que cette auguste princesse a bien compris les raisons que je lui ai exposées là-dessus ; mais c'est un objet que je ne perds pas de vue, attendu que le duc de Choiseul serait sans contredit un des hommes les plus embarrassants qui pût être placé dans le ministère, surtout dans les conjonctures présentes et relatives au service de V. M.

Ce qui me fait le plus de plaisir dans le parti que S. M. l'empereur a pris de ne point voir Voltaire, c'est que j'ai une sorte de certitude qu'il s'est décidé par réflexion que cette entrevue pourrait déplaire à V. M.

Je remets ici la pièce secrète que V. M. a daigné me communiquer. Elle donne lieu à plusieurs remarques ; la première, qui paraît très-probable, et qui n'a point échappé aux hautes lumières de V. M., est que le marquis de Jaucourt a écrit ses lettres dans la prévoyance qu'elles seraient lues à Vienne. On voit dans ces lettres toute la suffisance qui caractérise leur auteur, et qui ne tient que trop généralement à l'esprit de sa nation. La présomption d'avoir en peu de jours connu à fond un système étranger, et l'espèce d'audace de vouloir donner des conseils à ses supérieurs, dévoilent la tournure du marquis de Jaucourt, que je connais depuis longtemps ; mais il n'est pas impossible que le dit Jaucourt, pour se donner un air d'importance, ne se soit laissé aller vis-à-vis du roi de Prusse au delà de ce qui pourrait lui avoir été permis ou enjoint. On ne peut se dissimuler, et je l'observe assez clairement, que depuis quelque temps le cabinet de Versailles a pris de l'ombrage sur les vues de celui de V. M. Le premier motif en a été d'abord les ouvertures faites relativement à la succession de Bavière. Heureusement que je m'abstins de communiquer (quoique j'y fusse autorisé) la déduction des droits de V. M. sur cette succession, pièces desquelles on n'aurait pas manqué de faire ici l'usage le plus dangereux ; quoique j'apportasse une extrême précaution dans mon langage sur cet objet, je vis bien que le comte de Vergennes en était effarouché. Il survint ensuite les pourparlers sur la situation de la Porte Ottomane, et cet article ajouta ici une nouvelle nuance de soupçon. Je ne parlerai pas du projet de commerce par la mer Noire, parce qu'il n'a fait qu'une très-légère sensation sur le comte de Vergennes, qui suppose que ce commerce ne peut avoir un effet considérable ; mais, en résumant le total de ces circonstances, elles peuvent avoir fait naître l'idée d'un jeu politique vis-à-vis du roi de Prusse, non pas dans le dessein de se lier avec lui, mais uniquement pour donner au ministère de V. M. quelque embarras qui puisse ralentir ou intercepter la conduite de ses vues. Ce système du cabinet de Versailles, sans annoncer pour le moment rien de bien grave, exige cependant beaucoup d'attention ; mais d'après ce que V. M. daigne me faire connaître de ses hautes intentions sur les grands objets susdits, j'ose croire qu'avec les précautions nécessaires, en ne précipitant rien, et en épiant des circonstances favorables, il y aura moyen, en tant que cela regarde cette cour-ci, de ménager les choses dans le sens le plus sûr et le plus utile que le dictera le bien du service de V. M. Après le départ de ce courrier, j'aurai une audience de la reine, et, suivant le degré d'attention que je lui trouverai, je me propose de préparer son esprit sur les matières très-intéressantes dont il s'agit. Il est encore difficile de les traiter vis-à-vis de cette auguste princesse ; mais en y allant fort doucement, en excitant sa curiosité, son intérêt personnel et sa gloire, j'espère de la porter peu à peu à s'occuper des grands objets et à y intervenir. Elle en a tous les moyens, et ce serait un avantage immense pour l'auguste maison si la reine réfléchissait sérieusement à ce qu'elle lui doit, et à ce qu'elle serait en état d'effectuer.

J'ai connu le comte de Scarnafis dès sa sortie du collége ; je fréquentais beaucoup ses parents à Turin, ce qui m'a mis dans le cas d'être bien informé de ce qui le regarde. On pourrait facilement être trompé aux apparences de simplicité et de bonhomie sous lesquelles le comte de Scarnafis cache un grand fond d'adresse et de fausseté. Il peut plaire par son esprit et ses connaissances ; mais nulle part il n'a eu un ami, et c'est nommément ce qui lui est arrivé en Angleterre. La reine est très-bien informée de ces circonstances et je veillerai avec attention sur l'ambassadeur susdit.

Je ne connais aucun nouveau motif qui puisse affecter le baron de Breteuil, soit dans ses affaires de famille, soit relativement aux intrigues qui pourraient le menacer. Les comtes de Maurepas et de Vergennes ne l'aiment point ; mais ils le regardent comme un protégé de la reine, et n'oseraient songer à l'attaquer ni le déplacer. Dans cette position, et n'ayant rien à espérer du ministère, tout le système du baron de Breteuil et tous ses moyens de parvenir consistent sans doute à s'assurer de plaire à Vienne, à n'y avoir que des objets agréables à traiter, et à s'assurer, par les bontés et approbation de V. M., un appui d'autant plus solide et plus certain auprès de la reine son unique protectrice. Il s'ensuit de là que si, comme il n'y a que trop d'apparence, le ministère français prend des ombrages et se laisse aller à quelques démarches obliques vis-à-vis du roi de Prusse, Breteuil en sera très-embarrassé et fort affligé par rapport à son intérêt personnel. Cette combinaison pourrait expliquer l'humeur sombre dont cet ambassadeur paraît affecté ; je l'ai toujours connu très-honnête, franc et loyal, mais fort ambitieux, et s'il ne parvient point à ses vues par son ambassade, sa fortune politique sera manquée.

### XL. — MARIE-ANTOINETTE A MARIE-THÉRÈSE.

*Versailles,* 19 *août.* — Madame ma très-chère mère, Ma santé est entièrement remise à cette heure, et les bontés de ma chère mère achèvent la guérison, s'il y manquait encore quelque chose. Mon côté est aussi très-bien, et je n'y ai point du tout souffert dans cette fièvre-ci. L'idée des eaux de Carlsbad m'en donne presque des regrets ; ce serait un bonheur bien grand pour moi si je pouvais espérer jamais de me trouver aussi près de ma chère maman : tout ce qu'elle veut bien dire sur cela me pénètre de reconnaissance. Je me représente la joie qu'aura eue ma chère maman de revoir l'empereur plus tôt qu'elle ne comptait ; il m'a mandé qu'il devait faire une surprise et se trouver le 2 à Vienne. J'étais bien sûre qu'il ne tiendrait pas à aller au camp, sans au moins passer quelques jours à Vienne ; je suis bien soulagée de savoir enfin ses courses finies. Belgiojso, qui est revenu, m'a assurée qu'il se porte très-bien et qu'il n'était point fatigué. Il est bien heureux qu'il soit sorti à temps de ce pays-ci, car depuis huit jours il fait, même ici, une chaleur très-grande et qui aurait pu l'incommoder beaucoup dans les provinces qu'il avait à parcourir. Par tout ce qu'il m'a mandé il me paraît content de ce qu'il a vu ; pour les endroits où il a passé, il y a eu partout le même enchantement ; toutes les lettres qui en arrivent ne parlent que de lui.

Je suis très-inquiète de ce que ma chère maman veut bien me dire sur Ferdinand ; je ne savais rien de sa santé, et j'avoue à ma honte qu'étant fort paresseux tous deux, il y a fort longtemps que je n'ai eu de ses nouvelles. J'ai grande impatience d'apprendre l'accouchement de la reine de Naples. Je désire fort qu'elle ait un garçon ; mais il me semble qu'elle n'y compte guère. Le roi se porte fort bien, et je n'ai qu'à m'en louer de toute manière. Il vient de nommer l'évêque d'Autun (1) pour la feuille des bénéfices ; c'est un bon choi

---

(1) Alexandre de Marbeuf, sacré évêque d'Autun en 1767.

de l'aveu de tout le monde ; c'est un honnête homme et un digne ecclésiastique qui ne sortait pas de son évêché. Il n'en est pas de même de l'autre place qu'il va avoir à donner ; nous touchons au moment où le cardinal de la Roche-Aymon va mourir et que le prince Louis aura sa place. Je ne cache pas à ma chère maman que cela me fait beaucoup de peine, et le roi lui-même n'en est pas bien aise ; il a été horriblement trompé sur cela. Voilà le malheur d'être bien jeune et de n'avoir personne de raisonnable pour se conduire. Ma chère maman me permet-elle de l'embrasser et de l'assurer de ma respectueuse tendresse ?

P. S. L'abbé n'est pas ici dans ce moment ; je lui dirai les bontés de ma chère maman. Il en sera pénétré ; il les mérite bien, car c'est un bien digne homme et dont je suis fort contente.

### XLI. — MARIE-THÉRÈSE A MERCY.

*Schönbrunn, 29 août.* — Comte de Mercy, J'ai reçu par le courrier Neumann, arrivé ici le 24, votre lettre du 15. Il m'est agréable que la nation française continue à s'occuper de l'empereur ; mais il m'est bien plus agréable encore que, selon le rapport que le comte de Belgiojoso vous a fait, l'empereur paraît avoir conçu une idée avantageuse des grandes ressources de la France. Je souhaite que, pour l'affermissement de l'union entre les deux monarchies, il persiste toujours dans le même sentiment. [L'empereur n'ayant passé que peu de jours ici, je ne saurais encore dire comme il pense sur tout le total ; cela ne viendra dehors que peu à peu. Belgiojoso aurait pu se tromper.]

Vous vous rappellerez sans doute que je me suis d'abord doutée de l'effet complet des conseils donnés par l'empereur à la reine. Tant qu'elle ne corrigera pas sa légèreté et dissipation habituelles, on peut compter peu sur un changement solide. Il n'y a pas de mal qu'elle se ressente du délabrement de ses finances, si ce revers contribue à réprimer son goût pour le gros jeu. Pour son état conjugal, on croit en pouvoir bien espérer par les exemples qu'il y a des époux qui n'ont eu de succès qu'à l'âge de trente ans. Je le souhaite à l'égard du roi, mais je n'en suis pas rassurée.

Ce n'est pas par égard pour moi que l'empereur n'a pas voulu voir Voltaire. Il m'a dit lui-même d'avoir été fâché des arrangements que Voltaire avait faits pour le recevoir, en envoyant même deux hommes à sa rencontre. Voltaire, dans une lettre au général Colloredo, marqua ses regrets d'avoir été frustré de l'honneur de recevoir chez lui l'empereur par la fausse démarche de ces deux hommes à laquelle il affecta n'avoir pas eu part (1).

La succession de la Bavière et le partage des États Ottomans sont deux objets sur lesquels je pense bien différemment de ceux qui songent à en tirer parti pour faire des conquêtes, à moins qu'on ne puisse y parvenir par un parfait accord avec toutes les parties intéressées et sans la moindre violence. J'espère et souhaite de ne pas survivre à la mort de l'électeur de Bavière. Je suis très-contente que vous aviez différé de communiquer au ministère de France la déduction de nos droits sur la Bavière; je crois que vous ferez bien d'en différer la communication aussi longtemps qu'il vous sera possible.

Je suis bien aise que vous êtes au fait du caractère de Scarnafis, et que vous l'avez fait connaître à la reine. Il a ici nombre de partisans; il est même goûté par l'empereur et Kaunitz, car il a le don d'amuser et on n'aime à présent qu'à amuser et être amusé. [ Ce sont les grandes qualités pour plaire et faire sa fortune.]

[L'heureux accouchement de la reine de Naples d'un prince (2) est le sujet de ce courrier; je n'écris que quelques mots à la reine.]

## XLII. — MARIE-THÉRÈSE A MARIE-ANTOINETTE.

*Schönbrunn, 30 août.* — Madame ma chère fille, Grâce à Dieu que cette vilaine fièvre est finie! Tout ce que vous me dites sur le Carlsbad est charmant, je vous en embrasse. Notre chère reine s'est bien conduite; voilà un second gros garçon et qui porte le nom de François : attention charmante pour moi (3). J'attends à cette heure avec

---

(1) Plusieurs lettres de Voltaire parlent de l'empereur à propos de son passage par Genève. Dans une première, du 27 juin, toute de flatterie, il affecte de se dire indigne de la visite impériale, sur laquelle il est évident qu'il compte bien. Dans une autre, du 18 juillet, il parle de deux habitants de Ferney qui allèrent au-devant de l'empereur sur la route de Genève pour lui indiquer le chemin de Ferney; Joseph II parut choqué de cette singulière invitation, et continua sa route sans s'arrêter, même à Genève. Voltaire désavoue, bien entendu, les deux émissaires maladroits. Quant à la lettre à Colloredo, dont parle Marie-Thérèse, elle ne s'est retrouvée ni en original, ni en copie aux Archives de Vienne.

(2) Ce prince, François-Janvier-Joseph, fut François I, roi des Deux-Siciles de 1825 à 1830.

(3) Ce nom était donné par la reine de Naples en souvenir de son père l'empereur François de Lorraine, époux de Marie-Thérèse.

empressement les estafettes qui me porteront journellement ces neuf premiers jours de ses nouvelles : pourvu qu'elle se ménage ! ses nerfs en ont besoin.

J'ai trouvé l'empereur un peu maigri ; il est parti après deux jours pour les camps. Il est revenu de Styrie et de Hongrie assez content des troupes. Il est actuellement à Laxenbourg pour le camp de Minkendorf. Je le trouve bien ; il est bien content du roi, surtout de sa chère et belle reine : s'il trouvait une femme pareille, il passerait d'abord aux troisièmes noces. Jugez combien je suis occupée de tout ceci, combien je dois être contente de tout ce qu'il me dit de vous. Il est enchanté des provinces et de la marine et des troupes ; il n'a pas renoncé à revenir vous voir, et vous jugerez bien que je n'y mets point d'empêchement, et que j'en suis flattée. D'abord qu'il ne veut rester avec moi, je le souhaite auprès de la famille, en France, Naples ou Toscane. Je vous embrasse tendrement.

P. S. Les nouvelles de votre frère ne sont pas encore meilleures ; j'y ai envoyé un médecin pour savoir les choses au juste. Vous direz à Vermond que l'empereur m'a confirmé toute son assiduité et zèle à vous servir, que je connais depuis tout le temps que je le connais.

### XLIII. — MARIE-THÉRÈSE A MERCY.

*Schönbrunn, 6 septembre.* — Comte de Mercy-Argenteau, Je vous adresse le porteur de la présente, Laveirand, dentiste de cour, qui m'a demandé la permission de faire une excursion en France. Comme il est attaché à mon service, vous le traiterez sur ce pied, tout Français qu'il est de naissance, et déciderez en conséquence s'il convient lui procurer le moyen de se mettre aux pieds de la reine ma fille. Il a demandé pour elle une lettre à l'empereur, qui la lui a refusée, en lui faisant connaître en même temps qu'il ne sera pas bien vu de la reine, parce que le dentiste du roi mettait à son compte d'avoir gâté la bouche de la reine, en lui arrachant trop de dents. Laveirand a pris feu, en menaçant de vouloir se venger du tort que le dentiste du roi lui faisait. Je lui ai bien ordonné de modérer son ressentiment ; mais s'il ne s'en laissait pas moins emporter par la vivacité française, vous saurez au mieux lui imposer, ensuite des ordres que je vous donne à cet effet, en vous assurant de ma constante affection.

## XLIV. — Marie-Antoinette a Marie-Thérèse.

*Versailles,* 10 *septembre.* — Madame ma chère mère, La naissance du fils de la reine de Naples m'a fait une joie que je ne puis dire ; j'aime certainement ma sœur de tout mon cœur. J'ai pris la plus grande part à tout ce qui lui est arrivé, mais j'avoue que ce nouveau né me fait encore plus de plaisir par l'espérance que j'ai d'avoir bientôt le même bonheur. Depuis la lettre que j'ai écrite à ma chère maman par le courrier du baron, j'ai eu un moment d'espérance d'être grosse ; elle s'est évanouie, mais j'ai grande confiance qu'elle reviendra bientôt. L'état de Ferdinand m'inquiète ; de si loin je ne puis raisonner, mais il me semble que, dans l'état où il est, l'air natal devrait lui faire du bien, et je désire fort qu'il passe son hiver à Vienne.

Je ne suis point étonnée que ma chère maman ait trouvé l'empereur maigri ; il s'est donné un terrible mouvement depuis quatre mois. J'espère que sa santé n'en est point altérée, et que le repos le remettra dans son état ordinaire. Qu'il me conserve sa bonne volonté, qu'il revienne une fois nous voir : il fera encore plus de plaisir à tout le monde, actuellement qu'on le connaît, et pour moi, il sait bien que je serais parfaitement heureuse de ce retour.

Il fait le plus beau temps du monde ici ; nous partons cet après-dîner pour Choisy jusqu'au 16. Il n'y aura pas beaucoup de monde, car le roi compte y chasser tous les jours. Je m'empresse à finir ma lettre, pour ne pas retarder le courrier. Ma chère maman permet-elle que je l'embrasse bien tendrement ?

P. S. L'abbé se met à vos pieds ; il est bien pénétré de vos bontés.

## XLV. — Mercy a Marie-Thérèse.

*Paris,* 12 *septembre.* — Sacrée Majesté, Le courrier dépêché à Madrid m'a remis le 5 de ce mois les ordres de V. M. en date du 29 août. Les deux lettres adressées à la reine lui furent présentées le même jour, et, après avoir écrit à l'ambassadeur comte de Kaunitz-Guestemberg ce qu'il y avait de plus intéressant à lui mander de ce pays-ci, j'ai fait repartir le courrier le lendemain 6 de ce mois.

D'après ce que la reine a daigné me dire, elle a saisi l'occasion du départ d'un courrier français pour mander à V. M. des faits très-intéressants et relatifs à son état de mariage. Le secret que le roi avait exigé à cet égard m'a privé pendant dix jours de toute notion sur pareil objet, duquel d'ailleurs V. M. ne pouvait être bien informée que par la reine elle-même. Au reste cet événement, qui est maintenant très-constaté et certain, va donner à la position de la reine une forme nouvelle de laquelle il y a tout à se promettre. L'espoir plus que vraisemblable d'une prochaine grossesse présente à mon zèle la perspective du changement favorable qui doit en résulter dans les idées morales et dans le système de vie de la reine. Cette époque fixait depuis bien longtemps toutes mes espérances, et je suis si convaincu qu'elles ne seront point déçues que, dès aujourd'hui, je crois ne devoir exposer que légèrement quelques détails peu satisfaisants de ce qui s'est passé depuis un mois.

La passion du jeu, dont la reine est plus que jamais occupée, a donné lieu à plusieurs inconvénients qui en sont les suites nécessaires. Les parties de jeu sont devenues quelquefois tumultueuses et indécentes ; elles ont occasionné, de la part de ceux qui tiennent la banque, des reproches à quelques femmes de la cour sur le peu d'exactitude dans leur façon de jouer. Il y eut un soir entre le duc de Fronsac et la comtesse de Gramont une scène assez vive en ce genre. De pareils scandales, qui ne peuvent être ignorés, ne manquent pas de faire naître bien des propos. La reine en a senti tout l'embarras, et elle a cru en éviter une partie en retournant de temps en temps jouer chez la princesse de Guémenée. D'ailleurs les pertes au jeu augmentent, les finances de la reine en sont entièrement épuisées, les anciennes dettes par conséquent ne se paient pas, et il n'y a jamais des fonds pour des actes de bienfaisance.

Il s'était établi en dernier lieu un nouveau genre d'amusement peu convenable, mais qui heureusement doit cesser avec la belle saison. Cet objet a été, depuis un mois, de faire établir vers dix heures du soir sur la grande terrasse des jardins de Versailles, les bandes de musique de la garde française et suisse. Une foule de monde, sans en excepter le peuple de Versailles, se rendait sur cette terrasse, et la famille royale se promenait au milieu de cette cohue, sans suite et presque déguisée. Quelquefois la reine et les princesses royales étaient ensemble, quelquefois aussi elles se promenaient séparément, prenant une seule de leurs dames sous le bras (1). Le roi a été une fois ou deux de son côté et seul à ces promenades; il a paru s'en amuser, et cela les a d'autant plus autorisées. Cependant, surtout pour la reine, de pareilles promenades peuvent produire de grands inconvénients; parmi cette nation, où la jeunesse est si étourdie et si inconsidérée, on ne saurait être trop en garde contre les occasions d'être méconnu. C'est toujours M. le comte d'Artois qui est un des principaux promoteurs de ces sortes d'amusements déplacés. C'est depuis son retour du voyage qu'il a fait que le jeu a repris à Versailles avec plus de violence, et, malgré toutes les représentations très-bien écoutées et bien senties par la reine, elle se laisse entraîner avec une sorte de regret qui ne suffit pas pour la retenir. Il reste cependant encore l'avantage des moments de retraite et de lecture, auxquels cette auguste princesse s'est assujettie, et qui n'ont point été interrompus. La reine est assez avancée dans la lecture de l'Histoire d'Angleterre par le sieur Hume. S. M. s'en est occupée avec goût et réflexion, ce qu'il m'a souvent été facile de reconnaître par la façon dont elle a daigné me parler des traits les plus remarquables de cette histoire.

La faveur de la comtesse Jules de Polignac n'a fait qu'accroître jusqu'à ce moment. La reine ne peut plus se passer de la société de cette jeune femme; elle est dépositaire de toutes ses pensées, et je doute fort qu'il y en ait d'exceptées à cette confiance sans bornes. Dans ces derniers temps il n'en est rien résulté de fort nuisible. La comtesse de Polignac, qui est bien manifestement gagnée par le comte de Maurepas, a beaucoup ramené l'esprit de la reine en faveur de ce ministre, qui obtient maintenant de S. M. des marques de bonté et de distinction qui lui avaient été refusées jusqu'à présent. Le 5 de ce mois, la reine donna une fête au roi dans son château du Petit-Trianon; il y eut différentes sortes de jeux dans les jardins, un grand souper, illumination et spectacle. Les ministres du roi non plus que leurs épouses ne sont jamais appelés à ces parties; mais,

---

(1) On peut lire dans les Mémoires de Soulavie les infâmes calomnies contre la reine dont ces promenades furent l'occasion. M$^{me}$ Campan les rappelle dans ses Mémoires (chapitre VIII) pour en signaler la fausseté. Seulement M$^{me}$ Campan se trompe, comme on voit, en ne faisant commencer qu'en 1778 un genre de divertissement qui se renouvela d'ailleurs plusieurs fois.

dans cette dernière occasion, le comte et la comtesse de Maurepas ont été invités par la reine, et cette faveur exclusive a eu de quoi les flatter infiniment. La princesse de Lamballe, qui est revenue depuis quinze jours des eaux de Plombières, a été reçue par la reine avec beaucoup de démonstrations de bonté ; mais cet accueil n'est qu'une forme de bienséance qui devient de plus en plus embarrassante et gênante. La reine cherche quelquefois à se tromper elle-même à cet égard; mais comme elle nous permet toujours, à l'abbé de Vermond et à moi, de lui exposer sans détour nos réflexions et nos remarques, S. M. finit par convenir de bonne foi que nous ne nous méprenons guère sur le vrai état de ses affections.

La cour est à Choisy depuis mercredi et y restera sept jours ; il y aura quelques spectacles et sans doute beaucoup trop de jeu.

Le courrier mensuel arrivé ici le 10 au matin m'a remis les lettres adressées à la reine, et elles sont parvenues à cette auguste princesse dans la même matinée.

Quoiqu'il paraisse de nouveau décidé qu'il y aura un voyage à Fontainebleau, j'ai représenté à la reine que si, d'ici à ce temps-là, il survenait des soupçons de grossesse, ce serait une imprudence impardonnable que de hasarder ce voyage, et S. M. en est convenue.

### XLVI. — Mercy a Marie-Thérèse.

*Paris,* 12 *septembre.* — Le mardi 2 de ce mois, étant chez la reine, je la trouvai tout occupée de la joie que lui causait l'idée de la possibilité d'une grossesse. Je pris ce moment favorable pour faire à la reine une récapitulation générale des remontrances que j'ai été si souvent dans le cas de lui exposer. J'observai que maintenant l'époque était enfin arrivée où, par devoir de religion, d'utilité et de gloire, la reine se trouvait indispensablement obligée à oublier tous les systèmes de frivolité pour en adopter un qui fût propre à la consistance qu'elle allait prendre comme mère et reine, et je déduisis amplement tout ce qu'il y avait à dire sur cette importante matière. Je dois cette justice à la reine que non-seulement elle convint de mes raisons, mais qu'elle me rappela elle-même les engagements qu'elle avait souvent daigné prendre vis-à-vis de moi, de prendre des résolutions raisonnables et fermes quand l'état de son mariage serait entièrement constaté. Il paraît indispensable de s'occuper d'avance de toutes les précautions qu'exigera l'état futur de la reine. La première de toutes ces précautions est celle de renoncer aux promenades à cheval, même à une façon trop précipitée d'aller en voiture, soit pour éviter des secousses violentes, soit pour ne point être exposée à des frayeurs par la chute des hommes à cheval et autres pareils accidents qui ne sont ici que trop communs, au train ordinaire où la cour est accoutumée d'aller. La reine est prévenue sur ces points et en a compris la nécessité ; cependant, si V. M. daignait interposer ses avis, ils auraient plus d'autorité et d'effet à maintenir l'ordre que la prudence exige en pareille conjoncture.

La très-gracieuse lettre de V. M. du 29 août ne me fournit point de matière à des observations ultérieures, et je me bornerai à remarquer que la reine a été très-frappée, touchée et attendrie du ton de bonté que V. M. a pris en lui parlant des inconvénients du jeu, et en l'exhortant à renoncer à ce dangereux amusement, qui dans le fait cause à la reine un tort inimaginable. S. M. l'empereur a écrit sur le même objet, mais d'une manière vive et sévère et qui par cette raison n'a point produit d'effet. Je prévois que l'empereur va être très-mécontent de la reine ; elle devait réponse à six lettres de son auguste frère ; ces lettres étaient des récapitulations fort détaillées de tous les points les plus essentiels d'une conduite raisonnable à observer. La reine tranche sur tout cela, et n'y répond que par des échappatoires qui auraient presque l'air de la plaisanterie. J'ai hasardé d'en exposer mon avis, en faisant sentir que la reine manquait de parole et même de procédé envers son auguste frère. J'ai prédit aussi que, sur ce pied, la correspondance deviendrait insensiblement d'une tiédeur qui dégénèrerait en indifférence, et que la reine aurait le remords d'y avoir donné lieu. Ce que je vois de plus satisfaisant, c'est que les avis de V. M., quand même ils ne sont pas suivis, sont toujours au moins sincèrement respectés, et il semble quelquefois que la reine éprouve un vrai chagrin d'être comme entraînée hors d'elle-même, et induite à des actions qui peuvent déplaire et faire de la peine à son auguste mère. Il n'y a que V. M. seule qui produise cet effet sur le cœur de la reine, et j'ai sans cesse occasion de reconnaître cette vérité.

## XLVII. — Marie-Thérèse a Mercy.

*Schönbrunn*, 1<sup>er</sup> *octobre*. — Comte de Mercy-Argenteau, J'ai reçu votre lettre du 12 du passé par le courrier Wolf, arrivé ici le 24 du même mois.

Le changement arrivé dans la situation de ma fille à l'égard de son état de mariage est un événement qui m'intéresse infiniment; mais c'est l'effet seul qui peut me rassurer en plein. Je conviens que ma fille doit s'assujettir à beaucoup de ménagements, dès qu'il y aura quelqu'indice réel de grossesse; mais je ne voudrais pas qu'on poussât à cet égard la délicatesse trop loin, en retranchant toute sorte de promenades à cheval et en voiture, ou de voyages de plaisir, sans que les circonstances le rendent indispensable. On s'exposerait d'ailleurs à la critique par des précautions trop multipliées et réitérées, dont l'effet ferait voir l'inutilité; mais si jamais ma fille devenait grosse, je vous avoue que je crains beaucoup et pour la mère et pour l'enfant, avant et après les couches. Les crimes les plus atroces ne coûtent guères dans un pays où l'irréligion est poussée jusqu'au dernier excès. Ajoutez-y encore l'intrigue piémontaise, qui gagne de plus en plus en France. Je serais bien aise de pouvoir mettre dans le cas d'une grossesse une personne affidée à côté de ma fille [et surtout auprès de l'enfant]; mais, comme je n'en vois guère la possibilité, il faut s'en remettre à la Providence pour se tranquilliser au mieux sur les tristes exemples que l'histoire de France fournit des horreurs de cette espèce.

Je n'ai pas vu la lettre de ma fille à l'empereur, quoique je lui aie communiqué la mienne. Comme je vous ai envoyé par le courrier précédent la copie de ma lettre à ma fille, vous trouverez dans sa réponse une nouvelle preuve combien elle aime à éluder tout bon avis, ne disant un seul mot sur ce que je lui ai mandé nommément par rapport au gros jeu. La confiance dont elle continue à traiter le comte d'Artois et M<sup>me</sup> de Polignac fait encore voir son penchant à se laisser entraîner par ses goûts, même aux dépens de ses intérêts essentiels.

## XLVIII. — Marie-Thérèse a Marie-Antoinette.

*Schönbrunn,* 3 *octobre.* — Madame ma chère fille, Je suis enchantée de ce que vous me dites pour votre frère Ferdinand. Voilà encore ma chère Antoinette que j'y reconnais. Il sera ici le 28 ; le mal n'est pas si pressant, mais j'avoue que je ne suis pas tranquille ; mais je vous en informerai exactement. Le fils de notre chère reine de Naples m'a fait grand plaisir ; je n'ose me laisser aller à cette idée, si j'en voyais un de vous ; mais que notre chère Charlotte se trouve dans une terrible situation qui pourrait achever à la perdre de santé, car sans cela elle souffre des nerfs, sa trop grande vivacité et sensibilité l'assomment, mais cette fois-ci il y a de quoi. Cinq petits enfants (elle trois semaines en couches) doivent fuir de Naples pour sauver le roi, qui n'a pas eu cette cruelle maladie dont vient de mourir dans sa maison le frère. Elle veut faire inoculer ses trois aînés ; j'avoue, le moment présent ne me paraît pas le plus convenable ; je crains infiniment pour le roi ; s'il la prend, il est mort, ayant le sang très-échauffé, et cette cruelle maladie n'est que trop dangereuse dans la maison de Bourbon.

L'empereur est enfin arrivé de ses éternels camps en bonne santé, et moi j'embrasse tendrement ma chère petite femme que j'aime bien.

## XLIX. — Mercy a Marie-Thérèse.

*Fontainebleau,* 17 *octobre.* — Sacrée Majesté, Les apprêts du voyage de la cour étaient restés suspendus pendant le mois passé, parce que le roi avait déclaré qu'il ne sortirait point de Versailles s'il survenait la moindre apparence que la reine pût être enceinte ; mais le 1er de ce mois, des indices certains annoncèrent qu'il n'y avait nul symptôme possible de grossesse d'ici à cinq semaines. Conséquemment la cour partit pour Choisy le 3, et le 9 pour Fontainebleau. Ce qui, dans cet intervalle, s'est passé de relatif à la reine ne me fournit point de matière à exposer aujourd'hui à V. M. de longs détails, encore moins de circonstances bien satisfaisantes. Depuis le temps où la reine a senti la nécessité de renoncer à l'exercice du cheval et aux promenades trop fréquentes, S. M. n'a imaginé d'autre dédommagement à ce sacrifice que celui de se livrer davantage à son goût pour les jeux de hasard, et il n'est dans ce moment que trop vrai que ce dangereux amusement forme presque l'objet unique de ses occupations. Le temps de la journée qui ne peut pas être employé à jouer est destiné à délibérer sur les arrangements du jeu de la soirée. Les incidents qui surviennent font souvent naître des difficultés. Les usages de ce pays-ci n'admettent pas que des gens de qualité tiennent la banque au pharaon. Le duc de Fronsac et le marquis d'Ossun, en vue de plaire à la reine, s'étaient déterminés à tenir cette banque ; quelques contestations indécentes les ont obligés à se retirer. Le comte de Merle les a remplacés, mais comme il n'est point assez riche pour s'exposer seul aux événements d'un jeu qui, par son énormité, pourrait le ruiner dans une soirée, il a fallu songer à se procurer des associés. La reine est intervenue pour en faciliter les moyens ; S. M. s'intéresse quelquefois dans la banque, contre laquelle elle joue. M. le comte d'Artois en use de même, et par ces sortes d'expédients on parvient à soutenir à la cour un jeu qui n'a plus de bornes et qui grossit journellement. Plusieurs personnes de la cour s'y dérangent, cela donne de l'inquiétude dans les familles et excite beaucoup de scandale et de murmure dans le public de Paris. Depuis quelque temps la reine prend soin de cacher l'état de son jeu, mais il m'est démontré qu'elle perd presque journellement. Ce qui est bien plus fâcheux encore, c'est qu'il s'introduit à la cour un mélange de personnes qui, par le moyen du jeu, se procurent avec la plus grande facilité un accès auprès de la reine, et savent s'en prévaloir pour extorquer des grâces. Depuis deux mois, S. M. a beaucoup exigé des ministres, surtout de celui de la finance et de la guerre : elle a fait donner un nombre d'emplois dans les fermes, et il y a eu de grandes réclamations de la part de gens qui prétendent avoir essuyé des injustices par un effet des volontés de la reine. Je ne laisse rien ignorer à S. M. de ce qui parvient à ma connaissance sur pareilles matières. Mes représentations sont toujours reçues avec grâce et bonté ; mais elles ont, surtout depuis quelque temps, bien peu de succès, et il n'y a plus même de possibilité de les renouveler sur l'article essentiel, qui est celui du jeu, parce que la reine marque alors par sa contenance ou par son silence qu'il est inutile de lui parler de cet objet. S. M. convient cependant presque de toutes les vérités que je lui expose, ainsi que de leurs conséquences nécessaires. Je lui ai fait observer entre autres que pour peu que la forme présente de Versailles continuât, il n'y aurait bientôt plus de cour, et j'en démontrai les raisons, qui proviennent en grande partie de cette méthode de société isolée que la reine a voulu se former, et qui est inadmissible avec la représentation que doit avoir une grande princesse. En excitant là-dessus les réflexions de la reine, il en est résulté quelque bien pour le séjour à Choisy ; la principale noblesse de Paris y a été successivement appelée et très-bien traitée. On s'est infiniment loué des bontés de la reine ; il n'y a eu d'inconvénient que celui de la continuation d'un jeu énorme de pharaon. S. M. a daigné me dire que, pendant ce présent séjour à Fontainebleau, elle voulait rétablir les choses sur un meilleur pied, que son intention était de tenir cercle tous les soirs où il n'y aura point de spectacle, de dîner régulièrement en public, et de fixer des jours réglés dans la semaine pour souper seule avec le roi en demi-public. Je désire plus que je n'espère l'exécution de ce plan, parce que je vois toutes les causes prochaines qui aboutiront à le déranger. M. le comte d'Artois est revenu entre autres à l'idée de rétablir les courses des chevaux, et on veut qu'elles aient lieu avec plus d'apprêt que l'année précédente. On attend un nombre d'Anglais, lesquels, s'ils ressemblent à ceux que l'on a vus ici l'automne dernier, formeront certainement un assemblage peu propre à paraître à une cour. En total, le premier aspect de ce séjour annonce beaucoup de bruit et de dissipation. L'abbé de Vermond en a été effrayé, et a supplié la reine de le dispenser de ce voyage ; il est allé passer le mois d'octobre en Champagne, chez le frère de l'archevêque de Toulouse, et il ne reviendra qu'au retour de la cour à Versailles. J'ai fort inutilement insisté pour retenir cet abbé, qui par son éloignement me prive d'un secours bien essentiel dans tout ce qui a trait au service de la reine. Je redoublerai d'efforts et de zèle pour tâcher d'y suppléer.

Les détails bien circonstanciés que je mettrai aux pieds de V. M. par le courrier prochain exposeront ce qui aura été possible d'effectuer à cet égard. Ainsi que j'en ai rendu compte dans le temps, la reine semblait avoir repris l'habitude de donner quelques moments de la journée à la retraite et aux occupations utiles. Depuis trois semaines, cette sage résolution est restée sans effets, les lectures ont cessé, le goût pour la musique a presque totalement disparu. Cela est remplacé par des conversations plus longues et certainement très-oiseuses avec la principale favorite, la comtesse de Polignac.

Le courrier mensuel, arrivé le 12, m'ayant remis les ordres de V. M. en date du 1er de ce mois, je ne pris que le temps nécessaire aux apprêts de mon voyage, et vins ici présenter à la reine les lettres qui lui étaient adressées. S. M. daigna me dire qu'elle me verrait journellement et aurait tout le temps de me parler de tout ce qui peut l'intéresser, mais pour cette première fois elle ne me fit mention que des détails d'amusement qui devaient remplir le temps du séjour à Fontainebleau. J'eus lieu de renouveler sur ce chapitre quelques remarques qui furent écoutées avec la bonté ordinaire. La reine me marqua assez d'indifférence sur les courses de chevaux, ajoutant qu'elle n'avait point été à la première, qui s'était faite la veille, ayant préféré de rester avec le roi qui ce jour-là s'était trouvé un peu enrhumé. S. M. me parla aussi du nombre d'étrangers anglais qui sont arrivés ici, et elle me parut disposée à leur marquer moins de bontés que n'en ont éprouvé ceux qui étaient venus à Fontainebleau l'année précédente.

### L. — Mercy a Marie-Thérèse.

*Fontainebleau,* 17 *octobre.* — Mon très-humble rapport ostensible ne met sous les yeux de V. M. qu'une très-légère esquisse des inconvénients qui se manifestent ici depuis quelques semaines, et sur l'objet desquels j'ai à exposer quelques remarques qui ne peuvent être que pour V. M. seule.

Je ne reviens point de mon étonnement sur la courte durée des impressions faites par S. M. l'empereur sur l'esprit de la reine, et, après avoir vu cette auguste princesse pendant deux mois bien pénétrée des vérités utiles qui lui avaient été représentées, il est inconcevable que toutes choses reviennent à un état réellement pire qu'il n'était avant le voyage de l'empereur dans ce pays-ci. J'ai lieu de croire que le règlement écrit par S. M. a été supprimé et jeté au feu. Ce qui m'afflige encore davantage, c'est de voir que la reine, contre son caractère naturel, ne se fait ni peine ni scrupule de manquer aux paroles données à son auguste frère, et que même elle est si indifférente sur ce que peut en penser ce monarque, qu'elle ne cherche ni à pallier ses torts, ni à observer au moins le ménagement de répondre au contenu des lettres de l'empereur. Il en a été de même par rapport à la dernière lettre de V. M. sur l'article du jeu, et je me suis permis de dire sur cette omission mon sentiment avec la dernière énergie. J'ai vu la reine très-touchée de la joie que V. M. a marquée sur l'état de son mariage ; la reine s'en exprima en disant qu'il fallait convenir « qu'elle avait une mère bien tendre et de laquelle elle « était bien aimée ». Je répondis que cette vérité rendait les torts de la reine d'autant plus graves, et que les vrais serviteurs de S. M. en étaient consternés par la réflexion que leur zèle deviendrait inutile et sans effet dès lors que les exhortations d'une mère auguste perdaient leur force. L'abbé de Vermond a pris ce texte pour demander à être dispensé du voyage à Fontainebleau, et il a eu à ce sujet deux conversations fort vives, quoique très-respectueuses. Il a exposé à la reine que, depuis deux mois, elle manquait essentiellement à son auguste famille, qu'elle faisait à ses favorites des confidences dangereuses et qui devaient aboutir à compromettre les serviteurs zélés et honnêtes qui lui parlaient avec vérité. La reine a cherché à s'excuser vis-à-vis de l'abbé, et redoublant de grâce et de bonté, elle voulut l'engager à changer de résolution ; mais il persista avec fermeté, en disant qu'au milieu de tout le bruit qui se préparait pour Fontainebleau, il y serait plus inutile qu'ailleurs. La reine lui fit promettre au moins de se trouver à Versailles au retour de la cour, et il s'y est engagé. J'ai de plus exigé sa parole, et il me l'a donnée, que dans le cas d'une grossesse il continuera son service assidu comme par le passé. Quant à ma position vis-à-vis de la reine, elle est extraordinaire en ce que S. M., en me marquant une entière confiance, en ne se rebutant jamais des choses quelquefois un peu fortes que j'ose lui dire, n'en est pas plus déterminée par les réflexions que je lui expose et sur l'utilité desquelles elle n'hésite jamais de convenir. Elle sait et voit que je lui suis entièrement dévoué, et en cela elle daigne bien me rendre justice, mais elle croit en même temps que mon attachement est tel que je ne pourrais jamais prendre sur moi de rendre compte à V. M. des points de conduite de cette auguste princesse, et cette idée, qui a toujours heureusement subsisté, me soutient auprès de la reine dans un état de crédit qui n'aboutit cependant qu'à pouvoir lui dire la vérité sans la déterminer à en suivre les conseils. Je dois toujours revenir à l'espoir d'un temps de grossesse, et de l'effet moral que cette circonstance produira sans doute sur la reine ; jusqu'à cette époque, il n'y a que des inconvénients à diminuer, et peu de bien solide à faire. Je ne puis encore prévoir si l'excessive dissipation de ce séjour me permettra de saisir beaucoup de moments à parler à la reine ; je n'en laisserai échapper aucun et tirerai le meilleur parti possible des circonstances.

La faveur de la comtesse de Polignac et celle dont jouit le duc de Coigny produit journellement des effets plus fâcheux ; ces deux personnages extorquent de la reine des grâces qui occasionnent des plaintes continuelles dans le public. On voit les protégés du duc de Coigny enlever les places de finance, et les créatures de la comtesse de Polignac recevoir sans cesse des grâces pécuniaires au préjudice de ceux qui seraient en droit de les obtenir avec justice. Aucun ministre n'ose résister aux volontés de la reine, et ils s'excusent sur S. M. de toutes les plaintes et des reproches qu'on leur adresse.

Relativement à l'article si essentiel de se rapprocher du roi et de le tenir en habitude de confiance, la reine a beaucoup d'omissions à se reprocher dans ces derniers temps. Je ne cesse d'insister sur la nécessité de ne jamais faire lit à part, et j'ai représenté fortement les raisons de convenance, et même de décence, qui prescrivent l'observance de cette règle. La reine en conçoit l'importance, et s'y prêterait si les veilles que lui occasionne le jeu n'y mettaient obstacle, et c'est une des plus fortes raisons qui m'affligent sur les effets de cette dangereuse passion.

Sans penchant ni estime personnelle pour M. le comte d'Artois, la reine préfère la société de ce prince par les rapports de leurs amusements communs, et tout ce que j'ai pu obtenir, c'est que Monsieur fût traité un peu plus politiquement et moins rebuté qu'il ne l'a été ci-devant par la reine.

Tout ceci était écrit avant l'arrivée du courrier mensuel ; mais je dois revenir encore sur ces mêmes articles, parce que V. M. daigne en faire mention dans sa très-gracieuse lettre.

J'observerai d'abord que c'est un échappatoire de la reine lorsqu'elle dit dans sa lettre « que le roi n'a pas de goût de coucher à « deux ». Il m'est bien démontré qu'il n'y a jamais eu de répugnance, et qu'il n'a interrompu cette habitude qu'à cause des veillées de la reine au jeu. Il se couche de bonne heure pour se lever matin ; il ne sait jamais quand la reine se retirera, il ne veut point la gêner : voilà la vraie raison qui établit le lit à part, ce qui, vu la tournure du roi et celle de ce pays-ci, est un inconvénient très-majeur pour la reine.

Les remarques que V. M. daigne faire sur le genre de régime convenable dans le cas d'une grossesse sont analogues à ce que pense la reine à ce sujet, et comme certainement personne n'est en mesure de prendre assez d'autorité pour la gêner, je crois qu'il y aurait plutôt à craindre le trop peu que le trop de ménagement. Mais l'état de grossesse une fois établi, et sauf quelque accident auquel la reine pourrait donner lieu par imprudence, V. M. doit être parfaitement tranquille sur ce que, d'après quelques exemples d'horreurs arrivés en France, il y aurait à prévoir et à craindre de la part des perfides et des scélérats. J'avouerai à V. M. que, depuis quelque temps, je me suis fort occupé de cette matière, et que j'ai renouvelé bien scrupuleusement l'examen et les combinaisons qu'il y a à faire sur le local et les individus de Versailles. La cour est certainement remplie de mauvais sujets ; mais dans ce moment ils ne sont pas d'une tournure qui les rende propres aux atrocités d'un certain genre ; d'ailleurs, pour commettre des grands crimes, il faut des scélérats courageux, et il n'y a ici que de bas intrigants. Il faut aussi des moyens, et il m'est démontré que ces moyens deviendraient impraticables vis-à-vis de la personne de la reine. V. M. daignera observer que je parle ici de la reine seule, car relativement à l'enfant qu'elle aurait, les degrés de sécurité pourraient n'être pas tout à fait les mêmes ; mais la reine est entourée de gens sûrs : son premier médecin, qui est d'une vertu reconnue, ne la perdrait point de vue, non plus que l'abbé de Vermond, qui m'en a donné sa parole, le cas susdit arrivant. Les femmes de la reine, tout son service intérieur et celui de sa bouche ne présentent aucune personne suspecte, et dans une conjoncture si intéressante on redoublerait d'attention, de soins et de mesures ; enfin j'y mettrais pour ma part tout ce que le zèle le plus ardent peut imaginer pour le bien de la chose, et pour prévoir et prévenir tout accident possible.

La reine, pour cette fois, ne m'a rien dit du contenu de ses lettres ; je crains fort qu'elle n'y évite encore de répondre sur l'article du jeu. Sa dernière lettre à S. M. l'empereur n'était que de quelques lignes, et conçue même dans une tournure de négligence qui doit avoir déplu à S. M. I.

## LI. — Marie-Antoinette a Marie-Thérèse.

*Fontainebleau, octobre.* — Madame ma très-chère mère, J'ai relu à plusieurs fois, et toujours avec le même attendrissement, la lettre que ma chère maman a bien voulu m'écrire. Il est impossible d'y mettre plus d'intérêt et de bonté qu'elle n'y met; mais j'ose dire qu'il est impossible en même temps d'en sentir plus vivement tout le prix que je le fais. Nous sommes à Fontainebleau depuis huit jours, le roi est enrhumé depuis ce temps-là, cela ne l'empêche pourtant pas de sortir. J'ai profité de ce moment pour prendre pendant huit ou dix jours des bains, dont j'avais absolument besoin, étant très-échauffée. Pour ce qui est des veilles, je n'en fais presque plus, et tout l'été je suis très-peu sortie de chez moi, tant pour ma santé que commençant à savoir m'occuper un peu mieux chez moi que par le passé. Je lis, je travaille, j'ai deux maîtres de musique, l'un de chant, l'autre de harpe; j'ai repris un peu le dessin, tout cela m'occupe et m'amuse. Voici le moment de la plus grande dissipation, qui est le voyage de Fontainebleau; mais j'ose assurer à ma chère maman que cela changera fort peu de chose à mon train de vie ordinaire. Pour le jeu, il y a déjà plus de deux mois que je ne joue que chez moi (1), où cela est absolument nécessaire une ou deux fois par semaine, et si ma chère maman voyait les choses elle-même, elle verrait que cela ne se peut pas autrement. Au reste je ne vais plus jouer nulle part, et si je sors, je ne joue qu'au billard, et pas au jeu d'hasard.

Je dirai à Lassone que ma chère maman a la bonté d'être contente de lui; il s'empressera sûrement de lui écrire, ou à Störk, pour lui mander de mes nouvelles, puisqu'elle a la bonté de s'en occuper. Je monte fort peu à cheval, et depuis trois mois je crois que j'y ai monté tout au plus quatre fois, surtout à cette heure. Je suis enchantée que Ferdinand soit décidé d'aller à Vienne, car j'avoue à ma chère maman que j'en étais bien inquiète : mais il faut espérer que l'air natal et le bonheur de se retrouver au milieu de toute sa famille le remet-

---

(1) On a pu voir par les rapports précédents de Mercy, notamment celui du 12 septembre (pièce XLV), que le témoignage que se donne ici la reine est loin d'être sincère, et que les habitudes de jeu chez la princesse de Guéménée avaient repris depuis le mois d'août.

tra bientôt en bonne santé. J'ai reçu une lettre de cette pauvre reine de Naples ; elle s'est trouvée dans une position bien affreuse pendant ses couches. Elle me mande le projet qu'elle a de faire inoculer ses enfants ; je désire bien vivement qu'il réussisse, mais je crains bien que toutes ces inquiétudes multipliées ne finissent par lui faire tort à sa santé. Je suis charmée que l'empereur soit enfin revenu de toutes ses courses en bonne santé. Il m'a écrit ; il me paraît qu'il n'est pas trop content des Français que nous lui avons envoyés cette année, mais voilà le malheur de tous les pays : ce ne sont jamais les gens aimables ni d'esprit qui voyagent. Mais je m'aperçois que j'abuse de la bonté de ma chère maman, en l'ennuyant par cette longue lettre. Permet-elle donc que je finisse par l'embrasser tendrement et l'assurer que personne au monde ne lui est plus tendrement et plus respectueusement attachée et ne désire plus vivement de continuer à mériter ses bontés que moi ?

## LII. — Marie-Thérèse a Mercy.

*Vienne, 3 novembre.* — Comte de Mercy, J'ai reçu votre lettre du 17 par le courrier Riedel, arrivé ici le 28 du passé. Sans entrer dans le détail des faits que vous me marquez relativement à ma fille, tout annonce qu'elle est décidée à se laisser aller à ses caprices et goûts. Cette conduite répond à son caractère, je le connais à fond, et vous devez convenir par tout ce que je vous ai fait connaître tant de fois que jamais je ne me suis trompée sur ce chapitre. Elle est d'ailleurs très-adroite à pallier ses actions ; vous en trouverez des traits frappants dans sa dernière lettre, surtout par rapport au jeu et à la coutume du roi de faire lit à part. Je ne trouve pas à propos de retourner d'abord à la charge après lui avoir écrit clairement sur ces deux points par le courrier précédent.

Je sens très-bien tout l'embarras de votre situation vis-à-vis de ma fille par son peu d'attention de vous prouver par l'effet la confiance qu'elle affecte de vous témoigner. Je n'en rends pas moins de justice à votre zèle, convaincue comme je suis combien vos conseils sont nécessaires à ma fille pour la garantir du moins des plus grands inconvénients, tandis que vous ne pouvez la porter au bien que vous souhaitez.

Je ne suis pas surprise du parti que l'abbé Vermond a pris de se soustraire au séjour tumultueux de Fontainebleau. Je me contente de la promesse qu'il vous a faite de retourner à la cour ; mais je ne cesse de craindre qu'il ne la quitte un jour tout de bon ; ce serait une perte irréparable dont vous ne manqueriez pas de sentir les conséquences.

En cas de grossesse de ma fille, je crains plus pour l'enfant que pour la mère ; il faudra alors employer toutes les précautions humainement possibles et remettre le reste à la Providence. Comme dans ce cas ma fille devra abandonner plusieurs de ses divertissements actuels, je crains qu'elle ne cherchât à y suppléer par le jeu, au risque d'en multiplier les inconvénients, qui lui font déjà tant de tort.

J'ai appris que M. de Saint-Priest pense faire substituer à sa place à Constantinople le comte d'Adhémar, et se mettre sur les rangs d'occuper l'ambassade ici, lorsque le baron de Breteuil sera rappelé. Je ne trouve rien à redire à la personne de M. de Saint-Priest (1), mais si son épouse devait venir avec lui, ce serait un embarras bien grand par l'impossibilité de faire paraître $M^{me}$ de Saint-Priest, vu sa naissance obscure, à la cour et parmi la noblesse, comme il convient. Il faudrait donc que dans ce cas M. de Saint-Priest se décidât à laisser en France son épouse.

C'est en effet du roi de Pologne (2) que le prince de Rohan a obtenu la nomination au cardinalat ; le protégé vaut bien le protecteur.

Ma fille fera bien de montrer moins de prédilection pour les Anglais ; je sais qu'on en a été piqué en France. La politique devrait même l'engager à mieux traiter le comte de Provence, sans se laisser emporter par son goût pour les frivolités et étourderies du comte d'Artois.

## LIII. — MARIE-THÉRÈSE A MARIE-ANTOINETTE.

*Vienne, 5 novembre.* — Madame ma chère fille, L'arrivée de Ferdinand a retardé pour ce peu de jours l'expédition du courrier qui devait, selon l'avis de Mercy, ne pas venir les derniers jours de Fontainebleau, et comme vous ne serez de retour que le 8, il arrive en-

---

(1) Le comte de Saint-Priest avait remplacé en 1768 le comte de Vergennes à Constantinople ; il y avait épousé la fille du comte de Ludolff, ministre de Naples près de la Porte.
(2) Stanislas Auguste Poniatowski.

core à temps, et j'avoue, je serais charmée de vous savoir hors tout ce train et un peu plus en repos. Le temps vous favorise, il fait beau et chaud comme en septembre. J'étais bien enchantée de votre dernière lettre; vous entrez en matière et détails, et rien ne peut m'ennuyer de ce qui vient de vous. Le moindre sujet est pour moi un objet des plus importants, vous aimant si tendrement, n'étant occupée que de votre bien-être. Je suis bien aise que vous continuez la musique, l'ouvrage et surtout la lecture, d'autant plus que le roi n'est pas enclin à tous ces bruyants plaisirs qui n'ont qu'un certain temps, finissent par eux-mêmes, et laissent un grand vide et souvent encore des inconvénients. Si je n'en connaissais tout le mal, pourquoi voudrais-je vous en priver? J'y contribuerais plutôt et de tout mon cœur. Le jeu est sûrement un des plus mauvais, cela attire mauvaise compagnie et propos. Du temps du feu roi on a joué aussi, mais le landsknecht, le cavagniol et le visque ou autre jeu de commerce, mais le pharaon attire trop. Je le sais par expérience, et on ne s'en débarrasse que tout d'un coup; il ne faut capituler vis-à-vis de soi-même, ni vers les autres, ces derniers trouvant trop d'utilité de duper, car ce jeu n'est que cela. Je trouve très-prudent que vous ne vous fatiguiez à cheval, mais je serais fâchée si vous l'abandonniez entièrement; vous vous en acquittez si bien, et cela vous approche toujours du roi, qui a ce seul amusement. Je vous suis obligée de ce que vous me dites de votre santé et de Lassone. J'ai le cœur bien léger sur ce point, vous sachant en si bonnes mains.

Grâce à Dieu! votre sœur, la reine, est hors de ses grandes inquiétudes et ses enfants sont remis. J'ai reçu hier soir un courrier que j'ai envoyé exprès pour voir au commencement le roi, la reine et les deux petits, et après, avant de partir, les inoculés. Il m'a porté les plus consolantes nouvelles, et que votre sœur est bien remise. Elle craint le retour à Naples, où la petite vérole fait grand ravage. J'avoue, à sa place j'en serais aussi très-affectée; tous les rois ne pensent pas comme le vôtre.

Vous recevrez vous-même une lettre de Ferdinand, que je lui ai remise. Il a été enchanté, vous connaissez son cœur; il est bien capable de sentir, mais sa santé m'inquiète beaucoup, il a maigri furieusement et est si maigre que Léopold l'était, mais il a beaucoup plus mauvais visage et des tirements de nerfs et indigestions à tout moment. J'avoue, j'en suis très en peine; on veut me rassurer, mais je ne saurais l'être, si je ne vois bientôt un grand changement. C'est bien moi, ma chère fille qui vous sèque (1) avec cette longue épître. Je n'ai pas de meilleurs moments que ceux que je crois passer avec mes chers enfants. En vous embrassant tendrement, je suis toute à vous.

### LIV. — Marie-Antoinette a Marie-Thérèse.

*Choisy,* 18 *novembre.* — Madame ma très-chère mère, Le courrier m'arrive ici, et pour ne pas le retarder, je profite un peu de la permission qu'elle m'a donnée pour la brièveté de ma lettre.

Quoique j'aie fort bien passé mon temps à Fontainebleau, je ne suis pas fâchée que le voyage soit fini.

Le pharaon avait véritablement de l'inconvénient à Fontainebleau par la foule ; mais à Versailles il n'en sera pas de même, et je vais faire des arrangements pour qu'il n'y ait rien à redire au jeu de la cour. Ferdinand m'a mandé qu'il était très-bien; j'avoue que je n'en suis pas rassurée, surtout d'après ce que me mande ma chère maman. Je n'ai point d'expression pour remercier ma chère maman et de la bonté de son souvenir et de la manière dont elle me la marque pour mon jour de naissance; je n'avais pas besoin de cette nouvelle preuve pour sentir que je ne pourrai jamais lui témoigner la reconnaissance et la respectueuse tendresse que je lui ai vouée pour la vie.

### LV. — Mercy a Marie-Thérèse.

*Paris,* 19 *novembre.* — Sacrée majesté, Pendant le séjour de la cour à Fontainebleau, il ne s'est presque pas passé de journée où je n'aie eu occasion de voir la reine et de lui parler, mais pour éviter des répétitions trop fréquentes, et pour tâcher en même temps de mettre un peu d'ordre dans l'exposé d'un nombre de conversations quelquefois intéressantes, souvent frivoles, et toujours fort variées dans leurs objets, je crois devoir commencer par citer le texte que j'ai établi dans une de mes premières audiences, et duquel je ne me suis jamais écarté dans les suivantes, en appuyant plus ou moins

---

(1) C'est-à-dire qui vous tourmente. Voir notre introduction, tome I, page X, note.

sur l'importance de la matière selon les dispositions du moment plus ou moins favorables.

Le surlendemain du départ du courrier d'octobre, m'étant rendu de bonne heure chez la reine, elle daigna me faire voir des cabinets à l'entresol, nouvellement joints à ses appartements, et où les artistes en différents genres ont épuisé tout ce que la magnificence, la recherche et le goût peuvent produire de plus curieux (1) et de plus agréable. J'observai qu'il m'était de bon augure de voir que l'on eût ménagé à la reine un lieu de retraite aussi charmant, et duquel elle serait sans doute portée à user, en se dérobant quelquefois au bruit et aux dissipations, pour se livrer à des occupations utiles et aux réflexions qu'exigent les circonstances nouvelles et si intéressantes dans lesquelles S. M. se trouve maintenant. Ce préambule me conduisit tout naturellement à parler du roi; je représentai que les dispositions physiques et morales de ce prince s'étant enfin manifestées d'une manière si désirable et si longtemps attendue, la reine se voyait parvenue à l'époque qui va décider et fixer pour jamais les destins de son mariage, que tout dépendait du soin que S. M. prendrait de mettre à profit un moment si précieux, que le roi, par son caractère propre, et par l'effet d'une disposition héréditaire dans sa famille, deviendrait à coup sûr un homme d'habitude, que naturellement vertueux et tranquille, les passions n'auraient point de prise sur lui s'il trouve dans l'état du mariage cette paix et cette félicité qu'il procure, lorsque des époux savent se rendre réciproquement nécessaires l'un à l'autre par des rapports de goût, d'affection et de confiance; que le vrai moyen d'établir solidement une telle position serait que la reine (au moins pendant un certain temps) ne quittât presque jamais le roi ni de jour, ni de nuit, qu'elle ne s'occupât uniquement que des moyens de lui plaire, de l'amuser et de l'intéresser; que, pour peu que la reine s'écartât de ce système, il pouvait en résulter de grands malheurs, puisque le roi souvent seul, abandonné à lui-même, ennuyé du travail, et ne trouvant point dans son auguste

---

(1) On peut toujours admirer à Fontainebleau l'élégance de ces appartements de Marie-Antoinette. Le plafond de la chambre à coucher date de Louis XIII; mais tout le reste de la décoration fut exécuté pour Marie-Antoinette sous la direction de l'architecte Rousseau; les peintures du boudoir et du salon de musique ou salon du jeu de la reine sont de Barthélemy, élève de Boucher. Un escalier dérobé conduit dans un petit cabinet décoré dans le goût oriental, qu'on appelait le boudoir turc.

épouse les ressources qu'il doit s'en promettre, pourrait alors se livrer à des goûts de galanterie semblables à ceux de ses aïeux, et que la perversité et l'intrigue ne seraient que trop promptes à favoriser; que si cela arrivait, alors tout serait perdu, et qu'il ne resterait à la reine que les regrets de n'avoir pas profité du temps où il dépendait d'elle de se rendre maîtresse absolue du cœur de son époux et du pouvoir souverain. Je fis voir en même temps combien la route que la reine avait à suivre était facile, puisqu'il ne s'agissait pas même à beaucoup près du sacrifice entier de ses amusements, mais seulement de les régler en évitant quelques écueils que j'indiquai. J'observai de plus que cette méthode raisonnable était la seule qui pût rendre les plaisirs vraiment agréables, tandis qu'une dissipation mal ordonnée et sans bornes rendait tous les amusements insipides; que, pour se convaincre de cette vérité, la reine n'avait qu'à se consulter elle-même, et qu'elle conviendrait qu'en cherchant toujours les plaisirs, elle ne rencontrait la plupart du temps que de l'ennui, ce que je prouvai à S. M. par les aveux qu'elle a daigné me faire en différents temps. Tout ce que je pus dire sur ce chapitre ne produisit pas grand effet dans le moment où je parlais; je fus cependant écouté avec patience et sans apparence de dégoût. La reine me fit quelques objections très-vagues, je n'y répliquai qu'en la suppliant de me permettre de revenir souvent sur les mêmes matières, que je croyais démontrées jusqu'à l'évidence.

La tenue de la cour a été cette année à peu près la même que dans les voyages des années précédentes; cependant, en suivant les mêmes usages pour le fond, ils ont éprouvé dans leurs formes des changements qui les ont fort dénaturés. Le jeu de la reine a eu lieu trois fois la semaine, les dimanches, les mercredis et samedis; c'étaient ci-devant des occasions de représentation et d'étiquette, l'on jouait alors au cavagnol ou au lansquenet; mais cette année ce même jeu ayant été converti en un pharaon très-cher, où il était libre à un chacun de jouer assis ou debout, sans exception de personnes ni de rangs. Il s'ensuivait que l'on n'apercevait plus la moindre apparence de cour dans ces moments-là, et que l'on n'y voyait qu'une confusion peu décente. En revenant à mes principes de combiner au moins les amusements avec une sorte de dignité, j'ai souvent représenté à la reine, que puisqu'elle jouait tous les soirs après souper au pharaon chez la princesse de Guéménée, ce serait une bien petite privation pour S. M. de laisser subsister le jeu de la cour sur l'ancien pied de représentation, que d'ailleurs le gouvernement ayant reconnu le danger des jeux de hasard et cherchant à en arrêter les progrès, il était inouï et scandaleux que ces mêmes jeux fussent établis chez la reine précisément pour remplir des moments consacrés à l'étiquette (1). La seule réponse que j'aie obtenue à cette remarque, a été « la crainte de s'ennuyer (2). »

Avant le voyage, la reine paraissait décidée à tenir la cour sur un pied tout différent, et à lui rendre la forme brillante et convenable qu'elle a toujours eue à Fontainebleau dans les temps précédents; mais aucun point de ce projet ne s'est effectué. Les autres années, la reine soupait chaque semaine une ou deux fois en demi-public avec le roi, il n'y avait que les entrées de la chambre qui y fussent admises, ce qui formait un cercle des personnes les plus considérables de ce pays-ci sans aucun mélange. Ces occasions étaient entre autres très-précieuses pour moi, parce que le roi avait la bonté de me parler pendant presque tout le temps où il restait à table, ce qui devenait un des seuls moyens de conversation possibles avec ce monarque. Cette année il n'y a pas eu un seul de ces soupers; ceux des cabinets avaient été suspendus pendant quelque temps, mais ils ont repris le 21 octobre, et ont continué tous les mardis et jeudis. Il y aurait eu beaucoup à redire sur le choix des personnes appelées à ces soupers; les jeunes gens, et particulièrement ceux qui aiment le gros jeu, ont eu une préférence marquée. D'ailleurs, hors les charges de cour en hommes et en femmes, et une grande affluence de jeunes gens et d'Anglais, il est venu cette année de Paris moins de personnes de marque qu'à aucun des voyages précédents.

---

(1) Le public ne manquait pas de relever ce scandale. « On a joué un jeu d'enfer à Fontainebleau : le duc de Chartres en est pour 30,000 louis, » écrit Métra, *Correspondance secrète*, tome V, page 278. — Ce passage se retrouve textuellement dans la *Correspondance secrète inédite sur Louis XVI*, etc., publiée par M. de Lescure, tome I, page 115.

(2) Il est intéressant pour le caractère de Marie-Antoinette de voir le jugement que portait Joseph II sur cette passion du jeu qui semblait la posséder. Il écrivait à Mercy : « Je suis vraiment fâché que nos raisonnements, surtout pour la fureur du jeu, aient si peu fait d'effet sur l'esprit de la reine. Les alentours, sa dissipation, son besoin de plaisir et celui de trouver ceux qui lui en procurent contents et de bonne humeur, sont la seule cause de ses désordres, car au fond ma sœur n'aime pas le jeu. » Lettre du 2 novembre 1777. — Le 2 décembre, il écrivait encore : « Je fais à ma sœur par ce courrier le tableau, en court, de ce que les Anglais à Vienne disent du séjour de Fontainebleau, qu'ils comparent pour le jeu à Spa. » Correspondance inédite de Joseph II. Archives de Vienne.

Il n'y a point eu de jours constamment fixés pour les chasses, et on s'est réglé à cet égard sur le temps qu'il faisait, et qui a été plus froid et plus rude qu'il ne l'est communément dans cette saison. La reine a presque toujours accompagné le roi à ces chasses, il s'y est trouvé moins de cohue, et cet objet d'amusement a eu cette année une forme beaucoup plus convenable. Jusqu'au 25 du mois dernier, la reine a voulu chasser à cheval ; mais, sur les représentations de son premier médecin, elle a suspendu de nouveau cet exercice trop violent, et s'est engagée de s'en priver dans tous les temps où il y aurait à soupçonner qu'il pût devenir dangereux.

Le répertoire ci-joint expose le nombre des spectacles ainsi que les jours où ils ont été représentés à la cour ; la reine s'y est toujours rendue en petite loge suivie de celles de ses dames qu'elle affectionne le plus, et au nombre desquelles se trouvaient régulièrement la princesse de Lamballe et la comtesse de Polignac. Monsieur et Madame, M$^{me}$ la comtesse d'Artois et Mesdames de France se rendaient dans les deux grandes loges de représentation. Le roi, qui ne venait point régulièrement au spectacle, ou qui souvent n'y arrivait qu'à la fin, allait dans la petite loge de la reine. S. M. a été quatre ou cinq fois au théâtre de la ville, où une troupe de province jouait la comédie française ; ce spectacle qui se donnait tous les jours, quoique très-médiocre, a été fort fréquenté, par la seule raison que la reine avait daigné l'honorer de sa présence.

On a eu lieu de remarquer que le goût de la reine pour les courses de chevaux était considérablement diminué, et que S. M. ne s'y rendait que par complaisance pour M. le comte d'Artois, qui faisait de ce jeu un des objets essentiels de ses occupations. Toujours malheureux dans ses paris, il les a perdus presque tous, et la manière turbulente avec laquelle il en marquait son chagrin excitait parmi les spectateurs beaucoup de scandale et de propos. Au reste, les apprêts et la forme de ces courses ont été les mêmes que l'année dernière : elles étaient précédées d'un grand déjeuner où une foule de gens mal vêtus se trouvent pêle-mêle beaucoup trop rapprochés de la reine et des deux princesses ses belles-sœurs.

Après avoir exposé sommairement les différents articles d'amusements publics que la cour s'est procurés à Fontainebleau, je dois mettre sous les yeux de V. M. ce qu'il y a de plus particulier dans la distribution et l'emploi des journées de la reine. Elle se levait entre dix et onze heures. Toutes les fois que je me présentais dans l'antichambre à ce moment-là, S. M. me faisait entrer chez elle et daignait s'entretenir avec moi, quelquefois assez longtemps. Le roi venait voir la reine et ne restait pas au delà d'un quart d'heure. Monsieur et M. le comte d'Artois arrivaient successivement ; le premier ne s'arrêtait pas longtemps, mais la visite du second était plus longue. La reine sortait ensuite en déshabillé, elle prenait souvent son déjeuner chez la comtesse de Polignac avant d'aller voir ou Madame, ou M$^{me}$ la comtesse d'Artois, ou Mesdames de France. La toilette commençait après. S. M. allait à la messe ; au retour de l'église elle dînait dans ses appartements avec le roi, hors les jours de chasse où il n'y avait point de dîner. Ces repas ne duraient guère plus d'une demi-heure ; quelque prince ou princesse de la famille royale survenait. Après une autre demi-heure de conversation, le roi rentrait chez lui, et la reine restait seule ; alors S. M. se rendait quelquefois, quoique rarement, chez la princesse de Lamballe, mais plus souvent et presque habituellement chez la comtesse de Polignac, qui avait son logement au château fort près des appartements de la reine. Les séances chez cette comtesse étaient fort longues et ne finissaient que pour aller au spectacle ou au jeu, jusqu'à l'heure du souper, qui avait lieu chez Madame ou chez M$^{me}$ la comtesse d'Artois ou dans les cabinets, mais jamais chez la reine, à l'exception du dimanche, où le grand couvert se tenait chez S. M. Après le souper, la reine allait jouer chez la princesse de Guéménée et y veillait plus ou moins tard, quelquefois jusqu'à deux heures après minuit. Cette distribution habituelle des journées ne variait que pour les heures employées à la chasse, ou aux courses de chevaux, ou à quelques promenades à cheval ou en voiture ; mais le plus grand mal était que, dans cette même distribution, il n'y entrait aucun moment qui fût employé à des occupations sérieuses ou à des entretiens particuliers avec le roi. Malgré cette dissipation non interrompue et beaucoup plus forte que je ne l'ai vue dans aucun des voyages précédents, la reine ne s'est point agréablement amusée, et elle a daigné me l'avouer. Elle a éprouvé une contrariété si suivie au jeu en y perdant journellement qu'il y aurait eu lieu à en être entièrement dégoûtée. M. le comte d'Artois a trouvé plus de variété dans les chances de la fortune, ses journées décidaient souvent de deux ou trois mille louis de perte ou de gain ; il avait d'abord débuté par gagner en peu de séances près de cinquante mille écus, mais la fin du voyage lui a été moins favorable, et ceux qui ont le maniement de ses affaires sont toujours dans la crainte des embarras momentanés où peuvent les jeter les passions désordonnées et les dépenses de ce jeune prince. Il n'a à cet égard ni bornes ni mesure ; dans le moment présent, où il faisait travailler aux réparations du château de Saint-Germain que le roi lui a donné, il lui est venu en idée de rétablir également une grande maison de campagne qu'il a achetée dans la forêt de Saint-Germain et qui se nomme *Maisons* (1). Ces deux entreprises formées à la fois, et dont l'une des deux est manifestement inutile par la proximité des lieux, exigent une dépense de cinq millions pour les finir. Par-dessus cela, peu de jours avant le départ pour Fontainebleau, M. le comte d'Artois imagina de faire raser une petite maison qu'il a dans le bois de Boulogne et que l'on nomme Bagatelle (2), et de faire rebâtir de fond en comble, arranger et meubler cette même maison sur des plans nouveaux, pour y donner une fête à la reine quand la cour quittera Choisy pour rentrer à Versailles. Il parut d'abord absurde à tout le monde de vouloir tenter et achever une pareille entreprise en six ou sept semaines ; c'est cependant ce qui a été exécuté au moyen de neuf cents ouvriers de tout genre, qui ont été employés jour et nuit à ce travail. La circonstance la plus inouïe est que, comme les matériaux manquaient, surtout en pierres de taille, en chaux et en plâtre, et qu'on ne voulait pas perdre de temps à les chercher, M. le comte d'Artois donna ordre que des patrouilles du régiment des gardes suisses allassent à la découverte sur les grands chemins, pour y saisir toutes les voitures qu'elles rencontreraient chargées de pareils matériaux susdits. On payait sur-le-champ la valeur de ces matériaux ; mais, comme cette denrée se trouvait déjà vendue à des particuliers, il résultait de cette

---

(1) Le château de Maisons, sur la rive gauche de la Seine et sur la lisière de la forêt de Saint-Germain, fut bâti par Mansard au XVIIe siècle ; il appartenait au président de Maisons lorsque Voltaire, qui y travaillait à la *Henriade*, faillit y mourir de la petite vérole. On sait que ce château existe encore, et a pris le nom de Maisons-Laffitte depuis qu'il a appartenu au célèbre banquier. Dans le parc, dépecé en petits lots, un grand nombre de villas ont été bâties.

(2) Enclavé dans le bois de Boulogne, Bagatelle n'était qu'un pavillon. Il avait appartenu à Mlle de Charolais, de la maison de Condé, jusqu'en 1758. Ce petit château existe encore : il fut acheté en dernier lieu par lord Hertford, qui l'a légué en 1872 à sir Richard Wallace.

méthode une sorte de violence qui a révolté le public. On ne conçoit pas que le roi tolère de semblables légèretés, et malheureusement on ajoute la supposition qu'elles ne seraient point souffertes sans la protection que leur accorde la reine. S. M. daigne souvent m'assurer qu'elle est bien éloignée d'approuver les imprudences du prince son beau-frère, mais qu'elle n'a aucun moyen d'arrêter son inconduite. La reine dit très-vrai quant au premier point, et j'en ai eu bien des preuves; mais quant au second point, le grand moyen d'empêcher les désordres de M. le comte d'Artois serait de se refuser aux parties de plaisir qui en sont l'objet.

Pendant tout le séjour à Fontainebleau, je n'ai eu aucune remarque essentielle à faire sur l'intérieur de la famille royale. Il y a régné assez de tranquillité et d'union, sans qu'il soit survenu des froideurs ou des tracasseries; Mesdames de France y ont mené une vie très-retirée, elles n'allaient que rarement au spectacle ainsi qu'aux chasses, jamais au grand couvert ni au jeu de la reine; elles ne voyaient S. M. qu'à des heures particulières; mais elles sont restées aussi tranquilles en propos qu'en actions. Monsieur et Madame, M. le comte et M$^{me}$ la comtesse d'Artois et M$^{me}$ Élisabeth allaient assez régulièrement le dimanche en public au lever de la reine et suivaient S. M. à la messe; c'était un moment où la cour était bien tenue; il n'en était pas de même le soir.

Dans une de mes dernières audiences, S. M. me permit de lui faire le résumé de son voyage, et elle daigna convenir qu'elle n'en avait tiré aucun parti réel ni du côté des objets vraiment utiles, ni du côté des moyens de s'amuser agréablement, et que la somme de l'ennui avait surpassé celle du plaisir. Je pris la liberté d'assurer qu'il en arriverait de même partout et en toute occasion aussi longtemps que la reine exclurait de son système toute occupation solide, puisque la parfaite oisiveté était un poison si dangereux à l'esprit et à l'âme qu'il finissait par répandre du dégoût sur tous les agréments de la vie humaine.

Vers la fin du mois d'octobre, je fus attaqué d'un gros rhume qui me retint cinq jours dans ma chambre; aussitôt que la fièvre m'eut quitté, j'essayai de sortir pour aller chez la reine; cela me réussit assez mal, et je fus menacé d'indispositions plus graves qui m'obligèrent à revenir à Paris quelques jours plus tôt que je ne me l'étais proposé, c'est-à-dire huit jours avant la fin du voyage, terme d'ailleurs auquel tous les ministres étrangers quittent la cour.

Le courrier mensuel étant arrivé dans la nuit du 14 au 15, et la cour partant ce même jour de Fontainebleau pour Choisy, je prévis qu'il serait impossible que j'eusse audience de la reine, et je pris le parti de lui écrire en envoyant les lettres à Choisy. S. M. est venue dimanche à l'Opéra, et elle est rentrée à Versailles lundi matin. L'abbé de Vermond s'y est trouvé et a repris son service ordinaire. Les dernières journées du séjour à Fontainebleau ont été plus bruyantes qu'aucun autre moment du voyage. Il y a eu une dernière course de chevaux qui a été suivie d'une course de plusieurs ânes ; cette parodie n'a pas eu le succès que l'on s'en était promis (1). La reine a été à des bals masqués qui se sont donnés au théâtre de la ville et qui n'ont eu de remarquable que l'abondance de mauvaise compagnie qui s'y trouvait. Enfin, après tant de dissipation, il est à espérer que le séjour à Versailles va reprendre une forme plus tranquille et plus recueillie. Je m'y rendrai immédiatement après le départ du courrier, et me concerterai avec l'abbé de Vermond sur ce qu'il y aura de mieux à faire pour le service de la reine.

### LVI. — MERCY A MARIE-THÉRÈSE.

*Paris, 19 novembre.* — Mon très-humble rapport ostensible contenant quelques articles dont l'éclaircissement m'a paru devoir être réservé à V. M. seule, je vais l'exposer dans ce rapport séparé, et je commencerai par observer que mes représentations sur la nécessité d'être autant que possible avec le roi, de l'amuser et de l'intéresser, ne produisent pas l'effet désirable sur la reine, parce qu'elle se forme une trop mince idée du caractère et des facultés morales de son époux. Elle le croit trop apathique et timide pour supposer qu'il puisse jamais se livrer aux désordres de la galanterie. La reine en est si persuadée qu'il lui est arrivé de dire à quelques gens de ses entours qu'elle ne serait ni en peine ni bien fâchée que le roi prît quelque inclination momentanée et passagère, attendu qu'il pourrait acquérir

---

(1) On lit pourtant dans la *Correspondance* de Métra : « La course des ânes a eu lieu et nous a beaucoup plus amusés que celle des chevaux. Le paysan propriétaire de l'âne victorieux, et qui l'a monté, a reçu cent écus en argent et un chardon d'or. » Tome V, page 262.

par là plus de ressort et d'énergie. J'ai fortement représenté à la reine qu'il n'y avait point à badiner sur ce chapitre, et qu'il était même infiniment dangereux de se permettre d'en parler avec cette sorte d'indifférence, qui deviendrait infiniment choquante pour le roi s'il s'en apercevait, indépendamment des gloses et du mauvais usage que pourraient en faire ceux auxquels s'adressent de semblables propos. Je suis au moins parvenu à persuader la reine de cette vérité, et depuis ce temps elle n'a plus rien dit sur cette matière qui eût apparence de légèreté, mais elle n'en persiste pas moins dans ses opinions sur la faiblesse du caractère du roi, et elle lui en attribue beaucoup plus qu'il n'en a en effet. Les conséquences que la reine tire de ce jugement sont qu'ayant pris un ascendant décidé sur son époux, elle aura toujours les moyens de le maîtriser, qu'ainsi il ne reste plus rien ni à faire ni à désirer à cet égard, que le roi étant peu sensible aux attentions, ce serait se gêner gratuitement que de lui en marquer, et que, pouvant le gouverner par la crainte, cette méthode est aussi sûre, plus courte et plus commode que ne le serait celle des soins et des égards. Cette importante matière a été l'objet de deux de mes audiences à Fontainebleau ; j'ai fait voir à la reine combien elle était en erreur dans la façon de juger le roi, et encore plus dans les conséquences qu'elle tirait de ce jugement, car, en admettant même qu'il fût bien fondé dans tous les points, je démontrai que la reine ne parviendrait jamais à maintenir un ascendant solide sur l'esprit de son époux en continuant le système qu'elle a suivi jusqu'à présent, puisque le plus puissant ou au moins le plus durable des moyens lui manquerait toujours, savoir la supériorité de connaissances et de lumières propre à se rendre nécessaire et à soulager les embarras que le jeune monarque doit rencontrer journellement dans le maniement des affaires. L'histoire de ce pays-ci me fournissait bien des exemples à citer pour démontrer jusqu'à l'évidence que, de tous les moyens de crédit, le plus réel et le plus durable est celui qui tient aux affaires. Je jugeai par les réponses de la reine qu'elle avait été assez frappée de mon raisonnement. Elle me parla des embarras qu'elle trouverait à s'instruire ; je répondis que rien n'était plus facile à S. M., que, faisant venir habituellement chez elle les ministres pour leur recommander ses protégés ; si, au lieu de congédier ces mêmes ministres dans l'espace d'une minute, elle prolongeait la conversation par des questions sur l'état de leurs départements, il n'était aucun d'eux qui ne fût très-empressé de chercher à se faire valoir auprès de la reine, en lui exposant toutes les notions les plus étendues, et que, par cette méthode ni ennuyeuse ni pénible, S. M. se trouverait en peu de temps assez au fait de toutes choses pour pouvoir en causer avec le roi, et pour influer dans tout ce que l'administration a de plus important. Ceci n'était dans le fond qu'une répétition de ce que j'ai si souvent exposé à la reine ; mais le peu d'attention qu'elle donne aux objets sérieux établit la nécessité de lui répéter souvent les mêmes remarques. Alors il arrive quelquefois qu'elle s'approprie certaines idées, en oubliant qu'on lui en a parlé, et c'est ce qui m'est arrivé encore dans ce dernier voyage, nommément sur le chapitre du roi de Prusse, la reine m'ayant dit un jour sur la politique et les intrigues de ce prince tout ce que depuis assez longtemps je me suis occupé à insinuer à cette auguste princesse sur la matière susdite.

Relativement au jeu, je ne puis assez répéter combien les progrès de cette dangereuse passion font journellement plus de tort à la reine, et c'est le seul article sur lequel elle n'admet aucunes représentations. Le 25 d'octobre, S. M. avait perdu jusqu'au dernier écu ; le lendemain elle ordonna à son trésorier de lui apporter l'argent du mois de novembre, qui fut encore absorbé peu de jours après, indépendamment d'une dette de cinq cents louis qui n'est point encore payée. Au commencement du voyage de Fontainebleau, les banquiers avaient retiré leur première mise et se trouvaient en gain de cent mille écus. Par quelques propos qui échappent de temps en temps au roi, et plus encore par sa contenance quand il arrive au jeu de la reine, il est aisé de remarquer combien il se déplaît à voir un pareil abus enraciné à la cour. Le plus fâcheux de ses effets consiste en ce qu'il tient la reine dans l'habitude des veillées, et qu'aussi longtemps que cela durera, le roi ne prendra jamais l'habitude de passer constamment les nuits avec son auguste épouse. Je me suis fort récrié contre les dangers d'une pareille tiédeur ; elle provient incontestablement de la difficulté que le roi trouve à saisir des moments où il pourrait être seul avec la reine. En effet pendant tout le voyage, hors quelques instants de la matinée, tout le reste du temps était employé à une dissipation continuelle.

Mon très-humble rapport ostensible ne fait qu'une légère mention des visites de la reine chez la comtesse de Polignac ; mais je dois observer ici que, de tous les inconvénients, celui qu'occasionne cette favorite est sans contredit un des plus fâcheux. Il m'est presque démontré que la reine ne lui cache plus aucune de ses pensées. Je soupçonne que cette comtesse a connaissance au moins d'une partie des lettres de V. M., et qu'elle est consultée sur les réponses qui y sont faites. D'ailleurs, informée de tout ce que l'on dit à la reine, cette favorite peut compromettre les serviteurs zélés de S. M., et cela porte directement sur l'abbé de Vermond et sur moi; c'est aussi le motif essentiel qui porte l'abbé à des projets de retraite. Je n'ai dissimulé à la reine ni mes remarques ni mes réflexions à ce sujet. S. M., sans avouer ni nier l'étendue de sa confiance dans la comtesse de Polignac, s'est bornée à m'assurer qu'elle ne me nommait jamais. J'observai que cette réserve était très-insuffisante, puisque rien n'était plus facile que de me deviner à la nature et tournure des choses que je suis presque seul en mesure de dire à la reine; que, comme particulier, il m'importerait fort peu d'être compromis, mais que, comme ambassadeur de V. M., j'ai des ménagements à garder, et cela d'autant plus qu'il m'est évident que la comtesse de Polignac, entièrement livrée au comte de Maurepas, ne lui laisse pas ignorer la moindre circonstance de ce qu'elle apprend de la reine. S. M. parut peinée d'un pareil soupçon, et voulut me prouver qu'il était faux, en me disant que sa favorite connaissait très-bien le comte de Maurepas, et n'en faisait pas grand cas. Inutilement j'ai cherché à combattre cette erreur, et je vois que la comtesse de Polignac se rend suspecte de jouer entre la reine et le ministre un rôle de fausseté qui peut avoir de fâcheuses conséquences.

La reine ne m'a point parlé de l'abbé de Vermond, et je m'étais bien attendu à ce silence. S. M. connaît trop bien l'unité de principes et de langage qui existe entre cet ecclésiastique et moi. Par cette même raison, il eût été nuisible que je parlasse le premier sur cet article; mais je sais que la reine a marqué plusieurs fois au médecin Lassone un vrai embarras et regret de l'absence de l'abbé. Il est très-sûr que la reine lui conserve la plus entière confiance, mais il n'en a pas plus de moyens de persuader.

De toutes les idées que l'on cherche sans cesse à insinuer à la reine, il en est, je crois, fort peu dont je n'aie eu connaissance, et il n'en est presque aucune que je n'aie trouvée ou inutile ou nuisible ou absurde. En cherchant à les détruire, je me trouve toujours obligé de contrarier vis-à-vis de S. M. tout ce qu'on lui dit dans la journée, et je m'étonne moi-même que ce pénible office n'ait pas altéré la confiance et les bontés qu'elle daigne me marquer constamment ; c'est ce qui anime mon zèle et mon très-profond attachement pour cette auguste princesse. On lui avait persuadé en dernier lieu de demander au roi la propriété du château et domaine de Meudon. La reine avait vivement saisi ce projet et en était très-engouée. Aussitôt que j'en fus instruit, je ne tardai pas à découvrir le motif de cette insinuation ; elle partait d'une intrigue du sieur de Champcenetz, gouverneur de ce château (1). Il avait appris que l'intendant des bâtiments proposait au roi de faire démolir Meudon, déjà à demi ruiné et entièrement inutile. Sur cela on crut que le seul moyen de sauver cet ancien château serait de le faire passer à la reine. En informant S. M. de cette menée, je lui fis voir combien il serait absurde qu'elle demandât cette maison royale, qui coûte quarante mille livres d'entretien annuel, et qui exigerait pour la rendre habitable plus de quinze cent mille livres en réparations. La reine m'a paru persuadée sur ce point, et j'espère qu'il n'en sera plus question.

Quoique dans le fond la reine n'ait jusqu'à présent rien perdu de son ascendant sur l'esprit du roi, et qu'elle soit parfaitement en mesure d'obtenir et d'effectuer tout ce qu'elle veut, cependant l'usage qu'elle fait de ce crédit, les objets minutieux auxquels elle l'emploie, le peu de suite qu'elle met dans tout ce qui n'est pas frivole, tout cela accoutume les ministres à craindre moins la reine et à se persuader que, pourvu qu'ils ménagent les favoris et favorites, ils n'ont rien à craindre de la part de S. M. Il résulte de là un double mal, d'abord celui d'augmenter le crédit des alentours, qui en abusent, et celui de diminuer la considération de la reine. Je lui ai exposé cette remarque, en l'appuyant de quelques preuves ; j'ai fait voir aussi que cette vérité commençait à être assez généralement aperçue, qu'en conséquence le public se permettait plus de légèretés et de critiques sur la reine qu'il ne s'en était jamais permis ci-devant, que dans ce pays-ci cela tirait à des conséquences plus graves qu'elles ne le seraient peut-être ailleurs, puisque la nation française, par un effet de sa pétulance naturelle, a besoin d'être contenue par un peu de crainte,

---

(1) Le marquis de Champcenetz était gouverneur de Meudon et Bellevue. C'était le père du publiciste et poëte chansonnier.

sans laquelle elle oublie quelquefois le respect qu'elle doit à ses souverains. La reine conçoit très-bien ces vérités ; mais elle voudrait en combiner la pratique avec un système de dissipation qui est trop général. C'est toujours à l'événement d'une grossesse que je rapporte l'espoir d'un changement heureux à cet égard, et ce sera alors que la reine sera ramenée d'elle-même à des idées qui jusqu'à présent ne lui sont pas présentées avec tout le succès désirable.

Sur le contenu de la très-gracieuse lettre de V. M. j'observerai que celle de la reine écrite de Fontainebleau manque pour cette fois de la bonne foi et franchise que j'ai toujours trouvées dans le caractère de cette auguste princesse, et dans le fait elle n'a rien rempli de ce qu'elle a mandé à V. M. Le roi était retourné passer la nuit chez la reine le 2 de ce mois ; le 3 la reine alla jouer et veiller une partie de la nuit chez la princesse de Lamballe, et S. M. passa la nuit du 4 au bal du théâtre de la ville, de façon que le lit à part recommença le lendemain du jour où il avait cessé. Il est vraiment déplorable que la reine mette si peu d'attention à un point aussi important, et ce qui ajoute au mal, c'est que le roi, par complaisance et par faiblesse, quoique contre son gré, semble applaudir à toutes les dissipations de la reine, et est presque le premier à les provoquer. La bonté infinie avec laquelle V. M. daigne envisager mon zèle le soutient et l'encourage ; il ne me laissera certainement rien omettre de ce qui peut devenir utile au service de la reine ; mais, vu la difficulté des moyens, il n'est presque possible que de pallier les inconvénients, sans parvenir à les écarter, au moins pour la majeure partie.

Il est plus que vraisemblable que le comte de Saint-Priest ne réussira pas dans son projet d'obtenir l'ambassade de Vienne, et si j'y voyais de l'apparence, je préviendrais sur l'article de sa femme, ainsi que V. M. daigne me l'ordonner.

J'ai inséré dans ma dépêche d'office ce qui a trait au coadjuteur prince de Rohan. Je prévois que de longtemps il ne sera pas en mesure de jouer à la cour un rôle bien important ; mais je l'observerai de près, et, la reine persistant dans son éloignement pour ce prélat, il y aura peu à craindre de l'effet de ses intrigues.

## LVII. — Marie-Thérèse a Mercy.

*Vienne, 5 décembre.* — Comte de Mercy, J'ai reçu vos deux rapports, l'ostensible et le réservé, du 19 du passé, par le courrier Zinner, arrivé le 1er de ce mois.

Par l'un et l'autre de ces deux rapports, je suis de plus en plus confirmée dans le sentiment que j'avais toujours du caractère de ma fille. Comme elle n'est guère susceptible de réflexion, la conviction ne saurait non plus opérer sur son esprit, quelque docile qu'elle paraît être à vos remontrances, qui sont d'abord effacées par son goût démesuré pour les dissipations et frivolités. Il n'y a peut-être que quelque revers sensible qui l'engageât à changer de conduite, mais n'est-il pas à craindre que ce changement n'arrive trop tard pour réparer les torts que ma fille continue à se faire par sa conduite inconséquente? Sans lui faire dans ce moment de nouveaux reproches, je me contenterai à lui faire comprendre ma tendresse maternelle, qui m'anime toujours à lui donner des bons conseils et à l'engager à se prêter aux vôtres et à ceux de l'abbé de Vermond.

[L'empereur compte la sermonner, mais il ne me communique ni ses lettres ni ses réponses. Je ne saurais rien assurer.]

## LVIII. — Marie-Thérèse a Marie-Antoinette.

*Vienne, 5 décembre.* — Madame ma chère fille, Tous les courriers j'attends des nouvelles consolantes, mais elles tardent trop. Je souhaite un temps abominable, pour que le roi ne chasse pas tant et se fatigue, et que la reine ne joue pas les soirs, et bien avant dans la nuit. Cela est mal pour votre santé et beauté, très-mauvais vous séparant du roi et très-mauvais pour le présent et l'avenir. Vous ne faites pas votre devoir de vous ranger selon votre époux. S'il est trop bon, cela ne vous excuse pas et rend vos torts plus grands, et votre avenir me fait trembler. Ne vous faites point d'illusion, ce jeu attire après soi très-mauvaises compagnie et actions dans tous les pays du monde. Cela est reconnu. Il attache trop par l'envie de gagner, et on est toujours la dupe; calcul fait, on ne peut gagner à la longue, si on joue honnêtement. Ainsi, ma chère fille, je vous prie: point de capitulation, il faut s'arracher tout d'un coup de cette passion. Personne ne peut mieux vous en conseiller que moi, qui étais dans le même cas. Si je n'obtiens rien sur vous, je recourrai un jour au roi même, pour vous sauver de plus grands inconvénients. J'en connais trop les conséquences, et vous perdez beaucoup dans le public, mais surtout chez l'étranger, ce qui m'est bien sensible, vous aimant si tendrement.

Votre frère (1) vous marquera une idée qu'il a de retourner par la France. C'est une idée bien creuse, car sa santé ne permettrait pas, comme elle est à cette heure, d'y penser, et il y a encore bien d'autres réflexions, si cela vous conviendrait, et à quel temps, (ayant sa femme avec) comment on le traiterait. Rien n'est encore décidé, au contraire ; mais je n'ai pas voulu le refuser entièrement, lui laisser ce plaisir en attendant, dont il se fait un grand à juste titre. Je vous embrasse.

### LIX. — Marie-Antoinette a Marie-Thérèse.

*Versailles, 19 décembre.* — Madame ma très-chère mère, Je ne veux pas ennuyer ma chère maman sur tous les contes et exagérations qu'il me paraît qu'on a portés à Vienne sur mon jeu ; je ne joue qu'au jeu public et d'étiquette de la cour, et, à commencer de cette semaine jusqu'à la fin du carnaval, il n'y aura jeu que deux fois la semaine.

Les bals ont commencé cette semaine ; comme j'étais très-enrhumée et que je commençais à avoir la colique, j'ai été au bal, mais je n'y ai fait que marcher.

Le duc de Bragance (2) est arrivé depuis huit jours ; je ne l'ai pas encore vu ; j'en ai grande impatience pour parler avec lui de tout ce qui m'est cher de mon pays. Que j'aurais de joie de voir mon frère et ma belle-sœur ici ! Pour les logements il n'y aurait pas d'embarras ; surtout venant au printemps ou au commencement de l'été, ils seraient fort bien dans ma maison de Trianon, et à Paris Mercy a une maison capable à les recevoir. Je crois bien qu'il y aurait plus

---

(1) Le grand-duc Ferdinand.

(2) Jean de Bragance, duc de Lafoens, né en 1719, servit pendant la guerre de Sept ans comme volontaire dans l'armée autrichienne. Après de lointains et divers voyages, il revint habiter Lisbonne et y fut le fondateur de l'Académie portugaise des sciences. Il mourut en 1806.

d'embarras pour l'étiquette, mais cela ne me paraît pas impossible à arranger d'avance ; j'en raisonnerai avec Mercy quand il viendra. Le plus pressé et essentiel c'est la santé de mon frère, dont je suis toujours inquiète ; s'il pouvait être une fois en bonne convalescence, je crois que l'air de France pourrait lui faire du bien.

Ma chère maman voudra-t-elle agréer mes compliments et mes vœux pour la nouvelle année ? Sa santé et sa satisfaction, c'est ce que je désire le plus au monde ; que ne puis-je y contribuer comme je voudrais !

### LX. — Mercy a Marie-Thérèse.

22 *décembre*. — Sacrée Majesté, Depuis le retour de la cour à Versailles, tout y est rentré dans l'ordre accoutumé, et j'ai aujourd'hui peu d'objets essentiels à exposer sur ce qui concerne la reine. Au premier moment de son arrivée, S. M. pensa d'abord à l'abbé de Vermond et le fit chercher. Cet ecclésiastique resta trois heures dans les cabinets de la reine ; elle le traita avec une bonté extraordinaire, lui confia dans le plus grand détail jusqu'aux moindres particularités de ce qui s'était passé pendant le séjour à Fontainebleau, et à cela la reine joignit, à plusieurs reprises, les témoignages de la satisfaction qu'elle avait de revoir l'abbé. Je m'étais bien concerté avec lui sur tout ce qu'il y avait à dire à la reine ; mais, dans cette première séance, l'abbé n'eut que le temps d'écouter sans qu'on lui laissât celui de parler. Le lendemain et surlendemain il eut des entretiens à peu près aussi longs et dans lesquels il exposa à la reine toutes ses réflexions ; elles étaient parfaitement analogues à celles que j'avais eu occasion de rappeler à Fontainebleau. Leur objet sommaire tendait à prouver la nécessité indispensable de changer de système, et de substituer quelque point de vue raisonnable et utile à la manière oiseuse et frivole dont la reine emploie tout son temps. L'abbé de Vermond fit entre autres de fortes remontrances sur l'article des jeux de hasard ; il rendit compte des effets que ce scandale produisait dans le public de Paris et de tout le blâme qui en retombait presque uniquement sur la reine. A mon premier voyage à Versailles, je trouvai S. M. un peu frappée de ce qui lui avait été dit ; je repris cette matière et obtins quelques petits changements qui diminuent le mal sans le faire cesser tout à fait. La reine décida en premier

lieu que chez elle le pharaon serait borné, et que la mise au jeu ne pourrait pas excéder dix louis sur une carte. Toutes les femmes et une partie des joueurs se tiennent beaucoup au-dessous de ce taux ; ainsi la règle en question ne regarde que quelques gros joueurs qu'il était essentiel d'écarter. En second lieu S. M. a déclaré que ceux qui ne seront point assis à sa table du jeu ne pourront mettre des cartes ni faire jouer leur argent, ce qui obvie au très-grand inconvénient de voir prendre part au jeu de la reine des gens qui n'étaient point faits pour y être admis. Ce nouveau règlement est observé depuis trois semaines ; mais, comme il gêne fort la manière de jouer de M. le comte d'Artois, il est toujours à craindre que l'on en revienne aux anciens abus. Cependant il me reste l'espoir que le jeu pourrait bien dans peu finir tout à fait faute de banquiers. Ceux qui remplissaient cet office à Fontainebleau se sont retirés ; avec beaucoup de peine, il ne s'est trouvé pour les remplacer qu'un officier des gardes du corps nommé de Chalabre, et jusqu'à présent ce dernier n'a pu encore se procurer un croupier. Il a représenté que, sans ce secours, il lui serait impossible de continuer à la longue de tailler à une table très-grande, où un homme seul ne peut tenir les cartes et inspecter le jeu. Malgré l'empressement de plaire à la reine, personne ne se présente dans cette occasion ; l'idée nationale sur le métier de banquier au pharaon a prévalu sur toute autre considération. Ceux qui taillaient auparavant s'excusaient sous le prétexte qu'étant admis aux soupers des cabinets, et en quelque façon dans la société la plus particulière de la cour, ils ne pouvaient se refuser à rien de ce qui contribuait aux amusements de la reine et de la famille royale. J'avais représenté dans le temps qu'au nombre des joueurs susdits il y en avait qui n'étaient point d'espèce à être admis aux soupers des cabinets, et que cette faveur ne devait pas gagner l'apparence de devenir une récompense du jeu. Les inconvénients que j'avais prévus n'ont pas tardé à se manifester ; mais ce sera toujours un grand bien réel s'il en résulte des obstacles à la continuation des jeux de hasard.

Depuis trois semaines la reine a éprouvé à deux reprises différentes des moments de malaise, mais ces légères indispositions n'ont point duré vingt-quatre heures et n'étaient que des menaces de rhume qui n'ont point eu de suite. S. M. est venue en ville une ou deux fois la semaine, pour voir l'opéra ou la comédie. Quoique les spectacles aient recommencé à Versailles au petit théâtre de la cour, où ils se donnent les mardis, jeudis et samedis, les bals chez la reine ont également recommencé le 17, et auront lieu tous les mercredis. S. M. était dans une sorte d'indécision sur la reprise de cet amusement, qui commence à lui devenir assez indifférent. La reine n'a du goût que pour les bals masqués, elle se propose de venir souvent à ceux de l'Opéra, et je crains l'exécution de ce projet, ne fût-ce que par la seule raison des risques que court la santé de la reine en allant de nuit de Versailles à Paris, dans une saison qui exige des précautions, lesquelles deviennent d'autant plus indispensables que la possibilité momentanée d'une grossesse subsiste et entretient les plus flatteuses espérances à cet égard.

Il n'est d'ailleurs rien survenu de remarquable depuis un mois dans les habitudes ordinaires de la reine; ses liaisons avec M. le comte d'Artois sont à peu près les mêmes, ainsi que les préférences et les bontés qu'elle daigne marquer à sa favorite la comtesse de Polignac. Les lectures ou autres pareilles occupations sérieuses continuent à être fort négligées; mais la reine donne un peu plus de soin et de temps à saisir dans la journée les occasions d'être avec le roi. Elle marque aussi plus d'égards à $M^{mes}$ ses tantes, et il en résulte plus d'harmonie et de liaison dans l'intérieur de la famille royale.

Mardi 16, à mon retour de Versailles, je trouvai ici le courrier mensuel qui me remit les ordres de V. M. en date du 5 de ce mois. L'abbé de Vermond était venu passer deux jours en ville et retournait ce même soir à la cour. Je lui remis les lettres adressées à la reine, et ce ne sera qu'après le départ du courrier que S. M., selon son usage ordinaire, daignera s'entretenir avec moi sur le contenu de ces mêmes lettres.

La reine n'a presque pas dansé à son premier bal, par ménagement et réflexion sur l'état où il est à espérer qu'elle peut se trouver d'un moment à l'autre. La reine est maintenant fort en garde contre toute imprudence relativement à cet important article, et elle prévient même les représentations qu'on aurait à lui faire à cet égard.

Le duc de Bragance, qui est ici depuis quelques jours, n'a pas encore été présenté à la cour. La reine se propose de lui marquer une bonté distinguée.

## LXI. — Mercy a Marie-Thérèse.

*Paris, 22 décembre.* — Je vois maintenant la reine fortement occupée du désir et de l'espoir d'une grossesse ; la persuasion d'une possibilité certaine fixe davantage ses idées, et je tâche de profiter de cette heureuse conjoncture pour faire voir qu'enfin le moment est arrivé où la reine doit indispensablement réformer son système moral d'une manière convenable à sa position physique, en se livrant aux réflexions que comporte l'état d'une grande princesse, reine et mère de famille, et en ne s'occupant des frivolités qu'autant qu'elles doivent servir à une dissipation modérée et raisonnable. La reine m'écoute avec un peu plus d'attention, parce que sa propre expérience lui prouve que j'ai prédit des vérités qui commencent à se faire sentir. La reine a daigné m'avouer depuis peu que son goût pour le jeu diminuait, que les bals, les spectacles lui devenaient assez indifférents, et que souvent elle était embarrassée de trouver des moyens qui la garantissent de l'ennui. J'ai fait observer que tout cela était une conséquence nécessaire de l'abus des amusements, que la reine avait à cet égard épuisé toutes ses ressources, qu'il fallait en venir à se procurer des occupations attachantes par leur utilité réelle, parce qu'au défaut de cette méthode il était inévitable de tomber dans un dégoût général, qui répandait un ennui le plus fâcheux sur le reste de la vie.

D'après l'ordre que m'annonce le baron de Pichler de rendre à V. M. un compte séparé sur le projet du voyage de S. A. R. Mgr l'archiduc Ferdinand dans ce pays-ci, j'observerai d'abord que la reine n'a vu dans ce projet que la joie d'embrasser son auguste frère, et le plaisir de faire connaissance avec M$^{me}$ l'archiduchesse. Le premier de ces mouvements a été dicté par un vrai sentiment, et le second par la curiosité. Je fis voir à la reine que la présence de Mgr l'archiduc ne causerait certainement ni difficultés ni embarras, mais qu'il n'en était pas de même à l'égard de M$^{me}$ l'archiduchesse. J'observai que les formes d'incognito si faciles à garder par un prince, deviennent presque impraticables pour une princesse. De là je déduisis mes remarques sur la tournure personnelle des deux princesses piémontaises, de leurs époux, de Mesdames de France, et j'en conclus des difficultés assez graves de placer, sans blesser les convenances, une archiduchesse vis-à-vis de tous ces personnages. Je n'oubliai pas les princesses du sang, leurs prétentions, leur jalousie entr'elles, laquelle serait plus excitée encore par la présence d'une nièce de la princesse de Conti. Je rappelai les incongruités qu'avait éprouvées ici la princesse des Deux-Ponts, princesse de Saxe, et quoique, ni de près ni de loin, il n'y eût de comparaison à faire de ladite princesse à une archiduchesse, j'ajoutai que l'on connaissait assez l'absurdité des princes et princesses du sang dans leurs étiquettes pour se tenir assuré qu'ils ne feraient pas les exceptions et différences que le cas prescrirait, et qu'ils avaient déjà fait preuve de leur ineptie à cet égard lors du voyage de Mgr l'archiduc Maximilien. La reine, quoique frappée de mes remarques, me dit que je pourrais chercher des moyens avec le comte de Maurepas et aplanir ces difficultés. Je répondis qu'elles n'étaient pas du ressort d'une simple négociation avec le ministre, et que, dans un pays où les princes du sang ont chacun leur parti dans la noblesse, et où les objets de cette nature tournent ordinairement en tracasseries, il n'y a que la voix souveraine qui puisse en imposer ; à quoi j'ajoutai que la reine ne s'était malheureusement pas encore mise en mesure de faire entendre cette voix. Entre temps si le voyage susdit s'effectue, il ne sera rien omis de ce qui pourra convenir à sa meilleure réussite possible et à l'exécution précise des ordres de V. M.

La reine ne m'a rien dit encore du contenu de la lettre de S. M. l'empereur, mais je ne tarderai pas à en être informé. J'ai vu que la reine était embarrassée de l'article de la lettre où V. M. annonce qu'elle pourrait un jour s'adresser au roi lui-même pour faire cesser les jeux de hasard. Après le départ du courrier, j'irai renouveler à la reine mes très-humbles instances pour qu'elle veuille bien se ménager sur l'article des bals, et particulièrement sur les promenades au bal de l'Opéra. Des voyages nocturnes dans cette saison rigoureuse peuvent avoir les effets les plus fâcheux, et, dans l'état actuel des choses, la reine ne peut savoir d'un jour à l'autre le degré du risque qu'elle aurait à courir si elle se permettait la moindre imprudence. J'avouerai à V. M. que cette réflexion me fait toujours trembler, et vu la grande vivacité de la reine et le penchant qui l'entraîne vers tout ce qui est objet d'amusement, je crois qu'il serait de la dernière importance qu'elle fût autant que possible retenue par les exhortations et les avis les plus sérieux et les plus répétés.

# ANNÉE 1778.

### I. — Marie-Thérèse à Mercy.

*Vienne, 4 janvier.* — Comte de Mercy-Argenteau, J'ai reçu par le courrier Morenheim, arrivé ici le 1ᵉʳ de l'an, votre lettre du 22 du passé. Je ne saurais me rassurer sur les apparences de grossesse, dont ma fille pourrait se flatter de temps en temps que lorsqu'elle aura mis un enfant au monde; entre temps il serait toujours bon qu'elle prît des ménagements convenables, vu l'état où elle pourrait se trouver à la fin. Cet événement serait plus consolant encore s'il influait dans le changement de son train de vie; mais, pour m'en convaincre, il me faudra toujours des preuves réelles. Je ne suis pas satisfaite des modifications que ma fille pense mettre dans la continuation du gros jeu; pour déraciner un abus auquel elle tient si fort, il faut couper tout court. Je suis très-contente de Lassone et de sa lettre.

Ce n'était qu'une idée creuse, que j'avais d'abord formée, de faire passer par les Pays-Bas et par la France mon fils Ferdinand, à son retour en Italie, ayant surtout aperçu qu'il aurait été flatté de voir Bruxelles et Paris. J'entre dans les observations que vous faites sur les difficultés dont ce voyage ne laisserait pas d'être accompagné, et je ne vous ferai point paraître vis-à-vis de ma fille en ce qui a rapport à cet objet.

L'électeur de Bavière vient de mourir; événement bien fatal et auquel j'ai toujours souhaité de ne pas survivre (1). Le roi de Prusse

---

(1) L'électeur de Bavière, Maximilien-Joseph, mourut le 30 décembre 1777; il ne laissait point d'héritier direct. Son successeur devait être l'électeur palatin, Charles-Théodore; cependant plusieurs princes allemands élevaient des prétentions sur diverses parties de l'électorat de Bavière: les plus importantes étaient celles de l'Autriche, qui faisait valoir des droits remontant au quinzième siècle sur plusieurs districts. Dès avant la mort de Maximilien-Joseph, le cabinet de Vienne avait songé à assurer ces droits par une convention secrète

ne laissera sûrement pas de s'opposer à nos vues d'agrandissement, et de tâcher de nous enlever la France, où il a nombre de partisans, et où il ne cesse pas de nous rendre suspects et de se faire valoir. L'électrice douairière de Saxe, aussi intrigante que violente, voudra encore poursuivre ses prétentions sur les biens allodiaux de la Bavière (1), et, pour y réussir, ne sera apparemment pas éloignée de se jeter dans le parti de nos ennemis. Rien ne saurait être plus heureux que de prévenir une guerre sanglante par un accommodement amical avec la cour Palatine, de concert avec nos alliés. Je serais inconsolable de voir écrouler notre système vis-à-vis de la France, par des troubles occasionnés par les différends sur la succession de Bavière.

## II. — Marie-Thérèse a Marie-Antoinette.

*Vienne, 5 janvier.* — Madame ma chère fille, L'idée seulement qu'un courrier puisse me porter la nouvelle d'une grossesse me met hors de moi, de consolation et d'impatience ; à soixante ans on n'a guère plus à attendre, et ma tendresse pour vous et pour le roi même me fait radoter. Que je crains cet éternel carnaval, qu'il ne mette encore des entraves nouvelles! Ne dois-je pas déclarer la guerre à toutes ces continuelles dissipations, qui nous privent d'un point si essentiel, et qui tirent après soi tant de propos si peu convenables pour ma chère reine. Les bals chez vous sont convenables, et on doit se dissiper et les autres, mais ceux de l'Opéra ne le sont point

---

avec Charles-Théodore. Celui-ci, content de s'assurer la tranquille possession du reste, consentait à abandonner les districts réclamés ; cette négociation n'était pas encore achevée lorsque la mort de l'électeur vint en presser la conclusion; la convention fut signée le 3 janvier 1778, et sur-le-champ les troupes autrichiennes prirent possession des districts cédés. Nous verrons s'accuser de plus en plus, dans les lettres suivantes, les vues diverses de Joseph II et Marie-Thérèse dans cette affaire. L'empereur n'y voyait qu'un « arrondissement pour la monarchie d'un prix inappréciable » et se flattait que « ce coup pourrait réussir sans guerre » (Lettres à Léopold du 5 et du 12 janvier). Pour Marie-Thérèse, elle doutait de la solidité des droits qu'on voulait faire valoir, souhaitait éviter au moins les moyens violents, et craignait par-dessus tout une nouvelle guerre avec la Prusse et la rupture de l'alliance avec la France. Voir notre Introduction, page XXXVI.

(1) L'électeur de Saxe réclama en effet du chef de sa mère, Marie-Antoinette de Bavière, des biens allodiaux montant à quarante-sept millions de florins. Il s'allia au roi de Prusse et, dans la courte guerre qui suivit, lui fournit vingt-deux mille hommes; la paix de Teschen réduisit ses droits à six millions de florins.

du tout. Vous avez déjà éprouvé l'année passée les inconvénients : ils m'ont causé de cruels chagrins ; mais cette année, où nous avons de si grandes espérances que d'un jour à l'autre vous pourriez être enceinte, il serait impardonnable de vous exposer, d'aller à la nuit pour cette raison et saison à Paris, où jamais reine de France ne s'est produite, laissant le roi seul à Versailles. Votre santé doit en souffrir ; elle ne vous appartient à vous seule, il faut la ménager pour nous et pour l'État. Ma chère fille ! je vous conjure, tirez-moi de cette inquiétude et conservez-vous. Je mérite par ma tendresse un peu de condescendance et consolation.

Nous venons d'apprendre la mort de l'électeur de Bavière ; j'en suis bien fâchée ; Mercy est informé tout au long pour vous en informer, et je vous prie de l'écouter avec attention. Il s'agit du repos de l'Europe, de l'amitié du roi, qui m'est doublement chère pour le tendre lien qui unit nos intérêts politiques, qui doivent être à jamais indissolubles, et nos neveux même doivent en ressentir les effets. Dans l'instant on m'annonce l'heureuse délivrance de la grande-duchesse (1), d'un prince. J'en sens la joie et la partage sincèrement ; mais je n'ai pu l'entendre sans faire des vœux que, dans cette année, le bon Dieu m'accorde de ma chère reine la même consolation. J'avoue, je raffole de cette idée, et tout ce qui peut la retarder m'est odieux.

L'idée de Spa pour votre frère (2) n'a plus lieu ; vous vous souviendrez que j'ai taxé le désir de ce voyage creux ; il n'aura plus lieu, et ils retourneront tout droit chez eux. Je ne le trouve pas mieux, d'autres le trouvent, je souhaite de me tromper ; mais il ne perd pas l'idée d'en profiter une autre fois.

Mercy m'a envoyé une mesure pour un tableau que vous souhaiteriez avoir pour Trianon ; c'est l'opéra joué aux noces de l'empereur. Je me fais le plus grand plaisir du monde de vous servir ; mais il me faut une explication : il y en a deux, l'un l'opéra, l'autre le ballet où cette petite reine était avec ses deux frères. Je crois que vous voudriez avoir ce dernier ou peut-être tous les deux (3). Vous serez

---

(1) De Toscane.
(2) L'archiduc Ferdinand.
(3) Ces deux charmants tableaux furent envoyés en effet à la reine, et ornèrent deux panneaux d'un des salons de Trianon. Ils y ont été replacés dernièrement, d'après les indications mêmes qui se trouvent dans cette lettre et les suivantes ; ils étaient précédemment au

servie ; mais dans ce cas il me faudra encore une mesure pour le second tableau, savoir de quel côté le jour vient, si cela doit être un cadre ou servir de tapisserie, attachée à la muraille. Je tâcherai que vous serez servie, avant huit ans que j'attends, moi, votre portrait avec tant d'empressement; mais je ne les lâcherai pas avant de recevoir ce cher et tant désiré portrait de votre part. C'est être vindicative ; mais la paix se fera facilement en voyant vos traits. Je vous embrasse.

### III. — MARIE-ANTOINETTE A MARIE-THÉRÈSE.

*Versailles, 15 janvier.* — Madame ma très-chère mère, Mercy, qui est malade, m'a déjà fait parvenir en partie ce qui concerne la Bavière. Je vois avec grand plaisir que tout se passe amiablement, et que l'alliance et l'amitié entre les deux familles ne seront pas affaiblies. Au premier moment de la mort de l'électeur, j'ai été saisie d'un mouvement d'inquiétude. J'ai été bien heureuse, car j'en ai été délivrée bien promptement ; il me fallait cela, car je sens que l'idée seule de brouillerie ferait le malheur de ma vie.

Tous les bals sont commencés partout ; je danse bien modérément à ceux de Versailles, et pour ceux de Paris, je n'y ai pas été.

Ma chère maman me confond par sa bonté pour les tableaux ; je n'aurais jamais osé les demander, quoiqu'ils me feront le plus grand plaisir du monde. Elle me met dans le plus grand embarras en m'exposant à lui faire croire qu'il n'y a que mon intérêt qui fait avancer ces portraits, commencés et manqués par tant de peintres. Je n'enverrai pas par ce courrier les mesures à ma chère maman, parce que le concierge de Trianon, où je compte placer les tableaux, est absent. Je suis désolée que Ferdinand ne puisse pas venir ; je m'étais déjà fait un si grand plaisir de le voir et de nous rappeler la tendresse avec laquelle nous avons vécu dans notre enfance !

J'espérais faire partir avec cette lettre une boîte porcelaine que j'ai jugée pouvoir servir à ma chère maman à ses petits dîners. Le paquet est trop fragile pour aller par le courrier. Je supplie ma chère

---

musée de Versailles, dans la galerie du second étage ; on ignorait qu'ils avaient été faits pour le petit Trianon. Ils représentent, l'un une scène d'opéra, l'autre une scène de ballet, jouées par les jeunes archiducs et archiduchesses pendant les fêtes données pour les noces de Joseph II.

maman de vouloir bien l'agréer, avec cette bonté que je désire tant mériter et conserver jusqu'au dernier jour de ma vie.

### IV. — Mercy a Marie-Thérèse.

*Paris, 17 janvier.* — Sacrée Majesté, Pendant ces derniers temps, les plus rudes de la saison présente, la reine est peu sortie de Versailles ; S. M. a éprouvé quelques légères indispositions, qui n'ont été que momentanées, mais qui cependant exigeaient un peu de précaution pour en arrêter les progrès. Ces petites incommodités de la reine sont toujours des commencements de rhume qui finissent dans les vingt-quatre heures, mais qui reparaissent à la moindre occasion, et qui indiquent une disposition à ce genre d'affection de poitrine. Les bals chez la reine ont eu lieu une fois la semaine ; mais cette auguste princesse n'y a presque pas dansé, par ménagement et réflexion sur les circonstances possibles où cet exercice deviendrait dangereux. Quoique Madame n'ait aucun motif à prendre de semblables précautions, elle a cependant quitté la danse, pour laquelle elle a toujours eu aussi peu de goût que de moyens de s'en acquitter agréablement. En total, jusqu'à présent, les bals à la cour sont cette année très-froids et fort peu nombreux. La reine en paraît quelquefois un peu surprise et choquée ; mais il lui avait été représenté depuis bien longtemps ce qui devait en arriver à cet égard, dès lors qu'il s'établirait à Versailles une sorte de société qui, en s'appropriant tous les agréments de la cour, en exclurait le reste de la grande noblesse, et la mettrait dans le cas de se refuser à tout ce qui lui paraîtrait purement gênant. Les prédictions de ce genre ne se sont malheureusement que trop vérifiées ; jamais Versailles n'a été si désert ; même au jour de l'an, qui est l'occasion la plus marquée, il n'y avait pas cette année à la cour la moitié du monde que l'on était accoutumé à y voir autrefois.

Le jeu subsiste jusqu'à ce jour sur le même pied, et a lieu deux ou trois fois la semaine chez la reine, le reste du temps chez la princesse de Guéménée, et quelquefois chez la princesse de Lamballe. L'ordre plus décent établi à ce jeu s'est soutenu particulièrement chez la reine ; mais S. M. s'est considérablement écartée du projet de réduire le jeu à un taux plus modéré ; tout au contraire le mal a empiré de ce côté-là, même par le propre exemple de la reine, qui s'est ennuyée de cette modération. S. M. joue maintenant un jeu plus considérable qu'elle n'avait fait ci-devant ; un des derniers jours de décembre, elle perdit trois cents louis dans la soirée ; le roi les paya le lendemain, et il se charge très-souvent d'acquitter pareilles dettes, auxquelles la reine ne pourrait pas suffire sans secours. Quelquefois cependant la fortune lui devient moins contraire, et il est des soirées où la reine gagne quatre et cinq cents louis, ce qui nommément est arrivé ces jours derniers. Malgré cela, il n'en est pas moins vrai que cet amusement ruineux dérange les finances de la reine, au point qu'elle est obligée de se refuser aux actes de bienfaisance que lui dicteraient sa grandeur d'âme et sa générosité naturelle. Il n'y a plus de fonds maintenant pour ces sortes d'emplois, et cela est remarqué dans le public d'une manière désavantageuse.

Indépendamment des deux spectacles par semaine qui se donnent à la cour, la reine va souvent à la Comédie de la ville de Versailles. On a bâti à cet effet une salle vaste et commode où l'on peut se rendre du château par un corridor de communication. La reine, les princes et princesses royales ont retenu des loges à ce théâtre, où le spectacle, aux frais d'un entrepreneur, est des plus médiocres. Comme la reine s'y rend sans aucune cérémonie, elle permet à quelques personnes, qu'elle affectionne le plus, de venir lui faire leur cour dans sa loge, et cette grâce a été plus expressément accordée au comte Valentin Esterhazy, qui en jouit même aux différents théâtres de Paris quand la reine y vient. Cette distinction, qui n'était pas dans les usages de ce pays-ci, et qui était une prérogative exclusive pour les charges de cour, a excité de la jalousie contre le comte Esterhazy, et quelque surprise parmi cet ordre du public qui fréquente ici habituellement les théâtres.

La reine a un peu repris la musique depuis cet hiver ; ce n'est pas cependant avec le même goût que par le passé, mais plutôt pour tâcher de suppléer au défaut d'autres moyens d'employer le temps. Parmi ces moyens, ceux de la lecture ou d'autres occupations sérieuses et utiles n'ont point encore repris faveur et restent constamment fort négligés. Cependant il y a eu à cela quelque compensation dans des entretiens de plusieurs heures par jour que la reine a eus avec l'abbé de Vermond, qui ne s'est absenté que très-peu de Versailles. Je dois aussi ajouter la remarque très-essentielle que la reine continue à se conduire très-bien avec le roi, qui de son côté persiste à vivre maritalement dans le sens le plus exact et le plus réel.

La reine éprouve souvent des petits embarras à maintenir une apparence d'harmonie entre la princesse de Lamballe et la comtesse de Polignac. A mesure que la faveur de cette dernière augmente, celle de la surintendante déchoit, de telle manière qu'elle est enfin devenue un vrai objet de dégoût et d'ennui pour la reine. Comme cependant il convient de ne pas manifester trop ouvertement ce changement, la reine se gêne et passe de temps en temps avec la princesse de Lamballe des heures qui coûtent infiniment à S. M. D'ailleurs il n'y a pas eu parmi les alentours de la reine, depuis un mois, des tracasseries de quelque importance, et entre la famille royale tout se maintient en assez bonne intelligence. M. le comte d'Artois reste dans ces mêmes errements de conduite et éprouve malheureusement toujours un peu trop d'indulgence de la part de la reine ; cependant S. M. lui permet un peu moins de licence, et c'est tout ce que l'on a pu obtenir jusqu'à présent.

Le courrier mensuel arrivé le 12 m'a remis les ordres de V. M. en date du 4 ; depuis le 5 j'étais retenu dans ma chambre par un très-gros rhume, qui se convertit ensuite en un rhumatisme violent et douloureux avec une extinction de voix totale. Hors d'état de sortir, bien moins encore d'aller à Versailles, j'eus recours à l'abbé de Vermond, qui était venu passer vingt-quatre heures à Paris ; il en repartit sur-le-champ pour aller porter à la reine les lettres qui lui étaient adressées. Quoiqu'encore assez mal rétabli de mon indisposition, je me propose demain, ou le surlendemain, d'aller faire ma cour à S. M., et j'insisterai avec force pour obtenir qu'elle renonce cet hiver aux bals de l'Opéra. Depuis plusieurs jours que la terre est couverte de neige, la reine n'a été, de ma connaissance, qu'une fois en traîneau et s'est bornée à une promenade très-courte. M. le comte d'Artois avait arrangé plusieurs parties de ce genre, et il est venu les exécuter sur les boulevards et dans les rues de Paris. Cela ne s'est point fait sans que la reine ait été fortement sollicitée d'y assister, et j'ai appris avec grand plaisir que S. M. s'y était refusée. Cette petite privation a produit un bon effet parmi le public de Paris, qui, en raison de son éloignement pour M. le comte d'Artois, voit toujours avec peine et critique les occasions où ce prince se trouve à la suite de la reine.

## V. — Mercy a Marie-Thérèse.

*Paris*, 17 *janvier*. — V. M. ayant daigné me marquer qu'elle ignorait le contenu de la lettre que S. M. l'empereur a écrite à la reine par le courrier de décembre, je crois devoir commencer par rendre compte de la substance de cette lettre, qui était d'une seule page, mais d'un style très-énergique et sévère. S. M. I. mandait que, d'après le récit de quelques étrangers anglais, le jeu de la reine à Fontainebleau avait ressemblé à celui d'un tripot ; que l'on n'y avait vu qu'une confusion et un mélange indécent de personnes ; que M. le comte d'Artois et le duc de Chartres s'y étaient distingués tous les jours par quelques nouvelles impertinences, et qu'on y avait remarqué avec scandale les friponneries au jeu de la part de quelques femmes ; sur quoi S. M. I. dit à la reine qu'il n'usera pas ses yeux à écrire sur cette matière, ainsi qu'il avait inutilement usé ses poumons à en parler ; qu'il souhaite à la reine toute sorte de bonheur dans la continuation de son système de vie. La lettre finit cependant par quelques expressions de tendresse et d'amitié. La réponse de la reine a été très-douce. Elle dit qu'elle n'a ouï parler d'aucune friponnerie au jeu de la part des femmes ; que le duc de Chartres n'a jamais joué au pharaon de la reine, que par là l'empereur peut voir la fausseté des rapports qu'on lui fait. La reine se récrie sur la façon trop rigide avec laquelle son auguste frère envisage les objets. Elle marque un vif désir d'avoir son estime et son amitié. La lettre est terminée par des témoignages de tendresse (1). J'ai à observer là-dessus que la réponse de la reine ne se fonde que sur un échappatoire, qui consiste à dire que le duc de Chartres n'a pas joué, ce

---

(1) Mercy eut communication de la lettre de la reine, datée du 20 décembre 1777, par Joseph II, qui lui écrivait le 5 janvier 1778 : « Je souhaite plus que je n'espère que la fureur du jeu et tous les inconvénients qui en sont la suite viennent à s'éteindre ; ma sœur m'a écrit la lettre ci-jointe. » La lettre de Marie-Antoinette s'est retrouvée effectivement dans le fonds des papiers de Mercy, et elle est imprimée dans le volume *Marie-Antoinette, Joseph II und Leopold* publié par A. d'Arneth, Leipzig, 1866, page 19. En voici un passage : « On serait bien surpris ici de voir nommer le duc de Chartres comme mauvais joueur ; il n'a pas joué une seule fois du voyage chez moi. Pour le comte d'Artois, je sais les propos qu'on lui a fait tenir : ils étaient si absurdes qu'ils sont tombés d'eux-mêmes... Des friponneries de femmes je n'en ai vu, ni entendu parler. La mauvaise compagnie, il y en a toujours eu un peu au jeu de la cour, lorsqu'on joue à la table ronde, parce que c'est l'usage en France de laisser entrer tout le monde. »

qui est vrai, mais ce prince était intéressé au jeu des autres, et sa contenance bruyante méritait bien l'épithète que lui donne S. M. l'empereur. Quant à la façon peu exacte de jouer de la part de quelques femmes, la reine ne pouvait ignorer qu'il y eût des soupçons et des plaintes à cet égard.

Le plus grand mal que me fasse éprouver souvent ma misérable santé, c'est d'en supporter les effets dans des moments où je voudrais donner le plus d'activité à mon zèle. Je ne crains pas que rien soit omis dans la partie politique de mes devoirs; mais, quand je ne puis parler à la reine, je reste dans l'inquiétude sur tout ce qui tient à la conduite momentanée de cette auguste princesse, et mes craintes ne sont que trop souvent justifiées.

J'étais tombé malade lorsque l'on reçut ici la nouvelle de la mort de l'électeur de Bavière. Cet événement excita d'abord un cri général de guerre, et les étourdis de Paris songeaient déjà à former leurs équipages. Quelque ridicules et absurdes que fussent ces propos, la reine en parut frappée, et, pour soulager ses inquiétudes, elle écrivit à la comtesse Jules de Polignac qu'elle craignait bien en effet que, dans l'occasion présente, son frère (l'empereur) « ne fît des siennes » (1). Ce sont les termes qui, dans les vingt-quatre heures, me furent rapportés par des voies au moyen desquelles rien ne peut m'échapper. Cet avis me fit beaucoup de peine, et je me hâtai d'écrire à la reine en lui représentant toutes les conséquences d'un propos de cette nature, puisque, s'il était connu des ministres français, ils ne manqueraient pas d'en conclure que la reine, loin d'adopter les vues de son auguste maison et de les soutenir, les craint au contraire et les désapprouve. Je fis voir que par là la reine manquait à V. M., à son auguste frère et à elle-même, et qu'elle s'ôtait les moyens d'employer son crédit au maintien de l'union des deux cours. A la

---

(1) Marie-Antoinette ne se trompait pas en supposant que son frère accueillerait avec ardeur les ouvertures que lui offrait la mort de l'électeur de Bavière. Joseph II disait à Mercy dans cette même lettre du 5 janvier que nous avons déjà citée : « La mort de l'électeur de Bavière nous donne beaucoup d'occupation ; c'est une de ces époques qui ne viennent que dans des siècles et qu'il ne faut point négliger. Le prince de Kaunitz vous marquera sans doute nos arrangements préalables; un corps de 12,000 hommes va au plus tôt être mis en marche pour se mettre en possession de ce que nous appelons la Basse-Bavière, et je crois que nous nous arrangerons même là-dessus avec l'électeur palatin. Cela ne plaira pas trop là où vous êtes, mais je ne vois pas ce qu'on y pourra trouver à redire, et les circonstances avec les Anglais y paraissent très-favorables. »

réception du courrier, j'écrivis de nouveau à la reine, en la suppliant de vouloir bien tenir le langage que je lui suggérais, soit vis-à-vis du roi, soit vis-à-vis de ses ministres, dans les cas où, en sa présence, il serait fait mention de la succession de Bavière. Je prévois que la reine se bornera peut-être à mander à V. M. qu'elle se réserve de parler avec moi sur l'objet susdit; mais, comme cette auguste princesse est prévenue, je suis maintenant certain que, dans l'occasion, elle réglera ses propos d'après les intentions de V. M.

J'ai des preuves constantes que la reine, au fond de son cœur, est bien fortement et vivement attachée à tout ce qui intéresse son auguste maison, et qu'elle désirerait d'y coopérer; mais elle ne combine pas toujours ce désir avec les moyens de le remplir, et, par inattention et séduction de ses entours, elle agit quelquefois contre son sentiment. Je dois en citer ici un exemple très-frappant. J'ai rendu compte dans le temps à V. M. de l'idée très-juste que, d'ellemême, la reine s'était formée du danger qu'il y aurait pour le bien de l'alliance si le duc de Choiseul rentrait un jour dans le ministère. Cependant la reine, tout récemment, faisant la conversation avec le roi, voulut démontrer que les ministres français actuels étaient faibles et ineptes, que tout allait mal dans leurs départements, et qu'il n'y avait que le duc de Choiseul qui fût propre à remonter les ressorts du gouvernement. Cela fut dit cependant avec précipitation et sans suite; le roi ne répondit rien et la conversation finit. Cette sortie n'était que l'effet de quelques propos tenus à la reine par les partisans du duc de Choiseul, et la reine répétait ces propos par inattention et sans un projet déterminé.

Lorsque mon très-humble rapport était écrit jusqu'ici, la reine m'a fait demander si je croyais qu'avant de m'avoir parlé elle dût faire mention à V. M. de l'affaire de Bavière, et que dans ce cas j'eusse à suggérer la phrase. Je répondis que la reine ne pouvait se dispenser de faire mention de cet article dans sa lettre, et que la première phrase pourrait être : « Mercy, qui est malade, m'a déjà fait « parvenir en partie ce qui concerne l'affaire de Bavière (1) »; qu'ensuite il serait convenable que la reine ajoutât quelques réflexions et expressions qui marquassent l'intérêt qu'elle doit prendre à un objet

---

(1) On a pu voir que la lettre de la reine du 15 janvier commence en effet par les mots indiqués ici.

si majeur et si essentiel à son auguste maison. J'ignore ce que la reine aura écrit en conséquence de mon avis; mais elle me témoigne être contente de la tournure que prenaient à Versailles les idées et les propos sur cette importante matière. Malgré ce que la reine croit voir à cet égard, il n'est cependant pas douteux que les mesures prises par V. M. dans la circonstance dont il s'agit ne sont pas vues ici de trop bon œil; mais la France a tant de motifs qui la nécessitent à être prudente et sage qu'il n'y a pas à prévoir qu'elle puisse se livrer à de grands écarts. Peut-être que la conjoncture donnera ici un peu plus de jeu aux machinations du roi de Prusse et à quelques petites intrigues avec la cour palatine; mais il y aura moyen de parer à ces mouvements à mesure qu'ils seront aperçus.

La reine a retenu un service de porcelaine en dessins de Japon; elle se propose de l'envoyer sur-le-champ à V. M. par les voitures publiques; le volume étant trop grand pour que les courriers puissent en être chargés. Ce service est d'un goût particulier et n'a été taxé à la manufacture de Sève qu'à trois mille et six cents livres (1).

Je me suis trop hâté en annonçant que la reine n'irait point en traîneau à Paris. S. M. y a été le 12, accompagnée de Madame et d'une suite nombreuse, mais en très-bon ordre et en plein jour; les traîneaux n'ont passé que sur les boulevards, et point dans les rues. S. M. avait dîné au Temple, chez M. le comte d'Artois.

## VI. — Marie-Thérèse a Mercy.

*Vienne, 31 janvier.* — Comte de Mercy-Argenteau, J'ai reçu votre lettre du 17 par le courrier Tarnoczy, arrivé ici le 28. Par tout ce que vous me marquez sur la continuation du gros jeu, sur les distinctions accordées au comte Esterhazy, sur les tracasseries entre la princesse de Lamballe et M$^{me}$ de Polignac, sur la faveur toujours prépondérante de la dernière, sur la préférence dont jouit le comte d'Artois,

---

(1) Voir sur les expositions que faisait tous les ans, à Noël, la manufacture, la note 3, page 543, de notre deuxième volume. — On disait également au XVIII$^e$ siècle Sève ou Sèvres. — On sait que la manufacture de Sèvres avait pour rivale celle de Saxe; aussi trouve-t-on aux Archives de Dresde, dans la correspondance entre l'envoyé saxon à Paris, M. de Schœnfeld, et le ministre des affaires étrangères M. de Stutterheim, comme annexes à la dépêche en date du 27 octobre 1780, trois curieux mémoires relatifs à l'état de la manufacture française.

sur les propos indiscrets tenus par ma fille au roi pour faire rentrer le duc de Choiseul dans le ministère, etc., je ne vois que trop les mauvais effets de sa légèreté et de son obstination à tenir à ses goûts et volontés. Je ne compte plus de pouvoir la détourner du gros jeu par des remontrances ; aussi me dispensé-je de les reprendre sur cet article. Il n'est moyen d'extirper cet abus que de le couper tout court.

Ce que ma fille marque à l'empereur sur le duc de Chartres est une nouvelle preuve de son adresse à chercher et trouver des échappatoires. Il serait plus intéressant sans doute, et dans ce moment où la mort de l'électeur de Bavière amène une crise violente, plus nécessaire que jamais, que ma fille fît bon usage de son ascendant sur le roi ; mais comment peut-on s'en flatter tant qu'elle est enfoncée dans ses légèretés et dissipations habituelles ?

J'ai été bien frappée de la nouvelle de votre indisposition dans le moment où votre activité est tant nécessaire à mes intérêts et au bien de ma fille. Le maintien du système actuel m'intéresse à présent plus que jamais, et je serais inconsolable si l'affaire de la succession de Bavière allait interrompre mon union avec la France. Je vous communique ci-joint mon plan sur la façon de s'y prendre [dans le premier moment de la mort de l'Électeur] sans faire marcher d'abord des troupes (1). On n'a pas voulu suivre ce plan, et je me suis déchargée par conséquent de l'exécution d'un autre sur l'empereur et sur le prince de Kaunitz. Sans entrer donc dans quelque détail, je vous renvoie aux dépêches du ministre, en vous recommandant seulement d'employer toutes vos lumières, toute votre activité et tout votre crédit pour le soutien de mon alliance avec la France.

### VII. — MARIE-THÉRÈSE A MARIE-ANTOINETTE.

*Le 1er février.* — Madame ma chère fille, La maladie de Mercy ne pouvait venir plus mal à propos ; c'est dans ce moment-ci où j'ai besoin de toute son activité et de tous vos sentiments pour moi, votre maison et patrie, et je compte entièrement sur les représentations différentes qu'il sera peut-être obligé de vous faire sur différents objets

---

(1) Voir dans *Maria Theresia und Joseph II*, par M. A. d'Arneth, tome II, page 170, la lettre par laquelle l'impératrice engage Joseph II à employer tout au moins d'abord les voies diplomatiques dans l'affaire de Bavière, au lieu de recourir tout de suite aux armes.

majeurs, sur les insinuations qu'on fera de toute part de nos dangereuses vues, surtout de la part du roi de Prusse, qui n'est pas délicat sur ces assertions, et souhaitant depuis longtemps de se rapprocher de la France, sachant très-bien que nous deux ne pouvons exister ensemble ; cela ferait un changement dans notre alliance, ce qui me donnerait la mort, vous aimant si tendrement, et j'étais touchée bien vivement de l'alarme que vous avez prise ; ce qui me rassure sur votre sujet et me fait en attendre tout le bon succès. Le roi de Prusse ne craint que vous, et j'avoue, cela me fait grand plaisir et doublement pour vous et pour nous. Notre alliance, la seule naturelle et utile à nos pays, et serrée par des liens si tendres et par notre façon de penser, si nécessaire pour la religion et le bien de milliers de personnes et leur fortune, m'est très à cœur, et j'espère que, par tout ce que Mercy vous pourra insinuer, avec le temps vous en connaîtrez l'utilité et le bien.

J'attends avec toute l'impatience les mesures pour les tableaux à vous envoyer. J'en suis très-occupée, de même de la boîte de porcelaine que vous m'envoyez. Nous avons un temps charmant, mais beaucoup de malades. Notre carnaval va son train, et comme votre frère paraît se remettre, je compte le renvoyer le carême à Milan, s'il n'arrive rien qui devrait faire changer. Je vous embrasse, ma chère fille ; que je ne puis-je prononcer bientôt : ma chère maman ! On prie ici de tous côtés pour vous. Je suis toujours toute à vous.

### VIII. — MARIE-ANTOINETTE A MARIE-THÉRÈSE.

*Versailles, 13 février.* — Madame ma très-chère mère, J'attends Mercy demain avec grande impatience. Il m'est trop essentiel de raisonner avec lui et de m'instruire pour dissiper les nuages qu'on pourrait donner au roi dans des mouvements comme ceux-ci, et le mettre plus que jamais en garde contre les insinuations perfides du roi de Prusse, qui certainement ne s'oublie pas ; voilà déjà cinq courriers de sa part depuis un mois.

Mes sœurs me parlent d'un peintre français qui est à Vienne, nommé Rosceline (1) ; il a eu grande réputation ici, quoique quel-

---

(1) Le peintre Alexandre Roslin n'était pas Français, mais Suédois ; né à Malmö en 1720, il quitta de bonne heure sa patrie ; après plusieurs séjours en Allemagne et en Italie, il vint en

ques-uns trouvent que son talent n'était pas pour les ressemblances; peut-être c'étaient ses envieux. Il paraît qu'il réussit fort bien à Vienne, et on désirerait fort que ma chère maman eût la complaisance de se faire peindre par lui. S'il y réussissait, je serais bien sa plus ardente panégyriste ici, et j'espérerais que ma chère maman, qui a tant de bontés pour moi, aurait encore celle de m'en donner une copie.

Nos affaires avec l'Angleterre se brouillent beaucoup; ils ont attaqué plusieurs de nos vaisseaux, et enfin on ne croit plus devoir cacher des dispositions qu'on fait ici pour repousser leurs insultes ; on arme à force des vaisseaux et on vient de faire marcher de l'artillerie et des troupes en Bretagne. Peut-être nos préparatifs les rendront plus sages; il n'en est pas encore sûr que nous ayons une guerre suivie.

Je viens de voir Mercy : d'après tout ce qu'il m'a dit et ce que je vois de mon côté, j'espère que les petits nuages qu'on a voulu répandre seront bientôt dissipés et ne causeront aucune altération dans l'alliance et la bonne amitié si utile pour l'Europe, et à laquelle personne ne peut s'intéresser plus de toute manière que moi.

C'est une bien bonne nouvelle pour moi que la meilleure santé de Ferdinand; je souhaite bien qu'elle se soutienne; mais à moins que le temps ne soit bien beau, le carême me paraît bien tôt pour son départ. Je finis en renouvelant à ma chère maman mon respect et la tendresse de mon attachement qui ne finira qu'avec ma vie.

### IX. — Mercy a Marie-Thérèse.

18 *février*. — Sacrée Majesté, J'ai rendu compte sommairement, par ma dépêche d'office du 30 du passé, de quelques audiences qu'immédiatement après le départ du courrier de janvier j'avais eues chez la reine, et des informations que je m'étais mis en devoir de donner

---

France en 1752, fut nommé membre de l'Académie de peinture, et obtint un logement au Louvre. Il ne quitta la France que pour quelques voyages dans les cours étrangères et dans sa patrie. Sa vogue était telle qu'il n'était guère de princes en Europe qui ne voulût avoir un portrait de sa main. Le seul portrait roturier, comme on disait alors, qu'il daigna faire fut celui de Linné. Son beau portrait de Marie-Antoinette, en costume royal, qui est au musée de Versailles, est bien connu par la gravure. Roslin avait épousé Marie-Suzanne Giroust, habile peintre de portraits, qui fut aussi admise parmi les membres de l'Académie de peinture.

à cette auguste princesse sur tous les objets essentiels du moment. Je n'ai à cet égard d'autre remarque à ajouter si ce n'est que la reine, qui jusqu'au moment présent avait toujours marqué une grande répugnance à penser aux affaires d'État, s'est fort occupée de celle-ci et y a pris un intérêt proportionné à la crainte que je lui ai vue constamment de tout ce qui pourrait tendre à diminuer l'intimité et l'harmonie qui subsistent entre son auguste maison et la France. Dans le cas présent, j'avais soigneusement informé la reine des raisons qui viennent à l'appui des droits de V. M. sur la succession de Bavière, et je m'étais particulièrement attaché à faire voir les principes et les conséquences des obstacles odieux que le roi de Prusse avait tant à cœur d'élever contre les droits susdits. J'aurais fort désiré que la reine fît vis-à-vis du roi un usage un peu détaillé de pareilles notions, et qu'elle donnât par là une preuve de capacité à connaître et à raisonner d'affaires sérieuses. C'est ce que je n'ai encore obtenu qu'imparfaitement ; mais il en est cependant résulté plus qu'en aucune autre circonstance que la reine s'est occupée avec suite d'un objet majeur, et que le degré d'attention et de zèle qu'elle y a mis a suspendu dans bien des moments le courant des dissipations habituelles. S. M. est venue trois fois au bal de l'Opéra et y est restée jusqu'après quatre heures du matin. La saison étant fort mauvaise, il était à craindre que la santé de la reine ne souffrit de ces promenades nocturnes ; elle ne s'en est cependant pas ressentie, mais le danger subsiste plus encore pour la fin de ce carnaval, et ne pouvant rien obtenir du côté de pareilles privations, je me borne à supplier la reine d'abréger pour le moins autant que possible les veillées, et de ne négliger aucune des précautions nécessaires pour se garantir des impressions du froid, soit pendant la route de Versailles à Paris, soit au moment de la sortie de la salle du bal, où il fait toujours une chaleur excessive.

Depuis le commencement du mois, les bals à la cour ont été plus suivis ; les femmes de Paris s'y sont rendues en assez grand nombre, et les bontés que la reine leur a marquées ont remis un peu plus d'empressement et de soin dans la recherche des occasions de lui faire la cour. Vers la fin de ce mois, il y aura des mascarades en quadrilles ; elles exécuteront des contre-danses adaptées aux différents genres des masques. Ces ballets, qui exigent de longues et fréquentes répétitions, ont cela d'avantageux qu'en retenant la reine occupée à Versailles, elle sera moins dans le cas de multiplier ses promenades en ville. La princesse de Guéménée a commencé à donner chez elle un bal par semaine : les deux premiers ont été si déserts que la reine s'y est ennuyée et a cru qu'ils ne pourraient pas se soutenir. Le jeu leur a cependant procuré un peu plus de vogue, et y attire assez de monde pour que cela fasse cohue dans un appartement qui n'est ni disposé ni assez vaste pour de pareilles fêtes. Ceux qui s'intéressent à la princesse de Lamballe ont tâché de lui persuader de donner des bals chez elle, et de ne point abandonner à d'autres femmes de la cour ce moyen de plaire à la reine et d'être honorée de sa présence. Personne n'y avait autant de droit que la surintendante ; mais cette dernière, qui n'a jamais su calculer ce que les convenances et même le devoir exigeaient de sa position, n'a vu dans l'établissement des bals que de l'embarras et de la dépense, et a cherché à éviter l'un et l'autre. Ce ne sont cependant pas ces sortes de négligences qui ont réduit la princesse de Lamballe dans le discrédit où elle se trouve ; elle se l'est attiré beaucoup plus par les importunités ennuyeuses de sa jalousie, et par un nombre de petites marques bien caractérisées du peu d'attachement dont elle est capable envers son auguste bienfaitrice. La bonté naturelle de la reine la porte à se dissimuler encore une partie de ce qui en est à cet égard ; mais S. M. ne peut s'empêcher d'être intérieurement très-dégoûtée de sa surintendante, et de regretter journellement de l'avoir mise dans une place à laquelle elle est si peu propre. Tout cela tourne au profit de la comtesse de Polignac, qui en devient d'autant plus chère à la reine, et qui reste seule maintenant en possession de la faveur qu'elle partageait ci-devant avec une rivale. La conduite apparente de cette comtesse est combinée de manière à captiver la reine de plus en plus ; et, sans pouvoir y remédier, je vois à regret que les inconvénients de cette faveur augmentent et peuvent avoir des conséquences sérieuses. Quoique cette comtesse de Polignac soit parente et obligée du comte de Maurepas, il est évident que, depuis quelque temps, elle se laisse investir par le parti des Choiseul. J'ai été souvent étonné des variations que j'apercevais dans l'esprit de la reine sur le compte du duc de Choiseul, et il m'est démontré maintenant que c'est en grande partie l'ouvrage de la comtesse de Polignac. Cette matière d'intrigue ne peut se conduire sans de grands apprêts de fausseté et sans un projet de compromettre la reine. Je n'ai là-dessus dissimulé aucune de mes réflexions à S. M.; l'abbé de Vermond y a joint les siennes, et cela n'a pas empêché que, dans ces derniers temps, la reine n'ait parlé plusieurs fois au roi du duc de Choiseul avec autant d'éloges que de dénigrement pour le ministère actuel. Tous les Choiseul prononcent assez ouvertement que, dans le cas d'une guerre avec l'Angleterre, le fardeau des affaires deviendrait trop pesant pour que le comte de Maurepas puisse le supporter, qu'alors il faudra nécessairement avoir recours à un homme de tête, et que le duc de Choiseul serait le personnage convenable. Ces idées insinuées à la reine pour qu'elle les répète au roi ne sont point ignorées du public, et y excitent des mouvements et des propos déplacés. Quelles que soient, au reste, les marques d'affection que la reine donne de temps en temps pour le duc de Choiseul, il paraît certain qu'elle ne fera jamais d'assez grands efforts pour vaincre la répugnance personnelle du roi envers le duc susdit, et en faisant cette remarque à la reine, je lui ai observé que, contre son propre jugement, par une affiche de protection trop marquée. S. M. faisait croire au public qu'elle voulait (elle a souvent daigné me le dire elle-même) ce qu'elle regarderait comme un mal, savoir la rentrée du duc de Choiseul dans le ministère.

Le jeu de hasard a été depuis un mois moins vif et moins fréquent; il y a quelque apparence que ce goût se ralentit. La reine continue à avoir plus d'attention dans sa manière d'être avec le roi; le point essentiel du mariage reste toujours dans les termes propres à donner les plus grandes espérances; elles se trouvent cependant un peu croisées par la vie moins régulière et par les veillées qu'occasionne le carnaval; il n'a cependant mis que des intervalles de vingt-quatre heures dans l'habitude suivie que le roi a reprise d'aller passer les nuits chez la reine.

Depuis le moment où M<sup>me</sup> la comtesse d'Artois a été en couche, toute la famille royale s'est plus habituellement rassemblée chez cette princesse. La reine lui a marqué les bontés et les soins les plus suivis; la bonne intelligence qui règne depuis quelque temps dans la famille n'a pas été interrompue; la reine a mis un peu plus de liant dans sa manière d'être vis-à-vis de Monsieur, et, au défaut d'une plus grande cordialité, tout se passe au moins sans aigreur ni tracasseries.

J'étais allé à Versailles le mercredi 11, et dans la nuit le courrier mensuel m'apporta les très-gracieux ordres de V. M. en date du 31 de janvier. L'abbé de Vermond se trouvant en ville, je le priai d'aller porter à la reine les lettres qui lui étaient adressées, ne pouvant m'en acquitter moi-même à cause d'un accès de fièvre rhumatique assez violent qui m'avait repris ce jour-là. Il ne m'empêcha cependant pas de me rendre à Versailles le samedi 14. Mon audience chez la reine fut longue et très-intéressante ; mais j'en supprime ici les détails, parce qu'ils sont déduits dans ma dépêche d'office qui sera mise sous les yeux de V. M. (1). A la manière dont la reine s'est montrée relativement aux conjonctures présentes, il ne me reste aucun doute sur le degré d'attention qu'elle y donnera, et je suivrai de bien près tout ce qui me paraîtra propre à entretenir ou exciter cette attention. Il me tarde bien à cet effet que le carnaval finisse, et que toutes les occasions de dissipation qu'il procure soient remplacées par des moments plus calmes.

### X. — Mercy a Marie-Thérèse.

*Paris,* 18 *février*. — Dans les conjonctures actuelles et très-intéressantes, j'ai été en même de juger avec plus de précision du degré d'attachement que la reine conserve pour son auguste famille, et je dois rendre à cet égard les témoignages les plus positifs et les plus satisfaisants. J'ai même vu avec joie que l'intérêt que la reine met aux affaires présentes a pour principal motif sa tendresse pour V. M., et une vraie inquiétude sur tout ce qui pourrait lui être désagréable. Rien n'est mieux démontré que ce sentiment intérieur de la reine ; mais, quoiqu'elle en soit pénétrée, il reste toujours la difficulté d'accorder les intentions avec les moyens propres à leur donner toute l'efficacité dont elles seraient susceptibles, et c'est sur ce chapitre que je suis entré dans les plus grands détails vis-à-vis de la reine, en tirant toujours des faits présents la preuve de ce que je lui exposais. J'observai à S. M. que, quoique vivement frappée d'un objet, elle n'a pas la patience d'en examiner et bien connaître le fond, encore moins d'en raisonner par principe. La reine est véritablement courroucée contre le roi de Prusse et contre son ministre à cette cour.

---

(1) Le rapport secret suivant donne assez de détails sur cette audience pour que nous n'analysions point la dépêche d'office, qui n'offrirait qu'un moindre intérêt.

Elle en parle au roi avec vivacité, mais dans des termes qui ne marquent qu'une indignation générale et point assez motivée ; au lieu que ce serait le cas de rappeler les exemples de la politique perfide et de la mauvaise foi prussienne, ainsi que les occasions où la France en a éprouvé les effets, d'où il suit la conclusion naturelle des raisons qu'elle a de s'en méfier. La reine, en parlant vaguement de son grand désir du maintien de l'union entre les deux cours, ne devrait point omettre de citer l'avantage immense que, dans la conjoncture présente vis-à-vis de l'Angleterre (1), la France retire de son alliance avec l'auguste maison d'Autriche, par le moyen qu'elle procure à cette cour-ci de ne penser qu'à ses forces maritimes et d'être en toute sécurité du côté du continent. De pareilles réflexions accoutumeraient et forceraient même le roi à raisonner avec la reine sur les grands objets. Je ne cesse d'insister sur l'usage de cette méthode, et, dans ma dernière audience, la reine m'a fait espérer qu'elle l'adopterait. D'après cet exposé, je dois soumettre aux hautes lumières de V. M. s'il ne serait pas utile que, dans une de ses lettres, elle parût informée et satisfaite du zèle que la reine a marqué dans les conjonctures présentes, en ajoutant que V. M. désirerait que la reine entrât un peu plus en détail vis-à-vis du roi sur les principes et l'utilité réciproque de l'alliance qui unit les deux cours.

Tout ceci était écrit avant le voyage que j'ai fait le 14 à Versailles, où j'eus lieu de voir que mes remontrances n'avaient pas été sans effet. Je trouvai la reine plus agitée, plus inquiète que je ne l'avais vue encore dans aucune circonstance. Quoique le détail de mon audience soit déduit dans ma dépêche d'office, il est des particularités que j'ai cru devoir réserver pour V. M. seule : elle daignera interpréter le motif qui m'y a déterminé. La reine ayant parlé à son époux assez vivement sur l'affaire de la Bavière, sur les manœuvres du roi de Prusse, et sur le danger d'un refroidissement dans l'alliance, le roi répondit : « C'est l'ambition de vos parents qui va tout « bouleverser ; ils ont commencé par la Pologne, maintenant la Ba-« vière fait le second tome ; j'en suis fâché par rapport à vous ».
— « Mais, répartit la reine, vous ne pouvez pas nier, Mon-

---

(1) Après de nombreux encouragements donnés aux colonies anglaises d'Amérique, révoltées contre la mère patrie, la France se décidait à prendre ouvertement leur parti et se préparait à une guerre maritime contre l'Angleterre.

« sieur, que vous étiez informé et d'accord sur cette affaire de Ba-
« vière. — J'étais si peu d'accord, répliqua le roi, que l'on vient
« de donner ordre aux ministres français de faire connaître, dans
« les cours où ils se trouvent, que ce démembrement de la Bavière
« se fait contre notre gré, et que nous le désapprouvons. » Je n'ai
pas cru devoir dire dans ma dépêche que je tenais cette dernière
circonstance de la reine, et il m'a paru que V. M. seule devait en
être informée.

J'en reviens maintenant au contenu de sa très-gracieuse lettre, et
en remettant ici le plan que V. M. a daigné me confier, j'observerai
d'abord que le moment présent devient en effet une crise des plus
délicates et des plus sérieuses relativement à l'alliance; mais il paraît également démontré que, dans la prévoyance d'une guerre presque inévitable avec l'Angleterre, la France ne peut perdre de vue le
grand intérêt qu'elle a de maintenir son union avec V. M., et cette
circonstance procure des moyens de dissiper peu à peu le refroidissement et l'espèce de contraste dans lequel les deux cours devaient inévitablement se trouver à l'époque de la succession de Bavière. Ce
sont les hautes lumières de V. M. et ses intentions qui donneront à
ces moyens conciliants toute l'efficacité désirable. Jusqu'à ces derniers temps, je n'avais jamais eu lieu de remarquer des intentions
suspectes dans les ministres français actuels; mais ils sont comme
étourdis de l'événement qui les occupe, et surtout de la promptitude
des mesures prises et effectuées en Bavière, de manière que ces
mêmes ministres, médiocrement éclairés d'ailleurs, pourraient par
inadvertance et par de fausses combinaisons se laisser entraîner à
des démarches, lesquelles, sans rompre immédiatement l'alliance,
tendraient insensiblement à en affaiblir les nœuds. Ce sont sans
contredit les manœuvres du roi de Prusse qui pourraient le plus induire dans de si fâcheuses erreurs. Le plan que, sous le bon plaisir de
V. M., je me suis proposé de suivre pour tâcher d'écarter de pareils
inconvénients, consiste à tenir ici un langage de confiance, de modération et de franchise, qui, en montrant tout le désir de V. M. pour le
maintien de l'union, fasse sentir en même temps que ce désir tient
pour le moins autant à un sentiment personnel de V. M. qu'à la raison d'État. Cette vérité pourra être appuyée par des insinuations con-
vaincantes du grand intérêt que la France a actuellement de profiter
du moment unique et propre à abaisser l'Angleterre, ce qui devien-

drait impossible si cette dernière puissance pouvait se rapprocher de l'auguste maison d'Autriche. De telles remarques, en leur ôtant jusqu'à la moindre ombre de menace, doivent mériter ici toute attention. J'ai insinué à la reine toutes les nuances que, suivant les occasions, elle pourrait donner à son langage, soit vis-à-vis du roi, soit vis-à-vis de ses ministres. J'ose enfin me flatter que la grande importance de l'objet fixera mieux l'attention et les démarches de cette auguste princesse ; mais cette même attention aura toujours un besoin indispensable d'être alimentée par quelques avis directs de V. M. Une ligne, une seule phrase des lettres de V. M. frappe la reine et la détermine plus que ne pourraient le faire deux heures de mes raisonnements politiques. J'en ai une preuve bien récente dans la grande et vive impression qu'a produite sur la reine ce passage de la lettre où V. M., parlant du roi de Prusse, s'exprime ainsi : « Nous « deux ne pouvons exister ensemble, cela ferait un changement « dans notre alliance, *ce qui me donnerait la mort.* » J'ai vu la reine pâlir en me lisant cet article, et c'est par cette secousse qu'elle a été mise dans le mouvement et l'inquiétude où je la trouvai. Par une suite de la confiance qu'elle accorde à l'abbé de Vermond, elle ne lui a pas caché l'objet de ses peines, et cela m'a obligé de donner au dit abbé sur cette matière quelques explications que j'ai tenues dans de justes mesures, et pour autant qu'elles étaient applicables à la position et aux convenances personnelles de la reine. J'ai eu lieu dans cette occasion, ainsi qu'en toute autre, d'être parfaitement content de la manière dont l'abbé s'est prêté à tout ce que je pouvais attendre de lui, et, dans ces circonstances, il est venu utilement à l'appui de ce que j'ai suggéré. Il n'échappera certainement rien à mon zèle de tout ce qu'il sera possible d'entreprendre pour remplir les hautes intentions de V. M., et j'y mettrai tous les soins et l'activité qu'exigent mes devoirs autant que mon désir ardent de lui obéir.

### XI. — Marie-Thérèse a Marie-Antoinette.

*Vienne,* 19 *février.* — Madame ma chère fille, C'est à cinq heures du matin et bien à la hâte, le courrier étant à ma porte, que je vous écris. Je n'étais pas prévenue de son départ, et on presse son départ pour obvier aux plus noires et malicieuses insinuations du roi de Prusse, espérant, si le roi est au fait, qu'il ne se laissera pas entraîner par des méchants, comptant sur sa justice et sa tendresse pour sa chère petite femme. Je n'entre dans aucun détail, l'empereur et Mercy s'en sont chargés ; mais je n'ai qu'à ajouter que peut-être jamais il n'y avait une occasion plus importante à tenir fermement ensemble, et que le système en dépend. Jugez combien j'en suis affectée ! L'intérêt de nos deux maisons, mais surtout celui de nos États et de l'Europe même en dépend. Qu'on ne se précipite en rien et qu'on tâche de gagner du temps pour éviter l'éclat d'une guerre qui, une fois commencée, pourra durer et avoir des suites malheureuses pour nous tous. Jugez de ma peine en particulier : l'empereur et votre frère (1) et le prince Albert y seraient les premiers acteurs : l'idée seule me fait presque succomber ; mais je ne saurais l'empêcher, et si je n'y succombe, mes jours seraient pires que la mort. Je vous embrasse.

## XII. — MARIE-THÉRÈSE A MERCY.

*Vienne, 3 mars.* — Comte de Mercy-Argenteau, J'ai reçu votre lettre du 18 du passé par le courrier Derike, arrivé ici le dernier du même mois. Vous savez combien il me coûte d'entrer dans les affaires de Bavière, entièrement contraires à ma façon de penser. Je vous renvoie donc tout à fait aux dépêches que vous allez recevoir par le canal ordinaire ; je vous recommande seulement d'employer tout votre zèle et toute votre dextérité pour le maintien de mon alliance avec la France, ébranlée déjà par les insinuations insidieuses du roi de Prusse et par nos propres démarches dans les affaires de Bavière. Le renversement de cette alliance mettrait le comble à ma malheureuse carrière (2).

Ce qui m'occupe le plus dans ces circonstances critiques est la situation de ma fille. Je suis persuadée de son attachement à sa famille et de sa bonne volonté d'en donner des preuves, autant que sa légèreté lui permet de faire des réflexions sérieuses, mais il faut qu'elle agisse sans vivacité, avec beaucoup de prudence et d'adresse, pour ne pas se rendre importune et même suspecte au roi. Plus d'un ministre français, si jamais ils s'en apercevaient, ne laisseraient pas d'en

---

(1) L'archiduc Maximilien.
(2) Voir, sur toute cette affaire de Bavière, notre Introduction.

profiter pour affaiblir son crédit et rendre nulle son influence dans les affaires.

La façon dont le roi s'expliquait avec ma fille sur nos vues « ambitieuses » fournit déjà matière à bien des réflexions. J'ai toute ma confiance dans vos lumières et dans votre zèle pour mes intérêts et pour le bien de ma fille. J'y compte dans cette occasion, la plus importante qu'il y en ait jamais eu, et je vous recommande dans cet instant plus encore la situation de ma fille que même nos affaires.

J'approuve l'ouverture circonspecte que vous avez faite à l'abbé Vermond de la situation présente des affaires, pour régler en conséquence son langage lorsque la reine entre avec lui en matière.

Pour les divertissements du carnaval, il faut se consoler qu'ils sont finis, n'étant guère possible d'arrêter ma fille dans ses goûts. Je suis d'ailleurs bien aise qu'elle traite mieux à présent Monsieur, mais je vois avec peine les progrès que M$^{me}$ Polignac fait toujours dans sa confiance, surtout après qu'il y a des indices qu'elle s'est laissée gagner par le parti des Choiseul. La rentrée du duc de Choiseul dans le ministère pourrait nous faire bien du tort dans ce temps orageux, son esprit remuant étant aussi bien connu que son caractère vindicatif, qui n'aura pas laissé d'être échauffé par notre éloignement, qu'il n'ignorera pas probablement, de contribuer à son influence dans les affaires [et je crois qu'il ne serait pas de trop de le ménager toujours, et un peu plus du passé. Aiguillon serait bien plus à craindre, et alors je compterais sur le changement du système, comme je ne doute nullement que la guerre se fera ; jugez de ma situation ! Nous avons reçu déjà une bonne humiliation du duc de Deux-Ponts ; voilà les suites malheureuses ! La bonne foi et confiance valent plus que 200,000 hommes. Le premier système vous rend heureux et les autres, et le second fait le contraire ; même en réussissant, on ne possède rien en repos (1):]

[Je vous recommande cette demande de M$^{me}$ de Stein ; je n'ai pu la refuser comme une de mes plus anciennes connaissances, mais vous ne la recommanderez autrement que de coutume.]

---

(1) Pichler écrivait à Mercy par ce même courrier : « S. M. est vivement affectée des apparences trop réelles d'une guerre prochaine avec le roi de Prusse. Elle est très-inquiète sur la durée de notre alliance avec la France, dont l'interruption l'accablerait de douleur, et Dieu sait quelles en seraient les suites. Pendant trente-quatre ans de service dans le cabinet, j'ai vu en peu d'occasions S. M. tant agitée et alarmée qu'elle l'est à cette heure. »

## XIII. — Marie-Thérèse a Marie-Antoinette.

*Vienne, 6 mars.* — Madame ma chère fille, La vôtre du 13 m'a consolée sur ce que vous me dites d'obligeant et tendre sur nos affaires en Bavière, qui me tiennent bien à cœur et dont je ne saurais encore rien vous dire, me remettant entièrement à ce que Mercy vous en dira; de même sur ce que les ministres du roi ont dû dire dans les cours sur ce sujet. Ce n'est pas comme une plainte ou reproche; malheureusement toute cette affaire n'a pas été préparée ni prévue assez : mais il nous importe à tous deux qu'on nous croie liés de façon que rien de louche ne paraisse. Il n'y a sans cela que trop de surveillants qui, ne trouvant pas leur intérêt dans nos liaisons, profitent de chaque petite circonstance pour animer et confondre. Rien n'est donc de trop pour écarter soigneusement toute ombre de différence ou refroidissement. J'aime trop le roi pour le vouloir entraîner dans quelque chose contraire à ses intérêts ou à sa gloire; je sacrifierais plutôt la mienne; mais si nous voulons faire le bien, il le faut faire conjointement, : sans cela rien ne se fera de solide.

J'ai une bonne fluxion aux dents et à la tête, même aux yeux, mais pas la moindre fièvre; cela incommode surtout pour écrire. Voilà l'explication pour les deux tableaux que vous souhaitez, auxquels on travaille déjà, mais ils ne pourront se finir que dans un an : si vous en êtes contente, vous me le marquerez, qu'on puisse continuer. Pour Rosseline, il n'y a pas moyen de se faire peindre. La Marie a eu la complaisance de se faire peindre pour son mari; elle a eu quatre sessions, chacune de trois heures, et cela n'est pas encore fini; on n'ose se remuer ni faire la moindre chose pendant ce temps. Je ne trouverais guère douze heures à perdre dans une semaine, car les trois dernières sessions se doivent faire de suite, et je plaindrais cet habile homme de s'appliquer à faire quelque chose de si vilain qu'une femme de soixante ans : surtout moi qui suis extrêmement tombée de figure et de visage; mais mon cœur, ma tendresse sont toujours les mêmes et ne changeront qu'avec ma fin. En vous embrassant tendrement.

## XIV. — Marie-Thérèse a Marie-Antoinette.

*Vienne, 14 mars.* — Madame ma chère fille, Le courrier nous est revenu hier du 2, et nous a un peu rassurées sur les intentions du roi. Dans notre critique situation, je suis fâchée d'alarmer à si juste titre votre tendresse, mais l'occasion est pressante. Mercy est chargé de parler clair et demander conseil et secours. Si les hostilités sont une fois commencées, il sera bien plus difficile de concilier les choses. Vous connaissez notre adversaire (1), qui tâche à frapper de grands coups au commencement : jugez de ma situation, y ayant des fils bien chers. Toute ma constance m'abandonne à ce souvenir et je ne sens que d'être mère, et de l'État de même, en rendant tant de malheureux ; cette situation se sent, mais ne peut s'exprimer assez. Je suis toute à vous.

XV. — Marie-Antoinette a Marie-Thérèse.

*Versailles, 18 mars.* — Madame ma très-chère mère, Je serais bien inquiète si ma chère maman n'avait la bonté de me marquer qu'elle n'a pas de fièvre. Je suis bien impatiente de la savoir délivrée de sa fluxion. J'ai causé assez longtemps hier avec Mercy ; il m'a paru assez content de la conversation qu'il venait d'avoir avec les ministres ; pour moi, je le suis beaucoup du roi : il veut bien sincèrement maintenir l'alliance. Il a fait dire à M. de Goltz qu'il ne voulait pas se mêler des affaires de son maître. Le roi a fait dire au roi d'Angleterre qu'il avait fait un traité avec les Américains. Mylord Stormond a reçu dimanche ordre de sa cour de quitter la France. Il y a apparence que notre marine, dont on s'occupe depuis longtemps, va bientôt être en activité. Dieu veuille que tous ces mouvements n'amènent pas la guerre de terre !

Nous avons eu une affaire dans laquelle le roi m'a montré bien de la confiance et de l'amitié. Dieu merci, elle est finie mieux qu'on ne pouvait l'espérer. Le mardi gras, au bal de l'Opéra, M<sup>me</sup> la duchesse de Bourbon a eu vis-à-vis du comte d'Artois une vivacité qui passe pour insulte au bal. Mon frère lui a répondu par une autre plus forte ; elle s'est trouvée insultée. Je n'en ai rien su que deux jours après, en apprenant les propos malhonnêtes que M<sup>me</sup> la duchesse de Bourbon a tenus devant quarante personnes. L'affaire s'est

---

(1) Le roi de Prusse protestait contre les prétentions de l'Autriche en Bavière ; il demandait le retrait des troupes autrichiennes qui occupaient la basse Bavière, et menaçait d'entrer en campagne.

tant envenimée que, mon frère et M. le duc de Bourbon s'étant rencontrés lundi au bois de Boulogne, ils ont mis l'épée à la main. On les a séparés après quatre ou cinq minutes et qu'on a cru qu'un des deux a été blessé. Grâce à Dieu, il ne leur est rien arrivé ni à l'un ni à l'autre et ils se portent fort bien tous deux. Mon frère a été de là chez M<sup>me</sup> la duchesse de Bourbon, à qui il a fait des excuses pour l'histoire du bal ; les propos qu'on tenait l'en avaient empêché jusque-là. M<sup>me</sup> la duchesse de Bourbon était venue trois jours avant demander pardon au roi et lui désavouer les propos qu'on lui imputait. M. le duc de Bourbon a eu au bois de Boulogne le ton et les procédés les plus honnêtes et les plus respectueux pour le frère du roi ; en tout le public est très-content de l'un et de l'autre. Le roi les a exilés, l'un à Chantilly, l'autre à Choisy ; mais j'espère qu'ils n'y resteront que huit jours.

Je ne savais pas que Rosceline fût si indiscret pour la longueur de ses séances ; j'aurais eu garde de le proposer à ma chère maman.

Je suis bien touchée de la bonté de ma chère maman pour les tableaux. La mesure est parfaite : ils augmenteront bien le plaisir que j'ai quand je suis à Trianon. Ma chère mère me permet-elle de l'embrasser de toute mon âme ?

### XVI. — Mercy a Marie-Thérèse.

*Paris*, 20 *mars*. — Sacrée Majesté, La dissipation outrée du carnaval m'en a fait attendre la fin avec d'autant plus d'impatience que je craignais que la santé de la reine ne résistât pas au courant des fatigues auxquelles elle s'est livrée, particulièrement pendant la dernière semaine. Le mercredi 25 février il y eut bal à la cour, et il se donna dans le salon du grand appartement de Versailles, à cause des quadrilles en masque qui devaient paraître ce jour-là ; elles représentaient des Indiens et Indiennes ; l'élégance des habits et la précision avec laquelle les ballets furent exécutés rendirent cette fête très-brillante et agréable. La reine y parut avec ses grâces ordinaires, et marqua beaucoup de bontés aux femmes de Paris qui étaient venues lui faire leur cour. Jeudi 26, le duc d'Orléans donna à la reine un bal masqué au Palais-Royal ; S. M. y arriva après minuit, y resta jusqu'à cinq heures du matin, et passa ensuite dans une loge, d'où elle vit le bal de l'Opéra jusqu'à sept heures. Le samedi il y eut chez la princesse de Guéménée un bal qui fut prolongé bien avant dans la nuit. Le dimanche la reine vint au bal masqué de l'Opéra, et y resta jusqu'à six heures du matin. Le lundi fut un jour de repos, et le mardi gras S. M. revint au bal de l'Opéra, où elle resta jusqu'à sept heures du matin. Dans ces occasions la reine a toujours été accompagnée de Monsieur ou de Madame; M. le comte d'Artois n'a manqué aucun de ces bals, et il s'y est conduit de sa manière ordinaire, se mêlant beaucoup avec la plus mauvaise compagnie. Relativement à la reine, il n'est survenu dans ces différentes conjonctures aucune particularité qui méritât d'être citée; S. M. se promenait dans le bal donnant le bras à Monsieur et à une dame du palais ; elle était suivie à vue par un officier des gardes du corps, et elle daignait s'entretenir avec les personnes connues qu'elle rencontrait. Ce qu'il y a eu de mieux dans cette distribution d'amusements, c'est que les jeux de hasard ont été entièrement suspendus et oubliés ; quoiqu'il y eût au bal du Palais-Royal un très-gros pharaon, la reine n'y joua pas, et si cette réforme peut se soutenir pendant le carême, il s'ensuivra peut-être l'abandon total de cette dangereuse habitude.

Autant que des circonstances aussi bruyantes pouvaient le permettre, je n'ai laissé échapper aucune occasion d'entretenir la reine des objets importants qui devraient de préférence fixer toute son attention, et ma dépêche d'office du 6, ainsi que celle d'aujourd'hui, exposent ce qu'il a été possible d'effectuer à cet égard (1). J'éviterai par conséquent de répéter ici des détails qui ont été mis sous les yeux de V. M., et je me bornerai à observer que, dans les moments les plus dissipés, j'ai toujours trouvé la reine vivement occupée et intéressée de ce qui tient aux vues et aux convenances de son auguste maison, et au maintien de l'union entre les deux cours. J'ai eu lieu très-souvent de représenter qu'en voulant les choses, il faut de toute nécessité en vouloir aussi les moyens, et c'est de ce côté-là que la reine ne remplit pas toujours ce qui serait désirable. Elle a une grande facilité à concevoir les affaires sérieuses et à bien juger des gens qui les traitent. Si la reine savait également évaluer la portée

---

(1) Dans ces diverses dépêches, Mercy expose ses conversations avec la reine sur l'affaire de Bavière, ses efforts pour lui faire comprendre les divers points en litige, et ce qu'elle doit dire au roi pour ne point s'en tenir à de vagues généralités. « Pour contenir le roi de Prusse, il faut, dit-il, lui déclarer nettement que la France accomplira toutes les clauses du traité d'alliance. »

de son crédit, et qu'elle voulût mettre un peu de méthode et de suite à ses démarches, rien ne résisterait ici à son influence, et tous les ministres seraient à ses pieds.

Il n'est d'ailleurs rien survenu de remarquable depuis un mois, soit dans l'intérieur de la famille royale, soit parmi les alentours les plus rapprochés de la reine. Ces derniers restent à peu près dans les mêmes mesures de faveur et de crédit : il en résulte toujours beaucoup de demandes déplacées ; mais cela ne regarde que des petits objets, et depuis assez longtemps il n'y a pas eu d'intrigue de quelque conséquence. Il s'en forme une maintenant que je désirerais pouvoir dérouter, parce que j'en crois le succès nuisible au service de la reine. On sollicite vivement S. M. de nommer dame du palais surnuméraire la princesse d'Hénin, femme d'un des capitaines des gardes de M. le comte d'Artois. Le mari non plus que l'épouse ne jouissent pas, à beaucoup près, d'une certaine considération personnelle (1), et cet arrangement, s'il a lieu, excitera des rumeurs et des mécontentements.

Les amusements de la saison ont occasionné des veillées si fréquentes et si peu compatibles avec le train de vie ordinaire du roi qu'il en est résulté un dérangement total dans son habitude d'aller passer régulièrement les nuits chez la reine ; il est à espérer que cela se réparera dans les temps actuels plus tranquilles. Pendant le carnaval la reine a souvent offert au roi de lui sacrifier des bals, des spectacles, et de passer les soirées avec lui ; il n'a pas voulu y consentir, et a toujours été attentif à exciter lui-même la reine aux choses qu'il jugeait pouvoir lui être agréables ; cette réciprocité d'attentions et d'égards mutuels est maintenant mieux établie que jamais, et il règne entre les deux augustes époux une aisance, une amitié, de laquelle la reine tirerait tous les avantages imaginables, si cette auguste princesse fixait plus décidément son système vers les objets solides et utiles.

Pendant que j'écrivais mon très-humble rapport, je viens d'être informé d'un fait qui est resté plusieurs jours fort secret, et qui n'a éclaté qu'à la fin de la semaine dernière.

La nuit du mardi gras, M. le comte d'Artois, étant au bal de l'O-

---

(1) Le prince d'Hénin occupait une grande place dans la chronique scandaleuse ; jouant sur son nom, on l'appelait le *nain des princes*.

péra, s'y prit de paroles avec la duchesse de Bourbon, qu'il avait très-bien reconnue. On ignore les propos qu'ils se tinrent; la princesse ayant voulu soulever la barbe du masque de M. le comte d'Artois, celui-ci entra dans une telle colère qu'il appliqua un grand coup de poing à la princesse, et lui froissa le masque sur le visage. Monsieur, étant survenu, chercha à apaiser la querelle, de laquelle en effet on n'eut aucune connaissance jusqu'à ce que, peu de jours après, M. le comte d'Artois parlât le premier de ce qui s'était passé, et en fit des plaisanteries. La duchesse de Bourbon en ayant été informée, prit le parti, en plein cercle chez elle, de publier de son côté cette aventure, en disant que, quoique M. le comte d'Artois fût frère du roi, il n'en était pas moins un insolent. Dès ce moment les princes du sang s'ameutèrent; le prince de Condé alla porter des plaintes au roi, qui les reçut d'abord assez froidement. Le duc de Bourbon, quoique vivant mal avec sa femme, se tint personnellement insulté, et fit connaître qu'il s'attendait de la part de M. le comte d'Artois à une satisfaction l'épée à la main. Le public de Paris fut en grande rumeur sur ce fait étrange, et en rejeta tout le blâme sur M. le comte d'Artois; enfin, le jeudi 12, il fut arrangé que M. le prince de Condé, le duc et la duchesse de Bourbon se trouveraient le soir au débotté du roi, qui les ferait appeler dans son cabinet, et dirait un mot à la duchesse de Bourbon relativement aux propos qu'elle avait tenus sur M. le comte d'Artois, qu'elle les désavouerait, que M. le comte d'Artois arriverait et lui dirait des choses honnêtes, et qu'alors le roi défendrait à M. le comte d'Artois et au duc de Bourbon tous propos ultérieurs sur cette affaire, avec menace de punition pour le contrevenant. Cette pacification, qui avait été fixée au 12, n'eut lieu que le 14 au matin; tout se passa en présence du roi ainsi qu'il a été exposé ci-dessus. S. M. prononça ses ordres, après quoi le prince de Condé sortit du cabinet. Sa belle-fille voulait le suivre; mais le duc de Bourbon l'arrêta, et se retournant vers le roi, dit : « Sire... » Le roi l'interrompit en disant : « Je ne veux plus rien entendre », et S. M. passa dans une autre pièce. Cette contenance du duc de Bourbon donnant à connaître qu'il n'était point disposé à obéir purement et simplement, les propos recommencèrent à Paris avec une chaleur incroyable contre M. le comte d'Artois, qui dans le fait n'avait pas dit, ainsi que l'on en était convenu, des choses honnêtes à la duchesse de Bourbon en présence du roi.

Dans cet état des choses, si mal conduites de toute façon, on prévit que les moyens extrêmes devenaient inévitables, et il s'ensuivit que M. le comte d'Artois se rendit le 16 au matin dans le bois de Boulogne, où il rencontra le duc de Bourbon. Ils mirent l'épée à la main; au premier instant, M. le comte d'Artois ayant reçu une légère égratignure au bras, le chevalier de Crussol, son capitaine des gardes, s'avança, et déclarant qu'il devait répondre de la personne du prince, il s'opposerait à ce que le combat allât plus loin. Le duc de Bourbon n'hésita pas à dire qu'il était satisfait; les deux princes s'embrassèrent, et M. le comte d'Artois alla le même jour faire des excuses honnêtes à la duchesse de Bourbon. Cette princesse s'étant rendue le soir au Théâtre français, y fut reçue avec des acclamations extraordinaires, ainsi que son époux. On jouait une tragédie nouvelle de Voltaire; la reine y vint et ne reçut pas de la part du public des hommages aussi marqués que de coutume. M. le comte d'Artois fut très-froidement accueilli. Il est de toute vérité que la reine ne s'était mêlée ni du fond ni des négociations de la querelle susdite; mais le public n'a pu encore se persuader de cette sage impartialité de la reine (1). Quoique la rencontre au bois de Boulogne ne se fût certainement pas faite à l'insu du roi, il exila le lendemain M. le comte d'Artois à Choisy et le duc de Bourbon à Chantilly; on présume que cet exil durera huit jours.

Le courrier mensuel étant arrivé le 16, je me rendis le 17 à Versailles et y présentai à la reine les lettres qui lui étaient adressées. La reine m'ayant ensuite parlé de l'aventure de M. le comte d'Artois, j'eus lieu de répéter bien des vérités utiles et qui me parurent être senties.

## XVII. — Mercy a Marie-Thérèse.

*Paris,* 20 *mars.* — Sacrée Majesté, Je ne dois point dissimuler à V. M. que, malgré les représentations les plus instantes, et presque journalières, je n'ai pas pu à beaucoup près obtenir de la reine des démarches aussi précises et aussi suivies que l'auraient exigé les cir-

---

(1) Le récit de cette aventure se trouve dans tous les Mémoires du temps, très-conforme à celui qu'on vient de lire. D'après Bésenval cependant, la reine serait intervenue un peu plus que ne le dit Mercy, mais seulement pour empêcher le duel, et ensuite pour amener la réconciliation entre les deux princes.

constances présentes, et quoique cette auguste princesse y prenne l'intérêt le plus vif et le plus décidé, il reste toujours le grand obstacle de la dissipation et du défaut d'habitude de réfléchir sur les objets sérieux. La reine est très-bien informée des affaires présentes, elle en a écouté patiemment tous les détails et les a compris; j'aurais désiré que S. M. en fît des objets de conversation avec le roi, et qu'elle y mît la méthode nécessaire à faire preuve de capacité en pareilles matières. Il en serait résulté de grands effets pour le présent et même pour l'avenir; le crédit de la reine n'aura jamais une base assez solide tant qu'il ne se trouvera fondé que sur la simple complaisance du roi. Quoique les ministres craignent la reine, ils sentent tous les moyens qu'ils ont d'éluder ses volontés par le peu de force et de suite qu'elle y met. Je ne cesse de renouveler mes représentations sur ce point capital, et l'abbé de Vermond y joint les siennes; elles ont été dans ces derniers temps plus vives et plus instantes, au point même que l'abbé était revenu à Paris fort dégoûté du peu de succès de ses remontrances. Il est resté dix jours de suite en ville, et a fait quelque résistance aux ordres réitérés que la reine lui envoyait de retourner à Versailles. Il s'y est rendu enfin, et a été reçu avec plus de marques de bonté et de confiance que de coutume. Je tâche autant qu'il est possible de retenir cet ecclésiastique dans l'assiduité de son service, qui ne pourrait être suppléé par personne; mais il est des moments où j'ai beaucoup de peine à y réussir.

La dissipation et les veillées immodérées du carnaval ont fait le plus grand tort aux espérances d'une prochaine grossesse; je vois même avec autant d'étonnement que de chagrin que la reine est retombée dans une sorte d'oubli ou d'indifférence sur cet article si important, et je crois qu'il sera indispensablement nécessaire que V. M. daigne réveiller l'attention de son auguste fille à cet égard.

J'ai rendu compte dans mes très-humbles rapports précédents des progrès que les intrigues du parti de Choiseul avaient faits auprès de la reine; mais S. M. en a compris les conséquences, et elle paraît maintenant revenue à ses premiers principes. A l'occasion de ce qui s'est passé relativement à la succession de Bavière, le duc de Choiseul a fait beaucoup de bruit et s'est montré très-zélé partisan de l'alliance: il a ameuté ses amis pour fronder l'accès que l'on paraissait donner ici aux insinuations prussiennes; mais ce zèle du duc peut tenir beaucoup au désir de jeter du discrédit et du blâme sur la conduite des ministres actuels, et j'ai supplié la reine de ne pas trop se livrer à l'appât de pareilles démonstrations.

L'arrivée du poëte Voltaire a fait commettre ici les plus grandes extravagances dans la forme des hommages qu'on a voulu rendre à ce dangereux bel esprit. On aurait désiré qu'il fût appelé à Versailles et qu'il y reçût un accueil distingué. La reine a été vivement sollicitée à cet effet; mais S. M. s'y est refusée très-nettement, et a déclaré qu'elle ne voulait en aucune façon d'un homme dont la morale avait occasionné tant de troubles et d'inconvénients (1).

Je dois maintenant reprendre le contenu des très-gracieux ordres de V. M., et j'observerai d'abord que la secousse critique portée à l'alliance par les affaires de Bavière semble se calmer de manière à laisser toute probabilité de la dissiper entièrement. Il est clair que l'on a d'abord été étourdi ici par l'événement, et que l'on avait un peu perdu la tête. Je crois voir que mes remontrances là-dessus prennent de jour en jour davantage ; je tâche de prendre toujours le ton conciliant et celui des vérités fortes, mais énoncées avec une confiance amicale, où il n'y entre ni aigreur ni reproche. Il est évident encore que le roi de Prusse est démasqué, et que ses intrigues perdent peu à peu leur effet. Il suit de là qu'à moins de nouveaux incidents que l'on ne peut prévoir, l'alliance reprendra sa consistance première. Cependant je ne puis dissimuler à V. M. que, s'il s'agissait de demander des secours réels à la France dans la conjoncture où elle se trouve, il serait fort difficile de lui faire remplir à cet égard toute l'étendue des engagements contractés par les traités, et ce ne serait que peu à peu qu'il y aurait peut-être moyen d'y parvenir. Si la reine mettait un peu plus de suite à ses démarches et à l'emploi de son pouvoir, tout réussirait ici presque sans obstacle ; mais je suis bien loin d'obtenir une conduite si désirable, et V. M. ne doit nullement craindre que son auguste fille se mêle des affaires d'État de manière à pouvoir se compromettre : je ne suis embarrassé que du trop peu d'action qu'elle se donne à cet égard.

---

(1) Tout le monde sait de quel enthousiasme Paris fut saisi lors de l'arrivée de Voltaire ; la cour, se séparant complétement de l'opinion, n'y prit aucune part. La reine, si on en croit plusieurs récits du temps, eût voulu qu'on lui fît quelques politesses ; le roi s'y opposa formellement.

Avant que les ordres de V. M. me fussent parvenus, j'avais réfléchi sur l'utilité dont il pourrait être de ménager un peu le duc de Choiseul, et j'ai commencé à me conduire en conséquence, évitant bien strictement tout ce qui pourrait donner le moindre ombrage aux ministres actuels. Le duc m'a donné beau jeu par les avances qu'il m'a faites, et je me trouverais en bonne mesure vis-à-vis de lui s'il revenait en place, ce qui n'est pas à prévoir.

J'ai toujours prévu avec chagrin combien V. M. serait affectée des apparences d'une guerre possible, et j'en prends occasion de répéter sans cesse à la reine qu'elle aurait un reproche éternel à se faire si, par négligence, elle perdait un seul des moyens qui sont à sa portée de concourir aux satisfactions et au repos de son auguste mère. Ce motif est certainement le plus puissant qui puisse être employé auprès de la reine, et, dans ma dernière audience, elle a été vivement émue par les raisonnements que je lui ai faits, et qui tendraient à prouver que l'événement d'une guerre dépendait en grande partie du langage que cette cour-ci tiendrait au roi de Prusse, et que, comme la reine avait toute facilité et moyen de déterminer ce langage, elle serait dans le fond de son âme grandement responsable de ce qui arriverait. En effet si, comme je l'espère, on peut obtenir ici que l'on parle ferme au roi de Prusse, ce sera un moyen efficace de le contenir.

La reine s'est prêtée avec empressement à faire valoir la protection que V. M. daigne accorder à la baronne de Stein, et il n'est pas douteux que cette dame obtiendra sa demande.

## XVIII. — Mercy a Marie-Thérèse.

20 *mars*. — Sacrée Majesté, Je sais que la reine mande à V. M. « que le roi a fait dire au baron de Goltz qu'il ne voulait pas se mê- « ler des affaires de son maître ». Je dois soumettre aux hautes lumières de V. M. si ce ne serait pas le cas de faire connaître à la reine que ce propos de son auguste époux, quoique dicté par de bonnes intentions, n'est cependant pas suffisant et ne remplit point l'objet essentiel, qui est d'en imposer au roi de Prusse, en lui faisant déclarer que le roi, en ne se mêlant point de ses affaires, se propose bien, en cas de besoin, de se mêler de celles de V. M. dans le sens qui convient à un bon et fidèle allié.

## XIX. — Mercy a Marie-Thérèse.

*25 mars.* — Sacrée Majesté, Ma dépêche d'office (1) expose à V. M. ce qu'il a été possible d'effectuer pour le moment en conséquence des ordres qui me sont parvenus et qui ne se trouvent pas encore à beaucoup près remplis avec le succès désirable. J'ai cru qu'il était temps que la reine se montrât d'une manière un peu plus décidée ; elle s'est réservée de rendre compte elle-même à V. M. de l'effet qu'aura produit le langage que cette auguste princesse doit avoir tenu hier aux comtes de Maurepas et de Vergennes. Il faudra bien que ces ministres s'expliquent vis-à-vis de la reine, et l'on verra plus clairement leurs idées. Quant à ce qui regarde la sûreté des Pays-Bas, on s'est déjà expliqué ici d'une manière satisfaisante, ainsi que V. M. aura daigné l'observer dans ma dépêche d'office du 20 de ce mois. Je vais tenter tous les moyens pour que l'on tienne un langage ferme au roi de Prusse. Ce premier objet paraît le plus pressant, et j'ose espérer que peu à peu l'on fera ici en tout ou en partie ce qu'exigent les devoirs de l'alliance.

## XX. — Marie-Antoinette a Marie-Thérèse.

*Ce 25 mars.* — Madame ma très-chère mère, J'espère que, par ce courrier, Mercy ne donnera encore que des nouvelles rassurantes à ma chère maman. Pour le roi personnellement, il est bien attaché à l'alliance, et autant que je puisse le désirer ; mais pour un moment aussi intéressant je n'ai pas cru devoir me borner à en parler au roi. J'ai vu MM. de Maurepas et de Vergennes ; ils m'ont fort bien répondu sur l'alliance, et m'y paraissent véritablement attachés ; mais ils ont tant de peur d'une guerre de terre que, quand je les ai poussés jusqu'au point où le roi de Prusse aurait commencé les hostilités, je n'en ai pu avoir de réponse bien nette.

Ma chère maman ne me parle point de sa fluxion ni de sa santé ; j'ai grand besoin d'en être rassurée, surtout dans ces moments-ci, où elle est si tourmentée. Je partage bien sa peine ; elle serait moin-

---

(1) Cette dépêche ne contient rien que des répétitions de ce qui se trouve dans les lettres de la reine du 18 et du 25 mars.

dre pour moi si je pouvais réussir à lui donner quelques consolations et à lui prouver mon respect et toute ma tendresse.

### XXI. — Marie-Thérèse a Mercy.

*Vienne, 2 avril.* — Comte de Mercy-Argenteau, J'ai reçu votre lettre du 20 du passé par le courrier Zinner, arrivé ici le dernier du même mois. Si les nouvelles dont ce courrier était porteur sont moins désagréables, il faut voir à présent quelles seront celles qui arriveront par le courrier qu'on attend dans quelques jours, et qui pourront bien être plus décisives. Au reste ma fille se ressemble toujours : emportée par ses dissipations, elle n'est guères capable de suivre avec réflexion des objets majeurs. Il faut se contenter de ce qu'à force de remontrances on lui arrache. Je crains qu'à la longue rebuté, l'abbé de Vermond ne quitte tout de bon la cour, sans plus y retourner ; ce serait une perte irréparable. [Qu'il se soutienne seulement jusqu'à la paix.]

Je me doute, sans le savoir, parce que je ne vois pas les lettres de l'empereur, si dans le premier éclat des différends sur la succession de Bavière il n'ait pas écrit à la reine dans un sens désavantageux au baron de Breteuil. En effet ce ministre a d'abord mis un peu trop de chaleur dans ses propos ; mais il en est revenu et se conduit très-bien à présent, ayant même enduré, malgré la vivacité qu'on lui connaît, le langage, quelquefois fort, qu'on lui a tenu. Son disciple à Ratisbonne, le marquis de Bombelles (1), est de même fort raisonnable ; mais le sieur Marbois (2) à Munich, qui en tout temps a fait voir des sentiments contraires à nos intérêts, est d'un carac-

---

(1) Le marquis de Bombelles, qui avait servi dans l'armée avant d'entrer dans la diplomatie, épousa en 1777 M<sup>lle</sup> de Mackau, fille de la sous-gouvernante de M<sup>me</sup> Élisabeth. La correspondance entre M<sup>me</sup> Élisabeth et M<sup>me</sup> de Bombelles fait connaître l'intime et sincère amitié qui existait entre elles. Pendant la révolution le marquis de Bombelles fut chargé de diverses missions secrètes, du roi et des princes, près des puissances étrangères. Plus tard les regrets qu'il éprouva de la mort de sa femme le déterminèrent à entrer dans les ordres. Sous la restauration il fut évêque d'Amiens.

(2) Le comte de Barbé-Marbois fut secrétaire de légation à Ratisbonne et à Dresde, puis chargé d'affaires en Bavière, ensuite consul général aux États-Unis et intendant à Saint-Domingue ; il revint en France en 1790, et y vécut oublié pendant la révolution. Une carrière brillante recommença pour lui sous l'empire ; il fut ministre des finances, puis président de la chambre des comptes, fonction qu'il conserva sous la Restauration et sous la monarchie de juillet. Il mourut en 1837, âgé de 92 ans.

tère bien différent lié, avec tous ceux qui nous sont opposés : ils se rassemblent régulièrement, sous le nom de confédérés du roi de Prusse, chez la duchesse douairière Clémentine de Bavière (1). Dans cette assemblée on déclame avec fureur contre nous et nos procédés. Marbois ne laisse pas de s'y distinguer. Entre autres ayant pris au jeu les jetons de son voisin, qui s'en est plaint, il répliqua que le droit du plus fort et de convenance étant le système d'aujourd'hui des grandes puissances, il voulait encore en qualité de petite puissance s'emparer sur leur exemple de ce qui était à sa convenance. Je veux bien vous communiquer ces notions sur ces trois personnages, pour en faire, si vous le trouviez à propos, tel usage que votre expérience et prudence vous dicteront.

Vous sauriez mieux imaginer que je ne saurais expliquer combien je souhaite que la crise actuelle soit bientôt dissipée sans altérer mon alliance avec la France. Je vois bien que, dans ce moment, on ne saurait guères compter sur le secours de cette puissance ; peut-être pourra-t-on l'y engager peu à peu, et s'assurer, pour le présent du moins, de son concours à la conservation des Pays-Bas. C'est un objet des plus importants, sur lequel je me remets à toute votre habileté, dont vous m'avez donné tant de preuves, surtout dans les conjonctures présentes, plus intéressantes que toutes les passées.

Sans être sûre de la façon de penser du duc de Choiseul sur les affaires de Bavière, je suis bien aise que vous ayez prévenu mon idée de le ménager, sans vous compromettre vis-à-vis du ministère. Quelque peu qu'il y a d'apparence de le voir prendre de l'influence dans les affaires, le cas ne paraît pourtant pas tout à fait impossible ; il est donc toujours bon de ne pas effaroucher un esprit aussi bouillant.

## XXII. — MARIE-THÉRÈSE A MARIE-ANTOINETTE.

*Vienne, 6 avril.* — Madame ma chère fille, Les vôtres du 18 et du 25 de l'autre mois me sont arrivées le dernier du même mois. Je vous suis tendrement obligée de l'intérêt que vous prenez à ma situation. Jamais occasion n'a été plus importante, et, sans entraîner

---

(1) La princesse palatine de Sultzbach, veuve de Clément-François-de Paule, duc de Bavière.

ou exposer les convenances de la France, le roi peut nous être du plus grand secours, en marquant avec fermeté l'amitié qu'il nous porte et à notre alliance. Malheureusement les propos tenus par plusieurs ministres du roi dans les cours ont fait croire le contraire. Je suis à la veille du départ de l'empereur : jugez si je puis être occupée d'autre chose. J'attends le courrier que Mercy nous promet avec la dernière impatience.

### XXIII. — Marie-Antoinette a Marie-Thérèse.

*Versailles,* 19 *avril.* — Madame ma chère mère, Mon premier mouvement, et que je me repens de n'avoir pas suivi, il y a huit jours, c'était d'écrire mes espérances à ma chère maman. J'ai été arrêtée par la crainte de causer trop de chagrin si mes grandes espérances venaient à s'évanouir ; elles ne sont pas encore entièrement assurées, et je n'y compterai entièrement que dans les premiers jours du mois prochain : époque de la seconde révolution. En attendant je crois avoir de bonnes raisons pour y prendre confiance : du reste je me porte à merveille, mon appétit et mon sommeil sont augmentés. Je dois aussi prévenir les alarmes et inquiétudes de ma chère maman, en lui rendant un compte fidèle et bien vrai de ma manière de vivre. Depuis le commencement de mes espérances, j'ai interrompu toute espèce de course en voiture et me suis bornée à de petites promenades à pied. On m'assure que quand la seconde révolution sera passée, il sera plus salutaire d'être moins renfermée. Ma chère maman peut compter que je serai bien modérée et attentive sur tous mes mouvements.

Mercy m'apporte mes lettres : c'est déjà une grande inquiétude de moins pour le retard de ce courrier ; mais la lettre de l'empereur et son départ me donnent bien d'autres alarmes. Après avoir causé avec Mercy sur le mauvais état des affaires, j'ai fait venir MM. de Maurepas et de Vergennes. Je leur ai parlé un peu fortement, et je crois leur avoir fait impression, surtout au dernier. Je n'ai pas été trop contente des raisonnements de ces messieurs, qui ne cherchent qu'à biaiser et à y accoutumer le roi. Je compte leur parler encore, peut-être même en présence du roi. Il est cruel, dans une affaire aussi importante, d'avoir affaire à des gens qui ne sont pas vrais.

La reine de Naples m'a écrit pour m'annoncer l'inoculation du roi : je suis ravie qu'il ait pris ces précautions contre cette affreuse maladie. Je viens de lui répondre et lui ai fait part de mes espérances ; je suis persuadée qu'elle prendra part à ma joie.

Mercy m'a remis un éventail et un portefeuille qui sont charmants et me seront bien précieux, venant de ma chère maman.

J'ai oublié de dire qu'on m'a obligée de ne pas faire la cérémonie de la Cène, à cause de la fatigue qui est assez grande ici. J'ai eu soin que les pauvres eussent tout ce qu'ils ont d'ordinaire. J'ai été à tous les offices de la semaine, excepté que j'ai été dans une tribune au lieu d'aller avec le roi, à cause du grand habit. Hier, en revenant des ténèbres, j'ai un peu vomi, ce qui augmente mes espérances. Je serais trop heureuse si les affaires pouvaient s'arranger et me délivrer des alarmes et des plus grands malheurs que je puisse éprouver. Je n'y puis penser sans frémir, surtout pour ma chère maman, qui a le cœur si bon, si sensible, et qui mérite si bien d'être heureuse, après avoir fait le bonheur de tout le monde. Permet-elle que je l'embrasse tendrement ?

### XXIV. — Mercy a Marie-Thérèse.

*Paris, 20 avril.* — Sacrée Majesté, Je n'exposerai aujourd'hui à V. M. d'autres détails relatifs à la reine que ceux qui ont rapport à la circonstance heureuse où semble se trouver cette auguste princesse, et dont tout le public d'ici s'occupe avec le plus vif intérêt.

La révolution mensuelle, qui devait revenir le 25 ou le 26 de mars, n'ayant point paru, la reine daigna, le dernier du même mois, me parler de ses doutes et de ses espérances. Elles étaient alors bien faibles encore ; S. M. éprouvait même un malaise et des petites douleurs d'entrailles qui diminuaient de beaucoup les apparences favorables. Dès ce moment je fis les plus fortes représentations sur les précautions indispensables à prendre, et la reine m'assura qu'elle n'en omettrait aucune, et que toute promenade serait suspendue pendant plusieurs jours. S. M. mit en question s'il convenait de dépêcher un courrier à Vienne ; mais elle réfléchit en même temps que, pour se décider à cet égard, il fallait prendre l'avis de son premier médecin Lassone. Celui-ci fit des objections fondées sur le danger de donner à V. M. des espérances trop précoces, qui se changeraient en regrets si malheureusement elles venaient à s'évanouir. Lassone ajouta qu'il était nécessaire d'attendre au moins quinze ou vingt jours avant de pouvoir annoncer quelque chose un peu probable. Il se trouva aussi que la reine s'était trompée dans son premier calcul, et que le retard ne devait être compté que depuis le 1$^{er}$ ou le 2 ou même le 3 de ce mois, la révolution précédente ayant eu lieu le 3 de mars. Dans les premiers temps d'une conjoncture si intéressante, j'ai cru devoir me rendre plus souvent à Versailles, et l'abbé de Vermond, qui s'en était absenté pendant quelques jours, y est retourné à demeure. Nous ne pouvons, lui et moi, que nous louer infiniment du régime sage que la reine s'est prescrit, et de la régularité avec laquelle elle l'observe jusqu'à présent. J'ai insisté pour qu'elle prît vis-à-vis de V. M. l'engagement de renoncer aux promenades à Paris, et la reine a daigné m'assurer que cette promesse se trouverait insérée dans sa lettre d'aujourd'hui. J'ai demandé également que le premier médecin Lassone mît par écrit un détail circonstancié et raisonné qui se trouvera joint à ce présent et très-humble rapport, à moins que la reine ne se charge elle-même de l'adresser à V. M. Cependant, jusqu'à ce que le terme de la seconde révolution soit passé, on ne pourra que rester entre la crainte et l'espérance. Jamais il n'en a existé encore de si fondée ; le roi en est dans le plus grand enchantement. Les démonstrations de Monsieur et de Madame sont décentes et honnêtes, ainsi que celles de M. le comte et de M$^{me}$ la comtesse d'Artois. Il serait inutile de présumer du degré de sincérité qu'on peut leur attribuer ; mais la joie et les vœux de tout Paris ne sont nullement équivoques, et j'en observe journellement les témoignages les plus marqués.

Le courrier mensuel m'ayant remis le 16 au soir les ordres de V. M. en date du 2, je me rendis le lendemain de grand matin à Versailles et y présentai à la reine les lettres qui lui étaient adressées. Cette auguste princesse me donna dans cette même matinée deux longues audiences, l'une avant et l'autre après avoir parlé aux comtes de Maurepas et de Vergennes ainsi qu'au roi des affaires présentes, mais comme cet article se trouve déduit dans ma dépêche d'office (1),

---

(1) Dans la dépêche d'office, du 20 avril, se trouve en effet le récit d'une conversation politique que la reine eut avec les deux ministres Maurepas et Vergennes. Après des protestations de fidélité à l'alliance, ils objectèrent, contre toute démarche pouvant entraîner la France dans une guerre continentale, l'état déplorable des finances. La reine répondit qu'on ne demandait à la France que de tenir ses engagements, et que son honneur lui en faisait une

je m'abstiendrai ici d'en faire une mention ultérieure. Ce jour-là les indices favorables étaient augmentés, la reine avait ressenti quelques maux de cœur; depuis ce moment, n'ayant pu quitter mon bureau pour la rédaction de mes dépêches, j'ai supplié la reine de marquer scrupuleusement dans sa lettre à V. M. les moindres petits symptômes des deux dernières journées, et l'instant après le départ du courrier je me rendrai à Versailles.

Depuis quinze jours la reine ne sort que pour se promener quelques moments à pied, soit sur les terrasses du parc, soit dans les appartements du château. S. M. a quitté le jeu du billard; ses amusements se réduisent à la musique et à des conversations plus longues et plus fréquentes avec les personnes qui jouissent d'un accès habituel auprès d'elle. Les jeux de hasard ont lieu très-rarement, et la réforme dans ce point paraît s'établir d'une manière décidée. S. M. a fait ses pâques le lundi 13, et elle a assisté aux offices de la semaine sainte aussi régulièrement et aussi longtemps que son médecin a cru pouvoir y consentir, vu le temps froid et malsain qui est survenu dans ces dernières journées.

## XXV. — Mercy a Marie-Thérèse.

*Paris,* 20 *avril.* — Je supplie V. M. de daigner pardonner au défaut de précision et d'ordre qui pourrait se trouver dans mes très-humbles rapports d'aujourd'hui, et qui est occasionné en partie par les courses plus fréquentes que j'ai été obligé de faire, ainsi que par le mélange de joie, d'espoir et d'inquiétude qui m'agite.

---

loi. Elle ajouta qu'elle craignait que le roi de Prusse ne se flattât encore de la neutralité de la France, car on ne lui avait point parlé nettement. Les ministres répondirent que l'incertitude où on tenait le roi de Prusse lui laissait toute la crainte de l'événement; mais la reine n'accepta pas cette explication, persistant à dire qu'une déclaration nette eût été plus conforme à l'honneur et à la dignité du roi, et que cette conduite pourrait seule prévenir la guerre; tout, sans cela, restait en fermentation et les Pays-Bas autrichiens eux-mêmes pouvaient être menacés. Les ministres, se récriant alors, déclarèrent que, dans ce dernier cas, la France interviendrait. — La reine reprit cette conversation avec le roi, qui protesta vivement de son attachement à l'alliance. La reine lui demandant alors d'obliger ses ministres à une conduite plus conforme à ce sentiment, il répondit qu'on avait résolu en conseil que la part de la Bavière réclamée par l'Autriche, aussi bien que ses nouvelles acquisitions en Pologne, ne pouvaient être comprises dans les possessions garanties par le traité d'alliance; mais que, quant aux Pays-Bas autrichiens, si la Prusse les attaquait, la France les défendrait.

La position présente de la reine est d'une si grande importance sous tous les rapports qu'elle absorbe entièrement toutes mes idées sur les différentes combinaisons que me prescrivent mes devoirs. Je serais bien plus tranquille si, dans les circonstances actuelles, je pouvais m'établir à demeure à Versailles; mais cet arrangement n'étant pas praticable, je me propose au moins, sous le bon plaisir de V. M., de me tenir la plupart du temps à une distance plus rapprochée de la cour, afin que, moins observé et sans bruit, je puisse me rendre deux ou trois fois la semaine auprès de la reine, et veiller à tout ce qui peut survenir journellement. Le premier médecin Lassone et l'abbé de Vermond deviennent plus nécessaires que jamais, et je suis assuré de leur zèle comme du mien propre. Il y a à compter également sur l'honnêteté et fidélité des deux premières femmes de chambre. Le reste du service est un composé de gens qui, sans être suspects, ne méritent pas une égale confiance, mais je les observerai de si près que j'ose me flatter de prévoir et prévenir toute négligence nuisible. Je ne crains, d'ailleurs, aucune manœuvre dangereuse de quelque part que ce soit; la tournure actuelle de Versailles doit rassurer à cet égard, et j'ose supplier très-humblement V. M. de ne concevoir aucune inquiétude de ce genre.

Je reviens au contenu de la très-gracieuse lettre de V. M. et j'observerai d'abord qu'il n'y a pas le moindre doute que l'on ne soit ici aussi persuadé de l'utilité réciproque de l'alliance que résolu à la maintenir; mais le dérangement des finances, bien plus encore l'ignorance et la pusillanimité du comte de Maurepas m'ont fait prévoir la conduite pitoyable du ministère français, et je l'annonçai à V. M. dans un de mes rapports précédents. Malgré cela j'espère qu'il y aura moyen de rectifier peu à peu bien des choses, surtout si la reine met la suite nécessaire aux démarches qu'elle vient de faire et qui sont exposées dans ma dépêche d'office. Pour cette fois, j'ai la très-grande satisfaction de pouvoir assurer V. M. que la reine a mis dans sa contenance et son langage toute la chaleur et, en même temps, toute la prudence qui convenait à l'objet. Elle s'est mise en mesure d'amener le roi à son sentiment, et de l'opposer en quelque façon à ses propres ministres. Il en résulte déjà un grand point de gagné en ce que, relativement à la sûreté des Pays-Bas, on s'est déjà expliqué vis-à-vis de moi de manière à ne pouvoir plus reculer s'il survient du danger de ce côté-là. Je me flatte bien que ce ne sera pas le seul parti qu'il y aura à tirer ; mais, avec des gens tels que sont les ministres français actuels, il faut nécessairement s'y prendre avec un peu de méthode et de patience pour les ramener peu à peu dans la voie raisonnable. Entretemps je crois qu'il serait très-utile si V. M. daignait marquer à la reine que j'ai rendu un compte très-détaillé des bonnes démarches que cette auguste princesse vient de faire, en témoignant le degré de satisfaction que V. M. y aura attaché ; la reine en sera plus encouragée, et j'aurai plus de moyens de la porter à ce que les circonstances exigent par la suite.

Quant à l'abbé de Vermond, je le tiendrai encore assez longtemps dans l'assiduité de son service pour pouvoir me promettre toute coopération de sa part dans les époques intéressantes du moment.

La reine daigne me communiquer la plupart des lettres de S. M. l'empereur. La dernière était d'une tournure excellente ; c'était le langage de l'amitié la plus tendre, d'une grande fermeté sur les événements qui se préparent. Il y avait entre autres cette phrase qui n'avait point le ton de reproche : « Puisque vous ne voulez pas em-
« pêcher la guerre, nous nous battrons en braves gens, et dans
« toutes les circonstances, ma chère sœur, vous n'aurez point à rou-
« gir d'un frère qui méritera toujours votre estime. » La reine a été émue par cette lettre jusqu'aux larmes, et j'ai vu que sa première réflexion portait sur V. M., parce qu'elle me répéta plusieurs fois : « Que je suis inquiète par rapport à ma mère ! »

Je n'ai point connaissance que S. M. l'empereur se soit plaint du baron de Breteuil ; la pétulance naturelle de cet ambassadeur m'a fait craindre quelques écarts de sa part dans les moments présents ; mais je lui ai toujours vu tant d'attachement à l'alliance, et il lui est si essentiel de conserver la protection de la reine, que ces deux motifs doivent le tenir en règle. Quant à ce petit misérable subalterne de Marbois et autres pareils, je trouverai moyen, sans rien compromettre, de leur faire réprimer les propos indécents qu'ils tiennent, et auxquels le premier commis Gérard pouvait contribuer beaucoup ; c'est un grand bien que cet homme soit maintenant hors du poste qu'il occupait (1).

---

(1) Voir la note de la page 281, tome I<sup>er</sup>. Gérard, premier commis aux Affaires étrangères, fut envoyé en 1778 comme ministre près des États Unis d'Amérique, que la France venait de reconnaître.

Le duc de Choiseul a demandé et obtenu une audience auprès de la reine pour la féliciter sur sa grossesse. Cet ex-ministre a parlé fortement à S. M. sur les affaires présentes, et a tenu réellement un langage très-utile sur la conduite qu'il convient à la reine de tenir. Il entrait peut-être dans les propos du duc de Choiseul plus de projet de fronder le ministère actuel qu'un vrai zèle pour le bien de la chose. J'ai supplié la reine de ne point trop se livrer ; de mon côté je continue à tenir vis-à-vis du duc en question la même conduite de ménagement, avec la réserve et les précautions nécessaires.

La reine a reçu avec sensibilité et très-grand plaisir les deux présents de V. M. : un portefeuille et un éventail dont l'ouvrage a été trouvé charmant et du meilleur goût.

### XXVI. — Marie-Thérèse a Marie-Antoinette.

*Schönbrunn, 2 mai.* — Madame ma chère fille, Le courrier du 19 de l'autre mois m'a bien porté des consolations dont j'avais bien besoin dans les circonstances présentes ; l'effet en a suivi de m'être établie ici à Schönbrunn ; j'avais de la difficulté à me transporter, étant si accablée. Vous m'annoncez une grande, une non attendue nouvelle ; que Dieu en soit loué, et que ma très-chère Antoinette soit affermie dans sa situation brillante, en donnant des héritiers à la France ! Aucune précaution n'est de trop ; je suis enchantée que vous ne courez la nuit à Paris, que vous avez même laissé le jeu de billard. Je vois par là que vous n'omettez rien et sacrifiez vos amusements les moins dangereux : mais je vous prie, ma chère fille, que les deux mois ne sont pas suffisants ; il faut treize semaines complètes, surtout à une première grossesse, pour être sûre. Continuez donc ces cinq semaines de plus ces mêmes ménagements. Je suis d'avis qu'en avançant plus et en sentant votre enfant, vous ne restiez trop assise ou couchée sur des chaises longues, hors un accident, dont Dieu nous préserve! Alors vous suivrez aveuglément les avis de Lassone, qui s'est acquis à juste titre ma confiance. J'espère que le choix de l'accoucheur sera fait par lui ; que ce soit un homme expert et chrétien. Je ne voudrais pas celui de votre belle-sœur, et que les intrigues de cour (d'hommes et de femmes) n'y entrent pour rien ; chacun veut s'introduire et placer une créature. Je me suis toujours très-bien trouvée de laisser faire le choix à ceux qui connaissent le mieux leur savoir et qui peuvent en répondre ; toutes les autres recommandations en fait de savoir sont suspectes, et, pour tenir l'ordre et la tranquillité, il faut se tenir à un seul, par qui tout doit passer, et croire que leur fortune en dépend.

Si vous voyiez la joie qui est ici sur cette grande nouvelle ! A Paris on ne peut en avoir davantage. On pourra y faire plus de démonstrations que nos bons Allemands, mais dans le fond nous leur gagnons. La nouvelle avait transpiré cinq ou six jours avant le courrier, et je vous suis bien obligée des regrets que vous me montrez de ne pas m'en avoir écrit plus tôt. Cela marque votre attachement et en même temps votre attention à ne vouloir me causer de la joie en vain. Je vous prie pourtant une autre fois, si quelque chose vous touche, de ne me pas ménager. Tout m'est infiniment à cœur, je ne me livre pas trop vite à la joie et je suis accoutumée aux chagrins depuis trente-six ans ; cela est devenu une seconde nature ; un instant donc de plaisir est pour moi un grand bien. Mais que ne dois-je pas vous marquer, ma chère fille, sur ce que vous me mandez, mais encore plus le fidèle Mercy, combien vous avez employé tous vos soins et agréments ! Les ministres en Bavière et à Ratisbonne parlent déjà différemment, et j'ose vous assurer, si on n'avait gâté les choses dès le commencement, jamais elles seraient à ce point comme elles sont, que jamais guerre serait arrivée, et que nous n'aurions jamais abusé de l'alliance : qu'aucun agrandissement, mais plus de solidité dans notre situation était et sera toujours notre but. Jugez combien tout ce renversement doit me peiner, mais surtout le danger où se trouve ce cher fils l'empereur, qui non-seulement s'exposera plus qu'un autre, mais qui par la force du travail et des fatigues ne se donne pas de repos et doit succomber à la longue.

Je me suis toujours flattée qu'il n'y avait pas de mauvaise volonté chez vous, mais faiblesse et prévention sur nos projets et des anciennes rivalités, qui devraient bien ne plus exister pour notre bonheur commun et de l'Europe même. Mais j'ai vu à mon grand regret combien, dans le gros de la nation, cela est imprimé par l'exécution des ordres, avec précipitation et emphase, qu'on a employés à toutes les cours, qui ont rendu notre ennemi si hardi et ont prévenu et intimidé tout le monde. Ils reviendront, mais trop tard pour nous et le bien public, si nous ne pouvons conjurer encore la guerre. Mercy vous en parlera plus en détail. Ce n'est pas que nous ayons à craindre plus que les autres fois; jammais notre armée était si forte, ne manquant de rien, de la meilleure volonté, brûlant d'envie de se mesurer avec la prussienne. Les apparences n'ont jamais été telles que cette fois-ci ; la présence de l'empereur, tout est favorable, mais le sort des armes est très-variable et incertain. Mais rien que le sort de tant de malheureux qu'on fait nous fait souhaiter de terminer les choses amiablement, mais convenablement : reste à différer encore à un autre temps à changer nos positions, qui ne peuvent subsister ainsi à la longue, et nous rendront toujours flottants et à charge à nos amis mêmes, hors qu'on se lie étroitement, qu'on parle le même langage et on agisse de même, ce qui est plus à souhaiter qu'à espérer.

Je suis assez contente des nouvelles de Bohême ; tous se portent bien, nonobstant les fatigues continuelles, par les plus mauvais chemins et temps. Je suis bien contente des ménagements que vous avez pris pour le grand habit, la Cène, et même jusqu'aux maux de cœur que vous aviez, et espère bien de la continuation. Je vous prie de n'en pas être si occupée ; cela est plus facile à conseiller qu'à exécuter, mais il faut tâcher tant qu'on peut de se tranquilliser là-dessus. Tout le monde s'intéresse pour vous, tout le monde prie ; mais en cas que nos espérances ne se soutiennent, il n'y a rien de perdu. Il suffit que la possibilité y soit, et Dieu vous accordera sa bénédiction et à ce sage et vertueux roi, mon cher fils. Je vous embrasse.

La joie de la reine de Naples sera extrême ; je parie qu'elle en pleure de tendresse.

### XXVII. — Marie-Thérèse a Mercy.

*Schönbrunn, 2 mai.* — Comte de Mercy-Argenteau, J'ai reçu votre lettre du 20 du passé par le courrier Gergowitz, arrivé ici le 29 du même mois. Toute flatteuse qu'est la nouvelle de l'apparence d'une grossesse de ma fille, je vous avoue que je suis presque tentée de m'en douter jusqu'au moment qu'elle aura mis au monde l'enfant dont on la suppose enceinte ; tant je suis devenue incrédule sur ce chapitre, après que je vois mes espérances f.ustrées depuis si longtemps ; mais vous ne m'en obligerez pas moins par les nouvelles que vous continuerez à me donner sur un objet dont le succès me comblerait d'une joie sans égale. Je ne saurais dire ce que l'empereur ait écrit à sa sœur sur le compte du baron Breteuil; mais sûrement ce n'était pas à son avantage, parce que ma fille a répondu à l'empereur qu'elle s'était gardée de montrer sa lettre au roi, pour ne pas faire du tort au baron.

Je suis encore persuadée que l'envie de fronder le ministère a le plus engagé le duc de Choiseul à parler à ma fille sur les affaires de Bavière dans le ton que vous me marquez; mais, sans faire fond sur son caractère, c'est toujours un sujet à ménager d'une certaine façon et avec circonspection.

Je n'entre point dans les affaires d'aujourd'hui. Vous savez le parti que je me suis proposé de suivre à cet égard; je trouve que c'est le meilleur, lorsqu'on doit être convaincu de ne pouvoir faire rien de bon.

[Je serais bien plus inquiète, si je ne vous savais avec ma fille, sur la suite de sa grossesse et avenir de son enfant. J'espère, le choix d'une gouvernante et sous-gouvernante se fera avec toutes les précautions, et point de la clique piémontaise, que je crains beaucoup; au reste je vous renvoie aux dépêches de la chancellerie.]

### XXVIII. — Mercy a Marie-Thérèse.

*Paris, 5 mai.* — Sacrée Majesté, L'époque du 3 de ce mois n'ayant rien produit de contraire aux espérances de grossesse de la reine, elle peut maintenant être regardée comme certaine, et je crois devoir expédier un exprès pour faire parvenir cette heureuse nouvelle à V. M. La reine entrera sans doute dans les détails les plus précis sur son état et sur sa santé, qui ne laisse rien à désirer. Cette auguste princesse observe le régime le plus exact; elle suit en tout les avis de son premier médecin; aucune précaution n'est négligée, quelques promenades à pied dans le parc de Versailles ou dans l'intérieur du château sont le seul exercice que la reine se permet; elle remplit ses journées par des petites occupations ou amusements qui consistent dans la conversation, la musique et un peu de jeu.

Le roi, qui est au comble de sa joie, voit la reine plus souvent et plus longtemps; il en est résulté entre ces deux augustes époux des entretiens fort intéressants sur les affaires présentes, et j'expose dans ma dépêche d'office tout ce qui est survenu à cet égard. La reine s'est vivement occupée de ces matières importantes; elle m'a fait venir plusieurs fois pour que je l'informasse des circonstances qui y ont rapport (1). Elle les a saisis avec discernement, et a mis beaucoup d'ordre et de mesure dans ses conversations avec le roi et ses ministres. J'ai lieu d'en espérer de bons effets, sans qu'il puisse en résulter aucun inconvénient.

Toute la famille royale, mais particulièrement Mesdames de France marquent les attentions les plus empressées à la reine, et le public de Versailles, de même que celui de Paris, témoigne la joie la plus expressive de voir remplie une attente qui fixait depuis si longtemps les vœux de la France.

### XXIX. — Mercy a Marie-Thérèse.

*Paris, 5 mai.* — L'état de grossesse de la reine lui donne maintenant une consistance si supérieure à celle qu'elle a eue par le passé qu'il en résulterait ici en tout sens les changements les plus avantageux si cette auguste princesse savait bien évaluer sa position, ainsi que tout le parti qu'elle peut en tirer, eu égard à la portée d'esprit et de caractère du roi et à la tournure de ses ministres actuels. Je fais tout ce qu'il m'est possible pour éclairer les idées de la reine à cet égard et pour lui indiquer la juste mesure des démarches qui peuvent être tentées de sa part sans le moindre inconvénient. Le plus grand embarras consiste en ce que la reine ayant trop tardé à s'occuper des affaires sérieuses, elle n'en a point l'habitude. Elle a de la peine à interpréter le langage des ministres, qui se sauvent par de grands mots, dont elle n'aperçoit pas toujours le peu de valeur. Il suit de là que la reine entre en méfiance d'elle-même et qu'elle hésite, surtout dans l'opinion qu'elle devrait avoir de son crédit. C'est l'article sur lequel il est infiniment essentiel de l'encourager, et je dois soumettre aux hautes lumières de V. M. ce qu'elle pourrait juger à propos de dire à cet égard à son auguste fille.

J'ai tâché de bien prémunir contre les surprises que pourraient

---

(1) Dans ses conversations avec la reine, Mercy lui expose que plus la France, engagée dans une guerre maritime avec l'Angleterre, a lieu de redouter une guerre sur le continent, plus elle doit parler ferme à la Prusse, qui sera intimidée en présence d'une alliance indissoluble de la France et de l'Autriche et n'osera bouger. La reine demande à Mercy de lui donner dans une note écrite les raisons à faire valoir ; pour ne point compromettre Mercy, elle recopie cette note de sa main et en brûle la minute. Dépêche d'office du 5 mai.

employer les comtes de Maurepas et de Vergennes dans ce qu'ils proposeront à la reine d'écrire à V. M. Je ne serai informé qu'après coup de ce qui en sera arrivé ; mais il sera toujours facile de redresser les petites erreurs qui se seraient commises à cette occasion. Les comtes de Maurepas et de Vergennes me cachaient leur marche avec beaucoup de fausseté et de mauvaise foi ; quoique je m'en doutasse, je n'ai pu en être bien éclairci que par la communication tant différée de la dépêche indécente écrite le 30 de mars au baron de Breteuil (1). Les deux ministres ont enfin dû revenir sur leurs pas en écrivant la seconde dépêche du 26 avril, et qui est l'effet de la peur que leur a faite la reine. Il reste encore beaucoup à rectifier, mais entretemps l'ordre immédiat que V. M. avait daigné me donner est rempli dans ce qui regarde la sûreté des Pays-Bas, objet auquel on se trouve maintenant engagé ici d'une manière à ne pouvoir plus s'en dédire.

Dans le moment où je m'y attendais le moins, je viens de tomber dans un assez grand embarras par rapport à l'abbé de Vermond qui, sans m'en prévenir, écrivit la semaine passée à la reine une lettre bien motivée, où il représentait que, n'étant personnellement point assez connu ni du roi ni de ses ministres, il pourrait leur devenir suspect dans les circonstances présentes, que l'on savait son attachement très-respectueux et décidé pour la cour impériale, où V. M. avait daigné le combler de tant de grâces, que par cette raison il ne pourrait pas échapper au soupçon d'influer dans toutes les démarches de la reine, soit vis-à-vis du roi, soit vis-à-vis de ses ministres, en matière d'affaires, et qu'il était aisé de juger des conséquences qui résulteraient de pareils soupçons ; que, dans la nécessité de les éviter, l'abbé croyait devoir se tenir plus à l'écart et commencer par

---

(1) Cette dépêche n'est point aux Archives de Vienne, parce que le baron de Breteuil la lut au prince de Kaunitz et refusa de lui en laisser copie ; on trouve seulement aux Archives une note rédigée de mémoire par Kaunitz, dans laquelle il est dit que la France décline : 1° la réclamation du *casus fœderis*, se fondant sur ce que la garantie des États de la maison d'Autriche énoncée dans le traité de Versailles ne peut comprendre que les États qu'elle possédait alors et non des acquisitions nouvelles ; 2° la réclamation de la garantie du traité de Westphalie, parce que l'Autriche elle-même, s'étant écartée du traité, a donné lieu aux protestations des puissances allemandes, qui la menacent d'une guerre. Kaunitz, dans cette même note, combat les raisons sur lesquelles s'appuie le cabinet de Versailles pour ce double refus. Dans sa dépêche d'office du 5 mai, Mercy ajoute que Maurepas lui-même lui dit « que cette dépêche ne valait rien, qu'elle était dure et mauvaise ».

s'absenter quelque temps. Il revint en effet à Paris, et ce ne fut que le surlendemain que la reine me communiqua la lettre en question, en me chargeant de tenter l'impossible pour détourner l'abbé de ses idées de retraite. Je m'en occupai infructueusement pendant deux jours ; je vis que les principaux obstacles tenaient à la persuasion où est l'abbé de Vermond que la reine n'a de confiance en lui que pour lui parler de tout ce qu'elle sait et de ce qu'elle pense, mais nullement pour suivre les bons conseils qu'il ne cesse de donner à cette auguste princesse, que d'ailleurs cette confiance, partagée avec des favorites, pouvait donner lieu aux plus grands inconvénients, et compromettre l'abbé de la manière la plus dangereuse. Je le trouvai ulcéré de ce que le roi ne lui a jamais adressé une parole, quoiqu'il le voie continuellement chez la reine, d'où l'abbé concluait que son aspect répugnait au roi, sans que la reine eût jamais pensé à le faire changer à cet égard. Tout ce que je pouvais dire à l'abbé de Vermond ne l'empêcha pas de partir pour son abbaye (1). Je reçus deux jours après un billet de la reine, par lequel elle m'ordonnait d'une manière très-pressante de faire revenir l'abbé à Versailles. Je lui dépêchai sur-le-champ un exprès, en lui écrivant de la façon la plus énergique ; il se rendit enfin et, depuis trois jours, il est auprès de la reine. J'ai représenté à S. M. que, pour se conserver un serviteur aussi utile, il fallait absolument qu'elle s'occupât des moyens de le tranquilliser sur la façon de penser du roi, en déterminant ce monarque à lui donner quelque signe de bonté. Je ne sais ce qui en résultera ; mais, dans les circonstances présentes, la retraite de cet abbé serait infiniment fâcheuse et nuisible au service de la reine. Cette auguste princesse ne s'attend pas que je rends compte à V. M. des faits dont il est question, et elle me saurait sans doute mauvais gré si elle se doutait que j'en eusse fait mention.

## XXX. — Marie-Antoinette a Marie-Thérèse.

*Versailles, 5 mai.* — Madame ma très-chère mère, J'avais été véritablement outrée de cette dépêche si malhonnête qu'on a cachée à

---

(1) L'abbaye de Tiron, de la congrégation de Saint-Maur, située dans le Perche, à une lieue de Nogent-le-Rotrou, avait été donnée en 1771 à l'abbé de Vermond. Elle rapportait 12,000 livres.

Mercy, et que nous n'avons pu prévoir, ni y parer. J'en ai témoigné mon mécontentement aussitôt que je l'ai su. Il est inouï le talent qu'ont les ministres d'ici pour noyer les affaires dans un déluge de mots. Néanmoins, d'après tout ce que m'avait dit Mercy, et les réflexions que je ne puis m'empêcher de faire à chaque instant sur l'affaire la plus importante de ma vie, je les ai tant pressés qu'ils ont été obligés de changer un peu de ton. Ils sont assez convenus de leur tort pour cette vilaine dépêche. Le roi m'a montré celle qui est partie il y a huit jours (1). Je n'entends pas assez les affaires pour en juger ; mais Mercy, qui ne me paraît pas trop content du fond, l'est beaucoup plus du style et de la tournure de celle-ci. Je croyais que les ministres reviendraient me parler à l'occasion des nouveaux courriers qu'ils ont reçus du roi de Prusse ; ils ne sont pas encore venus ; je crois mieux faire d'attendre, pour leur parler, que le courrier de ma chère maman soit arrivé. Il me semble par toutes les lettres qu'il y a encore espérance de n'avoir point de guerre. Quel bonheur si nos alarmes étaient vaines !

Ma santé et mes espérances continuent toujours à être bonnes, et on les croit si sûres que l'on commence à nommer la maison d'Elisabeth, dont l'éducation ne pourrait se continuer avec celle de mes enfants.

Le roi me charge de ses lettres pour ma chère maman et mon frère. Permet-elle que je l'embrasse ? Je n'ose pas encore lui demander ses bontés pour son futur petit-enfant ; mais je me promets bien que les premiers mots qu'il apprendra seront pour la plus grande souveraine et la plus tendre des mères.

XXXI. — MARIE-ANTOINETTE A MARIE-THÉRÈSE.

*Versailles, 16 mai.* — Madame ma très-chère mère, Que je serais heureuse d'imaginer que les bontés que ma chère maman a pour

---

(1) Cette dépêche, datée du 26 avril, et qui, comme celle du 30 mars, ne fut que lue au prince de Kaunitz, est plus amicale que la précédente. Elle annonce que le cabinet de Versailles est intervenu auprès du roi de Prusse pour l'engager à entrer dans les arrangements que propose l'impératrice en vue de prévenir la guerre. En rendant compte à Mercy de cette dépêche, Kaunitz ajoute : « Je regrette qu'il n'y ait rien eu sur la reconnaissance du *casus fœderis* et de la garantie du traité de Westphalie ; mais, dans les circonstances actuelles, il faut se contenter de ce que fait la France, en l'animant, en cas d'une rupture définitive avec la Prusse, à rester fidèle à ses devoirs d'alliée. » Archives de Vienne.

moi lui donnent dans ce moment-ci un peu de consolation! Je continue toujours à me porter à merveille, à quelques étouffements près, qui sont inévitables. J'ai vu ce matin mon accoucheur (c'est Vermond, un frère de l'abbé); c'est moi-même qui me suis senti plus de confiance en lui qu'en tout autre : d'ailleurs c'est le meilleur d'à présent, et Lassone l'a beaucoup approuvé. Il a été fort content; il m'a permis de faire des petites promenades en voiture, pourvu que je n'aille pas trop vite. Selon son calcul et le mien, j'entre dans le troisième mois; je commence déjà à grossir visiblement, surtout des hanches. J'ai été si longtemps sans oser me flatter du bonheur d'être jamais grosse que je le sens bien plus vivement à cette heure, et qu'il y a des moments encore où je crois que tout cela n'est qu'un songe; mais ce songe se prolonge pourtant, et je crois qu'il n'y a plus de doute à avoir.

Je suis bien touchée de la joie que ma chère maman veut bien me dire qui règne dans Vienne sur ma grossesse; s'il était possible, cela me ferait encore mieux aimer ma patrie. J'ai vu hier matin Caironi (1); je l'ai chargé de bien dire à toutes les personnes qui veulent bien s'intéresser à moi qu'il m'a vue lui-même et très-bien portante. J'oubliais de dire à ma chère maman qu'à ma seconde révolution j'ai demandé au roi 500 louis, ce qui fait 12,000 francs, que j'ai cru à propos d'envoyer à Paris pour les pauvres qui sont retenus en prison pour dettes des mois qu'ils doivent aux nourrices, et 4,000 francs ici à Versailles, aussi pour les pauvres. C'était une manière de faire une charité en même temps que de constater mon état aux yeux de tout le peuple. Je connais trop le bon cœur de ma chère maman pour ne pas espérer qu'elle m'approuvera.

Que ma chère maman est bonne de vouloir me montrer son contentement sur la manière de me conduire dans toutes les affaires à cette heure! Hélas! il n'y a pas de gré à m'en avoir : c'est mon cœur seul qui agit dans tout ceci. Je m'afflige seulement de ne pas pouvoir entrer moi-même dans l'esprit de tous ces ministres, pour leur faire comprendre combien tout ce qu'on a fait et demandé à Vienne est juste et raisonnable : mais malheureusement il n'y a pires sourds que ceux qui ne veulent pas entendre, et au reste ils ont tant de mots et de phrases qui ne signifient rien qu'ils sont déjà étourdis

---

(1) Le courrier de cabinet, qui retournait à Vienne chargé des dépêches.

avant que de dire une chose raisonnable. J'userai d'un moyen, c'est de leur parler à tous deux devant le roi, pour obtenir du moins qu'ils tiennent un langage convenable dans ce moment-ci au roi de Prusse ; et en vérité c'est pour l'utilité et la gloire même du roi que je le désire, car il ne peut que gagner à soutenir des alliés qui lui doivent être si chers de toute manière. Au reste il se conduit parfaitement envers moi, vu mon état, et y a beaucoup d'attentions. J'avoue à ma chère maman que mon cœur serait déchiré de l'idée qu'elle a pu le soupçonner un instant sur ce qui se passe : non, c'est la faiblesse affreuse de ses ministres, et la grande méfiance qu'il a en lui-même qui fait tout le mal, et je suis sûre que, si jamais il ne prend conseil que de lui-même, on verra son honnêteté, la justesse et le tact qu'il a et qu'on est assurément bien loin de juger à présent. Nous allons demain passer trois semaines à Marly : ce sera une occasion de me promener beaucoup et de me distraire; il y aura beaucoup de monde. Ma chère maman me permet-elle de l'embrasser tendrement?

### XXXII. — MARIE-THÉRÈSE A MARIE-ANTOINETTE.

*Schönbrunn*, 17 *mai*. — Madame ma chère fille, La consolation que me procure votre grossesse, annoncée même par le roi (1) et par vos deux lettres du 4 et du 5, me comble de consolation. Je ne peux assez remercier Dieu de m'avoir accordé encore cette grâce de vous voir, ma chère fille, plus solidement établie pour l'avenir. Tous mes vœux dans ma famille sont donc accomplis, je puis fermer mes yeux tranquillement. J'avoue, votre situation me tenait plus à cœur que je n'ai fait semblant, vous aimant si tendrement, et cette satisfaction vient bien à temps pour me soutenir dans ma cruelle situation. Mercy nous mande de quelle façon obligeante et tendre vous vous êtes employée pour votre famille et patrie. Les suites feront voir

---

(1) Louis XVI avait écrit à l'impératrice le 4 mai précédent : « Madame ma sœur et belle-mère, c'est avec le plus grand plaisir que j'apprends à V. M. l'heureux événement qui m'arrive : la reine vient de passer le second terme de sa grossesse, et je n'ai plus lieu de douter qu'elle le soit. Je connais trop bien la tendresse que V. M. a pour sa fille, et l'intérêt qu'elle prend à tout ce qui me regarde, pour douter de la part qu'elle met à notre bonheur. La reine se porte fort bien jusqu'à présent; et j'espère qu'au mois de décembre j'aurai le plaisir de lui annoncer la naissance d'un petit-fils. Je prie V. M. d'être bien persuadée de la vive amitié avec laquelle je suis, madame ma sœur et belle-mère, etc. » Archives de Vienne.

que l'intérêt et la considération même de la France l'exigeaient, et si on avait tenu au commencement le même langage, dont nous ressentons déjà les meilleurs effets, je suis bien sûre que tout se serait calmé sans ces terribles aspects qui nous menacent, et une fois commencés ne finiront si aisément, et je souhaite pour l'humanité qu'on puisse encore s'arranger. La France n'a jamais à craindre que nous la voulons commettre, entraîner ou diminuer son influence. Nos intérêts sont trop intimement liés de cœur et de famille pour n'entrer sincèrement dans ses vues quelconques, hors une liaison avec le roi de Prusse. Je vous avoue, cela nous a séparés de l'alliance avec l'Angleterre, et je serais bien fâchée si cela devait en être un jour de même. Il y a longtemps que nous voyons un patelinage politique, beaucoup de secret, des complaisances réciproques ; la conduite dans cette occasion a malheureusement dû augmenter ces doutes. Le roi (1) se vante de temps en temps d'être très-bien avec vos ministres ; il prétend même de leur avoir communiqué la correspondance secrète entre l'empereur et lui. C'est encore un trait de sa façon ; les deux princes sont convenus à leur entrevue à Neustadt de s'écrire quand il s'agira des occasions importantes ; l'empereur s'est prêté à mes instances de tenter cette voie pour conjurer l'orage qui était prêt à éclater. Vous pouvez bien croire qu'il a coûté à votre frère de s'y prêter ; il l'a fait de bonne grâce, et en a reçu la réponse la plus impertinente qu'on puisse voir (2) et qui était nullement conséquente au cas présent, mais qui lui convenait pour dire toutes ces sottises à l'empereur. Vous serez enchantée de la réponse de votre frère. Le courrier lui porta en chemin cette belle érudition : sur-le-champ il a fait la réponse et renvoyé dans une heure de temps le même courrier. La promptitude de cette réponse et le peu d'embarras qui s'y trouvait, la leçon qu'il lui faisait en lui démontrant qu'il était nullement au fait de la question, même la fin de la lettre ont fait changer le ton et ont arrêté jusqu'à cette heure heureusement le commencement de la guerre. Mercy aura le bonheur de vous communiquer les lettres et notre situation présente. Depuis que vous voulez entrer avec tant de tendresse que de zèle dans nos intérêts et

---

(1) Le roi de Prusse.
(2) Cette lettre de Joseph II et la réponse de Frédéric se trouvent dans les *Œuvres posthumes* de Frédéric II, édition de Berlin, tome V, page 293, citée par Schœll, tome XLI, page 282.

situation, je trouve nécessaire de vous mettre au fait de plus en plus. Nous n'aurions jamais été les premiers à faire usage d'un secret convenu entre deux princes ; mais en ayant fait usage, à ce qu'il se vante, vis-à-vis de vous, de la Russie, Saxe, etc., nous ne sommes plus tenus non plus, et ne croyons pas d'être honteux des avances que nous avons faites pour changer la situation présente ou faire traîner au moins la chose.

Vous voyez par ce trait quel compte on peut faire sur lui et sa parole. La France l'a éprouvé en bien des occasions, et aucun prince en Europe n'est échappé à ses perfidies ; et c'est celui qui veut s'ériger en dictateur et protecteur de toute l'Allemagne ! et tous les grands princes ne tiennent pas ensemble pour empêcher un malheur pareil, qui tombera un peu plus tôt ou plus tard sur tous ! Depuis trente-sept ans il fait le malheur de l'Europe par son despotisme, violences, etc. En bannissant tous les principes de droiture et vérité reconnus, il se joue de tout traité et alliance. Nous qui sommes les plus exposés, on nous laisse. Nous nous tirerons peut-être encore cette fois-ci, tant bien que mal ; mais je ne parle pas pour l'Autriche, c'est la cause de tous les princes. L'avenir n'est pas riant. Je ne vivrai plus ; mais mes chers enfants et petits-enfants, notre sainte religion, nos bons peuples ne s'en ressentiront que trop. Nous nous ressentons déjà d'un despotisme qui n'agit que selon ses convenances, sans principes et avec force. Si on lui laisse gagner du terrain, quelle perspective pour ceux qui nous remplaceront ! Cela ira toujours en augmentant. Je voudrais au prix de mes jours rendre nos enfants plus heureux, plus tranquilles que nous, surtout depuis que j'ai l'espérance de voir un dauphin, mon petit-fils.

Pardonnez cette longue tirade : c'est une mère tendre qui s'épanche avec sa chère fille, non de souveraine à souveraine. J'ai laissé aller mon cœur sans trop réfléchir, et ces moments m'ont été bien doux, ayant le cœur très-serré ; en vous embrassant tendrement, ma chère petite maman et votre enfant. Adieu.

## XXXIII. — Mercy a Marie-Thérèse.

*Paris,* 18 *mai.* — Sacrée Majesté, Depuis mon très-humble rapport du 5 de ce mois il n'est rien survenu de relatif à la reine qui puisse mériter l'attention de V. M. J'en excepte les démarches de cette auguste princesse en matière d'affaires ; mais comme ces détails se trouvent très-amplement consignés dans ma dépêche d'office, je crois devoir omettre de les répéter ici.

La santé de la reine est aussi bonne qu'il est possible de le désirer : elle n'éprouve presque aucune des incommodités si communes dans les commencements d'une grossesse. Le changement nécessaire dans le régime de vie, la cessation totale du grand exercice auquel la reine s'est habituée ne produit aucun effet nuisible ; S. M. se promène une heure à pied pendant la journée ; elle est le reste du temps assise dans ses cabinets, où elle s'occupe à quelques petits ouvrages, soit à l'aiguille, soit à tresser des bourses. Les personnes qu'elle affectionne le plus sont admises à venir faire la conversation avec S. M. ; c'est toujours la comtesse de Polignac qui jouit le plus souvent et le plus longuement de cette faveur. Les moments qui se passent avec le roi seul, ensuite avec la famille royale rassemblée, remplissent le reste des journées, et la reine s'est d'abord accoutumée à cette nouvelle forme sans qu'elle paraisse en éprouver le moindre ennui.

Le courrier arrivé dans la nuit du 8 au 9 m'ayant remis les ordres de V. M. en date du 2, je me rendis sur-le-champ à Versailles et y présentai les lettres adressées à la reine. Elle fit d'abord lecture de celle de V. M. et elle daigna ensuite s'entretenir avec moi près d'une heure sur les tournures à donner aux démarches qu'elle se proposait de faire. L'attention que la reine met aux conjonctures présentes, le grand et vif intérêt qu'elle y prend, sont devenus pour elle un objet d'occupation très-utile et qui fixe son esprit à la réflexion. Cette auguste princesse a une facilité singulière à comprendre les affaires ; mais le défaut d'habitude d'en parler lui donne une méfiance d'elle-même que je tâche de vaincre par toute sorte de moyens.

Pendant tout le séjour de Marly je me tiendrai à portée de faire assidûment ma cour à la reine. J'ai déjà pris à cet égard des mesures qui m'en procureront la facilité sans que cela donne trop dans la vue. Je me suis d'ailleurs arrangé une correspondance journalière avec le premier médecin Lassone, de manière qu'il ne peut survenir le moindre incident dont je ne sois averti sur l'heure. Mon zèle ne me laissera rien oublier ni omettre dans une circonstance aussi importante, et qui n'annonce à V. M. que des satisfactions, sans aucun motif d'inquiétude.

XXXIV. — Marie-Antoinette a Marie-Thérèse.

*Marly, 29 mai.* — Madame ma très-chère mère, Toutes les bontés et la joie que ma chère maman me marque sur mon état présent me comblent de reconnaissance, et me le rendent encore plus précieux, s'il est possible. Je continue toujours à me porter à merveille et n'ai pas la moindre incommodité. Nous sommes à Marly depuis dix jours. C'est un lieu charmant; j'en profite beaucoup pour me promener à pied, surtout le matin. Cela me fait grand bien et ne me fatigue pas trop, quoique je grossisse étonnamment, ne me serrant point du tout, que ce qu'il faut pour me soutenir. J'ai vu Mercy ces jours derniers; il m'a montré les articles que le roi de Prusse avait envoyés à mon frère. Je crois qu'il est impossible de rien voir de plus absurde que ses propositions; enfin elles le sont au point qu'il m'a paru qu'on les trouvait même telles ici; au moins pour le roi j'en réponds. Je n'ai pas pu voir les ministres; M. de Vergennes n'est pas venu ici, il est malade : ce sera donc pour notre retour à Versailles.

J'avais déjà vu la correspondance du roi de Prusse avec mon frère. Il est bien abominable à ce premier de l'avoir envoyée ici, d'autant plus qu'en vérité il n'a pas de quoi s'en vanter. Son imprudence, sa mauvaise foi et son esprit aigri paraissent à chaque ligne. J'ai été enchantée des réponses de mon frère; il est impossible d'y mettre plus de grâce, de modération et de force en même temps. Je m'en vais dire quelque chose de bien vain, mais je crois qu'il n'y a au monde que l'empereur et surtout le fils de ma chère maman, qui a le bonheur de la voir tous les jours, qui puisse écrire de cette manière.

Je ne puis dire à ma chère maman combien je suis touchée de sa lettre; la confiance qu'elle m'y marque me pénètre. O Dieu! que je voudrais pouvoir donner tout mon sang pour qu'elle soit heureuse et qu'elle jouisse de tout le bonheur et tranquillité qu'elle mérite autant! Ce ne sera jamais la faute de ses enfants toujours; je juge de leurs cœurs par le mien; il faudrait être bien ingrat pour ne pas sacrifier tout pour une mère aussi tendre que la nôtre. Voilà au moins ma manière de penser et celle d'eux tous, j'en suis sûre. Mais je sens que je m'attendris, je ne peux continuer. Ma chère maman me permet-elle de l'embrasser tendrement?

## XXXV. — Mercy a Marie-Thérèse.

*Paris, 29 mai.* — J'ai eu avec la reine de très-longs entretiens sur tout ce qui a rapport à son état actuel, et les mesures parfaitement sages et raisonnables de cette auguste princesse doivent éloigner de V. M. toute idée inquiétante. Le choix d'un accoucheur est déjà fait : ce sera le frère de l'abbé de Vermond, qui, dans l'art des accouchements, passe pour le plus habile sujet que l'on connaisse à Paris. Le service le plus rapproché de la reine est rempli par des gens de toute sûreté ; le premier médecin Lassone est d'un zèle et honnêteté reconnue. Je me suis expliqué avec lui sur les moindres objets de prévoyance, et j'ose répondre à V. M. que, d'après la connaissance que j'ai du local, des individus et des mesures prises, il n'y a pas l'ombre de doute à avoir sur la parfaite sûreté où se trouve la personne de la reine ; de manière que, hors les accidents de pur hasard et qui ne sont nullement à supposer, rien ne peut survenir de fâcheux. Au reste le plus grand, le plus important de mes devoirs est de veiller à ce qui intéresse la tranquillité de V. M., et j'en serai occupé dans tous les instants de la journée.

J'ai le regret de me voir privé en partie des secours de l'abbé de Vermond. Effrayé de l'idée de devenir suspect au roi et à ses ministres, un peu dégoûté d'ailleurs de ne pas opérer tout le bien que comportait son service, il n'a pas été possible de le fixer constamment à demeure à la cour. La reine s'est prêtée à lui donner plus de liberté ; mais elle a exigé qu'il se rendît à ses ordres toutes fois et quantes elle le ferait appeler. L'abbé s'est soumis à cette décision ; il se tient à Paris ou dans les environs, et je tâcherai de faire en sorte qu'au moins une fois la semaine il se trouve auprès de la reine.

D'après les usages établis à cette cour, la gouvernante des enfants de France s'emparera, par le droit de sa charge, de la première éducation des enfants de la reine. C'est la princesse de Guéménée qui remplit la charge susdite, et il y aurait beaucoup à remarquer sur le compte de cette dame (1). Elle a pareillement le droit de choisir

---

(1) La princesse de Guéménée était fille du maréchal de Soubise. Elle vivait séparée de son mari, dont la somptueuse prodigalité devait aboutir à cette grande faillite qui fut un des scandales précurseurs de la révolution. La princesse de Guéménée passait pour être intimement liée avec le duc de Coigny.

les sous-gouvernantes et tout le service ; mais je vois la reine décidée à se faire rendre compte de ces choix, et à se réserver de les admettre ou de les rejeter au besoin. J'ai représenté à S. M. toute l'importance dont il était qu'elle mît beaucoup de fermeté dans cette résolution. Si le ciel accorde la naissance d'un dauphin, la reine s'est fait donner la parole du roi que d'ici à cinq ans il ne sera rien décidé sur le choix d'un gouverneur. J'ai insinué cette idée, que je crois si importante qu'elle peut décider du sort de l'éducation du prince à naître. Dans le moment actuel il est certain que le choix d'un gouverneur aurait été mal fait ; il y a déjà un nombre de postulants, et les favoris et favorites de la reine auraient pu induire dans de grandes erreurs ; en gagnant du temps S. M. s'éclairera davantage, et il y aura moyen de lui faire connaître les sujets. Toute ma crainte est que la reine ne persiste pas à différer pendant les cinq années le choix en question ; je tâcherai de la maintenir dans cette décision si nécessaire.

Pendant le voyage de la cour, je resterai établi à une petite lieue de Marly où, dans les matinées, la reine m'a permis de lui aller faire ma cour trois ou quatre jours de la semaine. Le motif d'aller parler d'affaires aux ministres rendra plus plausible une partie de mes apparitions, et je chercherai à les employer utilement pour le service de la reine.

V. M. daignera observer, dans ma dépêche d'office, la conduite que la reine a tenue relativement aux grandes affaires présentes. Cette auguste princesse est réellement parvenue à en imposer aux ministres, qui se sont si pitoyablement conduits dans le principe qu'ils ne savent plus comment revenir sur leurs pas. La reine a un peu trop tardé à intervenir : elle daigne en convenir vis-à-vis de moi, et désirerait maintenant de pouvoir réparer les moments perdus, ce qui est d'une très-grande difficulté en matière d'affaires politiques. Le prince de Starhemberg vient de me communiquer la correspondance de S. M. l'empereur avec le roi de Prusse, et j'insiste pour que la reine fasse sentir la nécessité de saisir ici la seule occasion qui reste à la France de réparer ses torts, en donnant au moins quelque marque d'attachement et de zèle à son alliée.

Je n'ai rien de bien essentiel à observer aujourd'hui sur l'intérieur de la famille royale. Il est certain que les deux princesses piémontaises, surtout Madame, voient pour elles dans la grossesse de la reine matière à bien des réflexions ; cependant les princesses susdites observent dans leur extérieur toutes les apparences les plus convenables. Elles n'ont point ici un parti qui puisse mériter attention, ni qui ait des moyens de se rendre utile. Monsieur reste dans sa tournure ordinaire, à laquelle bien des gens supposent de la dissimulation et de la fausseté (1). En supposant qu'il y a en effet un peu de l'un et de l'autre, il me paraît cependant démontré que le fond du caractère de Monsieur n'est qu'apathique et faible. Il ne s'occupe que de ses petites économies, et je ne vois aucun de ses entours qui soit en état de lui inspirer de plus grandes idées. Quant à celles de M. le comte d'Artois, elles ne portent que sur les objets les plus frivoles que peut produire une dissipation effrénée. La reine est considérablement revenue sur le chapitre de ce prince, et je crois qu'il perdra tout son crédit, qui ne tenait qu'aux moyens de provoquer des amusements, des courses, des promenades dont la reine ne peut plus profiter dans son état de grossesse.

Mesdames de France, qui ont pour le roi toute l'amitié que leur caractère comporte, semblent prendre une part sincère à l'état de la reine, et le lui témoignent d'une manière très-attentive et honnête.

La princesse de Lamballe a toujours perdu de plus en plus dans l'esprit de la reine, et il est heureux que S. M. ait enfin ouvert les yeux sur sa surintendante, qui joint à fort peu d'esprit plusieurs défauts essentiels dont elle n'avait pas été soupçonnée jusqu'à présent. Le médecin Lassone vient de m'envoyer le petit détail que je lui avais demandé ; je le mets aux pieds de V. M.

### XXXVI. — Marie-Thérèse a Mercy.

*Schönbrunn, 31 mai.* — Comte de Mercy-Argenteau, J'ai reçu votre lettre du 18 par le courrier Caironi, arrivé ici le 23 de ce mois. Ce que vous continuez à me mander sur l'état actuel de la reine,

---

(1) Le comte de Provence écrivait au roi Gustave III, le 5 octobre 1778, à propos de la grossesse de la reine : « Vous avez su le changement survenu dans ma fortune.... Je me suis rendu maître de moi à l'extérieur fort vite, et j'ai toujours tenu la même conduite qu'avant, sans témoigner de joie, ce qui aurait passé pour fausseté, et ce qui l'aurait été, car franchement et vous pouvez aisément le croire, je n'en ressentais pas du tout, — ni de tristesse, qu'on aurait pu attribuer à de la faiblesse d'âme. L'intérieur a été plus difficile à vaincre ; il se soulève encore quelquefois. » A. Geffroy, *Gustave III et la cour de France*, tome 1ᵉʳ, page 294.

ma fille, m'est bien consolant. Si elle continue, comme j'espère, à se ménager avec autant de soin comme jusqu'ici, et à être docile aux avis de Lassone (1), je suis tranquille sur les suites de sa grossesse, en remettant le reste à la Providence. Par tous les soins que vous vous donnez à cette occasion, je ne suis que trop convaincue combien vous êtes attaché non-seulement aux intérêts de mon service, mais encore à ceux qui sont personnels à ma fille. Je suis seulement peinée de l'idée de retraite de l'abbé de Vermond; peut-être ma fille ne pensera-t-elle pas de même, en le regardant quelquefois comme un surveillant incommode; mais il m'importe infiniment de faire retenir auprès de ma fille cet honnête homme, zélé et fidèle. Je suis bien aise du choix qu'on a fait de son frère pour être l'accoucheur, le croyant animé des mêmes sentimens de l'abbé.

Si la princesse de Guéménée, par les droits de sa charge, doit s'emparer de la première éducation des enfants de ma fille, elle fera bien de mettre beaucoup d'attention et de fermeté dans l'examen des arrangements que cette dame voudra faire. Si ma fille mettait au monde un dauphin, le choix de son gouverneur serait encore de la dernière conséquence. Je crois que ma fille a très-bien fait de se faire donner la parole du roi, de ne rien décider sur ce choix d'ici à cinq ans, pour couper à toutes les intrigues qu'il y a à craindre dans ce moment, pour remplir ce poste par un sujet convenable. [ Ma fille et moi nous devons encore cette prévoyance. ]

Pour les affaires politiques, je me remets aux dépêches que vous allez recevoir par la chancellerie d'État. Je vous répète seulement que j'ai toute ma confiance en vous, pour ce qui regarde la conduite à tenir dans ces circonstances critiques par ma fille, sans négliger les intérêts de sa maison et sans s'avancer trop au risque d'indisposer le roi.

[ L'arrivée de M. de Lee (2), sans en être prévenue par vous, a eu

---

(1) Marie-Thérèse avait envoyé le billet suivant pour qu'il fût communiqué à Lassone : « *Schönbrunn, 14 mai.* — Ayant plus d'une preuve des sentiments et du zèle du sieur Lassone, il est juste que je témoigne toute la confiance que j'ai en lui dans l'état actuel où se trouve ma fille. Je me repose sur ses soins et je m'en promets tout le meilleur effet, dont je lui aurai bien du gré. »

(2) Arthur Lee avait été envoyé en France par les États-Unis, aussitôt après la déclaration d'indépendance, avec Franklin et Sileas Dean, pour conclure une alliance. Arthur Lee parcourut les cours d'Europe, cherchant des adhésions à sa cause.

des mauvaises suites, et je crains que Breteuil en rendra un compte empoisonné, étant piqué. Il a voulu le présenter partout en triomphe; son nom est connu par tous les papiers publics et son séjour à Berlin tout l'hiver. Il ne nous convient pas dans ce moment-ci de reconnaître cette indépendance à la suite de la France. Si on l'aurait traité amicablement (1), mais de vouloir nous engager comme par surprise ne nous convient pas, et surtout dans ce moment-ci, où nous n'avons pas à nous en louer. Les choses sont allées un peu trop loin; vous connaissez notre public ici : cela est devenu un objet de parti, où l'impolitesse même a paru. J'en suis fâchée, mais je ne pouvais me le faire présenter par l'ambassadeur, même comme simple voyageur.]

### XXXVII. — Marie-Thérèse a Marie-Antoinette.

*Schönbrunn*, 1<sup>er</sup> *juin*. — Madame ma chère fille, Celle-ci viendra bien près au 13 de ce mois : jour qui m'est si cher et qui m'intéresse plus que jamais. Le Saint sera tourmenté pour vous. Vous ne sauriez croire comme tout le monde est occupé de vous; on ne pourrait l'être plus si l'empereur était marié. Quel plaisir d'être aimée, mais encore plus de le mériter; c'est la seule récompense de nous autres! Dieu vous conserve et votre cher enfant, et vous donne un fils, sinon une fille qui vous ressemble en tout, et vous donne les mêmes consolations que vous me procurez! Je suis extrêmement contente du choix de l'accoucheur; son nom me prévient pour lui et m'est d'un bon augure, mais surtout l'approbation de Lassone, qui a à juste titre toute ma confiance, et je suis bien rassurée de vous voir en si bonnes mains, et que vous vous prêtiez si bonnement à toutes ses ordonnances. Il n'y a rien de trop, surtout à une première grossesse.

Le choix des gens qui auront à soigner ce précieux enfant est un autre objet de votre attention et de mes inquiétudes. A force de soins on peut faire bien du mal, et je voudrais que les femmes n'eussent rien à ordonner, mais à suivre les ordonnances du médecin, comme chez nous, et dont je me suis si bien trouvée. Je ne crains que les cabales et recommandations, et auprès des enfants, surtout la première

---

(1) Marie-Thérèse veut dire évidemment : Si encore, du côté de la France, on avait engagé cette affaire amicalement, nous aurions pu faire quelques concessions ; mais...

année, tout dépend des soins qu'on en a : je dis des soins raisonnables et selon la nature, à ne les pas serrer dans leurs langes, de ne les pas tenir trop chauds, de ne pas les surcharger de bouillies ou mangeailles, et surtout une bonne et saine nourrice, ce qui est sujet à caution à Paris ; et des gens de campagne c'est à peu près la même chose, vu la corruption des mœurs.

Je suis enchantée de l'aumône que vous avez demandée au roi ; je suis enchantée de même, comme vous m'écrivez, des sentiments du roi pour nous, et de la vivacité dont vous vous exprimez, ce qui marque si bien combien vous êtes attachée à lui et à nous. Notre situation est encore la même ; Mercy vous mettra au fait de tout ce qui est passé depuis. On a commencé à se parler, et vous trouverez encore que le roi de Prusse ne s'est pas démenti ou oublié, même à cette occasion, et c'est à celui-ci qu'on prête l'oreille, qui veut faire une alliance entre la France, la Russie et lui, pour obvier à tous les inconvénients pour l'avenir et nous tenir tête ; comptant, si la paix se fait (ce que je souhaite bien ardemment toujours et dont je ne puis assez vous recommander d'y coopérer), qu'elle ne subsistera pas longtemps, et pour nous retenir ou écraser, il flatte vous autres de se lier ensemble. Il fait toutes les cajoleries et avances possibles, on connaît cela, quand il veut venir à son but ; mais y étant, il oublie tout et fait même tout le contraire, ne tenant jamais sa parole. La France en a fait quelque expérience et tous les princes de l'Europe, hors la Russie qu'il craint. Qu'on ne se flatte pas sur cette dernière : elle suit les mêmes maximes que le roi, et le successeur est plus prussien que son soi-disant père l'était, et sa mère qui en est un peu revenue, mais jamais autant pour rien espérer contre le roi de Prusse, pas même des ostentations : très-généreuse en belles paroles qui ne disent rien, ou selon la foi grecque : *græca fides*.

Voilà les deux puissances qu'on veut substituer à nous, bons et honnêtes Allemands. Nous avons les mêmes intérêts de famille et d'État : nous nous concerterons mieux à l'avenir si on voulait entreprendre un changement. L'acquisition malheureuse de la Gallicie nous a un peu induits, l'ayant faite si facilement ; mais celle-ci nous donne une bonne leçon et nous ne reviendrons plus si facilement. Les frais immenses, les inquiétudes, la perte de confiance partout sont des objets pas petits pour ne pas faire longtemps un triste souvenir du pas précipité qu'on a fait. L'abandon de nos amis y entre aussi un peu, mais nos cœurs les excusent, si on ne nous en fait jamais souvenir à l'avenir. La faiblesse et mauvaise volonté des ministres et de la plupart de la nation, qui ne s'est que trop manifestée, ne sera pas mise en compte et même oubliée ; comptant entièrement sur le cœur du roi et de son aimable reine, et sur notre intime tendresse pour eux, qui nous fait regarder leur gloire et intérêt comme le nôtre. Ils peuvent compter que jamais nous les induirons en quelque occasion qui puisse seulement les embarrasser. Nous leur sommes utiles qu'ils puissent jeter toute leur attention à la marine, leurs colonies et commerce, dont nous ne serons jamais jaloux ; mais il faut aussi un peu de retour, et nous laisser jouir aussi du bonheur de cette union qui seule, bien constatée, peut remettre pour toujours le calme à l'Europe.

Il serait bien malheureux que ce repos dépendît de deux puissances si connues dans leurs maximes et principes, même en gouvernant leurs propres sujets ; et notre sainte religion recevrait le dernier coup, et les mœurs et la bonne foi devraient alors se chercher chez les barbares. Après ce tableau, qui n'est pas outré, jugez quelle douleur pour moi si je voyais la France avec, ou même nous autres ; car je dois avouer qu'à la longue nous devrions pour notre propre sûreté, ou pour avoir aussi une part au gâteau, nous mettre de la partie. Il ne serait pas si difficile de les détacher en leur faisant entrevoir plus de convenance, comme cela s'est pratiqué dans la guerre de 1741.

Ma chère fille, rien n'est de trop dit dans ce que je vous marque. Il est encore temps de mettre ordre à tout et de se bien concerter ; mais cette occasion manquée, il n'en sera plus. Profitez de ma vieille tête grise pour recevoir mes plus tendres conseils pour le bien-être de nos royaumes, familles, et de mes chers enfants que j'aime et embrasse tendrement.

## XXXVIII. — Marie-Antoinette a Marie-Thérèse.

*Versailles, 12 juin.* — Madame ma très-chère mère, Je ne pourrai jamais lui marquer ma reconnaissance pour toutes les bontés et la tendresse qu'elle me témoigne, mais je les sens bien, et mon âme en est pénétrée, comme venant d'une mère incomparable.

Ma chère maman ne sera peut-être pas entièrement contente de la réponse qu'on a faite à M. de Goltz. C'est bien le cas de dire que l'on tire d'une mauvaise paye ce qu'on peut, car nos ministres ne se conduisent guère bien, et dans ce moment je n'ai pu m'empêcher d'en parler au roi. Voici le fait, ma chère maman me jugera. On m'a non-seulement gardé le secret après la décision arrêtée, mais même depuis qu'on l'avait communiquée à Mercy, et c'est par lui que j'en ai été informée. Je n'ai pu cacher au roi la peine que me faisait son silence ; je lui ai même dit que je serais honteuse d'avouer à ma chère maman la manière dont il me traitait pour une affaire aussi intéressante pour moi, et dont je lui ai parlé si souvent. J'ai été désarmée par le ton qu'il a pris. Il m'a dit : « Vous voyez que j'ai tant de torts que je n'ai pas un mot à vous répondre. » En effet il était bien excusable, car pendant tout le voyage de Marly il a été bien tracassé par les intrigues de M. le prince de Condé, qui voulait avoir le commandement des troupes, et par celles du maréchal de Broglie, qui, se croyant nécessaire, voulait s'arroger l'autorité du roi pour nommer à son gré tous les officiers qui serviront sous lui. Heureusement ils ont été tous déjoués, et le roi seul a tenu bon. J'ai cru devoir prier le roi de parler à ses ministres sur la malhonnêteté de leur silence à mon égard : il me paraît essentiel qu'ils ne s'y accoutument pas.

Mercy sort de chez moi : il m'a montré les nouvelles propositions du roi de Prusse. Elles me paraissent, quoiqu'il y ait changé quelques mots, aussi absurdes que les autres. C'est absolument vouloir jeter de la poudre aux yeux.

Je me porte très-bien, et le voyage de Marly, où il faisait le plus beau temps du monde, m'a fait grand bien. Je logeais en bas : cela fait que je me promenais à toutes les heures du jour, surtout le matin à neuf ou dix heures. Je grossis beaucoup ; j'ai eu l'enfance de me mesurer, j'ai déjà augmenté de quatre pouces et demi. Ma chère maman est bien bonne de vouloir s'inquiéter pour ce petit enfant futur ; j'ose l'assurer que j'en aurai le plus grand soin. A la manière dont on les élève à cette heure, ils sont bien moins gênés ; on ne les emmaillote pas, ils sont toujours dans une barcelonnette ou sur les bras, et du moment qu'ils peuvent être à l'air, on les y accoutume petit à petit, et ils finissent par y être presque toujours. Je crois que c'est la manière la plus saine et la meilleure de les élever. Le mien logera en bas, avec une petite grille qui le séparera du reste de la terrasse, ce qui même pourra lui apprendre plus tôt à marcher que sur les parquets. La reine de Naples m'a écrit sur ma grossesse ; j'ai été bien touchée de sa lettre, je compte lui répondre ces jours. Ma chère maman me permet-elle de l'embrasser et de l'assurer qu'il est impossible de l'aimer plus tendrement que moi ?

## XXXIX. — Mercy à Marie-Thérèse.

*17 juin.* — Sacrée Majesté, Les détails particuliers sur ce qui concerne la reine offrent moins de matière, en raison de la vie plus sédentaire à laquelle cette auguste princesse se trouve assujettie par on état de grossesse, et je dois me borner à mettre aujourd'hui sous les yeux de V. M. le peu de circonstances relatives au dernier voyage de la cour à Marly. Ce séjour a été très-agréable à la reine, et elle l'a quitté avec regret, quoique les amusements n'y fussent ni bruyants ni fort variés. La beauté et commodité des promenades y étaient une ressource essentielle pour la reine ; elle en profitait le matin immédiatement après son lever ; cet exercice modéré, fait aux heures les plus salubres de la journée, devenait très-utile à sa santé. Après la promenade, S. M. employait le reste de la matinée à faire des visites aux princesses de la famille royale ; après la toilette et la messe, on se réunissait pour le dîner ; depuis quatre heures jusqu'à six la reine restait dans ses appartements, où elle s'occupait de quelques petits ouvrages en faisant la conversation avec la comtesse de Polignac. Une seconde promenade à pied dans le parc précédait ordinairement l'heure de l'assemblée, au salon, où l'on jouait avant et après souper à différents jeux, même à ceux de hasard. A la vérité il n'y a point eu de gros jeu, mais cet amusement a eu l'inconvénient d'entraîner quelquefois la reine à des veillées trop longues et contre lesquelles son premier médecin s'est fort récrié. A l'exception de ce seul point de régime, dont la reine s'est un peu écartée, il n'y a eu aucune représentation à lui faire sur les ménagements qu'exige son état. Je me suis mis souvent à portée de faire ma cour à S. M. ; je choisissais à cet effet l'heure de son lever ; les objets de conversation avaient trait principalement aux affaires politiques, et j'expose dans ma dépêche d'office ce qui s'est dit de plus essentiel à cet égard. Quant aux autres matières d'entretien, elles portaient sur ce qu'il y a de plus intéressant à méditer et à prévoir dans le courant de la grossesse de la reine, et sur les précautions dont il faut dès à présent s'occuper pour tout ce qui regarde l'enfant royal, auquel cette auguste princesse donnera le jour. Un chapitre aussi important m'a donné lieu à beaucoup de remarques.

L'abbé de Vermond ne s'est point montré à Marly ; au retour de la cour à Versailles, j'ai en quelque façon forcé cet ecclésiastique à s'y rendre ; il y est resté trois jours et y a éprouvé de la part de la reine toute sorte de marques de bonté et de confiance. Pourvu que ces petits voyages de l'abbé se multiplient, j'en tirerai bien parti ; mais je ne puis compter de sa part sur un service aussi suivi et utile que l'était celui qu'il a rendu par le passé, et qui serait plus nécessaire que jamais dans les circonstances présentes. Depuis quelques semaines il n'y a point eu à la cour d'intrigues dans lesquelles la reine se soit trouvée compromise ; ses alentours doivent m'être si suspects que j'y veille de très-près, et je vois que, dans ces derniers temps, les favoris et favorites ont mis plus de mesure, plus de circonspection dans leur marche. La princesse de Lamballe a achevé de perdre le peu de crédit qui lui restait en tenant la conduite la plus déplacée et qui marquait de l'humeur : elle s'est absentée pour aller faire une course en Hollande avec la duchesse de Chartres, et on a été choqué de voir que la surintendante s'absentât de son service dans un commencement de grossesse de la reine.

Le courrier mensuel étant arrivé le 11 au matin, je pris la liberté d'écrire à la reine en lui envoyant sur-le-champ les lettres qui lui étaient adressées, et le lendemain je me rendis à Versailles pour recevoir les ordres de S. M. ainsi que pour lui rendre compte des dernières nouvelles qui me sont parvenues.

## XL. — MERCY A MARIE-THÉRÈSE.

*Paris, 17 juin.* — Sans altérer la vérité des faits dans mon très-humble rapport ostensible, j'ai cru devoir réserver pour mon rapport secret quelques nuances dont il est essentiel que V. M. soit informée.

Le voyage de Marly a eu cela de fâcheux pour la reine que les bontés de cette auguste princesse, trop exclusivement marquées à un petit nombre de favoris et favorites, ont excité de la jalousie et des dégoûts parmi les gens de la cour, et ont empêché ceux de la ville de se montrer devant leur souveraine. Les circonstances exigent plus que jamais que la reine, pour me servir du terme impropre de ce pays-ci, songe à se former un grand parti dans la nation, et c'est à quoi S. M. ne veut avoir aucun égard, rapportant tout à des idées de société particulière, qui ne sont nullement admissibles dans la position d'une grande princesse, qui doit s'attirer tous les cœurs et les hommages.

Quoiqu'il n'y ait pas eu à Marly de grands objets de dissipation, soit que la reine fût impatientée contre les ministres, soit qu'elle fût ennuyée de leur langage d'affaires, j'ai vu retomber cette auguste princesse dans une inaction de laquelle toutes mes remontrances n'ont pu la tirer pendant plusieurs jours. Je n'ai cessé de représenter à S. M. qu'il résulterait un tort infini à sa gloire de la moindre apparence d'inconséquence ou de tiédeur dans des affaires aussi importantes à son auguste maison, et auxquelles elle a montré prendre le plus vif intérêt. Sur ces entrefaites le roi et son ministère se sont décidés à s'expliquer envers le roi de Prusse dans le sens qui a été mis sous les yeux de V. M. La reine n'avait eu aucune connaissance de cette délibération, et on ne lui en avait pas seulement communiqué le résultat. Je me récriai avec la plus grande force contre une pareille omission envers la reine ; je lui fis voir à quel point c'était lui manquer, et j'ajoutai que, si elle passait de pareilles licences, il ne serait plus possible qu'elle maintînt son influence et son crédit. La reine fut frappée de mes remarques et se décida à parler au roi, qui en fut si déconcerté qu'il n'hésita pas à faire les plus grandes excuses à son auguste épouse et à l'assurer qu'il reprocherait à ses ministres de lui avoir laissé partager avec eux une faute dont il était au repentir (1). Malgré cela j'observai à la reine que, pour avoir manqué un moment précieux, il s'ensuivait que cette cour-ci tenait au roi de Prusse un langage insuffisant, et auquel la reine aurait pu faire mettre l'énergie convenable si elle s'y était prise à temps. Cette auguste princesse s'est trouvée embarrassée sur la manière de parler de tout ceci dans sa lettre à V. M. M'ayant consulté là-dessus, j'ai répondu que je ne savais d'autre moyen que celui d'avouer à V. M. avec franchise tout ce qui s'était passé. Je détaillai les motifs de cet avis ; et la reine daigna me dire qu'elle se déterminerait à le suivre. Je lui représentai en même temps les moyens de réparer dans la con-

---

(1) Voir la lettre de la reine du 12 juillet.

joncture du moment toutes les omissions passées, et j'espère que S. M. s'y prêtera avec suite et chaleur. Cela peut s'effectuer sans le moindre inconvénient ni danger pour la reine, vu la position où elle est vis-à-vis du roi, qui, par inclination et par caractère, serait toujours porté à céder à son auguste épouse, si elle avait pris à temps l'habitude de se prévaloir de cet immense avantage. Quant aux ministres actuels, il n'en est certainement aucun qui osât contraster avec la reine ; mais, faute de bien juger de ses propres forces, elle s'en défie au delà de toute mesure, et c'est ce qui met dans ses démarches une incertitude dont le faible comte de Maurepas profite pour suivre sa méthode ordinaire dans le maniement des affaires.

Relativement à ce que contient la très-gracieuse lettre de V. M. sur l'Anglais nommé Lee (1), V. M. daignera voir, par ma dépêche d'office, que la conduite du baron de Breteuil a été pleinement désavouée par le comte de Vergennes, qui m'a assuré n'avoir aucunement été informé du fait en question par l'ambassadeur susdit. V. M. daignera me permettre d'observer très-humblement que j'avais depuis longtemps prévenu sur le voyage de cet émissaire américain à Vienne. Le 17 janvier j'envoyai au chancelier de cour et d'État la copie du billet que m'avait écrit ledit émissaire pour me demander un entretien, et j'y joignis ma réponse. Le 30 du même mois je rendis compte de l'entretien en question, où je fis sentir audit Lee que son voyage à Vienne ne paraissait nullement convenable, ne lui cachant pas la réquisition faite à V. M. par la cour de Londres au sujet des insurgents américains. Je fis également mention de tout ce que j'avais dit au comte de Vergennes à cet égard. Dans ma dépêche du 6 de mars je m'y explique dans les termes suivants : « So eben erhalte ich von dem bewussten M. Lee ein Billet, in welchem er mir zu wissen gibt dass er am künftigen Dinstag seine Reise nach Wien anzutreten gedenkt (2). »

Mon très-humble rapport était écrit jusqu'ici lorsque je fis une course à Versailles. La reine daigna m'y communiquer en entier la lettre de V. M. (3), et elle aurait désiré la montrer au roi. J'obser-

---

(1) Voir la note de la page 209.
(2) « Je reçois en ce moment dudit M. Lee un billet, par lequel il me fait savoir qu'il a le projet de partir pour Vienne mardi prochain. »
(3) La lettre du 1ᵉʳ juin, pièce XXVII.

vai que cela était impossible par rapport à quelques phrases où V. M. s'explique en toute confiance sur l'acquisition de la Gallicie et sur la connexion de cet événement avec celui des affaires présentes de Bavière. La reine remarquant que le roi a pour V. M. un très-grand fond de respect et de vénération, il pourrait être infiniment utile, dans les circonstances actuelles, de lui faire voir de temps à autre l'opinion personnelle de V. M. sur la tournure des affaires, particulièrement sur le caractère, les manœuvres du roi de Prusse, et tous les incidents qui y ont rapport ; d'après le désir de la reine il était de mon zèle et de mon devoir d'exposer cette remarque à V. M. et d'en soumettre le jugement à ses hautes lumières.

Depuis le dernier voyage de l'abbé de Vermond à Versailles, je crois l'avoir amené au point de l'y faire retourner plus souvent, et surtout dans les cas où je verrais que son service pourrait être d'une utilité marquée.

### XLI. — Marie-Thérèse a Mercy.

*Schönbrunn*, 30 *juin*. — Comte de Mercy-Argenteau, J'ai reçu votre lettre du 17 par le courrier Derike, arrivé le 26. Je suis contente que le séjour de Marly s'est passé sans quelque inconvénient plus marqué ; il aurait été à souhaiter que ma fille n'y eût pas restreint la société à un petit nombre de favoris et favorites, et que le jeu n'eût pas occasionné des veillées trop longues. Plus que ma fille avancera dans sa grossesse, plus je crains qu'elle ne cherche à se dédommager par le jeu des autres divertissements, incompatibles avec son état actuel.

Vous sentez trop bien le vide que l'abbé Vermond laisse à la cour par son absence pour ne pas tâcher de l'engager à y reparaître le plus souvent. Il me revient qu'il doit s'être brouillé avec la princesse de Lamballe, et que c'est le motif de son éloignement de la cour ; je voudrais savoir ce qui en est (1).

Quelque contente que je suis de la chaleur dont ma fille commence

---

(1) On peut lire effectivement dans la Correspondance secrète de Métra, tome VI, page 302, le récit des bruits qui circulaient. On parlait d'une prétendue disgrâce de l'abbé de Vermond, motivée par des lettres de lui à l'impératrice Marie-Thérèse, surprises et communiquées au roi. La princesse de Lamballe eût été activement mêlée à cette intrigue, qui l'eût débarrassée d'un rival dans la faveur de la reine. On trouvera la réponse de Mercy dans la pièce XLVI.

à soutenir les intérêts de sa maison, je ne saurais cependant m'empêcher de vous répéter que je souhaite qu'elle agisse avec beaucoup de circonspection, pour ne pas se compromettre gratuitement, sans opérer quelque bien essentiel. Je m'en repose sur votre expérience et prudence à toute épreuve.

Comme depuis longtemps le prince de Kaunitz a été informé du projet de Lee de se rendre ici, il me paraît qu'on aurait bien fait de prendre d'avance des mesures pour en détourner l'exécution, et éviter une démarche qui a fait du bruit, et ne laissera peut-être pas de faire quelque sensation.

Je penserai sur l'idée de faire montrer mes lettres quelquefois par ma fille au roi; c'est un objet délicat [ et incommode pour moi. Je laisserai à votre jugement, ayant toujours les copies, de lui conseiller, si elle vous en parle, ce que vous trouverez le mieux ].

### XLII. — Marie-Antoinette a Marie-Thérèse.

*Versailles, 7 juillet.* — Madame ma très-chère mère, J'apprends dans l'instant que le courrier qui est ici doit partir dans le soir. Quoique je n'aie qu'un moment, je ne veux pourtant pas le laisser partir sans remercier ma chère maman de sa dernière lettre et de la prédiction qu'elle m'a envoyée. Je désire fort qu'elle s'ensuive, mais je n'y ai pas grande foi, croyant qu'elle s'est déjà trompée sur le temps, ne comptant guère accoucher avant le 15. Du reste je me porte à merveille. J'ai été saignée il y a quinze jours, ce qui m'a fait beaucoup de bien. Il n'y a que les grandes chaleurs qu'il fait depuis quelques jours qui m'incommodent beaucoup; mais il pleut aujourd'hui, ce qui me fait espérer que j'étoufferai moins. Le courrier va partir; ma chère maman me permet-elle de l'embrasser? Le courrier du mois va arriver, je me réserve de lui écrire plus en détail par lui.

### XLIII. — Marie-Thérèse a Mercy (1).

*Ce 7 (juillet).* — Nous voilà en guerre; c'est ce que je craignais depuis janvier, et quelle guerre! où il n'y a rien à gagner et tout à perdre. Le roi est entré en force à Nachod (2); il va nous entourer

---

(1) Pièce entièrement autographe.
(2) La petite ville de Nachod est située dans la Bohême orientale, à 3 kil. environ de la

de tout côté, étant plus fort de 40,000 hommes que nous ; vous pouvez juger combien j'en suis affectée ! Dieu nous préserve que cette guerre finisse comme j'ai prévu son commencement ! Il est sûr que la France nous a bien fait du tort avec sa cachotterie avec le roi. Nous avions bien des torts aussi vis-à-vis d'elle, mais pas tant que cette indifférence choquante qu'elle nous marque. Je n'ose trop insister auprès de la reine, crainte de la commettre ou attendrir. Vous verrez si cette lettre convient, alors vous la lui présenterez ; il me manquerait de devoir craindre aussi pour elle comme pour sa sœur la Marie, pour l'empereur, mon fils et gendre. J'avoue que ma situation est plus qu'accablante. Je suis, etc.

P. S. Pichler ne savait rien de ce courrier.

### XLIV. — Marie-Thérèse a Mercy (1).

*Sans date.* — Je me remets entièrement à ce que vous recevrez par la chancellerie. Voilà que trop vérifiés les malheurs prévus de la marche en Bavière. Dieu nous préserve de ceux qui sont à prévoir encore ! Notre situation est très-critique et exige un prompt remède. Je vous recommande de n'oublier entièrement la sûreté des Pays-Bas, en cas de besoin. Si nous retirons, comme je le crains, le peu de troupes que nous y avons, il importe autant qu'à nous à la France de ne les exposer aux incursions, ou à une perte même, sans en être d'accord. Jugez de ma situation ; je ne sais comme j'existe ; il n'y a que la religion seule qui me soutient, mais à la longue je ne saurais le supporter.

### XLV. — Marie-Antoinette a Marie-Thérèse.

*Le 15 juillet.* — Madame ma très-chère mère, Il m'est impossible d'exprimer à ma chère maman l'attendrissement et l'inquiétude où

---

frontière de Prusse, sur la grande route qui mène de Glatz en Prusse à Königgrätz en Bohême. C'est par là que Frédéric II entra en Bohême en 1778 et par là aussi que les Prussiens y entrèrent en 1866. — Plus connu que la ville est le magnifique château de Nachod, donné pendant la guerre de Trente ans par l'empereur Ferdinand II au prince Octavio Piccolomini. En 1792 le château de Nachod fut acheté, avec les terres qui en dépendent, par le duc Pierre de Courlande pour la somme de 1,200,000 florins ; sa fille, la duchesse de Sagan, en hérita après lui ; aujourd'hui il appartient au prince Guillaume de Schaumbourg-Lippe.

(1) Pièce entièrement autographe, et très-probablement du 7 juillet 1778. Voir la pièce précédente.

je suis dans ce moment de malheur ; mais mon plus grand tourment est la sensibilité et le cœur de ma chère maman. Je les connais et je sens ce qu'elle doit souffrir ; jusqu'à son courage même, tout me fait trembler pour elle. Dieu! que ne puis-je voler auprès d'elle! Je la regarderais, je la verrais, je pourrais, pour ainsi dire, partager ses peines, mêler mes larmes aux siennes! Qu'elle me pardonne ces expressions, mais elles partent d'un cœur pénétré de douleur; pourtant j'ai de grandes espérances! Non, Dieu ne laissera pas triompher un homme aussi injuste! La présence de l'empereur, les deux généraux qui commandent, et surtout le cœur de tous les Autrichiens me donnent grande confiance. J'ai eu ce matin une scène bien touchante avec le roi. Ma chère maman sait que jamais je n'ai attribué à son cœur tout ce qui se passait, mais à son extrême faiblesse et au peu de confiance qu'il avait en lui-même. Aujourd'hui donc il est venu chez moi ; il m'a trouvée si triste et alarmée qu'il en a été touché jusqu'aux larmes. J'avoue que j'en étais bien contente; cela me prouve toute son amitié pour moi, et j'espère qu'enfin il prendra son parti de lui-même pour se conduire en vrai et bon allié. J'ai vu aussi M. de Maurepas depuis l'arrivée du courrier : je lui ai fait sentir toute l'indécence de la conduite de M. de Goltz dans ce pays-ci, et enfin je l'ai persuadé d'envoyer la déclaration qu'on a faite ici, il il y a un mois, au chargé d'affaires qui est à Berlin, pour qu'il la montre pleine et entière au roi de Prusse, telle qu'on l'avait mandée à Vienne et qu'elle devait être.

Ma chère maman est trop bonne de s'inquiéter encore de ma santé. Elle est très-bonne, et j'ose dire que dans ce moment-ci elle ne tient absolument qu'à la sienne propre. Je la supplie donc de se ménager, ne fût-ce que par bonté pour ses enfants, à qui elle est si chère, et de se persuader que, même pour le bien des affaires, sa santé, s'il est possible, est plus précieuse que jamais. Permet-elle que je l'embrasse tendrement ? Que je crains mais désire en même temps l'arrivée d'un nouveau courrier !

### XLVI. — Mercy a Marie-Thérèse.

*Paris*, 17 *juillet*. — Sacrée Majesté, Depuis la date de mon dernier et très-humble rapport du 17 de juin, il n'est rien survenu de remarquable relativement à l'état de la reine, si ce n'est la première saignée faite à cette auguste princesse, ainsi que je le mandai le lendemain au secrétaire du cabinet de V. M. Depuis cette précaution prise, la reine n'a plus ressenti les pesanteurs de tête et les légers étourdissements qui avaient été occasionnés par une trop grande abondance de sang. S. M. mange maintenant beaucoup plus que par le passé, et, faisant moins d'exercice, a eu à différentes reprises des petits embarras d'estomac, mais qui n'ont été d'aucune conséquence. Le fond de la santé de la reine n'a jamais été meilleur; son visage ne change point, et elle n'éprouve aucune incommodité de sa grossesse. Il n'y a eu presque aucune représentation à lui faire sur la partie du régime qui tient aux promenades ou à tout autre genre d'exercice; mais il n'en est pas de même sur d'autres points. Dès la fin du voyage de Marly, le jeu avait repris à la cour, et cet inconvénient a considérablement augmenté dans ces dernières semaines. On s'est remis à jouer très-gros jeu; la reine y a perdu en peu de jours 1,400 louis, et les veillées ont été souvent prolongées jusqu'à deux et trois heures du matin. Comme les principaux acteurs du pharaon seront bientôt dans le cas de devoir se rendre au camp de Normandie, il est à espérer que ce dangereux amusement se ralentira; d'ailleurs, après le demi-terme de la grossesse de la reine, il y aura des petits voyages à Choisy et des spectacles à la cour, ce qui pourra faire diversion aux jeux de hasard.

Depuis un mois la reine, vivement sollicitée pour plusieurs grâces, s'est prêtée aux instances de ses favoris et favorites beaucoup au delà de ce qui eût été à désirer, et particulièrement dans un objet qui excitera beaucoup de dégoût et de jalousie quand il sera publiquement connu. Le duc de Guines, toujours si particulièrement protégé par la reine, a désiré que sa fille épousât le fils unique du marquis de Castries. Une des premières conditions de ce mariage a été que le roi daignerait doter l'épouse d'une somme de cent mille écus. Cette demande, présentée par la reine, et fortement appuyée par S. M., a cependant été combattue par le ministre des finances, qui a objecté les besoins présents de l'État et l'embarras dans les moyens d'y suffire. Le duc de Guines a capitulé en réduisant sa demande de moitié, les refus ont subsisté, et le crédit de la reine est encore actuellement occupé à les vaincre; mais une grâce d'un autre genre a souffert moins de difficulté, et cette grâce a été d'obtenir la promesse d'un titre de duc héréditaire pour le marquis de Castries, qui n'était guère dans le cas de pouvoir aspirer à cette illustration. Le roi y répugnait fortement, et il a fallu pour le déterminer toute la vivacité que la reine a mise à cette demande. Dès le premier moment j'en avais représenté les inconvénients et les conséquences ; mais les raisons les mieux motivées n'ont eu aucun succès.

Le public se persuade que, dans le cas de la naissance d'un dauphin, le duc de Guines sera choisi pour gouverneur des enfants de France ; il est cependant bien certain que la reine daigne m'assurer qu'elle persiste dans la sage résolution de ne se décider pendant plusieurs années sur aucun choix qui ait trait à l'éducation à venir de ses augustes enfants.

La bonne intelligence continue à subsister dans l'intérieur de la famille royale ; mais il y a à cet égard des nuances qui méritent d'être observées. Depuis quelque temps il n'est sorte de soins que ne se donne Madame pour s'attirer plus particulièrement l'amitié et la confiance de la reine. L'empressement de consulter S. M. dans toutes les occasions, de paraître déférer à ses avis, et de lui faire les confidences les plus intimes, sont les moyens que Madame emploie avec succès. La bonté du caractère de la reine la rend sensible à ces sortes de démonstrations ; je tâche de lui représenter qu'il y a une juste mesure à garder entre trop de défiance et trop de facilité à se livrer. En revenant sur les temps passés, je trouve des exemples convaincants et qui prouvent la nécessité de cette mesure. La reine n'a pu en disconvenir, et je ne cesse de la supplier de vouloir bien y faire attention. M$^{me}$ la comtesse d'Artois suit l'exemple que lui donne sa sœur ; mais il y a de sa part moins d'inconvénients à prévoir en raison du caractère très-apathique de cette princesse et de son peu d'esprit. Monsieur n'est pas moins attentif à faire sa cour à la reine ; il en est beaucoup mieux traité que ci-devant. Quant à M. le comte d'Artois, les occasions de jouer gros jeu sont pour lui des moyens de se rendre agréable, et il est naturellement porté à en profiter.

De tout ce qui compose la société intime et particulière de la reine, c'est toujours la comtesse de Polignac qui jouit de plus de faveur, et du plus de temps à passer auprès de sa souveraine. La princesse de Lamballe n'est plus que tolérée, et presque toujours avec ennui.

Au commencement du mois la reine a donné successivement deux petites fêtes à Trianon ; elles ont consisté en différents petits divertissements répandus dans les bosquets de ce château, et en un spectacle après le souper. Le roi paraît se plaire à ce genre d'amusement, quoiqu'il lui occasionne des veillées qui ne s'accordent pas avec son régime ordinaire.

L'abbé de Vermond a fait quelques voyages à Versailles et y est resté plusieurs jours de suite. On avait débité dans Paris sa prétendue disgrâce à la cour, et l'on ajoutait à ce bruit des circonstances aussi absurdes que fausses. Elles ont été bien démenties par les marques de bonté de la reine envers l'abbé ; il passait matin et soir des heures entières dans le cabinet de S. M., qui n'a pas cessé un instant de lui témoigner la même confiance que par le passé. L'abbé de Vermond est maintenant à son abbaye pour ses affaires particulières, et à son retour, qui sera vers la fin du mois, il fera de temps à autre des séjours à Versailles quand le service de la reine l'exigera.

Mes dépêches d'office contenant tout ce que j'ai été dans le cas d'exposer à la reine en matière d'affaires, ainsi que les démarches de cette auguste princesse sur ces mêmes objets, je crois devoir omettre d'en répéter ici les détails.

Le courrier mensuel m'ayant remis le 10 au soir les ordres de V. M. en date du 30 de juin, j'ai été le lendemain matin présenter à la reine les lettres qui lui étaient adressées. Je présume que cette auguste princesse témoignera dans ses réponses combien elle a été émue du compte que je lui ai rendu de l'état actuel des affaires, et qu'elle ajoutera quelques circonstances dont je ne suis pas encore informé au moment où j'écris, ayant cru devoir, par circonspection, ne pas trop me montrer à Versailles dans un moment où j'aurais pu être soupçonné d'exciter la reine à des démarches que je l'ai vue résolue de tenter, et dont elle exposera sans doute l'issue à V. M.

## XLVII. — Mercy a Marie-Thérèse.

*17 juillet.* — Sacrée Majesté, Quoique la reine soit constamment animée d'un vif désir et d'un vrai zèle de se rendre utile à son auguste maison, je la vois souvent embarrassée, et en quelque façon découragée par les obstacles qu'elle rencontre à effectuer tout ce qui serait désirable dans les circonstances présentes. Ces obstacles ont deux causes : la première est que la reine, encore peu habituée aux affaires, n'en sait point assez les détails ; elle généralise ses demandes sans les appuyer sur les raisonnements politiques qui donneraient toute la force à ces mêmes demandes, et la moindre objection faite par les ministres reste sans réplique, malgré les précautions que je prends pour suggérer les moyens d'y répondre. La seconde cause provient de l'extrême timidité du roi, qui s'est tellement laissé subjuguer par le comte de Maurepas qu'il n'a ni la volonté ni la force de marquer à ce ministre une opinion propre sur les affaires. Ce double inconvénient a des conséquences bien fâcheuses pour le moment présent, et en aurait pour l'avenir dans tout ce qui intéresse la reine, si elle ne s'occupe pas sérieusement à y remédier. Le moyen le plus efficace serait sans doute de tâcher de donner au jeune monarque plus de nerf et de volonté. Cela ne serait pas impossible à la reine ; mais pour y réussir, il faudrait plus de méthode et de suite qu'elle ne paraît disposée à en employer. Un autre expédient bien plus facile serait celui de s'attacher le comte de Maurepas, et j'ai prouvé à la reine jusqu'à l'évidence qu'elle en aurait tous les moyens. Le roi lui-même concourrait à les procurer ; il ne s'agirait que de flatter un peu l'amour-propre du vieux ministre par des démonstrations d'affection, de faveur et de confiance. Naturellement vain, faible et timoré, le comte de Maurepas serait depuis longtemps aux ordres de la reine s'il avait pu espérer auprès d'elle un appui solide ; mais jamais la reine n'a voulu le réduire, ni par la force, ni par les bons traitements. Elle s'est toujours tenue dans une sorte de contraste qui aliénait le ministre, et qui ne suffisait pas pour l'intimider. Voilà en grande partie la vraie cause du peu de moyens qu'il y a eu jusqu'à présent d'effectuer ici ce qui aurait été le plus utile au service de V. M. Je viens de faire à cet égard les plus fortes représentations à la reine, et je dois soumettre aux hautes lumières de V. M. l'usage qu'elle jugera peut-être à propos de faire de ces remarques vis-à-vis de son auguste fille.

Il m'est évidemment prouvé que cette conduite de la reine envers le principal ministre est l'effet des insinuations du parti du duc de Choiseul, qui verrait avec trop de peine le comte de Maurepas en bonne mesure auprès de la reine, tandis que le parti susdit a toujours cherché à se servir du crédit de S. M. pour fronder le vieux ministre ; et c'est ainsi que des intrigues particulières ruinent le bien du service de la reine, en faisant par contre-coup un grand tort à celui de V. M.

Le coadjuteur de Strasbourg, qui a pris le nom de cardinal de

Guéménée (1), est toujours un personnage très-suspect à la reine; il se donne tous les mouvements possibles pour se procurer un accès favorable auprès de S. M., mais elle est bien décidée à ne point changer d'opinion sur ce prélat; il a auprès de lui comme homme de confiance cet abbé Georgel que je crois un des plus dangereux intrigants qui existent. Il s'est interné chez le comte de Maurepas et a de fréquents entretiens avec ce ministre dans son cabinet. Une particularité bien remarquable, et que la reine a daigné me confier, c'est que le roi lui a parlé, il y a peu de jours, de cet abbé Georgel dans les termes de la plus grande indignation, en disant qu'il désirerait bien que cet ecclésiastique fût chassé de la cour. Le roi ne s'est point expliqué sur les motifs de ces propos, et malheureusement la reine n'a rien fait pour les éclaircir. S. M. soupçonnait cependant qu'elle pouvait entrer pour quelque chose dans cette confidence du roi, et que cet abbé Georgel pourrait bien être l'auteur de propos défavorables à la reine. Il suffit que cet ex-jésuite soit un des fidèles de la comtesse de Marsan pour exiger que l'on observe ses manœuvres. La comtesse susdite, qui a le caractère le plus implacable et le plus audacieux, est aussi ulcérée contre la reine qu'elle est attachée de tout temps à Monsieur. J'ai exposé là-dessus de sérieuses réflexions à faire, et la reine m'a paru en sentir les conséquences, surtout dans la conjoncture présente; pourvu que la reine s'observe vis-à-vis de Monsieur et de Madame, il n'y a rien de bien dangereux dans les menées que pourraient tenter leurs partisans, et j'y veillerai d'ailleurs de si près que rien ne pourra m'échapper à cet égard.

Sur ce que V. M. daigne me marquer dans sa très-gracieuse lettre du 30 de juin, j'observerai que la prétendue brouillerie de l'abbé de Vermond avec la princesse de Lamballe est une histoire absurde qui a été débitée dans Paris, que la reine a sue, et dont elle s'est amusée; il n'y a d'ailleurs pas l'ombre de vérité à ce conte (2).

Relativement à l'ordre que V. M. daigne me donner d'éviter tout ce qui pourrait compromettre la reine en matière d'affaires, je dois m'en remettre aux très-humbles remarques que j'ai déjà exposées

---

(1) Ce n'est point ce nom qui lui est resté dans l'histoire, mais celui de cardinal de Rohan.

(2) Voir ci-dessus la lettre XLI.

dans mes rapports précédents, et, vu l'ensemble de la position de la reine, elle est en état d'effectuer beaucoup de bien sans que V. M. ait à prévoir ni à craindre le moindre inconvénient pour son auguste fille, et je veillerai d'ailleurs avec une extrême attention à cet article important.

Mon très-humble rapport était écrit jusqu'ici, lorsque le courrier extraordinaire arrivé le 13 m'a remis le très-gracieux billet de main propre que V. M. a daigné m'écrire en date du 7 (1). A l'instant même j'envoyai l'incluse à la reine, en écrivant à S. M. que, l'événement du moment prévalant à toutes réflexions antérieures, je croyais devoir me rendre à Versailles et que j'irais prendre les ordres de la reine le mercredi après avoir vu le comte de Vergennes, qui était alors à Paris.

Ma dépêche d'office expose l'audience de sept quarts d'heure que j'eus chez la reine, et ce qui s'y passa d'intéressant sur les affaires (2), il ne me reste qu'à ajouter ici quelques particularités qui ne peuvent être déduites qu'à V. M. seule.

Jamais je n'ai vu la reine si oppressée, et, avec un épanchement

---

(1) C'est le billet qui annonçait le commencement des hostilités entre l'Autriche et la Prusse.

(2) Dans cette dépêche d'office, Mercy, rendant compte de son entrevue, dit qu'il trouva la reine en larmes. Elle lui dit que l'invasion du roi de Prusse en Bohême était le sujet de son chagrin, mais que son émotion était accrue par un entretien qu'elle venait d'avoir avec le roi; celui-ci était arrivé à elle les yeux mouillés de larmes, lui déclarant qu'il ne pouvait supporter de la voir en si grande inquiétude, qu'il voulait faire tout au monde pour apaiser sa douleur, qu'il y avait toujours incliné, mais que ses ministres l'avaient retenu, le bien de son royaume ne lui permettant pas de faire plus qu'il n'avait fait. La reine, par une longue déduction, prouva alors au roi que son honneur et sa gloire même lui prescrivaient de tout autres mesures contre le roi de Prusse. Le roi n'y contredit pas. — Dans la même dépêche, Mercy rend compte encore du récit que lui fit la reine d'une entrevue qu'elle avait eue avec Maurepas. « Celui-ci ayant voulu recourir à ses subterfuges ordinaires, la reine, élevant la voix, lui dit : Voici, monsieur, la quatrième ou cinquième fois que je vous parle des affaires, vous n'avez jamais su me faire d'autre réponse ; jusqu'à présent j'ai pris patience, mais les choses deviennent trop sérieuses, et je ne veux plus supporter de pareilles défaites; puis aussitôt, se rappelant ce que lui avait dit Mercy, elle exposa toute la suite des événements depuis le commencement de l'affaire, et montra comment la France s'était prêtée aux cajoleries du roi de Prusse et, au lieu de le retenir, l'avait rendu, s'il était possible, plus opiniâtre. — Maurepas, surpris d'entendre la reine parler avec tant de vivacité et de connaissance de cause, se confondit en excuses et en protestations de dévouement. » En recevant de la reine la confidence de cette conversation, Mercy l'engagea à agir avec plus de condescendance envers Maurepas, de peur de l'aigrir, mais il la trouva peu inclinée à suivre cet avis ; elle lui répondit « qu'elle trouverait de la bassesse à montrer de la bonté envers un homme dont elle était mécontente ».

de confiance et de bonté, elle daigna me dire qu'elle voulait me faire sa confession générale, et partant de là elle me parla de ses amusements, de ses sociétés et généralement de tous les détails de sa vie privée, m'ordonnant de lui dire mon faible avis sur chaque article et sur chaque individu. Je m'en acquittai avec zèle, et cette matière me conduisit à des remarques si étendues, si motivées et variées qu'il serait impossible de les exposer à V. M. dans un simple rapport. Je déclamai beaucoup contre le jeu, j'analysai les vues et la conduite des favoris et des favorites, je passai aux intrigues de cour et je n'omis pas un seul point intéressant au service de la reine. Elle daigna m'écouter avec des marques de bonté extraordinaires, et ajouta que la tristesse où elle se trouvait lui devenait un moment favorable à faire des réflexions sérieuses sur sa conduite à venir, et qu'enfin elle sentait la nécessité de s'y décider.

Ce même jour la reine devait donner au roi, à Trianon, une petite fête dont les apprêts étaient déjà formés. Elle daigna me dire qu'elle venait de contremander cette fête, ne pouvant supporter l'idée des amusements tandis qu'elle ne pouvait que partager les peines et les inquiétudes de V. M. La reine versa des larmes en tenant ce propos, et en parlant de S. M. l'empereur, de M$^{gr}$ l'archiduc, et de S. A. R. M$^{me}$ l'archiduchesse Marie, prenant part à ses alarmes sur S. A. R. M$^{gr}$ le prince Albert, son époux.

La reine voulait en même temps ne plus paraître à aucun spectacle à Versailles et se refuser à tout amusement tant que les circonstances critiques présentes dureraient. J'observai à S. M. que la première pensée, de contremander la fête de Trianon, me paraissait bien placée et raisonnable, mais que, dans les démonstrations d'une juste sensibilité, je croyais qu'il y avait une mesure à garder; qu'en s'abstenant de toute fête et de tout ce qui annonce la gaieté, la reine marquerait avec raison aux yeux du public son vif et tendre intérêt pour son auguste maison, mais qu'en se renfermant dans une douleur solitaire, elle marquerait de l'abattement; que son état de grossesse exigeait même un peu de dissipation nécessaire à la santé, et que ce serait augmenter les inquiétudes de V. M. que de lui donner des sujets de crainte à cet égard. Je fus obligé d'insister beaucoup avant de parvenir à modérer des résolutions qui auraient pu devenir très-dangereuses à la santé de la reine. Je ne présume pas que sa lettre contienne rien à ce sujet; mais je suis bien sûr que ce serait grande satisfaction pour cette auguste princesse, si V. M. daignait lui faire connaître qu'elle a été informée par mes rapports de la suppression de la fête de Trianon, et des marques de la sensibilité et de la tendresse la plus touchante que la reine a données dans ces circonstances envers V. M.

La reine me demanda ensuite sous quelle forme elle pourrait rendre compte à V. M. de ses dernières conversations avec le roi. Je répondis qu'il n'y avait qu'une seule manière, et que c'était d'exposer bien exactement tout ce qui s'était passé ; mais la reine m'objecta qu'elle répugnerait un peu à faire voir à V. M. jusqu'à quel point le roi s'est laissé subjuguer par son principal ministre, et qu'elle avait peine à parler de cette faiblesse de son auguste époux. Je répliquai que cette délicatesse était digne de la belle âme de la reine, mais que, quand il s'agissait de s'expliquer vis-à-vis de son auguste mère seule, il ne pouvait et ne devait exister de retenue ni le moindre scrupule à épancher le fond de son cœur. La reine parut bien convaincue de cette vérité ; j'ignore cependant le degré de précision qu'elle aura mis dans sa lettre à V. M.

D'après ce que je viens d'exposer, il est à présumer qu'il y aura quelque parti à tirer de cette cour ; à cet égard l'ardeur de mon zèle est encore plus vivement excitée par la vraie douleur et l'inquiétude que me causent les peines personnelles de V. M., et par l'extrême bonté avec laquelle elle daigne m'en parler. Le ciel bénira sa juste cause contre une agression aussi atroce, et de bonnes mesures, soutenues avec ce sublime courage dont V. M. a donné tant de preuves dans le cours de son glorieux règne, procureront une issue heureuse à des conjonctures si critiques.

## XLVIII. — Marie-Thérèse a Mercy.

*Schönbrunn*, 31 *juillet*. — Ceci est pour votre information seule et que vous me renverrez par le premier courrier ; selon ma juste confiance dans votre zèle et discrétion, quoiqu'il m'en coûte de vous le communiquer (1). La persuasion où j'étais, depuis le premier moment

---

(1) Marie-Thérèse, désespérant du succès de la guerre, s'était décidée à entamer directement une négociation avec Frédéric II ; le baron de Thugut était parti le 13 juillet de Vienne chargé de ses propositions, et arrivait le 17 au camp du roi de Prusse. Prévoyant que

de cette malheureuse affaire, qui a été traitée bien différemment de ce que Kaunitz et moi traitions ci-devant les affaires, et nous attirera les plus grands malheurs, fait que depuis six mois je ne suis plus entrée en rien. Ce n'est que depuis l'entrée du roi de Prusse en Bohême, et depuis les copies de ses lettres, que ma tendresse a été ébranlée, croyant non-seulement devoir sauver la monarchie, mais tirer d'affaire mon fils avec honneur; ne faisant ou ne me passant aucune réflexion sur moi de ce pas délicat, qui m'a même coûté à faire. Vous verrez comme j'en ai été récompensée, et je vous avoue que j'en suis si accablée qu'il ne serait étonnant que je succombe. Je suis à la vérité accoutumée d'être toujours contredite et que rien qu'on propose n'est jamais approuvé, ce qui fait que toutes nos négociations et actions sont toujours si décousues que rien ne tient à l'autre. Je n'ai pas fait ce pas de ma tête seule; Kaunitz l'a proposé pour me consoler, et je me serais moi-même jetée aux pieds du roi si j'avais pu obtenir la paix. Vous verrez malheureusement ce qui en est suivi et que je me vois frustrée de toutes mes espérances.

J'aurais arrêté ce courrier jusqu'au 8, où j'aurai une réponse de l'empereur sur ma dernière; mais cela aurait dérangé là tout et aurait pu découvrir mes intentions; car même Kaunitz ne saura jamais que je vous en ai écrit, et vous ne pouvez faire usage vis-à-vis de personne que de ce qu'on vous prescrira par les dépêches de la chancellerie. Je dois encore vous confier que l'empereur a fini depuis six semaines toute correspondance avec Kaunitz et qu'il se lâche très-fortement contre lui. Je ne sais la raison, mais j'en suis fâchée; cela abat le prince (1), et Binder l'est déjà depuis longtemps. Je n'ai d'autre

---

son fils serait contraire à cette tentative, l'impératrice ne lui en fit part qu'après le départ du négociateur, par une lettre datée du 13. « Ayant commencé cette besogne, disait-elle, je l'achèverai selon ma tête, car il s'agit de vous et de la monarchie... ma vieille tête grise peut supporter tout, on peut la charger de tout le blâme. » Joseph II éprouva un véritable désespoir de cette démarche, qu'il qualifia comme « la plus flétrissante qu'on eût pu imaginer ». Lettre du 16 juillet. Le roi de Prusse rejeta les propositions de l'impératrice, en fit d'autres qui ne furent point acceptées, et les négociations furent complétement rompues au milieu d'août. — L'impératrice avait envoyé à Mercy la copie d'une lettre de l'empereur; c'est à cette communication que se rapportent ici ses premiers mots. Pour toute la correspondance entre Marie-Thérèse et son fils, nous renvoyons encore au tome II de *Maria Theresia und Joseph II*, par A. d'Arneth.

(1) Le prince de Kaunitz. — Binder était, auprès de Kaunitz, sous-chef de la chancellerie d'État.

ministre ni conseil, et je suis à plaindre et ne sais comment sortir de tout ceci. Je le saurais bien si on était dans d'autres circonstances, mais dans ce moment on ne saurait y penser.

Je dois seulement ajouter, pour votre information, que depuis un mois l'empereur et ses quatre maréchaux, le prince Albert, Hadik, Lacy et Laudon sont d'avis que nous sommes inférieurs au roi avec les Saxons, de 40,000 hommes, qu'avec nos armées de 180,000 hommes, nous ne pouvons tenir la défensive et empêcher que le roi ne s'établisse l'hiver en Bohême ou Moravie, et pendant ces mois d'été ne pille et dévaste nos bonnes provinces, nous ôtant toutes nos ressources en hommes, vivres et argent. Si ces messieurs avaient voulu dire cela en avril, et même en mai, on n'aurait pas laissé aller les choses si loin et rompu la négociation; mais alors ils faisaient les courtisans, et nous voilà dans l'embarras, car on ne pense pas moins que d'abandonner Prague et toute la Bohême en se mettant derrière l'Elbe à Kolin, sur le grand chemin de Vienne, et cela sans avoir encore le moindre échec. Cela fait bien honneur au prince Charles et à Daun (1), qu'on appelait des gens peu entreprenants; ils soutenaient au moins les choses.

L'autre est si vous croyez, et comment, former une médiation pour venir à la paix, si on pouvait compter sur la France, si on devait y mêler la Russie en même temps, ou l'empire; on souhaiterait qu'on pût le faire déclarer neutre pour que les catholiques, qui sont tous avec les Prussiens et qui ont des troupes, ne se joignent à lui, comme les Saxons, qui l'appellent *Reichs-Executions-Armee*. Les Hanovriens se tirent actuellement ensemble à Mühlhausen, les Hessois et autres petits princes saxons de même. La chose va trop loin, nous avons négligé tout le monde, nous ne disons rien et le roi prévient tout le monde par ses écrits, cajoleries et émissaires grands et petits. Voyons seulement tout ce qu'il prévient et ménage vis-à-vis de la France, et nous restons toujours les bras croisés ! Autant que j'aime et estime le prince Kaunitz, autant sur ce point je me suis souvent disputée à vouloir le pousser; mais vous connaissez ce grand homme, c'est sur ce point qu'il est plus que faible et ne saurait se changer : c'est contre son naturel. La faiblesse de Binder depuis une couple

---

(1) Le prince Charles et le maréchal Daun, dont Marie-Thérèse rappelle ici le souvenir, commandaient les armées autrichiennes pendant la guerre de Sept ans.

d'années y contribue encore plus. Je dois rendre justice que Kaunitz travaille plus à cette heure, lui seul, qu'il n'a fait ci-devant, mais pourtant pas assez pour la besogne. Il n'a personne dans ses bureaux, des honnêtes gens, mais ni tête élevée, ni science : routine et bonne volonté, mais point de conseil.

Je suis fâchée de devoir vous faire ce tableau effrayant, mais il fallait que vous soyez au fait pour pouvoir me conseiller ; je l'attends avec empressement.

### XLIX. — Marie-Thérèse a Marie-Antoinette.

*Schönbrunn, 3 août.* — Madame ma chère fille, Personne n'était plus impatiente que moi de vous envoyer un courrier sur notre situation ; mais malheureusement les choses ont traîné et paraissent encore peu favorables à venir à cette fin que j'ai tant désirée, pour tirer promptement l'empereur et mes fils de la cruelle situation où ils se trouvent, et qui a augmenté encore par la jonction des Saxons, qui sont 30,000, et par là causent au roi une supériorité de 40,000 hommes sur les nôtres et nous obligent à la défensive. Tant que nous pouvons garder les deux endroits, du côté où le roi se tient depuis un mois, et de Zittau à Aussig du côté du prince Henri, il n'y a rien à craindre (1) ; mais il ne peut rester plus longtemps ainsi. Alors, le pays étant dégarni de toute forteresse, il peut nous tourner et forcer, ayant la supériorité, et notre retraite sera de nouveau vers Kolin, comme l'année 1757 avant la bataille qui a sauvé Prague. J'avoue que cette perspective est des plus désolantes. D'abandonner tant de pays et ressources à l'ennemi, qui ne fait que piller partout, et nous priver en même temps de bien grandes ressources, et voir nos bons sujets foulés ! J'attends encore une réponse en peu de jours, qui doit éclaircir nos espérances ou craintes, et je n'ai pas voulu arrêter plus longtemps ce courrier, comptant vous envoyer un autre d'abord que je verrai plus clair ou que les choses changeront. En attendant, nous ne pouvons assez remercier Dieu que la santé de vos deux frères se soutient, et le prince Albert se remet

---

(1) On a vu plus haut (pièce XLIII) que Frédéric II était entré à Nachod, au N. E. de la Bohême. — Zittau est une petite ville de la Saxe royale, en Haute Lusace, au S. E. de Bautzen, et par conséquent voisine de la frontière orientale de la Saxe. Aussig est dans le cercle de Leitmeritz, en Bohême, sur l'Elbe, et un peu au N. de Prague.

un peu lentement à cause des fatigues et du peu de repos, mais pourtant bien, grâce à la china (1).

Ce que vous me mandez d'un entretien avec le roi m'a tiré les larmes de consolation, mais encore plus ce que Mercy me marque de vos chères larmes, et combien vous étiez touchée. Je reconnais bien ce cœur admirable de ma chère Antoinette! L'idée de ne vouloir plus intervenir aux spectacles est bien touchante à votre âge et dans un pays où on croit ne pouvoir vivre sans cela; mais je vous prie de suivre le conseil là-dessus de Mercy. On peut être triste, mais jamais abattue. Notre cruel ennemi en jouirait bien ; plus que les circonstances sont critiques, et plus on doit se soutenir pour pouvoir prendre les moyens nécessaires. Je ne puis vous exprimer ma consolation, combien la fête contremandée à Trianon vous a fait honneur dans toutes les lettres particulières ; surtout Breteuil en a eu une joie très-vive et l'a bien débité partout. Votre état de grossesse, qui me cause tant de consolation, exige que vous ne vous laissiez pas aller aux tristes idées, je vous conjure; on incline sans cela dans cet état à la fin à un peu de mélancolie. Espérons en Dieu, qu'il ne nous abandonnera pas et nous tirera tout d'un coup de cet état dangereux. Je souhaiterais bien que votre santé fût si robuste que la mienne ; mais vous me dites si agréablement que la vôtre ne tient absolument qu'à la mienne que j'en aurai tout le soin et plus que je n'en ai eu jusqu'à cette heure.

## L. — Marie-Thérèse a Marie-Antoinette.

*Schönbrunn, 6 août.* — Madame ma chère fille, Mercy est chargé de vous informer de ma cruelle situation, comme souveraine et comme mère. Voulant sauver mes États de la plus cruelle dévastation, je dois, coûte qu'il coûte, chercher à me tirer de cette guerre; et comme mère, j'ai trois fils qui ne courent pas seulement les plus grands dangers, mais doivent succomber par les terribles fatigues, n'étant accoutumés à ce genre de vie. En faisant à cette heure la paix, je m'attire non-seulement le blâme d'une grande pusillanimité, mais je rends le roi toujours plus grand, et le remède devrait être prompt. J'avoue, la tête me tourne, et mon cœur est depuis longtemps déjà

---

(1) Au quinquina.

entièrement anéanti. Mais ne craignez pas pour ma santé, elle est bonne et je la conserve pour l'amour de vous, mais je suis affligée. Le commencement de la campagne n'est pas heureux. Le prince Henri étant entré de tous côtés de la Saxe avec force, Laudon n'a pas cru pouvoir lui tenir tête, s'est replié jusqu'à Kosmanos derrière l'Iser, et par là donne cinq cercles les plus beaux à l'ennemi, qui ne fait que piller (1). Nous avons fait même dans cette retraite de petites pertes par-ci par-là, mais il a voulu se mettre au niveau de la grande armée, pour se donner la main. Mais il y a à craindre que celle-ci même ne pourra guère plus se soutenir dans son poste avantageux, l'ennemi venant de deux côtés à ses flancs ; alors les choses prendront une tournure assez délicate et je vous recommande de soutenir Mercy pour sauver votre maison et vos frères. Je ne demanderai jamais rien au roi qui puisse l'attirer dans cette malheureuse guerre, mais des ostentations, de nommer ou rassembler des régiments et généraux pour venir nous secourir, en cas que les Hannovriens et autres se mettent avec nos ennemis. Il ne convient pas à la France que nous devenons subjugués à notre cruel ennemi. Elle ne trouvera jamais un ami et allié plus sincèrement attaché pour le fond que nous : pour les dehors, attentions et cajoleries, j'avoue, en cela nous sommes toujours en défaut. Je suis doublement agitée, craignant votre trop de sensibilité dans l'état présent. Je vous conjure de vous ménager, de vous ranimer et ne vous abandonner. Le bon Dieu aura pitié de nous, et nos alliés nous aideront à nous tirer d'affaire avec honneur. Je vous embrasse.

LI. — Marie-Antoinette a Marie-Thérèse.

*Versailles*, 14 *août*. — Madame ma très-chère mère, J'ai passé d'abord quinze jours dans la plus cruelle inquiétude, ne recevant point de nouvelles. Je me figurais toute sorte d'horreurs. L'arrivée des courriers, que j'attendais avec tant d'impatience, n'a fait qu'augmenter mes alarmes et la cruelle incertitude qui me dévore. Mais puis-je

---

(1) Le feld-maréchal de Laudon s'était illustré dans la guerre de Sept ans. Dans la campagne présente, il rendit après tout un grand service, en empêchant la jonction de l'armée du prince Henri avec celle qui était commandée par Frédéric II. — Kosmanos est au N. de la Bohême, un peu au N. de Iung-Buntzlau, sur l'Iser, affluent oriental de l'Elbe, au N. E. de Prague.

penser à mes maux, quand ma chère maman est dans une si affreuse situation ! Il est vrai que, depuis trois semaines, ce point de vue anéantit et absorbe tous mes autres sentiments.

Je m'étais décidée hier à engager le roi à offrir sa médiation; pour le décider, j'avais préféré de l'aller trouver dans le moment où je le savais avec MM. de Maurepas et de Vergennes. Nous venions d'entamer l'affaire, et le roi paraissait déjà très-bien disposé, lorsque les dépêches du baron sont arrivées; elles ont été lues en ma présence. Je ne cacherai pas à ma chère maman que M. de Maurepas faisait de temps en temps des difficultés sur les dépêches du baron. On a été étonné du changement pour les margraviats (1); il me semble que le soir Mercy a bien éclairci cet article avec M. de Vergennes. Quoiqu'il reste aux ministres, surtout à M. de Maurepas, un peu de cette maudite peur qui a fait tant de mal à nos affaires, il convient cependant (et pour ce point c'est bien le roi qui a donné le ton) que les choses sont bien changées, et que le roi de Prusse aura tout le tort si, malgré les propositions de ma chère maman, il ne consent pas à la paix. En conséquence, dès lundi prochain, M. de Vergennes doit écrire d'une manière très-positive au chargé d'affaires à Berlin. Ils pensent aussi à envoyer un négociateur en Allemagne. Je crois être venue à bout d'écarter M. Odune, que Mercy m'a dit ne pas convenir. Le grand point est de faire tenir à nos ministres le langage véritable de l'alliance; ils le promettent, mais il y aura à y veiller et à batailler plus d'une fois, si cette malheureuse affaire ne se termine pas tout de suite. J'ai une grande consolation de ce que le roi y est bien porté de cœur et d'âme.

J'ai un grand bonheur que, ma grossesse se trouvant dans un si af-

---

(1) Il s'agit des margraviats d'Anspach et de Bayreuth, qui appartenaient à des branches cadettes de la maison de Brandebourg. Un traité conclu entre Frédéric II et les deux margraves avait réglé que, dans le cas probable de l'extinction de leurs familles régnantes, ces margraviats seraient réunis à la Prusse. L'Autriche voyait avec déplaisir cette annexion, qui devait augmenter l'influence de la Prusse dans le sud de l'Allemagne; c'est pourquoi Marie-Thérèse, dans la négociation qu'elle venait d'entamer avec Frédéric II, en proposant de renoncer aux avantages que l'Autriche avait espérés en Bavière, demandait comme compensation que la Prusse renonçât à la succession des margraviats, et que cette succession fût assurée à un prince puîné de la maison d'Autriche. Frédéric alors, par un revirement inattendu et qui causa l'étonnement dont parle Marie-Antoinette, proposa d'abandonner la succession des margraviats à la Saxe, qui céderait à la Prusse la haute et la basse Lusace. La Saxe ne se prêta pas à cette combinaison. La paix de Teschen confirma à la Prusse ses droits sur les margraviats.

freux moment, ma santé est toujours très-bonne. Mon enfant a donné le premier mouvement le vendredi 31 juillet, à dix heures et demie du soir; depuis ce moment il remue fréquemment, ce qui me cause une grande joie. Je ne peux pas dire à ma chère maman combien chaque mouvement ajoute à mon bonheur. Depuis ce temps je suis beaucoup grossie, et plus même qu'on ne l'est ordinairement à cinq mois. Je ne mérite certainement aucun éloge pour la fête de Trianon, il m'aurait été bien impossible d'y avoir une contenance. Quelques jours après je me suis remise au train ordinaire. Ma tête ne suffirait pas aux réflexions qui m'accablent; il est encore vrai qu'elles sont nécessaires pour dérouter les conjectures et les raisonnements. Par le moyen des philosophes et des intrigues de toute espèce, le roi de Prusse est venu à bout de se faire un grand nombre de partisans, et je me trouve obligée dans certains moments de montrer un visage gai, n'en ayant asssurément ni sujet ni envie. Nous allons passer huit jours à Choisy; je n'ai pas cru devoir m'opposer aux deux spectacles, qui sont toujours dans les voyages; on aurait encore tenu des propos sur cela. Il est arrangé que mon enfant sera baptisé et nommé aussitôt après sa naissance. Si ma chère maman a la bonté d'être la marraine, j'espère qu'elle aura la bonté d'envoyer sa procuration et les noms qu'elle voudra lui donner. Le roi d'Espagne sera parrain. J'ai bien de l'impatience du courrier prochain. Je n'ose me flatter qu'il apporte une bonne conclusion : Dieu veuille qu'elle ne soit pas désolante !

### LII. — Mercy a Marie-Thérèse.

*Paris,* 17 *août.* — Sacrée Majesté, L'état de la santé de la reine, qui est dans le moment actuel l'objet le plus important dont j'aie à rendre compte à V. M., ne me fournit que des détails agréables à exposer, et ils sont à peu près de même nature que ceux dont mes précédents et très-humbles rapports ont fait mention.

Le 1$^{er}$ de ce mois, ayant reçu du médecin Lassone le billet ci-joint, j'en mandai sur-le-champ le contenu au secrétaire du cabinet baron de Pichler, pour que V. M. en fût informée le plus tôt possible. Depuis cette époque, les accidents à prévenir dans un état de grossesse devenant de beaucoup moins à craindre, la reine se trouve dans le cas de diminuer les précautions et la gêne de son régime précédent. S. M. fait des promenades en voiture plus fréquentes et plus longues. On se dispose à quelques petits voyages à Choisy, et le premier aura lieu peut-être au temps du départ de ce courrier.

Jusqu'à ce moment il n'y avait rien eu de varié dans les occupations ou amusements que la reine se procure à Versailles. La principale de ses ressources consistait dans des conversations plus fréquentes et plus suivies avec le petit nombre de personnes que cette auguste princesse daigne admettre auprès d'elle. La comtesse de Polignac ayant dû se rendre chez ses parents, à la campagne, dans le moment même où la nouvelle de l'entrée de l'armée ennemie en Bohême causait à la reine tant d'inquiétude et de chagrin, le roi crut devoir donner à son auguste épouse une marque d'attention en écrivant par un exprès à la comtesse de Polignac de revenir sur-le-champ à la cour, afin que la reine eût le soulagement de pouvoir s'entretenir avec la personne à laquelle elle accorde le plus de confiance et d'amitié. Cette particularité donne à connaître combien la faveur de la dite comtesse est maintenant en évidence; mais je n'ai pas plus de sujet que par le passé de croire qu'elle en fasse un usage utile au service de la reine. Il n'est cependant rien survenu depuis quelque temps qui ait indiqué des abus trop marqués de la part de cette favorite.

Un nombre des courtisans les plus assidus vient de partir pour servir au corps d'armée que commande le maréchal de Broglie en Normandie; cela forme un vide dans ce que la reine appelle sa société. Le duc de Guines, qui est un des officiers généraux en commission, a trouvé moyen de terminer le mariage de sa fille avec le fils du marquis de Castries, avec tous les avantages qu'il avait en vue, c'est-à-dire le titre de duc héréditaire pour son gendre, et cent mille écus de dot pour sa fille. Il était presque convenu que cette somme serait diminuée de moitié; mais elle est restée au taux de la première demande, sous condition qu'elle ne sera payée qu'en quatre années. Il a fallu tout le crédit de la reine pour obtenir de pareilles grâces. S. M. aurait voulu ne pas paraître les avoir effectuées; mais le public ne s'y est point trompé, non plus que les mécontents, et cela a donné lieu à des dégoûts, d'autant plus que le duc de Guines n'est pas parvenu encore, à beaucoup près, à effacer les impressions fâcheuses qu'a occasionnées le fameux procès contre son secrétaire.

Un petit orphelin des environs de Versailles, que la reine fait élever sous ses yeux (1), a donné lieu à un accident qui heureusement n'a pas eu de suites et que la reine voudrait qui restât ignoré de V. M.

L'enfant en question, âgé de cinq ans, craint beaucoup les armes à feu; pour le guérir de cette frayeur, on lui avait donné un petit fusil dans lequel on lui faisait brûler des amorces. Un garçon de la chambre, chargé de cette instruction, usa si maladroitement d'une poire à poudre dont il se servait que le feu y prit, causa une explosion assez forte, et fit quelques très-légères taches de brûlure au visage de l'enfant. Cela se passa dans une chambre attenante à celle de la reine, qui aurait pu très-aisément être présente à cette étourderie, et en être effrayée. La quantité de poudre brûlée n'était pas au-delà d'une charge de fusil, mais il n'en fallait pas plus pour en rendre l'effet dangereux. La sensation qu'un pareil accident a occasionnée fera prendre toutes les précautions à ce que rien de pareil ne puisse arriver par la suite.

Depuis que l'abbé de Vermond est de retour de son abbaye, il a passé chaque semaine deux ou trois jours à Versailles, y reprenant son service ordinaire dans le cabinet de la reine, de laquelle il est toujours traité avec la même bonté et confiance.

Le degré de liaison dans l'intérieur de la famille royale est toujours à peu près le même; la reine a cependant mis un peu plus de mesure vis-à-vis de Madame sans que la bonne intelligence en soit altérée. Le comte d'Artois est moins assidument chez la reine, surtout depuis huit à dix jours que les jeux de hasard ont cessé à la suite d'une perte assez considérable que le banquier a faite, et qui heureusement met fin, au moins pour quelque temps, au désordre qu'occasionnait ce dangereux amusement.

Le courrier mensuel, arrivé par Strasbourg le 9 au soir, m'a remis les ordres de V. M. en date du 31 juillet, et le lendemain au matin j'ai été présenter à la reine les lettres qui lui étaient adressées.

### LIII. — MERCY A MARIE-THÉRÈSE.

*Paris, 17 août.* — Par une suite des bontés particulières de la reine pour le comte Valentin Esterhazy, elle a pensé à procurer à cet

---

(1) Voir dans le tome II la pièce XXXIII de l'année 1776, avec la note de la page 478.

officier l'avantage d'aller porter à Vienne la nouvelle de ses couches ; mais comme une commission aussi agréable et distinguée ne pourrait être donnée au comte Esterhazy sans exciter les plaintes et les réclamations des charges de cour qui ont droit à de pareilles commissions, la reine m'a chargé d'exposer le désir qu'elle aurait que V. M. daignât, comme de son propre mouvement, demander que le comte Esterhazy fût choisi pour la mission susdite.

J'ai représenté d'abord les inconvénients très-manifestes d'une pareille idée, les dégoûts et les tracasseries qu'elle causerait ; mais la reine ayant insisté sur ce que j'eusse à remplir ce qu'elle exigeait, je n'ai rien eu à répliquer, et il ne me reste qu'à attendre les ordres qu'il plaira à V. M. de me donner à ce sujet. S'ils sont favorables aux vues de la reine, je ferai sur-le-champ les démarches nécessaires ; mais dans le cas contraire, je dois observer très-humblement que, pour m'éviter tout soupçon ou mauvais gré, il serait utile que V. M. daignât ordonner à son secrétaire du cabinet de m'écrire une lettre ostensible, qui indiquât la résolution qui sera prise à cet égard, et cette lettre pourrait contenir quelques autres détails indifférents qui ôtassent l'apparence qu'elle a été écrite pour être montrée.

La reine a été pendant quinze jours extraordinairement agitée et inquiète de ne recevoir aucunes nouvelles, soit des négociations renouées avec le roi de Prusse, soit des événements qu'elle supposait pouvoir être survenus à l'armée. Nous avons eu grande peine, l'abbé de Vermond et moi, à calmer la reine sur ces deux objets. Dans les longs et fréquents entretiens que j'ai eus avec S. M., je l'ai trouvée souvent beaucoup plus disposée que par le passé à raisonner sur les matières sérieuses et à en discuter les détails. J'ai profité de la conjoncture pour donner à cette auguste princesse autant d'idées qu'il était possible, des affaires générales et de leur application aux principes du système actuel. La reine est maintenant fort en état d'en raisonner avec le roi et ses ministres, et si elle voulait s'en occuper de suite, il en résulterait à coup sûr de très-bons effets.

### LIV. Mercy a Marie-Thérèse.

*Paris,* 17 *août.* — Mes très-humbles rapports étaient écrits et au moment d'être expédiés, lorsque le courrier chargé de la dépêche de la chancellerie d'État et de la lettre du secrétaire du cabinet baron de Pichler en date du 6 m'a remis l'une et l'autre le 13, à trois heures après midi. Je ne fis que sortir de table, me mettre en voiture où je lus les dépêches, et à six heures j'étais dans le cabinet de la reine (1). Mon rapport d'office expose dans le plus grand détail tout ce qui s'y est passé, et je croirais importuner V. M. de le lui répéter ici. La reine, quoique fort affectée, envisage les circonstances avec beaucoup de présence d'esprit et de courage ; ainsi V. M. doit être entièrement tranquille. Relativement à l'effet que ces mêmes circonstances pourraient produire sur l'état de son auguste fille, la plus grande inquiétude de la reine est sur la santé de V. M., et elle ne saurait trop être rassurée à cet égard.

Vu l'article du roi de Prusse, on ne peut pas s'assurer qu'il accepte les propositions qui lui sont offertes ; cependant, d'après les communications qui me sont faites par ordre de V. M., il semble que la paix devient indispensable à quelque prix que ce soit ; mais, s'il était question d'une médiation de la France, il faut au moins que cette médiation soit interposée avec le langage de l'alliance, en montrant qu'à l'extrémité on prendrait vigoureusement fait et cause, en vertu des traités. Les propositions faites au roi de Prusse changent tellement l'état premier des choses qu'elles dictent à la France la nécessité de tenir la marche que je viens de dire, et elle se couvrirait d'opprobre si elle s'y refusait. D'une autre part on ne peut pas se dissimuler que cette monarchie ne soit dans un pitoyable état du côté des moyens, et plus encore du côté du ministère qui la gouverne. Ces tristes vérités semblent exiger de grands ménagements dans la manière d'entraîner cette cour-ci, car pour le fond et la bonne volonté, je vois que l'on est entièrement revenu aux sentiments de l'alliance.

Il ne sera rien omis dans mes devoirs sur tout ce qui pourra humainement être effectué.

Je crois devoir remettre ici directement les deux dernières pièces que V. M. a daigné me faire communiquer. Puisse le ciel rendre le plus tôt possible à V. M. le calme et le repos !

---

(1) Ces dépêches, comme on l'a vu, annonçaient de fâcheuses nouvelles de la guerre.

## LV. — Mercy a Marie-Thérèse.

*Paris, 17 août.* — Je dois, dans ma très-humble réponse, séparer de tout autre objet les matières si importantes sur lesquelles V. M. daigne m'écrire de main propre, et pénétré jusqu'au fond de l'âme d'une pareille marque de grâce et de confiance, je vais obéir à l'ordre que V. M. me donne de lui exposer mes faibles idées (1).

Je ne puis exprimer le saisissement et la douleur que me causent les pièces qui viennent de m'être communiquées, et depuis vingt-huit ans que j'ai le bonheur de servir V. M., je n'ai rien vu ni éprouvé qui m'ait aussi vivement affecté. Dès l'origine de cette malheureuse affaire de la succession de Bavière, je n'ai jamais pu me flatter qu'elle eût une issue favorable. Je donnerais au besoin la preuve d'avoir toujours pensé ainsi, et j'y joindrais les motifs de cette opinion ; mais ce n'est pas de mes minces idées sur le passé qu'il doit être question ; il s'agit de ce qu'exige pour le présent le bien de l'auguste service.

Si, comme l'annoncent les lettres de S. M. l'empereur, les armées de V. M. sont bien au-dessous de la moitié de cent quatre-vingt mille hommes, c'est-à-dire au-dessous de quatre-vingt-dix mille, si les forces prussiennes excèdent ce nombre de quarante mille hommes, si, à l'ouverture d'une première campagne il s'agit d'abandonner presque toute la Bohême à ce terrible ennemi, on ne peut se dissimuler que ces aspects effrayants présentent, dans la continuation d'une guerre, des dangers si évidents que leurs suites en deviennent incalculables. Cependant la réponse que V. M. attendait le 8 de ce mois doit avoir maintenant prononcé sur cette question, la plus importante qui ait de longtemps existé pour la monarchie. Si cette réponse, comme je ne le crains que trop, tourne à la guerre, il ne s'agira plus que des moyens, autres que ceux d'une négociation directe, qui pourraient ramener la paix, et cela me conduit aux trois points sur lesquels V. M. m'ordonne de lui exposer très-humblement mon faible avis, savoir : 1° si on pourrait compter sur la France pour une médiation ; 2° s'il conviendrait d'y mêler la Russie ; 3° à quel degré l'empire pourrait y influer.

Quant au premier point, depuis que le pitoyable ministère qui

---

(1) Ceci est la réponse à la lettre confidentielle du 31 juillet.

gouverne la France croit voir dans la tournure actuelle des choses un entier apaisement à l'extrême jalousie qu'il avait conçue sur l'apparence d'une augmentation de puissance de l'auguste maison, je m'aperçois que ce même ministère devient beaucoup plus traitable, et je crois très-possible de le porter à une médiation utile pour V. M. On se débattra peut-être sur l'expression de « médiation », et on ne se prêtera qu'à celles « d'entremise ou « bons offices », mais comme les mots importent peu pourvu que la chose existe, il ne sera pas bien difficile de s'entendre là-dessus; cependant il y aurait une observation importante à faire : ce serait celle de ménager avec de grandes précautions l'esprit très-faible et timoré du comte de Maurepas, qui ne manquera pas de voir d'abord, dans une démarche à faire vis-à-vis du roi de Prusse, le danger d'un refus, et ensuite la nécessité de s'en ressentir avec vigueur. Il faudrait donc, pour ainsi dire, mettre un bandeau sur les yeux du vieux ministre, le porter à faire un pas tel qu'il puisse être, et le conduire insensiblement, de démarche en démarche, sans qu'il s'aperçoive lui-même distinctement, au point où on cherchera à l'amener et à l'engager. Cette marche serait sans doute un peu lente, mais elle offre des avantages, celui entre autres de faire naître de l'humeur entre le roi de Prusse et cette cour, et de profiter de l'effet de cette humeur pour tâcher de remuer et d'aigrir les âmes apathiques des comtes de Maurepas et de Vergennes.

Pour ne pas perdre de temps, d'après ce que V. M. daigne me faire voir bien distinctement de ses hautes intentions, j'ai cru pouvoir former une première tentative, conforme aux idées ci-dessus exposées, en suggérant à la reine d'entamer, comme d'elle-même et sans apparence d'insinuation ni avis de personne, ce projet de médiation. J'ai indiqué à S. M. tout ce qu'elle pourrait dire à l'appui de ce même projet, et pour le faire regarder comme une idée uniquement à elle, provenante des réflexions sur son tendre attachement pour la personne de V. M., pour celles de ses augustes frères, sur les considérations relatives à la gloire du roi, à la vraie utilité politique de sa monarchie, enfin sur les réflexions très-aisées à démontrer que, dans une pareille démarche de la France, il n'y a pour elle aucun danger, mais au contraire tout motif d'intérêt, de grandeur et de loyauté, même d'obligation dans la forme quelconque de satisfaire au moins en partie aux engagements de son alliance. La reine, qui m'a bien compris, est très-décidée à agir; il reste à voir ce que les circonstances et les ordres ultérieurs de V. M. indiqueront pour parvenir à un but désirable.

Relativement au second point, s'il conviendrait que la Russie fût mêlée dans une médiation, cette question donne lieu aux remarques suivantes : 1° Il est depuis longtemps de l'intérêt d'État de V. M. d'éloigner autant que possible une trop grande liaison entre les cours de Versailles et de Pétersbourg. 2° La France verrait maintenant plus que jamais avec répugnance et jalousie toutes les occasions qui pourraient rapprocher jusqu'à un certain point V. M. de la Russie, et cet article paraît très-délicat à ménager par rapport à ses effets possibles. En conséquence de la première remarque, il ne serait peut-être pas sans conséquence qu'une médiation devînt commune à la France et à la Russie. Par la seconde remarque il est évident qu'il y aurait encore bien plus d'inconvénients que l'on s'aperçût ici que V. M. désire le concours de la Russie.

Je n'expose que ces deux réflexions, comme les seules qui soient du ressort de ma place. Il y a sans doute bien d'autres réflexions qui contrastent avec celles-ci, entre autres le grand avantage qu'il y aurait de détacher la Russie du roi de Prusse, objet dont l'importance ne peut échapper aux hautes lumières de V. M. ni à celles de son ministère.

Sans effaroucher la France, et sans omettre ce qui convient en Russie, il serait peut-être utile d'employer des moyens à tenir cette dernière cour passive et neutre pendant des négociations pour la paix, en lui marquant avec précaution assez d'égards, de confiance et d'amitié, et en tâchant de lui faire sentir de plus en plus l'erreur politique de ses liaisons avec le roi de Prusse.

Quant au troisième point, relatif à l'empire, si les notions que l'on croit avoir ici sont justes, V. M. n'aura pas de grands embarras à prévenir de ce côté-là. La France est trop intéressée à ce que le parti catholique soit contenu pour qu'elle se refuse aux mesures nécessaires à cet effet, et j'exciterai sans relâche sur ce point toute l'attention qu'il mérite.

Ainsi que V. M. daigne l'observer, il est de grande conséquence que l'on ne tarde pas plus longtemps à répondre aux assertions insidieuses et fausses dont le roi de Prusse infecte toute l'Europe. Il y a ici la race indigne des encyclopédistes ou philosophes modernes qui sont ses apôtres et induisent tout le public en erreur. Il n'y a que par la voie d'impression que l'on puisse remédier à pareil inconvénient ; jusqu'à présent je n'ai reçu encore que quelques pièces imprimées en allemand. J'en ai traduit des extraits pour être insérés dans les feuilles périodiques; mais cela ne suffit pas à beaucoup près. Il est infiniment fâcheux que les bureaux de la chancellerie d'État soient en retard sur ce travail, qui est du ressort de bons subalternes, sans lesquels il devient humainement impossible aux chefs de faire face à l'immensité des détails qu'entraînent les circonstances actuelles.

Si les mémoires qui seront publiés par la suite sont rédigés en allemand, il serait très-facile de les faire bien traduire et réimprimer ici pour qu'ils fussent répandus avec l'abondance nécessaire.

La reine a daigné me confier la dernière lettre qu'elle a reçue de S. M. l'empereur; il n'y est fait mention d'aucune particularité remarquable. S. M. I. se borne à témoigner à son auguste sœur qu'il lui sait gré de l'intérêt qu'elle marque prendre aux affaires présentes, après quoi il suit quelques petits détails de la position des armées.

Je remets ici les pièces importantes qu'il a plu à V. M. de me faire communiquer, et j'y joins la très-gracieuse lettre qu'elle a daigné m'écrire à ce sujet. Je ne reviendrais pas de mon accablement si je n'espérais tout de la justice divine et de la grande âme de V. M., qui la mettra toujours au-dessus de toutes les circonstances. Une des plus belles de ma vie sera celle où je verrai la tranquillité et le bonheur rendus à la plus grande et la meilleure des souveraines.

LVI. — Marie-Thérèse a Marie-Antoinette.

*Schönbrunn*, 23 *août*. — Madame ma chère fille, J'étais à vous faire expédier un courrier, quand Kleiner arrive et me porte la vôtre du 14. Vous pouvez bien vous présenter toute ma sensibilité pour tout ce que vous me dites et faites. Vous n'avez que trop bien deviné que la négociation échouerait. J'avoue, je m'en flattais un peu, surtout proposant de rendre la Bavière à l'électeur, pourvu que le roi se tienne à son temps pour les margraviats au convenu. Vous serez informée par Mercy du détail et de nos dispositions ultérieures. En attendant, la Bohême est saccagée le plus cruellement, et à la fin, si la jonction se fait des deux armées, cela viendra à une bataille qui décidera et rendra tant de milliers de personnes malheureuses, et peut-être nous-mêmes dans notre famille. J'avoue, cette perspective est cruelle, et j'aurais tenté l'impossible pour la pouvoir décliner, car je vous avoue, le pas que j'ai fait vis-à-vis de ce cruel ennemi m'a bien coûté. Ma chère fille, il ne s'agit plus de jalousie entre nos deux monarchies, il s'agit de se soutenir bien étroitement liés, qu'aucun ne puisse espérer de nous pouvoir séparer. Le sang nous lie si heureusement; mon beau-fils et mon petit-fils en France sont ce que Léopold et ses enfants et ceux de Naples me sont. Nos intérêts (si on veut exterminer, je me sers de ce mot, car il faut le vouloir et ne pas négliger d'écraser les anciens préjugés entre nos États et nations) sont les mêmes, tant par rapport à notre sainte religion, qui a bien besoin qu'on se tienne bien ensemble, que par rapport à nos intérêts. Nous serons culbutés l'un après l'autre, si nous ne prévenons par notre fermeté le renversement total. C'est donc la raison qui nous a fait prendre celle que Mercy vous présentera. Vous verrez que ce n'est pas par rapport à nous, et les dangers que nous courons pour cette heure, seuls exposés, mais pour le bien public, et de toute l'Allemagne et peut-être même de l'Europe, que nous ôtons la cause de la guerre, dans l'espérance que nos amis, nos alliés, reconnaîtront le cas et la nécessité de nous secourir et de conserver des amis pareils, auxquels on attribuait des vues contraires.

Que votre santé se soutient si bien, c'est la plus grande grâce et consolation que Dieu puisse m'accorder; mais je vous avoue, connaissant votre sensibilité, je ne suis pas rassurée entièrement. Vous avez cela de bon que vous pouvez bien pleurer, et c'est ce qui m'a toujours soulagée dans ma vie désastreuse. Je vous souhaite bien ma santé. Ce que vous me dites, combien le mouvement de votre enfant augmente votre bonheur, m'a tiré les larmes. Je suis bien touchée que vous voulez me prendre pour marraine. Je charge Mercy de s'informer bien de ce qu'il y a à faire, à qui adresser les pleins pouvoirs. Je vous prie de croire, si vous ne recevez des nouvelles, qu'il n'y a rien de nouveau. A la moindre époque un peu importante je vous enverrai courriers ou estafettes, de même si ma santé se dérangeait qui se soutient très-bien; mais pour vous rassurer entièrement, vos sœurs changeront toutes les semaines pour vous donner des nouvelles courantes, qui effectivement ne sont guère intéressantes jusqu'à cette heure. J'en ai demandé à l'empereur à deux reprises d'en faire coucher de meilleures pour vous et Naples; mais il m'a répondu qu'il ne pouvait donner autre chose que ce qui est contenu dans le journal. C'est justement de celui-ci que le public se plaint, et non sans raison, mais moi-même je ne sais rien de plus. Il y avait un peu d'humeur entre nous à cause de la négociation, mais j'espère que cela se changera dans peu, et je compte envoyer à l'empereur Rosenberg; on ne peut tout écrire pour donner des explications, surtout de bouche. J'avoue, cette altercation augmentait mes chagrins, et je souhaite de la voir finir au plus tôt, et je me flatte dans l'essentiel des affaires nous sommes d'accord; ce n'était que dans les moyens que nous pensions différemment. Je suis indiscrète de faire une si longue lettre; m'entretenant avec vous, ce sont les moments les plus heureux, et croyez-moi toujours toute à vous.

### LVII. — Marie-Thérèse a Mercy.

*Ce 23 août* (1). — Comte de Mercy, Vous recevrez par la chancellerie vos instructions; je m'y réfère. Vous aviez raison de craindre que mes intentions ne réussissent. J'en suis bien fâchée et le suis aussi par les peines que je vous ai causées par ma lettre par Kleiner, qui est revenu il y a une couple d'heures. Je n'ai pas vu encore votre relation ministérielle; mais de ce que vous me mandez, si cela n'est pas tout ce qu'on souhaiterait, il faut se contenter, comme vous dites fort bien, pour le commencement. La reine m'a demandée pour marraine; vous vous informerez exactement de ce qu'il y a à faire, quels présents à donner, et à qui. Esterhazy ne convient nullement pour être envoyé ici avec une si grande nouvelle; sa maison n'est pas illustre et il est regardé toujours comme un réfugié (2). Il me parait quelqu'un d'un beau nom serait à préférer et un Français, point d'étranger; mais je vous ferai écrire plus amplement par le courrier mensuel. Je compte envoyer à cette heure un tous les quinze jours pour condescendre à l'empressement de la reine d'avoir des nouvelles; son état exige qu'on la rassure; sa santé, grâce à Dieu! ne laisse rien à désirer.

Je tremble, si notre déclaration de rendre toute la Bavière ne fait

---

(1) Pièce entièrement autographe.
(2) Voir la note de la page 181 du tome II.

halte, qu'en dix jours nous ayons une bataille des plus décisives, et comme les têtes paraissent être organisées là, il n'y a guère à espérer ; alors notre situation deviendrait très-critique. J'entrerai en plus de détails par le futur courrier. Je ne saurais assez vous exprimer combien je vous sais bon gré de tout ce que vous me dites et faites pour moi et ma fille. Je suis toujours votre bien reconnaissante.

## LVIII. — MARIE-THÉRÈSE A MERCY.

*Schönbrunn,* 31 *août.* — Comte de Mercy-Argentean, Vous aurez déjà appris par la lettre que, par mon ordre, Pichler vous a écrite par le courrier Caironi, expédié d'ici dans la nuit entre le 25 et le 26, mes sentiments sur les articles plus intéressants de votre dépêche du 17. Pour le présent, je me rapporte aux directions que vous recevrez par la chancellerie d'État. Je vous envoie de plus la note ci-jointe du comte de Sickingen, en vous observant qu'en partie nous sommes cause de l'embarras où se trouve l'électeur de Mayence vis-à-vis de la cour de France au sujet de la destination du baron de Groschlag (1), parce que c'était nous qui avions arrêté si longtemps l'électeur de s'expliquer sur ce point avec la France. Je trouve donc juste de lui prêter la main pour pouvoir sortir de cet embarras aussi bien que possible, et je vous autorise à faire à cet effet toutes les démarches que vous trouverez convenables.

Il s'agit encore de faire nommer le comte de Hrzan, auditeur de rote à Rome, cardinal, dans la vue de le mettre un jour dans le poste du vieux cardinal Albani. J'en ai déjà fait faire l'ouverture confidente en secret au pape, qui paraît bien disposé à entrer dans mes vues ; mais il demande que nous nous arrangions avec les puissances étrangères, pour qu'elles ne soient pas contraires à la promotion du comte de Hrzan. Je trouve cette demande à sa place,

---

(1) Le baron de Groschlag avait été au service de l'électeur de Mayence, puis l'avait quitté par suite d'une disgrâce malgré laquelle il fut désigné par la cour de France comme ministre plénipotentiaire près du cercle du haut Rhin, dont ce même électeur de Mayence était président. Celui-ci se trouva offensé de cette nomination ; de là de longues négociations avec la cour de France, auxquelles les circonstances difficiles où on était avec l'Allemagne donnaient plus d'importance. Un arrangement intervint : il fut décidé que le baron de Groschlag serait accepté comme ministre près du cercle du haut Rhin, mais qu'il s'abstiendrait de paraître à la cour de l'électeur.

et j'ai déjà écrit sous main à ma belle-fille, l'archiduchesse grande-duchesse (1), pour me ménager par son canal le consentement du roi son père en faveur du comte de Hrzan. Vous serez instruit par la chancellerie d'État de faire encore à cet effet des démarches à la cour de France. Je veux bien vous en prévenir pour vous faire connaître l'intérêt que je prends à la réussite de cette affaire. Il n'y entre point de vue de grossir le nombre de nos cardinaux, mais il faut songer d'avance à un sujet capable de remplacer un jour le cardinal Albani et attaché à mon système avec les cours bourbonnes, tel qu'est le comte Hrzan. Aussi suis-je d'accord qu'on impute sa promotion *extra ordinem* à quelque autre qui se fera dans la suite des couronnes [et vous me répondrez sur ce sujet en particulier tant que vous ne recevrez des ordres par la chancellerie] (2).

[Pichler vous informera de ma plus que cruelle situation (3). L'envoi de Rosenberg me jette dans le plus grand embarras ; les malheurs de mes peuples, l'honneur de mon fils me jettent dans l'embarras de perdre toute ma réputation, sacrifice bien fort, mais que je ferai ; puisse-t-il finir mes jours au plus tôt!]

LIX. — MARIE-ANTOINETTE A MARIE-THÉRÈSE.

*Versailles, ce 3 septembre.* — Madame ma très-chère mère, Il est donc décidé que nous allons être livrés aux alarmes et aux horreurs de la guerre. Le roi de Prusse s'est tout à fait démasqué, et ses

---

(1) La grande-duchesse de Toscane, fille du roi d'Espagne.

(2) Le comte François-Xavier Hrzan, qui était auditeur de rote depuis 1769, fut élevé au cardinalat, d'après le désir de l'impératrice, en janvier 1779. Sa correspondance diplomatique est imprimée par extraits dans l'ouvrage intitulé : *Die theologische Dienerschaft am Hofe Joseph II's* par M. Sébastien Brunner, Vienne 1868. On y verra qu'en grande faveur auprès de Marie-Thérèse, le cardinal Hrzan avait déplu à Joseph II, qui le traite sans ménagement. Cependant comme, après la mort de l'impératrice, il se montra fort zélé à soutenir les réformes qu'introduisit Joseph II dans les affaires ecclésiastiques, il se maintint à son poste. Il ne le quitta qu'en 1796, chassé par l'arrivée des troupes françaises. Il fut nommé alors évêque de Steinamanger en Hongrie, et mourut en 1804.

(3) Cette lettre du baron de Pichler donne des détails sur la mission du comte de Rosenberg, envoyé par l'impératrice à Joseph II pour l'engager à coopérer aux négociations en faveur de la paix ; il y est dit que Joseph II, pressé par ceux qui l'entouraient, sembla d'abord se rendre aux désirs de sa mère, et lui écrivit même une lettre pour lui faire part de cette résolution ; mais que, dans le moment qu'il allait signer sa lettre, il la déchira, disant que ce serait un pas trop humiliant.

partisans n'ont plus qu'à rougir. On me paraît pour ce moment-ci de bonne foi décidé à donner tous les témoignages d'improbation pour le roi de Prusse. Mercy est plus content de sa dernière conversation avec les ministres ; il en rendra compte à ma chère maman. J'ai vu MM. de Maurepas et de Vergennes. M. de Maurepas m'a paru tout à fait changé en bien sur les affaires ; Dieu veuille que cela dure! Ils m'ont parlé nettement sur M. de Goltz et ses mensonges, et ils prennent actuellement le parti de ne plus le voir séparément, et ils ne lui ont rien dit de la dépêche envoyée au chargé d'affaires qui est à Berlin. On n'en a pas encore de réponse. M. de Pons (1) est retourné à Berlin, et les affaires ne passeront plus que par lui, et non par M. de Goltz. J'avais proposé à ces messieurs d'envoyer une lettre à tous les ministres d'Allemagne pour qu'ils fassent connaître dans leurs résidences la manière de penser du roi sur la conduite du roi de Prusse ; mais ils veulent différer jusqu'à la réponse qu'ils attendent de Berlin.

Ma santé continue à être très-bonne ; je serai saignée après-demain, et j'espère que je ne le serai plus que peut-être à la fin. Les intentions de ma chère maman seront suivies pour les noms, soit de garçon ou de fille. Je suis pénétrée de la bonté avec laquelle elle accepte d'être marraine. J'imagine que, si le roi d'Espagne donne ses pouvoirs à un de mes frères, ma chère maman pourra envoyer les siens à Madame. Il n'est pas étonnant que, dans des affaires comme celle-ci, et tel que je connais mon frère, il a pu être affecté de manière à se donner des torts ; mais ma chère maman est trop bonne pour ne pas les apprécier, et ne pas les attribuer aux circonstances. Je ne puis éloigner l'idée de tout ce qui peut arriver ; la promesse des courriers est la plus grande consolation que je puisse avoir. Je ne puis m'aveugler sur cet ennemi cruel ; on doit tout en craindre, sachant qu'il se permet d'user de toute sorte de moyens. Je me rassure un peu sur le courage des bons et fidèles serviteurs de ma chère maman, qui seront bien encouragés encore par la présence et l'exemple de mes frères. J'ai surtout confiance que le ciel protégera la justice et récompensera dans ces terribles circonstances les vertus de la meilleure des mères et des souveraines. Permet-elle que je l'embrasse tendrement?

---

(1) Le marquis de Pons était ministre plénipotentiaire près la cour de Berlin.

## LX. — Mercy a Marie-Thérèse.

*Paris, 5 septembre.* — Sacrée Majesté, La très-gracieuse lettre de V. M. en date du 23 du passé m'a été remise par un courrier extraordinaire dans la matinée du 31. Je me suis rendu sur l'heure à Versailles et y ai présenté à la reine les lettres qui lui étaient adressées. Cette auguste princesse a été fort affectée de la rupture de toute négociation; elle en avait espéré plus de succès jusqu'au dernier moment, quoique j'eusse tâché de la préparer à des effets contraires, qui n'étaient que trop à prévoir d'après le système perfide dont le roi de Prusse ne s'est jamais départi en aucune occasion.

Je rends compte, dans ma dépêche d'office, de ce que j'ai cru devoir proposer à la reine pour le mieux des circonstances présentes. Je vois très-clairement qu'elles produisent ici l'effet que je devais en attendre, et à mesure que les idées de jalousie s'évanouissent, les vrais sentiments de l'alliance reprennent leur forme ordinaire. Il est certain que le roi y met maintenant un intérêt et une bonne volonté personnelle; malheureusement je ne puis annoncer à V. M. cette disposition personnelle du roi comme une circonstance bien efficace dans ses effets; mais il y aura toujours grand parti à en tirer, en s'y prenant avec les précautions et les ménagements que semblent exiger les embarras et le délabrement actuel de la France, ainsi que la tournure timorée et faible de son ministère, auquel il s'agit de faire faire un pas après l'autre suivant la méthode que j'ai exposée dans mon dernier et très-humble rapport. J'ai bien discuté vis-à-vis de la reine le plan de cette marche, et elle est parfaitement décidée à concourir à tous les moyens que je propose pour accélérer autant que possible des effets réels de l'alliance.

Je dois à mon zèle et à mes devoirs de supplier encore V. M. de daigner ordonner que l'on hâte sans plus de délais la publication des réponses à faire aux écrits dont le roi de Prusse a infecté tout ce pays-ci, et qui y établissent l'opinion la plus fausse et la plus fâcheuse sur le vrai état des choses. Il n'y a que des mémoires imprimés en français et répandus abondamment qui puissent remédier à un pareil inconvénient. Je parviens facilement à détromper ceux auxquels je parle; mais je ne puis me faire entendre à tout le public. Indépendamment de ce qu'exige le bien du service de V. M., il importe personnellement à la reine que l'on sache qu'elle s'emploie ici pour une cause infiniment juste, et qui doit donner un libre cours à ses sentiments pour son auguste maison, et ce n'est qu'en démasquant les impostures prussiennes que les esprits peuvent être ramenés.

Quels que puissent être les événements, il est au moins constaté que V. M. a rempli tout ce que sa grande âme lui a dicté pour le bien, et qu'à cet égard, devant Dieu et devant l'univers, elle n'aura aucune omission à se reprocher. Si la guerre est inévitable, il n'est pas naturel que le roi de Prusse puisse la soutenir longtemps sans secours étrangers, et, en supposant qu'il n'en obtienne aucuns de la Russie, il ne faudrait qu'une journée heureuse pour qu'il eût à se repentir cruellement de son odieuse entreprise ; mais, en attendant cette grâce du ciel, les peines personnelles et l'inquiétude de V. M. en deviennent une bien sensible pour ses bons et fidèles sujets. La réflexion que V. M. a daigné faire de ce que je pense à cet égard met le comble à ses grâces envers moi, et le plus grand bonheur de ma vie serait que je puisse par mon zèle et par tous les soins dont je suis capable procurer une heure de satisfaction à V. M.

Il me faudra au moins quinze jours ou trois semaines avant de pouvoir recueillir avec exactitude tout ce qui, selon les usages d'ici, devra être proposé à V. M. relativement au baptême de l'auguste enfant dont elle sera marraine. Je présume que la seule démarche à faire sera une lettre de réquisition et d'autorisation à la princesse qui représentera V. M. à cette fonction, et je crois que ce sera Madame. Quant aux présents à faire, ce sera chose purement arbitraire et dépendante de la volonté de V. M., car je ne pense pas qu'il y ait rien ici de fixé par l'usage en pareils cas ; mais je m'en instruirai bien positivement.

La reine a eu un peu de rhume de cerveau, qui retardera jusqu'à lundi la seconde saignée qui doit être faite à S. M., qui jouit d'ailleurs de la meilleure santé dans l'état où elle se trouve.

LXI. — MARIE-THÉRÈSE A MARIE-ANTOINETTE.

*Schönbrunn, 9 septembre.* — Madame ma chère fille, Je commence par ce qui vous est le plus à cœur, que nos armées sont toujours de même vis-à-vis l'une de l'autre, qu'elles souffrent beaucoup dans ces montagnes, où il y a déjà de la neige, de même que beaucoup d'incommodités et de maladies : mais que la nôtre est beaucoup mieux en tout que celle du roi. Mince consolation est le moindre mal ; mais si nous pouvons soutenir encore ces deux mois, mais qu'il ne gagne plus de pays, on aura fait beaucoup en faisant perdre à cet ennemi son activité, qui était son grand art. L'empereur se porte, grâce à Dieu ! encore bien, mais Maximilien a pris une fièvre tierce qui, j'espère, n'aura de suite ; il a dû se retirer dans un château à quatre heures de l'armée. Avant-hier le grand-duc est arrivé ici, et elle suivra le 20 (1). Je le trouve, comme toujours, maigre mais robuste. Il me fallait un peu de secours dans ces circonstances ; ils comptent rester ici l'hiver ou tant que ces malheureuses circonstances dureront. Tâchez, ma chère fille, de les faire finir au plus tôt ; vous sauverez une mère qui n'en peut plus, et deux frères qui à la longue doivent succomber, votre patrie, toute une nation qui vous est si attachée. La gloire et l'intérêt même du roi et de l'alliance y est très-intéressé. Après notre déclaration de tout rendre pour l'amour de la paix générale, et de réclamer la médiation du roi, comme notre ami, allié et garant de la paix de Westphalie, il paraît que nous devons espérer le plus prompt effet et ne pas laisser aux intrigues et fourberies, trop employées à différer ces moyens si salutaires à l'humanité.

Nous n'exigeons que de parler un langage ferme partout, surtout par les ministres en empire, qui, je dois dire, ont toujours tenu, sinon un langage contraire à notre système, mais au moins très-faible et de façon à confirmer nos adversaires que la France n'est nullement liée fermement avec nous. La pierre d'achoppement étant levée entièrement, je m'attends qu'on prendra tout un autre langage, si nécessaire pour effectuer le bien, de faire même des démonstrations, de ne pas laisser passer ce temps sans obtenir le but de la tranquillité, et même reconnaître le cas de nous assister selon nos traités. Si un langage ferme et égal est partout employé ainsi et qu'on voie que notre alliance est solide et indissoluble, tant par les liens du sang que par nos convenances et intérêts communs, nous aurons cette paix par la voie de la France, et elle la satisfaction d'avoir tiré son alliée et augmenté par là nos obligations. Mais je dois vous répéter que, quelque favorable que paraisse ce tableau, il faut beaucoup de

---

(1) Le grand-duc de Toscane arrivait à Vienne avec sa femme.

fermeté et égalité de langage, et ne pas perdre un instant : si on traîne jusqu'à la nouvelle année, tout sera plus difficile et moins solide. Il faut profiter de cet instant où les incommodités et misères de cette campagne sont encore vivement imprimées. Quel bonheur si vous pouviez faire vos couches en paix, et de nous l'avoir procurée si glorieusement pour le roi, en serrant de plus en plus les nœuds de notre alliance, la seule nécessaire et convenable pour notre sainte religion, pour le bonheur de l'Europe et de nos maisons! Je me sens revivre par l'idée seule; Dieu veuille bénir nos intentions! Je vous embrasse tendrement, et les larmes me tombent des yeux par l'espérance seule.

### LXII. — Marie-Antoinette a Marie-Thérèse.

*Versailles, 17 septembre.* — Madame ma chère mère, Je ne sais si je me fais illusion, mais le dernier courrier diminue un peu mes inquiétudes, quoiqu'il m'en reste encore beaucoup pour les suites. C'est déjà un grand coup, et aux yeux de l'Europe, que d'avoir mis l'activité du roi et de son frère au néant. Quoique le mal d'autrui ne soulage pas le nôtre, cependant, dans cette occasion, je le regarde comme un grand bien, parce qu'il obligera nos ennemis de quitter la Bohême. On me paraît toujours ici dans la meilleure disposition pour s'entremettre pour la paix. Je n'ai pas encore vu la réponse de M. de Gaussen qu'on a dû envoyer à ma chère maman. Je m'en vais encore travailler à ce qu'on écrive dans les cours d'Allemagne pour faire connaître ce qu'on a mandé en Prusse. Je ne pourrais jamais avoir plus grande gloire ni plus grand bonheur que de contribuer en quelque chose à cette grande affaire et au repos de ma chère maman qui est si précieux de toute manière.

Je suis inquiète de la fièvre de Maximilien. Je crois qu'il est bien affligé de se trouver retenu dans ce moment-ci. Je suis charmée de savoir le grand-duc à Vienne; il sera d'une grande ressource pour ma chère maman. Sa femme doit être bien près de Vienne; comme c'est pour longtemps, n'amène-t-elle pas quelques-uns de ses enfants avec elle? Ma santé est toujours très-bonne, malgré les incommodités inséparables d'un avancement de grossesse. Je commence à être un peu lourde; mais comme je marche tous les jours, j'espère aller bien jusqu'à la fin. J'ai été saignée il y a huit jours; on n'a pu me tirer que deux très-petites palettes de sang, à cause de la petitesse de mes veines, ce qui me mettra peut-être dans le cas d'être encore saignée dans un mois.

### LXIII. — Marie-Thérèse a Mercy.

*Schönbrunn, 17 septembre.* — Comte de Mercy-Argenteau, J'ai reçu par le courrier Caironi votre lettre du 5. Je suis persuadée de l'intérêt que ma fille prend à la situation actuelle de nos affaires, mais je me doute de l'effet de ses efforts. On dit aussi assez publiquement en France et ailleurs qu'on aime seulement à cajoler ma fille, en lui cédant sur des objets moins importants, tandis que, pour l'essentiel, on est décidé de continuer à aller son train, et même l'empêcher d'y prendre trop de part. Vous en pourriez juger au mieux. Je compte toujours sur votre zèle à me procurer au plus tôt une paix aussi bonne que possible (1).

[Vous saurez par Pichler l'état dangereux de mon fils Maximilien. Je ne touche qu'en passant la chose à la reine, mais je suis très-inquiète].

### LXIV. — Mercy a Marie-Thérèse.

*19 septembre.* — Sacrée Majesté, Je n'ai aujourd'hui presque aucun détail à mettre sous les yeux de V. M. sur ce qui concerne les occupations privées de la reine, et, à mesure que cette auguste princesse avance dans son état de grossesse, la vie qu'elle mène devient toujours plus uniforme et dépourvue de particularités susceptibles de remarques. J'ai mandé, en date du 7, au secrétaire du cabinet baron de Pichler les suites de la dernière saignée qui a été faite à la reine. Sa santé est parfaite, et il y a peu d'exemples d'une première grossesse aussi heureuse et aussi exempte de toutes les petites incommodités qui accompagnent ordinairement cet état.

---

(1) Le baron de Pichler écrivait par le même courrier : « S. M. m'a chargé de prévenir en particulier V. E. qu'il est indispensable de tenter même l'impossible pour obtenir, au moins d'ici au nouvel an, une paix aussi bonne que possible par l'entremise de la France. S. M. a ajouté encore : Non-seulement le bien de la monarchie, mais ma propre conservation en dépend....., l'empereur est d'accord sur les démarches à faire par la France pour la paix. »

## 19 SEPTEMBRE 1778.

Pendant le voyage que la cour a fait à Choisy à la fin d'août, il ne s'est rien passé de remarquable. La suite y a été moins nombreuse que de coutume, peu de monde, soit en hommes ou en femmes de Paris, y a été appelé. Il n'y a eu que deux petits spectacles; les journées se passaient en promenades, et les soirées étaient remplies par des jeux de commerce entremêlés d'un peu de jeux de hasard. On a remarqué avec surprise que le roi y a joué pour la première fois au pharaon; c'était une des plus grandes marques de complaisance qu'il pût donner à son auguste épouse, et il n'est point à craindre que ce début tourne en habitude. Elle serait dangereuse et nuisible, parce que le roi n'est point beau joueur, et que ses impatiences entraîneraient de fâcheux éclats. La reine est convenue de cette observation, et j'espère que ce sera une raison de plus pour s'abstenir des jeux de hasard, qui d'ailleurs, depuis quelque temps, ont été beaucoup moins habituels.

Le prochain voyage à Choisy, qui durera du 20 au 27, sera plus nombreux, parce que Mesdames s'y rendront au lieu d'habiter leur maison de Bellevue, de manière que toute la famille royale se trouvera réunie. Il y aura plusieurs spectacles et les personnes les plus considérables de Paris seront admises à aller faire leur cour.

Ceux des courtisans qui avaient le plus d'accès auprès de la reine étant, en vertu de leur état militaire, obligés à rester à l'armée de Normandie (1), il ne se trouve plus personne à Versailles de ce que la reine appelle sa société; même la favorite de cette auguste princesse, la comtesse de Polignac, a été obligée de se rendre à la campagne chez ses parents, où elle est tombée malade. Cette disette totale de monde a un peu tourné au profit de la princesse de Lamballe; mais, avec sa maladresse ordinaire, elle n'a usé de la circonstance que pour importuner la reine de demandes aussi considérables que peu admissibles. La surintendante a sollicité entre autres qu'une partie des domaines de la Lorraine lui fût accordée par acensement (2), sous la redevance annuelle de six cent mille livres, ce qui n'est guère plus de la moitié de la valeur desdits domaines. Par un reste de bonté, j'ai vu la reine embarrassée de décliner pareilles de-

---

(1) La guerre étant déclarée à l'Angleterre, une armée de 40,000 hommes fut rassemblée en Normandie pour surveiller la côte anglaise.

(2) L'acensement ou bail à cens est une variété du bail à rente.

mandes, et il m'a paru de mon devoir de représenter à S. M. tous les inconvénients de compromettre sa protection et son crédit pour un objet également injuste, absurde, et qui occasionnerait d'autant plus de clameurs qu'il s'agirait d'aggraver les finances de l'État dans un temps où elles ne suffisent pas aux besoins pressants d'une guerre, tandis que l'on voit encore avec blâme et regret toutes les grâces pécuniaires que la princesse de Lamballe a su se procurer, en obtenant une charge qui est pour le moins très-inutile. Je me flatte d'être parvenu à persuader la reine sur ce point, et il y a apparence que la demande en question sera éconduite.

Dans les conjonctures présentes, où la reine est si occupée des grands objets qui intéressent son auguste maison, je me suis rendu plus habituellement, c'est-à-dire deux et trois fois la semaine auprès de S. M., et elle a toujours daigné me donner de fort longues audiences. Mes rapports d'office contenant à cet égard tout ce qui a trait à l'essentiel des affaires, je me bornerai à observer ici que la vie plus sédentaire et moins dissipée de la reine influe visiblement sur son moral d'une manière très-avantageuse. Sa volonté et son esprit se prêtent beaucoup plus à la discussion des choses sérieuses, et si ce changement heureux se soutient après le terme de la grossesse, il n'est pas douteux que l'influence et la supériorité du crédit de la reine prendront ici tout leur essor d'une manière stable et solide. Toutes mes représentations tendent à ce point; et je suis en cela bien secondé par l'abbé de Vermond, qui, dans le courant du mois, a fait plusieurs séjours à Versailles, et qui s'y est conduit avec son zèle ordinaire, également éclairé et utile.

## LXV. — MERCY A MARIE-THÉRÈSE.

*Paris, 19 septembre.* — Je n'ai aujourd'hui, relativement à la reine, aucune matière à pouvoir mettre sous les yeux de V. M. dans ce présent et très-humble rapport séparé, de manière que je me bornerai aux remarques qu'exige de ma part le contenu de la très-gracieuse lettre de V. M. du 31 août.

La chancellerie d'État m'avait déjà donné des ordres par le dernier courrier sur les embarras où se trouvait l'électeur de Mayence vis-à-vis de cette cour-ci, et j'ai mandé par le même courrier que cette affaire était entièrement aplanie conformément au désir de l'électeur. Dans le fond ce n'était qu'un mésentendu; le comte de Vergennes n'avait jamais prétendu que le baron de Groschlag fût mis en mesure de traiter d'affaires à Mayence, et il s'en était formellement expliqué vis-à-vis de moi; mais l'électeur ayant paru exiger à cet égard une déclaration par écrit, je prévins dans le temps qu'il serait inutile de la demander et impossible de l'obtenir, qu'au reste on pouvait compter sur la parole donnée par le ministère d'ici, qu'il serait enjoint au baron de Groschlag de ne point se montrer à Mayence en qualité de ministre de France; promesse qui m'a été formellement renouvelée en dernier lieu.

Jusqu'à ce moment la chancellerie d'État ne m'a fait encore aucune mention du comte de Hrzan, et, jusqu'à ce que cela arrive, je suspendrai toutes démarches, ainsi que V. M. daigne me l'ordonner. Quand il sera question d'agir, il ne peut se rencontrer ici aucune difficulté sur la nomination particulière du comte de Hrzan à la pourpre. La raison en est que V. M. a eu une pareille complaisance pour cette cour-ci, lorsqu'elle demanda le chapeau pour feu le cardinal de la Roche-Aymon; ce ne sera par conséquent qu'une réciprocité de la part de la France, lorsqu'elle se prêtera à la nomination particulière que V. M. désire. Je garderai là-dessus le secret jusqu'à ce que je reçoive des ordres ultérieurs.

La reine m'a beaucoup questionné sur les inquiétudes et les peines qu'elle soupçonne à V. M. Quoiqu'elle en ignore les principaux motifs, il en est cependant transpiré quelque chose jusqu'à elle; mais j'ai cherché à éloigner les idées qui tendraient à éclaircir de pareils doutes, dont la reine est très-fortement affectée.

## LXVI. — Marie-Antoinette a Marie-Thérèse.

*Ce 17 octobre.* — Madame ma très-chère mère, Vos deux dernières lettres m'ont donné une joie que je n'avais goûtée depuis longtemps. Ma chère maman commence enfin à respirer et à avoir quelques sujets de satisfaction et de consolation. J'ai été bien inquiète de Maximilien, et je sens combien elle a eu de joie de le revoir et en bonne convalescence. Pour le départ du roi de Prusse et de ses troupes, parties en si mauvais état (1), c'est un avantage inestimable qui

---

(1) Depuis le mois de juillet, les armées prussiennes et autrichiennes s'étaient tenues en

doit bien l'humilier, et encourager tout Autrichien, s'il en avait besoin, combattant pour une souveraine adorée et ayant toujours l'exemple de l'empereur à leur tête. Tous les vœux de mon âme sont pour que ce terrible ennemi se tienne tranquille, au moins cet hiver, et que le mauvais succès qu'il a eu l'amène à une paix raisonnable. Je suis désolée de la faiblesse et des variations de M. de Maurepas. Je lui ai parlé plusieurs fois et assez fermement; mais j'ai cru devoir me contenir et ne pas rompre tout à fait, pour ne pas mettre le roi dans l'embarras entre son ministre et sa femme. Je lui reparlerai au premier jour, pour qu'enfin il effectue la parole qu'il avait donnée de faire écrire à tous les ministres d'Allemagne, comme on a écrit à M. de Gaussen. Le roi désire sincèrement de procurer la paix à l'Allemagne, et je suis sûre qu'il en viendrait à bout s'il pouvait faire par lui-même et n'être pas embarrassé par ses ministres. Pour moi, j'ai tous les motifs réunis, car je suis bien persuadée qu'il y va de la gloire du roi et du bien de la France, sans compter le bien-être de ma chère patrie, et j'ai toujours été persuadée que si, dès le commencement, on eût parlé ferme ici, les affaires se seraient arrangées sans compromettre personne.

Nous sommes à Marly depuis dix jours ; je m'y porte à merveille, et m'y promène autant que je peux. Lassone enverra à ma chère maman le plus grand détail de ma santé. Permet-elle que je l'embrasse tendrement?

### LXVII. — MERCY A MARIE-THÉRÈSE.

*Paris*, 19 *octobre*. — Sacrée Majesté, Depuis un mois il n'est pas survenu, relativement à la reine, la moindre circonstance remarquable, et la plus essentielle de toutes est que la santé de cette auguste princesse se maintient dans l'état le plus parfait, sans qu'elle ait à éprouver la moindre des incommodités qui accompagnent souvent une grossesse avancée, ni même le changement de physionomie qui caractérise presque toujours cet état.

Depuis qu'il a été permis à la reine de faire plus d'exercice, elle

---

présence sans en venir à une action décisive. A la fin de septembre la mauvaise saison et le manque de vivres obligèrent les deux corps qui composaient l'armée prussienne, et qui étaient commandés, l'un par le prince Henri, l'autre par le roi, à se retirer en arrière.

en a usé très-sobrement: Pendant le séjour à Choisy, du 20 au 27 septembre, S. M. s'est journellement promenée à pied dans les jardins, sans sortir en voiture ni hors de l'enceinte du château. Ce petit voyage a été d'ailleurs très-agréable, moins par le nombre que par le choix des personnes qui y ont été admises. Toute la famille royale s'y est trouvée réunie; il y a eu des spectacles, un peu de jeu, mais assez modéré, et tout le monde s'est plus particulièrement loué de l'affabilité et des grâces que la reine y a fait éprouver à un chacun. Le présent séjour de la cour à Marly prend à peu près la même tournure; la famille royale y est moins nombreuse par l'absence de Mesdames, qui se sont établies à leur château de Bellevue pour jusqu'à la fin de ce mois.

En évitant de répéter ici ce que contiennent mes dépêches d'office relativement aux affaires, je me bornerai à observer que les fréquentes audiences que me donne la reine sur ces matières sont toujours également satisfaisantes par l'attention et le très-vif intérêt qu'y apporte cette auguste princesse. Elle a pris l'habitude d'entretenir journellement le roi du courant de ces mêmes objets, et elle sait les lui présenter de la manière la plus judicieuse, en faisant remarquer combien l'intérêt d'État et la gloire de son époux sont liés avec la cause de V. M. Il m'est démontré que le roi est personnellement convaincu de cette vérité, et qu'elle opérerait des effets bien plus prompts et plus énergiques si l'esprit timoré des comtes de Maurepas et de Vergennes n'y mettait sans cesse quelque obstacle. Je tâche d'obtenir de la reine qu'en les traitant bien l'un et l'autre, elle veuille cependant leur indiquer tout ce qu'il y a de faible ou d'insuffisant dans la forme de leurs démarches et les porter à concourir plus efficacement à ce qu'exige l'avantage commun des deux cours et la gloire de leur alliance.

Le courrier dépêché en Espagne et arrivé ici le 27 de septembre m'ayant remis les ordres de V. M. en date du 19 du même mois, je ne tardai pas à aller présenter à la reine la lettre qui lui était adressée. Elle marqua beaucoup de sensibilité sur la maladie de M$^{gr}$ l'archiduc Maximilien, mais elle fut un peu rassurée d'après ce que V. M. lui disait d'avoir reçu une lettre écrite de main propre par ce prince. Des nouvelles postérieures, du 23 septembre, continuant à être plus satisfaisantes sur l'état de S. A. R., j'en rendis compte sur-le-champ à la reine, et elle parut de ce moment-là plus tranquille.

Depuis assez longtemps, mais plus particulièrement depuis un mois, il n'est pas survenu le moindre mouvement d'intrigue qui eût quelque rapport à la reine, et il n'est pas douteux que ce calme durera aussi longtemps que l'absence de cinq ou six personnages qui ont un peu trop d'accès auprès de la reine, et qui, pour le présent, en raison de leur état militaire, sont obligés de se tenir au corps d'armée du maréchal de Broglie. La seule favorite comtesse de Polignac est en possession du droit de conduire la reine à peu près comme elle veut; mais cette jeune femme, qui heureusement n'est ni audacieuse ni méchante, occasionne moins de mal, et n'en ferait pas de bien remarquable si elle n'y était quelquefois induite par l'ambition de ses alentours, fort mal composés.

Le courrier mensuel étant arrivé le 14 au matin, je me rendis le lendemain à Marly pour y présenter la lettre adressée à la reine, qui daigna s'entretenir longtemps avec moi sur la situation présente des affaires : elle marqua la plus vive satisfaction du succès de la conduite militaire par laquelle S. M. l'empereur a glorieusement fait échouer tous les projets de l'ennemi dans le courant de cette campagne.

Le premier médecin, Lassone, se proposant de mettre sous les yeux de V. M. un détail circonstancié de l'état actuel de la santé de la reine, je dois me référer à ce qu'exposera ce même détail.

## LXVIII. — Mercy a Marie-Thérèse.

*Paris,* 19 *octobre.* — Sacrée Majesté, Quoique la reine apporte certainement le plus grand zèle et le plus vif intérêt aux affaires présentes, cependant les distractions qu'occasionne la vie ordinaire de la cour empêchent souvent cette suite d'attention si nécessaire à la réussite des grands objets. Quand la reine a parlé au roi sur un point quelconque qu'elle veut obtenir, quand elle a persuadé son époux et que les ministres lui ont paru adhérer à ses vues, elle croit qu'il n'est plus nécessaire d'y revenir et que tout se fera ainsi que l'on en était convenu. Il arrive de là que les ministres, se persuadant que la reine oublie d'un jour à l'autre ce qui s'est passé la veille, ne se gênent point dans leurs arrangements; et le comte de Maurepas, toujours tremblant de peur de s'engager trop loin, retranche tout ce qu'il y aurait de plus essentiel à obtenir dans le langage et les démarches de cette cour. J'ai fait observer ce grand inconvénient à la reine, en lui représentant que, sans s'en apercevoir, elle était bien souvent déjouée, et que, si elle laissait prendre aux ministres l'habitude d'en agir ainsi impunément, la reine perdrait peu à peu tout crédit et toute influence. Je crois qu'il serait infiniment utile si V. M. daignait faire les mêmes remarques à son auguste fille; l'occasion s'en présente tout naturellement en ce que la reine a mandé à V. M. que le roi ferait envoyer un ordre circulaire à ses ministres en Empire de tenir un langage analogue à celui qui a été prescrit au chevalier de Gaussen à Berlin (1). Cela n'a pas été encore exécuté jusqu'à présent, ou au moins l'ordre n'a pas été donné par une lettre circulaire, ainsi que le ministère de V. M. l'a demandé, et que les ministres d'ici l'avaient promis à la reine. Il s'ensuit que, s'il plaisait à V. M., elle serait dans le cas de faire sentir à la reine qu'en rendant toute justice à ses intentions et à son zèle, V. M. s'aperçoit par les faits que l'on ne remplit pas toujours avec exactitude ce dont on paraît être convenu vis-à-vis de la reine, à laquelle je suis sûr que cet avis ferait grande impression. La très-gracieuse lettre de V. M. du 19 septembre a prévu ce que je viens d'exposer ici, et c'est un motif de plus qui m'encourage à oser proposer le moyen indiqué et le seul propre à remédier à un inconvénient qui est de très-grande conséquence.

L'abbé de Vermond est actuellement à Marly, où j'espère de le tenir encore quelques jours.

### LXIX. — MARIE-THÉRÈSE A MARIE-ANTOINETTE.

*Vienne, 2 novembre.* — Madame ma chère fille, Au jour et au moment je m'entretiens avec vous que vous êtes venue au monde (2) : jugez combien j'en suis touchée, n'ayant que des grâces à rendre des consolations, que Dieu veuille vous rendre au centuple, et vous rendre plus heureuse, pas comme mère, mais comme souveraine. Je n'ai plus rien à dire depuis ma lettre du 4. On n'a pas trouvé même faisable la circulaire aux ministres, et surtout le reste, mais aucun effet. Je rends justice à votre zèle et tendresse, et même je tremble quelquefois que vous ne vous engagiez trop sans rien ef-

---

(1) Le chevalier de Gaussen était chargé d'affaires de France en Prusse.
(2) Marie-Antoinette était née le 2 novembre 1755.

fectuer, que vous pourriez vous commettre vis-à-vis des gens qui pensent mal ou qui vous amusent avec des propos, dont je m'aperçois par les faits qu'on ne remplit pas avec exactitude ce dont on paraît convenu vis-à-vis de vous. Quelle différence entre l'allié du roi de Prusse et nous! Non-seulement la Russie soutient en toute occasion le même langage que son allié, mais sa déclaration claire (1), que le dernier courrier vous aura portée de notre part, nous met dans un grand embarras, et de cette façon la paix n'est pas à espérer, et est pourtant bien à souhaiter. Les mouvements du roi depuis quinze jours dénotent de grandes vues (2); tout d'un coup, étant déjà entré en cantonnement en Silésie, il rassemble ses troupes et se jette avec toutes ses forces sur notre bout de Silésie, qui est tout ouvert et est toujours au premier venu. Il pille à l'ordinaire et fait mine de pousser en Moravie, ce qui ne me paraît pas vraisemblable, voyant la saison et tous les chemins rompus. Je crois plutôt que c'est un mouvement analogue aux troupes russes, que les nouvelles de Pologne disent en marche, nonobstant la guerre turque. Ce serait le comble; mais dans ce temps-ci on doit s'attendre à tout, surtout nous n'étant nullement épaulés de notre allié, qui même auprès du Palatin et du duc de Deux-Ponts, ne croit pas nous pouvoir être utile.

Je suis fâchée de devoir relever ces anecdotes; mais ce n'est pas tant pour nous, car les choses sont venues trop loin à pouvoir les redresser à temps, mais pour le bien et la considération même de la France une conduite plus mâle serait nécessaire, et j'avoue, l'abandon de nos intérêts, dans le moment le plus intéressant pour la France de votre grossesse, me rend plus sensible. Que peut-on attendre à l'avenir? et sans alliés aucune puissance ne peut exister.

Nos santés sont bonnes; nous attendions l'empereur en huit jours, si les affaires de Moravie n'y mettent obstacle; jugez combien j'en serais fâchée de toute façon. Je vous prie de vous bien ménager en couches, et surtout pour les odeurs, pommades et poudres. Notre

---

(1) La Russie offrait sa médiation entre la Prusse et l'Autriche, dans le désir de favoriser la première de ces puissances, étant mécontente de la cour de Vienne, qui l'avait contrariée dans ses démêlés avec la Porte; Catherine II en même temps faisait avancer un corps de troupes sur la frontière de Gallicie.

(2) Le roi de Prusse, qu'on croyait en retraite, venait d'entrer dans la Silésie autrichienne et l'occupait.

neuvaine, commence le 20 de ce mois ; toute la cour y est animée, et surtout votre famille et bonne maman, qui vous embrasse.

### LXX. — Marie-Thérèse a Mercy.

*Vienne, 2 novembre.* — Comte de Mercy-Argenteau, J'ai reçu votre lettre du 19 par le courrier Kleiner, arrivé ici le 30 du passé. J'apprends avec un plaisir des plus sensibles le bon état de santé de ma fille dans la suite de sa grossesse. Le détail que vous m'annoncez sur cet objet de la part de Lassone ne saurait que m'intéresser. Je m'approche assez de son sentiment sur l'époque de l'accouchement de ma fille.

Je suis bien aise du calme et de l'ordre qui règnent à présent dans la famille et à la cour. Je souhaite seulement que le retour de quelques mauvais sujets n'y altère rien.

Je suis sensible à l'intérêt que ma fille prend à nos affaires. Je souhaite seulement qu'elle n'y mette trop de feu, peut-être sans autre effet que de se rendre importune au roi, suspecte aux ministres et odieuse à la nation. La situation des affaires devient bien plus délicate après la déclaration roide de la Russie. Sans entrer là-dessus dans quelque détail, dont la chancellerie d'État ne laissera pas de vous faire part, je compte avec entière confiance, dans ces circonstances plus critiques que jamais, sur votre zèle, vos lumières et votre dextérité.

### LXXI. — Mercy a Marie-Thérèse.

*Paris,* 17 *novembre.* — Sacrée Majesté, Le compte que j'ai à rendre à V. M. sur les derniers temps du séjour de la reine à Marly n'offre rien d'assez satisfaisant pour que je ne croie pas devoir, autant que possible, en abréger les détails ; conséquemment je me bornerai à ceux qui me paraissent les plus essentiels et les plus propres à dévoiler les causes de tout ce qui est survenu depuis quelques semaines.

Les premières journées du séjour à Marly s'étaient passées d'une manière également agréable pour la reine et convenable pour la bonne tenue de la cour. Tout y était tranquille et dans le meilleur ordre ; mais le retour de plusieurs personnages qui jusqu'alors avaient été obligés de rester à l'armée ne tarda pas à changer la face des choses, et à faire renaître les inconvénients ordinaires.

On persuada à la reine d'établir des assemblées du matin, qui eurent d'abord pour objet un déjeuner. On s'y rendait à onze heures, les femmes dans leurs habillements de toilette et les hommes sous des vêtements beaucoup trop négligés. Ces assemblées duraient près de deux heures; elles donnaient lieu à toute sorte de jeux enfantins et à la petite confusion qui leur est propre. Bientôt on y mêla des objets moins indifférents, c'est-à-dire des conversations d'intrigue, de cabale, enfin des sollicitations et demandes de toute espèce.

Le duc de Chartres, inculpé d'avoir nui au succès du combat naval d'Ouessant, et qui par cette raison se trouvait engagé dans de fâcheuses tracasseries avec les chefs de la marine française, eut recours à M. le comte d'Artois, qui détermina la reine à appuyer le duc de Chartres de toute sa protection. Il y fut question des moyens de retirer honorablement ce prince du sang du service de la marine, et de lui procurer, comme à titre de récompense, quelque grâce signalée. On imagina à cet effet de faire créer la charge nouvelle de colonel général des houssards et troupes légères. Le roi répugnait beaucoup à de semblables projets, et il fallut tout le crédit de la reine pour les faire réussir. Cette auguste princesse y mit toute la suite et la chaleur possible; cela ne produisit pas un bon effet dans le public, tandis qu'il en résulta un très-mauvais en ce que la reine, uniquement occupée de l'objet dont il s'agit, parut oublier pour le moment ou au moins négliger les grandes affaires qui intéressent si essentiellement son auguste maison (1). Je crus qu'il était de mon devoir de lui exposer d'une manière très-pressante cette remarque, et les dépêches d'office que j'ai expédiées par le dernier courrier auront déjà mis sous les yeux de V. M. tous les détails nécessaires à cet égard.

---

(1) Mercy reproche à la reine une protection trop déclarée pour le duc de Chartres; d'après divers Mémoires du temps, elle aurait cependant accueilli quelques-unes des plaisanteries qui circulaient sur la conduite du duc de Chartres au combat d'Ouessant. On sait que le prince était accusé d'avoir, plus encore par ignorance du langage des signaux que par manque de courage, quitté le lieu de l'action au moment décisif, avec les vaisseaux qu'il commandait. Dès lors se seraient envenimés les ressentiments contre la cour et la reine que le duc de Chartres conservait depuis la dispute sur le rang des princes du sang, au moment de la visite de l'archiduc Maximilien. Il voulait être nommé grand amiral; la charge de colonel des hussards ne le satisfit pas.

Pendant la dernière semaine du séjour à Marly, les jeux de hasard y avaient repris avec beaucoup de violence. Le salon était ouvert à tout le monde indistinctement ; il s'y introduisit des fripons, et on en saisit un qui venait de donner au banquier un rouleau de jetons en guise de louis ; d'aussi fâcheuses aventures survenues au jeu de la cour ne pouvaient manquer d'exciter la critique du public et de produire le plus mauvais effet (1). La reine avait perdu 1,000 louis, mais S. M. en regagna 400 la veille du départ.

Mesdames de France, qui s'étaient établies pendant le mois d'octobre à leur château de Bellevue, étant venues passer une journée à Marly, y arrivèrent à l'heure de l'assemblée du déjeuner, et témoignèrent par leur contenance qu'elles n'approuvaient pas cette forme de société. On leur attribua des propos assez piquants à ce sujet, et Monsieur en fut le délateur auprès de la reine, qui en prit beaucoup d'humeur contre Mesdames ses tantes, et s'en expliqua devant plusieurs personnes d'une manière très-vive. Il faillit en résulter une brouillerie sérieuse ; mais heureusement les esprits se calmèrent, et cet incident n'eut point d'autres suites.

Le roi n'a d'ailleurs paru attacher aucune opinion personnelle à tous ces petits événements ; toujours d'accord sur ce qui peut plaire à la reine, il se borne à ne provoquer ni à ne contrarier ses volontés. On a observé cependant qu'il n'avait paru qu'une seule fois et pour peu de moments aux déjeuners de Marly.

Depuis le retour de la cour à Versailles, les choses y ont repris une forme plus réglée ; la reine a daigné m'y accorder plusieurs audiences dans lesquelles, en récapitulant le passé et le présent, j'ai tâché de ramener l'attention de S. M. vers les objets qui devraient l'occuper uniquement. Ma dépêche d'office d'aujourd'hui expose le degré de réussite qu'ont eue mes représentations (2). L'abbé de Ver-

---

(1) On écrivait en effet de Paris : « Plusieurs filouteries ont été commises dernièrement au jeu de Marly. Un rouleau de faux louis a été substitué à un rouleau de louis véritables. Quelques dames de la cour ont été soupçonnées. » Nouvelles à la main. — Voir *Le gouvernement de Normandie*, par C. Hippeau, tome IV, page 128.

(2) Dans ses dépêches d'office datées du 4 et du 17 novembre, Mercy expose : d'abord les représentations qu'il a faites à la reine pour l'engager à intervenir plus activement ; elle doit faire remarquer au roi l'attitude de la Russie, qui intervient si efficacement en faveur de la Prusse, son alliée, tandis que la France semble n'oser rien faire pour l'Autriche. La reine promet de demander qu'une déclaration nette et forte soit adressée à la cour de Berlin. — Dans la dépêche du 17, Mercy se loue de la conduite de la reine : elle a parlé d'affai-

mond, qui passe deux ou trois journées de la semaine à Versailles, s'y conduit avec son zèle ordinaire pour le bien du service de la reine, qui le traite toujours avec la même bonté et confiance.

Si ce n'étaient quelques veillées occasionnées par le jeu à Marly, il n'y aurait presque aucun reproche à faire à la reine sur l'exactitude de son régime. Elle ne s'en est écartée qu'une seule fois, en voulant absolument aller au rendez-vous de chasse au jour de Saint-Hubert. Le premier médecin s'était fortement opposé à cette promenade, par la seule raison des accidents qui peuvent arriver dans la foule, et qui, s'ils étaient survenus sous les yeux de la reine, auraient pu causer un saisissement dangereux dans son état; heureusement rien de semblable n'a eu lieu. Maintenant que le terme des couches approche, la reine ne fait plus que le genre d'exercice qui lui est conseillé, et qui se réduit à des promenades à pied modérées, soit en plein air, soit dans l'intérieur du château quand le temps est trop mauvais. S. M. ne va plus au théâtre de la ville, où elle aurait pu être incommodée par la chaleur que produit l'affluence de monde dans un lieu renfermé.

J'ai mandé dans le temps au secrétaire du cabinet de V. M. la dernière saignée faite à la reine, et le bon effet de cette précaution. S. M. vient d'être purgée; sa santé est si parfaite, si exempte des moindres incommodités que tout annonce les couches les plus heureuses. On présume que le moment pourrait en être plus prochain que les premiers calculs ne semblaient l'indiquer; en conséquence l'accoucheur ira s'établir à Versailles vers la fin de ce mois, et j'y serai moi-même à demeure au premier indice de cet événement.

Le courrier mensuel arrivé ici le 13 m'ayant remis les ordres de V. M. en date du 2, je n'ai point tardé à me rendre à Versailles pour y présenter les lettres adressées à la reine. J'ai renouvelé à cette occasion mes remarques sur les objets essentiels; la reine m'en a paru d'autant plus occupée qu'elle craint que V. M. ne se forme une idée peu avantageuse de l'influence et du crédit que devrait avoir son au-

---

res au roi presque tous les jours ; celui-ci témoigne beaucoup de bonne volonté, mais l'état de ses finances lui rend difficile de soutenir la guerre que la France a en ce moment avec l'Angleterre ; comment se jeter dans de nouveaux embarras ? La reine répond que le moyen de n'en point avoir est de soutenir l'Autriche, pour qu'elle obtienne une paix convenable, qu'elle n'en acceptera point d'autre, et que, si la guerre continue sur le continent, la France finira par s'y trouver forcément enveloppée.

guste fille. Je n'ai rien dit qui pût diminuer les appréhensions de la reine à cet égard ; mais j'ai démontré toute la possibilité que S. M. aurait de mettre ce même crédit en évidence, et de le rendre également efficace et utile.

## LXXII. — Mercy a Marie-Thérèse.

*Paris,* 17 *novembre.* — La lettre qu'il a plu à V. M. d'écrire à la reine a produit pour le moment l'effet auquel je m'étais attendu. La reine me dit qu'elle voyait bien que V. M. avait de l'inquiétude et du chagrin ; elle me donna la lettre pour que j'en fisse lecture, et elle forma d'abord les deux réflexions suivantes : la première qu'il fallait avouer que V. M. et S. M. l'empereur avaient tout sujet de se plaindre de la conduite pusillanime que l'on tenait ici, et la seconde qu'il serait bien malheureux qu'à l'issue des affaires présentes les deux cours se trouvassent refroidies l'une envers l'autre. Je ne manquai pas d'applaudir à ces deux remarques de la reine ; mais j'en induisis personnellement pour S. M. la conséquence qu'il fallait que la reine se tînt vis-à-vis d'elle-même, ainsi que vis-à-vis de son auguste maison, hors de tout reproche d'avoir ou omis ou négligé la moindre chose de ce qui serait utile à remédier au mal présent, et je proposai les moyens qu'expose ma dépêche d'office (1) d'aujourd'hui.

D'après le contenu de mon très-humble rapport ostensible, il est certain que la fin du séjour à Marly avait confondu et dérouté toutes les idées de la reine. Elle revient maintenant de cet accès de dissipation, et j'ai fait voir à cette auguste princesse que, dans les termes où en sont les négociations, ses démarches peuvent encore devenir infiniment utiles.

Le moment des couches devenant très-prochain, j'ai plus d'attention que jamais à observer de près toutes les circonstances relatives à la reine, à son meilleur service et à ses alentours. Je ne vois pas le moindre indice suspect ou inquiétant, ni dans l'intérieur de la cour ni au dehors. La nourrice de l'auguste enfant à naître ne sera choisie que peu de moments avant les couches, ou au moins ce choix sera tenu secret, et il semble que cette précaution est sage. Le premier médecin décidera de ce choix ; tous les apprêts du service se

---

(1) Voir la note au rapport précédent.

font sans cabale ni tracasseries, et le calme à cet égard surpasse ce que j'aurais pu espérer. Comme ma présence fixe à la cour, si elle avait été prématurée, aurait pu donner matière à des propos, la reine a daigné décider et donner des ordres pour que je fusse averti le premier des moindres indices de l'accouchement ; en attendant je vais me tenir très-près de Versailles, et j'y serai établi tout à fait le jour de l'événement, ainsi que l'abbé de Vermond.

### LXXIII. — Marie-Thérèse a Mercy.

*Vienne, 25 novembre.* — Comte de Mercy-Argenteau, Si jamais je me suis trouvée dans une situation embarrassante, c'est dans ce moment, où il s'agit de prendre la voie la plus sûre et la plus courte pour arriver à une paix aussi bonne que possible. Je sens toute la peine que l'empereur et le prince de Kaunitz éprouvent de paraître auteurs d'une paix qui ne saurait guère être trop honorable, mais comme j'en reconnais la nécessité indispensable, l'amour pour ma maison et pour la monarchie, de même que pour l'humanité, me fait passer par-dessus tout le blâme qu'on voudra jeter sur mes vues pacifiques, pourvu qu'elles aient le succès que je souhaite. Je vous avoue que, quelque estime que j'aie pour Kaunitz, je ne le reconnais pas dans cette occasion. Occupé à mettre à couvert sa réputation, et inspiré apparemment par les rêveries de Binder, il se flatte assez légèrement de pouvoir attraper dans les événements possibles quelque échappatoire, ce qui lui fait traîner les résolutions, tandis que les affaires deviennent de plus en plus compliquées, sans pouvoir espérer de les rétablir, si même notre armée sera la campagne prochaine plus forte de 40,000 hommes, comme elle le sera en effet ; c'est le sentiment de tous les maréchaux et généraux les plus expérimentés [depuis le prince Albert jusqu'au dernier capitaine]. Qu'on ne se flatte non plus de réduire le roi de Prusse par une troisième campagne, en épuisant ses ressources : les événements de la guerre précédente et la situation politique actuelle du roi de Prusse, bien supérieure à la nôtre, doivent détruire une supposition aussi gratuite.

La crise actuelle étant des plus violentes, je trouve nécessaire de vous informer à fond de la marche de nos affaires (1). Après bien des

---

(1) Des négociations pour la paix se traitaient par l'entremise de la France et de la Russie, acceptées comme puissances médiatrices.

délibérations, le prince de Kaunitz m'a remis le mémoire N° 1, qui est conforme à mon sentiment (1), et dont j'aurais bien souhaité la plus prompte exécution. Mais après avoir lanterné pendant six jours, le prince de Kaunitz m'a remis un autre mémoire N° 2, en disant qu'il ne conviendrait pas de mettre d'abord notre ultimatum dans notre première réponse à la déclaration russe. J'aurais cru qu'il aurait été aisé d'y suppléer par une lettre de ma part à l'impératrice de Russie, ou par une instruction particulière à donner à mon ministre à Pétersbourg. Comme on était dans l'attente journalière de l'arrivée de l'empereur, on a cru devoir suspendre toute résolution décisive jusqu'à cette époque. L'empereur étant arrivé lundi passé s'est entretenu hier à une heure après midi avec Kaunitz, qui m'a adressé le soir du même jour le mémoire N° 3, célérité qui lui est d'ailleurs peu ordinaire, lorsqu'il devrait expliquer à moi son sentiment. Comme ce dernier mémoire rapporte en entier les conditions de la paix à la décision des puissances médiatrices, sans dire rien de positif, il faudra des mois pour venir à quelque chose de définitif, et dans cet intervalle les affaires pourront bien empirer. Je suis donc toujours du sentiment que le meilleur serait de débuter par la négociation proposée N° 1, et d'éloigner au possible toute sorte de congrès, trop sujet à des altercations, lenteurs, aigreurs, et peut-être encore à la formation de nouvelles prétentions pour des dédommagements, cessions, échanges, etc. Je suis fermement résolue de ne pas m'y prêter, fût-ce même pour quelque modique portion de mes États en Souabe ou aux Pays-Bas. J'y serais peut-être entrée si, par l'acquisition de la Bavière, on eût pu obtenir un arrondissement considérable de la monarchie; mais il ne faut plus y penser, et je veux que la monarchie reste en entier sur le pied qu'elle est à cette heure, à moins que le roi de Prusse ne se détermine à me céder quelque partie de la Silésie ou Glatz, mais je trouve une telle idée trop illusoire.

Voilà mes pensées sur notre situation critique. Je me remets à votre prudence pour l'usage à en faire, soit même par une ouverture confidentielle vis-à-vis du ministère de France, si vous le trouviez à propos [ mais de vous tout seul]. On a oublié entièrement de répondre depuis le commencement de septembre à la lettre du roi, et de char-

---

(1) La pensée de l'impératrice, comme on le verra par les pièces suivantes, était qu'il fallait offrir le renoncement entier à toute prétention sur la Bavière.

ger Madame de tenir l'enfant. Si par bonheur cela ne m'était venu en pensée, je crois qu'on l'aurait encore oublié. Je vous marque cette anecdote pour en faire les excuses, si vous le trouvez convenable. Je n'ai pu me résoudre de copier de main propre la lettre que vous trouverez au roi; elle est trop mal donnée; mais je joins un petit billet à ma fille de main propre pour le roi. Vous pourriez aussi donner à la reine ces deux de cérémonie au roi pour les lui rendre, si vous le trouvez convenable. C'est le meilleur courrier que nous avons que je vous envoie ; il viendra bien près des couches, qui ne laissent que de m'inquiéter. Vous pourriez tenir votre lettre prête et le courrier, et n'y mettre que la date et le sexe, pour l'expédier tout de suite ; c'est ainsi que mon fils fait en Toscane. Le courrier mensuel viendra aussi, par lequel j'espère recevoir le rétablissement de ma fille. On dit que ma fille veut nourrir son enfant : on ne m'a rien marqué ; je suis presque bien aise, car je ne saurais l'approuver, pas à cause d'elle, mais au régime et repos à tenir et pour l'enfant même. Vous ne ménagerez pas les estafettes journalières pendant les premiers huit jours et même plus tard, au moins à Storck (1). Dieu nous donne une heureuse délivrance!

### LXXIV. — Marie-Thérèse a Marie-Antoinette.

*Vienne, 25 novembre.* — Madame ma chère fille, Je serai fort courte; celle-ci vous trouvera bien près de votre terme. Je compte toujours entre le 8 et le 15 que Dieu nous accorde la consolation de vous savoir délivrée. Tout le reste est indifférent ; les fils suivront les filles. On dit que vous comptez nourrir vous-même votre enfant ; cela dépend du roi et du médecin ; j'avoue à leur place que je ne vous l'accorderais pas, c'est très-bien de vous offrir. Nous tenons notre neuvaine dans la chapelle de Saint-Xavier avec un concours de monde qui est touchant. Celle-ci finira le 28, recommencera à la Visitation ; celle-ci finie, Parhamer (2) commence la sienne, et entre ce temps j'espère d'avoir la tant désirée nouvelle.

Ce courrier est expédié pour nos affaires de médiation ; par bonheur nous possédons l'empereur en parfaite santé, mais maigre. Je

---

(1) Médecin de l'impératrice.
(2) Le jésuite Ignaz Parhamer, directeur de la Maison des orphelins à Vienne.

joins ici quelques lignes pour le roi, n'ayant pu me résoudre d'écrire de main propre tout ce fatras de phrases politiques. Il nous faut la paix, et la plus prompte sera la meilleure, sans congrès ; il y a trop d'intérêts à démêler. Les médiateurs devraient nous dicter de tout restituer, comme c'était l'année passée 1777 : ceux de la succession de Bavière avec la Saxe et les autres intéressés ne devraient être mêlés, mais remis à la décision de l'empire. Tout serait dit en peu de temps et nous y perdrions toujours le plus : les frais immenses et les dévastations de nos pauvres pays. Le roi de Prusse ne saurait rien demander, ayant été l'agresseur et ayant déclaré qu'il ne demanderait rien. L'éloignement de la Russie de la France me fait craindre pour les longueurs. Je finis par raison pour ne vous troubler ce dernier temps, vous embrassant.

### LXXV. — Marie-Thérèse a Mercy.

*Vienne, 30 novembre.* — Comte de Mercy-Argenteau, J'ai reçu par le courrier Morenheim votre lettre du 17. Les désordres survenus sur la fin du séjour de Marly fournissent une nouvelle preuve du peu d'efforts dont ma fille est capable pour tenir contre l'impulsion qu'on lui donne de temps en temps pour l'entraîner dans des dissipations ; il faut espérer qu'un peu plus de réflexion remédiera peu à peu à cet inconvénient. Je suis fâchée de l'intérêt déplacé qu'elle a pris en faveur du duc de Chartres pour le faire nommer colonel général des houssards.

Pour les affaires je me rapporte aux dépêches que vous recevrez de la part de la chancellerie d'État. Je vous répète seulement que tous mes vœux tendent toujours vers le plus prompt rétablissement de la paix. D'ailleurs ma fille étant à la veille de ses couches, elle ne saurait prendre pour quelque temps part aux affaires ; entretemps vous sauriez bien imaginer avec quelle impatience j'attends le courrier porteur de la nouvelle de la délivrance de ma fille.

[Vous ne donnerez pas ma lettre ci-jointe à ma fille, si elle n'est accouchée, et la retiendrez jusque-là et ne lui ferez qu'un compliment de bouche.]

[J'ai reçu tous ces bustes abominables (1) ; vous lui ferez une gratification convenable.]

---

(1) On avait envoyé plusieurs bustes de la reine qui ne semblaient point réussis.

## LXXVI. — Mercy a Marie-Thérèse.

*Paris, 5 décembre.* — Sacrée Majesté, Le courrier Tarnoczy, arrivé ici le 2 au soir, m'a remis les très-gracieux ordres de V. M. en date du 25 de novembre, et je me suis rendu le 3 au matin à Versailles pour y présenter à la reine les lettres qui lui étaient adressées. Je trouvai S. M. plus affaissée que de coutume ; elle devait être saignée le même soir, et il me parut que l'instant de ses couches devait être très-prochain. Le premier médecin, que je ne vis que l'après-midi, ne sachant pas que je fusse à Versailles, m'avait écrit le billet ci-joint pour m'informer de l'état de la reine. Je restai fort longtemps auprès de S. M., je remarquai qu'elle n'avait point d'inquiétude sur le moment de l'accouchement ; mais elle souffrait cependant. Je ne crus pas devoir l'entretenir d'affaires sérieuses : elle m'en parla elle-même à différentes reprises, et je me bornai à des réponses précises et courtes. La reine marqua de l'inquiétude et du regret de ce que, vu la saignée qu'on allait lui faire, joint à son état de malaise, elle ne prévoyait pas de pouvoir écrire à V. M. par ce courrier. Je tâchai de tranquilliser la reine, en l'assurant que V. M. ne s'attendait même pas à recevoir de ses lettres pour cette fois.

J'eus une audience de Madame pour lui présenter la lettre de V. M.; elle fut reçue avec toute sorte de marques de respect, et Madame me parla dans les termes les plus convenables de son désir de plaire à V. M. Dans la conférence que j'eus avec le comte de Vergennes, lui ayant parlé de mes mesures pour faire parvenir promptement la nouvelle de l'accouchement de la reine, j'appris avec grand déplaisir que, d'après la règle énoncée dans le mémoire que je joins ici, mon courrier ne pourra partir que longtemps après celui que l'on dépêchera au baron de Breteuil. Je trouvai le comte de Vergennes si attaché à cette formalité que je ne pus gagner autre chose si ce n'est qu'au lieu de quarante-huit heures on me donnera un passe-port après vingt-quatre heures. V. M. n'en recevra pas la nouvelle avec moins de promptitude, parce que le courrier français fera sûrement grande diligence, et ce sera avec la même célérité que les nouvelles de la journée suivant celle des couches arriveront ; j'espère même que le sieur Lassone pourra y joindre le mémoire détaillé de l'accouchement ; mais après l'expédition du courrier, je n'aurai plus pour les jours suivants que la voie de la poste ordinaire, attendu que, dans toute la France, on ne connaît pas l'usage des expéditions par estafettes. S'il survenait des cas extraordinaires, je serais obligé d'expédier des courriers; mais, d'après l'assertion la plus positive du médecin Lassone, dans l'état de santé où est la reine, il y a toute sûreté que ses couches seront parfaitement heureuses et exemptes du moindre accident.

## LXXVII. — Mercy a Marie-Thérèse.

*5 décembre.* — Sacrée Majesté, Très-pressé de me rendre à Versailles, et occupé dans ce moment d'une infinité de petits détails relatifs au meilleur service de la reine, je n'étendrai pas autant que je l'aurais désiré mes très-humbles remarques sur le contenu des ordres importants qu'il a plu à V. M. de me donner dans sa très-gracieuse lettre du 25 de novembre. J'ose espérer d'en avoir bien saisi le sens, et il me sert de règle dans la manière dont je négocie ici avec les ministres du roi, auxquels je tâche d'insinuer, comme de moi-même, tout ce que je sais être analogue aux intentions de V. M., en observant en même temps toutes les précautions nécessaires à éviter de compromettre l'essentiel des affaires. Il n'est pas douteux que, dans l'état actuel des choses, V. M. s'est assurée de se procurer la paix; il ne s'agit que de la rendre la moins désavantageuse possible, et les moyens s'en trouveront peut-être dans le plan que j'ai persuadé le comte de Vergennes de former et de faire mettre sous les yeux de V. M. J'ignore encore quelle pourra être la tournure de ce plan; mais il m'a paru très-essentiel de déterminer le ministère d'ici à articuler des propositions quelconques, parce qu'il reste à la volonté de V. M. d'en rejeter ou agréer ce qu'elle jugera convenable, et entretemps on contractera ici l'obligation de se rendre plus actif à soutenir des moyens acceptables que l'on aurait proposés soi-même. Les comtes de Maurepas et de Vergennes sont déjà convenus de la nécessité d'éviter les longueurs, par conséquent de rejeter toute idée d'un congrès.

Le retard des deux lettres de V. M. au roi et à Madame n'a eu aucun inconvénient qui eût pu me mettre dans le cas d'entrer en quelque explication à cet égard. Relativement au bruit qui a couru du projet de la reine de nourrir son enfant, je puis assurer positivement que la reine n'en a jamais eu l'intention, et dans le fait, par tout plein de raisons qui tiennent au local de ce pays-ci, cela serait devenu infiniment difficile. A l'instant où j'aurai fini mes dépêches, je vais m'occuper uniquement de ce qui a trait à la reine, et je ne quitterai pas son antichambre pendant les huit premiers jours des couches. L'abbé de Vermond est à Versailles depuis hier, et nous veillerons l'un et l'autre à tout ce qui paraîtra essentiel. J'espère que Dieu bénira notre zèle, et qu'il éloignera de V. M. toute espèce d'inquiétude ; c'est en formant ces vœux ardents que je suis...

LXXVIII. — Marie-Thérèse a Mercy (1).

*Ce 9 décembre.* — Comte Mercy, Vous pouvez juger avec quel empressement j'attends la grande nouvelle de l'accouchement de ma fille ; que Dieu nous la donne heureuse! Je ne suis pas entièrement rassurée sur ce point ; la grosseur dont on la dit me donne à penser. Je ne me flatte nullement d'un dauphin ; je ne suis accoutumée d'avoir des consolations entières ; pourvu que ma fille se ménage bien, point essentiel. Le courrier vous porte les présents et vous pourriez le retenir tant que vous voudrez, souhaitant qu'avant de partir il peut voir la reine et l'enfant. Vous me marquerez toutes les circonstances et particularités : comme la reine s'est comportée et se porte, et comme on lui fait passer les journées, et ce qu'on lui donne à manger, quel monde elle voit.

J'ai vu M. d'Argenteau (2) et ce que vous en marquez à Pichler ; il me suffit qu'il vous appartient et que vous vous intéressez pour lui, que j'en fais mon affaire. Les intéressés se sont déjà vus et ils se conviennent beaucoup. Il peut plaire à une personne raisonnable ; mais elle est bien laide, courte, grosse, ni teint ni yeux, mais un bon caractère et de l'esprit. Je souhaiterais qu'elle eût le double des revenus ; mais jusqu'à cette heure elle n'a rien qu'une petite terre en Bohême : tout le reste est à sa mère, qui est vraiment folle. Il faudra passer par les voies légales.

Je vous joins ici cette explication pour les bijoux ; vous ajouterez, diminuerez ou augmenterez selon votre bon plaisir les présents (3)

---

(1) Pièce entièrement autographe.
(2) C'était un parent du comte de Mercy ; on verra qu'il s'agissait d'un mariage.
(3) L'impératrice parle des présents qu'elle envoyait comme marraine de l'enfant royal.

selon les occurrences ; vous en ferez de même pour ce qui sera à donner en argent. Ne pourriez-vous, comme Breteuil, à Naples, convertir votre fête en tirant des prisons des malheureux ou en dotant des filles? Je laisse cela à votre choix. J'espère que le grand portrait de la reine est déjà en chemin ; si non, vous me l'enverrez par le premier courrier, l'attendant avec la dernière impatience. Les tablettes de laque pour M^{me} de Provence ne sont encore achevées ; j'ai cru qu'elles conviendraient mieux que le bracelet avec mon portrait, qui a été payé huit mille florins. Je vous l'enverrai avec le premier courrier ; vous pourriez donc retenir encore les présents et ma lettre ; mais vous ferez ce que vous trouverez le plus convenable. Les quatre petites boîtes empaquetées à part appartiennent à la boîte plus grande. On la destinait pour mettre le portrait, mais il me paraît que ces quatre pièces y manquent. Mon chiffre en bracelet est destiné pour M^{me} de Guéménée; vous y ajouterez une tabatière ou autre nippe que vous trouverez à Paris, s'il faut augmenter ce présent. Je n'ai pas cru convenable, en donnant à Madame mon portrait en bracelet, de le donner aussi à la gouvernante. Il y a une tabatière de femme avec mon portrait, que vous pouvez destiner ou retenir comme bon vous semble ; de même une d'homme, verte, avec mon chiffre. Les bagues sont destinées pour le médecin et accoucheur ; mais en cela comme en tout le reste vous ne vous tiendrez pas à la liste, et ferez ce que vous trouverez le mieux. Dieu nous tire bientôt de cette attente et me conserve ma chère reine !

*P. S.* Pichler vous informera de ma situation, qui est à l'extrême (1).

## LXXIX. — Mercy a Marie-Thérèse.

*Versailles,* 18 *décembre.* — Sacrée Majesté, J'écris par avance ce présent et très-humble rapport, afin qu'il puisse être expédié par le courrier du cabinet qui, vingt-quatre heures après le départ de celui de cette cour, ira porter à V. M. les détails des couches de la reine. Cet événement, quoique beaucoup plus retardé que l'on ne l'avait imaginé, ne donne cependant ici aucune inquiétude. Depuis la dernière saignée faite à la reine, elle se retrouve dans un état de santé et

---

(1) Marie-Thérèse parle des difficultés que rencontraient les négociations pour la paix.

de gaieté qui ne lui laisse pas la moindre nuance d'appréhension. J'ai occasion matin et soir de faire ma cour à cette auguste princesse, je la vois toujours de la meilleure humeur ; je m'abstiens dans ces circonstances de tout propos trop sérieux ou qui exigerait une attention trop suivie. Cependant la reine reprend quelquefois d'elle-même le chapitre des affaires. Elle a voulu en dernier lieu en parler au comte de Vergennes, et savoir de ce ministre la substance des projets de pacification, des instructions et mémoires qu'il a rédigés depuis peu, et qui auront déjà été mis sous les yeux de V. M.

J'ai fait quelques remarques à la reine sur les pièces susdites, lesquelles, quoique d'un style plus convenable à l'alliance, laissent cependant plusieurs choses à désirer pour le fond. J'espère que la reine, après ses couches, sera encore à temps d'intervenir par son crédit pour que, dans la suite des négociations, on mette ici le degré de fermeté et d'intérêt convenable pour contre-balancer la conduite trop partiale de la Russie en faveur de son allié.

Relativement à la vie journalière que mène actuellement la reine, je n'ai aucune observation essentielle à exposer. S. M. se lève à onze heures, elle entend la messe dans la grande chapelle de la cour régulièrement à midi ; elle fait une promenade dans les galeries du château jusqu'à l'heure de son dîner. Dans les premières heures de l'après-midi, elle daigne voir dans ses cabinets l'abbé de Vermond et moi, et le soir il y a ou spectacle au petit théâtre du château ou jeu. Toute la famille royale réunie passe l'après-souper ensemble, avec un petit nombre de courtisans, hommes et femmes les plus favorisés, et la reine se couche vers minuit.

Depuis quinze jours le premier médecin et l'accoucheur logent à côté des appartements de la reine ; tout est prévu avec le plus grand ordre pour le service. Il y a, selon l'usage de cette cour, quatre nourrices retenues pour l'enfant royal ; mais ce ne sera qu'au moment que l'on décidera laquelle des quatre commencera la nourriture : les trois autres restent en réserve pour suppléer aux accidents possibles.

Le roi redouble de soins, d'attention et de marques de tendresse envers la reine. Je ne vois aucun mouvement d'intrigue qui pût donner ni soupçon ni inquiétude, et ce calme passe tout ce que j'aurais pu en désirer dans une cour aussi sujette à être agitée que l'est celle-ci.

Le public en général marque un très-grand intérêt à l'attente des couches de la reine. Il y a ici plus de deux cents personnes de qualité, restantes ordinairement à Paris, et qui sont venues s'établir à Versailles, où on ne trouve plus de logements, et où les vivres ont triplé depuis cette époque.

### LXXX. — Mercy a Marie-Thérèse.

*De la secrétairerie du ministre à Versailles,* 20 *décembre, à midi trois quarts.* — Sacrée Majesté, Je profite du courrier dépêché au baron de Breteuil pour annoncer très-respectueusement à V. M. que la reine vient de mettre au monde une princesse ce matin, à onze heures et demie. Les douleurs ont commencé à minuit et demi ; elles ont d'abord été peu considérables et avec de longs intervalles, même de repos et d'instants de sommeil. Les grandes douleurs suivies n'ont commencé que vers huit heures, et les eaux ont percé dans ce même moment. La reine a soutenu le mal avec un grand courage ; j'ai vu cette auguste princesse dans les derniers moments de l'accouchement et encore quelques instants après. La violence qu'elle s'était faite pour ne pas se plaindre lui causa un léger mouvement convulsif dans les nerfs : on jugea convenable de la saigner, et l'accident se calma sur-le-champ. La reine est autant bien qu'il est possible de l'être dans ces premiers instants de son état, et son auguste enfant, qui est grand et fort, se porte à merveille. Dans la précipitation du moment, je ne puis rien ajouter à ce très-humble rapport ; vingt-quatre heures après l'expédition de ce courrier celui de V. M. partira.

L'instant du délivre n'est pas encore arrivé ; mais, d'après toutes les apparences qui sont sous mes yeux, je crois que V. M. a tout sujet d'être hors d'inquiétude. La reine ne sait pas encore le sexe de son enfant royal.

Le prince de Lambesc partira cet après-midi pour porter à Vienne la nouvelle de cet événement.

Le roi marque toute la joie et la sensibilité que lui cause la satisfaction de cette couche heureuse.

### LXXXI. — Mercy a Marie-Thérèse.

*Versailles,* 24 *décembre.* — Sacrée Majesté, La précipitation et les embarras du moment ont été cause qu'en expédiant le 20 au matin le premier courrier, j'ai omis de rendre compte à V. M. que la jeune princesse avait été baptisée le jour même de sa naissance sous les noms de Marie-Thérèse-Charlotte, et que, tenue par Monsieur et Madame au nom de V. M. et du roi d'Espagne, le cardinal de Guéménée avait administré les fonctions de ce sacrement.

Depuis le 20 j'ai mandé tous les jours par la poste au secrétaire du cabinet baron de Pichler le bulletin de l'état de la reine. Ce bulletin a été imprimé pour le public; mais, comme j'en apprenais le contenu avec plus de précision et de meilleure heure par le premier médecin Lassone, je n'ai pas envoyé ces billets imprimés.

Aujourd'hui je me trouve dans le cas de pouvoir annoncer très-respectueusement à V. M. que tout ce que les premiers moments de la révolution du lait ont de critique est entièrement passé. J'attends du premier médecin un bulletin détaillé qui sera sans doute sous la date de hier au soir, parce qu'il n'aurait pu l'écrire ce matin assez à temps, passant les matinées entières dans la chambre de la reine.

V. M. daignera voir qu'il n'y a plus le moindre sujet d'inquiétude sur son auguste fille; tout a été à souhait, le service intérieur s'est fait avec autant de zèle que de bon ordre; on a retranché les étiquettes qui auraient pu gêner le mieux de ce service, et je puis attester cette vérité comme témoin oculaire, restant les deux tiers des journées dans les antichambres et cabinets les plus près de la chambre de la reine.

Les ambassadeurs et toute la cour ont été voir le 20 l'enfant royal qui, dans sa petite physionomie, annonce des traits réguliers et charmants, de grands yeux, une tournure de bouche agréable, et un teint de la meilleure santé. J'ai demandé et obtenu la permission de voir tous les jours cet auguste enfant, et j'observe que son service se fait également avec les plus grands soins.

La reine reverra la jeune princesse aujourd'hui; le roi en est infiniment occupé, et on ne peut rien imaginer au delà des attentions et de la tendresse qu'il marque à la reine.

Sous quatre jours j'expédierai le troisième courrier, et je suis dans une entière sécurité sur les bonnes nouvelles dont il sera chargé.

## LXXXII. — Mercy a Marie-Thérèse.

*Versailles, 24 décembre.* — Quoiqu'un peu revenu de la secousse que j'ai éprouvée ces jours passés, j'ose en parler pour qu'elle me serve d'excuse auprès de V. M. sur les défauts de précision qui pourraient se trouver dans mes très-humbles rapports. Par une suite de l'usage singulier de ce pays-ci, j'avais été appelé et obligé d'être présent à l'accouchement de la reine. Je fus également témoin du mouvement convulsif qu'elle éprouva le moment d'après, et qui me saisit au delà de toute expression ; ce n'est qu'à présent que je sens tout le mal que cela m'a fait. Je dois en même temps ajouter que la reine ignore d'avoir été un instant en danger, et on le lui cachera, pour éviter des idées qui pourraient lui revenir dans ses couches suivantes.

Le mouvement convulsif dont la reine fut attaquée a eu plusieurs causes ; premièrement le remuement d'un trop grand nombre de gens présents ; secondement les efforts que la reine fit pour ne pas se plaindre ; troisièmement elle fut saisie de ce que, dans le premier instant, son enfant ne cria pas, et elle le crut mort ; quatrièmement, quand l'enfant cria, cela occasionna un contraste de révolution entre la douleur et la joie. Le roi et presque tout le monde avait suivi l'enfant, que l'on emportait dans la pièce voisine, et le monarque ne fut pas témoin de l'accident qui, par la grande présence d'esprit de l'accoucheur, fut dissipé en quatre minutes au moyen de cinq palettes de sang tirées au pied. Mon zèle inquiet m'avait ramené par une autre porte dans la chambre de la reine ; après cet orage tout a tourné au mieux.

Le lendemain 20 à son réveil la reine voulut me voir ; ce ne fut qu'après un second ordre que j'entrai. Cette auguste princesse me parla d'abord de V. M., du désir qu'elle avait d'écrire le lendemain ou surlendemain une ligne avec un crayon pour s'assurer que V. M. n'eût aucun sujet d'inquiétude. Je répondis que V. M. serait alarmée de voir que son auguste fille eût risqué grièvement de se nuire par cet effort, et que je répondais de toutes les mesures prises pour que V. M. n'eût aucun motif à être inquiète. Si V. M. daigne juger à propos par la suite de faire mention de cette circonstance, je suis sûr que la reine sera touchée de voir ce mouvement de sentiment agréé. Elle me dit ensuite, mais avec défense de le rapporter à V. M., qu'aussitôt qu'elle se trouverait en état d'être sur la chaise longue, elle se ferait peindre avec son enfant royal dans ses bras, pour pouvoir envoyer ce tableau à V. M. J'insistai fortement sur ce que, pendant les premiers jours, la reine ne vît personne, à commencer par moi. Je fis parvenir à ce sujet des représentations au roi, et j'obtins que la chambre de la reine fût fermée pour tout le monde, à l'exception de la seule famille royale, des deux dames d'honneur et d'atours, de la surintendante, de la comtesse de Polignac, des médecins et de l'abbé de Vermond. Malgré les clameurs des grandes entrées et des dames du palais, cet ordre a été strictement observé, et le médecin Lassone m'a avoué que c'était à cet arrangement qu'il attribuait en partie le grand calme qui a subsisté pour le moment de la révolution du lait.

Hier au matin la reine était très-occupée d'un projet; mais je ne sais encore au moment où j'écris s'il sera exécuté. Son idée était de proposer au roi de lui servir de secrétaire, et d'écrire au chevet de son lit quelques lignes pour être envoyées à V. M. par ce courrier.

La reine a saisi avec joie le désir de V. M. que Caironi pût voir l'enfant royal. La reine a sur-le-champ ordonné que ce courrier fût conduit dans l'appartement de la jeune princesse, et il y a été mardi. La princesse est nommée « Madame fille du roi » pour distinguer d'avec Madame, épouse de Monsieur.

La reine a témoigné autant de bonté et de confiance pour l'abbé de Vermond que ce digne serviteur a marqué de vrai zèle pour sa souveraine. Il est des heures le matin et l'après-midi auprès de la reine, il fait des lectures amusantes, et, ce qu'il y a de mieux, il en impose avec fermeté à tous les alentours de l'intérieur pour que le service se fasse avec le plus grand ordre.

J'ai été bien heureux d'avoir ce secours; le roi a vu avec plaisir ce zèle de l'abbé, et, pour première conversation avec lui, il a parlé du désir que V. M. avait eu que Caironi vît son enfant. Le roi dit à ce propos que l'on voyait dans toutes les circonstances combien elle aime ses enfants; ce qui, au dire de l'abbé, a été prononcé avec attendrissement.

Pendant le temps du travail des couches, quand, selon l'usage, le saint-sacrement fut exposé à Paris, le peuple courut en foule dans les églises et donna des vraies marques d'attachement pour la reine. Cet attachement a paru de même par un regret assez général que la reine n'ait pas eu un dauphin.

La reine est vivement et tendrement occupée de son auguste fille, et je ne vois pas une marque de chagrin de n'avoir pas mis au monde un prince.

Tous les princes et princesses de la famille royale ont tenu la contenance la plus décente et la plus honnête. Je dois même cette justice à M. le comte d'Artois et à sa suite qu'ils n'ont pas donné le moindre signe de satisfaction sur ce que l'enfant royal était une princesse.

### LXXXIII. — Mercy a Marie-Thérèse.

*Paris,* 29 *décembre.* — Sacrée Majesté, L'expédition de ce courrier a pour seul et unique objet celui de porter à V. M. l'assurance positive que tous les moments critiques des couches de la reine sont entièrement passés, et que la santé de cette auguste princesse de même que celle de son enfant royal sont dans le meilleur état possible. Les détails que j'attends du premier médecin Lassone seront joints à mon très-humble rapport, et ne laisseront sans doute rien à désirer à V. M. sur cet objet si intéressant.

Samedi 26, la reine a vu son ancienne dame d'honneur, la maréchale de Mouchy, et son ancienne dame d'atours, la duchesse de Cossé. Le dimanche 27 les dames du palais et toutes les grandes entrées ont été admises à faire leur cour un moment. Jusqu'à cette époque la chambre de la reine avait été rigoureusement fermée pour tout le monde, à la seule exception du service le plus strictement nécessaire.

Le rétablissement de la reine ayant fait journellement des progrès bien plus rapides qu'on ne pouvait l'imaginer ni l'espérer, presque tout le monde qui s'était établi à Versailles en est revenu à Paris, même la surintendante princesse de Lamballe, laquelle restera en retraite pendant les premiers temps de son deuil.

J'ai cru pouvoir également revenir en ville, et me borner à aller de deux jours l'un à Versailles pour y prendre les ordres de la reine.

## LXXXIV. — Mercy a Marie-Thérèse.

*Paris, 29 décembre.* — Sacrée Majesté, Je me hâte de dépêcher ce courrier parce qu'il est chargé d'une nouvelle doublement agréable, par son objet et par la forme sous laquelle le roi et la reine l'annoncent à V. M. dans la lettre ci-jointe (1).

J'ai passé toute la journée d'hier à Versailles, et pendant près de deux heures que j'ai été chez la reine, elle a daigné me parler de plusieurs objets importants, entre autres de celui d'un plan très-sage et réfléchi que S. M. a formé pour l'éducation de son auguste enfant. On a commencé à retrancher les harangues usitées ci-devant, et on veut éloigner des premiers regards de l'enfant royal toutes les images de grandeur, lesquelles, lorsqu'elles sont aperçues trop tôt, peuvent mettre de grands obstacles aux progrès d'une éducation bien ordonnée.

N'ayant pu commencer à écrire que ce matin, et croyant ne pas devoir retarder le courrier, je suis forcé à remettre les détails d'une matière si intéressante à un de mes prochains et très-humbles rapports.

Ainsi que la reine le mande à V. M., le roi est admirable par les soins et la tendresse qu'il marque à son auguste épouse et à son enfant royal. Caironi a vu la reine et une seconde fois la jeune princesse. Tout le service se fait auprès de S. M. avec un zèle et une exactitude dont je ne saurais assez me louer.

La reine de Naples avait désiré de recevoir le plus tôt possible les détails circonstanciés des couches de son auguste sœur. Le médecin Lassone avait conséquemment reçu l'ordre précis de les envoyer, et cela a été oublié. La reine en est peinée et m'a ordonné de supplier de sa part V. M. de daigner adresser les détails en question à la reine de Naples, en faisant connaître que ce n'est point par faute ni oubli de la reine si l'envoi prompt et direct de ces détails n'a point eu lieu.

Il serait en même temps essentiel de prévenir la reine de Naples que son auguste sœur ignore d'avoir couru quelque danger au moment des couches.

---

(1) La lettre par laquelle le roi et la reine faisaient part de la naissance de leur fille.

# ANNÉE 1779.

## I. — Marie-Thérèse a Mercy.

*Vienne*, 13 *janvier*. — Comte de Mercy-Argenteau, J'ai reçu par le courrier Caironi votre lettre du 29 du passé, toute contente des rapports que vous me faites sur l'état de la reine, ma fille. J'imagine bien combien vous aurez été saisi, ayant été témoin de la crise où ma fille s'est trouvée dans le moment de son accouchement. L'accoucheur Vermond s'est conduit dans cette occasion d'une façon dont je lui ai la plus sensible obligation [on lui doit seul sa conservation]. J'ai informé ma fille, la reine de Naples, des circonstances de l'accouchement de sa sœur, sans qu'elle lui fasse connaître le danger où elle s'est trouvée.

Je ne conviens aucunement qu'on doit rayer les étiquettes dans le plan d'éducation des enfants de notre naissance [mais tout luxe, mollesse et service chargé. La mode d'à cette heure selon Rousseau, où on les rend paysans à force de liberté, ne me plaît pas, et je ne vois aucun avantage jusqu'à cette heure, mais bien le contraire]. Sans les pousser jusqu'au point de nourrir leur orgueil, il faut les accoutumer dès leur enfance à la représentation, pour obvier à tant d'inconvénients inévitables lorsque le souverain et sa famille ne se distinguent pas par la représentation de l'ordre des particuliers. C'est un point essentiel, surtout à l'égard de la nation française, aussi vive que légère.

Je n'entre dans aucun détail sur les affaires politiques, dont vous serez informé par le canal ordinaire [ mais elles me désolent toujours].

[Je vous joins ici un paquet avec les tablettes pour Madame. Vous y trouverez encore une grande pierre dont je vous joins ici la description. Si vous la croyez convenable pour la présenter à la reine, vous la mettrez dans la boîte de laque et la lui donnerez; sinon vous me la renverrez par le premier courrier avec la boîte qui est jointe, que l'homme qui l'a faite a absolument voulu que je vous envoie avec la description ci-jointe. Je ne la trouve pas telle que lui, et tout au plus pour la mettre dans un cabinet ; il voudrait la vendre pour trois mille ducats. Je vous l'envoie pour contenter cet homme, hors que vous trouviez convenable à la donner. Je crois qu'il faut encore ajouter quelque chose à Lassone et Vermond ; ce dernier m'a sauvé ma chère fille. Je n'oserais leur proposer des pensions ; je laisserais à votre choix ce qui conviendrait ou autres présents. J'étais bien fâchée de voir la liste imprimée avant que les présents soient donnés, dans la gazette ici.

J'ai rassuré Caironi, qui n'a aucune faute (1) : l'emballage seul en est la cause. J'en ferai faire d'autres moins magnifiques. Les portraits sont achevés, et vont partir pour la maison de la reine. J'attends celui de la reine avec la dernière impatience. Je ne peux assez vous marquer ma reconnaissance pour tous les soins et inquiétudes que vous avez employés dans cette occasion. Caironi m'a dit que vous étiez rendu ; cela marque votre attachement, qui ne m'est que trop connu, mais il m'importe de vous conserver. Toutes les marques d'attention et de tendresse du roi m'ont bien consolée ; mais cette Thérèse est un peu de trop.

[ Si vous ne trouvez convenable la pierre pour la reine, vous lui remettrez toujours les tablettes avec nos portraits et le reste, en ajoutant l'accident arrivé aux vases, que j'en ai ordonné d'autres ; mais avant huit mois ils ne seront achevés. Si vous trouvez convenable le présent avec la pierre, alors vous ne direz rien des vases. Je voudrais toujours ajouter un présent à l'accoucheur qui a sauvé ma fille : vous me direz ce que vous en pensez.

[Je ne vous dis rien des affaires ; vous verrez le tout par les expéditions. De Pons s'est mal acquitté des ouvertures, et je crois que Breteuil en a fait de même, mais il ne faut entrer en reproches ou récriminations.]

[ Voilà la lettre pour la reine qui en contient une au roi tout indifférente.]

---

(1) Marie-Thérèse fait allusion, ainsi qu'on le voit par la suite de la lettre, à deux vases envoyés en présent à la reine et qui furent brisés dans le voyage. Ces vases étaient en bois pétrifié et ornés de pierres précieuses.

## II. — Mercy a Marie-Thérèse.

*Paris, 25 janvier.* — Sacrée Majesté, Les deux derniers courriers ayant été chargés des nouvelles les plus positives sur l'entier rétablissement de la reine et sur le bon état de la santé de son auguste enfant, je dois me référer à cet égard aux rapports du premier médecin Lassone qui ont été mis sous les yeux de V. M., et je vais lui exposer très-humblement les détails divers qui ont trait aux dernières circonstances présentes.

Je ne pourrais assez louer le bon ordre, l'exactitude et le zèle avec lesquels la reine a été servie pendant tout le temps de ses couches; un chacun à cet égard s'empressait à bien remplir ses devoirs, sans qu'il y soit survenu d'obstacles par les prétentions de charge et la foule d'étiquettes, qui à cette cour-ci apportent communément beaucoup de confusion et d'embarras dans le service qui se fait auprès de la personne des souverains. J'avais vivement sollicité tous les retranchements en ce genre qui me paraissaient utiles, et je les ai tous obtenus sans difficulté, et sans même qu'il en soit résulté des plaintes de la part de qui que ce soit. Ce qui s'est fait maintenant servira dans la suite de règle pour les cas semblables, et je crois ce changement très-utile.

Le roi, auquel un exercice habituel est devenu nécessaire pour la conservation de sa santé, n'a pas voulu sortir du château pour faire la moindre promenade pendant les huit premiers jours des couches. Au réveil de la reine il se trouvait le premier au chevet de son lit, et y passait une partie de la matinée; il y revenait à différentes reprises l'après-midi, y restait toute la soirée, et partageait le temps de la journée à aller de chez la reine auprès de son auguste enfant, auquel il marque la tendresse la plus touchante.

L'abbé de Vermond était un des premiers qui entra le matin chez la reine. Ce zélé serviteur a été d'une assiduité constante à Versailles jusqu'au moment présent, et il n'a pas peu contribué au meilleur service de sa souveraine. Le roi en a été si satisfait qu'il s'est enfin déterminé à parler fréquemment avec l'abbé et à lui marquer toute sorte de bontés, ce qui n'était jamais arrivé précédemment.

Quoique, l'avant-veille des couches de la reine, la princesse de

Lamballe eût reçu la nouvelle de la mort de son père (1), cela ne l'empêcha pas de faire son service, et elle l'a rempli même avec exactitude. Cette surintendante ainsi que la comtesse Jules de Polignac étaient la société la plus intime de la reine, mais ces deux rivales l'une vis-à-vis de l'autre occasionnaient quelque gêne à S. M. Elle s'en dédommageait en voyant seule, le plus que possible, la comtesse de Polignac, dont la faveur a toujours été en augmentant. La dame d'honneur et la dame d'atours entraient dans différents instants de la journée pour surveiller au service de la reine, il m'était permis de voir S. M. quelques moments, et je me tenais le reste du temps dans les cabinets pour être à portée d'avoir des nouvelles. La reine n'a vu les grandes entrées que le septième jour, le lendemain les dames de son palais, et le neuvième jour les entrées de la chambre. Il était d'usage ci-devant que toutes ces classes entrassent successivement dès la quatrième journée; mais leur droit a été pour cette fois subordonné à la décision des médecins, et on s'y est soumis sans former de plaintes.

Les princes et princesses de la famille royale, en marquant les attentions les plus empressées, se sont cependant conformés, soit dans la fréquence, soit dans la durée de leurs visites, à ce que pouvaient comporter l'état momentané de la reine et son repos, de façon qu'en cela tout s'est passé au mieux possible.

Le 3 de ce mois la reine a commencé à admettre dans sa chambre un certain nombre de personnes pour y passer la soirée. Il s'y tient une banque au pharaon, mais à laquelle on ne joue que très-petit jeu. Sur un théâtre construit à cet effet dans le grand cabinet de S. M., il y a eu le 11 un spectacle qui sera continué deux et trois fois la semaine. L'espace n'admet pour les spectateurs que cinquante places : elles sont remplies par la famille royale, et il n'y a que très-peu de personnes externes et les plus favorisées qui soient admises à ces occasions.

Le retranchement des étiquettes nuisibles, qui a été si utile à la reine, est également décidé en ce qui concerne son auguste enfant. S. M. avait daigné me prévenir de ses projets à cet égard, et ils m'ont paru infiniment bons à mettre en pratique. Conséquemment on a supprimé toutes harangues d'usage à faire à l'enfant royal. Il

---

(1) Louis-Victor, prince de Carignan, de la maison de Savoie.

est permis aux ambassadeurs et ministres étrangers d'aller chez la jeune princesse ; mais on exige qu'ils ne s'y présentent point en corps. Tout apprêt de cérémonial est interdit ; le service ne s'en fait que plus exactement, sans être embarrassé par cette foule de domestiques inutiles, dont il y a toujours eu un si grand étalage à cette cour-ci. Après ce premier objet si essentiel, l'attention de la reine s'est tournée sur les bonnes œuvres à faire à l'occasion de ses couches ; il y sera employé cent mille francs donnés par le roi, mais entièrement à la disposition de la reine. Quoique le plan de distribution n'en soit pas encore absolument fixé, d'après ce que S. M. m'a dit en dernier lieu, je crois que partie de la somme sera employée à doter et marier des pauvres filles, indiquées par les curés des paroisses de Paris ; avec le reste de l'argent, on délivrera des prisonniers retenus pour dettes, et il sera fait quelques aumônes dans les hôpitaux.

Après les six semaines des couches, il a été mis en question si la reine viendrait à Paris, à la métropole de Notre-Dame et à l'église de Sainte-Geneviève, patronne de la ville. L'étiquette établit que les reines n'y viennent qu'à l'occasion d'un dauphin ; mais la reine est fort disposée à passer par-dessus cet usage ordinaire, et je fais de mon mieux pour l'y déterminer. Cependant, comme ces formes tiennent à beaucoup de cérémonial plus compliqué ici qu'ailleurs, je ne sais encore ce qui en arrivera ; mais je représente fortement qu'il importe que la reine ne paraisse pour la première fois dans Paris après ses couches que pour un objet qui puisse plaire au public et l'édifier, et il ne sera pas difficile d'en trouver un moyen.

Pendant que j'écrivais ce présent et très-humble rapport, les deux articles ci-dessus mentionnés viennent d'être décidément fixés dans la forme la plus convenable. Le roi et la reine viendront en cérémonie à Notre-Dame ; ils seront suivis de Monsieur, de Madame, de M. le comte et de M$^{me}$ la comtesse d'Artois ; le jour est arrêté pour le 8 février. Dans la matinée de cette journée, l'archevêque de Paris donnera la bénédiction nuptiale à cent mariages, dotés par la reine à raison de cinq cents francs à chaque pauvre fille et l'habillement de l'époux et de l'épouse. Chaque curé de Paris a présenté un nombre de ces mariés ; ils seront tous dans l'église de Notre-Dame lorsque le roi et la reine y arriveront. A cette charité la reine a joint celle de faire payer les mois de nourrice de tous les premiers enfants qui naîtront de ces mariages, en observant que, si les mères allaitent leurs enfants, elles recevront 15 livres par mois, et si les mêmes enfants sont remis à des nourrices étrangères, celles-ci recevront 10 livres par mois.

Le sieur Necker, par ordre du roi, a porté mille louis à la reine pour des charités à faire dans Versailles. S. M. a d'abord fait remettre six mille francs à chacun des deux curés de la ville pour qu'ils eussent à distribuer cette somme à leurs pauvres. Les autres douze mille livres (1) seront employés à des aumônes particulières.

La reine s'est fait relever de ses couches le 18 par son grand aumônier, dans la sacristie de la chapelle de Versailles.

Le lendemain 19 S. M., étant sur sa chaise longue, a vu les ambassadeurs et ministres étrangers, et a daigné tenir à chacun d'eux quelques propos de bonté. Le roi d'Espagne a fait remettre par son ambassadeur le présent qu'il avait destiné à la jeune princesse, sa filleule ; il consiste en une paire de boucles d'oreilles à une seule pendeloque entourée, avec un bouton et un petit Saint-Esprit en diamants, ces deux pièces devant servir pour porter au col par le moyen d'une ganse ou cordon de soie. Le bouton de diamant est beau et forme la seule pièce remarquable du présent.

Au lieu du courrier mensuel que j'attendais de Bruxelles, il m'en est arrivé un le 20 au soir par Strasbourg, avec les très-gracieux ordres de V. M. en date du 13. Je me suis rendu le 21 au matin à Versailles, et y présentai à la reine les lettres qui lui étaient adressées. Cette auguste princesse a marqué une extrême sensibilité à tous les témoignages de tendresse qu'elle reçoit de V. M. dans les conjonctures actuelles.

C'est par un effet de la clémence ordinaire à V. M. qu'Elle a daigné faire attention au saisissement que j'ai éprouvé lors des couches de la reine. Il est certain que je n'ai de ma vie été si vivement affecté, et ce sentiment d'un très-profond et très-respectueux attachement tenait à mon zèle pour la meilleure des souveraines ainsi que pour son auguste fille.

---

(1) On sait que le louis valait alors vingt-quatre francs. Ce fut en 1810 que le louis d'or fut remplacé par le *napoléon* de vingt francs.

### III. — Mercy a Marie-Thérèse.

*Paris, 25 janvier.* — Dans ce très-humble rapport particulier j'ai à rendre compte à V. M. de plusieurs particularités que la diversité des objets ne permet pas de lier entre elles, et que je vais exposer dans des articles séparés.

1° La reine, à l'occasion de ses couches, a reçu un présent du roi en or, formant la somme de 102,000 livres. La comtesse de Polignac, pour se faire un mérite, avait parlé à la reine de son projet de suggérer au comte de Maurepas l'idée d'un pareil don. Je représentai à temps qu'une pareille négociation était inconvenable par toute sorte de raisons, et qu'il était absurde que le ministre se mêlât d'une chose que le roi devait faire et aurait faite de son propre mouvement; mais mon avis ne fut point suivi. La somme en question vint d'ailleurs très à propos au secours des finances de la reine, qui étaient fort dérangées; S. M. devait, en différents articles, au delà de 3,000 louis. Comme la reine tient note de la perte et du gain qu'elle fait au jeu, je proposai de faire un bilan de cet objet pour voir à quoi il se montait. L'abbé de Vermond ayant été chargé de cet ouvrage, il se trouva que la reine avait perdu dans l'année 1778 14,000 et quelques louis, qu'elle en avait regagné 6,494, et que par conséquent il restait de net en perte 7,556 louis. La reine fut réellement frappée de cette découverte; elle nous a assurés, l'abbé et moi, que sa résolution était très-décidée de se modérer sur un article de dépense aussi énorme que mal employé, et elle écouta avec bonté toutes les raisons que nous exposâmes pour démontrer les inconvénients d'un pareil abus, qui enlevait à la reine les moyens de tout acte de bienfaisance raisonnable et même nécessaire en tant d'occasions.

2° Je ne puis assez dire combien la reine, dans ces moments tranquilles et dénués de dissipations, nous a marqué de confiance, à l'abbé de Vermond et à moi, en nous ouvrant le fond de son âme; nous y avons vu la grande et respectueuse tendresse qu'elle conserve pour V. M., et le vrai attachement qu'elle a pour son auguste famille. D'après ce que la reine nous a dit de ses sociétés, du jugement qu'elle porte des qualités et des défauts d'un chacun, nous avons été dans le cas d'admirer la justesse d'esprit de cette auguste princesse. Nous avons reconnu qu'il n'y a que sur la comtesse de

Polignac qu'elle se fait illusion, et qu'il n'y a que le temps et les circonstances qui puissent l'éclairer mieux sur le chapitre de cette favorite. La reine, dans ces derniers temps, a conçu plus que jamais un fond d'estime et d'amitié pour le roi; elle a été vivement touchée de la tendresse, de la douceur et des soins que lui marque son auguste époux. Elle paraît mieux concevoir la nécessité ainsi que la facilité de gagner toute sa confiance.

3° Quoique l'abbé de Vermond ait été mieux traité que jamais, surtout par le roi, il croit cependant que son séjour constant à Versailles ne serait point utile au meilleur service de la reine, et, après de mûres réflexions, je suis assez du même avis. Son office, ainsi que le mien, consiste à présenter toujours la vérité pure et sans détours. Dans une cour aussi intrigante et orageuse que celle-ci, un pareil emploi ne peut pas s'exercer journellement sans exciter de grands ombrages et des cabales. J'espère que je tiendrai encore longtemps l'abbé de Vermond dans l'habitude de passer un jour ou deux de la semaine auprès de la reine, et, en tâchant de le suppléer dans les intervalles, cette auguste princesse aura toujours à portée un de ses zélés et fidèles serviteurs.

4° Les couches de la reine ont fait ici généralement dans tous les ordres une grande sensation et très-avantageuse à cette souveraine. Lorsqu'on l'a crue en danger, le peuple a marqué pour elle un vrai attachement. Les petites critiques du public ont cessé, et on se réunissait de bonne foi à faire des vœux pour l'heureuse délivrance de la reine. Ce serait maintenent un moment précieux à saisir, et dans lequel S. M. pourrait donner à sa considération et crédit public l'essor le plus étendu et le plus solide. Il ne faudrait pour cela que quelques légères réformes dans l'article du jeu, dans les prédilections pour les favoris et favorites, un peu plus d'actes de bienfaisance, et témoigner quelque intérêt aux objets sérieux et utiles. Tous ces chapitres ont été en dernier lieu amplement discutés vis-à-vis de la reine, elle a paru plus que jamais y arrêter ses réflexions. Elle se montre tendrement et vivement occupée de son auguste enfant, ainsi que des moyens à lui donner la meilleure éducation possible, par conséquent très-différente de celle qui jusqu'à présent a été en usage à cette cour.

5° Malgré le contenu de la dernière lettre que V. M. a reçue de la reine, il est cependant de fait que cette auguste princesse est un peu dégoûtée de ses couches, et que sa première idée la porta au désir de ne pas devenir grosse de plusieurs mois. Je ne suppose point que les fortes représentations de l'abbé de Vermond et de moi aient changé à cet égard les intentions de la reine ; j'aime mieux croire que ses propres réflexions l'ont ramenée ; mais il est bien certain qu'elle désire maintenant la grossesse la plus prochaine possible.

Le courrier m'ayant remis en très-bon état les trois objets dont il était chargé, je me suis vu en même de remplir les ordres de V. M. relativement à tous les présents à distribuer.

Ainsi que l'annonçait un de mes très-humbles rapports précédents, la reine avait déjà le souvenir en diamants, l'aigrette et les hochets destinés à la jeune princesse ; je n'ai eu à remettre à S. M. que le petit coffre de laque, et j'y ai joint le diamant couleur chrysolithe (1), qui a fait le plus grand plaisir à la reine, ce que j'avais prévu, connaissant son goût pour les pierreries. S. M. a fait venir sur-le-champ son joaillier, et lui a ordonné en ma présence de monter ledit diamant de manière qu'il serve de coulant à un ruban à porter au col ; conséquemment je n'ai point fait mention des vases, qui seraient devenus des objets si casuels à transporter et sans doute aussi coûteux que le diamant. Quant à la grande boîte garnie de pierreries, ainsi que V. M. l'a jugé, il m'a paru que cette pièce, si précieuse d'ailleurs, n'avait son grand mérite que pour un cabinet de curiosités, et n'était point adaptable à la circonstance présente. Je la renvoie par ce courrier, en y joignant une des deux bagues de diamants dont je n'ai pas eu d'emploi à faire.

Lorsque je présentai à Madame les tablettes et le bracelet, elle témoigna une grande reconnaissance à ces marques de bonté de V. M. Elle observa d'abord la magnificence du présent ; mais elle demanda avec empressement si le portrait était ressemblant, en me disant que c'était ce qui lui devenait de plus précieux. Cette princesse, en me chargeant de faire parvenir ses très-humbles remercîments, en me parlant de son respect pour V. M., de son attachement pour la reine, s'expliqua dans les termes les plus convenables et de

---

(1) Le nom de chrysolithe (c'est-à-dire *pierre d'or* ou *de couleur dorée*) a désigné à diverses époques plusieurs substances d'un jaune plus ou moins pur, mais de nature fort différente. La chrysolithe du Brésil est une aigue-marine ; la chrysolithe du Cap est un silicate double de chaux et d'alumine. Les bijoutiers connaissent surtout la chrysolithe orientale ou opaline, ou chrysobéril.

la meilleure tournure possible. Je remis ensuite la petite boîte à portrait et le bracelet en chiffre de diamants à la princesse de Guéménée, qui parut bien pénétrée de cette grâce, et me recommanda de mettre aux pieds de V. M. les témoignages de sa profonde et très-respectueuse reconnaissance, en y ajoutant les assurances de son zèle pour l'auguste enfant qui lui est confié. Le cardinal de Guéménée se montra pénétré de sentiments pareils, lorsque je lui remis la croix qui lui était destinée.

Le premier médecin Lassone a été comblé du magnifique présent de la boîte émaillée en vert et garnie de diamants ; mais si V. M. veut y ajouter une marque de grâce de plus, ce serait d'ordonner que l'on envoyât à Lassone quelques pièces des minéraux d'Hongrie, que ce premier médecin désirerait beaucoup pour les placer dans son cabinet d'histoire naturelle. Je sais que la reine s'était proposé d'en supplier V. M. Quant à l'accoucheur Vermond, je lui ai remis la plus belle des deux bagues de diamants, et j'y ai joint une boîte émaillée achetée ici pour le prix de six cent soixante florins.

Il ne m'appartient pas d'oser mesurer les bornes que peut avoir la munificence de V. M., mais ce que je puis affirmer, c'est que tous les présents distribués ont été regardés ici comme plus que suffisants, et très-magnifiques, enfin comme remplissant tout ce qu'on pouvait attendre de la générosité si connue de V. M.

Dans le plan que la reine s'est formé pour l'éducation de son auguste enfant, je crois qu'elle ne s'est point éloignée des intentions de V. M. Il semble en effet que le projet de la reine n'est pas un retranchement absolu des étiquettes, mais seulement de les borner de manière à supprimer une mollesse nuisible, une affluence inutile de gens de service, et toute image propre à faire naître des sentiments d'orgueil. Malgré le retranchement susdit, la maison de la jeune princesse est encore considérable, et se montera à près de quatre-vingts personnes destinées au service unique de sa personne royale.

Mes dépêches d'office précédentes, et particulièrement celle d'aujourd'hui, exposent la différence notable qui existe entre le langage qu'on me tient ici et la façon d'opérer du baron de Breteuil et du marquis de Pons. Les choses en sont pour le moins au point que la cour de France se trouve engagée, par ses propres démarches, à contrarier d'une manière positive et ouverte les mauvaises chicanes du roi de

Prusse, et le comte de Vergennes se persuade que ce prince ne s'obstinera pas à les soutenir, que par conséquent le prompt acheminement à la paix ne sera point intercepté. Je n'ai pas cru devoir encore reprendre ces matières à fond vis-à-vis de la reine; il m'a paru que la conjoncture du moment n'y donnait pas lieu, et qu'il fallait attendre les occasions où il pourra devenir nécessaire que la reine intervienne pour s'opposer aux actes de faiblesse dont les ministres français se sont rendus si souvent coupables, et qui seraient plus dangereux encore dans le courant d'une négociation finale.

### IV. — Mercy a Marie-Thérèse.

*Paris, 16 février.* — Sacrée Majesté, Je ne puis aujourd'hui mettre aux pieds de V. M. qu'un rapport très-court sur ce qui concerne la reine, le régime de ses couches, prolongé au delà des six semaines, n'ayant donné lieu à aucune circonstance qui fût susceptible de remarque.

Après que la reine eut été relevée de ses couches dans la chapelle de Versailles, S. M. reprit la forme ordinaire dans la tenue de la cour, tant pour l'heure de son lever que pour celle de la messe, du dîner et du jeu qui se tient pendant la soirée. La reine commença à faire des petites promenades dans l'intérieur du château; elle se rendit les mercredis aux bals de la cour qui ont continué à avoir lieu chez Madame. La présence de la reine ranima ces petites fêtes, qui étaient devenues très-désertes; S. M. n'y a point dansé, et y passait la soirée à parler aux personnes qui sont admises à de semblables occasions. Le spectacle devint un autre objet d'amusement; il y en a eu deux jours de la semaine au théâtre de la cour, et la reine a été également au théâtre de la ville de Versailles, cette salle nouvellement bâtie ayant une communication avec le château, d'où l'on peut s'y rendre par un grand corridor.

Le 8 de ce mois, tout ayant été préparé pour la venue du roi et de la reine à Paris, LL. MM. s'y rendirent accompagnées de Monsieur, de Madame, de M. le comte et de M$^{me}$ la comtesse d'Artois, tous dans la même voiture. Les feuilles publiques contenant les détails de cette entrée, je me bornerai à observer qu'elle a eu lieu avec tout l'ordre et la pompe convenables à un acte aussi intéressant. Le public de Paris rassemblé en foule sur le passage de leurs souverains donna beaucoup de marques d'affection et de joie ; il remarqua avec la plus grande satisfaction l'air de bonté de la reine. Les cent mariages qui, dans la matinée, avaient été bénis dans l'église métropolitaine, et qui s'y trouvaient rangés en ordre lors de l'arrivée du roi et de la reine, formèrent un coup d'œil très-touchant et propre à émouvoir les spectateurs. Le directeur général des finances a cru devoir consacrer par une médaille cet acte de bienfaisance de la reine; je joins ici une de ces pièces : il n'y en a point eu de frappée en or, il n'y en a même en argent qu'autant qu'il en fallait pour en distribuer une à chacun des mariages et à un petit nombre des personnes de la suite de la cour. La délivrance de plusieurs prisonniers pour dettes, et des aumônes faites sous l'indication des curés de Paris, ont ajouté à la munificence de la reine et au bon effet que la piété de cette auguste princesse a occasionné dans l'esprit du peuple. Pour ne rien omettre de ce qui pouvait et devait faire l'impression la plus favorable dans une pareille conjoncture, la reine s'était très-sagement déterminée à prouver que sa présence dans la capitale n'avait pour objet que des motifs pieux et aucune vue d'amusement ; conséquemment, après le service divin, tenu dans l'église de Notre-Dame et à Sainte-Geneviève, la cour alla dîner à la Muette et retourna le soir à Versailles sans que depuis, dans les derniers jours du carnaval, la reine soit venue aux différents spectacles à Paris, ainsi que S. M. était accoutumée d'y venir les autres années. Cette privation a été suppléée par quelques bals à Versailles; il y en a eu un chez la comtesse de Polignac, un second chez la princesse de Guéménée, et un troisième chez le prince de Poix, gouverneur du château. Le roi et toute la famille royale réunie ont assisté à ces petites fêtes ; la reine y a très-peu dansé, et les bals n'ont pas été prolongés au delà d'une heure après minuit. Un carnaval si modéré a été fort avantageux à la conservation de la santé de la reine, et il n'y a rien à désirer sur cet article important. Il en est de même pour ce qui concerne son auguste enfant. Cette jeune princesse se fortifie à vue d'œil et annonce la meilleure constitution.

Le courrier mensuel m'ayant remis le 11 les dépêches dont il était chargé, je me suis rendu le lendemain à Versailles pour présenter à la reine les lettres qui lui étaient adressées, avec la caisse contenant les tableaux destinés à être placés au château du petit

Trianon (1). La reine exprime elle-même à V. M. tout le plaisir que lui a fait ce présent. Sa première intention a été d'abord de ne faire déballer cette caisse que dans l'endroit même où les tableaux doivent être déposés. J'ignore encore dans ce moment si cela a été exécuté ; mais, à en juger par l'extérieur de l'emballage, les tableaux ne peuvent que s'être trouvés en bon état.

### V. — Mercy a Marie-Thérèse.

*Paris,* 16 *février.* — Le secrétaire du cabinet baron de Pichler, en m'envoyant la feuille que je remets ici, me donne l'ordre de V. M. de dire ce qu'il peut y avoir de réel dans le contenu de ce scandaleux gazetier, et sans autre détail je n'hésite pas à affirmer qu'il ne renferme pas un seul article qui ait la moindre lueur de vérité ou de vraisemblance. Ces absurdes productions ne se répandent pas même dans Paris ; elles sont envoyées au dehors par des misérables nouvellistes, que la misère engage à ce métier, et qui, pour peu d'argent, composent des anecdotes dont le ridicule sauterait aux yeux si elles étaient lues par ceux qui, étant sur les lieux, ne peuvent être induits en erreur sur la vraisemblance des choses. Cette feuille, datée du 6 janvier, annonce que la veille le roi avait habité avec la reine ; l'espace de temps seul entre le moment des couches et le 5 janvier prouve l'impossibilité de ce prétendu fait. Il en est de même des propos attribués à l'accoucheur Vermond, qui certainement n'a jamais prononcé de phrases pareilles. On cite une dame de Rostaing comme « dame de cour très-spirituelle » ; il n'y a pas une femme de ce nom à Versailles, et je n'en connais même aucune à Paris. L'article des bijoux montrés à la reine n'est pas plus exact, et quant à l'état des dettes de cette princesse, des mesures prises pour les acquitter, et des propos tenus par la reine à ce sujet, mes précédents rapports ont exposé bien exactement à V. M. tout ce qu'il y avait à dire sur ce chapitre (2).

---

(1) Voir plus haut la 3ᵉ note de la page 152.
(2) Les nouvelles de gazettes auxquelles Mercy répond ici se trouvent toutes dans la *Correspondance secrète*, éditée par M. de Lescure, Paris, 1866; tome I, pages 254 et suivantes. On peut y lire en effet, à la date du 6 janvier 1779, quelques propos indiscrets sur l'intimité du roi et de la reine. On y présente l'accoucheur Vermond comme un « balourd » qui emploierait, en parlant à la reine, les expressions les plus grossières ; il est question ensuite

Je ne dois point dissimuler à V. M. que, lorsque le roi et la reine sont venus à Paris, les démonstrations du public n'ont pas répondu tout à fait à ce que l'on aurait pu s'en promettre. Il y a eu des acclamations de « Vive le roi et la reine! » dans de certains endroits de la ville; dans d'autres il a régné un grand silence, et on remarquait en général que l'empressement du peuple tenait beaucoup plus à la curiosité qu'à des mouvements d'affection. Cette tiédeur avait quelques causes accidentelles, entre autres le renchérissement des vivres. Quoique la reine n'entre pour rien dans de semblables motifs, cependant l'humeur du public le rend plus disposé à la critique. L'idée de la dissipation, des dépenses qu'elle occasionne, enfin l'apparence d'un désir immodéré de s'amuser dans un temps de calamités et de guerre, tout cela peut aliéner les esprits et demande un peu de ménagement. Dans les dernières audiences que m'a accordées la reine, je lui ai exposé sur cette matière ce que m'a dicté mon zèle; j'oserais presque me flatter qu'il a fait quelque impression sur S. M. et que cela a contribué à la faire renoncer à tous les amusements trop apparents qu'elle avait projeté de se procurer dans plusieurs voyages à Paris, dans les derniers jours de ce carnaval. Ce sacrifice ne s'est pas étendu jusqu'à renoncer tout à fait au bal de l'Opéra. La reine a voulu y venir le dimanche gras, et le roi a consenti de l'accompagner. Cet arrangement s'est exécuté avec un secret étonnant, et au moment où j'écris, personne n'en est encore informé ici, de façon que, si la reine ne m'avait pas confié son projet, je pourrais douter qu'il ait été rempli.

Dans les moments présents je n'ai point parlé à la reine d'affaires politiques, parce que les circonstances ne m'ont pas paru l'exiger. La tranquillité du carême sera plus propre à revenir sur les objets sérieux; il est bien important que la reine veuille s'en occuper avec un peu plus de suite. J'espère d'engager l'abbé de Vermond à de fréquents séjours à Versailles; cet ecclésiastique y est resté près de

---

d'une comtesse de Rostaing, « dame de la cour », qui, le jour où Paris célébrait par des illuminations l'accouchement de la reine, remarquant la mesquinerie de celles du Palais royal, aurait dit : « Voici qui sent la bouderie! » Enfin des bijoutiers auraient présenté à la reine leurs plus beaux bijoux, mais la reine n'aurait rien voulu choisir, disant : « Le roi a deux fois payé mes dettes, je ne veux pas en contracter de nouvelles. » On voit que le rapport de Mercy répond à tous ces articles, dont une partie se trouve aussi dans la *Correspondance secrète* de Métra, tome VII, page 194, sous la date du 1$^{er}$ janvier 1779.

six semaines de suite. Nous avons, lui et moi, la consolation de voir qu'en tenant une marche tout opposée à celle des autres alentours de la reine, elle daigne cependant avoir en nous une confiance plus entière qu'en qui que ce soit, sans en excepter la plus intime favorite. Il est vrai que cette confiance de la reine pour l'abbé et moi consiste plus à nous dire toutes ses pensées qu'à se prêter à nos très-humbles avis, et que, pour ce dernier article, le crédit de la comtesse de Polignac est infiniment supérieur au nôtre ; mais il nous reste toujours le précieux avantage d'être en possession de dire la vérité et de la prononcer sans détour. C'est du bon esprit et caractère de la reine que l'on doit attendre les effets que cette vérité souvent répétée produira un jour, et dans l'intervalle il s'agit de diminuer les inconvénients à mesure qu'ils pourront se présenter.

Ainsi que la reine a daigné m'y autoriser, je vais souvent voir ce qui se passe auprès de la princesse nouvelle-née ; il me semble que son service se fait avec ordre et zèle. Cet auguste enfant deviendra de plus en plus pour la reine un objet de réflexions et de soins, et je ne cesse de rappeler à S. M. une vérité à laquelle sa tendresse maternelle la porte naturellement.

### VI. — MARIE-THÉRÈSE A MERCY.

*Vienne*, 28 *février*. — Comte de Mercy-Argenteau, J'ai reçu votre lettre du 16 par le courrier Maurice, arrivé ici le 26 de ce mois.

Je suis très-contente du rapport que vous me faites sur ce qui s'est passé aux relevailles de ma fille ; mais je ne serais guère flattée si le premier début du roi en sa qualité de mari, après les couches de ma fille, devait nous annoncer un délai d'une nouvelle grossesse encore pendant huit ans. La joie moins vive que le public a marquée à l'occasion de l'entrée du roi et de la reine en Paris, peut-être est-elle encore l'effet de l'impression moins sensible que l'apparition des souverains produit lorsque, contre l'usage ancien, les sujets s'accoutument à les voir plus souvent et sans représentation. Toute contente que je suis d'ailleurs des complaisances que le roi témoigne à ma fille, s'étant même prêté à l'accompagner au bal de l'Opéra, je ne voudrais cependant pas qu'il prît l'habitude d'entrer dans tous ses goûts. J'ai assez de preuves de la confiance que ma fille accorde et à vous et à l'abbé Vermond ; mais je conviens encore avec vous que

M^me de Polignac et les autres favoris et favorites l'emportent sur vous deux, lorsqu'il s'agit de satisfaire les volontés de ma fille. C'est pourtant toujours un grand avantage que de vous voir dans une position de pouvoir parler avec franchise.

Je vous suis obligée de m'avoir envoyé les portraits de ma fille et de son enfant. Je trouve le premier assez ressemblant, sans pouvoir juger de l'autre. Le portrait en grand de la reine, comme je vous l'ai déjà fait marquer, est arrivé ici bien endommagé.

P. S. Comte de Mercy-Argenteau, Si contre mes vœux et contre mon attente la guerre allait malheureusement continuer, il faudrait penser à la sûreté des Pays-Bas, dégarnis comme ils sont de toutes troupes. J'ai donc chargé le prince de Starhemberg de se concerter préalablement et en secret avec vous sur les moyens d'engager la France à placer un corps de troupes sur les frontières des Pays-Bas, pour pouvoir s'en servir en cas de besoin.

### VII. — Mercy a Marie-Thérèse.

*Paris, 17 mars.* — Les très-gracieux ordres de V. M. en date du 28 février m'ont été remis le 11 de ce mois par le courrier mensuel, et je me suis rendu immédiatement à Versailles pour y présenter à la reine les lettres qui lui étaient adressées.

Lorsque j'écrivais mon très-humble rapport précédent, du 16 février, je n'imaginais pas que ce dernier jour du carnaval dût produire le seul petit événement relatif aux amusements de la reine qu donnât matière à parler et à former des commentaires ridicules sur un fait assez simple et qui n'en était pas susceptible.

La reine était venue le dimanche gras au bal de l'Opéra seule avec le roi; Leurs Majestés y étaient restées jusqu'à six heures du matin sans être reconnues, ce qui avait paru fort amuser le roi. Cela engagea la reine à lui proposer de revenir au bal du mardi gras. Cette proposition fut d'abord acceptée; mais le roi ayant ensuite changé d'avis, il convint avec la reine qu'elle irait seule à ce bal, suivie d'une dame du palais, et que d'ailleurs toutes les mesures prises pour le plus grand secret seraient observées. Conséquemment la reine partit de Versailles sans suite; elle descendit à Paris à l'hôtel du premier écuyer (1), où S. M. monta dans une voiture de

---

(1) Le duc de Coigny, premier écuyer du roi.

particulier, et qui ne pût pas être reconnue. Malheureusement cette voiture était si vieille et mauvaise qu'elle cassa dans une rue à quelque distance du théâtre. La reine fut obligée de sortir de cette voiture, ainsi que la princesse d'Hénin qui était à sa suite, et, dans l'impossibilité de rester dans la rue, il fallut entrer dans la première maison qui se présenta et qui était celle d'un marchand d'étoffes en soieries. La reine ne se démasqua pas ; il fut trouvé impossible de raccommoder la voiture, l'heure qu'il était ne permettait pas non plus de se donner le temps nécessaire à faire chercher un bon carrosse : on arrêta le premier fiacre qui vint à passer, et la reine arriva au bal dans cette voiture. Elle y trouva plusieurs personnes de sa suite qui s'y étaient rendues séparément, et qui ne quittèrent plus S. M. tout le temps où elle resta à ce bal. La reine n'y fut point reconnue et ne se retira qu'au jour. Les circonstances de ce petit événement ne produisirent d'autre effet à Versailles que celui de faire rire le roi, et de donner matière à quelques plaisanteries sur la nécessité d'aller en fiacre. A Paris la manière de conter ce fait fut plus variée; mais il n'en résulta cependant que des détails risibles, et qui n'étaient point dans la tournure de critique. Je m'aperçus que la reine était peinée de cette petite aventure : elle daigna m'en parler et me mettre à portée de lui représenter ce que je croyais convenable sur pareille matière (1).

Depuis le commencement du carême tout a repris à la cour une forme plus tranquille et plus régulière. La reine se fait une douce occupation d'aller, à différentes heures du jour, voir son auguste enfant, qui se fortifie et jouit de la meilleure santé. Le roi partage des soins si précieux, et y met une suite et une tendresse qui est le gage de celle qu'il a vouée à la reine. Il n'y a certainement rien à désirer sur cet article important, si ce n'est qu'il en paraisse bientôt de nouveaux effets, par une grossesse pour laquelle toute la nation fait des vœux. Ce chapitre exige de ma part les plus fortes remontrances, et me porte à recourir à l'autorité de V. M. pour les rendre efficaces.

Depuis trois semaines la reine a repris malheureusement son an-

---

(1) Cette aventure fut exploitée par ceux qui cherchaient l'occasion de calomnier la conduite de la reine. Voir les *Mémoires* de M^me Campan, chapitre VII, où l'épisode est raconté avec quelques inexactitudes.

cien goût pour l'exercice du cheval, et il faut avouer qu'elle en use avec trop peu de modération. S. M. fait de très-longues et très-fréquentes promenades ; il y a déjà eu plusieurs chasses au bois de Boulogne et dans les environs de Versailles. Le premier médecin s'y oppose autant qu'il lui est possible, et le public forme avec regret la conjecture, ou que la reine n'est pas vis-à-vis du roi en position à devenir grosse d'un jour à l'autre, ou que si elle y est, cette auguste princesse marque peu de désir et de soin à éviter les dangers contraires à un pareil état. De pareils raisonnements, qui ne sont que trop spécieux, portent une atteinte réelle à l'attachement que l'on doit à la reine ; son crédit et sa considération ne peuvent qu'en souffrir : c'est ce que je ne cesse de représenter à S. M. L'abbé de Vermond me seconde en cela avec son zèle ordinaire ; il a été à cet effet toutes les semaines à Versailles, mais jusqu'à présent nos très-humbles instances, qui vont jusqu'à l'importunité, n'ont pas encore produit grand effet. Cependant elles ont mieux réussi sur quelques autres articles, nommément sur les voyages à Paris, où la reine ne vient presque plus au spectacle. Le jeu est devenu aussi plus rare et plus modéré ; S. M. se prête moins aux insinuations intrigantes des favoris et des favorites ; depuis assez longtemps il n'est survenu à cet égard aucun incident qui méritât d'être cité.

Il y a dès à présent plusieurs projets de voyages fixés pour le printemps prochain et même pour le commencement de l'été. La cour ira à Marly du 20 avril au 20 de mai ; il y aura ensuite quelques petits séjours à Choisy, et LL. MM. retourneront peut-être à Marly après la Pentecôte.

## VIII. — Mercy a Marie-Thérèse.

*Paris*, 17 *mars*. — Sacrée Majesté, Relativement à l'ordre particulier que V. M. daigne me donner sur les précautions nécessaires à la sûreté de ses provinces des Pays-Bas dans le cas de la continuation de la guerre, je dois observer très-humblement que, dans l'origine même des affaires présentes, la France s'est expliquée sur l'objet en question d'une manière si claire et si positive qu'il ne peut rester aucun doute sur ses déterminations à cet égard. Mes dépêches de l'année passée ont annoncé que le comte de Vergennes avait déclaré au baron de Goltz que le roi Très-Chrétien ne souffrirait aucune entreprise sur les provinces belges, et au besoin je crois pouvoir répondre que l'on tiendrait exactement parole. Le prince de Starhemberg n'aurait qu'à proposer les moyens, on les adopterait ici sans hésiter; mais, d'après les dernières nouvelles que le ministère d'ici vient de recevoir, il semble qu'il n'y a plus rien à prévoir contre la paix (1). Dans ces derniers temps on a tenu ici une conduite et un langage plus amical; les sentiments de l'alliance se sont un peu ranimés. V. M. aura daigné le remarquer dans les écrits du comte de Vergennes et dans l'ensemble des circonstances.

Quoique j'aie eu toutes les semaines de longues et fréquentes audiences de la reine, je me suis abstenu de la porter à aucune démarche positive sur les conjonctures présentes. Dans le point où se trouvaient les affaires, il m'a paru que la coopération de cette auguste princesse n'était pas nécessaire.

Du côté de l'intimité conjugale il semble que les choses prennent une tournure convenable. Je présume que la reine mandera à V. M. des détails sur cet important chapitre; mais il est d'une grande conséquence que la reine soit fortement exhortée à n'avoir aucun reproche à se faire, et le sacrifice de l'exercice à cheval devrait en être la première condition.

Les changements les plus favorables qui se manifestent dans ce qui regarde la reine consistent particulièrement en ce que cette princesse a mis depuis quelque temps beaucoup plus d'ordre et de réserve dans ses sociétés intérieures. M. le comte d'Artois n'a plus la même influence, ni la facilité de faire adopter ses dissipations. Monsieur est mieux traité que par le passé; les alentours n'osent plus, avec la même assurance, chercher à induire la reine à toute sorte de demandes pour eux ou leurs protégés. Il n'y a que la comtesse de Polignac dont le crédit n'a point de mesure, et c'est toujours de ce côté-là que j'ai des abus à redouter et à prévenir, quand il est possible de les prévoir à temps.

---

(1) Le congrès de Teschen, qui mit fin à la guerre qu'avaient suscitée les prétentions de l'Autriche sur une partie de la Bavière, venait de s'ouvrir le 14 mars 1779. La France et la Russie y intervenaient comme puissances médiatrices. La paix fut signée le 13 mai 1779.

## IX. — Marie-Thérèse a Mercy.

*Vienne,* 31 *mars.* — Comte de Mercy-Argenteau, J'ai reçu votre lettre du 17 par le courrier Riedel, arrivé ici le 26 de ce mois.

Je compte toujours sur le rétablissement de la paix pour pouvoir nous passer des troupes françaises pour la sûreté des Pays-Bas ; mais si mon espérance venait à être frustrée encore cette fois, vous recevrez des directions sur cet article par le canal ordinaire.

Je serais sûrement plus contente que personne de voir ma fille faire des progrès dans un train de vie plus solide et régulier ; mais je ne m'y fie pas trop, et cette favorite Polignac me donne toujours à penser.

Ce que ma fille me mande sur son état conjugal ne saurait guère me satisfaire, et me fait douter s'il ne faudra pas attendre encore une huitaine d'années de voir naître un autre enfant.

## X. — Marie-Thérèse a Marie-Antoinette.

*Vienne,* 1ᵉʳ *avril.* — Madame ma chère fille, J'avoue que la journée d'aujourd'hui m'a un peu abattue, et je n'ai pas voulu arrêter le courrier ; ces trois jours qui suivent sont aussi occupés que celui-ci. J'ai reçu la nouvelle du retour de votre frère et belle-sœur très-heureusement ; ils ont trouvé leurs enfants très-bien, mais votre frère Maximilien me cause bien des inquiétudes. Depuis sa grande maladie à l'armée il avait des enflures, des dépôts, surtout aux jambes. Il a négligé cela, a caché, autant qu'il pouvait, ces incommodités pour s'amuser, danser, aller à cheval, jeu de paume, etc., ce qui est très à sa place à son âge ; mais ce dépôt a augmenté tout d'un coup on lui a ordonné les eaux de Baden. Il les a prises et le mal a empiré, de façon qu'il est alité depuis trois semaines, et qu'on a dû lui faire déjà trois incisions. Il ne s'en trouve pas mieux et essuyera encore quelques-unes, pourvu que l'os ne soit attaqué et qu'il ne reste estropié à vingt-deux ans. Il supporte sa situation avec une patience et fermeté mâle, que j'en suis doublement touchée.

De la paix, j'en suis on ne peut être plus inquiète. Il me semble, les belles espérances s'évanouissent ; ce n'est pas notre faute, mais on ne peut non plus exiger de nous que nous laissons écorcher seul notre électeur, et que nos adversaires, qui sont sous la protection du roi de Prusse et de la Russie, triomphent contre la France et nous ; il faut un peu d'équité et d'égalité.

Ce que vous me mandez de votre chère fille me fait grand plaisir, et surtout de la tendresse du roi. Mais j'avoue, je suis insatiable ; il lui faut un compagnon et il ne doit pas tarder trop longtemps. Ma chère fille, ne négligez rien de ce qui dépend de vous, et surtout à cette heure à la belle saison ne courez pas trop à cheval, ce qui est absolument contraire à nos souhaits, et à tout bon Français et Autrichien, et croyez-moi toujours votre bonne maman et amie.

P. S. Votre grand portrait fait mes délices ! Ligne a trouvé de la ressemblance ; mais il me suffit qu'il représente votre figure, de laquelle je suis bien contente.

## XI. — Mercy a Marie-Thérèse.

*Paris,* 19 *avril.* — Sacrée Majesté, Le courrier mensuel m'a remis dimanche dernier les très-gracieux ordres de V. M. datés du 31 de mars. L'état de souffrance où je me trouve depuis trois semaines ne m'ayant pas permis de me rendre sur-le-champ à Versailles, j'y envoyai les lettres adressées à la reine, et m'étant trouvé mieux le lendemain matin, je me rendis auprès de cette auguste princesse qui, dans la même matinée, allait s'établir à Trianon. Elle daigna me témoigner d'abord beaucoup de regret de ce qu'un reste de faiblesse dans les mains l'avait empêchée d'écrire à V. M. une lettre plus détaillée ; elle m'ordonna d'y suppléer en m'indiquant les objets suivants : 1° l'expression de la sensibilité à toutes les marques d'attachement et de tendresse que, pendant sa maladie, elle avait éprouvés de la part du roi, qui n'aurait pas cessé de la voir si elle ne l'avait pas expressément exigé ; 2° que l'usage du lait auquel la reine sera assujettie pendant tout le voyage de Marly mettra des obstacles pour ce temps-là aux habitudes conjugales qui pourraient faire espérer le retour d'une prompte grossesse ; 3° que Madame et M. le comte d'Artois s'étaient enfermés avec la reine pendant sa rougeole et lui avaient marqué un attachement et des soins auxquels S. M. était très-sensible ; enfin 4° que la reine prenait avec elle à Trianon M$^{me}$ Élisabeth, et que Madame et M. le comte d'Artois, qui restaient établis à Versailles, viendraient passer une partie de la journée avec elle.

Les lettres que j'ai écrites journellement depuis le 29 de mars jusqu'au 7 d'avril au secrétaire du cabinet baron de Pichler ne me laissent rien à ajouter sur le cours de la maladie que la reine vient d'essuyer. J'ai exposé dans le temps que c'était d'après les intentions de cette auguste princesse que je m'étais abstenu d'annoncer son indisposition par un courrier qui, suivant la remarque que m'en fit le comte de Maurepas, aurait pu alarmer V. M. au delà de ce que comportait l'événement.

Pour qu'il ne reste rien à désirer à V. M. sur l'objet en question, j'ai demandé au médecin Lassone le détail très-humblement ci-joint, dans lequel je ne puis cependant m'empêcher de relever une petite inexactitude ; Lassone prétend n'avoir pas douté dans les premiers moments de l'existence de la rougeole, cependant l'abbé de Vermond qui (même les jours où j'allais à Versailles) me dépêchait un exprès à six heures du matin et un second avant minuit, m'écrivit le billet ci-joint, daté du mercredi 31 mars, à onze heures et demie du soir, et il est clair qu'alors les médecins croyaient encore que la reine n'aurait pas la rougeole.

Je trouve d'ailleurs que dans son détail Lassone n'est point assez explicite sur le degré du rétablissement de la reine. S. M. est en état de sortir, de se promener ; pendant deux heures que j'ai passées auprès d'elle lundi, je ne l'ai pas entendue tousser une seule fois ; elle n'est pas même maigrie et elle a repris sa gaieté naturelle.

Dimanche dernier le roi fit marquer à la reine le grand désir qu'il aurait de la voir, et cette princesse en prescrivit le moyen, qui fut celui de se rendre sur un balcon qui donne dans une petite cour de l'intérieur et qui ne fait passage pour personne. Le roi se rendit dans cette cour à une heure marquée, et il s'entretint avec la reine qui était sur son balcon. Personne ne fut présent à cette entrevue, elle dura environ un quart d'heure, et, d'après le témoignage de la reine, elle eut lieu d'être très-satisfaite du langage tendre et amical que lui tint son auguste époux.

La suite de la reine à Trianon est fort nombreuse, parce que toute la maison de S. M. y est établie, et comme le local du petit château n'y suffirait pas, on emploie tous les logements de l'ancien Trianon. Il y a quelque externes admis à ce voyage, nommément le duc de Coigny, le duc de Guines, le comte Esterhazy et le baron de Besenval ; ces quatre personnages ont eu la permission de rester auprès de la reine pendant tout le temps de sa rougeole. L'idée de cet arrangement n'a été dans le fond qu'un effet du hasard ; des quatre personnes susdites trois sont de la société habituelle de la reine. Le baron de Besenval, qui en était écarté depuis quelque temps, se trouva fortuitement à Versailles, on s'occupa des moyens d'éviter à la reine l'ennui d'être pendant sa maladie privée des gens qu'elle daigne admettre ordinairement auprès d'elle ; le roi y pensa le premier et consentit à ce que les quatre personnages susdits restassent comme gardé-malades auprès de son auguste épouse. Dès ce moment ils s'emparèrent de la chambre de la reine, et depuis sept heures du matin jusqu'à onze heures du soir ils n'en sortirent que pour les temps de leurs repas. Nous saisissions, l'abbé de Vermond et moi, ces deux ou trois heures de la journée pour voir la reine seule ; je ne pouvais en profiter régulièrement à cause de mon incommodité ; mais elle ne m'a cependant empêché, par intervalles, que trois jours d'aller à Versailles. Madame, M. le comte d'Artois et la princesse de Lamballe restaient aussi presque tout le temps chez la reine. La dame d'atours et la dame d'honneur n'y étaient admises que quelques instants, les dames du palais se trouvaient exclues ainsi que toutes les charges de la maison ; cela excita beaucoup de murmures, et on s'en prit aux quatre messieurs externes, qui jouissaient d'un avantage fort inusité et auquel ils n'auraient eu aucune raison de prétendre. La favorite chérie de la reine, la comtesse Jules de Polignac, avait elle-même dans ce temps-là la rougeole, et la reine supporta avec grand déplaisir la privation d'une personne qu'elle affectionne avec tant de préférence.

L'abbé de Vermond n'a pas suivi sa souveraine à Trianon, mais il s'y rendra une fois ou deux la semaine. J'irai aussi de temps à autre prendre les ordres de S. M., et pendant tout le temps où la cour sera à Marly, je me tiendrai à une demi-lieue de cette maison de plaisance, pour être plus à portée de voir la reine aussi souvent qu'elle daignera me le permettre.

### XII. — Mercy a Marie-Thérèse.

*Paris, 15 avril.* — Ce que j'expose très-superficiellement à V. M. dans mon très-humble rapport ostensible exige des remarques plus particulières et qui malheureusement ne sont pas fort satisfaisantes.

Il est bien vrai que le roi, accoutumé à ne se refuser à rien de ce qui peut plaire à son auguste épouse, avait approuvé que les ducs de Coigny et de Guines, le comte Esterhazy et le baron de Besenval restassent auprès de la reine ; mais ce consentement avait été provoqué par cette princesse, qui n'en sentit pas d'abord les conséquences. Elles aboutirent à toute sorte de propos très-fâcheux, à de mauvaises plaisanteries tenues à la cour même, où l'on mit en question de savoir quelles seraient les quatre dames choisies pour garder le roi dans le cas où il tombât malade. A peine les quatre personnages susdits furent-ils installés à leur poste qu'ils prétendirent veiller la reine pendant la nuit. Je m'opposai fortement à cette ridicule idée ; je fis intervenir le médecin Lassone, qui, toujours faible et tremblant, n'ose s'opposer aux choses que son état le met en droit de contrarier. Enfin je me donnai tant de mouvement, avec l'abbé de Vermond, qu'il fut décidé que ces messieurs sortiraient de la chambre de la reine à onze heures du soir et n'y rentreraient que le matin. Indépendamment du mauvais effet qu'une forme si inusitée devait produire, j'ai encore eu à m'affliger davantage de toutes les idées nuisibles suggérées à la reine dans ses conversations avec ces quatre personnages ; des insinuations d'intrigues, des personnalités, des vues fausses en tout genre, rien n'a été omis pour induire la reine en erreur. Elle avait exigé absolument, par attention pour le roi, qu'il n'entrât pas chez elle. La société susdite osa critiquer l'acquiescement du roi à cette volonté de la reine, et elle prit de l'humeur contre son époux. Je tremblai des suites que cette tracasserie pouvait avoir, et le dixième jour de la maladie j'imaginai, de concert avec l'abbé de Vermond, de porter la reine à écrire quelques lignes d'amitié au roi. La proposition en fut d'abord reçue et rejetée avec une aigreur extrême ; je dois la justice à l'abbé de Vermond que ce fut lui seul qui ramena la reine. Elle écrivit en peu de mots : « qu'elle avait beaucoup souffert, mais que ce qui la contrarierait le « plus était de se voir privée encore pour plusieurs jours du plaisir « d'embrasser le roi. » Ce billet produisit tout l'effet que je m'en étais promis ; le roi en fut enchanté, il répondit sur l'heure très-tendrement, et cette correspondance s'est soutenue presque journellement ; elle fit aussi une grande sensation dans Versailles, et dès ce moment les propos se calmèrent. Le misérable état de ma santé, mais plus encore l'obsession des garde-malades de la reine, me gênait fort sur les moyens et les moments de lui parler. Je me concertai cependant avec l'abbé de Vermond de manière à saisir des instants où nous fûmes assez heureux, l'un et l'autre, pour remédier à plusieurs petites circonstances, et à rappeler les réflexions de la reine, troublée par le poison du langage qu'on lui tenait toute la journée. La présence de Madame tempérait un peu ce langage; mais elle ne restait pas constamment auprès de la reine. M. le comte d'Artois y apportait toute sa pétulance et ajoutait au désordre d'une pareille société. Grâce au ciel, cette fâcheuse époque est terminée avec beaucoup moins d'inconvénients que je n'en avais appréhendé. Quoique les quatre personnages susdits aient suivi la reine à Trianon, S. M. s'y trouvant avec toute sa cour, il n'y a plus le même danger des conversations particulières, et j'ose encore me flatter que les choses rentreront peu à peu dans l'ordre. Pendant que la reine était malade, il fallait ménager les remontrances trop pressantes et leur donner une forme qui n'augmentât pas l'ennui. Peu de temps avant la maladie de la reine j'avais eu deux ou trois audiences fort longues dans ses cabinets, et S. M. m'avait paru infiniment bien disposée sur plusieurs points essentiels de conduite, desquels je m'étais occupé à déduire la nécessité et l'utilité ; maintenant je me trouve déjoué sur plusieurs articles, et je ne l'ai point caché à la reine. Elle daigna me dire, avec son ton de bonté et de confiance ordinaire, que le mal physique affectait souvent le moral, mais qu'elle me permettrait volontiers de répéter tout ce que mon zèle me suggérerait de mieux pour son service. Je me propose bien d'user de cette permission à Marly, et je tenterai l'impossible pour effacer les impressions nuisibles.

Je ne dois point omettre que la reine est fort touchée de l'incommodité de M$^{gr}$ l'archiduc Maximilien. J'ignore ce qu'elle en écrit à V. M., mais elle m'a chargé de m'informer si on ne croirait pas que le secours des plus habiles chirurgiens français pût être utile à S. A. R., et qu'en ce cas la reine obtiendrait des ordres pour les faire aller à Vienne.

J'étais informé de la circonstance que V. M. a daigné me faire écrire en chiffres par son secrétaire du cabinet. La reine m'avait confié cet objet après le départ du courrier de mars ; j'osai prévoir d'abord l'opinion que V. M. aurait sur cette matière, et je dirigeai en conséquence mon langage à la reine. J'ai lieu de craindre cependant que cette auguste princesse n'ait déjà donné au roi des impressions très-défavorables contre le personnage duquel il est question, et je présume qu'il pourrait bien être entièrement éconduit dans ses vues de fortune politique. Je n'avais jamais eu de soupçons sur les intentions de cet homme ; j'oserais croire encore qu'il y a eu dans sa conduite plus d'ignorance et d'impétuosité déplacée que de mauvaise volonté réelle (1). Je dois soumettre aux hautes lumières de V. M. ce qui peut en être à cet égard ; en attendant je me conduirai ici relativement à ce chapitre dans le sens que V. M. a daigné me faire indiquer.

D'après ce qui est exposé dans mon très-humble rapport ostensible, il se passera encore près de six semaines avant que l'on ne puisse former des espérances sur une prochaine grossesse; mais, par le langage que la reine m'a tenu avant son départ pour Trianon, je vois qu'elle conçoit bien la grande importance de cet événement si désirable, et qui, suivant toutes les probabilités humaines, ne peut pas être sujet à de bien longs retards.

La reine revient à Versailles le 21 ; elle fera ses pâques le 23, sa maladie n'ayant pas permis qu'elle remplît plus tôt ce devoir sacré.

### XIII. — Marie-Antoinette a Marie-Thérèse.

*Versailles, avril.* — Madame ma très-chère mère, La rougeole que je viens d'essuyer a été plus douloureuse qu'elle ne l'est ordinairement dans ce pays-ci ; j'étais au moment de me purger, dont j'avais grand besoin, et d'ailleurs j'avais encore des restes de lait. Tout est fini à merveille, mes yeux n'ont pas souffert et on ne craint rien pour ma poitrine. Je n'ai été encore purgée qu'une fois ; je vais aujourd'hui m'établir à Trianon pour changer d'air jusqu'à la fin de mes trois semaines, époque où je pourrai voir le roi. Je l'ai empêché de s'enfermer avec moi : il n'a jamais eu la rougeole, et surtout dans

---

(1) Le rapport de Pichler auquel Mercy fait allusion nous apprend que c'est du baron de Breteuil qu'il est ici question. On lui trouvait trop de facilité pour le parti prussien ; la vivacité de son caractère rendait de plus les affaires difficiles à traiter avec lui. Marie-Thérèse cependant eût répugné à s'en plaindre, trouvant qu'après avoir demandé le rappel de Rohan, il serait d'un mauvais effet de ne pouvoir s'accommoder de son successeur. Une lettre de Joseph II à Mercy montre que c'est lui surtout qui accusait Breteuil; on verra qu'il avait écrit dans ce sens à la reine sa sœur.

ce moment, où il y a tant d'affaires, il aurait été fâcheux qu'il gagnât cette maladie. Nous nous écrivons tous les jours : je l'ai vu hier de dessus un balcon en plein air. Ma chère mère permet-elle que je l'embrasse? Je ne suis pas assez forte pour écrire davantage : j'ai chargé Mercy de mes commissions.

### XIV. — Marie-Thérèse a Mercy.

*Vienne,* 30 *avril.* — Comte de Mercy-Argenteau, J'ai reçu votre lettre du 15 par le courrier Tarnoczy, arrivé ici le 24 de ce mois.

La compagnie de ces quatre messieurs dont ma fille a fait le choix pendant sa maladie m'a bien affligée, non-seulement par la critique à laquelle elle s'est exposée par cette démarche peu réfléchie, mais plus encore par les impressions déplacées que d'aussi mauvais sujets peuvent lui avoir inspirées. J'imagine bien toutes les peines que vous aurez employées pour en arrêter le progrès, conjointement avec l'abbé Vermond ; mais je crois qu'il vous coûtera encore beaucoup à les déraciner entièrement. C'est cependant sur votre zèle que je m'en repose avec toute confiance.

Je suis persuadée de la sensibilité de la reine pour son frère Maximilien. Il commence à se remettre ; son entier rétablissement demandera cependant encore du temps. L'envoi des chirurgiens français ici pourrait faire naître des embarras ; je voudrais cependant savoir quels en sont les plus habiles, s'il y en a qui pourraient se résoudre à s'établir ici, et sous quelles conditions si l'on trouvait à propos de les appeler à Vienne.

J'écris quelques mots à ma fille en faveur de Breteuil, sans toucher ce que l'empereur lui a mandé de désavantageux sur le compte de ce ministre. Au reste, quoique peut-être plus porté pour la Saxe que pour l'électeur palatin, il s'est très-bien conduit dans le congrès de Teschen, en demandant sur tous les incidents l'avis du prince de Kaunitz, et en s'y prêtant avec une déférence qui surpassait presque celle de mon ministre le comte de Cobenzl.

### XV. — Marie-Thérèse a Marie-Antoinette.

*Vienne,* 1ᵉʳ *mai.* — Madame ma chère fille, Je ne puis vous annoncer encore la paix signée (il faut tant d'écritures et concours d'autrui), mais arrangée, dont je suis bien soulagée et vous prie de marquer au roi toute ma reconnaissance pour ses bons offices, et je les dois en partie à vous, ma chère fille, par la tendresse qu'il vous porte, et par l'intérêt que vous y avez mis. Tâchez que dans tous les grands et petits événements à l'avenir on s'entende préalablement : unique moyen pour le bien de nos États et familles, qui par bonheur n'en font qu'une. Vous conserverez donc exactement cette confiance mutuelle, qui nous est bien nécessaire, voyant comme nos adversaires sont liés et le deviennent toujours plus par le concours de la Russie, et même une autre fois avec les Anglais, Hanovre ne s'étant cette fois-ci que trop démasqué. La Saxe sera plus que jamais prussienne, et les deux margraviats en Franconie donnent une si grande supériorité, voisinage et influence dans l'empire et nos pays, que notre situation devient toujours plus difficile (1). Malheureusement encore la religion y contribue beaucoup : les catholiques et même les princes ecclésiastiques ne tiennent pas ensemble, ou n'ont des forces suffisantes, ce que les protestants ont et cultivent exactement.

J'étais bien touchée du vif intérêt que vous avez pris à votre frère, qui mérite votre tendresse. Il vous remerciera lui-même de la charmante attention de nous vouloir envoyer des chirurgiens ; j'en étais touchée aux larmes : cela vous ressemble. Grâce à Dieu, cela va mieux ; je l'ai vu depuis six semaines hier un moment debout sur ses deux jambes. Ma joie était inexprimable, mais il a encore ouvertes les deux dernières incisions. Les trois premières se ferment ; mais il a une douleur à cette heure à l'autre jambe, qui a une tumeur, mais qui est diminuée par les remèdes qu'on y a appliqués à l'os de la cuisse, qui lui fait un tiraillement au genou. J'avoue, cela me donne encore bien des inquiétudes, car c'est toujours la même tumeur qui est répandue, depuis la campagne et par les fatigues inouïes, dans son sang. Il prend aussi des remèdes intérieurs, une grande diète, et il est d'une docilité et humeur égale, ne se plaignant de rien, pas même ennuyé, que j'avoue que je n'aurais pas la même force ; mais cela me le rend et à nous tous plus cher. C'est touchant à le voir, et il se soutient si bien depuis le commencement. Il a ses heures réglées, lit beaucoup, fait

---

(1) Voir plus haut, pour cette affaire des margraviats, la note de la page 235

musique, s'applique dans le militaire et l'hongrois, et tâche de tirer parti de sa situation ; j'en suis extrêmement contente.

L'empereur m'a aussi un peu inquiétée. Il a souffert depuis dix jours des hémorroïdes, sans fièvre ni aucun accident que l'incommodité et mélancolie que cela cause. Il ne voulait ni sortir ni voir du monde, mais cela est fini à cette heure. Il est extrêmement inquiet quand il lui manque quelque chose.

Votre rougeole m'a bien inquiétée, et je ne me suis jamais rassurée avant que les onze jours furent passés. Vous l'avez eue comme votre sœur Marianne, avec un grand mal de gorge, des aphtes à la bouche et surtout à la langue. Je souhaite plus que je me flatte que vous employiez tous les ménagements nécessaires, surtout pour les courses à cheval, qui généralement, à cette heure que vous avez commencé à porter des enfants, ne conviennent nullement, et je vous recommande d'y penser sérieusement. Vous le devez au roi, à vos peuples et un peu pour ma consolation, souhaitant ardemment un dauphin. Je n'ai plus guère à attendre, il faut se dépêcher.

J'ai reçu un bureau magnifique et charmant ; il est dans mon cabinet sous votre portrait en grand, qui fait mes délices. Je vous en remercie le plus tendrement et vous embrasse.

## XVI. — Marie-Antoinette a Marie-Thérèse.

*Le 15 mai.* — Madame ma très-chère mère, De quel bonheur ne jouis-je pas en apprenant que cette paix tant désirée est enfin faite! Elle était bien due à ma chère maman, et je désirais bien de pouvoir me flatter que nous y avons contribué d'ici. Certainement mon plus grand soin sera désormais à soutenir l'union entre mes deux pays (si je puis m'exprimer ainsi). J'en ai trop senti le besoin, et le malheur et l'inquiétude que j'ai éprouvée dans l'année dernière ne peuvent s'exprimer. Mais je suis née à devoir tout à ma chère maman, et je lui dois encore la tranquillité qui renaît dans mon âme, par sa bonté, sa douceur, et j'ose dire, sa patience envers ce pays-ci. J'ai dit au roi les bontés de ma chère maman ; il en est très-reconnaissant, et m'a bien chargée de l'en remercier.

Ma santé va bien à présent ; voilà une lettre de Lassone qui lui en donnera plus de détail que je ne pourrais faire moi-même. J'ai toujours mal aux entrailles, mais je commence pourtant à en moins souffrir. Ma chère maman peut être assurée que je prends tous les ménagements possibles, mangeant fort peu et ne veillant point du tout. Pour le cheval, je n'y ai pas encore remonté depuis que j'ai été malade, et en tout je compte y monter fort peu.

Maximilien m'a écrit lui-même. Je suis charmée de le savoir mieux ; mais je serai toujours inquiète jusqu'à ce que cette tumeur qu'il a soit entièrement passée. Il est bien rare d'avoir à son âge autant de raison et de patience qu'il en montre dans cette occasion-ci.

Ma fille se porte très-bien : elle commence à connaitre les personnes qu'elle voit le plus ; j'en suis encore séparée, étant à Marly et elle à Versailles, mais j'y vais le plus souvent que je puis. Ma chère maman est trop bonne d'être contente du bureau qu'elle a reçu ; permet-elle que je l'embrasse, en l'assurant de mon profond et tendre respect?

### XVII. — Mercy a Marie-Thérèse.

*Paris, 17 mai.* — Sacrée Majesté, Le courrier mensuel m'a remis le 11 les très-gracieux ordres de V. M. datés du 30 du mois dernier, et je n'ai pas tardé à aller présenter à la reine les lettres qui lui étaient adressées. Cette auguste princesse venait de se rendre à Trianon lors de mon dernier et très-humble rapport du 15 d'avril ; par conséquent j'ai à rendre compte dans celui-ci des deux voyages de la reine, et du succès qu'ils ont eu pour l'entier rétablissement de sa santé.

Le séjour à Trianon s'est passé beaucoup plus tranquillement que ne le faisait présumer la quantité de monde qui s'y trouvait établie. La reine commença par y prendre le lait d'ânesse et y observa le régime le plus strict ; S. M. ne s'y promenait qu'aux heures du jour les plus propres à faire de l'exercice, et elle était retirée régulièrement à onze heures du soir. Quoiqu'il n'y eût point d'étiquette dans la tenue de la cour, les différents temps de la journée s'y arrangeaient avec l'ordre convenable ; tous les alentours se rassemblaient à un déjeuner qui tenait lieu de dîner ; différents jeux, une conversation générale, un peu de promenade remplissaient une partie de l'après-midi, et conduisaient au temps de la soirée et du souper, qui toujours avait lieu de bonne heure. La reine y admettait successivement quelques dames de Paris, et particulièrement celles qui avaient réellement le plus de droit à espérer cette faveur, comme entre autres la maréchale de Noailles-Mouchy, la duchesse de Cossé et autres femmes de cet étage. Une disposition si judicieuse contribua beaucoup à calmer les mouvements de jalousie et d'envie ; cependant la présence à demeure des quatre personnages externes qui avaient gardé la reine dans sa maladie occasionna encore des dégoûts et des propos ; mais ces incidents n'ont été que très-momentanés et d'aucune conséquence sérieuse. La reine fut purgée pour la seconde fois au bout des trois semaines révolues de sa maladie. Elle revint à Versailles pour y faire ses pâques. La première entrevue avec le roi fut très-tendre, et le 27 la cour alla s'établir à Marly. Ce séjour prit à peu près la même forme qu'il avait eue l'année dernière, avec cette seule différence que la reine, y continuant un régime plus régulier, y retrancha les promenades de la soirée, ainsi que les occasions de veiller trop tard. En effet S. M., au grand contentement de ses médecins, a été fort exacte à se retirer à minuit ou minuit et demi au plus. L'établissement du grand déjeuner a été continué ; on se rassemble dans le salon à onze heures. Après la messe il n'y a que le temps de la toilette qui conduit à celui du dîner ; les spectacles ont lieu deux et trois fois la semaine ; les promenades dans le parc et le souper sont suivis d'un grand pharaon, où le jeu devient quelquefois plus considérable qu'il ne devrait l'être, et ce n'est que par un effet du hasard qu'il n'a encore produit aucun événement ruineux. Un assez grand nombre d'habitants de Paris en hommes et en femmes sont admis à aller faire leur cour, et généralement pendant ce voyage il règne plus d'ordre et une meilleure tenue qu'il n'y en a eu dans les précédents. Le temps pluvieux qui est survenu tout à coup a peu favorisé les moyens d'exercice qui auraient convenu au régime de la reine, et c'est à cette cause que les médecins attribuent quelques légers dérangements de santé que la reine a éprouvés par intervalles.

S. M. a ressenti à plusieurs reprises quelques petites douleurs d'entrailles qui ont déterminé le premier médecin Lassone à supprimer le lait d'ânesse, et à y substituer celui de vache mêlé avec beaucoup d'eau d'orge ; cette boisson a été en effet plus passante et d'un meilleur succès. Après une troisième purgation, la reine a pris et prend encore journellement matin et soir une pilule d'un grain d'ipécacuana dépouillé de sa résine ; ce remède avait réussi à la reine dans beaucoup d'autres occasions, et il n'a pas été moins efficace dans celle-ci. Au reste les petites incommodités de S. M. sont si peu de chose qu'elles sont à compter pour rien vis-à-vis du progrès que fait à vue d'œil le rétablissement solide de sa santé. Jamais la reine n'a eu un meilleur fond de teint ; elle a repris un embonpoint raisonnable; sa gaieté naturelle est revenue, et il ne reste plus le moindre vestige des inconvénients qui subsistent quelquefois longtemps après la rougeole.

Il s'était répandu le bruit que la reine avait ordonné la réforme de ses chevaux de selle, et le public avait fort applaudi à cette résolution ; la nouvelle n'est cependant pas fondée, mais ce qui à cet égard tient lieu de beaucoup, c'est que la reine a déclaré positivement qu'elle ne suivrait plus la chasse à cheval, et qu'à l'avenir, en modérant de moitié cet exercice, elle s'en abstiendrait dans tous les temps où son médecin le croirait nuisible. Lassone, qui est fort content de cette résolution, m'a dit que, pourvu qu'elle soit observée, il ne craint aucun inconvénient.

## XVIII. — Mercy a Marie-Thérèse.

*Paris, 17 mai.* — Ce que mon très-humble rapport ostensible expose bien vaguement exige d'être plus particularisé dans ce présent rapport séparé, et je commencerai par l'époque du retour de Trianon. Les vingt et un jours de séparation d'usage pour la rougeole étaient finis deux jours avant que la reine revînt à Versailles ; Monsieur, frère du roi, avait été dîner chez la reine ; le roi n'y avait point paru, ce qui, joint à quelques propos de ce monarque sentant l'indifférence sur ce qui se passait à Trianon, avait fait raisonner la cour et la ville. La reine me marqua d'en être fort mortifiée et piquée ; je tâchai de la calmer, et, en la suppliant de ne témoigner aucune vivacité, je proposai la forme qui me paraissait la plus propre à dissiper ce petit nuage. La reine ayant daigné se prêter à ce très-humble avis, tint la meilleure contenance à son retour, et dès le lendemain elle se retrouva comme auparavant avec le roi, qui fut plus doux et plus empressé que jamais. Au reste je suis convaincu que, pendant la séparation, on avait cherché à travailler l'esprit du roi; mais le peu d'effet et de suite de ces manœuvres suffirait pour rassurer, si la reine y portait l'attention que son intérêt exige. L'ascendant qu'elle a sur l'esprit du roi lui donne l'avantage le plus immense; malheureusement ses perfides alentours ne cherchent qu'à distraire la reine d'un point de vue si essentiel. J'ai eu lieu d'en parler très au long à S. M., et je puis dire qu'elle a été frappée de mes raisonnements. Jeudi dernier, dans un entretien de plus d'une heure, la reine me confia qu'il voyait bien en effet qu'on s'occupait à persuader au roi de parler le moins que possible d'affaires sérieuses avec son auguste épouse, que le roi, retenu par de pareils avis, ne faisait que des demi-confidences à la reine, que M. de Maurepas était l'auteur de cette réticence, qu'il avait défendu au marquis de Lafayette de parler à la reine de l'expédition dont ledit marquis va être chargé (1) et que je cite dans ma dépêche d'office, que ledit Lafayette avait confessé ce fait à la reine, qui en était fort irritée contre le vieux ministre. J'observai à S. M. que ce n'était ni par des ressentiments ni par des reproches qu'il fallait remédier à de pareils inconvénients, que le vrai moyen de les écarter était de se former des idées justes des choses, de paraître s'en occuper avec connaissance de cause, et alors d'en raisonner avec le roi; que, du moment que ce monarque remarquerait à la reine de vraies notions et du goût pour les affaires, alors les insinuations de quelque ministre que ce soit n'empêcheraient pas ce prince d'épancher sa confiance, et que, s'il ne le faisait pas, c'était dans la croyance que la reine, n'aimant que les dissipations, ne pouvait ni connaître les objets sérieux, ni s'en entretenir avec plaisir et utilité. Cette matière me conduisit fort loin et amena des réflexions sur le danger des favoris et favorites, sur les abus de confiance, sur les propos et tracasseries que cela occasionnait, au plus grand détriment du crédit et de la gloire de la reine. Je revins sur le chapitre de ses quatre gardes-malades, et j'informai S. M. de toutes les gloses auxquelles ils avaient donné lieu. Pendant le séjour à Trianon, le duc de Guines avait paru jouir d'un crédit et d'une confiance plus marquée; cela avait offusqué le duc de Coigny et occasionné une sorte de brouillerie entre les deux courtisans. Le duc de Guines, très-mal avec le ministère actuel, avait été pour ce dernier un objet d'atten-

---

(1) On avait résolu alors une expédition sur la côte d'Angleterre, pour y lever des contributions qu'on destinait aux insurgents américains; le hardi corsaire Paul Jones devait commander la flottille, et Lafayette un des corps de débarquement. Ce projet fut modifié: on se contenta d'une simple croisière. Lafayette ne quitta Paris qu'en 1780 pour aller prendre une nouvelle part à la guerre en Amérique.

tion et d'inquiétude, par conséquent une forte raison pour le comte de Maurepas à redoubler de soins auprès du roi pour que la protection de la reine n'opérât rien en faveur d'un intrigant mal noté et dangereux. Je fis voir que, par de pareilles considérations, les gens en place se trouvaient portés par leur intérêt à fronder, autant que possible, le crédit de la reine. Je puis dire que de longtemps S. M. ne m'avait écouté avec autant de marques d'attention, de bonté et d'apparence de conviction; elle daigna me répéter encore sa façon de penser, et le jugement très-sain qu'elle porte de ces mêmes gens qui l'entourent, qu'elle semble favoriser tant, et pour lesquels elle a dans le fond une très-médiocre estime, leur influence n'ayant pour base que des motifs de pure dissipation. La reine convint en même temps qu'il n'en résultait pas moins des conséquences sérieuses et dangereuses, et qu'elle sentait la nécessité de les prévenir par un système plus mesuré. Cependant j'eus lieu de voir que la comtesse de Polignac formait un chapitre d'exception, et que la persuasion de la reine était invariable au sujet de cette favorite. Dans le nombre des moyens que je citai à S. M. pour se mettre en mesure de parler utilement d'affaires sérieuses avec le roi, je proposai l'idée qui pourrait venir au roi de Prusse de se mêler de la pacification de la France avec l'Angleterre; je fis voir combien une pareille idée pourrait entraîner de suites fâcheuses à l'alliance, et j'excitai bien l'attention de la reine sur la nécessité d'éloigner un semblable projet. Elle m'en parut sérieusement occupée, et résolue à remplir à cet égard tout ce que les circonstances permettront pour le mieux.

En résumant tout ce que je viens d'exposer, V. M. daignera observer qu'au milieu de tous les inconvénients qui se présentent sans cesse, la reine conserve cependant les mêmes dispositions à être ramenée à des principes vrais et raisonnables, et que, s'il n'est pas possible d'éviter tous les petits écarts, il y a heureusement moyen d'en diminuer les effets.

L'abbé de Vermond est allé à son abbaye dans le Perche pour y rester jusqu'à la fin du mois. Je retiens toujours cet honnête ecclésiastique en position de continuer de bons et utiles services à la reine.

Il me reste à répondre à l'ordre particulier que V. M. daigne me donner d'exposer quelques informations sur les chirurgiens de ce pays-ci. Ceux dont l'habileté est le plus évidemment reconnue sont au nombre de cinq ; ils se nomment Louis, Moreau, Guérin, Sabatier et Dufouar (1). Le premier est directeur de l'École royale de chirurgie; le second administre l'hôpital de l'Hôtel-Dieu; le troisième est âgé, infirme; le quatrième, sans avoir de poste fixe, soigne plusieurs hôpitaux et jouit d'un sort aisé ; le cinquième est attaché au corps des gardes-françaises avec un traitement considérable. Il n'est aucun de ces cinq sujets qui, au moyen d'un ordre du roi, ne fût dans le cas d'aller à Vienne pour un temps, s'il y était appelé; mais il n'est pas à prévoir qu'aucun d'eux s'y fixât, même sous les conditions les plus avantageuses, ayant tous une famille et une aisance abondante. S'il s'agissait d'une acquisition stable, il faudrait la chercher dans les chirurgiens de second ordre : cela exigerait des recherches, et je présume qu'elles se feraient plus utilement en Angleterre qu'en France. Il est reconnu que, depuis nombre d'années, l'art de la chirurgie a plus perdu ici qu'il n'y a gagné, et, à l'exception des cinq sujets ci-dessus nommés, on n'en cite aucun d'un mérite assez supérieur pour fixer l'attention. Si des ordres plus exprès de V. M. m'enjoignent de faire d'autres recherches et démarches à cet égard, je prendrai les meilleures mesures possibles pour qu'elle soit obéie.

Le baron de Breteuil a grand besoin de mériter par sa conduite que V. M. daigne le protéger ; il est certain que la reine est encore fort prévenue contre cet ambassadeur, et l'impression a été d'abord si décidée qu'elle ne peut l'effacer qu'autant que le ministre susdit aurait l'apparence d'avoir complétement réparé les torts dont il a été inculpé.

---

(1) Louis, célèbre chirurgien, fut secrétaire perpétuel de l'Académie de médecine ; il a laissé de nombreux ouvrages; ses articles dans l'*Encyclopédie* sont d'importantes monographies. Il mourut en 1790. — Il y eut au dix-huitième siècle plusieurs médecins du nom de Guérin. Celui que Mercy désigne ici est sans doute Guérin, maître en chirurgie à Rouen, qui s'établit plus tard à Paris et publia divers ouvrages en 1780, 1782, 1805. Un autre Guérin (Pierre), chirurgien-major du grand Hôtel-Dieu de Lyon, et qui eut de vives discussions avec l'Académie de Montpellier, était aussi alors parmi les chirurgiens renommés. — Raphaël Sabatier a laissé plusieurs ouvrages estimés ; il fut chirurgien de l'hôtel des Invalides. Né en 1732, il mourut en 1811. — Pierre Dufouart se distingua comme chirurgien-major pendant la guerre de Sept ans ; médecin et inspecteur en chef de l'hôpital des gardes-françaises, qui avait été créé sur son avis, il devint en 1791 inspecteur général des hôpitaux de Paris. Il mourut en 1813. Voir J. L. Dezeimeris, *Dictionnaire historique de la médecine ancienne et moderne*, 4 vol. in-8°, 1828. On n'y trouve pas le nom de Moreau.

## XIX. — Marie-Thérèse a Mercy.

*Vienne, 31 mai.* — Comte de Mercy-Argenteau, J'ai reçu par le courrier Voth votre lettre du 17. L'espèce d'indifférence du roi, de ne pas venir voir le reine, lorsque Monsieur y était venu dîner avec elle, l'aura naturellement piquée; vous avez cependant très-bien fait d'étouffer l'humeur naissante de ma fille; mais surtout je suis enchantée des réflexions que vous lui avez fait faire à cette occasion. Trop convaincue combien vos conseils sont toujours nécessaires à ma fille, je regrette seulement de voir prendre de plus en plus à l'abbé Vermond du goût pour la retraite, ce qui rendrait votre assiduité auprès de ma fille encore plus intéressante.

Je ne suis pas surprise que les ministres tâchent d'inspirer au roi de la réserve dans sa confiance pour la reine; c'est la suite de la connaissance qu'ils ont du caractère de ses favoris et favorites, opposés au ministère, ou de sentiments peu sûrs et d'une réputation équivoque. Je crois qu'on pourrait encore passer à ma fille la comtesse Polignac, si l'alliance d'une de ses parentes avec la famille d'Aiguillon ne faisait pas naître des doutes sur le mauvais usage que les malintentionnés pourraient faire du crédit de cette favorite auprès de ma fille.

La situation du baron de Breteuil n'est pas en effet bien assurée. Sans être trop prévenue en sa faveur, je me reprocherais de lui avoir fait autant de tort que l'empereur et le prince de Kaunitz ont tâché de lui en faire; peut-être ce n'était pas sans effet. Ayant écrit quelquefois à ma fille sur le compte de ce ministre, elle ne m'en a rien touché dans sa réponse, ce qui me fait douter de ses sentiments pour Breteuil. Si jamais il s'apercevait de nos tentatives à le culbuter, il pourrait bien se jeter dans le parti de nos adversaires et grossir le nombre des partisans prussiens, déjà assez considérable en France. Il paraît que le duc de Nivernois (1) est un des premiers; ses allures pourraient mériter votre attention.

---

(1) Le duc de Nivernais, de la famille des Mancini, avait été chargé à diverses reprises de missions diplomatiques; mais il était surtout connu comme le type de l'homme agréable et du parfait gentilhomme. Littérateur et grand seigneur, il charmait le public et l'Académie, où il avait été admis dès l'âge de vingt-sept ans, pour des fables ingénieuses, et des poésies qu'on trouvait pleines de grâce; il mettait du reste en pratique dans son duché de Nivernais les maximes

[Je ne peux assez vous marquer toute ma satisfaction pour les excellents conseils que vous avez donnés à ma fille ; elle en a grand besoin, flattée et dissipée par ses alentours continuellement. Je souhaite que votre santé délicate soutienne l'assiduité nécessaire et n'augmente mes inquiétudes encore pour vous, dont je reconnais tout le prix.]

[J'ai eu une cruelle mortification par la demande et prompte exécution d'un vice-chancelier de la part du prince Kaunitz (1). Il n'est pas plus vieilli ni diminué depuis cinq ans; Binder un peu plus, mais cela n'exigeait pas cette précipitation. Dans ma situation cela m'accable, et me rend plus nécessaire la retraite, me voyant abandonnée de tout le monde. J'ai trop attendu ; c'est pour vous seul et dans l'amertume de mon cœur.]

## XX. — MERCY A MARIE-THÉRÈSE.

*Paris, 17 juin.* — Sacrée Majesté, Depuis la fin du voyage de Marly jusqu'au moment actuel, ce qui se présente de plus intéressant à exposer à V. M., c'est ce qui concerne l'état de la santé de la reine, et il n'y a lieu à cet égard qu'à des détails les plus satisfaisants. Après l'usage du lait continué pendant longtemps, et après le plus parfait rétablissement de sa rougeole, la reine a encore conservé quelques habitudes du régime strict auquel elle s'était assujettie. S. M. a continué à s'abstenir des veillées ; elle s'est fort ménagée sur le choix et la quantité des aliments, sur la fréquence des

---

de bienfaisance que d'autres ne faisaient que répéter. Il avait fait plusieurs séjours à Berlin, y avait été très-goûté par Frédéric II, et avait sans doute gardé pour le roi de Prusse cette sorte d'admiration que professaient volontiers en France les philosophes et les hommes de lettres. Le duc de Nivernais était beau-frère de Maurepas. Voir les *Lundis* de Sainte-Beuve, tome XIII, pages 318-335.

(1) Le prince de Kaunitz venait de terminer toutes les négociations relatives à la paix de Teschen, signée le 6 mai 1779; l'impératrice l'en remerciait en ces termes dans une note conservée aux Archives de Vienne : « Quoique cet ouvrage ne soit pas le plus glorieux de vos ouvrages, il est certainement le plus utile pour la monarchie et pour moi, parmi tant d'autres dont je suis redevable à votre sagesse, et qui vous assurent de ma reconnaissance. » Cependant le prince de Kaunitz, alléguant les fatigues de l'âge, demanda, puisque l'impératrice ne voulait pas agréer sa retraite, la permission de s'adjoindre le comte Philippe de Cobenzl (Voir plus haut la note 3 de la page 65) avec le titre de vice-chancelier ; Marie-Thérèse, quel que fût le déplaisir que lui causait cette demande, l'accorda aussitôt « pourvu, écrivait-elle à Kaunitz, que vous n'abandonniez pas votre ancienne amie et continuiez à la conseiller, dont elle a grand besoin. »

promenades à cheval, qui ont été rares et modérées, ainsi que les voyages à Paris, où la reine n'est venue que trois fois au spectacle. Quelques légères douleurs d'entrailles avaient rendu ces précautions nécessaires; elles ont suffi pour rendre à la reine la santé et la gaieté ordinaire. Les habitudes matrimoniales ont repris entre elle et son auguste époux avec plus de suite, et d'une semaine à l'autre on peut en espérer les effets désirables, qui ne tarderont pas sans doute à en résulter; aussi n'est-ce que conditionnellement que le voyage de Compiègne a été projeté pour la fin de juillet, et il est fort probable qu'il pourrait ne pas avoir lieu. La première idée avait été de faire deux petits voyages à Choisy; la reine n'ayant pas paru y incliner, il fut ordonné au ministre de la finance de produire un calcul sur la différence qu'il y aurait dans la dépense pour ces deux voyages susdits ou pour celui de Compiègne. Il se trouva que, pour ce dernier, la dépense extraordinaire se monterait à 600,000 livres, et que, pour les deux autres voyages, il n'y aurait qu'une épargne de 60 à 80,000 livres. J'observai à la reine que l'on pourrait mettre en ligne de compte l'opinion publique, qui suppose les transports à Compiègne beaucoup plus coûteux qu'ils ne le sont en effet; mais cette réflexion ne prit point.

Depuis que la cour est revenue à Versailles, tout y est rentré dans l'ordre accoutumé, sans aucune circonstance remarquable. La reine s'y occupe beaucoup et bien tendrement de son auguste fille; la physionomie de cette jeune princesse se développe de la manière la plus avantageuse : ses traits annoncent de la beauté, elle est vive, gaie et de la meilleure santé; la reine la voit plusieurs fois dans la journée, et le roi lui marque une grande tendresse.

Il y a toutes les semaines une et quelquefois deux chasses à Saint-Hubert, où le roi passe la journée entière; quoique la reine ne prenne pas grand plaisir à ces petites courses, elle s'est cependant déterminée à y accompagner très-régulièment le roi sans suivre la chasse; LL. MM. soupent dans cette maison de plaisance et en reviennent après minuit. Monsieur et Madame, M. le comte et M$^{me}$ la comtesse d'Artois y vont alternativement, et la suite de la cour y est très-peu nombreuse. Dans une journée de chaque semaine toute la famille royale se réunit à Trianon chez la reine et y soupe; il y a ordinairement un spectacle et un peu de jeu pour remplir la soirée. Le roi paraît se plaire beaucoup à ces petites parties de plaisir, et il n'y a que les courtisans les plus favorisés qui y soient admis.

Depuis peu de temps la reine a pris l'habitude d'aller quelquefois passer les soirées chez la comtesse Jules de Polignac, et dans ces occasions le roi y vient très-régulièrement; cela fait une diversion assez avantageuse aux soirées qui se passaient ci-devant chez la princesse de Guéménée; il en est résulté beaucoup de jalousie de la part de cette dernière et un grand surcroît de considération pour la comtesse Jules; cependant cette favorite va s'absenter, pour aller prendre les eaux à Spa, pendant six semaines ou deux mois. Par un effet de son grand crédit, elle est au moment d'obtenir une grâce qui excitera quelque rumeur à Versailles, et qui porte sur l'objet suivant. Le duc de Villeroy, un des quatre capitaines des gardes du corps, se trouvant par défaut de santé hors d'état de remplir sa charge, avait demandé pour survivancier le duc de Lorges, fils du duc de Civrac, ci-devant marquis de Durfort et ambassadeur à Vienne. Le duc de Lorges ayant été ancien menin du roi, étant d'ailleurs très-bien vu de ce monarque, et le méritant par une très-bonne réputation et conduite, méritait à tous égards la place susdite. Le duc de Civrac alla implorer la protection de la reine, qui trouva d'abord sa demande fort juste et daigna y applaudir. Sur ces entrefaites la comtesse de Gramont, dame du palais, et dont le fils doit épouser la fille de la comtesse Jules de Polignac, pensa à procurer au jeune homme la survivance en question. La comtesse Jules fut d'abord un peu effrayée de la difficulté de cette entreprise, le comte de Gramont n'ayant que vingt à vingt-deux ans, et s'agissant d'une des premières charges de cour; cependant la reine fut vivement sollicitée et très-facilement amenée aux désirs de sa favorite. S. M. fit venir le comte de Maurepas et exigea qu'il concourût à cet arrangement. Le ministre ne fit pas d'objections bien fortes, et vraisemblablement la place ne tardera pas à être accordée au comte de Gramont, ce qui sera un grand dégoût pour la famille de Civrac, ainsi que pour un nombre d'autres gens de la cour qui étaient plus en mesure d'espérer une pareille faveur. Il est vrai en même temps que la reine ne s'était engagée à rien envers le duc de Civrac, et que les dispositions qui vont se faire auront quelque apparence d'être émanées de la seule volonté du roi et des insinuations de son ministre.

Le courrier mensuel m'ayant remis le 10 au soir les très-gracieux ordres de V. M. en date du 31 de mai, je n'ai pas tardé à aller présenter à la reine les lettres qui lui étaient adressées.

## XXI. — Mercy a Marie-Thérèse.

*Paris,* 17 *juin.* — Quoique le roi, par sa tournure physique et morale, paraisse très-éloigné de se livrer aux désordres de la galanterie, je n'ai cependant jamais perdu de vue les dangers possibles d'un pareil inconvénient, et je n'ai jamais cessé non plus de tâcher d'exciter toute l'attention de la reine à cet égard. Pendant longtemps j'ai eu grande peine à y réussir, et je voyais avec chagrin que la sécurité de cette auguste princesse la rendait trop indifférente sur les moyens de captiver son époux, et sur le système propre à y réussir. Maintenant cela a changé ; mais la reine, devenue plus sensible, plus attentive aux propos publics, n'en était pas plus décidée à remplir ce qu'il fallait pour prévenir les effets réels ou l'accomplissement de ces mêmes propos. Cet objet a fait la matière de plusieurs audiences que j'ai eues, et dans lesquelles j'ose me flatter d'avoir gagné beaucoup pour l'avantage et le meilleur service de la reine. Pendant son séjour à Trianon, je m'étais aperçu que l'on avait cherché à travailler l'esprit du roi même du côté de la galanterie ; je n'ai pu encore bien découvrir de quelle voie souterraine partaient ces machinations. D'ailleurs elles n'avaient rien de bien alarmant ; cependant la reine en fut un peu occupée, même assez affectée pour qu'on lui remarquât du chagrin. Dans ces circonstances je proposai deux choses à S. M. : la première et la plus essentielle était de mettre une assiduité constante à être avec le roi le plus que possible, à lui marquer de la tendresse, à l'attirer dans la société de la reine, et à faire en sorte qu'il y trouve de l'amusement. Tout cela a été rempli avec succès ; la reine s'est déterminée aux voyages de Saint-Hubert, elle a imaginé ceux de Trianon qui ont produit le meilleur effet. Elle a attiré le roi chez la comtesse Jules de Polignac, et, quoique dans ce dernier point je pusse aisément prévoir quelques inconvénients, l'avantage majeur de tenir le roi le plus près possible de la reine m'a paru une considération qui devait l'emporter sur toute autre, et il est certain que, par l'ensemble de ces mesures, le crédit apparent et réel de la reine y a infiniment gagné. Toute cette marche avait été combinée entre l'abbé de Vermond et moi, et nous avons réuni nos efforts pour qu'elle fût agréée et suivie. Ma seconde proposition à la reine a été de vouloir bien, sans se presser, avoir un œil attentif à découvrir peu à peu quels peuvent être les indignes personnages qui osent tenter de pervertir le roi, et dans le cas où il existerait une preuve bien claire à la charge de qui que ce soit, d'en faire un exemple le plus frappant, et d'accabler d'ignominie et de disgrâce un pareil suborneur. La reine a fort goûté cette idée, et je la crois infiniment essentielle pour contenir les esprits pervers et intrigants, qui sont si dangereux et en si grand nombre à cette cour-ci. La reine s'est proposé, pour autant que cela dépend d'elle, qu'il ne se passera pas de semaine sans qu'elle ait des habitudes matrimoniales avec le roi. Dans une conversation qu'elle eut avec ce monarque, le 4 de ce mois, il tint à son auguste épouse un langage infiniment cordial et tendre ; il lui dit entre autres qu'il l'aimait bien de tout son cœur, et qu'il pouvait lui jurer de n'avoir jamais éprouvé ni sensation ni sentiment pour aucune femme, hors pour elle seule. La reine fit grande attention à cette phrase, et en conclut que le roi soupçonnait qu'elle avait connaissance des projets de lui donner une maîtresse.

J'ai cité dans mon très-humble rapport ostensible un effet de l'abus que fait la comtesse Jules de son crédit. Sur ce point il est difficile de rien gagner auprès de la reine ; mais les petits inconvénients qu'occasionne la favorite ne sont pas des objets bien majeurs, et jusqu'à présent j'ai toujours trouvé des moyens de diminuer les effets de ces mêmes inconvénients. Je suis plus en peine et plus attentif sur l'influence momentanée que prend le duc de Guines auprès de la reine. Ce personnage est dangereux à plusieurs égards ; il est assez adroit, très-intrigant, d'un caractère fort équivoque, extrêmement ambitieux et frondant ouvertement le comte de Maurepas. Avec ma franchise ordinaire je ne cache à la reine aucune de ces nuances, je lui en expose les suites possibles, quelquefois je fais impression, et souvent je me trouve déjoué ; mais j'espère toujours qu'il y aura également remède de ce côté-là. Dans le moment présent, mon grand objet est de tâcher de fixer toutes les réflexions de la reine sur les menées du roi de Prusse, et sur les mesures propres à contrecarrer les vues de ce prince de se mêler des affaires de cette cour-ci et de s'en rapprocher par cette conduite. Je fais sentir à la reine le grand danger qui en résulterait pour les suites de l'alliance, et si V. M. daignait en marquer un mot à son auguste fille, cela donnerait beaucoup de force et d'efficacité à tout ce que, suivant les circonstances, j'aurai peut-être à répéter sur ce chapitre.

Relativement au contenu de la très-gracieuse lettre de V. M., j'ai à observer que depuis longtemps je ne perds pas de vue les allures du duc de Nivernais, et comme le baron de Goltz a tenu ici publiquement des propos fort indiscrets sur sa grande liaison et sur ses conversations avec ledit duc, ce me sera un moyen de faire parvenir à ce dernier quelques avis qui lui viendront par des voies tierces, sans qu'il puisse se douter que j'y aie la moindre part, et de façon ou d'autre je tâcherai de lui faire changer sa marche déplacée et odieuse.

Quoique la reine ne l'ait pas témoigné dans ses lettres, il est cependant certain que ce que V. M. a daigné mander sur le baron de Breteuil a produit un effet favorable pour cet ambassadeur; je suis presque assuré que la reine lui marquera assez de bonté pour qu'il ne s'aperçoive pas des plaintes qui ont eu lieu contre lui. Par le dernier courrier français la reine a daigné lui écrire quelques lignes et lui marquer sa satisfaction de ce qu'il a concouru à la paix. Il se présente une nouvelle bévue dans l'idée qu'a eue l'ambassadeur susdit que le diplôme de prince d'Empire lui avait été offert; quoiqu'il soit ambitieux et imprudent, je lui ai toujours connu de l'honnêteté et de la droiture, et il se pourrait peut-être qu'il y a plus de mésentendu que de malice dans la jactance qu'il a mise à supposer l'offre d'une grâce qui ne lui a pas été réellement offerte. Par tout ce qu'il mande à ses parents et au comte de Vergennes, il me paraît pénétré de la plus profonde et respectueuse reconnaissance des bontés que V. M. a daigné et daigne encore lui marquer. Je ménagerai ici les choses de manière à le tenir dans ces mêmes sentiments, et à éviter tout effet de mortification qui pourrait le jeter dans le parti ennemi.

J'ai l'âme comblée de l'extrême clémence avec laquelle V. M. daigne de main propre me marquer sa satisfaction de mes faibles services auprès de la reine. Je suis personnellement si attaché à cette auguste princesse, je le suis tellement à la personne sacrée de V. M., que ni ma mauvaise santé, ni rien au monde ne ralentira jamais les efforts de mon zèle. Mon plus grand bonheur serait qu'il devînt efficace dans son objet, et qu'il contribuât à procurer au moins un peu de sujet de contentement à la plus grande et à la meilleure des souveraines. J'éprouve une inquiétude et une vraie douleur quand j'aperçois, ainsi que cela arrive dans le moment présent, que V. M. est affectée de quelque peine; cependant le dernier arrangement va mettre le prince de Kaunitz dans le cas de rendre encore de longs et utiles services à V. M.; même le vertueux baron de Binder pourra y concourir, quoique d'une manière moins directe et assidue que par le passé. La grandeur d'âme et la clémence qui caractérisent V. M. lui sont garants qu'elle est et sera toujours servie avec une bonne volonté, un zèle et un attachement aussi profond que réel pour son auguste personne; mais il suit de cette vérité que nous serions tous déroutés et confondus, si nous avions lieu de craindre d'être abandonnés par la grande souveraine à laquelle nous consacrons avec tant de plaisir tous nos vœux et nos vies. Jamais je n'aurais osé articuler ce langage, si l'extrême bonté de V. M. ne m'y avait autorisé.

### XXII. — Marie-Thérèse a Mercy.

*Laxenbourg, 30 juin.* — Comte de Mercy-Argenteau, J'ai reçu votre lettre du 17 par le courrier Morenheim, arrivé ici le 26 de ce mois.

Quelle que soit la tournure physique et morale du roi, il est toujours sûr que nombre de gens mettront tout en œuvre pour l'entraîner dans quelque intrigue galante. Le passé n'en fournit que trop d'exemples, et le caractère de la nation, joint aux cabales des courtisans, ne se dément jamais. C'est donc sur vos lumières et sur votre zèle que je compte, si jamais ma fille se trouvait dans des circonstances assez fâcheuses de devoir craindre une rivale; mais, même dans ce cas, je ne serais pas d'avis qu'on tentât de faire un coup d'éclat. Les suites en sont presque toujours désagréables; mais je laisse à votre prudence de prendre et suggérer à ma fille telles mesures que vous jugeriez les meilleures dans un cas de cette espèce, qui, je le souhaite comme je l'espère, n'existera jamais.

Indépendamment des motifs politiques, je suis fâchée dans mon particulier de voir déjoué, par les sollicitations de la comtesse Polignac en faveur du comte Gramont, le duc de Lorges, qui s'est fait connaître ici avantageusement à moi et dont le père encore a mérité mon approbation pendant son ambassade ici; mais si le crédit de cette favorite auprès de ma fille n'est pas sans inconvénients, il y en aurait bien plus à craindre si jamais celui du duc de Guines allait prendre consistance.

Je conviens avec vous qu'on a jugé avec trop de rigueur le baron de Breteuil sur l'affaire du diplôme de prince d'Empire; je suis bien aise que ma fille lui ait donné quelque marque de bonté [je lui dois beaucoup de reconnaissance.]

Tout singulier que paraît le projet du roi de Prusse d'allier la France avec lui et la Russie, on ne saurait prévoir tous les événements possibles qui pourraient amener l'exécution de ce projet. L'Angleterre a ici nombre de partisans; on est toujours indisposé contre la France, pour ne pas s'être prêtée à toutes nos vues dans l'affaire de Bavière, quelque convaincue que je suis dans mon particulier que jamais la France n'aurait pu prendre un parti aussi opposé à ses intérêts, et que d'ailleurs elle a fait ce que nous pouvions exiger raisonnablement de son concours à la pacification. Il semble qu'on n'a pas perdu de vue tout à fait l'idée de moyenner notre liaison avec la Russie et la Prusse, capable d'imposer à toute l'Europe. Vous me rendrez assez de justice, je crois, pour me croire au-dessus de ces illusions; mais je souffre à voir qu'elles ne laissent pas de plaire. Le prince de Kaunitz tombe visiblement, sa santé est entamée, et je lui ai trouvé assez mauvaise mine lorsque je l'ai vu un de ces jours en ville. Il pense se transporter à présent à Laxenbourg.

[Le doute seulement d'une nouvelle grossesse me comble de joie; je n'en dirai rien si vos gazettes n'en parlent.]

[Nous avons eu un grand malheur avec les patrons (1) de l'artillerie; plus de cent mille patrons sont sautés en l'air tout d'un coup, ont ébranlé bien des maisons et écrasé plus de cinquante personnes et deux cents blessés. La perte de l'artillerie seule, sans les dommages, va à 500,000 florins.]

### XXIII. — Marie-Thérèse a Marie-Antoinette.

*Laxenbourg, 1er juillet.* — Madame ma chère fille, La vôtre du 15 nous a trouvés ici à Laxenbourg, où nous nous trouvons encore. L'air a fait un bien infini à votre frère, qui, à ma grande consolation, marche

---

(1) Marie-Thérèse traduit ainsi le mot allemand *patrone* qui veut dire cartouche. Le 26 juin eut lieu à Vienne la terrible explosion d'une poudrière située près de la porte de Nussdorf et remplie de munitions de guerre. L'explosion fut telle que des maisons furent ébranlées dans les villages voisins et jusqu'au centre de la ville. Joseph II se rendit aussitôt sur le lieu du désastre pour faire organiser les secours nécessaires.

à cette heure sans béquilles, et avec une canne très-légère. Mais le tout n'est pas encore guéri; cela demandera encore bien du temps et ménagement. Avec lui cela est d'autant plus facile qu'il se prête à tout et de la meilleure façon, ne s'en faisant pas même un mérite.

Ce que vous me mandez de votre charmante fille me comble de joie, et une lettre du 23 de Mercy le ferait encore plus : mais je n'ose m'y livrer encore. Ce serait le comble pour moi, puisque vous me dites que votre santé est entièrement remise, et que la dame russe le dit aussi. Elle a été frappée, voyant entrer la Marie, combien elle lui trouvait de ressemblance avec vous ; ce que je ne peux croire, ni selon que je vous ai vue partir, ni après les portraits.

Je souhaite bien sincèrement au roi la paix : la guerre de mer est encore plus cruelle et dispendieuse. Notre ami réconcilié (1) cherche à nous nuire et, par ses menées et insinuations très-fines et captieuses, à éloigner tout le monde de nous ; il emploie tout ce qui est à imaginer, des préventions et des cajoleries. Ce n'est sûrement pas par amitié pour la France; on sait comme il s'en explique dans son particulier très-indécemment, mais pour nous l'arracher : c'est son seul but. Je me flatte que cela ne sera jamais. Je compte trop sur les sentiments du roi et sur l'honnêteté de son ministère ; mais quelque petite liaison ou du louche pourrait en naître. Je dois répéter ce que je vous ai déjà mandé autrefois, que nous ne pouvons tenir ensemble; et c'est cette alliance avec l'Angleterre qui nous a fait changer alors entièrement de système : je m'en trouve très-bien, et je crois que la France y trouve aussi son compte. Ce n'est que depuis cela qu'elle a pu mettre toute son attention et dépense à la marine, et tenir tête à son ancienne rivale. On viendra de plusieurs façons, surtout avec une alliance ou commerce avec la Russie. Qu'on y prenne bien garde; ces deux puissances ne font qu'une. Il ne faut pas les heurter de front, mais il ne faut pas se flatter d'en tirer parti à jamais à notre avantage réciproque.

J'aime mieux paraître importune que de manquer à vous recommander d'être bien sur vos gardes. Qu'on ne prête l'oreille à ces insinuations; au commencement tout est plus facile qu'après coup. Malheureusement les anciens préjugés dans nos deux nations ne sont pas encore si effacés que je le souhaiterais, et on trouve souvent en-

---

(1) Le roi de Prusse.

core revenir des anciennes préventions, contre lesquelles il n'y a que notre constance et amitié qui à la longue triomphera pour le bien de nos maisons, peuples et sainte religion. Ce sont des objets bien grands et chers, pour ne rien négliger à les consolider et éterniser. Ma chère fille, vous pouvez beaucoup en suivant ces principes, et en voulant écouter et suivre les insinuations de Mercy, qui a toute ma confiance, et qui vous est sûrement aussi attaché qu'aucun de vos Français et ministres. Je vous embrasse de tout mon cœur. Dieu conserve nos espérances!

### XXIV. — Mercy a Marie-Thérèse.

*Paris*, 14 *juillet*. — Sacrée Majesté, Je m'étais bien flatté d'être dans le cas de confirmer par ce courrier la grande et bonne nouvelle que par deux lettres j'avais annoncée dans le temps au secrétaire du cabinet baron de Pichler, mais malheureusement les espérances sur la grossesse de la reine ne sont point soutenues. Le voyage de Compiègne et tous les apprêts qu'il exige ayant été contremandés, Leurs Majestés se sont décidées pour un séjour de quinze jours ou trois semaines à Marly. La cour doit s'y rendre vers la fin de ce mois, et on projette d'avance un second voyage pour la même maison de plaisance après la fête de Saint-Louis. Le grand nombre de courtisans qui, par leur état dans le militaire, sont obligés de se trouver à l'armée, joint à ce qu'une partie de la noblesse de Paris est actuellement dans ses terres en province, fera que la cour sera peu nombreuse cet été. Les deux femmes auxquelles la reine permet l'accès le plus familier seront également absentes. La princesse de Lamballe est au moment d'aller prendre les eaux; elle sera à la vérité peu regrettée, sa faveur n'a cessé de décliner de plus en plus, et maintenant elle est bien plutôt tolérée que désirée par la reine, qui a réuni toutes les affections de société sur la comtesse Jules de Polignac, laquelle est à Spa pour deux mois. Elle s'y est rendue avec sa cousine la marquise de Châlons, laquelle, selon des bruits publics très-mal fondés, s'était attiré les regards et les attentions du roi. On aura lieu d'être entièrement détrompé sur cette conjecture, d'autant plus que le premier écuyer, duc de Coigny, marque ouvertement un grand attachement pour cette dame et l'a accompagnée aux eaux.

La reine ne s'est point encore écartée du système sage et modéré qu'elle s'est prescrite dans son régime, et je commence à espérer que ce système subsistera longtemps. Le goût pour l'exercice du cheval paraît entièrement dissipé : il y a près de six semaines que S. M. n'est venue au spectacle à Paris ; ses promenades à pied ou en voiture ne sont ni longues ni fatigantes, il n'existe plus de ces parties de plaisir dont M. le comte d'Artois était ci-devant le promoteur ; la réforme à cet égard est plus entière que je n'aurais osé l'attendre, et elle se porte même sur la manière dont ce jeune prince est traité. La reine, sans lui montrer moins de bonté et de bienveillance, en a retranché l'apparence de familiarité, et n'admet plus les petites licences que prenait M. le comte d'Artois. Il est quelquefois renvoyé, et souvent il attend dans l'antichambre le moment où il plaît à la reine de le laisser entrer dans ses cabinets. Ce traitement étant celui que Monsieur a toujours éprouvé, les deux frères se trouvent à cet égard au même niveau, et cela n'en est que mieux pour la tranquillité intérieure. Cependant dans le particulier M. le comte d'Artois conserve l'avantage d'une prédilection décidée, et ce n'est que pour l'extérieur qu'il y a quelque changement dans la faveur dont il jouit.

A l'exception du peu de temps où la reine a espéré d'être grosse elle ne s'est dispensée que d'un seul voyage de Saint-Hubert, et elle se propose d'y retourner cette semaine. S. M. s'occupe avec plus d'attention que jamais de son auguste fille et de tout ce qui a trait à l'éducation future de cette jeune princesse. D'après ce que la reine a daigné m'en dire, je vois qu'elle se persuade que les qualités personnelles de la princesse de Guéménée ne la rendent en aucune manière propre à l'emploi de confiance qu'elle occupe, et c'est une vérité qui n'est que trop bien constatée. Cela peut causer certains embarras, vu les prérogatives inouïes que l'on a attribuées en France à la place de gouvernante des enfants royaux. Par une sorte de loi, ou pour mieux dire d'usage constant, il est reçu ici que la dite place, à l'exemple de celle de chancelier de France, n'est amovible que par la volonté de celle qui la remplit, et que l'on ne peut la déplacer sans lui faire juridiquement son procès. Quelque étrange que soit cette coutume, elle n'est pas aisée à abolir dans un pays où toute la noblesse se réunit à faire cause commune quand il s'agit d'attaquer des abus qui lui sont utiles. Quant au cas présent, il y a encore du temps pour y penser, et jusqu'à ce que la jeune princesse royale ait atteint l'âge de deux ans, il se présentera sans doute des moyens d'arranger tout pour le mieux. La reine voudrait aussi retrancher la multiplicité des sous-gouvernantes ; la méthode de remplir ce service par semaine occasionne une éducation nécessairement variée et par conséquent sujette à bien des inconvénients. Je suis souvent témoin des réflexions très-judicieuses que la reine fait sur cette matière, et elle me permet de lui exposer les idées qui semblent le mieux concourir à ses vues.

J'ai très-humblement rendu compte à V. M. du grand mouvement qu'il y avait à Versailles par rapport à une survivance d'une des compagnies des gardes du corps, et des efforts que la comtesse Jules de Polignac avait faits pour la procurer à son futur beau-fils le comte de Gramont. Peu de jours après le départ du courrier de juin, le crédit de la reine a aplani les obstacles qui s'opposaient aux désirs de sa favorite, et le jeune comte de Gramont a obtenu cette survivance. Toute la famille des Civrac en est dans la consternation, et bien d'autres encore ont excité des rumeurs sur un choix qui paraît avoir lésé plusieurs prétendants mieux fondés ; cette petite effervescence se calmera et ne tire d'ailleurs à aucune conséquence bien grave. C'était le seul objet de tracasserie qui se fût présenté depuis assez longtemps. L'abbé de Vermond est resté assez assidûment à Versailles, et il s'y trouve encore dans le moment présent.

Le courrier mensuel m'ayant remis le 11 les très-gracieux ordres de V. M. en date du 30 de juin, je me suis rendu sur-le-champ à Versailles pour y présenter les lettres adressées à la reine.

### XXV. — Mercy a Marie-Thérèse.

*Paris*, 14 *juillet*. — Je sens toute l'importance des objets dont V. M. daigne me faire mention dans sa très-gracieuse lettre, et en exposant mes très-humbles remarques sur ces mêmes objets, je commencerai par ceux qui concernent la reine.

Malgré ce que la tournure totale du caractère du roi semble présenter de rassurant contre le danger des intrigues galantes, j'ai toujours cru que cet objet exigeait la plus sérieuse attention, et je n'ai jamais cessé de supplier la reine d'y veiller de très-près. Pendant la rougeole de cette auguste princesse j'avais eu soupçon de quelques manœuvres. J'étais bien sûr qu'elles n'avaient eu ni suite ni succès ;

mais il devenait de grande conséquence de découvrir les auteurs de pareilles menées, et je me suis donné tous les mouvements possibles pour y parvenir. Mes recherches n'ont abouti qu'à me procurer de légers indices, et dans une matière aussi grave la conscience ne permettrait pas d'inculper positivement quelqu'un sans preuves évidentes; mais je ne suis cependant dans le doute qu'entre deux ou trois personnes : c'est déjà une grande facilité gagnée pour éclaircir les faits. D'après certaines actions je soupçonne grièvement un des premiers valets de chambre du roi, et il sera observé de très-près. Au reste V. M. daignera remarquer qu'il ne s'agit ici que de pures précautions contre un mal qui, jusqu'à présent, n'a pas eu le plus léger commencement, et pour lequel le roi n'a pas laissé apercevoir la plus petite disposition ni propension ; entretemps j'ai obtenu de la reine une résolution bien ferme qu'à la première découverte certaine d'un coupable de pareille machination, S. M. en fera faire un exemple effrayant, et j'ose assurer de toute certitude que le roi s'y prêterait, pourvu que la reine suivît exactement la marche et les mesures qu'elle peut prendre dans la position si favorable où elle se trouve. Il est plus que vraisemblable que ce cas critique n'existera jamais, et pour le moment c'est celui de tous qui me donne le moins d'inquiétude.

La tendresse du roi pour son auguste épouse et ses complaisances pour elle semblent augmenter toujours, et présenteraient une perspective la plus agréable en tout genre, si la reine était plus disposée à se prévaloir de ces avantages, et un peu plus conséquente dans les moyens d'en user utilement. Tout ce que l'abbé de Vermond et moi ne cessons de répéter sur cette matière ne fructifie qu'autant que les conseils des alentours favoris s'accordent quelquefois en certains points avec les nôtres. Alors la reine nous confie comme choses toutes nouvelles des avis très-défigurés que nous lui avons présentés cent fois sous des formes plus claires et mieux ordonnées. Le duc de Guines, qui, pour le moment, a le plus d'influence en matière de conduite politique, a proposé à la reine de voir souvent le comte de Maurepas et de s'entretenir d'affaires avec ce ministre, par la double raison que le roi parlera plus librement avec la reine des choses dont elle aura acquis des idées par la voie du vieux ministre, et que, celui-ci venant à mourir, la reine se trouvera plus en mesure de le faire remplacer à son choix. Or il est clair que le donneur de conseils s'attend bien que ce choix pourrait tomber sur lui, et c'est la première remarque que j'ai faite tout uniment à la reine, lorsqu'elle daigna me parler de l'avis en question, que je lui avais moi-même donné tant de fois, en lui suggérant la manière de le mettre en usage. Voici celle que le duc de Guines a imaginée et qui a été suivie :

Dans trois conversations que la reine a eues depuis peu avec le comte de Maurepas, et dont elle a daigné me faire le narré, S. M. s'est bornée à improuver en général les opérations du gouvernement, et à vouloir prouver que le comte de Vaux (1) ne convenait pas au commandement de l'armée, que le marquis de Castries lui aurait été préférable, qu'au lieu de tenir la flotte à l'entrée de la Manche et de chercher à intercepter le commerce des Anglais, il aurait mieux valu de diriger tous les efforts contre leurs îles en Amérique, et autres objets semblables. Je vois que les réponses du comte de Maurepas n'ont eu l'air que de défaites insidieuses; il est convenu que la reine avait raison en tout point, et il n'est entré dans aucun détail qui pût éclairer S. M. sur le peu de connaissance qu'elle a du fond de ces objets. La reine avait d'abord interprété les aveux du comte de Maurepas comme une marque de sa confiance en elle, et comme un hommage qu'il était forcé de rendre à la vérité. J'ai tâché de faire revenir la reine de cette erreur, en lui exposant toutes les réflexions que comporte la matière, et je fis voir à S. M. combien des démarches bonnes en elles-mêmes, quand elles sont employées avec méthode et jugement, peuvent devenir nuisibles quand elles sont mal remplies. Dans cette occasion je n'épargnai pas les conseillers favoris; j'obtins l'apparence d'une entière conviction, avec beaucoup de marques de confiance et de bonté. Malgré cela je m'attends à devoir revenir encore bien souvent sur l'influence bien fâcheuse que gagne le duc de Guines, et de laquelle il pourrait faire un usage très-dangereux, et cela d'autant plus que cet adroit courtisan est aussi ambitieux qu'il est suspect du côté du caractère ; il a trouvé moyen de s'emparer de toute la confiance de la comtesse Jules de Polignac, et cela ajoute une grande force à son crédit.

---

(1) Le maréchal de Vaux avait été nommé au commandement de l'armée destinée à une descente en Angleterre, qui ne put s'effectuer.

De tous les objets celui que la reine a le mieux compris, qui la frappe le plus et auquel elle oppose les meilleures mesures, c'est celui des intrigues du roi de Prusse à cette cour-ci, et j'espère avec toute confiance qu'il y aura bon moyen de rendre ces mêmes intrigues infructueuses, pourvu que la reine y continue l'attention désirable. La dernière lettre de V. M. a produit à cet égard un excellent effet; une chose seule deviendrait très-fâcheuse : ce serait si les apparences de partialité et de penchant pour l'Angleterre donnaient au roi de Prusse la facilité d'y enraciner les soupçons qu'il s'efforce à répandre ici. Il est de mon devoir et de ma fidélité d'oser dire à V. M. que généralement tout le public et le ministère français a une foi entière dans les principes, les vues et les sentiments de V. M., et je puis affirmer qu'elle est aimée, admirée et respectée d'une manière vraiment touchante et satisfaisante; malheureusement on a l'injustice de ne pas donner la même confiance à la façon de penser de S. M. l'empereur. On admire ses grands talents et on les craint, en lui supposant quelque éloignement pour cette nation. Ces absurdités se dissiperont sans doute; mais elles exigent quelque ménagement pour le maintien parfait et durable de l'alliance. Quand je me représente le caractère personnel et si connu du roi de Prusse et l'ensemble de son système d'État, quand je réfléchis sur celui de la Russie, que j'ai vu de si près, j'avoue qu'il ne peut me tomber sous les sens la possibilité d'une liaison politique utile entre V. M. et les puissances susdites. Il ne m'appartiendrait d'oser exposer mon faible sentiment sur une si grande matière, si V. M. n'avait daigné m'y autoriser en en faisant mention dans sa très-gracieuse lettre.

La reine a su l'accident arrivé par l'incendie des poudres, et elle en avait été frappée par la manière dont les premiers bruits avaient exagéré ce malheur. La santé de S. M. est bonne.

### XXVI. — Marie-Thérèse a Mercy.

*Schönbrunn,* 31 *juillet.* — Comte de Mercy-Argenteau, J'ai reçu par le courrier Tarnoczy, arrivé ici le 26, votre lettre du 18. Je suis sensible, comme vous pourriez bien imaginer, de voir évanouies mes espérances d'une nouvelle grossesse de ma fille. On veut supposer qu'elle pourrait y avoir donné lieu pour avoir dansé dans ce premier moment des apparences de grossesse (1); je ne saurais l'approuver, si tant est qu'il est vrai.

Ce que vous me mandez sur le régime et sur la conduite de ma fille me fait plaisir. Je souhaite seulement qu'elle continue dans cette marche et qu'elle y fasse même des progrès. Je ne suis pas contente de la préférence qu'elle a donnée au comte de Gramont sur M. de Civrac, dont la famille a eu tant de part à son mariage, et qui est lui-même un bon sujet. C'est une nouvelle preuve combien peu elle est capable de résister à l'impulsion de ses favoris.

La princesse Guéménée ne réunit sûrement pas les qualités nécessaires pour être à la tête de l'éducation des enfants de France. Il serait à souhaiter qu'on trouvât le moyen de l'en éloigner avant que ma petite-fille avance en âge.

Si jamais on découvrait des infâmes qui cherchassent d'entraîner le roi dans des intrigues galantes, il serait trop juste de les châtier bien rigoureusement; mais je ne saurais vous dissimuler que je ne voudrais pas que ma fille y fût trop mêlée et compromise, peut-être vis-à-vis du roi et du public. Selon mes principes la femme n'a rien d'autre à faire que supporter avec patience les écarts de son mari, point de droit de s'en formaliser.

Je ne suis pas rassurée sur le caractère du duc de Guines; on n'en avait pas bonne opinion dans le temps qu'il s'est trouvé en Angleterre. Je serais bien aise d'être informée à fond par vous de ses sentiments et des projets qu'il pourrait former de temps en temps. Vous avez très-bien fait de mettre ma fille sur ses gardes contre les ruses de ce courtisan adroit et ambitieux.

Je sais bien que les intrigues du roi de Prusse à la cour de France ne vous échappent pas et que vous êtes attentif à les rendre inefficaces. Je suis encore d'accord avec vous qu'une alliance avec la Prusse et la Russie aux dépens de celle avec la France ne saurait me convenir, malgré qu'il y a nombre ici qui pensent différemment. Je vois donc avec peine les doutes qui vont se multiplier sur les

---

(1) On verra, dans le rapport XXX, la réponse de Mercy. Madame Campan dit que l'accident qu'éprouva la reine fut causé par un mouvement un peu brusque qu'elle fit pour lever une glace de sa voiture; elle ajoute que la reine n'avait point encore parlé de son état dans sa famille et s'en félicitait. La lettre de Marie-Thérèse du 1$^{er}$ juillet et celle qui va suivre du 1$^{er}$ août prouvent que M$^{me}$ Campan était mal informée quant à cette dernière circonstance.

sentiments de l'empereur par rapport au système actuel, et que c'est lui-même qui y donne lieu, s'étant de nouveau expliqué avec Degenfeld dans un long entretien à Laxenbourg, combien il importait à la Hollande de ne pas se prêter à des vues contraires à l'Angleterre, et combien le commerce de la république pourrait souffrir si jamais les Bourbons gagnaient le dessus sur l'Angleterre. Degenfeld (1) (à vous le dire dans le dernier secret) en a rendu compte au pensionnaire Fagel (2).

Je ne vois jamais les lettres de l'empereur à ma fille et rarement les réponses de ma fille à l'empereur. Quelquefois il me communique quelques passages de ses lettres, comme d'avoir écrit à ma fille qu'il croyait le comte d'Artois bien plus capable d'arranger une course de chevaux que de commander un vaisseau de guerre. Cette expression m'a paru trop forte vis-à-vis de la belle-sœur du comte d'Artois. Je sais encore que l'empereur a écrit à ma fille contre le baron de Breteuil, qui en a été même informé par l'abbé, son parent; aussi paraît-il persuadé que la reine est prévenue contre lui, et qu'il ne peut plus compter d'entrer dans le ministère. Peut-être devine-t-il juste; du moins la reine ne me semble pas penser favorablement pour Breteuil, ne me faisant jamais réponse sur les articles de mes lettres où je m'explique sur son compte.

Comme le cardinal de Rohan a toujours nombre de partisans ici, il y en a qui se font fête de l'excursion qu'il doit projeter de faire ici. Ce serait un pas bien hasardeux après la façon dont j'ai cru devoir le faire rappeler d'ici; mais cet étourdi est capable de toute sorte d'extravagances. Je voudrais donc que vous en parliez à ma fille, en lui faisant sentir combien il me serait désagréable de le voir se produire de nouveau ici, et qu'au pis aller je comptais que son séjour ici ne serait que de deux ou trois semaines, et sa conduite telle que je ne me trouve pas dans le cas de m'en plaindre à sa cour. [Le mieux serait d'empêcher qu'il vînt; il est étonnant combien l'empereur le goûte.]

---

(1) Frédéric-Christophe, comte de Degenfeld-Schonburg, né le 17 décembre 1751, mort le 10 mars 1781, était accrédité depuis le 30 septembre 1766 comme envoyé des États-généraux de Hollande à Vienne.

(2) Henri Fagel, greffier des États-généraux, né à La Haye en 1706, mort en 1790, contribua beaucoup à l'élévation du stathouder Guillaume IV, et se montra constamment le protecteur des artistes et des savants.

[Vous serez informé en droiture par un courrier que l'Angleterre a accepté en quelque façon notre médiation (1). Les partisans anglais, dont il y a grand nombre, font grand cas d'un honnête compliment plutôt que d'autre chose. Je n'ambitionne nullement cette médiation; rien à gagner et tout à perdre auprès des deux parties. Vous direz selon votre coutume sur toutes ces idées vos sentiments clairs.]

### XXVII. — Marie-Thérèse a Marie-Antoinette.

*Schönbrunn,* 1<sup>er</sup> *août.* — Madame ma chère fille, La vôtre du 16 par le courrier m'a fait bien de la peine, voyant toutes nos belles espérances évanouies, auxquelles, j'avoue, je me suis livrée entièrement. Il n'y a rien de perdu : vous êtes tous les deux si jeunes, en bonne santé, et vous aimant si tendrement, ce sera facilement réparé, mais il est plus sûr d'avoir que d'attendre. Grâce à Dieu que vous n'avez eu ni perte ni aucune incommodité ou faiblesse! Il faudra suivre les conseils de Lassone, et quoique je sois contraire aux séparations, dans ce cas, si lui l'exige, je serais bien aise que vous vous y prêtiez, s'entend avec l'agrément du roi, autrement pas; mais je vous avoue, je me souviens du passé que vous n'étiez que trop d'accord sur ce point, et je ne voudrais pas que cela devienne de nouveau coutume. Votre bonheur en dépend, celui de vos peuples et de votre famille.

Je vous avoue que je suis dans des transes pour les flottes, et nonobstant la grande supériorité, je ne suis pas rassurée. Les choses combinées sont bien difficiles pour le moment qu'il faut saisir, et il me paraît déjà qu'il y a quelque chose de perdu et beaucoup de temps qu'on a laissé aux Anglais pour prendre tout ensemble, que cela coûtera à cette heure le double. Mercy vous informera de ce qui nous est venu de leur part, et nous attendrons ce que vous en penserez, ne souhaitant que de pouvoir vous être utile et rendre ce que vous nous avez procuré à Teschen, dont je n'oublierai jamais l'époque et les bons services de Breteuil. Il compte partir ce mois et je ne pourrai m'empêcher de vous le bien recommander; tout ce que le

---

(1) L'Autriche proposait sa médiation pour mettre fin à la guerre entre la France et l'Angleterre; cette négociation, sur laquelle on trouvera des détails dans les pièces suivantes, n'aboutit point.

roi fera pour lui, je le regarderai comme une marque d'attention pour nous. On dit ici publiquement que Rohan veut venir ici. J'espère qu'il n'en est rien ; de la façon comme il nous a quittés, je ne m'attendais pas qu'on le fît paraître de nouveau chez moi. Si vous pouvez l'empêcher, vous m'obligerez, mais sans *impegno* (1) de votre part. J'ai chargé aussi Mercy de vous faire souvenir de la maison à Compiègne où la Beauvau se trouve. Je n'ai pu la refuser, d'autant plus sachant vos bontés pour elle. Voilà bien des demandes, voilà encore une : au moindre avantage de vos flottes ou armées je vous prie de m'envoyer un courrier. Je m'intéresse si vivement à tout ce qui peut être utile à la gloire du roi, pour vous prier de procurer ce plaisir à votre bonne et vieille maman, qui vous embrasse tendrement.

## XXVIII. — Marie-Thérèse a Mercy (2).

*Ce 4 août.* — Comte Mercy, En fermant mon paquet, je reçois la nouvelle de la mort du fils du général Stein, dont j'avais soin depuis sa naissance, d'une esquinancie qui l'a emporté en peu d'heures. Vous saurez où il se trouve, et lui ferez tenir ce billet que vous accompagnerez avec quelques lignes, ou lui ferez tenir par quelqu'un qui le prépare à ce coup ; car mon billet, étant trop clair, pourrait le frapper. Je suis malheureuse dans les grandes et petites choses ; mon pauvre fils n'est pas du tout bien avec sa jambe ; il est le sacrifice de la politique, car personne n'a osé rien dire contre Brambilla (3), qui a traité cela de bagatelle, et depuis trois jours ils trouvent l'os attaqué et lui ont fait déjà dix incisions sans encore venir au fond. Je vous avoue, je suis désolée et en grande peine ; il mérite d'être aimé, le meilleur caractère, une patience et fermeté angélique.

Je ne vous dis rien des affaires que ce courrier vous porte. Je souhaiterais plus que je n'espère de pouvoir être utile à la France.

---

(1) C'est-à-dire sans vous causer d'embarras.
(2) Pièce entièrement autographe.
(3) Jean-Alexandre Brambilla, né à Pavie en 1728, mort à Padoue en 1800, était chirurgien de Joseph II ; il l'accompagnait dans ses voyages et était en grande faveur auprès de lui. C'est d'après ses conseils que Joseph II créa l'Institut médico-chirurgical militaire ; Brambilla en fut le premier directeur. Cet établissement existe encore, mais doit bientôt disparaître.

J'espère que cet empressement ne leur fasse un effet contraire; mais entre vos mains je ne suis pas inquiète. Ce n'est pas qu'il nous importe tant de négocier; je voudrais voir la paix sur mer, mais sans notre intervention; personne ne nous en saura gré. La prédilection ici pour l'Angleterre se manifeste toujours de plus en plus.

Je dois vous prévenir sur un autre point. Thugut (1) souhaiterait tant d'être à Paris employé sous votre direction avec le titre de chargé d'affaires de Toscane! Est-ce que cela vous conviendrait? car je ne voudrais jamais vous charger de quelqu'un qui ne vous convient. Vous me marquerez sincèrement ce que vous en pensez; mais vous ne marquerez à personne ici rien de ceci qu'à moi, ne voulant nuire ni affliger Thugut, qui est bon à employer.

### XXIX. — Marie-Antoinette a Marie-Thérèse.

*Versailles, 16 août.* — Madame ma très-chère mère, Je ne puis trouver assez de termes pour exprimer à ma chère maman la reconnaissance où je suis de ses deux lettres et de la bonté qu'elle a de vouloir employer tous les moyens pour nous procurer la paix. Il est vrai que cela serait un grand bonheur, et mon cœur la désire plus que tout au monde; mais malheureusement je n'y vois aucune apparence pour le moment présent. Tout dépend de l'instant actuel; nos flottes, françaises et espagnoles, étant réunies, nous avons une supériorité considérable.

Ils sont donc dans la Manche! et je ne pense pas sans frémir que, d'un moment à l'autre, tout le sort sera décidé. Je suis effrayée aussi de l'approche du mois de septembre, où la mer n'est plus praticable; enfin c'est dans le sein de ma chère maman que je dépose toutes mes inquiétudes. Dieu veuille qu'elles soient nulles! mais sa bonté m'encourage à lui parler comme je pense. Le roi est touché, autant qu'il doit l'être, de toutes les marques de bienveil-

---

(1) Le baron de Thugut, qui succéda plus tard au prince de Kaunitz dans la direction des affaires étrangères, est bien connu par le grand rôle qu'il joua pendant la lutte entre l'Autriche et la France révolutionnaire. D'origine très-obscure, Thugut s'était élevé par son talent seul; il s'était fait remarquer par sa connaissance des langues orientales, et par les services qu'il avait rendus dans les divers postes diplomatiques qu'il avait occupés en Turquie. Chargé de plusieurs missions confidentielles en Russie pendant la guerre de Bavière, c'est lui qui venait de négocier et de signer la paix de Teschen.

lance qu'elle veut bien lui donner, et je ne doute pas qu'il ne s'empresse toujours à en profiter plutôt que de se livrer aux intrigues de ceux qui ont si souvent trompé la France, et qu'il doit regarder comme ses ennemis naturels.

Ma santé est entièrement remise. Je vais reprendre ma vie ordinaire, et par conséquent j'espère pouvoir bientôt annoncer à ma chère maman de nouvelles espérances de grossesse. Elle peut être rassurée sur ma conduite, et je sens trop la nécessité d'avoir des enfants pour rien négliger sur cela. Si j'ai eu anciennement des torts, c'était enfance et légèreté, mais à cette heure ma tête est bien plus posée, et elle peut compter que je sens bien tous mes devoirs sur cela. D'ailleurs je le dois au roi pour sa tendresse, et j'ose dire, sa confiance en moi, dont je n'ai qu'à me louer de plus en plus.

Ce n'est absolument qu'un bruit de gazette que la grossesse de Madame. Elle est toujours au même point : il y a eu un moment où l'on avait cru le contraire, même Monsieur se vantait beaucoup ; mais la suite a bien prouvé que ce n'était qu'une gasconnade, et je crois qu'il restera toujours comme il est.

Je serai charmée de voir le baron de Breteuil et aurai sûrement égard à la recommandation de ma chère maman ; mais je crains bien que son ambition ne l'emporte sur tout ce qu'on pourrait faire pour lui. Elle peut être rassurée sur le prince Louis ; il ne retournera sûrement pas à Vienne, et j'aurai l'œil sur celui que l'on voudra y envoyer. Le général Stein n'est point encore arrivé ; je serai enchantée de le voir. Pour M$^{me}$ de Beauvau, je sais bien qu'elle est malheureuse à Compiègne ; mais il y a si peu de chose possible à faire pour elle que je ne sais que faire ; la bonté que ma chère maman a pourtant pour elle de m'en parler fait que je m'en occuperai encore.

Je suis bien affligée de ce que le mieux pour la jambe de Maximilien ne se soit pas soutenu ; il est affreux à son âge d'avoir une pareille incommodité ; sa patience est bien touchante, et j'espère que petit à petit il se remettra. J'ose envoyer à ma chère maman le portrait de ma fille ; il est bien ressemblant. Cette pauvre petite commence à marcher fort bien dans son panier. Depuis quelques jours elle dit *papa* ; ses dents n'ont pas percé encore, mais on les sent toutes. Je suis bien aise qu'elle ait commencé par nommer son père, c'est pour lui une attache de plus. Il y va toujours bien exactement, et pour moi, je n'ai besoin de rien pour l'aimer davantage. Ma chère maman me pardonnera tout mon bavardage sur cette petite, mais elle est si bonne que j'en abuse quelquefois. Permet-elle que je l'embrasse tendrement?

### XXX. — Mercy a Marie-Thérèse.

*Paris, 18 août.* — Sacrée Majesté, Depuis le départ du courrier de juillet, la santé de la reine s'est journellement raffermie de mieux en mieux, et c'était plutôt par surcroît de précaution que par nécessité que S. M. avait été assujettie à un régime qu'elle a observé bien régulièrement. L'usage journalier de quelques grains de mars (1) a produit l'effet que les médecins s'en étaient promis, c'est-à-dire celui de fortifier les fibres de l'estomac et de faire cesser de petites coliques d'entrailles, attribuées à une digestion trop lente et imparfaite. Malgré la simplicité de ce régime, et quelque légères que fussent les causes qui y déterminaient, il avait cependant été convenu que, pendant un mois, la reine n'habiterait point avec le roi. Ce terme est au moment de finir et va donner lieu à de nouvelles espérances de grossesse, qui sans doute ne tarderont pas à se réaliser. Il est décidé que dans ce cas il n'y aurait point de voyage à Fontainebleau. La reine y était fort attachée, et il lui en a coûté de consentir à cette disposition éventuelle. Le séjour projeté à Marly n'a point eu lieu, par plusieurs petites raisons, dont la principale est que les alentours les plus familiers des souverains sont absents. Ceux qui remplissent les charges de cour se trouvent à l'armée; la majeure partie de la noblesse de Paris est dans ses terres, et il y aurait eu grande difficulté de former, dans le moment présent, une suite aussi nombreuse que l'exige l'habitation de Marly pour que le séjour en soit agréable. Ce voyage n'est cependant que différé, et il aura lieu peu après le retour de la comtesse Jules de Polignac, qui est encore aux eaux de Spa. La reine est fort peinée de l'absence de cette favorite, et ce vide n'a été remplacé par rien. Depuis quelque temps S. M. est devenue beaucoup plus sédentaire, elle n'est plus montée à cheval, et ses promenades en voiture ne sont pas même bien fréquentes. Dans l'espace de six semaines la reine n'est pas venue une seule fois à Paris; en revanche elle est très-assidue aux voyages de Saint-Hu-

---

(1) Tartrate double de fer et de potasse.

bert, qui se répètent tous les quatrièmes jours. Le roi s'y rend la matinée pour y chasser ; la reine ne part de Versailles qu'après-midi, et la cour y est ordinairement rentrée entre minuit et une heure. Depuis très-longtemps l'emploi des journées dans l'intérieur de la famille royale n'a été ni si tranquille ni si uniforme, et il ne donne pas lieu à la moindre circonstance qui méritât d'être rapportée. La reine et les princesses ses belles-sœurs ont repris l'habitude de se promener quelquefois après le souper et le jeu sur la grande terrasse des jardins de Versailles, où tout le public a la liberté de se rendre. Cette cohue rassemblée dans les heures de la nuit n'est pas sans inconvénients ; mais on a pris un peu plus de mesures que dans les années précédentes pour écarter la mauvaise compagnie, et l'empêcher de s'approcher de trop près des princesses royales.

Quant à ce qui concerne les occupations particulières de la reine, elles portent à peu près sur les mêmes objets accoutumés dont les principaux sont les soins que donne S. M. à son auguste enfant. Quelque peu de lecture plus amusante qu'instructive, et quelques petits ouvrages au métier remplissent en partie les heures que la reine passe dans ses cabinets. Elle a continué à y faire venir de temps en temps le comte de Maurepas ; mais une attaque de goutte dont ce ministre est encore incommodé a suspendu ses entretiens particuliers avec la reine. Le duc de Guines, qui en a de très-habituels avec S. M., acquiert l'apparence et la réalité d'une faveur et d'une confiance des plus solides ; ce n'est pas sans grande raison qu'elle excite l'attention des ministres ; ils connaissent l'humeur entreprenante du duc de Guines et son adresse dans la conduite des intrigues de cour. Il est bien démontré que ses vues sont très-vastes, et si elles se trouvent étayées du crédit de la reine, il serait dangereux que cette auguste princesse fût insensiblement entraînée bien plus loin qu'elle ne le pense et qu'elle ne semble le prévoir. J'ai cru de mon zèle et de mon devoir de lui exposer dans l'occasion quelques remarques sur ce chapitre. L'abbé de Vermond, qui est entièrement de mon avis à ce sujet, y a ajouté ses réflexions ; mais cet ecclésiastique, qui est actuellement absent pour un mois, qu'il passera dans son abbaye, me prive par là d'un secours qui m'aurait été fort nécessaire pour arrêter les progrès si rapides d'une faveur qui peut devenir infiniment nuisible au bien du service de la reine.

Les deux courriers dont l'un est passé en Espagne et l'autre est renvoyé aujourd'hui, sont arrivés ici le 11 de grand matin, et le courrier mensuel les a suivis de vingt-quatre heures. En présentant à la reine les lettres qui lui étaient adressées, S. M. m'a témoigné d'être fort affectée de l'incommodité si longue qu'éprouve S. A. R. M$^{gr}$ l'archiduc Maximilien. Les réflexions de la reine portaient autant sur les peines de V. M. que sur les souffrances de son auguste frère, et ce double sujet d'inquiétude me parut la tourmenter beaucoup.

J'ai eu samedi une longue conversation avec le premier médecin Lassone, qui est très-content de l'état de la santé de sa souveraine ; il désirerait seulement que cette auguste princesse voulût réformer ou au moins modérer les promenades qu'elle fait après le souper, et qui sont souvent prolongées jusqu'à deux heures après minuit. Les princes et les deux princesses royales partagent ces veillées et en sont quelquefois incommodés.

Relativement à ce que V. M. daigne me marquer que l'on a prétendu que la reine avait dansé dans les premiers temps où elle soupçonnait d'être grosse, je puis positivement assurer que ce bruit était très-mal fondé et qu'il n'y a eu aucun bal ni occasion de danser dans le temps susdit. Il est vrai que le roi prend de l'embonpoint ; mais ce n'est point d'une manière disproportionnée à sa taille ; ce monarque se fortifie de jour en jour, et il acquiert tous les indices d'un homme sain et robuste. C'est Monsieur, frère du roi, qui épaissit dans un sens tout contraire.

### XXXI. — Mercy a Marie-Thérèse.

*Paris*, 18 *août*. — Ce que j'expose superficiellement dans mon très-humble rapport ostensible sur le chapitre du duc de Guines est pour le moment l'objet le plus essentiel qui ait trait au service de la reine. Il est certain que la prévention de cette auguste princesse en faveur de son nouveau confident est portée à un tel point qu'il ne sera pas facile d'en arrêter les progrès. Le duc de Guines a de l'esprit, et il est aussi adroit qu'intrigant ; il s'est déjà ingéré de donner à la reine des mémoires instructifs, dans lesquels il sait mêler à plusieurs idées bonnes et utiles beaucoup de piéges qui ne tendent qu'à préparer ses grands projets d'ambition. En proposant à la reine de bien traiter les ministres actuels, il les ruine en même temps dans son esprit, et la franchise naturelle au caractère de la reine ne lui permet pas de dissimuler assez les impressions qu'on lui donne, pour que ceux qui y sont intéressés ne s'en aperçoivent pas. Ce serait me faire perdre toute la confiance de la reine si V. M. témoignait d'avoir la moindre notion des mémoires du duc de Guines, mais après m'être consulté avec l'abbé de Vermond, nous avons imaginé un moyen qui pourrait produire de très-bons effets si V. M. daignait l'agréer.

La reine serait infiniment choquée que l'on crût que quelqu'un la gouverne, et cette seule idée suffirait pour l'empêcher de faire des choses auxquelles elle se serait d'ailleurs déterminée par sa propre persuasion. Elle croit de bonne foi que l'on ignore l'ascendant que le duc de Guines a pris sur son esprit, et cette persuasion la rend beaucoup plus facile à se livrer à ce confident. Pour peu qu'elle fût détrompée à cet égard, il est très-certain que la reine deviendrait plus retenue, et rien n'y contribuerait d'une manière plus efficace que s'il plaisait à V. M. de marquer dans une de ses lettres à son auguste fille : qu'il se répand partout que la reine est gouvernée tellement par le duc de Guines qu'elle ne se décide sur rien que d'après ses avis ; que le duc de Guines, dans ses missions politiques, s'est comporté de manière à ne donner à V. M. aucun sujet de plainte, et que par conséquent elle n'a aucune prévention contre lui ; mais que les circonstances malheureuses où il s'est trouvé, jointes à la réputation qu'il a généralement d'être fort entreprenant et ambitieux, portent V. M. à croire qu'il y aurait de grands inconvénients pour la reine à laisser subsister l'idée où l'on est que le duc susdit la dirige en tout ; que V. M. n'a pas voulu cacher cette remarque à son auguste fille, pour qu'elle en fasse tel usage que son bon jugement lui dictera.

Ce n'est qu'en conséquence de l'ordre précis de V. M., de lui exposer mes faibles idées dans les cas majeurs, que j'ose lui présenter le moyen que j'ai imaginé et discuté avec l'abbé de Vermond comme le seul qui pourrait arrêter ou diminuer un mal que nous regardons l'un et l'autre comme d'une grande conséquence, soit pour le présent, soit pour l'avenir.

Tout cet article répond à celui où V. M. daigne me faire mention du duc de Guines ; maintenant je vais reprendre les autres objets dans le même ordre où ils se trouvent dans les très-gracieuses lettres de V. M. en date du 31 de juillet et 4 de ce mois.

Il est très-certain qu'un des moyens les plus dangereux dont le roi de Prusse se serve ici pour parvenir à ses vues est d'y insinuer sans cesse des soupçons sur la façon de penser de S. M. l'empereur relativement à l'alliance, et sur un penchant attribué au ministère de V. M. de songer à renouer avec l'Angleterre. Ces manœuvres prussiennes ne font, à la vérité, pas une impression bien profonde ; les communications secrètes que V. M. daigne me faire parvenir m'instruisent si bien de la marche du baron de Goltz que j'ai la facilité d'arranger mon langage à l'avenant du sien. Comme il est très-indiscret, et que je suis d'ailleurs sur la voie de ses menées, il m'est aisé de découvrir de temps en temps qu'il a tenu à certaines personnes d'ici des propos analogues à ceux qui remplissent ses dépêches. Alors, bien sûr de ne pas compromettre le secret, je cite au comte de Vergennes les personnes auxquelles Goltz a parlé ici, et je tâche de faire honte au ministre des misérables moyens par lesquels on croit pouvoir réussir à l'induire en erreur, et cette méthode de ma part a très-souvent piqué l'amour-propre du comte de Vergennes. Malgré cela il est naturellement soupçonneux, et particulièrement sur l'article d'un renouement possible entre V. M. et l'Angleterre. Cette situation d'esprit du ministère d'ici m'a beaucoup gêné dans les dernières ouvertures que j'ai eu ordre de lui faire, et dans l'exécution desquelles j'ai cru devoir apporter la plus grande circonspection. V. M. daignant m'ordonner expressément, et de main propre, d'exposer mon faible avis sur la médiation projetée, je dois obéir, en disant que, dans ma manière d'envisager la querelle présente, il est à présumer qu'elle se terminera sans médiation ; cependant, connaissant les vues des cours de Pétersbourg et de Berlin, il paraissait indispensable en bonne politique que V. M. se mît dans une mesure telle que si, contre toute attente, il s'agissait de médiation, on fût obligé de s'adresser à elle, et que les cours susdites fussent écartées. Je crois qu'à tout événement ce point est obtenu, parce que, après la manière dont V. M. s'est montrée, on ne pourrait ici, sans la plus insigne malhonnêteté, accepter d'autre médiation que la sienne, en supposant qu'il y en ait une. Je conclus de là qu'il paraît désirable qu'il n'y en ait point, parce qu'on ne peut se dissimuler que ce serait pour V. M. un embarras d'autant plus délicat qu'il s'agirait alors de ménager les choses de façon à empêcher que ni la France ni l'Angleterre ne gagnassent trop l'une sur l'autre, et que leur ancien équilibre fût maintenu autant que possible.

Dans ce que la reine a daigné me communiquer de temps à autre de sa correspondance avec S. M. l'empereur, je n'y ai vu que des choses à peu près analogues aux lettres de V. M. J'en excepte cependant l'article du baron de Breteuil; mais ce qu'il a plu à V. M. d'écrire en faveur de cet ambassadeur a produit beaucoup d'effet sur la reine, et je suis assuré qu'il sera bien traité, pourvu que dans les premiers moments de son arrivée il se conduise avec un peu de circonspection et de flegme.

Jusqu'à présent je n'ai pas aperçu le moindre indice du projet que le cardinal de Rohan aurait d'aller à Vienne, et vu la place qu'il occupe ici, ce projet paraîtrait impossible à exécuter; mais les imaginations de ce prélat étant toujours fort sujettes à caution, j'y veillerai de plus près et proposerai en cas de besoin à la reine quelques moyens de retenir ce cardinal, qui n'a pas eu lieu d'être content du peu d'accès que lui a donné l'empereur quand S. M. se trouvait ici.

Ne sachant où le baron de Stein se trouve actuellement, j'ai envoyé à sa tante l'abbesse de Château-Châlons la lettre que V. M. daigne écrire à ce général sur le malheur qui lui est arrivé. J'ai prévenu l'abbesse d'y préparer la baronne de Stein ainsi que son fils, et d'user de ménagement dans l'annonce d'une si fâcheuse nouvelle.

Je me représente avec douleur les chagrins que cause à V. M. l'état de M$^{gr}$ l'archiduc Maximilien. Il est bien inconcevable qu'un pareil accident ait de telles suites et une telle durée. Si le secours des chirurgiens étrangers devenait nécessaire, la reine ferait donner ordre aux sujets les plus célèbres d'ici de se rendre à Vienne, s'ils étaient appelés; mais dans la supposition d'un pareil cas il est de mon devoir d'exposer à V. M. que l'art de la chirurgie est fort tombé en France, et que les Anglais ont obtenu à cet égard une réputation bien supérieure.

Je suis pénétré au-delà de toute expression de l'extrême bonté que V. M. me marque en daignant consulter ma convenance personnelle dans une disposition relative au baron Thugut. Tout ce qui pourra le mieux concourir au bien du service de V. M. sera toujours pour moi un objet de désir. Le baron de Thugut m'a paru un homme de mérite, et fort estimable à tous égards : je crois que les affaires de M$^{gr}$ le grand-duc seraient très-bien entre ses mains, et j'aurais encore par-dessus cela des moyens à faire intervenir utilement les soins du baron de Thugut dans des détails qui regardent le service direct de V. M.

### XXXII. — Mercy a Marie-Thérèse.

*Paris, 18 août.* — La reine envoie à V. M. un portrait de son auguste petite-fille assez ressemblant pour pouvoir donner une idée de la figure de cette jeune princesse.

Hier, dans une longue audience chez la reine, elle a daigné me lire sa lettre à V. M.; j'y ai vu une réponse précise sur le baron de Breteuil et sur le cardinal de Rohan qui, moyennant cela, trouvera obstacle majeur à ses projets de voyage à Vienne.

La reine m'a confié en entier la lettre qu'elle a reçue de S. M. l'empereur. Cette lettre porte sur trois principaux objets : 1° sur l'utilité de la médiation de V. M. et sur l'avantage qui en résulterait pour la France et pour le bien général ; 2° sur l'attention qu'aura sans doute la reine à bien faire sentir ici combien, dans les circonstances présentes, l'alliance avec V. M. est utile à la France ; 3° S. M. I. parle de son vrai désir de voir cimentée de plus en plus l'union et l'amitié des deux cours. S. M. ajoutait qu'elle avait été peinée de quelques apparences que la France pouvait se refroidir sur le système présent.

Les détails de cette lettre m'ont paru conçus avec autant de justesse que de force et de perspicacité.

La reine se proposait de répondre au dernier article que S. M. l'empereur ne devait pas ajouter foi ni aux apparences ni aux propos répandus d'un refroidissement de la France sur l'alliance, non plus qu'on ne croyait point ici les assertions du mécontentement de S. M. I. sur la paix de Teschen, et de son penchant à voir un rapprochement entre l'auguste maison et l'Angleterre.

### XXXIII. — Marie-Thérèse a Marie-Antoinette.

*Schönbrunn, 19 août.* — Madame ma chère fille, Je ne peux refuser à l'ambassadeur du roi (1) le juste témoignage qu'il mérite : vous me l'avez recommandé, et il a servi le roi avec zèle, jugement

---

(1) Le baron de Breteuil.

et exactitude, et s'est montré en toute occasion d'être très-attaché au système si heureusement constaté dans nos maisons: Il mérite vos bontés, et tout ce que le roi voudra faire pour lui, je le regarderai comme une marque d'amitié pour nous. Il ne m'a pas demandé de recommandation, mais je lui dois cette justice, d'autant plus que le roi a en lui un capable, zélé, intègre et clairvoyant ministre, très-bien à employer, et qu'ici il n'a jamais marqué de vivacité, qu'on lui reprochait une fois; au contraire j'ai admiré souvent ses complaisances. Si c'est le service du roi et sa convenance, nous le reverrons avec plaisir. Il ne pourra jamais vous dire combien je vous aime.

### XXXIV. — Marie-Thérèse a Mercy.

*Schönbrunn*, 31 *août*. — Comte de Mercy-Argenteau, J'ai reçu votre lettre du 18 par le courrier Gergowiz, arrivé ici le 24 de ce mois.

Je vois avec peine la confiance que la reine va accorder au duc de Guines, son caractère dangereux n'étant que trop connu; mais comme il m'importe infiniment que vous continuiez à jouir auprès de ma fille du même crédit, je ne voudrais pas vous compromettre vis-à-vis d'elle, en vous engageant à lui tenir un langage qui pourrait heurter de front ses principes et ses inclinations, [étant assez volontaire et ferme.] Je suis prête à vous prêter la main dans ces cas délicats, en écrivant de temps en temps à ma fille dans le le sens que vous trouverez à propos.

Je serai bien aise s'il n'y aura jamais question de notre médiation dans la négociation entre les Bourbons (1) et l'Angleterre. Ce serait toujours une affaire très-embarrassante, et si nous en avons fait l'offre à la France, je le fais valoir vis-à-vis de ma fille comme une marque [surabondante] de notre empressement à être utiles à notre allié.

Vous faites très-bien de tirer parti de l'indiscrétion de Goltz pour mettre à couvert la source dont vous puisez vos notions par rapport à la correspondance prussienne. Les insinuations dangereuses du roi de Prusse méritent sans doute attention. Il est fâcheux qu'indépendamment du grand nombre des partisans anglais ici, l'empereur con-

---

(1) La France et l'Espagne étaient alliées dans la guerre contre l'Angleterre.

tribue encore par ses propos, même vis-à-vis des ministres étrangers, à fomenter [et confirmer] les soupçons du ministère de France.

Je me doute que le train de vie de ma fille, plus tranquille depuis quelque temps, n'est que l'effet de l'absence de plusieurs de sa compagnie ordinaire. Je suis d'ailleurs contente de l'union qui règne dans l'intérieur de la famille ; je voudrais seulement que les promenades nocturnes fussent retranchées ou du moins modérées.

Malgré tous les obstacles que le cardinal de Rohan pourrait rencontrer dans l'exécution de son excursion à Vienne, il est sûr qu'il en a formé le projet, ayant même chargé quelqu'un ici de louer pour lui un quartier en ville et un jardin aux faubourgs.

Le portrait de ma petite-fille me fait bien du plaisir ; je le trouve fort bien [mais tout à fait le père], et il m'est d'autant plus cher parce qu'on me dit qu'il est très-ressemblant ; [je le crois flatté pour le teint.]

## XXXV. — Marie-Thérèse a Marie-Antoinette.

*Le 1er septembre.* — Madame ma chère fille, La vôtre du 16 d'août m'a causé comme toujours la plus sensible joie, m'assurant sur l'état de votre santé, du retour avec le roi, des espérances que vous me donnez pour un compagnon pour cette chère petite, dont vous m'avez envoyé le portrait, qui est charmante, forte et saine, et qui m'a causé la plus grande joie. Je l'ai vis-à-vis de moi sur une chaise, ne pouvant m'en séparer ; mais je trouve aussi qu'elle ressemble au roi. Je vous écris au milieu du Danube ; à mon arrivée à Schlosshof je compte renvoyer mes lettres à Vienne pour le courrier. Il fait le plus beau temps ; je compte passer cinq jours avec votre sœur : l'état de votre frère (1), quoiqu'il est mieux, me rappelle. Je n'ai de tranquillité qu'en m'y trouvant. J'ai eu le plaisir de le voir, avant de partir, debout sur les jambes ; mais il était déjà mieux à Laxenbourg, et tant que la plaie n'est entièrement fermée, je crains toujours des esquilles. Son humeur et sa patience se soutiennent toujours de même.

Vous aurez appris l'accident du Vésuve à Naples (2). La popu-

---

(1) L'archiduc Maximilien, dont on a vu la maladie.
(2) Dans la nuit du 8 août avait eu lieu une terrible éruption du Vésuve qui s'annonçait

lace, qui est là horrible et fanatique, était bien plus à craindre que toute l'éruption ; ils ont, 30 à 40,000 hommes, forcé qu'on leur ouvre l'église et porté en procession saint Janvier. Le roi et elle (1) avaient toute la peine de se tirer du théâtre où ils étaient ; ils ont amené comme otages les deux cavaliers qui leur ont été envoyés, pour se ranger et attendre le jour pour la procession : ils n'ont fait point de mal, mais ils n'ont désisté non plus de leur demande. C'est affreux d'avoir un peuple pareil. Je suis bien aise que votre sœur n'était pas grosse. L'empereur était déjà parti à l'arrivée du courrier ; il compte rester deux mois absent ; le temps est admirable, pourvu qu'il se soutienne.

Je ne suis pas peu inquiète sur les grands événements qui doivent être frappés à ce moment-ci, et je vous avoue que toute la boutique (2) étant dans la Manche me fait craindre que la grande supériorité que vous avez ne puisse opérer si bien, et que c'est l'avantage des Anglais, qui y ont tous leurs ports en cas de malheur, et la France aucun jusqu'à Brest. Si nous nous sommes offerts à concilier les choses, ce n'était jamais pour ce moment-ci, mais pour l'hiver, ou au moment que cela pourra convenir le plus au roi, et pour ne pas nous laisser prévenir par les Prussiens et Russes, qui sont toujours l'objet de notre attention et jalousie ; puisque nous sommes bonnement attachés à vos intérêts et au système, non sans ressentir de temps en temps des moments d'inquiétude et même jalousie. Ainsi après notre offre nous n'en ferons plus de mention qu'en cas que cela vous convient ; avouant sincèrement que je serais charmée que le roi puisse finir lui-même, le plus tôt le mieux, et à l'honneur de sa couronne sans autre intervention que des parties belligérantes ; mais nous serions sensibles si on préférait un autre à notre place. Je défie qui que ce soit d'avoir plus à cœur la gloire et les intérêts de la France et Espagne que nous.

Je ne puis m'empêcher de vous marquer une anecdote qui se ré-

---

depuis quelque temps. Une colonne de feu se fit jour tout-à-coup du côté de la Somma ; une nuée de pierres lancées par l'explosion et dont quelques-unes avaient jusqu'à dix pieds de circonférence, tomba dans la vallée ; la ville d'Ottojano fut réduite en cendres, et la fertile plaine de Cassibella fut couverte de pierres et de matières sulfureuses.

(1) C'est-à-dire le roi et la reine, le roi et sa femme. Marie-Thérèse emploie très-souvent cette formule.

(2) Toute la flotte.

pand et que je n'ai pas crue au commencement, comme bien d'autres qui se détruisent journellement, mais cela nous revient de tous côtés, que vous êtes tellement goûvernée par le duc de Guines que vous ne vous décidez en rien qu'après son avis. Le duc de Guines s'est comporté dans toutes ses missions politiques de manière à ne nous donner aucun sujet de plainte; je n'ai donc aucune prévention contre lui, mais les malheureuses circonstances où il s'est trouvé, jointes à la réputation qu'il a généralement d'être fort ambitieux, m'engagent à ne pas vous cacher ces bruits, crainte de grands inconvénients pour vous, ma chère fille, à en laisser subsister l'idée que le duc vous dirige en tout (1), et vous prie de me croire toujours bien tendrement....

P. S. Pardonnez les différents pâtés et le mauvais caractère : le mouvement des rames en est la cause.

## XXXVI. — MERCY A MARIE-THÉRÈSE.

*Paris, 15 septembre.* — Sacrée Majesté, La grande tranquillité du séjour de Versailles ne me fournit aujourd'hui pas la moindre circonstance remarquable à exposer à V. M., et le seul objet intéressant dont j'aie à lui rendre compte est celui du parfait état de santé dont jouit la reine. Depuis bien des années la cour ne s'était trouvée si dépourvue de ressources du côté des amusements. Depuis le 20 du mois dernier, les voyages à Saint-Hubert avaient cessé; celui de Marly n'a point eu lieu pour les raisons indiquées dans mon très-humble et dernier rapport. La reine n'est venue qu'une seule fois à Paris pour y voir les tableaux exposés au salon du Louvre (2). S. M. n'est plus montée à cheval, ses promenades en voiture ont été très-rares; en un mot presque toute dissipation intérieure s'est bornée à quelques spectacles au théâtre de la ville de Versailles, et aux promenades du soir sur la terrasse du château. Quelques précautions que l'on eût prises pour diminuer les inconvénients de ces pro-

---

(1) Voir plus haut le rapport de Mercy du 18 août, pièce XXXI.
(2) L'exposition de tableaux, qui avait lieu au salon du Louvre, s'était ouverte le 25 août. Vernet, Robert, Casanova, Loutherbourg étaient parmi les exposants; Roslin y avait mis le grand portrait de l'archiduchesse Marie, duchesse de Saxe-Teschen, dont parle Marie-Thérèse dans sa lettre du 6 mars 1778, et aussi son portrait de Linné, si souvent reproduit par la gravure. Voir les *Mémoires secrets de Bachaumont*, tome XIII, page 220, Londres, 1780.

menades nocturnes, elles en ont eu encore beaucoup trop, ne fût-ce que celui des trop longues veillées et des effets que l'air malsain de la nuit aurait pu occasionner relativement à la santé de la reine. Quoique, dans ces occasions, S. M. ait toujours été accompagnée des princesses ses belles-sœurs, et suivie d'un nombre de dames et de courtisans, il n'était pas trop possible d'écarter la foule, et la mauvaise compagnie, qui souvent se trouvait trop près des personnes royales, les exposait à un pêle-mêle peu convenable (1). Ces promenades ont excité beaucoup de critiques à Paris ; mais enfin la saison, devenue plus froide et humide, n'admet plus ce genre d'amusement, et il a entièrement cessé depuis quelques jours.

Il y a maintenant plus de trois semaines que la reine se trouve dans la possibilité de devenir grosse, et on devrait se flatter de voir bientôt réaliser de telles espérances à la suite de l'intimité très-assidue dans laquelle les deux augustes époux vivent ensemble. La tendresse et l'attachement du roi se manifestent toujours de plus en plus ; il n'est sorte d'attentions et de prévenances qu'il ne témoigne à la reine, et quant à cet article si essentiel, il n'a jamais été dans des termes plus satisfaisants ni qui annoncent une stabilité plus décidée.

Les incommodités presque continuelles du comte de Maurepas ont interrompu les conversations que la reine s'était accoutumée d'avoir de temps en temps avec ce ministre, et malheureusement cela n'a été suppléé par rien d'utile. Le duc de Guines n'en a pris qu'un plus grand essor auprès de S. M. ; il ne quitte presque plus Versailles, et quoiqu'il y ait encore des bornes au crédit dont il jouit, les apparences lui en attribuent au delà de la réalité, et elles occasionnent une inquiétude et une jalousie qui prennent sur l'attachement que les ministres seraient portés à vouer à la reine, s'ils étaient délivrés d'un antagoniste très-redouté par les vues qu'on lui suppose, et par l'adresse avec laquelle il sait en préparer la réussite. Le retour de la comtesse Jules de Polignac a rendu à la reine une ressource de société dont la privation lui avait été très-sensible ; c'est à la demande de cette favorite que S. M. a fait nommer le comte de Châlons (2) ministre du roi à Cologne. J'ai toujours prévu et espéré

---

(1) Voir plus haut la note de la page 114.
(2) Le comte de Châlons était cousin de M$^{me}$ de Polignac ; il ne fut ministre plénipotentiaire près de l'électeur de Cologne que jusqu'en 1781.

que tôt ou tard la comtesse de Polignac pourrait prendre quelque ombrage du crédit du duc de Guines ; je sais que l'on a commencé à exciter son attention à cet égard, et ce serait un des plus puissants moyens de diminuer les préventions de la reine en faveur du duc ; mais ce dernier, qui connaît très-bien les écueils qu'il a à éviter, emploie tout son art à ménager la favorite, par le secours de laquelle il s'est mis dans la position où il se trouve.

Le voyage de la cour à Fontainebleau est projeté pour le 10 ou le 12 du mois prochain, mais il est décidé en même temps que ce voyage n'aura pas lieu s'il survenait la moindre apparence d'une grossesse de la reine, ce qui pourra être éclairci vers la fin de ce mois.

S. M. semble avoir repris un peu de goût pour la musique ; depuis le retour de celui qui lui enseignait à jouer de la harpe, elle prend assez régulièrement des leçons sur cet instrument, et il y a des jours marqués dans la semaine pour des petits concerts qui ont lieu dans l'intérieur des cabinets.

Le courrier mensuel arrivé le 12 m'a remis les très-gracieux ordres de V. M. en date du 31 août, et je n'ai pas tardé à aller présenter à la reine les lettres qui lui étaient adressées.

### XXXVII. — Mercy a Marie-Thérèse.

*Paris*, 15 *septembre*. — La manière dont il a plu à V. M. de s'expliquer dans sa dernière lettre relativement au duc de Guines a produit sur la reine tout l'effet que j'avais prévu et tant désiré ; cette auguste princesse a paru frappée d'étonnement de ce que V. M. fût informée d'une circonstance supposée aussi secrète et inconnue. J'observai à la reine qu'il était inconcevable qu'elle eût pareille opinion sur un fait qui saute aux yeux, et qui fixe l'attention de toute la cour et la ville ; que, bien loin qu'une pareille faveur pût rester secrète, j'étais fort surpris qu'elle ait tardé si longtemps à faire bruit dans toutes les cours, et que la reine pouvait se rappeler que j'avais pris la liberté de la prévenir de ce qui ne manquerait pas d'arriver à cet égard. Heureusement, ainsi que dans toutes les semblables occasions, les soupçons de la reine tombèrent sur le roi de Prusse ; remplie de cette idée, elle fit une terrible sortie contre le monarque prussien et contre son émissaire. L'abbé de Vermond se trouvant de retour et à demeure à Versailles, la reine lui parla à plusieurs reprises de cet article de la lettre de V. M. sur le duc de Guines, et elle parut fort mortifiée de l'opinion que ce favori fût en mesure de la gouverner. Je ne puis me flatter que cette première leçon que V. M. vient de donner produise un effet absolu et décisif; mais je suis très-certain que cet avis arrêtera d'abord les progrès du mal, et sur le très-humble rapport que je ferai des différentes circonstances qui pourront survenir, si V. M. daigne de temps en temps et selon les conjonctures revenir sur ce même objet, il est plus que probable que ce sera un moyen, même le seul, propre à ouvrir les yeux à la reine sur ses préventions dangereuses à l'égard du duc en question. Entretemps il m'a paru que cette auguste princesse était embarrassée sur la réponse à faire à cet article de la lettre de V. M., et j'ignore encore la tournure qui sera donnée à cette réponse.

Le baron de Breteuil a obtenu de la reine une audience de cinq quarts d'heure, et a été traité avec les marques de la plus grande bonté. La reine a récapitulé vis-à-vis de cet ambassadeur toutes les principales circonstances de la guerre dernière; elle lui a parlé avec beaucoup de vivacité et d'aigreur du personnel du roi de Prusse, et de toutes les manœuvres que ce prince mettait en usage pour porter atteinte à l'alliance et à l'intimité qui existe entre V. M. et le roi Très-Chrétien. La reine a témoigné au baron de Breteuil un gré infini de ce qu'il avait toujours marqué un attachement respectueux et personnel pour V. M. D'après ce que la reine a daigné me dire, je vois que l'ambassadeur en question lui a parlé sur toute matière avec une franchise convenable; il s'est fort étendu sur les grâces dont V. M. a daigné le combler; il a avoué que dans quelques circonstances il craignait d'avoir déplu à S. M. l'empereur, mais qu'il se flattait de s'être entièrement justifié dans l'esprit de ce monarque, et qu'il devait en être assuré par les bontés que S. M. lui avait marquées à son départ. Il s'est aussi fort loué du prince de Kaunitz, et d'après les notions très-certaines que je me suis procurées, le baron de Breteuil a tenu vis-à-vis des ministres et dans les sociétés un langage uniforme. Je l'avais vu presque au moment de son arrivée, et, sous le titre de notre ancienne connaissance, je m'étais permis de lui parler clair sur bien des articles. Je lui avais conseillé de ne point afficher des vues ou prétentions exorbitantes, et de ne point débuter par embarrasser la reine avec des demandes de ce genre. En cela il a suivi mes avis : il paraît perdre toute idée d'arriver au ministère, il se bornerait à tâcher d'obtenir une place fixe et utile comme serait un commandement de province ; mais entretemps il désire de retourner à son ambassade et d'y rester encore deux ou trois années. Quant à ce point, de même qu'à celui d'un successeur futur à l'ambassade susdite, je dois me référer à un article de ma dépêche où je rends compte d'un entretien intéressant que j'ai eu avec la reine sur l'objet dont il est question.

Relativement à ce que V. M. daigne me marquer sur le projet de médiation, il semble qu'à cet égard les choses en sont dans la mesure convenable au bien de son auguste service. Ce ne serait que dans le cas où la France essuierait quelques revers que cette médiation pourrait avoir lieu ; mais quoi qu'il en arrive, l'essentiel est sans doute d'ôter à la cour de Berlin tout moyen de s'ingérer et de se faire valoir, et c'est ce que l'on est en droit de se promettre des bonnes mesures préparatoires qui ont été prises vis-à-vis de la France et de l'Espagne. Toute mon attention sera d'observer et prévenir les manœuvres ennemies qui pourraient être opposées à ce plan.

Le cardinal de Rohan sera moins que jamais dans le cas de penser à voyager depuis le malheur qu'il vient d'essuyer par l'incendie de son château à Saverne (1). On assure qu'en y comprenant un mobilier immense, cette perte peut être évaluée à deux ou trois millions. Cet échec à la fortune très-dérangée du cardinal doit l'astreindre à une conduite moins dissipée qu'elle ne l'a été jusqu'à présent. Il n'est pas encore revenu d'Alsace, et si, contre toute attente, il persistait dans son idée d'aller à Vienne, la reine s'y opposera, ainsi qu'elle s'y est engagée vis-à-vis de V. M.

Je présume que la reine pourrait bien ne pas faire mention à V. M. d'une lueur d'apparence de grossesse qui existe depuis deux ou trois jours ; elle m'a défendu d'en écrire parce qu'elle craint de donner à V. M. des espérances trop précoces, lesquelles tournent en regrets dès lors qu'elles ne se réalisent point. La circonstance prouve au moins l'intimité bien suivie dans la manière d'être entre les deux

---

(1) Le château de Saverne, près de la ville de ce nom, à 38 kil. N. O. de Strasbourg, était une des résidences des évêques de cette ville. Le feu y éclata dans la nuit du 8 septembre ; le cardinal de Rohan, qui s'y trouvait alors, n'eut que le temps de s'échapper ; en quelques heures le palais ne fût plus qu'une ruine, et de son très-riche mobilier il ne resta rien. Le cardinal fit reconstruire le château, qui subsiste encore.

augustes époux, ce qui doit avec certitude produire bientôt l'événement si attendu et si désirable.

Je puis assurer V. M. que le portrait de son auguste petite-fille n'est pas flatté du côté du teint. Cette jeune princesse embellit à vue d'œil, ses yeux sont très-grands, et le nez est plus agréablement formé que celui du roi.

### XXXVIII. — Marie-Antoinette a Marie-Thérèse.

*Le 15 septembre.* — Madame ma très-chère mère, Le beau temps dont nous jouissons ici me fait espérer que ma chère maman n'en aura rien à désirer à Schlosshof. J'ai eu grande joie de causer avec le baron de Breteuil sur ma chère maman et sa santé. C'est un grand titre pour cet ambassadeur d'avoir mérité ses bontés et son approbation. La santé du roi et la mienne sont très-bonnes, et nous vivons ensemble de manière que je pourrais avoir bientôt des espérances, quoique je ne puisse encore compter sur rien.

La prise de Grenade (1) et le combat naval ont fait grand plaisir ici ; malheureusement il faut de plus grands événements pour amener la paix. Le public se plaint fort que M. d'Orvilliers (2), avec des forces si supérieures à celles des Anglais, n'ait pu ni les joindre pour les combattre, ni empêcher aucun de leurs vaisseaux marchands de rentrer dans leurs ports. Il en aura coûté beaucoup d'argent pour ne rien faire, et je ne vois pas encore d'apparence qu'on puisse traiter de paix cet hiver. Quand on sera là, j'ai tout lieu d'espérer que, si les

---

(1) Le comte d'Estaing venait de s'emparer en deux jours, par un hardi coup de main, de l'île de Grenade, et de battre une escadre anglaise qui arrivait au secours de l'île ( 6 juillet 1779 ).

(2) Louis Guillouet, comte d'Orvilliers, avait été appelé au commandement de la flotte en 1778. Le combat d'Ouessant, où il avait tenu en échec la flotte anglaise, lui avait fait beaucoup d'honneur. C'était le premier essai de la marine française, renouvelée par Louis XVI. On en conçut un grand espoir pour la guerre qui commençait. Cependant la campagne de 1779 ne fut point heureuse : on perdit du temps à attendre la jonction de la flotte espagnole ; des disputes de préséance entre les commandants empêchèrent une action rapide, et les grands préparatifs pour un débarquement en Angleterre, qui avaient été faits en Normandie, devinrent inutiles, parce qu'on laissa passer le moment d'en faire usage. La flotte rentra à Brest en octobre 1779, ayant perdu 50,000 hommes par les maladies et n'ayant pas tiré un coup de canon. D'Orvilliers, accablé sous la désapprobation générale, donna sa démission. Il se retira peu après au séminaire de Saint-Magloire à Paris ; il émigra en 1790. On ignore la date et le lieu de sa mort.

Bourbons ont besoin de médiateurs, ils profiteront des offices et de l'alliance de ma chère maman.

Il est vrai que le duc de Guines est admis dans ma société; mais il l'est aussi dans celle du roi, qui le traite fort bien. Je lui ai rendu service dans la cruelle affaire que lui avait suscitée M. d'Aiguillon; il était naturel qu'il cherchât à témoigner sa reconnaissance. Il est également dans le train de ce pays-ci que ceux qui n'ont pu l'accabler par leurs calomnies déchaînent leur jalousie et exagèrent le bon traitement qu'il éprouve. Il est d'usage ici de vouloir toujours deviner quelqu'un comme nous conduisant sur tout : je l'ai trop souvent éprouvé depuis neuf ans pour en être étonnée maintenant.

L'état de mon frère me donne de l'espérance; mais je ne serai hors d'inquiétude que lorsque sa guérison sera complète.

Ma fille se porte toujours à merveille. Le plaisir que ma chère maman a pris à son portrait me retrace toute sa tendresse. Que ne puis-je lui montrer toute la mienne ainsi que ma reconnaissance! Elle en serait contente.

L'empereur étant absent, ma chère maman me permet-elle de la supplier de lui dire de mes nouvelles, ainsi qu'à ma sœur Marie?

### XXXIX. — Marie-Thérèse a Mercy.

*Schönbrunn, 30 septembre.* — Comte de Mercy-Argenteau, J'ai reçu votre lettre du 15 par le courrier Kleiner, arrivé ici le 26 de ce mois.

Par la dernière lettre de ma fille vous verrez que ma fille, quoique piquée du bruit de l'ascendant qu'on suppose au duc de Guines de prendre sur son esprit, ne veut pas en convenir. Je souhaite que dans la suite la réflexion lui fasse envisager cet objet dans son vrai jour. Courtisan rusé et ambitieux qu'est le duc de Guines, il ne négligera sûrement rien pour mettre la comtesse de Polignac dans ses intérêts; s'il en vient à bout, son crédit auprès de ma fille n'en sera que plus affermi. Jadis elle mettait sur le compte de feu ma belle-sœur la princesse Charlotte les nouvelles dont elle n'aimait pas à me voir instruite; à présent elle y substitue le roi de Prusse. Je crois qu'il n'y a pas de mal.

Je continue toujours à souhaiter qu'il ne soit pas question de notre médiation dans le cas de négociation entre les Bourbons et l'Angleterre, à moins qu'il n'en faudrait une pour exclure celle du roi de Prusse ou de Russie.

Je suis bien aise du bon accueil qu'on a fait à Versailles au baron de Breteuil. Comme c'est un homme raisonnable, qui pense bien et dont je connais déjà le caractère, je serai toujours contente de le voir reparaître à ma cour, de façon qu'il s'y trouve avec agrément; mais s'il s'agissait de lui donner un successeur, le comte d'Adhémar, ministre de France à Bruxelles, qui paraît avoir des vues sur l'ambassade de Vienne, ne pourrait guères nous convenir. La tranquillité dans l'intérieur de la cour et l'union dans la famille me font bien du plaisir ; je souhaite seulement que le retour de quelques sujets de l'armée n'amène pas de changement. Je vous garderai le secret sur la nouvelle que vous me mandez de quelque lueur de grossesse de ma fille. Sa sœur, la reine de Naples, agit avec moins de réserve avec moi dans des cas semblables, en m'informant d'abord des premiers indices de grossesse, tels qu'ils peuvent en faire espérer le succès, sans pouvoir y compter avec certitude. [C'est une grande différence entre ces deux sœurs.]

### XL. — Marie-Antoinette a Marie-Thérèse.

*Le 14 octobre.* — Madame ma chère mère, Nous avons renoncé au voyage de Fontainebleau à cause des dépenses de la guerre, et aussi pour être plus tôt instruits des nouvelles de l'armée. Nous avons été cinq jours à Choisy et nous allons demain à Marly pour quinze.

Notre flotte n'a pu joindre les Anglais et n'a rien fait du tout; c'est une campagne perdue et qui a coûté bien de l'argent. Le plus affligeant c'est que la maladie s'est mise dans les vaisseaux et y a fait grand ravage. La dyssenterie qui règne en Bretagne et en Normandie fait beaucoup de mal aussi aux troupes de terre, destinées à l'embarquement : c'est une désolation générale. La maladie se met aussi parmi les Espagnols et refroidit d'autant plus leur zèle, qu'ils n'ont pas trop de moyens de se recruter.

J'ai bien peur que ce contre-temps ne rende les Anglais plus difficiles, et n'éloigne les propositions de la paix, qui ne me paraît pas prochaine. Je suis toujours persuadée que, si le roi a besoin de la médiation, les intrigues du roi de Prusse échoueront et n'empêcheront pas le roi de profiter de la bonté des offres de ma chère maman. Je n'aurai garde de perdre de vue cet article, si intéressant pour le bonheur de ma vie.

Ma sœur Élisabeth va être inoculée à la Muette : c'est elle-même qui s'y est décidée et l'a désiré. Ma fille se porte à merveille. Comme j'étais fort échauffée, j'ai pris quelques bains et me suis purgée avant-hier. Je m'en vais prendre du lait d'ânesse pendant Marly ; ma santé du reste est fort bonne. Je plains bien la reine de Naples ; mais si ses souffrances aboutissent à lui donner un garçon, ce sera un grand bien et une consolation pour la cruelle perte qu'elle a faite. Le silence de ma chère maman sur mon frère Maximilien me fait espérer qu'il continue à se rétablir. Ma chère maman me permet-elle que je l'embrasse ?

## XLI. — Mercy a Marie-Thérèse.

*Paris, 16 octobre.* — Sacrée Majesté, Au moment même du départ du courrier de septembre, il existait un très-léger soupçon que la reine pût être grosse ; mais cet espoir ne tenait qu'à un retard de deux jours ; alors il fut décidé que la cour irait à Fontainebleau. On commença à y faire transporter des équipages, et les maréchaux des logis eurent ordre d'y marquer des logements ; cependant, comme ce voyage n'avait lieu uniquement qu'ensuite du désir qu'en avait marqué la reine, on lui représenta que, dans les circonstances présentes, la prompte expédition des affaires pouvait dans de certains cas devenir très-nécessaire, qu'elle courrait risque d'être retardée par un déplacement de la cour et de tous les bureaux qui la suivent, qu'à cet inconvénient il se joignait celui d'une dépense considérable, et à laquelle le public a toujours beaucoup de regret dans des temps aussi critiques que le sont ceux où l'on se trouve. Ces raisons très-fondées ayant frappé la reine, elle s'est décidée à proposer au roi de renoncer au voyage en question, et de le remplacer par une petite excursion de quatre ou cinq jours à Choisy, et par un séjour de trois semaines à Marly, ces deux maisons de plaisance étant si près de Versailles qu'elles ne déplacent aucun ministre, et qu'elles augmentent de très-peu la dépense ordinaire de la cour. Cette résolution de la reine a eu le double effet de plaire au roi et de satisfaire le public. Le séjour à Choisy du 5 au 10 s'est passé tranquillement et agréablement ; la cour y a été peu nombreuse ; le roi y a fait ses chasses à tirer, la reine l'a accompagné, se promenant à cheval au pas. Le premier médecin ne s'est nullement opposé à cet exercice pris d'une manière si modérée. Les soirées ont été remplies par le jeu, sans cependant que cela ait occasionné des veillées trop prolongées. Tout le voyage de Marly se passera à peu près de même. La suite de la cour y étant fort restreinte, il n'y a pas de jeu au salon, attendu qu'il ne se serait pas trouvé assez de monde pour le remplir. Il n'y aura pas non plus de spectacles, par raison d'économie, et cette réforme qui, avec raison, est attribuée à la reine, produit un très-bon effet. Depuis un mois S. M. n'est venue qu'une seule fois à Paris pour voir la représentation d'un nouvel opéra du chevalier Gluck (1). La reine a totalement changé sur l'article des voyages dans la capitale; quoiqu'elle y ait été constamment accueillie par les démonstrations les plus satisfaisantes et les plus vives, elle n'a pas pardonné au public la réception froide qu'il a faite souvent à M. le comte d'Artois, et c'est depuis ce temps-là que la reine a presque cessé totalement de venir à Paris.

La ressource essentielle de cette auguste princesse consiste maintenant dans la société de sa favorite, la comtesse de Polignac, et de quelques alentours; cependant cette ressource ne suffit pas pour remplir tous les moments de la journée, et il s'en trouve plusieurs où l'ennui se fait sentir. Quelques occupations sérieuses, particulièrement un peu de lecture, y serait le meilleur remède. La reine en convient, mais elle ne s'y détermine pas. Le temps le plus utilement employé est celui de quelques conversations assez longues et fréquentes avec l'abbé de Vermond; heureusement la reine conserve à cet ecclésiastique la plus entière confiance, quoiqu'il soit moins assidûment à la cour; il y passe une journée ou deux de la semaine. Quand il survient quelques circonstances un peu intéressantes, la reine le fait venir, et elle daigne souvent me donner le même ordre; c'est toujours avec une égale bonté qu'elle nous permet de lui exposer tout ce que notre zèle peut nous suggérer pour le mieux de son

---

(1) Deux opéras nouveaux de Gluck parurent pendant l'année 1779 : *Iphigénie en Tauride*, représenté pour la première fois le 18 mai, et *Echo et Narcisse*, représenté en septembre. Autant le triomphe du premier avait été éclatant, autant fut complète la chute du second; le sujet ne convenait pas au génie de Gluck; nous voyons cependant que la reine, fidèle à son musicien de prédilection, assistait à une des représentations, qui ne furent qu'en petit nombre.

service. Il est encore des cas où nous parvenons à persuader contre les insinuations des entours favoris ; cela arrive même quand il s'agit d'objets qui peuvent tirer le plus à conséquence ; mais dans beaucoup d'autres occasions la faveur l'emporte sur les meilleures raisons, et alors ce qui reste à faire se borne à tâcher de diminuer les inconvénients. Pendant tout le voyage de la cour je me tiendrai à une petite lieue de Marly, où j'irai souvent prendre les ordres de la reine.

Le point le plus satisfaisant et sur lequel il ne reste réellement rien à désirer est celui de la parfaite union qui existe entre les deux augustes époux. L'intimité très-suivie dans laquelle ils vivent ensemble autorise l'espoir où l'on est d'une très-prochaine grossesse. Les attentions et les complaisances du roi envers la reine ne font qu'accroître ; il n'est rien qu'elle ne pût effectuer, si elle en avait la volonté, et tandis que la reine ne met pas toute l'importance désirable à l'étendue de son crédit, les ministres savent très-bien l'évaluer, et sentent qu'il leur serait inutile de penser à y résister dans les cas où la reine voudrait en faire usage.

Cette même réflexion opère visiblement sur toute la famille royale, et y maintient cette déférence respectueuse qu'elle a pour la reine, qui de son côté traite les princes et princesses avec les égards et l'amitié convenables.

M$^{me}$ Élisabeth, s'étant déterminée à se faire inoculer, passera le temps de cette opération au château de la Muette ; elle verra journellement Mesdames tantes du roi, lesquelles, pour se trouver dans la plus grande proximité possible, se sont établies à leur maison de plaisance à Bellevue.

La princesse de Lamballe, qui a passé près de trois mois aux eaux, en est revenue, et a dû s'apercevoir plus que jamais de la perte totale de sa faveur auprès de la reine. Cette surintendante est devenue pour S. M. un objet d'ennui et d'embarras, au point que cela tourne en déplaisance. Il en résulte de la part de la princesse de Lamballe des plaintes à ses confidents et confidentes, qui les font transpirer dans le public ; mais il prend si peu d'intérêt à la surintendante que personne ne s'en occupe, ni ne se permet de réflexions sur le changement de la reine envers son ancienne favorite.

Le courrier mensuel m'ayant remis le 11 les ordres de V. M. en date du 30 de septembre, je me rendis le lendemain 12 à Versailles et y présentai à la reine les lettres qui lui étaient adressées. La reine se préparait dès lors au voyage de Marly, et elle eut la bonté de me dire le plan qu'elle s'était formé pour ce séjour, où le jeu de pharaon sera exclu.

### XLII. — Mercy a Marie-Thérèse.

*Paris,* 16 *octobre.* — Sacrée Majesté, J'ai éu lieu d'observer que l'avertissement qu'il a plu à V. M. de donner le mois dernier à la reine avait fait une impression très-marquée, et j'en ai eu la preuve en ce que la reine, qui supposait le duc de Guines entièrement revenu de tout projet d'ambition, commence à se persuader qu'il est fort éloigné de ce système de modération, et que son zèle n'est pas aussi désintéressé qu'il avait eu l'adresse de le faire croire. C'est dans ce sens à peu près que la reine s'en est expliquée vis-à-vis de moi tout récemment; cependant ce que S. M. daignait me dire à ce sujet n'était prononcé que comme des doutes pénibles, dont elle aurait désiré d'être soulagée. J'ai tâché au contraire de leur donner tous les caractères de la certitude, et il ne m'a pas été difficile d'en citer bon nombre de preuves. J'en avais une toute nouvelle, et qui consiste dans un voyage que le duc de Guines venait de faire pour aller trouver le duc de Choiseul et se concerter avec lui sur plusieurs objets d'intrigues. Comme le hasard m'avait procuré des notions fort exactes sur ce fait, je les rendis si palpables à la reine qu'elle en fut frappée, et quelle que soit l'habileté de son homme de confiance, il est très-certain que, se trouvant soupçonné, sa faveur éprouve une crise qui pour le moins mettra des bornes à ses progrès.

Le baron de Breteuil a toujours été traité de mieux en mieux; la reine l'a fait nommer du dernier voyage de Choisy, et lui a marqué beaucoup de bontés; le duc de Guines en a d'abord pris de l'ombrage et a cherché, par toute sorte de petits propos, à fronder le baron de Breteuil. La reine, qui s'en est très-bien aperçue, a paru désapprouver cette malignité; elle nous en a parlé, à l'abbé de Vermond et à moi, avec cette confiance ordinaire qui la porte à ne nous rien cacher de ce qui se passe ni de ce qui se dit parmi ses alentours les plus familiers.

La comtesse Jules de Polignac vient de faire un abus choquant de son crédit en faveur d'un comte de Vaudreuil (1) qui est son ami

---

(1) On trouvera dans les Mémoires du temps diverses anecdotes sur ce comte de Vaudreuil.

trop intime et beaucoup trop affiché. Ce dernier ayant toute sa fortune dans les îles françaises, d'où l'on ne peut rien retirer en temps de guerre, s'est trouvé dans l'embarras. La comtesse de Polignac n'a su d'autre moyen de l'en tirer que celui de lui procurer 30,000 livres par année sur le trésor royal pour le temps que durera la guerre. La reine s'est chargée de cette demande, et le roi, avec sa complaisance ordinaire, n'y a pas mis la plus petite difficulté; on est convenu que cette grâce très-déplacée resterait dans le plus profond secret. Personne en effet n'en a connaissance; mais si cela venait à transpirer, il en résulterait beaucoup de propos et de clameurs. La reine est convenue de tout ce que l'abbé de Vermond et moi lui avons représenté à ce sujet; mais quand il s'agit des désirs de la favorite, les remontrances sont inutiles, au moins dans des objets de la nature de celui que je viens d'exposer. J'ai eu plus de succès dans mes représentations contre les vues du comte d'Adhémar sur l'ambassade de Vienne. La reine, en avouant qu'il ne convenait à aucun égard pour cette place, s'est engagée positivement à ne point protéger une telle demande. Le moment en paraît d'ailleurs encore fort éloigné, et, quand il s'agira d'un choix, la reine est maintenant très-décidée à n'intervenir que pour le sujet qu'il plaira à V. M. d'indiquer.

Relativement à la petite répugnance que la reine a eue le mois passé de parler d'une lueur d'espoir de grossesse, je dois observer très-humblement que cette réserve ne tenait pas à un défaut de confiance en V. M., mais uniquement à la crainte de lui causer une joie trop précoce, qui serait suivie des regrets que donne une attente qui ne se réalise pas. C'est dans ce sens que la reine m'en avait parlé, et je puis affirmer d'ailleurs que, dans toute occasion, l'âme de cette auguste princesse se montre toujours bien pénétrée de tous les sentiments qu'elle doit à son auguste mère. J'en ai eu tout récemment une nouvelle preuve, lorsqu'il nous arriva la nouvelle effrayante de la chute que V. M. a faite et qui, grâces au ciel, n'a point eu de

---

Il y est dépeint comme brillant et séduisant, grand protecteur des artistes et des gens de lettres, mais d'un caractère violent et emporté. Il dominait entièrement M$^{me}$ de Polignac; la reine, après une trop longue indulgence, finit par en souffrir, et son amitié pour sa favorite en fut refroidie. Voir les *Mémoires* de M$^{me}$ Campan, chapitre XI, et surtout les notes du comte de la Marck servant d'Introduction à la *Correspondance de Mirabeau*, publiée par M. de Bacourt, page 57; on y verra quel abus Vaudreuil fit de sa faveur pour obtenir des grâces pécuniaires, et combien la reine en fut à la longue dégoûtée.

suites. Quoique le chargé d'affaires de France mandât cet événement de la manière la plus positivement rassurante, et quoique la reine eût voulu lire elle-même ce rapport, elle en était encore deux jours après si émue qu'elle frissonnait en daignant m'en parler. C'est sur son ordre exprès que j'ose très-humblement supplier qu'en tout ce qui concerne l'auguste personne de V. M. il soit pris à l'avenir des mesures pour que je sois le premier informé de ce qui survient. Cette précaution est d'autant plus importante à la tranquillité de la reine qu'il n'y a pas d'autre moyen de prévenir l'effet de quelques faux bruits qui souvent se répandent et qui, dépourvus de vraisemblance, n'en deviendraient pas moins dangereux à la reine, si elle en était frappée dans de certaines circonstances où elle peut se trouver d'un moment à l'autre.

Relativement à ce que V. M. daigne me marquer dans sa très-gracieuse lettre sur l'objet de la médiation, les choses en sont dans les mêmes termes que l'indiquent mes dépêches d'office précédentes. Il y aura sans doute encore tous les événements de la campagne prochaine à attendre avant de pouvoir se former une idée claire sur la forme sous laquelle finira la guerre; mais j'ose croire que le point essentiel est en toute sûreté, c'est-à-dire que, s'il s'agit d'une médiation, il ne réussira pas au roi de Prusse de s'en mêler, et que d'un autre côté on se prévaudra ici des offres qu'il a plu à V. M. de faire à cet égard.

## XLIII. — Marie-Thérèse a Mercy.

*Vienne, 1er novembre.* — Comte de Mercy-Argenteau, J'ai reçu votre lettre du 16 du passé par le courrier Derike, arrivé ici le 27 du même mois. Je suis bien aise du bon effet produit par la part que ma fille a eue au redressement du voyage de Fontainebleau. La tranquillité du séjour de Choisy et de Marly n'est peut-être que la suite de l'absence de plusieurs courtisans. Ma fille ferait sûrement bien de remplir le vide qui en résulte par la lecture; mais, comme ce n'est pas son occupation favorite, je souhaite qu'elle y substitue du moins de fréquents entretiens avec vous et l'abbé Vermond, pour vous mettre à même de lui être utiles autant que vous n'êtes pas traversés par les favoris et favorites, nommément par la comtesse de Polignac, qui vient de donner une preuve bien frappante de son crédit par le succès de ses démarches en faveur du comte Vaudreuil. Je vous répète d'assurer de temps en temps l'abbé Vermond de toute ma satisfaction de tous les bons services qu'il ne cesse de rendre à ma fille, et des soins qu'il partage avec vous pour la garantir au possible de tout faux pas.

Vous agissez avec votre prudence ordinaire en tâchant d'éclairer ma fille sur les menées du duc de Guines. Je suis bien aise qu'elle traite bien le baron de Breteuil; je serai contente de le voir retourner à ma cour. Sans vouloir du mal au comte Adhémar, je n'en souhaite pas moins, comme j'ai lieu de l'espérer, que sa mission à Vienne n'ait pas lieu.

Pour les affaires politiques, je m'en remets aux dépêches que vous allez recevoir par la chancellerie d'État. Je vois avec regret le peu d'apparence pour le rétablissement de la paix pendant cet hiver. Je suis cependant contente que le roi de Prusse ne semble guère pouvoir se flatter d'avoir part à la pacification future, malgré tous les efforts qu'il ne discontinue pas de faire pour s'en mêler; il n'y a que cette anglomanie, qui va toujours en augmentant ici, qui m'inquiète. Au reste je suis ravie que dans l'intérieur de la famille tout est sur un bon pied, et pour la grossesse de ma fille j'attends l'accomplissement de mes vœux et de ceux de la France des dispositions de la Providence. Il me semble qu'on drogue trop ma fille, et ces différentes sortes de lait et purges qu'on lui donne me paraissent de trop.

Je dois vous prévenir, pour vous seul, sans faire aucun usage ni à Paris ni à Bruxelles ni pour ici, que ceux qui pensent bien, comme un électeur de Mayence et de Cologne et un évêque de Würzbourg, souhaitent depuis longtemps que mon fils (1) veuille se faire de l'église. Les circonstances de sa santé et conduite, vraiment au-dessus de son âge, ont réveillé avec force cette idée. Le peu de goût que mon fils a pour cet état était le seul objet pourquoi on n'y a pas pensé plus tôt; son avenir sera assez triste, et lui-même commence à en convenir, et il n'y a que la délicatesse de n'être assez capable pour un état d'évêque qui le retient. Vous pouvez bien juger qu'on trouve bien des raisons pour le tranquilliser, surtout avec la comparaison. Pour autant que je le souhaiterais établi, je ne l'aimerais jamais à passer sur ces doutes, d'autant moins que la situation critique

---

(1) C'est de son plus jeune fils, l'archiduc Maximilien, que Marie-Thérèse parle ici.

de Cologne et Munster, car l'une sans l'autre ne peut convenir, est assez délicate vis-à-vis du chef de l'empire, de la France, du Hanovre, de la Prusse et de la Hollande. Nous avons même vu ci-devant, quand on en a parlé, que la France même serait contraire; c'est cette raison qui me fait vous confier nos vues pour sonder le terrain. L'électeur (1) nous presse, et avec raison à son âge, le voulant avoir pour coadjuteur. Mon fils ne saurait se résoudre que par dispense, sans devenir évêque. La dispense sera faite d'abord pour cinq ans; il gagnerait cinq ans pour voir s'il ose se faire d'église, ou pour préparer les choses pour un fils de Léopold. Pour ce dernier l'empereur est d'accord, car il veut aussi peu que moi engager son frère contre son gré; mais le bas âge, de huit ans, du petit-fils ne convient pas aux deux électeurs, et ils souhaitent absolument mon fils. Je vous avoue, je ne saurais me décider sur ce point; cet établissement très-convenable pour un dixième archiduc ne m'éblouit pas tant que son personnel et sa tranquillité.

Je vous fais tout ce détail pour me pouvoir donner votre conseil. Il y a encore une autre circonstance que j'ai ignorée et que je ne sais que depuis huit jours. Les chapitres là-bas étant si mal intentionnés pour nous, et même pour notre sainte religion, autre point pour moi qui rend ma décision plus difficile, on a cherché qui on pourrait trouver de convenable; on n'a trouvé que le seul Salm, évêque de Tournay. Voilà mon embarras : Colloredo s'est fait valoir sur ce point, — très-éloigné, car l'électeur n'en veut pas, — vis-à-vis de Starhemberg et de l'évêque même. Je serais bien fâchée de leur arracher cet établissement, surtout pour un particulier. Je ne peux rien faire remarquer à Starhemberg, n'étant pas mon secret mais celui des deux électeurs, qui demandent le plus grand secret, et ce qu'ils ont exigé de nous, et je ne peux non plus faire usage qu'on a parlé à ces deux sans compromettre Colloredo (2) qu'il a parlé. Vous

---

(1) L'électeur, archevêque de Cologne et Munster, était Maximilien-Frédéric de Kœnigsegg-Rothenfels, né en 1708. — On verra la suite de ces négociations et leur succès en 1780.

(2) Le prince Guillaume-Florentin de Salm, chanoine de Cologne, de Strasbourg et de Liége, évêque de Tournai, et ensuite archevêque de Prague, était beau-frère du prince Georges-Adam de Starhemberg, qui avait épousé la princesse Marie-Françoise de Salm. D'autre part le prince Rodolphe de Colloredo était allié par sa femme au prince de Starhemberg. C'est ainsi que tous deux se trouvaient intéressés à la fortune de l'évêque de Tournai. — L'expression de Marie-Thérèse est assurément fort obscure; toutefois ou aper-

voyez mon embarras, mais que je ne vous marque que pour être au fait de tout. Vous brûlerez cette lettre et je tâcherai de traîner les choses jusqu'au retour du courrier, ayant bien besoin de votre conseil.

## XLIV. — Marie-Antoinette a Marie-Thérèse.

16 *novembre*. — Madame ma très-chère mère, Les bonnes nouvelles que ma chère maman me marque de mon frère Maximilien, me donnent bien de la joie. Dieu veuille qu'il n'y ait plus de retour à ce vilain mal de jambe! J'espère qu'il continuera les ménagements nécessaires pendant le mauvais temps d'hiver.

Ma santé est bonne et le lait m'a fort bien réussi. Je n'avais pas pris de médecine depuis la dernière qu'on m'avait donnée pour ôter le reste de ma rougeole il y a plus de six mois. J'étais échauffée et j'avais un peu de toux de chaleur, mais sans mal de poitrine; le lait a dissipé l'un et l'autre. Je ne suis ni engraissée ni maigrie.

Les ordres sont partis pour désarmer la flotte et mettre les troupes en quartiers d'hiver. M. de Cordua (1) est parti avec quinze vaisseaux pour l'Espagne; il nous en reste encore plus de moitié de ce qu'il avait amené. La nullité de la campagne éloigne toute idée de paix. Les Anglais feront sûrement les plus grands efforts l'année prochaine; mais outre qu'ils ont souffert et perdu cette année, ils seront bien gênés par l'Amérique et peut-être même par l'Irlande. Je crois pouvoir assurer ma chère maman que, pour négocier la paix quand le temps sera venu, le roi n'a nul goût d'y employer l'entremise du roi de Prusse.

Ma sœur Élisabeth est depuis un mois à Choisy pour son inoculation, qui a fort bien réussi. Elle reviendra ici le 23 de ce mois.

---

çoit sa pensée. Les chapitres de Cologne et de Munster sont mal intentionnés pour l'archiduc; ils veulent proposer l'évêque de Tournai. Colloredo s'est fait fort auprès de Starhemberg et de cet évêque de pouvoir favoriser ce projet : il a parlé en ce sens à Marie-Thérèse. Elle ne veut pas prévenir Starhemberg des vues des deux électeurs sur l'archiduc, parce que c'est leur secret. Elle ne veut pas non plus prévenir les deux électeurs de ce qu'elle sait par Colloredo, par crainte d'empêcher le succès de l'évêque de Tournai et de compromettre Colloredo lui-même. — L'élection de l'archiduc Maximilien comme coadjuteur à l'évêché de Cologne est racontée dans Ennen, *Frankreich und der Niederrhein oder Geschichte von Stadt und Kurstaat Kœln*. Cologne, 1856, tome II, pages 400-408.

(1) L'amiral espagnol Don Luis de Cordova.

Pour le baron de Breteuil, connaissant les bonnes intentions de ma chère maman pour lui, elle devait être bien sûre que je tâcherai de lui en faire ressentir les effets. Il a été fort bien traité à Marly comme à Choisy.

Ma bonne santé, celle du roi et la manière dont nous vivons me donnent toujours espérance; mais pour ce mois-ci, depuis hier je suis sûre de ne l'être pas. Je suis pénétrée des bontés et attentions uniques de ma chère maman, et dans ce moment, pour mon jour de naissance, je ne le sens pas sans confusion des oublis et retards dont j'ai été quelquefois coupable. Si j'osais, je dirais que cela est arrivé presque toujours malgré moi. Mon devoir et mon cœur m'avertissent d'avance des époques; mais mon étourderie, je dois l'avouer à ma honte, me fait quelquefois oublier de faire partir mes lettres à temps. Si j'avais la ressource des courriers, ce malheur ne me serait pas arrivé. J'en demande mille pardons à ma chère maman; je n'ai jamais fait faute de cette espèce sans en être punie par un prompt repentir. Je ne pourrais me supporter moi-même si ma chère maman pouvait douter de mon respect, de ma tendresse et de ma reconnaissance. Ma fille continue à se très-bien porter : elle a présentement quatre dents.

## XLV. — Mercy a Marie-Thérèse.

*Paris, 17 novembre.* — Sacrée Majesté, Le séjour de la cour à Marly du 15 au 31 d'octobre s'est passé, à quelques égards, bien différemment de ce que semblaient s'être proposé le roi et la reine. Le projet de réformer les jeux de hasard n'a tenu que pendant peu de jours. L'automne qui, cette année, a été pluvieux et désagréable, mettait obstacle aux promenades et aux chasses. Par raison d'économie il n'y avait point de spectacles, de manière que, toutes ces ressources manquant à la fois, on a pensé à y suppléer par le jeu, qui est devenu plus considérable qu'il ne l'avait été dans aucune autre occasion. Ce n'est cependant pas la reine qui a donné lieu à renouveler ce dangereux amusement. Les parties recommencèrent d'abord chez quelques dames de la cour sans que LL. MM. y fussent présentes. La princesse de Lamballe souffrit que l'on jouât chez elle un jeu si énorme que, dans une soirée, le duc de Chartres y perdit 8,000 louis. La reine désapprouva ce qui s'était passé chez sa surintendante, et

S. M. lui en marqua même du mécontentement. Cela n'empêcha pas que le pharaon ne fût rétabli au salon de Marly. Le roi, sans y être excité et de son propre mouvement, se mit à jouer et perdit sur la fin du voyage 1,800 louis. La reine en avait perdu près de 1,200; mais dans les dernières soirées S. M. en regagna presque la totalité. M. le comte d'Artois et le duc de Chartres ont été les plus gros joueurs; le dernier a fini par perdre 11,000 louis, et le sieur de Chalabre, officier dans les gardes du corps, qui tient la banque, a gagné pendant le voyage 19,000 louis. A l'exception des événements du jeu, il n'en est survenu aucun autre pendant le séjour à Marly. La cour y a été peu nombreuse; Mesdames tantes du roi s'étaient établies à leur château de Bellevue, et elles se sont rendues ensuite à Choisy pour y rester avec Mme Élisabeth, qui a été inoculée, et qui pendant six semaines sera séparée du reste de la famille royale.

Je n'ai d'ailleurs rien de remarquable à exposer sur l'emploi du temps de la reine dans le courant du voyage dont il s'agit. S. M. se retirait fort tard, ce qui prenait sur les matinées du lendemain; elles se passaient à recevoir les princes et princesses, et jusqu'au dîner il ne restait que les moments nécessaires à faire une toilette et à aller entendre la messe. Au sortir de table, après une heure de conversation, la reine rentrait dans ses appartements et y passait plusieurs heures avec la comtesse de Polignac. Quelquefois, mais rarement, la princesse de Lamballe était admise à ces moments particuliers; cette surintendante, qui n'a plus de doutes sur l'anéantissement de sa faveur, s'était proposé de ne point aller à Marly; mais elle changea d'avis et suivit la cour. Il n'est survenu d'ailleurs ni embarras ni tracasseries, et le voyage s'est passé fort tranquillement. Celui de tous les courtisans qui avait le plus fixé l'attention était le duc de Guines; mais on ne fut pas longtemps à remarquer qu'il y avait du changement dans sa position vis-à-vis de la reine, et sans en pénétrer la cause, on crut s'apercevoir d'une grande diminution de confiance de S. M. envers le duc, et même quelque différence dans le traitement public qui lui était fait. J'avais déjà des indices très-certains de la réalité de cette circonstance, et je ne doutais pas qu'elle serait observée avec plus d'évidence à Marly. Le duc de Guines a paru sentir vivement ce commencement de revers; sous prétexte d'une indisposition il est revenu à Paris huit jours avant la fin du voyage; il s'est enfermé chez lui ne voyant personne, et faisant dire à sa porte qu'il avait un accès de goutte. La comtesse de Polignac, très-particulièrement liée avec le duc, cherchera peut-être de venir à son secours, et il faut encore quelque temps pour bien juger du degré de fermeté que la reine voudra mettre au parti qu'elle a pris ; mais j'ose espérer qu'elle n'y changera rien, et que ce grand obstacle au bien de son service restera décidément écarté.

Quoique le roi et la reine vivent dans l'intimité la plus suivie, il n'y a encore aucun indice de grossesse, mais cet événement peut avoir lieu d'un jour à l'autre ; il est le seul qui manque au bonheur de la reine. Les soins, les attentions, la complaisance du roi augmentent toujours envers elle, et son crédit se manifeste dans toutes les occasions où elle veut l'employer. S. M. n'en fait usage que pour des objets de moindre conséquence, et il serait désirable qu'à cet égard ses alentours abusassent un peu moins de la bonté avec laquelle elle leur procure souvent des grâces peu méritées.

Le courrier mensuel arrivé le 13 m'a remis les très-gracieux ordres de V. M. en date du 3 de ce mois, et les lettres adressées à la reine lui ont été présentées le même jour. Ainsi qu'il m'est ordonné, j'ai fait connaître à l'abbé de Vermond le gré que V. M. lui sait des bons services qu'il continue à rendre à la reine. Cet honnête ecclésiastique m'a témoigné être comblé de l'attention que V. M. daigne faire à son zèle : il ne cesse d'en donner des preuves très-utiles. Quoique moins habituellement établi à Versailles, il n'est pas de semaine où il n'y passe deux ou trois jours, et il y éprouve la confiance la plus entière et la plus constante de la part de la reine.

## XLVI. — Mercy a Marie-Thérèse.

*Paris, 17 novembre.* — Je dois rendre compte, dans ce très-humble rapport séparé, de toutes les particularités intéressantes et relatives au duc de Guines, qui ne sont que très-superficiellement indiquées dans mon rapport ostensible, et V. M. daignera voir que, dans cette occasion, ses avis à son auguste fille ont produit tout l'effet que j'en avais espéré. Il est vrai que le duc de Guines a concouru lui-même à les rendre efficaces : dans ces derniers temps il s'était extraordinairement mépris sur le caractère de la reine ; présumant trop du degré et de la solidité de son crédit sur cette auguste princesse, il l'avait attaquée trop vivement par une infinité d'idées et de projets qui auraient abouti à un bouleversement de toutes choses à cette cour. Plus la reine parut hésiter à adopter des plans si vastes, et plus le duc mit de chaleur à les faire valoir. Il devint très-pressant et eut l'imprudence de prendre un ton tranchant dont la reine commença à être révoltée. Ce fut sur ces entrefaites que la lettre de V. M. arriva et contribua si efficacement à décider la reine; un reste de penchant et de prévention pour les prétendues lumières du duc la retenait un peu, et elle était réellement tourmentée de cette situation d'esprit. Elle daigna m'en parler avec sa bonté et confiance ordinaires, et me mit par là à portée de répéter tout ce que devait me dicter le zèle le plus pur et le plus exempt de personnalité. Je remarquai entre autres que la reine était au moment de se trouver investie, qu'en adoptant des systèmes compliqués et où l'intrigue a trop de part, S. M. se verrait forcée à l'alternative ou de revenir sur ses pas ou de se laisser conduire par l'auteur de ces mêmes systèmes, et que, du caractère dont était la reine, je prévoyais avec certitude qu'elle s'exposerait à beaucoup de peines et d'embarras. Je ne pus pas d'abord juger de l'effet de mes remarques; mais la reine s'étant rendue à Marly y fit des réflexions si sérieuses qu'elle se décida enfin à annoncer elle-même au duc de Guines que ni ses vues ni ses conseils ne pouvaient convenir à S. M.; qu'elle n'y trouvait ni solidité, ni cette preuve de zèle dont le duc avait toujours cherché à se parer vis-à-vis de la reine, qu'ainsi elle lui signifiait de ne plus revenir sur semblables matières, et de se borner à jouir des bontés et de la protection que S. M. était disposée à lui continuer, pourvu qu'il n'imaginât pas de la diriger.

Le duc de Guines, qui ne s'attendait pas à ce revers, en fut très-frappé; il reprit une contenance fort souple, mais huit jours avant la fin du voyage il revint à Paris sous le prétexte d'un accès de goutte, et il s'enferma chez lui sans voir personne. Il m'est démontré que la comtesse de Polignac, sa grande amie, n'a pas osé tenter de le secourir dans cette conjoncture. Ce n'est certainement pas faute de bonne volonté, mais on ne se doutait pas de l'événement, et la favorite s'est bien aperçue que la reine avait pris un parti trop décidé, et qu'il y aurait eu trop de danger à compromettre son crédit. Quoique les gens de la cour commencent à se douter de quelque lueur de changement, personne cependant n'a la moindre connaissance des particularités que je viens d'exposer; je présume que la reine n'en fera aucune mention dans ses lettres, et il y aurait de l'inconvénient à ce que V. M. en parût informée, attendu que la reine ne pourrait douter que ce ne fût par moi. Cette auguste princesse croit qu'une disgrâce affichée du duc de Guines deviendrait un aveu de sa faveur passée : c'est ce que la reine veut éviter en traitant le duc avec une bonté apparente. Son adresse pourra le maintenir longtemps dans cette position; mais il est de toute certitude qu'il ne récupérera pas son influence, et c'est un des plus grands points et des plus intéressants au service de la reine que depuis longtemps j'aie été dans le cas d'annoncer à V. M. De tous ceux qui pouvaient aspirer à la confiance de la reine, le duc de Guines était sans contredit celui qu'il importait le plus d'en écarter. Il s'en présentera d'autres sans doute qui tâcheront de marcher sur ses traces, mais il y aura bien plus de moyens à les éclairer et à les contenir.

Pendant le séjour à Marly, la comtesse de Maurepas a fait une nouvelle tentative pour obtenir le retour du duc d'Aiguillon à la cour. La comtesse susdite, n'osant pas agir directement, employa des tiers pour représenter à la reine que le duc d'Agénois était en âge de se marier, que cet établissement ne pourrait pas avoir lieu sans que le duc d'Aiguillon, son père, y intervînt, et que cela nécessitait la liberté de reparaître à la cour. Sur cet exposé la reine, prévoyant beaucoup d'importunités, se détermina à faire venir le comte de Maurepas. Elle dit à ce ministre qu'ayant pour lui confiance, estime et bonté, elle voulait lui en donner une marque par la franchise de l'aveu qu'elle allait lui faire; sur cela la reine lui parla des démarches indirectes de la comtesse de Maurepas. S. M. déclara qu'elles étaient inutiles ; que la reine n'admettrait aucun motif qui pût la mettre dans le cas de revoir le duc d'Aiguillon ; qu'il était libre d'aller partout hors à la cour, où sa présence n'était nullement nécessaire pour marier son fils ; que quand ce dernier serait présenté, la reine le traiterait bien et ne l'envelopperait jamais dans les torts de son père, mais que celui-ci avait trop grièvement offensé la reine pour qu'elle l'admît en sa présence. S. M. assaisonna cette déclaration de beaucoup de choses très-flatteuses pour le comte de Maurepas; il voulut insister, mais il fut toujours éconduit, et s'apercevant que tous ses efforts seraient sans effet, il plia très-sagement et marqua à la reine un grand contentement des bontés personnelles à lui qu'elle avait daigné lui témoigner.

Cette circonstance prouve l'opinion que le principal ministre a du pouvoir de la reine dans les choses où elle met une volonté décidée. Toute la cour en juge de même, et c'est avec plus de motifs que jamais. Le roi se fait une étude d'aller au devant de ce qui peut plaire à son auguste épouse, et cette attention se manifeste dans les détails de tout genre. En dernier lieu encore, le roi ayant soupçonné que les finances de la reine pouvaient être un peu dérangées, il la pressa de lui confier ce qui en était, et avec toute la bonne grâce et l'amitié possibles il prit tout ce qui se trouvait en or et en papiers de banque dans sa cassette particulière, et alla le porter à la reine. Cette somme se montait à 100,000 francs, de façon que toutes les petites dettes payées, il restait encore à la reine près de 30,000 livres comptant; ces fonds furent un peu entamés par le jeu de Marly, mais la reine regagna sur la fin, et la perte se réduisit à fort peu de chose. Le roi, qui n'avait pas été si heureux et qui avait donné tout son argent à la reine, se trouva dans l'embarras de payer, parce qu'il ne voulut pas se décider à faire prendre des fonds au trésor royal. Il en tire chaque 1$^{er}$ du mois 5,000 louis pour sa cassette, mais le mois avait déjà été dépensé; la reine, qui savait cet embarras du roi, vint à son secours et lui prêta environ 1,200 louis, et le roi se procura 500 autres louis par une voie tierce. Il est heureux que ce monarque, dans son début au jeu, en ait d'abord éprouvé des inconvénients, qui suffisent pour le retenir dans l'éloignement naturel qu'il a toujours eu pour ce dangereux amusement. La cassette de la reine, qui était de 200,000 livres par année, sera doublée; le roi y a pensé de son propre mouvement, et le directeur général des finances, qui est très-occupé de marquer son zèle pour la reine, a saisi avidement l'occasion d'un pareil arrangement; cependant S. M. y a mis une délicatesse très-bien placée en déclarant qu'aussi longtemps que la guerre durerait, elle ne voulait pas de la totalité de cette augmentation, et qu'elle se bornerait à 100,000 écus. Je dois observer que cette cassette est purement destinée à des actes de générosité arbitraires, et qu'en général tout ce qui a trait au service et à l'habillement de la reine, même jusqu'aux épingles de la toilette, sont payées par d'autres caisses.

L'intimité conjugale entre les deux augustes époux se maintient sans interruption; cependant il n'y a pas encore d'indices de grossesse; elles peuvent survenir d'un instant à l'autre, et il serait très-possible que j'eusse à les annoncer avant de terminer mon très-humble rapport.

Il me reste à obéir au très-gracieux ordre que daigne me donner V. M. de lui exposer mon sentiment sur le projet d'établissement qui se présente pour M<sup>gr</sup> l'archiduc Maximilien, et j'avouerai que, selon mes faibles vues, ce projet semble réunir à bien des égards des avantages très-désirables et d'une très-grande importance. L'histoire nous apprend quelle influence un électeur de Cologne évêque de Munster est en même de se procurer dans l'empire, et ces deux dignités réunies sur un archiduc deviendraient encore d'une toute autre conséquence, attendu la facilité qu'il y aurait de les conserver successivement dans l'auguste maison, et de s'en prévaloir pour relever d'une manière stable et solide le parti catholique en empire, tandis que ces mêmes dignités possédées par de simples particuliers restent fort énervées et perdent en grande partie leur ressort. Plus cet avantage est palpable pour l'auguste maison, et plus sans doute on cherchera à y susciter des obstacles; mais d'un autre côté le moment paraît bien propice pour les éloigner ou les surmonter. Quoique ce projet ne puisse pas trop convenir à la politique de la France, il paraît impossible dans le temps présent qu'elle mette à découvert une opposition sourde, qu'elle emploiera peut-être et qu'elle ne saurait rendre bien efficace. Ce serait d'ailleurs un de ces cas privilégiés où tout le crédit de la reine pourrait être mis en action et deviendrait décisif pour ce qui regarde cette cour-ci.

La Hollande a des raisons d'État pour tâcher d'éloigner le projet susdit; mais il semble que cette république en aurait peu de moyens par elle-même, et que la régence de Hanovre serait à peu près dans le même cas d'impuissance. Ce ne serait par conséquent que de la part du roi de Prusse que viendraient les grands efforts d'opposition. Ce prince les déploierait à coup sûr avec son acharnement accoutumé; mais la matière ne paraissant pas susceptible de voies de fait ni d'aucune de ces mesures violentes qui peuvent entraîner une guerre, il est à supposer que toutes les chicanes de la cour de Berlin seraient surmontées. Ce serait trop oser de ma part que de m'étendre davantage sur des combinaisons politiques qui ne peuvent être bien appréciées que par les hautes lumières de V. M. et par celles de son ministère; ainsi, en m'en tenant au local de mon poste, je crois que le projet dont il s'agit, suivi dans l'ordre et les règles qu'admet la constitution de l'empire, ne pourrait occasionner vis-à-vis de la France que des embarras médiocres et de peu de conséquence, surtout en les comparant aux avantages que présente l'objet pour lequel il s'agirait de s'exposer à de légers risques.

Les raisons de délicatesse et de modestie qui semblent seules suspendre la détermination de M$^{gr}$ l'archiduc pourraient céder aux réflexions sur le bien qu'opérerait cet auguste prince dans une position importante, utile à sa personne, à son auguste maison, et où il apporterait certainement toutes les qualités propres à paraître avec éclat. Une remarque peut-être des plus essentielles est la nécessité de se concilier la bonne volonté des chapitres que cela concerne. Il semble que c'est aux électeurs qui s'y intéressent à préparer les voies, mais ce préalable de bonne volonté paraît si indispensable qu'à son défaut les différentes oppositions à prévoir auraient trop de jeu et feraient naître des embarras majeurs. Dans cet état des choses, il serait peut-être trop prématuré et dangereux de sonder ici ouvertement le terrain, et ce sera avec la plus grande circonspection que j'examinerai de loin les dispositions où l'on serait à Versailles dans le cas supposé. Les ordres de V. M. régleront ensuite mes démarches, et jusque là je garderai de toute part le plus profond secret.

Je remets ici ce que V. M. a daigné me marquer de main propre sur cette grande affaire, pénétré d'une marque de confiance si flatteuse à mon zèle.

## XLVII. — Marie-Thérèse a Mercy.

*Vienne*, 28 *novembre*. — Comte de Mercy-Argenteau, Le porteur de la présente, comte de Saint-Ignon (1), m'a prié de vous charger d'appuyer ses intérêts en France, où il a nombre de procès. Très-éloignée par ma façon de penser de vouloir me mêler dans ce qui concerne ses affaires particulières ou personnelles, je n'en serais pas moins bien aise si vous pouviez lui rendre quelque service, issu, comme il est, d'une famille jadis fort attachée à ma maison, et fils d'un père qui a

---

(1) Ce comte de Saint-Ignon était fils du comte Joseph de Saint-Ignon, lieutenant-général, qui s'était distingué dans la guerre de Sept ans, particulièrement à la bataille de Kolin, et venait de mourir au mois de mai 1779. Il semble que c'était pour des affaires relatives à sa succession que son fils se rendait en France, et avait demandé une recommandation de l'impératrice.

servi dans mes armées avec zèle. Je me remets à votre prudence ordinaire pour ce que vous jugeriez pouvoir faire en sa faveur, et vous assure de ma constante affection.

## XLVIII. — Marie-Thérèse a Mercy.

*Vienne*, 30 *novembre*. — Comte de Mercy-Argenteau, J'ai reçu par le courrier Maurice, arrivé ici le 28, votre lettre du 17 de ce mois.

Je suis fâchée que le vide dans les divertissements pendant le séjour de Marly ait été rempli par le gros jeu ; du moins je suis bien aise qu'on ne puisse le mettre absolument sur le compte de ma fille seule, et je souhaite que le goût ne s'en réveille plus. Au reste le trait de complaisance du roi, de remettre à ma fille tout qui se trouvait dans sa cassette, est charmant et même plus que s'il lui avait assigné une somme plus grosse sur les fonds publics. J'aurais souhaité que, lorsque le roi s'est trouvé lui-même à sec, ma fille, par un parfait retour de complaisance, lui eût rendu tout ce qui lui restait de la somme reçue par le roi, en abandonnant à sa générosité de l'en dédommager lorsqu'il voudra.

Le parti que ma fille a pris pour mettre des bornes aux vues ambitieuses et dangereuses du duc de Guines est très à sa place ; il ne me reste qu'à souhaiter qu'elle soutienne sa démarche, surtout vis-à-vis les efforts de sa favorite, comtesse de Polignac. Dans cet événement je reconnais avec bien du plaisir le bon effet des conseils que vous ne cessez de donner à ma fille avec autant de zèle que de circonspection. La fermeté que ma fille a montrée en s'opposant au retour du duc d'Aiguillon à la cour fait voir quel bon usage ma fille pourrait faire de son crédit, si elle ne se laissait pas entraîner quelquefois par ses légèretés et par les mauvaises insinuations de ses alentours. Le plus heureux est que son union avec son époux est toujours parfaite, et que l'intérieur de la famille est tranquille. [Une grossesse serait bien à souhaiter.]

[Vous verrez par Pichler ce qui a été fait jusqu'à cette heure pour Maximilien ; je suis contente que vous ne trouvez la chose impossible. J'avoue, il me coûte de voir ce fils dans cette carrière ; je reconnais le bien pour lui, surtout avec sa santé d'à présent.]

## XLIX. — Marie-Thérèse a Marie-Antoinette.

*Vienne, 1ᵉʳ décembre.* — Madame ma chère fille, La vôtre du 16 par le courrier me rassure entièrement sur votre santé et sur celle de votre chère fille, mais ne nous contente pas sur une autre grossesse, que j'attends avec tout l'empressement. Votre fille fera bientôt un an ; il lui faudrait un petit compagnon, que nous souhaitons tous.

Ce que vous me dites des flottes est triste pour l'accélération de la paix, et qu'une autre année les Anglais ne seront pas pris au dépourvu, et cela coûtera plus de peines, dépenses et sang ; mais dans le moment présent il n'y avait rien de meilleur à faire pour les conserver. Je sais que le roi de Prusse nous fait passer pour bons Anglais ; je sais que je suis de cœur et d'intérêt bonne Française, et que tous les avantages qui peuvent venir à la couronne, je les regarde comme les nôtres, et que c'est la raison que je souhaiterais tant la paix, comme le seul vrai bonheur dans ce monde, et pour des souverains qui ont de la religion et aiment leurs peuples. Vous savez que nous ne nous sommes offerts qu'autant que cela puisse convenir au roi ; s'il peut en sortir sans nous et sans qu'aucune autre puissance hors l'Espagne y met du sien, nous serons très-contents. Il n'y a que la confiance et l'amitié que nous croyons mériter qui puissent entretenir et nourrir cette heureuse union, et nous avons été fort contents comme M. de Vergennes s'est expliqué vis-à-vis de Mercy en dernier lieu.

Votre sœur de Naples souffre beaucoup dans sa grossesse ; je crains qu'elle n'ait encore une fille. Le voyage de votre frère de Milan pourrait souffrir quelque retard, le duc de Modène (1) ayant été très-mal. Il l'est moins, mais à quatre-vingts et quelques années il n'y a guère à espérer du mieux.

Je voudrais vous gronder sur tout ce long compliment que vous me faites à la fin de votre lettre. Je n'exigerai jamais des attentions recherchées, mais j'avoue, la moindre marque de votre souvenir et tendresse me réveille pour bien du temps, vous aimant si tendrement et n'étant occupée que de mes chers enfants. La reine de Naples me gâte un peu par ses attentions ; elle ne peut se consoler encore du fils.

---

(1) Beau-père de l'archiduc Ferdinand, gouverneur de la Lombardie.

C'est aussi une grande perte ; que Dieu vous préserve à jamais de perdre un enfant ! Je vous embrasse tendrement.

## L. — Marie-Antoinette a Marie-Thérèse.

*Versailles,* 15 *décembre.* — Madame ma très-chère mère, Je suis désolée de ne pouvoir donner à ma chère maman la bonne nouvelle que sa tendresse désire tant. La manière dont je vis avec le roi soutient mes espérances ; mais jusqu'ici je ne puis compter sur rien. J'ai eu pendant quinze jours des douleurs d'entrailles ; mais elles n'étaient pas assez considérables pour m'empêcher d'aller toujours. Je suis bien heureuse de m'en être tirée comme cela, car tout le monde est malade ici et surtout de dyssenterie.

Nous attendons M. d'Estaing (1), qui est à Brest depuis huit jours. Les vents avaient séparé sa flotte ; son vaisseau est arrivé presque seul, mais depuis on a eu nouvelles des autres. Il y en a déjà huit de rentrés ; on espère que les trois autres, qui sont encore en mer, ne tarderont pas. Il faut entendre M. d'Estaing et même les principaux officiers de son armée avant de juger de ses succès. On sait déjà qu'à la fin de la campagne il a été repoussé avec perte à Savannah par le général Prévost ; M. d'Estaing même est blessé à deux endroits.

Je suis toujours persuadée que le roi de Prusse perd son temps en s'intriguant pour faire le médiateur. Mercy doit instruire ma chère maman d'un officier français, une espèce d'aventurier (2) qui, sans nulle mission ni permission, s'est avisé de parler d'affaires et de négociations à Berlin. Ce qui prouve bien la foi de nos ministres à cet égard, c'est que M. de Vergennes en a averti Mercy avant qu'il en eût aucune nouvelle ; d'ailleurs je crois que le négociateur apocryphe va recevoir ordre de revenir en France.

Je serais désolée que la santé de M. le duc de Modène empêchât le voyage de Ferdinand ; quel bonheur pour lui de se trouver avec ma chère maman et toute la famille ! Je le sens bien, quoique je ne

---

(1) Après de brillants succès au commencement de la campagne, le comte d'Estaing, qui commandait une escadre de douze vaisseaux, échoua au siége de Savannah (Géorgie) ; à son retour en France il perdit son commandement.

(2) Les lettres suivantes nous apprennent que cet aventurier, que le cabinet français désavoua officiellement, était un M. de Zoteux.

puisse l'espérer pour moi ; je ne dois pas en dire davantage. Le terme de compliments, dont s'est servie ma chère maman, m'affligerait si je pouvais croire qu'elle le pensât sérieusement lorsque je lui parle de mon respect, de ma tendresse et de ma reconnaissance. Voudra-t-elle bien agréer les vœux les plus ardents de mon cœur pour sa conservation et sa satisfaction? Le bonheur de ma vie y est attaché.

L'abbé se met aux pieds de ma chère maman.

### LI. — Mercy a Marie-Thérèse.

*17 décembre.* — Sacrée Majesté, Depuis que la saison avancée a rendu la cour sédentaire à Versailles, tout y est rentré dans l'ordre accoutumé, avec la seule différence que, dans ce temps de guerre, une partie des militaires étant obligés de rester à leurs corps, et un grand nombre de la noblesse s'habituant à habiter plus longtemps leurs terres en province, il en résulte à Versailles un vide très-remarquable. D'ailleurs l'ancienne coutume relative à la tenue de la cour a été totalement changée sous ce règne. Depuis longtemps il n'y avait plus de jours fixés et assurés pour le cercle chez la reine : cette incertitude avait presque désaccoutumé les femmes de Paris d'aller à Versailles ; il a fallu remédier à cet inconvénient, et c'est à quoi la reine vient se déterminer, en fixant dans chaque semaine trois journées, savoir le mercredi, le samedi et le dimanche, où on sera assuré de pouvoir lui faire sa cour à l'heure de son dîner et le soir à son jeu. Quoique cette décision soit prononcée et connue depuis trois semaines, il n'en est pas venu plus de monde à Versailles ; la reine en a paru choquée et m'a fait la grâce de m'en parler. J'ai rappelé à ce sujet ce que j'avais représenté dans le temps sur les effets que produirait l'établissement d'une société trop particulière et trop exclusive à Versailles. Elle devait nécessairement en écarter ceux qui, ne se trouvant pas au nombre des favorisés, peuvent craindre avec raison de ne paraître que comme des importuns. Il faut nécessairement que l'on soit bien certain de l'intention positive des souverains. Il m'a paru que ces remarques persuadaient la reine; le fait lui démontre d'ailleurs que la tenue d'une grande cour n'admet pas une forme constante de société particulière, et c'est en conséquence que S. M. paraît résolue à changer de plan à cet égard. Les soupers dans les cabinets recommenceront incessamment ainsi que les bals ; il y en aura un chaque semaine. La reine se propose, pendant le carnaval prochain, de ne point venir du tout aux bals de l'Opéra. S. M. ne paraît presque plus à Paris ; dans ce mois elle y est venue une seule fois, pour voir un ballet nouveau, et elle a été reçue avec acclamation par le public qui se trouvait au théâtre. Pour suppléer à la privation des bals de l'Opéra de Paris, la reine a projet d'aller souvent aux bals masqués qui se donnent pendant l'hiver au théâtre de la ville de Versailles. La proximité où cette salle est du château, auquel elle communique par des passages à couvert, en rend l'accès très-commode, et il y aurait cela de gagné que, par des temps rigoureux, il n'y aurait ni la fatigue ni les risques auxquels peuvent être sujettes des courses faites pendant la nuit ; mais d'un autre côté ces bals masqués de Versailles sont si mal composés qu'il serait fort à désirer que la reine s'en dégoûtât, et j'ose espérer que cela ne tardera pas à arriver.

Dans le moment présent la reine est fort affectée du mauvais état de la santé de sa favorite, la comtesse Jules de Polignac. Cette dame, qui a toujours été d'une constitution assez délicate, dépérit à vue d'œil depuis qu'elle a eu la rougeole. Une petite fièvre lente et un gonflement qui se manifeste de temps à autre annoncent un état fort sérieux. Ladite comtesse ne pouvant se rendre à Versailles, la reine vient la voir une fois la semaine ; mais S. M. réduit son voyage à ce seul objet, et elle ne va dans ces occasions à aucun spectacle ni dans aucun lieu où elle pût être aperçue par le public. Cette maladie de la comtesse de Polignac ôte à la reine une ressource qui lui était devenue nécessaire pour passer bien des heures de la journée. Ce vide n'est remplacé par personne ; la princesse de Lamballe se montre un peu plus à Versailles, mais elle n'y est pas mieux accueillie. Le duc de Guines, qui avait presque journellement accès dans les cabinets de la reine, n'y est plus admis que très-rarement, et pas même sur l'ancien pied de société. Le comte d'Esterhazy a conservé cet avantage, et la princesse Charlotte de Lorraine, fille de la comtesse de Brionne, a obtenu de voir assez souvent la reine à des heures particulières. On avait soupçonné que cette jeune princesse, vive et aimable, pourrait faire des progrès dans la faveur. Il est certain que la reine a toujours eu un peu de goût pour elle ; mais S. M. est trop différemment disposée à l'égard de la comtesse de Brionne pour que cette position de la mère ne nuise pas à la réussite de la fille.

M^me Elisabeth, après les quarante jours révolus de son inoculation, est revenue à la cour; Mesdames tantes ont quitté leur château de Bellevue, de manière que toute la famille royale est maintenant réunie à Versailles; il règne entre elle toute la bonne harmonie convenable. Mesdames tantes tiennent le soir une petite cour à part qui n'est guère composée que de leur service. La reine les voit presque tous les matins; elle leur marque de l'amitié, des égards, et ces princesses sont très-satisfaites. Les jeunes princes et princesses se réunissent le soir chez la reine, et le souper se tient souvent chez Madame, quelquefois chez M^me la comtesse d'Artois. Depuis fort longtemps il n'y a pas eu la moindre tracasserie, et il n'en survient même aucune essentielle parmi les alentours, ce qui est peu commun au séjour de Versailles. Une des principales occupations de la reine est de voir journellement, même à plusieurs reprises, son auguste fille. Cette princesse se fortifie et jouit de la meilleure santé; il continue à lui venir des dents sans qu'il s'ensuive les incommodités si ordinaires à pareilles époques. Le roi marque la plus grande tendresse à son auguste enfant; il passe régulièrement tous les jours quelque temps dans son appartement.

Le courrier mensuel, arrivé le 12, m'a remis les très-gracieux ordres de V. M. en date du 30 novembre, et les lettres adressées à la reine lui ont été présentées sur-le-champ. Relativement à la remarque que V. M. daigne faire sur le gros jeu qui a eu lieu passé quelques semaines, je dois observer que cet inconvénient a cessé presque entièrement. Il n'est pas possible de répondre que cette réforme sera de durée : les circonstances fortuites en décident communément. M. le comte d'Artois, qui a souvent été la cause unique de la reprise du jeu, paraît se modérer beaucoup sur cette dangereuse passion; il est d'ailleurs bien certain que la reine n'a jamais aimé réellement le gros jeu, et que, lorsqu'elle s'y est livrée, c'était plutôt par complaisance que par goût.

## LII. — Mercy a Marie-Thérèse.

*Paris, 17 décembre.* — Le déchet de la faveur du duc de Guines auprès de la reine n'avait d'abord été que soupçonné; mais successivement il s'est manifesté avec assez d'évidence pour que la cour et la ville n'aient plus de doutes sur un fait dont cependant elles ignorent les vraies causes (1), parce que la reine, ainsi que je l'en avais suppliée, ne s'est expliquée vis-à-vis de personne sur cet article. Elle a même jugé à propos, dans quelques occasions, de diminuer les apparences, soit en parlant au duc avec bonté en public, soit en lui permettant une fois ou deux d'entrer dans ses cabinets, où l'audience a été très-courte et très-froide. L'importance qu'avec raison on a mise à Versailles à cet événement y a fait grande sensation ; le comte de Maurepas et tous les ministres ont été les premiers à en parler ; le duc d'Orléans, la comtesse de Montesson sa femme, l'un et l'autre fort portés pour le duc de Guines, ainsi que le parti des Choiseul, ont été tous fort inquiets et occupés à intriguer. Il semble que leur projet est de sauver la considération du duc de Guines, en dissimulant et niant la chute. Il affecte lui-même d'en parler ainsi dans les sociétés, mais peu de gens s'y trompent ; d'ailleurs, quelles que puissent être les opinions à cet égard, l'essentiel est obtenu en ce que la reine a bien ouvert les yeux sur une sorte de favoris qui étaient infiniment dangereux au bien de son service. J'étais en doute sur la conduite que la comtesse de Polignac tiendrait dans cette conjoncture ; mais je viens de découvrir qu'elle a eu des soupçons, probablement très-fondés, sur la mauvaise foi du duc envers elle ; ils sont cependant encore politiquement bien ensemble. Dans cette position de méfiance réciproque, il est moins vraisemblable que jamais qu'ils reviennent à faire cause commune. Ce qui arrive au duc de Guines pourrait bien avoir porté la comtesse de Polignac à méditer sur l'instabilité de la faveur quand elle n'est acquise et soutenue que par des moyens obliques ; mais, soit par l'effet de pareilles réflexions, soit parce que la dite comtesse a lieu d'être alarmée sur sa santé, je vois que depuis peu elle est extraordinairement occupée à profiter du moment pour assurer une grande fortune à sa famille, et il ne s'agit de rien moins que de lui procurer, en pur don, un domaine du roi de cent mille livres de rente. On a déjà jeté les yeux sur une terre de la couronne située en Lorraine, et qui est le comté de Bitsch (2). La favorite a bien senti que, sans courir le risque évident

---

(1) On trouve effectivement la disgrâce du comte de Guines racontée et commentée dans la *Correspondance secrète* publiée par M. de Lescure (tome I, pages 292, 297) sans que les véritables causes en soient connues.

(2) La seigneurie ou comté de Bitche faisait partie du duché de Lorraine, et était au moyen-âge le partage ordinaire des frères cadets des ducs. En 1297 elle passa dans la maison des

de mettre ses vues intéressées à découvert; elle ne pourrait pas donner elle-même le mouvement à une demande aussi exorbitante; ainsi il a fallu faire agir comme d'eux-mêmes les partisans, et M. le comte d'Artois s'est d'abord chargé de cette commission, avec le concours de quelques affidés les plus intimes de la comtesse. Ils ont de concert présenté le projet de la reine, en joignant jusqu'à l'importunité les sollicitations les plus vives. Toute prévenue que soit S. M. pour sa favorite, elle a été un peu effrayée d'une idée si déraisonnable; cependant elle a fini par l'adopter et par entrer en discussion sur les moyens de la remplir. Ces moyens ne sont pas à beaucoup près faciles; et d'autant moins que depuis quatre ans on compte que toute la famille de Polignac, sans aucun mérite envers l'État et par pure faveur, s'est déjà procuré tant en grandes charges qu'en autres bienfaits pour près de cinq cent mille livres de revenus annuels. Toutes les familles les plus méritantes se récrient contre le tort qu'elles éprouvent par une telle dispensation des grâces, et si l'on en voit encore ajouter une qui serait sans exemple, les clameurs et le dégoût seront portés au dernier point. Il y a même un risque réel d'effaroucher la complaisance du roi par des demandes aussi inouïes, et la reine, qui ne peut se dissimuler aucune de ces vérités, en est combattue et tourmentée à l'excès. Sur ce qu'elle a daigné nous en dire, à l'abbé de Vermond et à moi, nous lui avons exposé avec chaleur tout ce que nous dicte notre zèle. Il en est résulté que la chose reste encore en suspens, et qu'il n'y a pas eu de démarches faites auprès du roi. Je n'ose me flatter que cela se termine, ainsi qu'il conviendrait, tout à fait négativement; mais, au lieu d'un domaine considérable, la favorite obtiendra une forte somme d'argent. Le comte de Maurepas paraît déjà gagné de ce côté-là; le ministre des finances, le sieur de Necker, malgré son désir de plaire à la reine, lui a fait des représentations très-sages que S. M. a reconnues fondées et qu'elle a prises en bonne part, sans céder cependant pour le fond de l'objet, et en se réduisant à consentir seulement qu'il soit employé une forme moins voyante et exorbitante d'améliorer la

---

Deux-Ponts, et fit retour à la Lorraine en 1606. Le comté de Bitche revint à la France avec la Lorraine en 1737. C'était le siége d'une prévôté ou bailliage qui comprenait 41 communes, villages ou hameaux. La petite ville de Bitche, contenant 2,400 habitants, devint un chef-lieu de canton du département de la Moselle; place de guerre de 4e classe, elle fut héroïquement défendue pendant la guerre de 1870. Elle dépend aujourd'hui de l'Alsace-Lorraine.

fortune de la famille des Polignac. Quoique de tels abus de la faveur tirent toujours à des conséquences plus ou moins fâcheuses, et forment un inconvénient réel, il est au moins, pour le moment, le seul qui existe dans ce qui intéresse le service de la reine. Les points essentiels, qui sont l'état de santé de cette auguste princesse, la parfaite union entre les deux époux, la bonne intelligence convenable dans l'intérieur de la famille, tout cela ne présente qu'une situation satisfaisante et qui paraît même plus solidement établie qu'elle ne l'a été dès longtemps. Il reste encore à désirer une grossesse, et il est bien surprenant que cette attente tarde ainsi à se réaliser; la manière de vivre ensemble du roi et de la reine ne laisse pas le moindre doute sur la possibilité des suites que l'on aurait à s'en promettre.

Mardi dernier je me trouvai plus d'une heure dans les cabinets de la reine; il y fut question de plusieurs objets de l'intérieur et de quelques détails relatifs aux ministres; celui de la marine, qui a été ci-devant plus particulièrement protégé par la reine, avait un peu perdu auprès de S. M., par une suite des insinuations du duc de Chartres qui, pour cause des embarras qu'il avait causés dans l'avant-dernière campagne, s'est brouillé avec le sieur de Sartines. J'ai représenté à la reine que des querelles purement personnelles ne devaient pas influer sur l'opinion qu'elle daignerait avoir des ministres, et S. M. s'est rendue à plusieurs fortes raisons que je lui ai déduites sur cette matière.

Les rapports des deux chanceliers, que V. M. daigne me faire communiquer relativement au projet d'établissement pour M$^{gr}$ l'archiduc Maximilien, semblent appuyer les très-faibles idées que j'ai eu ordre d'exposer à cet égard, et, pour autant que cela regarde les très-légers obstacles qui pourraient provenir d'ici, j'espère qu'il y aura toute facilité à les écarter quand il en sera temps, et que j'aurai ordre d'agir.

# ANNÉE 1780.

### I. — Marie-Thérèse a Mercy.

*Vienne, le 1ᵉʳ de l'an.* — Comte de Mercy-Argenteau, J'ai reçu votre lettre du 17 par le courrier Gergowitz, arrivé ici le 28 du passé. Le vide dont l'on s'aperçoit à Versailles, malgré les jours récemment fixés pour pouvoir faire la cour aux souverains, est une nouvelle preuve de l'inconvénient qu'il y a toujours d'abolir les étiquettes à une grande cour. Je n'en vois que trop l'effet ici [tout tombe en inanition et personne n'est content].

Je serai contente si ma fille persiste dans sa résolution d'abandonner le bal de l'Opéra à Paris, et je le serai également si elle se dégoûte bientôt de celui du théâtre à Versailles.

Si la comtesse de Polignac venait à manquer, elle voudra apparemment la remplacer par une autre favorite ; il faudrait alors voir si elle gagnerait ou perdrait par le nouveau choix. La princesse Charlotte de Lorraine doit être une personne bien jolie et charmante ; mais on n'est pas sûr de son caractère. Je suis frappée de l'intérêt que ma fille prend à procurer à la famille de Polignac un établissement aussi exorbitant. L'entremise du comte d'Artois dans cette affaire augmente mes justes soupçons sur le caractère intrigant de ce prince [et que ce prince est la plus dangereuse liaison pour ma fille]. Je souhaite que vos remontrances et celles de l'abbé sur cet objet produisent tout le meilleur effet. Ma fille a très-bien fait de réprimer l'ambition du duc de Guines ; j'aurais souhaité qu'encore le crédit du comte Esterhazy eût baissé.

Lassone ressemble à ses collègues, presque tous trop faciles à plier vis-à-vis des personnes d'un rang supérieur [ il n'y avait qu'un van Swieten (1) seul au monde, même dans ce cas]. Si dans quelque

---

(1) Voir au tome Iᵉʳ la note de la page 168.

cas je pourrai suppléer à ce défaut, je le ferai de bien bon cœur.

Ce qui me contente le plus est la bonne harmonie qui subsiste toujours entre ma fille et son époux, et la tranquillité qui règne dans l'intérieur de la famille. D'ailleurs je me repose sur vos lumières et sur votre zèle pour tout ce qui intéresse le bien de ma fille.

[Pourriez-vous me procurer ce livre (1)? La reine a envoyé par le dernier courrier une boîte émaillée bleue à sa sœur Marianne, et à la Marie une lorgnette avec des diamants montés en gris. Comme la différence de ces deux présents est fort grande, la Marie croit qu'on s'est trompé d'adresse, elle ne se servant jamais de lorgnette, mais bien la Marianne (2), et toutes deux croient par la couleur que c'est pour moi-même. J'ai lu les adresses. Ce n'est que pour vous, sans faire usage, que je vous le marque, pour qu'on soit plus exact s'il y a de la méprise.]

## II. — MARIE-THÉRÈSE A MARIE-ANTOINETTE.

*Vienne, le 1er de l'an.* — Madame ma chère fille, Je ne saurais commencer mieux l'année qu'à vous faire mes tendres compliments et souhaits, et le premier objet, c'est toujours un dauphin, et encore cette année-ci. Voilà ma réponse pour le roi. Je suis enchantée de votre tendresse mutuelle et attention, je compte bien là-dessus en toute occasion. La France ne peut être entièrement tranquille sans nous, et nous sans elle ; cette alliance est la plus naturelle et la plus convenable et la plus chère, et j'étais très-contente comme on s'est expliqué à cause d'un certain M. Zoteux (3) ; tâchez qu'on s'explique toujours et ne laisse rien en doute. Si on croit que de notre côté il y a du louche, qu'on en parle à Mercy ou qu'on s'explique ici ; nous serons charmés de nous expliquer, car nous n'aurons qu'à gagner, étant entièrement attachés de cœur et d'intérêt au système. Nous en ferons de même, il le faut, avec ce cruel roi de Prusse, qui n'invente des choses que pour brouiller et nuire ; c'est ainsi qu'il nous dépeint entièrement Anglais. Vous savez tout ce que nous avons dit et fait : pas une parole de plus. Que le public et même

---

(1) Voir plus bas la fin du second rapport de Mercy en date du 17 janvier.
(2) Voir plus bas la pièce III.
(3) Voir la lettre de Marie-Antoinette du 15 décembre précédent et la note, page 377.

notre noblesse sont très-portés pour les Anglais, ce sont des anciens préjugés, comme chez vous contre nous aussi ; mais aucun en place ou du ministère ne l'est sûrement, et du fils et de la mère je réponds, pourvu qu'on entretienne le premier dans ses bonnes dispositions d'à cette heure, et que la conduite de vos ministres en empire ne se trouve toujours contraire à ceux de l'empereur, ce qui donne lieu à de continuelles altercations, et ouvre la porte aux mauvais intentionnés à brouiller les choses et à se jeter au roi de Prusse. Je ne suis rien moins que contente de la situation en Amérique, ni des flottes. L'année qui vient vous aurez le double des forces contre vous ; les ressources des Anglais sont immenses et le fanatisme incroyable. Vous savez ce que je souhaite comme bonne Française et mère de leur chère reine : la paix.

Je me suis mal expliquée sur le voyage de Ferdinand. Il fera un tour en Italie, à Florence, Rome et Naples ; mais cette négligence m'a attiré une charmante explication de votre part, le croyant heureux en comptant son voyage pour ici. Sans compliment de votre part et non plus de la mienne, je peux vous assurer que ce trait dans votre lettre m'a touché tendrement et je vous embrasse de même. Ce que vous me dites de votre petite me charme. Je suis charmée que Vermond se trouve avec vous, j'y ai toute ma confiance, connaissant son attachement. Il le faut tel qu'il l'a pour rester sans ambition à une grande et tumultueuse cour ; vos bontés seules l'attachent. S'il pouvait me faire avoir ce livre, dont je joins le titre ; par aucun libraire je ne l'ai pu avoir. J'ai deux tomes, et deux me manquent.

### III. — Marie-Antoinette a Marie-Thérèse.

*Versailles, 15 janvier.* — Madame ma très-chère mère, Je suis bien charmée que ma chère maman ait été éclaircie et satisfaite sur le compte de M. Zoteux. Je suis persuadée qu'elle le sera toujours, lorsqu'il y aura des faits positifs. Il est bien fâcheux qu'on ne puisse dissiper aussi aisément les nuages qu'élèveront toujours les inventions du roi de Prusse, les fables et mensonges de son ambassadeur. Pour les ministres du roi en Allemagne, je suis persuadée qu'ils seraient réprimandés si on pouvait constater quelque mauvaise démarche ou discours. Il me semble que Mercy a toujours été assez content de M. de Vergennes, et notamment dans la dernière conversation qu'il a eue avec lui. Dans les occasions où il croira que je dois parler, ma chère maman doit être bien sûre que je m'y porterai comme à l'affaire la plus intéressante pour mon bonheur. Indépendamment des circonstances où il y aura des faits particuliers, je profiterai de toutes les occasions d'entretenir le roi dans les bonnes dispositions, qui m'ont toujours paru bien sincères de sa part.

M. d'Estaing est revenu ici, souffrant beaucoup de sa blessure, et après une campagne plus pénible qu'utile. Cependant on n'est pas découragé, et nous avons tout lieu de croire que, la campagne prochaine, nous serons supérieurs en Amérique. M. de Guichen (1) partira incessamment avec une flotte de quinze ou dix-huit vaisseaux, et trois ou quatre mille hommes de troupes de terre.

Le temps est très-froid et vilain ici; il y a des brouillards affreux qui ont occasionné une épidémie générale de rhumes; tout Paris et Versailles toussent. J'ai été pendant trois jours avec de la fièvre dans mon lit. Il n'y a que le roi et Monsieur qui ont échappé, et ils nous ont soignés tous, car nous étions chacun dans notre chambre, sans pouvoir sortir; ma fille même l'a été, mais quoique ses dents travaillent toujours, elle n'a point eu de fièvre. Pour moi, j'espère être guérie tout à fait. Je prends encore des pilules d'ipécacuana, mais cela ne m'empêche pas d'aller. Je ne tousse plus; j'attends qu'il fasse un peu moins froid pour songer sérieusement à ma santé et au point si important pour mon bonheur. Je compte reprendre du fer dans le mois prochain, et peut-être aussi me faire saigner de précaution.

Mes gens ont fait une embrouille; ils ont oublié par le dernier courrier le souvenir que j'espère que ma chère maman voudra bien recevoir. Les cheveux sont du roi, de ma fille et de moi; les plus bruns sont de moi. Autre embrouille de mes gens pour une lorgnette destinée à ma chère maman, et qu'ils ont mise à l'adresse de ma sœur Marie. Je n'ai pu voir le prince Lobkowitz (2) la première fois qu'il

---

(1) Le comte de Guichen partait pour remplacer dans le commandement le comte d'Estaing, qui n'avait pas été heureux dans la campagne précédente. Celle-ci fut plus avantageuse à la France; de Guichen remporta plusieurs avantages sur les Anglais, à la suite desquels il put réunir tous les bâtiments de commerce des îles françaises et espagnoles et les convoyer heureusement en Europe.

(2) Voir la note de la page 196, tome I<sup>er</sup>.

est venu à Versailles, étant dans mon lit; mais je lui ai fait dire de venir à mon bal avec Antoine Colloredo (1); je crois qu'ils en ont été contents.

L'abbé est bien pénétré du souvenir de ma chère maman; comme il est encore ici, il a chargé Mercy de chercher le livre qu'elle désire. Pour moi, j'ose remercier ma chère maman de la bonté qu'elle a pour lui. Il est sûr qu'il n'y a personne au monde qui m'est plus attaché et qui à plus juste titre a toute ma confiance.

Ma chère maman permet-elle que je l'embrasse? J'espère qu'elle connaît assez mon cœur pour croire que c'est sans aucune phrase et que c'est de toute mon âme.

## IV. — Mercy a Marie-Thérèse.

*Paris, 17 janvier.* — Depuis la fin du mois dernier la cour est devenue presque journellement plus nombreuse à Versailles. Il y avait eu peu de monde aux deux premiers bals chez la reine, particulièrement très-peu de femmes dansantes; le nombre s'en est multiplié au troisième bal, qui a été fort brillant, ainsi que le seront sans doute ceux qui suivront. Les bontés que la reine daigne marquer à un chacun doivent ajouter à l'empressement de lui faire la cour. S. M., après quelques réflexions sur le passé, a cru devoir s'occuper sérieusement et avec suite des moyens de rendre à Versailles son ancien lustre, et il ne tardera pas à y être rétabli, si la reine persiste dans la pratique des principes qu'elle semble avoir adoptés. Les deux soupers par semaine qui ont recommencé dans les cabinets attirent bien du monde; pourvu que la faveur n'influe pas trop sur le choix des personnes admises, ce sera un moyen qui produira le plus grand effet. Je me suis permis d'exposer cette remarque et d'y en ajouter une autre qui n'est pas moins essentielle pour rendre constamment la cour nombreuse : ce serait de bannir pour jamais le gros jeu de chez la reine. Beaucoup de personnes des deux sexes craignent de se trouver au cercle, et de devoir y courir les hasards d'un jeu trop au-dessus de leurs facultés. Cet inconvénient est sans contredit un de ceux qui ont éloigné le plus de monde de Versailles, et comme la

---

(1) Le feld-maréchal comte Antoine Colloredo, né en 1708, mort en 1785. Voir sur la famille de Colloredo la note de la page 89, tome II.

reine en est maintenant persuadée, il y a apparence que la réforme du jeu sera plus solidement décidée.

La veille du jour de l'an, la reine reçut toutes les dames de Paris, qui allèrent lui rendre leurs hommages depuis six heures du soir jusqu'à neuf; il entra successivement 180 femmes; S. M. adressa la parole à toutes et daigna les traiter avec la plus grande bonté. La chaleur des appartements et la fatigue d'une pareille séance de trois heures incommodèrent la reine au point qu'elle fut obligée de se coucher. Le lendemain il resta à S. M. une agitation que l'on ne pouvait caractériser de fièvre, mais qui exigea cependant qu'elle gardât le lit toute la journée. Au bout de vingt-quatre heures cette légère indisposition se trouva dissipée, mais elle revint le surlendemain avec un peu de mal de gorge, ce qui heureusement n'eut aucune suite. Le bal de mercredi fut remis au jeudi, et la reine fut en état d'y danser. Quoique cette auguste princesse jouisse d'un bon fond de santé, elle est cependant sujette à des incommodités très-légères, mais qui exigent des ménagements pour en éviter de plus sérieuses. Le premier médecin Lassone prétend que la reine est d'une complexion sanguine; il a proposé en dernier lieu une saignée qui était presque décidée, mais qui sera remise au carême. La reine s'enrhume très-aisément, et elle souffre assez souvent des faiblesses d'entrailles. Cette indisposition est d'une grande conséquence en ce qu'elle pourrait retarder une grossesse. Lassone croit que l'usage du fer est très-propre au cas dont il s'agit; ce remède lui a déjà réussi plusieurs fois, et il se dispose à en répéter l'emploi, quand les amusements du carnaval auront fait place à des temps plus tranquilles et seuls convenables au régime.

La reine s'était bien proposé de ne point venir aux bals masqués de l'Opéra de Paris, mais je n'ose me flatter que S. M. accomplisse cette résolution; j'ai même vu des indices du contraire dans ce qu'elle a daigné me dire de ses projets. J'avais prévu que les bals du théâtre de Versailles lui paraîtraient fort ennuyeux, et cela est arrivé; heureusement on est déjà si avancé dans le carnaval que les voyages de nuit, s'ils ont lieu, ne pourront pas être fort multipliés.

Il y a quelque temps que la santé de la comtesse de Polignac paraissait dans un état d'autant plus menaçant qu'on ignorait la cause de sa maladie; mais il s'est trouvé qu'elle était grosse et que ses indispositions n'ont rien de dangereux. La reine en avait été fort inquiète; cette favorite se trouve auprès de S. M. et jouit de plus de crédit que jamais. Il se répand dans le public qu'elle en fait un usage immodéré pour s'enrichir, ainsi que toute sa famille. S'il y a de l'envie et de l'exagération dans ce reproche, il n'est pas au moins destitué de tout fondement, et bien du monde en murmure.

Il n'est d'ailleurs survenu aucun changement à ce que contiennent mes précédents et très-humbles rapports sur l'intérieur de la famille royale; l'union des maîtres en impose aux gens de la cour et les rend plus dociles. Il vient de s'en présenter tout récemment un exemple. La reine et Madame, ainsi que M$^{me}$ la comtesse d'Artois, étaient convenues de ne plus admettre au nombre de leurs dames les femmes qui sont d'extraction de finance. La vicomtesse de Laval, qui est de ce nombre, ayant sollicité une place de dame de compagnie de Madame, fut refusée malgré une sorte de promesse obtenue quelques années auparavant. Toute la famille de Montmorency en fut si affectée que le duc de Laval et le vicomte son fils donnèrent la démission de leurs charges en activité et en survivance de premiers gentilshommes de la chambre de Monsieur. Cette démarche fut accompagnée des clameurs les plus vives, et si l'union de la reine avec les princesses ses belles-sœurs n'avait pas inspiré de la crainte, il serait résulté de cette circonstance une infinité de tracasseries, telles que l'on en a vu de très-embarrassantes pour des causes à peu près semblables pendant le dernier règne.

Le courrier mensuel m'ayant remis le 13 les très-gracieux ordres de V. M. en date du 1$^{er}$ de ce mois, je n'ai pas tardé à aller présenter à la reine les lettres qui lui étaient adressées. S. M. a daigné s'entretenir avec moi de plusieurs objets relatifs aux affaires, et j'en fais mention aujourd'hui dans ma dépêche d'office.

L'auguste petite-fille de V. M. se porte très-bien; elle grandit et se fortifie à vue d'œil. Le roi et la reine en sont toujours très-tendrement occupés, et le service auprès de cette jeune princesse se fait avec beaucoup d'ordre et d'exactitude.

## V. — Mercy a Marie-Thérèse.

*Paris, 17 janvier.* — La position du duc de Guines vis-à-vis de la reine n'a cessé de devenir de plus en plus défavorable, et il a tout sujet de se repentir de l'usage indiscret qu'il s'était permis de faire pendant longtemps de sa faveur peu méritée. Il en résulte cet avantage pour la reine qu'elle paraît maintenant frappée des grands inconvénients qu'aurait pu produire une confiance trop facilement accordée. S. M. m'en a parlé plusieurs fois de son propre mouvement, et elle m'a donné lieu à lui exposer bien des réflexions sur les personnes qui l'environnent, sur leurs intrigues et sur le but dangereux auquel elles peuvent aboutir.

J'ai très-humblement rendu compte à V. M. des projets avides de la comtesse de Polignac, ainsi que des mesures qu'elle avait prises pour les faire réussir. Cette affaire, devenue très-sérieuse, a pris dans tous ses points la tournure que j'avais prévue, et elle vient d'être en partie terminée. On ne pourrait s'imaginer avec quelle importunité on s'est permis de presser la reine sur cet objet, et, faute de bien connaître le caractère de cette auguste princesse, on est arrivé à combler la mesure, et à la révolter sans s'en apercevoir. Les représentations sages du directeur-général des finances avaient produit leur effet; la reine était convenue qu'il serait absurde de demander un domaine pour sa favorite, qu'il suffirait de lui donner 200,000 livres pour payer ses dettes, et d'assurer pour le mariage de sa fille une dot de 25,000 livres de rente perpétuelle. Quelque considérable que fût ce traitement, les Polignac n'en ont point été satisfaits; le comte de Maurepas, auquel ils sont vendus, s'est prêté à favoriser toute l'étendue de leur cupidité; il a disposé le roi par l'abus des prétendus désirs de la reine, et en forçant en quelque façon la main à cette auguste princesse. Après un enchaînement de manœuvres qu'il serait trop long et inutile de déduire ici, il a été décidé que la comtesse de Polignac renoncerait à sa demande du comté de Bitch, mais qu'elle aurait quatre cent mille livres pour payer ses dettes, la promesse d'une terre de trente-cinq mille livres de revenus, et huit cent mille livres en argent pour la dot de sa fille.

La promesse d'une terre n'est qu'éventuelle et pour un temps plus éloigné; mais les sommes en argent seront acquittées dans des termes fixes et rapprochés. On croit pouvoir réussir à tenir secrète une grâce aussi extraordinaire qu'exorbitante. Il est plus que probable qu'elle sera connue dans peu de temps, et elle ne peut manquer d'occasionner beaucoup de murmures et de dégoûts (1). La reine le sent

---

(1) Le public ne manquait pas de s'occuper de toutes ces faveurs prodiguées à la famille

très-bien et elle en est fort peinée ; par le langage plein de confiance et de bonté que S. M. a daigné me tenir, je vois que la réflexion a beaucoup opéré ; elle m'a avoué qu'elle regrettait maintenant qu'on n'eût pas fait plus de résistance à l'arrangement dont il s'agit. La reine m'ajouta cette phrase remarquable que « la comtesse de Polignac était toute changée, et qu'elle ne la reconnaissait plus ». Je n'infère point de là que cette favorite ne se soutiendra pas encore longtemps ; mais, par son avidité, elle a mis dans l'âme de la reine un germe de dégoût qui à la longue pourrait opérer plus décisivement, et pour le moins mettre un frein aux abus de faveur. Dans cet état des choses, et d'après l'ordre que V. M. a daigné me donner, je crois devoir soumettre à ses hautes lumières s'il ne serait point utile que, dans une de ses lettres, V. M. fît quelque mention des faits exposés ci-dessus, et dans le cas où V. M. jugeât à propos de s'y déterminer, je crois que la tournure qui ferait le plus d'impression à la reine serait de lui marquer : « qu'il s'est répandu partout que la comtesse de Polignac, sous le seul titre de la faveur de la reine, avait demandé le comté de Bitch ; que tout le monde avait été surpris d'une demande qui annoncerait plus d'avidité que de vrai attachement pour la reine ; que l'on dit maintenant que la reine veut faire donner des millions à sa favorite ; que V. M. fait peu de cas de ces bruits, ne les croyant aucunement vraisemblables, mais qu'elle juge nécessaire et utile que la reine en soit instruite. »

La reine sait très-bien que la demande du comté de Bitch s'est répandue à Paris, et on l'a sue même à Bruxelles ; ainsi il ne lui paraîtra pas extraordinaire que V. M. en soit informée. Quant aux dons en argent, c'est un secret que je pourrais être soupçonné d'avoir révélé s'il en était fait mention en détail ; mais je ne cours pas le même risque si V. M. daigne se servir de l'expression de faire donner « des millions », parce que la reine sait également que ce propos a été tenu dans le public.

Relativement au post-scriptum joint à la très-gracieuse lettre de

---

de Polignac, et s'il n'était pas exactement informé, le mauvais effet n'en était pas moins produit. On écrivait de Paris : « La reine est venue voir hier M$^{me}$ la comtesse de Polignac pour lui annoncer le refus de M. Necker d'un gros domaine ; mais on lui en accorde, en attendant, un petit de 60,000 livres. » Nouvelles à la main. *Gouvernement de Normandie*, par C. Hippeau, tome IV, page 139.

V. M. (1), j'ai observé dans mon très-humble rapport séparé du 17 novembre que le projet d'établissement pour Mgr l'archiduc Maximilien ne pouvait pas trop convenir à la politique de la France, mais que, si cette cour y mettait quelques oppositions sourdes, elle ne pouvait guère, dans les temps présents, rendre ces oppositions efficaces ni même les mettre à découvert. Je persiste encore à le croire, et quand le plan à former aura été décidé, s'il plaisait à V. M. de m'autoriser à en faire la communication confidentielle à la reine, et si V. M. daignait en prévenir son auguste fille par une seule phrase : « J'ordonne à Mercy de vous confier un projet qui intéresse l'amitié du roi pour moi et votre tendresse pour votre frère ; je suis sûre que ce projet vous fera plaisir à l'un et à l'autre ; » après une telle préparation, il ne serait croyable ni possible qu'aucun ministre d'ici osât risquer des moyens d'opposition qui fussent embarrassants. Mon zèle n'excuserait point cette manière d'exposer mon faible avis; mais les ordres précis de V. M. m'y autorisent, et je remets ici la lettre du comte de Vergennes, sur laquelle je garderai le plus profond secret.

Le livre que V. M. ordonne sous le titre de *Semaines évangéliques* est d'une édition si ancienne qu'il ne s'en trouve pas un seul exemplaire chez les libraires de Paris; mais ce même livre a été réimprimé sous le titre de : *La religion chrétienne méditée dans le véritable esprit de ses maximes*, ou *Cours suivi et complet de réflexions ou de sujets de méditations pour chaque jour de l'année, sur les épîtres et évangiles des dimanches et fêtes*. D'après les ordres de V. M., je lui ai adressé, je crois, en 1776 ou 77, dix à douze exemplaires de cet ouvrage ; nous ferons cependant, l'abbé de Vermond et moi, tout ce qui sera possible pour nous procurer un exemplaire de l'ancienne édition.

Il y a eu en effet de la méprise dans les adresses des présents de la reine, et S. M. s'en était doutée après coup. La lorgnette garnie en diamants était destinée à V. M.; il y a un autre présent qui doit être envoyé aujourd'hui à S. A. R. Mme Marie, et je présume que la reine en écrit par ce courrier.

A la fin de décembre dernier, il m'est arrivé, de la part du comte

---

(1) Le post-scriptum auquel Mercy répond ici ne s'est point retrouvé. Celui qui est annexé à la lettre du 1er janvier, et auquel Mercy répond en second lieu, ne parle que de cadeaux envoyés par la reine.

de Saint-Julien (1), douze tonneaux de vin de Tockay, dont six ont été présentés au roi et au nom de V. M., ainsi que deux tonneaux au comte de Maurepas, et deux au comte de Vergennes. Le roi a été très-sensible à cette nouvelle marque d'attention et d'amitié de la part de V. M. Les deux ministres m'ont paru très-respectueusement pénétrés de ses grâces, et j'ai été requis d'en faire parvenir les témoignages tant de la part de leur souverain que de la leur. Je ne pourrais exprimer tout ce que je dois à la clémence de V. M., qui a daigné me faire participer à cet envoi. Je serais heureux si je pouvais prévoir la possibilité de mériter la moindre partie des grâces et des bienfaits que j'ai éprouvés de mon auguste souveraine.

### VI. — Marie-Thérèse a Mercy.

*Vienne, 31 janvier.* — Comte de Mercy-Argenteau, J'ai reçu votre lettre du 17 par le courrier Riedel, arrivé ici le 27 de ce mois. Je souhaite que ma fille, par ce qui s'est passé dans l'affaire du duc de Guines et par les remontrances que vous lui avez faites sur ce sujet, soit convaincue de l'intérêt qu'elle a d'être plus circonspecte et réservée à l'avenir en accordant sa confiance. Je souhaiterais qu'elle le fût de même vis-à-vis de ses favorites, pour ne pas se laisser entraîner par leurs vues avides et intéressées dans des démarches peu convenables. Je suis scandalisée des prétentions des Polignac et de la vivacité de Maurepas à les appuyer. J'écrirai sur cette affaire à ma fille dans le sens que vous me l'avez proposé.

Je serai bien aise si le carnaval finit sans beaucoup de rumeur et sans autre inconvénient. Le moyen le plus sûr d'attirer du monde à la cour serait en effet de ne pas restreindre un accueil distingué à un certain nombre de personnes, et de ne pas détourner plusieurs de paraître à la cour par la crainte d'être ruinés par le gros jeu ; mais je ne sais pas si ma fille est susceptible d'une résolution bien vigoureuse sur ces deux points. Au reste ce qui me fait le plus de plaisir est que tout continue à être tranquille dans l'intérieur de la famille, et que l'intimité de ma fille avec le roi est toujours parfaite.

---

(1) Voir dans notre second volume la note de la page 543.

## VII. — Marie-Thérèse a Mercy.

*Vienne, 31 janvier.* — Comte de Mercy-Argenteau, Par les pièces ci-jointes vous verrez quel pli a pris l'affaire de mon fils Maximilien par rapport à la coadjutorerie de Cologne et de Munster. D'après la première réponse de l'électeur de Cologne je ne trouve pas à propos, de concert avec l'empereur, de lui faire une demande en forme, pour ne pas paraître de vouloir quasi mendier son consentement, tandis que j'aurais eu raison de supposer qu'il aurait dû être flatté d'avoir mon fils pour coadjuteur. On ne pense cependant pas de rompre brusquement, on fera plutôt une réponse honnête, et on attendra des circonstances plus favorables pour reprendre, si on le trouve à propos, cette affaire, sans exposer l'État à quelque risque. En mère je serais naturellement bien aise de procurer à mon fils un établissement aussi convenable; mais jamais je ne voudrais le faire au risque de mettre en combustion l'État, dont en souveraine et chef de famille je préfère l'intérêt à tout autre, et sûrement il n'y aurait que trop à craindre si l'on s'avisait à vouloir pousser à tout prix cette affaire dans un moment où presque tout le monde est ou aigri contre nous, ou plein de défiance de nos vues d'agrandissement et de conquêtes. Le roi de Prusse ne laisserait sûrement pas d'en tirer tout le parti possible pour rendre nos démarches suspectes et odieuses, et pour les faire échouer. Il le fait connaître par sa correspondance avec son ministre ici, le baron de Riedesel, qu'on vient de déchiffrer et qui contient les traits les plus envenimés contre nous, et nommément contre l'empereur et le prince de Kaunitz. Dans ces circonstances, je trouve à propos que vous différiez encore de parler à ma fille de l'affaire de Maximilien, à moins qu'elle ne commence à devenir trop publique en France, ou que le comte de Metternich (1) ne vous donne avis qu'il serait à propos d'en faire ouverture à ma fille et par son canal au roi. Pour le langage à tenir alors, je m'en remets à votre prudence ordinaire, conformément aux pièces que je vous ai fait communiquer sur cet objet.

---

(1) Le comte François-Georges de Metternich, envoyé autrichien près des électeurs de Mayence, Trèves et Cologne, fut le père du célèbre prince de Metternich.

## VIII. — Marie-Thérèse a Marie-Antoinette.

*Vienne, 1er février*. — Madame ma chère fille, Je suis tout rassurée sur votre santé. Les rhumes ont dû être plus mauvais en France que chez nous. Grâce à Dieu! que vous étiez quitte et votre charmante petite, en trois jours. Je crains que le carnaval ne cause encore des rechutes, le temps étant abominable, et le retour de Paris à Versailles me déplaît infiniment. Il me paraît que Lassone a raison de vous donner du fer, qui a fait merveille auprès de la reine de Naples, et une saignée ne vous fera du mal. Je pouvais compter d'être grosse, quand je me faisais saigner. Je suis donc bien contente de tous ces arrangements, et en attends en quelques mois les effets tant désirés et si importants pour vous. Au reste toutes les nouvelles de toute part, écrites et imprimées, donnent la parfaite union entre vous deux, que le roi marque en toute occasion tant d'affection et attention pour vous que c'est un charme, mais qu'il y a aussi bien qui osent en abuser. On dit que la Polignac, sous le seul titre de la faveur auprès de vous, a demandé le comté de Bitch à ériger en duché. Le public était surpris d'une demande qui annonce plus d'avidité que d'attachement. On dit à cette heure que vous voulez lui faire donner encore des millions. Je ne fais point de cas de ces bruits, ne les croyant vraisemblables, mais je trouve nécessaire et utile que vous en soyez instruite, surtout dans les circonstances où l'État a tant de charges à soutenir.

Je souhaite bien que la campagne future ait moins de pénible et plus d'utile à procurer, mais les Anglais auront des forces bien supérieures. Ils font des préparations énormes et paraissent partout gagner de vitesse; l'escadre de Rodney (1) fait craindre même pour l'Europe. On ne trouvera plus les moments si favorables que ceux de l'année passée, et, je vous avoue, l'intérêt tendre que je prends à vous, mes chers enfants, et à votre couronne, me fait souvent passer des moments bien inquiétants.

Bien des remercîments pour la belle et précieuse tablette, qui me fait bien du plaisir, de même la lorgnette que j'ai déjà éprouvée, qui est excellente et me convient d'autant plus, mes yeux devenant jour-

---

(1) L'amiral anglais sir George Rodney.

nellement plus faibles, et ne pouvant me servir de verres pour lire ou écrire. Votre frère Ferdinand et elle (comme comtes de Nellenbourg) ont déjà passé à Rome le 19 ; ils étaient reçus au mieux. Le Saint-Père les a reçus avec une tendresse et attention touchantes, et tous les particuliers, mais surtout le cardinal Bernis, de même Grimaldi (1) se sont distingués ; et, je vous avoue, dans ce moment-ci j'en étais bien aise. On voit par là notre étroite union, qu'il importe d'être connue, comme elle est gravée dans nos cœurs. Actuellement ils sont à Naples, et pour l'état avancé de votre sœur, je ne suis pas tout à fait hors d'inquiétude, connaissant son activité et l'agitation de son âme. Celle-ci vous viendra en carême ; je vous prie de penser sérieusement à votre santé, et de ne rien gâter en montant trop à cheval. Les autres amusements cessant, je crains avec le retour du beau temps cet exercice. En vous embrassant tendrement, ma chère et plus que chère fille.

## IX. — Marie-Antoinette a Marie-Thérèse.

*Versailles, 15 février.* — Madame ma très-chère mère, Si ma chère maman a pu avoir inquiétude du carnaval, je suis charmée de pouvoir la rassurer. Il est fini sans inconvénient ni pour ma santé ni d'aucune espèce. Je crois même pouvoir dire que les bals que j'ai donnés chaque semaine dans mon appartement ont bien réussi ; ils ont été bien fournis, pour la danse et pour la compagnie, par ce qu'il y a de mieux à Paris et à Versailles.

Nous avons ici grand nombre de princes de Hesse. Le prince George y est avec toute sa famille (2), sa femme, son second fils, son gendre, ses deux filles et sa belle-sœur. Je compte que les quatre femmes

---

(1) Le cardinal de Bernis était ambassadeur de France et le duc de Grimaldi ambassadeur d'Espagne.

(2) Le prince George de Hesse-Darmstadt, frère du landgrave alors régnant, était en France avec sa femme la princesse Louise de Linango, son second fils le prince George, né en 1754, ses deux filles les princesses Louise et Charlotte, et son gendre le prince héréditaire de Hesse-Darmstadt, marié à la princesse Louise. Un échange de lettres affectueuses s'établit après ce voyage entre Marie-Antoinette et les deux jeunes princesses ; la correspondance avec la princesse héréditaire, qui devint landgrave de Hesse-Darmstadt en 1790, se continua jusqu'en 1792. Elle a été publiée par M. le comte de Reiset, Plon, 1865, en une brochure in-8°, et se compose de vingt-sept lettres de la reine. Les dernières, datées des années de la révolution, offrent un intérêt particulier.

viendront un des jours de cette semaine me voir. Pour les deux princes, ils sont déjà venus; le fils du prince George surtout réussit très-bien ici, il est très-aimable. Pour le pauvre père, il est malade depuis qu'il est à Paris; il a la goutte, et par-dessus le marché il a dans ce moment-ci une fluxion sur les yeux qui le fait beaucoup souffrir.

Je suis trop accoutumée aux inventions et exagérations de ce pays-ci pour être surprise de ce qu'on a débité sur M$^{me}$ de Polignac. Il est assez ordinaire ici que le roi contribue à la dot des personnes de la cour et de naissance qui ne sont pas riches. Le mariage de la petite Polignac est arrêté avec le comte de Gramont, qui est déjà capitaine des gardes en survivance. Sa mère a pensé au comté de Bitche, mais ce n'a été qu'un instant, et aussitôt qu'elle en a su la valeur, elle a été la première à me le dire et en a abandonné l'idée; pour le titre de duc, c'est une pure invention. Quant à l'argent, le roi dotera sûrement la petite fille, et on en dira peut-être plus de louis d'or qu'il n'y aura d'écus. C'est une grande joie pour moi de voir que la manière de penser du roi m'épargne toute sollicitation pour mon amie. Il est bien persuadé de la parfaite honnêteté et de la noblesse de ses sentiments. Il sera charmé de lui faire du bien pour elle-même; je n'en suis pas moins sensible à la marque d'amitié qu'il me donne dans cette occasion.

Le roi vient de donner un édit qui n'est encore qu'une préparation à la réforme qu'il veut faire dans sa maison et la mienne (1). Si elle s'exécute, ce sera un grand bien, non-seulement pour l'économie, mais encore pour l'opinion et la satisfaction publique. Il faut attendre les effets pour pouvoir y compter; on l'a tentée sans succès sous les deux derniers règnes. Le roi a le pouvoir et la bonne volonté; mais il y a dans ce pays-ci tant d'embarras dans les formes que, si

---

(1) Cet édit, en date du 29 janvier 1780, supprimait un certain nombre d'emplois de contrôleurs et intendants de divers services; il fut suivi de plusieurs autres édits détruisant une quantité de charges souvent aussi singulières qu'inutiles. Par exemple l'édit du 1$^{er}$ septembre de la même année supprimera quatre cent six charges dans le seul service des tables du roi. Louis XVI et Marie-Antoinette accueillaient volontiers ces utiles réformes, conseillées par Necker, et qui ne se faisaient qu'en indemnisant les titulaires dépossédés. Toutefois comme les seigneurs possesseurs des grandes charges disposaient de ces charges secondaires et les vendaient fort cher, ils se plaignirent amèrement, et prétendirent que c'était priver la couronne de l'entourage et de l'éclat nécessaires. Voir la *Gazette de France* de 1780, pages 51 et 330.

on ne prend pas la bonne, il en résultera de nouveaux inconvénients comme par le passé.

Ma saignée devait se faire hier; mais elle est retardée par un rhume qui, j'espère, sera passé la semaine prochaine. Je serais bien heureuse si la saignée m'était aussi favorable qu'à ma chère maman. Ma fille se porte bien, et vu la force dont elle est, on est décidé à la sevrer d'ici à Pâques.

### X. — Mercy a Marie-Thérèse.

*Paris,* 18 *février.* — Sacrée Majesté, Le courrier mensuel, arrivé le 13, m'a remis les très-gracieux ordres de V. M. en date du 31 du mois passé. Me trouvant depuis plusieurs jours fort incommodé d'un rhumatisme, je n'ai pu aller présenter moi-même les lettres qui étaient adressées à la reine; mais je les ai confiées à l'abbé de Vermond qui les a rendues le même jour.

Les détails que j'ai à exposer aujourd'hui à V. M. se réduisent à très-peu d'objets, dont le seul essentiel est celui du bon état de la santé de la reine. Les amusements du carnaval, qui dégénèrent presque toujours en fatigue, n'ont eu aucun effet fâcheux; les bals à la cour ont été plus brillants, plus gais que dans les années précédentes, et auraient pu confirmer la reine dans la résolution qu'elle paraissait avoir prise de renoncer aux bals masqués de l'Opéra de Paris. Cependant S. M. a succombé à la tentation d'y venir plusieurs fois, et d'y faire d'assez longues veillées. La reine y était suivie alternativement par l'un des princes ses beaux-frères, par une dame du palais et par un officier des gardes du corps. S. M. se promenait dans le bal avec des personnes distinguées et connues; elle a pris cette occasion de marquer des bontés à la landgrave de Hesse-Rheinfels et aux princes de Hesse-Darmstadt. Il n'est d'ailleurs survenu à ces bals aucun incident qui méritât d'être rapporté. Quoique ces petites courses nocturnes se soient faites par un temps assez rude, la reine n'en a point été incommodée. Il était décidé qu'elle serait saignée aujourd'hui par pure précaution. Le premier médecin Lassone en avait formé depuis longtemps le projet, qui n'a été différé que pour le remplir dans des moments de tranquillité.

Passé quelques années une comtesse de Dillon, jeune et aimable, nièce de l'archevêque de Narbonne, avait paru obtenir faveur auprès de la reine; mais cela ne s'était point soutenu, et la dite comtesse était rentrée dans la classe des femmes de la cour qui sont traitées avec une bonté ordinaire (1). Depuis peu, sur les instances très-pressantes de l'archevêque de Narbonne, la reine a daigné admettre la comtesse de Dillon au nombre de ses dames du palais surnuméraires, en y joignant l'actualité du service, et cela a fait événement à Versailles, parce que l'on a cru voir dans ce choix un indice de la décadence du crédit de la comtesse Jules de Polignac. Quelque peu fondée que me paraisse cette conjecture, elle a suffi pour exciter une grande attention et beaucoup de propos; entretemps rien ne paraît changé dans la position de la comtesse de Polignac; elle est à Versailles admise tous les jours dans les cabinets de la reine, et comblée de grâces utiles bien au delà de ce qu'elle et les siens pouvaient raisonnablement espérer et demander.

L'intimité entre le roi et la reine se maintient dans le degré le plus désirable, sans qu'elle soit jamais traversée par le moindre nuage; la complaisance du roi, son empressement à aller au-devant de tout ce qui peut plaire à son auguste épouse, portent cette princesse à un retour d'attention et de cordialité qui maintient l'union la plus parfaite; il n'en résulte cependant encore aucune apparence de grossesse. Ce retard, bien plus fâcheux qu'il ne doit être inquiétant, n'a aucune cause connue. Si les espérances tardaient encore à se réaliser, le premier médecin semble incliner à proposer l'usage des eaux ferrugineuses pendant la belle saison prochaine.

Depuis le commencement du carême la cour a repris sa forme ordinaire. Les deux soupers dans les cabinets ont lieu le mardi et le jeudi; le choix des personnes qui y sont admises est moins dicté par

---

(1) M<sup>me</sup> de Dillon était née de Roth, d'origine irlandaise. Sa liaison avec le prince de Guémenée était chose connue et acceptée. Dans une note particulière sur l'entourage de la reine, Mercy la peint comme douce et aimable, et ajoute qu'elle eut un instant de grande faveur auprès de Marie-Antoinette, mais que, poussée par sa mère, fort intrigante, elle se montra si indiscrète en demandes de faveurs pour ses parents et amis que la reine en fut aussitôt rebutée. — Besenval, dans ses *Mémoires*, dit d'elle : « M<sup>me</sup> de Dillon était grande et bien faite, quoiqu'un peu maigre ; elle avait un visage charmant, sur lequel était peinte la douceur de son âme, comme elle l'était dans le son de sa voix. L'attachement de M. de Guémenée fut extrême : il ne vivait que pour elle et ne la quittait pas. Cela dura douze ans, jusqu'à sa mort, sans se démentir. Nos gens à sentiments ont voulu établir que jamais M. de Guémenée n'en avait rien obtenu, et que sa passion était purement platonique. »

la faveur que par une convenance judicieuse, ce qui rend plus de monde content et augmente le nombre des courtisans en hommes et en femmes. Les spectacles au théâtre du château seront continués comme de coutume jusqu'à la semaine de la passion. Le jeu de hasard est moins habituel chez la reine; mais de temps à autre il y reprend assez pour que l'on ne puisse pas prévoir l'époque où il sera totalement aboli. Les inconvénients en sont beaucoup diminués en ce que l'on joue moins gros jeu, et M. le comte d'Artois, qui avait à cet égard le plus de reproches à se faire, se prête en ce point même dans toute sa conduite à plus de modération.

## XI. — Mercy a Marie-Thérèse.

*Paris,* 18 *février.* — La place de dame du palais surnuméraire accordée à la comtesse de Dillon a fait événement à Versailles, et y a donné lieu à beaucoup de combinaisons, à beaucoup de mesures calculées sur les différents intérêts des partis qui existent à la cour. Ils ont tous envisagé le rapprochement de la comtesse de Dillon comme l'annonce certaine de la décadence du crédit de la comtesse Jules de Polignac; mais, comme l'on est sujet ici à juger de tout fort légèrement et avec exagération, je ne vois personne qui ait bien saisi l'état de la chose, ni qui sache l'évaluer ce qu'elle peut valoir, tant pour le présent que pour l'avenir. Il est bien certain que la comtesse Jules, en abusant en dernier lieu de sa faveur pour satisfaire son avidité, a étonné la reine et lui a causé une peine réelle, et je suis convaincu que l'impression en restera. Je vois en même temps que la reine éloigne, autant qu'elle le peut, toute réflexion qui répugne à son sentiment très-vif et très-décidé pour sa favorite. Si cette dernière ne commet point d'imprudences trop répétées, elle se soutiendra encore longtemps. L'espèce de concurrence de la comtesse de Dillon pourra la rendre plus circonspecte dans sa conduite, et quoique ces deux dames soient à un degré de faveur bien différent, il serait à désirer qu'elles se balançassent un peu, et qu'il en résultât une diminution dans les inconvénients qu'elles peuvent avoir l'une et l'autre, soit par elles-mêmes, soit par leurs alentours. Nous méditons, l'abbé de Vermond et moi, sur ce plan si utile au service de la reine, et notre intime liaison nous met dans le cas d'agir parfaitement de concert dans nos démarches, ainsi que dans notre langage.

Je vois avec une grande satisfaction que, depuis quelque temps, cet abbé a infiniment gagné dans l'esprit de la reine, au point même que personne sans exception ne peut entrer en parallèle du côté de la confiance qu'elle daigne lui accorder. Je dois convenir qu'il n'en a pas toujours été de même, et que quelquefois j'en ai eu de vives inquiétudes. Si de bons traitements personnels avaient pu suffire à l'abbé de Vermond, il n'aurait jamais rien eu à désirer; mais il fallait plus que cela à son vrai zèle, et le chagrin de voir ses soins ou contrariés ou souvent sans effets l'avait presque anéanti. Pendant deux ans j'ai mis toute mon attention à soutenir, à consoler son esprit; maintenant j'ai des preuves infaillibles d'avoir conservé à la reine d'une manière stable un serviteur éclairé, vertueux, isolé de tout le monde, et qui n'est uniquement qu'à elle. Cet homme n'aurait pu être remplacé, et si j'ai contribué à le retenir, c'est peut-être le seul bien essentiel qu'il ait réussi à mon zèle d'effectuer pour le service de cette auguste princesse. Je ne dois point omettre ici une remarque importante : c'est que, d'après quelques mesures appuyées de ma part par les plus fortes instances, la reine s'est déterminée tout récemment à avoir des explications très-satisfaisantes sur le passé et le présent avec l'abbé de Vermond, et comme tout cela tient à une infinité de matières déjà exposées dans mes rapports précédents, et dont je ne dois la connaissance qu'à la bonté et à la confiance que m'accorde la reine, il serait dangereux, même nuisible, qu'elle pût croire que j'en ai rendu compte, et ce soupçon naîtrait sans doute si, dans le moment actuel, V. M. faisait mention de l'abbé de Vermond dans ses lettres. D'ailleurs il me reste encore dans cet objet un point capital à perfectionner, et je compte d'y réussir : ce sera de faire prendre, vis-à-vis de la reine, un engagement formel à l'abbé de Vermond de ne plus parler ni penser à limiter la durée de son service, et de le rendre à peu près aussi assidu qu'il l'était dans les premières années.

Quoique mon indisposition m'ait empêché de me rendre à Versailles, je sais déjà que la remarque de V. M. sur la comtesse de Polignac a fait impression sur la reine; cependant elle pourrait bien ne pas le témoigner dans sa réponse. A ma première audience je suis bien sûr qu'il s'agira de cette matière, et je reprendrai avec grand avantage la suite des observations qui y sont propres.

Le contenu de la très-gracieuse lettre de V. M. ne me donne

lieu à aucune remarque ultérieure sur ce qui concerne la reine; mais il me reste à répondre sur l'important article qui a trait à M$^{gr}$ l'archiduc Maximilien. J'avouerai que je m'étais toujours représenté des intentions beaucoup plus décidées de la part de l'électeur de Cologne, et que c'est avec surprise, que je vois, par les pièces qu'il a plu à V. M. de me faire communiquer, dans les idées et le langage de l'électeur une tournure qui semble mériter la plus sérieuse attention. Si ces idées ne partent que de son propre fond, il devrait réussir au baron de Belderbusch (1) de les rectifier promptement; et les bonnes raisons les plus palpables lui en donnent des moyens faciles ; mais si, à l'insu du ministre, ces mêmes idées avaient été insinuées, soit par la cour de Berlin, soit par ses partisans, ou peut-être même un peu par la cour de France, dont le ministre baron de Groschlag (2) a éventé l'affaire en question, alors elle pourrait devenir plus compliquée; surtout si l'électeur, pour ménager la cour impériale, consentait d'un côté à ce qu'elle désire, et favorisait de l'autre l'opposition que l'on chercherait à mettre à ce consentement. Quoiqu'une pareille duplicité ne puisse pas être facilement soupçonnée dans un prince ecclésiastique dont la famille doit tant à l'auguste maison d'Autriche, cependant dans un objet aussi grave, quand il s'agit de la sûreté du service de V. M., toutes les combinaisons possibles ne sauraient être trop scrupuleusement examinées.

En attendant des éclaircissements plus décisifs, je sens toute l'importance de l'ordre que V. M. daigne me donner, de ne point encore parler à la reine. Je différerai jusqu'à ce que le comte de Metternich m'en indique le moment ; alors je ferai usage de la lettre de V. M. à la reine, et exposerai à cette auguste princesse tout ce qui paraîtra convenable à aplanir les petites difficultés, si tant est qu'il s'en manifeste quelqu'une de la part de cette cour-ci.

### XII. — MARIE-THÉRÈSE A MERCY.

*Vienne, 3 mars.* — Comte de Mercy-Argenteau, J'ai reçu par le courrier Caironi, arrivé ici le 1$^{er}$ de ce mois, votre lettre du 18 du

---

(1) Le baron de Belderbusch était ministre de l'électeur de Cologne.
(2) Le baron de Groschlag était ministre plénipotentiaire de France près le cercle du Haut-Rhin.

passé. Je suis bien aise que le carnaval s'est passé sans quelque inconvénient considérable, ni par rapport à la santé de ma fille, ni à d'autres événements. Je me suis toujours doutée qu'elle ne voudrait renoncer tout de bon aux bals de l'Opéra à Paris et au gros jeu ; il lui coûte trop de combattre ses goûts et passions. Son union avec son époux est toujours ce qui me console le plus ; je souhaite seulement d'en voir bientôt l'effet, et par ce motif je crois qu'on ferait bien de ne pas différer la saignée de ma fille et l'usage des eaux ferrugineuses.

Je crois que la comtesse de Polignac est trop bien ancrée pour craindre d'être supplantée par la comtesse de Dillon. Ce que ma fille me mande sur le compte de sa favorite m'en convainc de plus en plus. Vous sauriez au mieux juger du plan que vous pensez former, de concert avec l'abbé de Vermond, relativement à ces deux dames. Je vois avec plaisir que cet ecclésiastique jouit à présent plus que dans le passé de la confiance de ma fille. Je souhaite qu'il reste toujours sur le même pied vis-à-vis d'elle, mais cela dépendra de la façon dont elle le traitera. On gagnera beaucoup si vous l'engagiez à ne pas quitter la cour et à être assidu auprès de ma fille.

J'ai trop de raisons de m'intéresser à votre santé pour ne pas souhaiter que vous soyez délivré bientôt du rhumatisme dont vous avez été incommodé.

## XIII. — Marie-Thérèse a Mercy.

*Vienne, 3 mars.* — Comte de Mercy-Argenteau, Je veux bien vous faire confidence, quoique dans le dernier secret et pour vous seul, d'une anecdote très-singulière, dont je doute que la chancellerie d'État vous informera, mais dont je crois être intéressant de vous prévenir pour votre direction en cas de besoin. L'empereur m'a fait entrevoir pendant cet hiver, en badinant, son envie d'avoir une entrevue avec l'impératrice de Russie, à l'occasion qu'elle se rendrait à Mohilew (1), et qu'il tâcherait de se trouver en même temps dans la Bukowina (2). Vous pourriez bien imaginer combien peu je goû-

---

(1) Mohilew, ville de Russie, dans le S.-O., en Podolie, sur le Dniester, à 132 kil. E. S.-E. de Kaminiec.

(2) La Bukowine est une petite province des États autrichiens, entre la frontière de Rus-

tais un tel projet, aussi bien par l'impression que cette entrevue devrait faire sur les autres puissances que par l'aversion et l'horreur que m'inspire toujours un caractère tel que celui de l'impératrice de Russie ; mais l'empereur, toujours entier dans ses idées, n'en a pas moins fait ouverture en secret, et encore à l'insu du prince de Kaunitz, au ministre russe ici, le prince de Galitzin. Ce ministre en a d'abord rendu compte à sa souveraine, par un courrier qui vient de retourner ici avec la réponse la plus flatteuse, sur le plaisir que l'impératrice éprouverait de se rencontrer avec l'empereur, et qu'elle en garderait le secret, n'ayant pas même voulu en parler au comte Panin. Je n'en suis pas moins persuadée qu'elle n'aura pas laissé d'en informer d'abord le roi de Prusse. Voilà une nouvelle preuve combien peu je suis capable d'arrêter les idées de l'empereur, quoique je me trouve toujours dans le cas d'en partager le blâme. L'empereur se forme le plus beau plan de tout le bien que son entrevue avec l'impératrice pourra opérer. Il se réjouit d'avance du crève-cœur que le roi de Prusse en éprouvera. Je n'en suis aucunement convaincue, et je vois avec regret qu'on fournit toujours matière pour augmenter l'aigreur du roi de Prusse et pour alarmer nos alliés.

[J'avoue, je suis en peine pour la continuation du système ; on se déclare trop Anglais, on ne soupire après la paix que pour s'y rendre tout de suite (1). Vous ne ferez aucun usage de tout ceci ; je sens soulagées mes peines en vous les confiant.]

## XIV. — Marie-Thérèse a Mercy.

*Vienne, 3 mars.* Comte de Mercy-Argenteau, Comme vous vous trouvez quelquefois avec les Necker, et que j'ai très-bonne opinion des talents de M. de Necker (2), je vous autorise à le lui faire con-

---

sie et les monts Karpathes, qui la séparent de la Transylvanie et de la Hongrie, situées à l'ouest et au sud. Si l'impératrice de Russie faisait un voyage dans le S.-O. de son royaume, Joseph II se trouvait comme engagé à l'aller saluer.

(1) Marie-Thérèse fait allusion à Joseph II, qui voudra, dit-elle, se rendre tout de suite, comme voyageur, en Angleterre.

(2) Joseph II avait aussi une haute opinion de Necker, qu'il était enchanté, écrivait-il à Mercy, d'avoir vu à Paris. « Il me laissa, ajoute-t-il, l'idée la plus avantageuse de son esprit, et conforme à celle de son caractère, au sujet duquel il n'y a qu'une voix. Voudriez-vous bien, si vous en avez l'occasion, lui rappeler de ma part l'instant que je l'ai vu, et l'assurer du cas que je fais d'hommes et de génies comme le sien, dont malheureusement on

naître, si vous le trouvez à propos, en ajoutant que c'est toujours avec beaucoup de plaisir que je lis les nouvelles de ses opérations de finance, et que je suis même persuadée que nous en pourrions tirer bon parti pour nos finances, si même elles ne sont pas dans un désordre aussi embarrassant que celles de France. Vous pourriez encore faire savoir à Mme de Necker que, le peintre Liotard, de Genève, se trouvant ici il y a plusieurs années, j'ai voulu examiner ses tableaux, parmi lesquels j'étais surtout frappée de l'un d'eux qui représentait une jolie jeune personne avec un livre à la main dans une attitude bien intéressante. Je me suis attachée à ce tableau et j'en ai fait l'acquisition : c'est le portrait de Mme de Necker, que je regarde encore plusieurs fois avec plaisir. Dans le temps que Liotard s'est retrouvé ici la dernière fois, il a fait voir de la peine de n'être plus possesseur de ce tableau, et m'a demandé de pouvoir en tirer copie. Je le lui ai accordé, mais j'ai gardé l'original [qui est dans mon cabinet].

### XV. — Marie-Antoinette a Marie-Thérèse.

*Versailles, 16 mars.* — Madame ma très-chère mère, La saignée que j'avais annoncée à ma chère maman a été faite avec un entier succès. Ma santé est à cette heure très-bonne, et je dois espérer de nouveau de devenir bientôt grosse. Je n'ai pu lire sans frémir ce que ma chère maman m'a mandé de la reine de Naples ; c'est un enchaînement de calamités les plus affreuses. On dit ici que sa petite est bien mal, et je crains fort que son fils ne prenne aussi la petite vérole; c'est d'autant plus malheureux que l'on dit qu'elle est de la plus mauvaise espèce. Je ne conçois pas comment, après avoir annoncé à ma chère maman de pareilles nouvelles, on l'a laissée dans l'inquiétude, et plus de vingt jours sans lettres ni courrier. Cela prouve bien qu'elle a perdu la tête. Je la plains de toute mon âme, et je conçois bien l'inquiétude qu'on doit avoir quand ses enfants sont malades. Grâce à Dieu, je n'ai pas encore éprouvé ce sentiment, ma fille n'ayant pas eu seulement un mouvement de fièvre depuis sa naissance. On va bientôt la sevrer, elle est grande et forte, on la

---

trouve ou emploie si peu de par le monde. » Correspondance inédite de Joseph II et Mercy, 4 mars 1780, aux Archives de Vienne.

prendrait pour un enfant de deux ans. Elle marche toute seule, se baisse et se relève sans qu'on la tienne, mais elle ne parle guère. J'ose confier au tendre cœur de ma chère maman un bonheur que j'ai eu il y a quatre jours. Étant plusieurs personnes dans la chambre de ma fille, je lui ai fait demander par quelqu'un où était sa mère. Cette pauvre petite, sans que personne lui disait mot, m'a souri et est venue me tendre les bras. C'est la première fois qu'elle a marqué me reconnaître ; j'avoue que cela m'a fait une grande joie, et je crois que je l'aime bien mieux depuis ce temps. Mais je m'aperçois que je parle bien longuement d'elle ; c'est à la bonté de ma chère maman et à son indulgence à me pardonner tout ce verbiage.

Nous avons reçu la semaine dernière une terrible nouvelle de la perte d'un convoi considérable que nous envoyions à l'île de France. D'abord on disait qu'il avait été pris en entier ; depuis il paraît certain que plus de la moitié a échappé. Malgré cette diminution, la perte est encore bien considérable, surtout pour l'opinion et le crédit. On se disposait à faire embarquer huit à dix mille hommes de bonnes troupes pour l'Amérique à la fin du mois ; on va les réunir en Bretagne ; mais je crois que cette nouvelle va différer l'embarquement. Il est certain que nous ne pouvons pas risquer ce gros convoi sans être bien sûrs de la mer ; il serait affreux d'essuyer encore des malheurs par là ; j'avoue que je ne pense pas à cela de sang-froid.

J'espère que M$^{me}$ de Starhemberg sera contente de moi ; son frère (1) l'est beaucoup de ce que je lui ai procuré la place de colonel commandant du régiment d'Anhalt, destiné à l'embarquement (2). C'est un excellent sujet et un homme estimé dans le militaire.

M$^{me}$ de Hesse, fille de la princesse Françoise, est partie hier d'ici. Je l'ai vue plusieurs fois, elle m'a paru fort contente de son séjour. Pour le pauvre prince George de Darmstadt, je ne l'ai pas encore vu ; il a été toujours malade depuis qu'il est ici. Sa femme est venue me voir avec ses deux filles. Les jeunes princesses me plaisent beaucoup ; la cadette, femme du prince héréditaire, est bien incommodée, elle est grosse et souffre beaucoup. Je crains bien qu'elle ne finisse par faire une fausse couche ; ils vont tous partir le mois pro-

---

(1) Le prince Emmanuel de Salm.
(2) C'est-à-dire un des régiments faisant partie des troupes qu'on envoyait en Amérique, au secours des insurgents.

chain. Ils sont ici pour un procès, mais qui ne sera pas encore jugé de si tôt.

Le baron (1) m'avait parlé d'un cousin de la Brandis (2) qui se destine à être abbé. Je lui en ai écrit, sans qu'elle m'en ait jamais parlé. Charmée de pouvoir faire quelque chose pour elle, si ma chère maman l'approuve, je le ferai venir en France pour finir ses études. Me permet-elle de l'embrasser tendrement?

P. S. Je décachète ma lettre pour faire part à ma chère maman de la bonne nouvelle que nous venons d'apprendre. Il est arrivé à Rochefort un convoi qu'on estime plus de trente millions. Il était escorté par un gros vaisseau et deux frégates ; cela va beaucoup remonter le crédit.

### XVI. — Mercy a Marie-Thérèse.

*Paris*, 18 *mars*. — Sacrée Majesté, La saignée de précaution qui, le mois dernier, a été faite à la reine a produit tous les bons effets que les médecins s'en étaient promis. S. M. a été par ce moyen entièrement délivrée des rhumes qui lui reprenaient à tout moment; quelques autres petites indispositions d'humeurs ont également disparu, et la santé de cette auguste princesse se retrouve dans le meilleur état où elle ait été depuis longtemps. Il n'en résulte cependant point encore la moindre apparence d'une grossesse; le retard des espérances à cet égard se prolonge outre mesure ; et ce retard est d'autant plus affligeant que l'on est bien assuré qu'il ne tient point aux anciennes causes, et que le roi est avec son épouse dans une intimité habituelle qui devrait avoir les suites que l'on en désire. Rien n'est oublié pour porter la reine à faire de sérieuses réflexions à cet égard, et à éviter tout ce qui pourrait affecter l'opinion publique sur ce point si important. La reine a fait presque entièrement le sacrifice de l'exercice du cheval; mais il n'est pas de même de beaucoup d'autres amusements qui occasionnent des veillées et une agitation presque continuelle : même le temps du carême n'en est point un de repos à Versailles. On y a continué cette année des

---

(1) Le baron de Breteuil, qui était alors à Paris.
(2) On se rappelle que la comtesse de Brandis avait été gouvernante de Marie-Antoinette en Autriche.

divertissements qui sont contraires aux usages. Il est venu en idée à la comtesse Diane de Polignac, dame d'honneur de M^me Élisabeth, de donner un bal le 3 de ce mois. Ce projet s'est formé sans que la reine en ait eu connaissance, et on a trouvé moyen de le faire approuver au roi, qui a assisté pendant plusieurs heures à cette fête. Elle a commencé à onze heures et demie du soir et s'est prolongée jusqu'à onze heures du matin. Toute la famille royale, à l'exception de Mesdames tantes, s'y est trouvée. Le bal a été fort nombreux en hommes et en femmes tant de Paris que de la cour; mais il a excité des critiques, dont la plus fâcheuse de toutes est de supposer, quoique à tort, que ce n'est que par de semblables moyens que l'on peut le mieux réussir à plaire à la reine.

Une autre circonstance a causé de très-grands mouvements à Versailles. Il s'agissait d'une promotion militaire qui vient d'être publiée, et dont la majeure partie s'est faite sous les auspices de la protection de la reine. Tous les Polignac ont joué dans cette occasion un grand rôle, moins pour eux que pour leurs amis; mais ces derniers ont obtenu au delà de ce que raisonnablement ils auraient pu désirer. Quoique la reine se soit laissée un peu entraîner à sa bonté ordinaire pour ses alentours favoris, cependant S. M. a mis de l'attention à éviter qu'il ne fût commis des injustices, et pour n'y pas donner lieu, il a fallu étendre la promotion au delà des bornes du besoin et même de l'usage. Le roi s'est prêté avec complaisance à tout ce que la reine a voulu; il s'est occupé lui-même à former des listes qui ont été refondues plusieurs fois selon les différentes intrigues des prétendants qui y obtenaient des changements. Ce travail a duré près de quinze jours, et il en a fallu autant encore au ministre de la guerre pour concilier ces listes, les mettre en ordre et prévenir les mécontentements. Ensuite il a été question de choisir les officiers supérieurs qui seront employés pendant la campagne prochaine, soit en Europe, soit en Amérique, et la protection de la reine a de même beaucoup influé dans ce choix, particulièrement en faveur du marquis de La Fayette, du vicomte de Noailles et du prince Emmanuel de Salm, frère de la princesse de Starhemberg. Ce dernier, qui est passé depuis peu du service d'Espagne dans celui de la France, vient d'obtenir un régiment étranger, avec lequel il se rendra en Amérique, faisant partie du secours destiné aux États confédérés.

Dans l'ordre des choses moins sérieuses, il ne s'est rien passé de remarquable relativement à ce qui concerne la reine. S. M. a traité avec une bonté distinguée les princes et princesses de Darmstadt, en les faisant venir à différentes reprises à la cour, soit à l'occasion du bal, soit à l'occasion des spectacles qui se sont donnés au théâtre du château de Versailles. Les soupers dans les cabinets sont maintenant réglés de manière à contenter plus de monde, et les préférences de faveur n'en excluent point les personnes qui, par leur rang, ont en quelque façon droit de participer à de semblables avantages. A cet égard la reine ne s'est point écartée du plan qu'elle s'était formé au commencement de l'hiver, et il a produit les bons effets que l'on devait s'en promettre. Le cercle chez la reine est devenu toujours de plus en plus nombreux; il s'est tenu régulièrement trois jours de la semaine. Le jeu que l'on y joue a été plus modéré; mais le très-gros jeu n'a cependant pas été entièrement banni de Versailles : il y existe encore de temps à autre chez la princesse de Lamballe, où la reine passe quelquefois la soirée, ainsi que Madame et M$^{me}$ la comtesse d'Artois. La surintendante aurait fort désiré d'attirer le roi chez elle, mais cela ne lui a pas réussi; ce monarque ne va que chez la comtesse Jules de Polignac. La reine, qui lui a fait prendre cette habitude, n'a pas cherché à procurer le même avantage à la princesse de Lamballe, où le concours du monde est, dans ces occasions, plus nombreux et souvent un peu trop bruyant.

Le courrier mensuel arrivé le 15 m'a remis les très-gracieux ordres de V. M. en date du 3 de ce mois, et, dans la même matinée de leur réception, j'ai été présenter à la reine les lettres qui lui étaient adressées; l'empressement de S. M. à les lire et le moment peu propre à me donner audience est cause que je n'ai rien à ajouter à ce très-humble rapport.

La mention que V. M. daigne faire de ma santé est une grande preuve de sa clémence ordinaire. On m'annonce que la goutte pourra me délivrer des incommodités vagues que j'éprouve depuis six mois, et qui m'affectent peu, parce que, hors quelques moments bien rares, elles ne m'ont point empêché de remplir ce qu'exige le service de V. M.

## XVII. — Mercy a Marie-Thérèse.

*Paris*, 18 *mars*. — Ces dernières semaines ont été assez pénibles et peu satisfaisantes dans la plupart des choses qui se sont passées à Versailles. Indépendamment du bal dont mon très-humble rapport ostensible fait mention, il s'est introduit à la cour d'autres divertissements qui, par leur tournure puérile et bruyante, conviennent peu au recueillement du carême, et encore moins à la dignité des personnages augustes qui s'en amusent. Ce sont des jeux qui ressemblent au colin-maillard, qui aboutissent à donner des gages qu'il s'agit ensuite de racheter par quelques pénitences bizarres, et le grand mouvement que cela occasionne est souvent prolongé bien avant dans la nuit. Le nombre des personnes tant de la cour que de la ville qui sont admises à ces jeux les rend encore plus sujets à inconvénients; on est surpris de voir que le roi y prend beaucoup de goût, et qu'il se livre à de pareilles frivolités dans des conjonctures aussi sérieuses pour l'État que le sont celles d'à présent. La reine convient du mauvais effet que cela doit produire dans l'opinion publique. Cette auguste princesse, qui d'elle-même n'est aucunement portée pour de semblables amusements, s'y prête par bonté, par complaisance; mais l'injustice du public fait retomber sur elle l'établissement de ce genre de dissipation, qui est généralement désapprouvé. Il semble que l'on ait en vue de porter le roi à un abandon total des affaires, et le comte de Maurepas lui-même n'est pas exempt d'être soupçonné de ce projet. Il serait aussi pernicieux à la gloire du jeune monarque que nuisible aux intérêts personnels de la reine, et je lui en ai démontré toutes les conséquences, d'une manière si évidente que S. M. en a paru frappée. L'abbé de Vermond, de son côté, suit de très-près cette matière; j'ai réussi, ainsi que je l'espérais, à lui faire prendre l'engagement de continuer avec assiduité ses services, qui sont aussi nécessaires qu'utiles.

Après le départ du courrier de février, la reine témoigna de l'empressement à me parler de la mention que V. M. lui a faite des grâces pécuniaires accordées à la famille de Polignac; la reine parut surprise que ces détails fussent parvenus à Vienne. J'observai qu'ils étaient publics ici, et qu'ensuite de la sensation qu'ils avaient produite, il n'était pas étonnant que cela eût transpiré au loin. La reine m'avoua qu'elle s'était trouvée embarrassée de répondre à V. M. sur cet article, qu'elle avait pris le parti d'avouer le fait de la dot, mais qu'en se récriant sur les exagérations, et en ajoutant que ces sortes de dots s'accordent assez habituellement ici, elle croyait par là voir pallié l'objet de manière à en voiler les particularités. Je répondis que je doutais fort qu'elles pussent rester ignorées, attendu qu'elles faisaient de jour en jour plus de bruit. En effet si V. M. juge à propos d'insister sur la matière, qui est de très-grande conséquence, il y aurait les faits suivants à citer, et je crois que la reine en serait fort émue.

Tout Paris sait maintenant que les Polignac ont touché 800,000 livres pour la dot de la jeune personne de ce nom, et c'est de leur aveu même que l'on en a connaissance.

Les dots accordées quelquefois par le roi étaient des pensions de 6,000 livres; il n'y a pas un seul exemple que pareille grâce ait été portée à un taux approchant de celui que la faveur vient d'extorquer.

V. M. pourrait dire qu'elle n'avait pu d'abord ajouter foi au bruit d'un don si extraordinaire; mais ayant maintenant la certitude de la réalité de ce fait, elle ne peut s'empêcher de craindre qu'il ne soit également réel, ainsi que l'annoncent toutes les nouvelles de Paris, que la reine veut faire payer les dettes de la comtesse Jules de Polignac, et lui obtenir en outre une terre de la valeur de deux millions. V. M. pourrait ajouter une autre anecdote, en témoignant qu'elle ne peut y avoir aucune foi : c'est qu'il se dit hautement dans Paris qu'un certain comte de Vaudreuil, que l'on prétend trop intimement lié avec la comtesse Jules de Polignac, a obtenu par le moyen de cette favorite 30,000 livres de pension du roi, et un domaine d'égale valeur de M. le comte d'Artois, et que ces deux grâces sont manifestement l'effet de l'intervention et de la protection de la reine. Ce fait n'est malheureusement que trop vrai, et il cause la sensation la plus fâcheuse. Cette pension a été demandée pour le comte de Vaudreuil sous prétexte qu'ayant tout son bien dans les îles françaises, d'où rien n'arrive en temps de guerre, il fallait secourir ledit comte jusqu'au retour de la paix.

J'ai vu dans le temps que la reine ne s'est point dissimulé l'incongruité de semblables sollicitations, non plus que les grands inconvénients qui devaient en résulter; mais les prestiges de la favorite ont été plus forts que toutes les réflexions.

Je dois soumettre très-humblement aux hautes lumières de V. M. l'usage qu'elle daignera vouloir faire de ces particularités ; mais il est bien certain que rien ne peut faire autant d'impression sur la reine ni la garantir des dangereux effets de ces complaisances que de voir que V. M. en est informée par la voix publique et qu'elle les désapprouve.

Je dois en venir aux très-gracieux ordres de V. M. énoncés dans trois post-scriptum, et quant au premier (1), je vois que la réticence de l'électeur de Cologne à s'expliquer ne permet pas encore de faire ici les ouvertures qui seront utiles et nécessaires à l'objet. J'attendrai par conséquent là-dessus l'avertissement que me donnera le comte de Metternich, et j'espère qu'il n'y aura que de bien légers embarras à prévenir de la part de cette cour-ci, pourvu que le plus grand secret soit gardé jusqu'au moment où il conviendra de lui en parler. Je remets ici les pièces qu'il a plu à V. M. de me communiquer touchant cette importante affaire.

Relativement au projet de l'entrevue de S. M. l'empereur avec l'impératrice de Russie, non-seulement la chancellerie de l'État me l'a communiqué, mais elle m'enjoint même de le confier au comte de Vergennes, ce que j'ai exécuté, ainsi que V. M. daignera le voir dans ma dépêche d'aujourd'hui. Si cette confidence a quelque danger, il paraît évident qu'il y en aurait eu beaucoup plus à la retarder, et, quoique dans le premier moment elle ait un peu étonné le comte de Vergennes, je crois voir qu'il y aura moyen de l'apprivoiser avec cette idée de manière à en écarter toute sensation politique nuisible. Le ministre a d'abord voulu deviner que ce projet n'était pas de nature à plaire à V. M. J'ai pris des tournures pour tâcher de réduire ses spéculations à des idées les plus simples possible. Quant au fond de la chose, il serait à désirer que S. M. l'empereur en obtînt l'avantage qu'il se propose ; mais il semble bien difficile de pouvoir s'en flatter, soit par un effet du caractère si connu de l'impératrice de Russie, soit par l'ensemble de son système actuel. La promptitude avec laquelle cette souveraine a accepté la proposi-

---

(1) Ceci semble répondre à la seconde lettre de l'impératrice, du 31 janvier (pièce VII), tandis que ce qui vient ensuite, à propos du projet de voyage de Joseph II en Russie et de la commission donnée pour M. et M$^{me}$ Necker, répond aux pièces XIII et XIV, datées du 3 mars.

tion d'une entrevue paraît dévoiler la résolution également prompte qu'elle aura prise d'en prévenir sur-le-champ le roi de Prusse, qui ne manquera pas de redoubler ses menées odieuses. L'essentiel est d'en intercepter ici les effets, et quant à ce point, je puis dire avec une sorte de certitude que, depuis la paix de Tenhen, j'ai gagné beaucoup de terrain auprès du ministère français, particulièrement vis-à-vis du comte de Vergennes. Le roi de Prusse se dessille par ses démarches outrées, par l'acharnement et la déraison qu'il y met. Le comte de Vergennes, qui m'a presque avoué d'avoir connaissance des correspondances prussiennes, ne peut y voir qu'un tissu de mensonges maladroitement ourdis, et tout cela produit un effet salutaire. Il n'est pas douteux que l'on tient ici sincèrement à l'alliance, et que l'on en reconnaît les avantages. Il est vrai que cette façon de penser a pour base la grande vénération et confiance que l'on a pour V. M. J'ajouterai que, depuis quelque temps, les lettres de S. M. l'empereur à la reine sont remplies de témoignages de goût et d'attachement pour le système actuel, ainsi que d'amitié personnelle pour le roi, de bienveillance pour la nation française, et d'intérêt pour une heureuse issue de cette guerre. La reine fait un excellent usage de ces moyens; il m'est démontré que le roi en parle à ses ministres, et je vois clairement le bon effet qui en résulte. Je suis souvent le premier à entretenir le comte de Vergennes des petites apparences de partialité anglaise qui peuvent se manifester à Vienne. Je les compare avec l'anglomanie qui subsiste au milieu de Paris, avec l'enthousiasme de quelques cerveaux brûlés pour le roi de Prusse, et je fais convenir amicalement le ministre du peu d'attention que méritent ces effervescences de quelques particuliers, et combien peu cela a trait à l'essentiel des choses. Je suis autorisé à exposer ces très-humbles détails par l'extrême bonté avec laquelle V. M. daigne me faire connaître ce qui l'affecte, et c'est avec vérité que j'ose affirmer qu'il y a encore bon moyen de maintenir l'union des deux cours et de la rendre aussi utile que durable.

Le directeur-général des finances Necker a passé quelques jours à Versailles, où je n'ai pu le joindre non plus que son épouse. Après le départ du courrier je leur ferai connaître à l'un et à l'autre ce que V. M. m'ordonne de leur témoigner; ils sont dignes d'une si haute marque de bienveillance, le mari par sa probité et ses talents, et la femme par ses vertus exemplaires.

## XVIII. — Marie-Thérèse a Marie-Antoinette.

*Vienne, 1ᵉʳ avril.* — Madame ma chère fille, Je commence à vous remercier du petit billet que vous avez ajouté à votre lettre, de l'arrivée à Rochefort d'un convoi important. Je ne saurais vous cacher que je suis vivement occupée et agitée sur vos affaires, qui me paraissent bien critiques, non pas à cause des ressources de votre monarchie, mais croyant les Anglais si habiles dans ce genre, qu'aucune nation ne peut les égaler et se doit bien incommoder pour leur pouvoir tenir tête. Je vous remercie pour ce que vous voulez faire pour le cousin de la Brandis; cela fait honneur à votre cœur, et j'approuve que vous le faites venir tout de suite, pour qu'il puisse profiter des principes et sciences nécessaires pour cet état. Mᵐᵉ Starhemberg sera bien pénétrée de ce que vous avez fait pour son frère, pourvu qu'il se conduise bien, et mérite vos bontés, et serve bien le roi. Tout ce que vous me marquez de votre fille m'a bien fait plaisir, et je partage bien avec vous le sentiment d'une mère dans l'action de cette chère petite. Que cela est touchant! mais il nous faut un dauphin. L'impatience me prend, mon âge ne laisse guère à attendre. La reine, votre sœur, a perdu sa chère Marianne, a sauvé jusqu'à cette heure son fils, mais a eu encore sa seconde fille assez malade d'une fièvre inflammatoire; avec cela huit mois de grossesse avec vingt-trois accès de fièvre et un rhume de nerfs, et toujours en l'air à Naples, Caserta, Portici, etc. J'avoue, je suis bien en peine pour elle. Ce n'est pas de sa faute qu'elle n'ait écrit : elle l'a fait tous les jours de poste, trois ont été arrêtées à cause des neiges. Mais ce qui m'a indigné est qu'aucun courrier ni estafette particulière n'a été envoyé du ministre (1), qui a les ordres positifs dans ce cas et n'a pas à attendre que la reine écrive elle-même; dans une situation pareille on ne saurait exiger une telle attention, mais bien d'un M. Lamberg.

Vous ne m'avez rien répondu sur les grandes générosités que je vous ai marqué que tous les papiers donnaient, que le roi avait donné à la comtesse Jules de Polignac en dot pour sa fille 800,000 livres, outre cela une terre de deux millions, et à part ses dettes

---

(1) Antoine comte de Lamberg-Sprinzenstein, envoyé d'Autriche à Naples.

payées. Il y a même une autre anecdote à laquelle je ne saurais ajouter foi, qu'un certain comte de Vaudreuil, que l'on prétend trop intimement lié avec cette comtesse, a obtenu par son moyen trente mille livres de pension et un domaine du comte d'Artois, et cela par votre intervention. Je dois vous avertir que cela fait une très-grande sensation, assez mauvaise dans le public et à l'étranger, surtout dans le moment où on réforme tant à la cour, ce qui est nécessaire et louable. Mais ces générosités si excessives d'un autre côté rendent par comparaison même les autres plus malheureux et plus pesants. Je n'ai pu me taire sur ces anecdotes qui intéressent trop votre gloire, et que, par bonté de cœur, vous vous laissez aller à l'avidité de ces prétendues amies, et surtout dans les circonstances présentes. Si je ne vous en avertissais, qui est-ce qui l'oserait? Il m'a coûté de vous en écrire, mais votre silence entier sur ce point m'a décidée que la chose n'était pas controuvée, et qu'il fallait vous éclaircir sur ces faits. Rien ne doit vous convaincre mieux de ma tendresse, et que je ne suis occupée que de votre bonheur, que cet avis; je souhaite bien qu'il ne soit tel. En vous embrassant tendrement.

### XIX. — Marie-Thérèse a Mercy.

*Vienne, 2 avril.* — Comte de Mercy-Argenteau, J'ai reçu votre lettre du 18 par le courrier Kleiner, arrivé ici le 29 du même mois.

Je ne saurais être contente de la saignée faite à ma fille qu'autant que j'en vois le même effet que j'en ai éprouvé la plupart dans mon état de mariage. Il est bien à souhaiter que le goût pour ces petits jeux s'émousse bientôt; d'ailleurs ils pourraient avoir plus d'une suite désagréable. Ce bal chez la comtesse Diane de Polignac et ce gros jeu chez la princesse de Lamballe me déplaisent encore fort, d'autant plus que la critique met sur le compte de ma fille ce que le public trouve à redire à ces divertissements peu réguliers. Je compte sur vos remontrances, soutenues par l'abbé Vermond, pour faire sentir au possible à ma fille tous les inconvénients qui en sont inséparables. L'influence que ma fille a eue dans la promotion militaire et l'usage qu'elle en a fait prouvent bien tout le crédit de la comtesse de Polignac; je la crois trop bien ancrée pour en affaiblir si tôt l'effet.

La négociation de Cologne est toujours dans le même état d'incertitude, mais il ne laisse pas d'en transpirer quelque doute, ce qui pourrait en rendre la marche plus embarrassante. Je ne suis pas fâchée que le comte de Vergennes ne me croit pas portée pour l'entrevue de l'empereur avec l'impératrice de Russie ; mais comme on ne saurait plus la redresser, il ne conviendrait pas d'en faire paraître mon éloignement [mais on ne peut se tromper ici, voyant pour moi les suites de tous ces voyages, qu'ils sont bien contre moi.] Au reste, d'accord avec vous sur le peu d'apparence de quelque avantage qui pourrait être produit par cet événement (1), je crois qu'il fera pendant quelque temps de la rumeur et que tout tombera ensuite, sans engendrer une nouvelle époque ; surtout si l'empereur continue à rassurer sur sa façon de penser la France par ses lettres à la reine, et que les menées prussiennes contribuent elles-mêmes à importuner la France, et à abaisser le crédit du roi de Prusse.

## XX. — MARIE-ANTOINETTE A MARIE-THÉRÈSE.

*Ce 13 avril.* — Madame ma très-chère mère, Les troupes destinées pour les îles sont embarquées et n'attendent plus qu'un vent favorable pour sortir du port. Dieu veuille qu'elles arrivent heureusement ! L'embarquement a déjà éprouvé un inconvénient ; on n'a pas pu réunir à Brest assez de vaisseaux de transport et on a été forcé de laisser deux régiments. Celui du prince de Salm en est, mais on espère les faire rejoindre incessamment. J'espère qu'il y fera bien, il a bonne réputation dans le militaire.

Le sevrage de ma fille n'a en rien dérangé sa santé, et elle est toujours très-bien et m'intéresse beaucoup ; je lui désire bien vivement un compagnon, et j'ai lieu de l'espérer plus que jamais.

J'ai eu grand plaisir de revoir Joseph Kaunitz (2) ; il est au moment de repartir. J'espère qu'il est content de moi. Pour moi j'ai été enchantée d'une conversation que nous avons eue ensemble de deux heures. Je me suis bien informée de tout ce qui peut regarder et in-

---

(1) Tous les détails de l'entrevue de Joseph II avec Catherine II à Mohilew (4 juin 1780) et du voyage qu'il fit avec elle jusqu'à Saint-Pétersbourg se trouvent dans les lettres de Joseph II à Marie-Thérèse à cette date. Voir le 3ᵉ volume de *Maria Theresia und Joseph II*, par M. d'Arneth, pages 246 et suivantes.

(2) Le comte Joseph de Kaunitz, le plus jeune fils du chancelier d'État, était envoyé d'Autriche en Russie.

téresser ma chère maman, ce qui est ma plus chère occupation. Je lui ai trouvé de l'esprit, voyant juste, et parlant très-bien d'affaires. Je l'ai bien chargé de faire mes compliments à son père, que j'estime à tant de titres comme bon, fidèle et essentiel serviteur de ma chère maman. Il est vrai que je donnerais toute chose au monde pour avoir un prince Kaunitz ici dans le ministère, mais malheureusement cela ne se rencontre pas souvent, et il faut savoir apprécier le mérite comme ma chère maman pour trouver de pareils hommes (1).

M. de Vaudreuil est un homme de condition qui a bien servi, et dont les parents se distinguent dans la guerre actuelle. Il n'a jamais demandé des grâces, et sa fortune ne lui faisait pas désirer celles d'argent. Il a beaucoup de biens aux îles, mais il n'en reçoit rien à cause de la guerre. Le roi lui avait donné 30,000 francs non de pension, mais seulement jusqu'à la paix. Il a remis cette grâce au roi depuis que le comte d'Artois lui a donné un domaine. Je n'ai pas eu part à cette générosité; tout le monde sait ici que M. de Vaudreuil est assez aimé de mon frère pour n'avoir pas besoin de protection auprès de lui. Je pourrais en dire autant pour M$^{me}$ de Polignac par rapport au roi; il l'aime beaucoup, et quoique je sois fort sensible et reconnaissante du bien qu'il lui fait, je n'ai pas besoin de l'en solliciter. Les gazetiers et nouvellistes en savent plus que moi; je n'ai entendu parler ni de la terre de deux millions ni d'aucune autre;

---

(1) Marie-Thérèse montra au prince de Kaunitz le fragment de cette lettre qui le concernait. Le prince y répondit par la lettre suivante adressée à Marie-Antoinette :

*Le 2 mai.* — Madame, Sa Majesté l'impératrice-reine, dont la bonté égale toutes les autres éminentes qualités du cœur et de l'esprit, a daigné non-seulement me communiquer l'article de la lettre dans laquelle V. M. me fait l'honneur de lui parler de moi dans des termes dont j'ai été vivement touché, mais elle me permet même d'oser lui en témoigner ma respectueuse reconnaissance. Je supplie donc V. M. de trouver bon que j'aie l'honneur de la lui témoigner du fond de mon cœur, et de l'assurer en même temps que, bien certainement, je tâcherai de mériter la continuation de l'opinion dont elle m'honore. Ce sera par les soins les plus assidus, par la plus grande sollicitude pour le bien du service de mon incomparable impératrice, et par toutes les preuves possibles de mon attachement pour la personne de V. M. et pour l'intérêt de l'alliance. C'est tout ce qui est en ma puissance, et je me flatte moyennant cela que V. M. daignera en agréer l'assurance. Je lui demande avec instance la continuation de sa haute bienveillance. J'ose lui recommander mon bon et bien honnête ami, le comte de Mercy, comme l'homme du monde le plus digne de toute sa confiance, et je supplie V. M. d'être bien persuadée qu'avec tous les sentiments qui lui sont dus, je serai toute ma vie, madame, de Votre Majesté le plus sincèrement attaché des anciens serviteurs de sa maison et de son auguste personne.

si j'en savais davantage, je le dirais à ma chère maman, à qui je n'éviterai jamais de répondre sur rien.

M. le prince de Condé vient d'être nommé colonel-général de l'infanterie; cette charge avait été supprimée au commencement du dernier règne à cause des droits exorbitants qu'elle donnait; en la rétablissant aujourd'hui, on en limite le pouvoir. Je ne me suis pas mêlée de cette affaire, quoique la politique de M. le prince de Condé l'ait engagé à m'en faire des remercîments, et que même il affecte de faire croire qu'il m'y a eu grande obligation.

J'ai écrit dernièrement à la reine de Naples; mais, à cause de son état, je me suis retenue de lui montrer ma douleur et inquiétude sur sa santé et la perte qu'elle a faite de sa fille. Je ne conçois pas la négligence de Lamberg; a-t-il donc oublié la sensibilité et la tendresse de ma chère maman pour ses enfants? Permet-elle que je l'embrasse en lui renouvelant mon respect, ma tendresse et ma reconnaissance?

Le baron de Breteuil va partir; il portera à ma chère maman mes vœux bien sincères pour son jour de naissance.

## XXI. — Mercy a Marie-Thérèse.

*Paris,* 17 *avril.* — Sacrée Majesté, Mon très-humble rapport précédent a exposé à V. M. le degré d'influence que la reine avait eue dans la dernière promotion militaire, ainsi que les mesures prises pour éviter les mécontentements que quelques choix de faveur auraient pu occasionner. Quoique le roi et son ministre s'en fussent occupés avec soin, il n'a pas été possible d'obvier généralement à tout motif de plainte, et il s'en est élevé une très-vive sur ce que le prince de Lambesc, parvenu au grade d'officier-général, avait obtenu de remettre son régiment à son frère cadet le prince de Vaudemont (1), lequel, n'ayant point encore l'âge prescrit par les ordonnances, devait être exclu d'un pareil avantage, qu'il emportait par un effet des bontés et de la protection de la reine. L'excessive jalousie de la haute noblesse française contre les princes de la maison de Lorraine établis à cette cour donnait le principal essor à la réclamation dont il s'agit; elle n'aurait pas occasionné le même bruit s'il avait été question de tout autre

---

(1) Le prince de Lambesc et le prince de Vaudemont étaient fils de la comtesse de Brionne.

particulier national. Cependant, pour sauver en quelque façon les formes de la règle, le roi prit le parti de faire déclarer que le prince de Vaudémont ne commanderait son régiment que quand il aurait atteint l'âge de vingt-trois ans, et cette décision calma toutes les plaintes ; mais en même temps elle excita celles de la comtesse de Brionne, qui représenta qu'en morcelant une grâce accordée à son fils, c'était la lui retirer en effet, puisque le principal avantage de cette même grâce consistait à marquer en faveur des princes de Lorraine une distinction de laquelle ils ont constamment joui en France dans toutes les carrières qu'ils y ont remplies. La princesse Charlotte, coadjutrice de Remiremont (1), fut envoyée à Versailles pour tâcher d'y faire valoir de pareils arguments ; elle obtint une longue audience de la reine, lui écrivit successivement plusieurs lettres très-pressantes et qui occasionnèrent quelque embarras à S. M. Le seul moyen d'en sortir était une réponse décisive ; la reine s'y détermina, en marquant à la princesse Charlotte, dans des termes de bonté, mais très-positivement, qu'il était impossible de faire changer le roi sur une résolution prise et publiée ; qu'en matière d'avancement militaire les acceptions de faveur n'étaient point aussi admissibles qu'elles pouvaient l'être quand il s'agissait de grâces purement utiles ou honorifiques, que, dans ces derniers cas, la reine se ferait toujours un plaisir de donner aux princes de Lorraine des marques efficaces de ses bontés et de sa protection. La comtesse de Brionne a été doublement peinée dans cette conjoncture, parce qu'en manquant son objet, elle a dû apercevoir qu'elle avait trop présumé du crédit de la princesse Charlotte auprès de la reine. J'ai très-humblement exposé dans le temps les indices légers sur lesquels la comtesse de Brionne s'était formé des espérances qui donnaient carrière à d'assez vastes projets; mais la comtesse de Polignac les a renversés tous, et quoique les grâces extraordinaires qu'elle vient d'obtenir pour elle et pour les siens eussent paru inspirer à la reine quelques soupçons d'un abus de la faveur, cette impression n'a été que momentanée et n'a laissé aucunes traces sensibles. Ce qui affermit le plus la comtesse de Polignac dans sa position, c'est que le roi semble avoir contracté une

---

(1) Sœur des princes de Lambesc et de Vaudemont ; on a vu que l'ambitieuse comtesse de Brionne s'était flattée un moment que sa fille pourrait supplanter la comtesse de Polignac dans la faveur de la reine.

sorte d'amitié pour elle : il lui sait gré d'être devenue une ressource essentielle pour la reine, il s'habitue lui-même dans la société de cette favorite ; lorsqu'elle est absente de Versailles, le monarque prend soin de lui écrire pour l'avertir des temps et des moments où sa présence peut devenir le plus nécessaire ou agréable à la reine. Ladite comtesse influe en effet souvent dans une partie des arrangements de la cour. Il était décidé qu'elle se rendrait à Marly le 5 pour y rester jusqu'à la fin du mois ; mais ce voyage n'a point eu lieu, par la seule raison que la comtesse de Polignac, entrant dans le neuvième mois de sa grossesse, est venue à Paris pour y faire ses couches, et que la reine, qui se propose de la voir souvent, fera plus commodément ses petits voyages à Paris en partant de Versailles que si elle se trouvait à Marly.

Depuis le départ du courrier de mars il n'est rien survenu de remarquable à la cour ni dans l'intérieur de la famille royale ; la meilleure harmonie s'y maintient constamment, et les marques d'attention, de prévenance et d'attachement du roi pour son auguste épouse se manifestent dans toutes les occasions qui peuvent y donner lieu. Le cercle qui se tient régulièrement deux jours de la semaine chez la reine et les deux soupers dans les cabinets continuent à attirer suffisamment de monde à Versailles. Le jeu y a été plus modéré depuis quelques semaines, et les petits jeux de société y deviennent plus rares. Ce genre d'amusement, qui avait d'abord été saisi avec vivacité, ne pouvait être de longue durée. La belle saison va d'ailleurs procurer d'autres ressources, celles des promenades et des chasses ; elles auront d'autant moins d'inconvénients que la reine semble décidée à renoncer à l'exercice du cheval, pour le moins à en user si modérément qu'il ne pourra produire aucun effet dangereux. Pour peu qu'une grossesse tarde encore à survenir, on s'occupera sérieusement de tous les moyens de l'art qui seront jugés propres à la circonstance. Le premier médecin Lassone médite toujours le projet d'un voyage aux eaux ; il est probable que celles de Forges seront choisies de préférence, mais rien ne sera décidé à cet égard avant la fin du mois prochain (1).

---

(1) Forges est aujourd'hui un chef-lieu de canton du département de la Seine-Inférieure, à 20 kil. S. E. de Neufchâtel. Ses eaux minérales, encore renommées, étaient fort à la mode au XVII<sup>e</sup> siècle. Il y a trois sources, la *Royale*, la *Reinette*, la *Cardinale*, ainsi nommées

Le comte Joseph de Kaunitz, qui est ici depuis quelques semaines, a été très-bien accueilli par la reine. Dans les conversations qu'il a eues avec S. M., cette auguste princesse lui a marqué beaucoup de confiance et la plus grande estime pour le prince-chancelier son père. D'après ce que la reine a daigné me dire elle-même de la matière de ces entretiens, j'ai pu reconnaître que le comte de Kaunitz, avec toute la prudence et le jugement qui lui sont propres, avait su tirer le meilleur parti de ces occasions pour présenter et faire valoir les remarques les plus convenables au bien du service de la reine, et que la bonne manière dont cet ambassadeur s'y est pris a produit un effet aussi utile que réel.

La suppression des charges des receveurs-généraux des finances a occasionné de grands mouvements à la cour. Les deux princes frères du roi et le duc d'Orléans ont trouvé que cette opération préjudiciait au droit honorifique qui leur est accordé de nommer à ces places dans les provinces qui forment leurs apanages. M. le comte d'Artois ayant eu sur cette matière un entretien très-vif avec le directeur-général des finances, qui lui répondit respectueusement mais avec beaucoup de fermeté, le jeune prince eut recours à l'appui de la reine, et toutes sortes d'instances furent employées pour l'obtenir, mais S. M. ne se laissa point persuader, et cette circonstance, précédée de plusieurs autres à peu près semblables, où les insinuations de M. le comte d'Artois ont également échoué, prouve que la reine a pris le parti décidé et très-nécessaire de mettre des bornes à ses complaisances pour le prince son beau-frère, qui avait trop souvent abusé de son crédit, ainsi que j'ai été dans le cas d'en faire si fréquemment mention dans mes très-humbles rapports précédents. J'observerai d'ailleurs que de tous les ministres du roi le directeur Necker est celui dont la reine a la meilleure opinion et qu'elle considère le plus. Ce directeur-général de son côté est fort occupé à manifester son zèle et son attachement respectueux pour la reine. Quand S. M. lui marque quelque volonté, il expose d'abord les possibilités ou les obstacles dont l'objet est susceptible; mais en même temps il sait toujours trouver des modifications qui, sans blesser l'ordre et la justice, conduisent à effectuer les désirs de la reine. Cette méthode lui a si bien réussi qu'il est le seul

---

parce qu'on les recommanda à Louis XIII, Anne d'Autriche et Richelieu. Voir le *Dictionnaire général de biographie et d'histoire, de géographie*, etc., de Dézobry et Bachelet.

des gens en place qui sache faire entendre et agréer ses raisons.

Le courrier mensuel m'a apporté le 11 au soir les ordres de V. M. en date du 2. Les lettres adressées à la reine lui ont été remises le lendemain au matin, et je me suis rendu vendredi à Versailles pour y exposer à S. M. les remarques que la chancellerie d'État me chargeait de porter à sa connaissance. Ces remarques ont paru fixer toute l'attention de la reine, ainsi que ma dépêche d'office en rend un compte plus détaillé.

Madame fille du roi a été sevrée depuis trois semaines sans en éprouver le plus léger dérangement. Cette princesse prend des forces, commence à marcher, et annonce dans tout la meilleure constitution de santé possible.

Après le départ du courrier je me propose de profiter demain de la permission que V. M. a daigné me donner d'aller à Brest, d'où je serai de retour pour l'arrivée du courrier prochain. Pendant cette petite absence l'abbé de Vermond me donnera des nouvelles de la reine, et dans des cas imprévus où le service de S. M. l'exigerait, j'abrégerais ma course et reviendrais sur mes pas.

## XXII. — Mercy a Marie-Thérèse.

*Paris*, 17 *avril*. — L'avis que, dans sa dernière lettre, V. M. vient de donner sur ce qui regarde la comtesse de Polignac et le comte de Vaudreuil a produit un très-grand effet, duquel j'ai été bien à portée de juger par les différentes sensations que la reine m'a montrées bien à découvert. Son premier mouvement a été d'abord un peu d'humeur et une sortie assez vive contre les nouvellistes qui osent répandre de pareils faits. J'observai que cela pouvait et devait même avoir lieu, sans que pour cela on pût supposer ni malice ni mauvaise volonté dans ceux qui écrivent des faits de toute notoriété, avoués et annoncés par ceux que cela concerne et qui en font manifestement parade. J'ajoutai que ce qui m'affectait le plus était l'expression dont la reine me disait que V. M. se servait, en annonçant que ces bruits faisaient une grande sensation « à l'étranger ». Je joignis à cette remarque le commentaire qui pouvait donner le plus d'énergie à la chose et à ses grandes conséquences. Alors je vis distinctement un mouvement de honte que la reine m'avoua ensuite avec toute sa bonté et franchise ordinaire. Elle se replia sur sa sensibilité pour son amie, sur la difficulté de résister à cette complaisance d'amitié qui entraîne et porte à excuser jusqu'aux défauts et torts de ceux auxquels on est attaché et avec lesquels on est en société constante. Je répondis à tout cela que le devoir le plus sacré de l'amitié était, dans toutes les circonstances, de sauver ceux que l'on estime de tout de qui peut ternir leur réputation ; que la comtesse de Polignac, en nuisant à la gloire de la reine, se perdait elle-même dans l'opinion publique en abusant de sa faveur, et que, si S. M. voulait être heureuse dans ses liaisons, il fallait qu'elle veillât toujours à rendre estimables ceux qu'elle daigne affectionner ; que, sans cela, il était impossible d'avoir des amitiés durables et qui n'entraînassent pas dans les plus grands inconvénients. Ces remarques me parurent bien senties ; mais il fut question ensuite de savoir comment répondre à l'article de la lettre de V. M. Sur cela je déclarai que je n'imaginais d'autre moyen que celui de la plus grande franchise, que de garder le silence serait manquer à la tendresse de V. M., et qu'il n'était pas dans le caractère de la reine d'altérer la vérité des faits. J'ignore comment cette auguste princesse s'expliquera, mais je présume qu'elle pourra bien rejeter sur le comte de Maurepas une partie de la faute, et il est très-vrai que ce vieux ministre en est le plus coupable.

Le premier avertissement de V. M. avait déjà opéré un grand bien, duquel je viens de recueillir le fruit tout récemment. La comtesse de Polignac, vivement sollicitée par le comte d'Adhémar, son grand ami, supplia la reine avec les instances les plus pressantes de faire venir le comte de Vergennes et de le rendre favorable aux vues du comte d'Adhémar sur l'ambassade de Vienne ou sur celle de Londres au temps de la paix. La reine manda en effet le ministre, qui, en parlant assez bien du personnel du comte d'Adhémar, représenta qu'il ne pouvait prétendre aux susdites ambassades, parce que d'autres sujets plus anciens et plus méritants devaient avoir la préférence pour des places si essentielles. Je vins à l'appui de ces raisons, et elles firent un tel effet que la reine resta entièrement persuadée (1) ; mais lorsqu'elle communiqua à sa favorite ce qui s'était passé, il vint au comte d'Adhémar l'idée absurde de rédiger par

---

(1) Le comte d'Adhémar obtint cependant, par la faveur de la reine, l'ambassade d'Angleterre après la paix de 1783, et la conserva jusqu'en 1787.

écrit le détail de la conversation de la reine avec le ministre, et comme ce dernier s'était expliqué favorablement sur les qualités du dit Adhémar, il demandait que la reine daignât signer et attester véritable cet aveu du ministre. Nous fûmes révoltés, l'abbé de Vermond et moi, contre une proposition aussi extravagante; nous en développâmes toutes les nuances à la reine, et malgré les persécutions les plus obstinées de la favorite, elle fut décidément refusée, de manière même à nous donner lieu de croire que cette dernière imprudence lui a fait un tort assez marqué dans l'esprit de la reine. Toutes ces circonstances réunies ne resteront pas sans effet, et l'illusion se dissipera peu à peu. Si V. M. avait sous les yeux l'ensemble du tableau de ce pays-ci, elle daignerait juger combien il est impossible de parer à tous les inconvénients, et ils seraient bien plus dangereux si les qualités excellentes de l'esprit et du caractère de la reine n'étaient pas le préservatif contre leur impulsion.

Le baron de Breteuil partira à la fin du mois, très-content de la manière dont il a été traité par la reine, et il sait qu'il doit cet avantage aux bontés de V. M. J'espère qu'à l'avenir il se conduira de manière à mériter de pareilles grâces, et dans mes conversations avec lui j'ai tâché de lui en bien faire sentir la nécessité.

Il ne transpire rien encore sur l'objet de la coadjutorerie de Cologne, mais on ne saurait se dissimuler que les intentions de l'Électeur peuvent paraître suspectes par la réticence extraordinaire qu'il met à s'expliquer. J'attendrai toujours l'avis du comte de Metternich, avant de hasarder ici aucune démarche, pour que le secret si essentiel dans cette affaire soit gardé le plus que possible.

Toutes les insinuations odieuses du roi de Prusse sur l'entrevue prochaine de S. M. l'empereur et de l'impératrice de Russie n'avaient d'abord causé ici qu'une sensation médiocre, et elle se dissipe déjà, ainsi que j'ai eu lieu de le remarquer dans deux conversations que j'ai eues sur cette matière avec le comte de Vergennes, auquel j'ai fait sentir d'une manière palpable l'absurdité des conjectures prussiennes ou plutôt la mauvaise foi avec laquelle on ose les débiter, sans doute sans y croire soi-même. Le seul petit déplaisir que cause ici cette entrevue, c'est que la politique française verra toujours avec quelque peine tout ce qui pourrait moyenner un rapprochement un peu intime entre la cour impériale et celle de Pétersbourg.

Avant de terminer mon très-humble rapport, j'ai été à Versailles, où j'ai vu l'embarras dans lequel la reine était restée sur la réponse à faire touchant la comtesse de Polignac et le comte de Vaudreuil. Il est bien vrai, comme le mande la reine, que ledit comte a renoncé à cette pension, mais c'est le cri public et non pas le désintéressement qui a décidé cette démarche. La reine, en ne répondant rien à la remarque de la liaison trop intime du comte de Vaudreuil, semble en faire l'aveu tacite. Au reste il est certain que l'avis donné par V. M. laissera une profonde impression, et quand, d'ici à quelques mois, la terre pour la comtesse de Polignac sera achetée, V. M. daignera décider si elle juge convenable de revenir sur cet article en forme de remarque sur ce que la reine mande aujourd'hui à cet égard.

Il est comme décidé que, lorsque la comtesse de Polignac accouchera, c'est-à-dire au mois de mai, la cour fera un petit voyage de dix jours à la Muette.

### XXIII. — Marie-Thérèse a Mercy.

*Vienne, 30 avril.* — Comte de Mercy-Argenteau, J'ai reçu votre lettre du 17 par le courrier Morenheim, arrivé ici le 27 de ce mois. Si on passe à ma fille quelque influence dans des affaires moins importantes, comme il est arrivé dans le cas de la dernière promotion militaire, c'est peut-être pour la distraire des objets majeurs, bien plus étroitement liés avec nos intérêts. Au reste, je suis bien aise que ma fille a eu assez de fermeté de ne pas se mêler ni de la dispute du comte d'Artois avec Necker, ni des prétentions de la comtesse de Brionne et de sa fille, la princesse Charlotte, en faveur du prince de Vaudemont, ni des sollicitations de la comtesse Polignac pour le comte Adhémar. Je suis très-persuadée que vos remontrances y ont beaucoup contribué; elle ferait bien de les écouter toujours, pour être plus réservée à se prêter aux demandes indiscrètes de ses favoris et favorites.

Je crois bien que le roi, bon comme il est, se prête au goût de ma fille pour la comtesse de Polignac, pour la contenter. Elle ne laisse pas d'en tirer parti dans la réponse qu'elle me fait par rapport à cette dame. Je ne pense plus répliquer sur cet article, attendant le moment que vous m'indiquerez propre pour reprendre cette matière.

Si même les insinuations envenimées du roi de Prusse sur l'entrevue de Mohilew font peu d'effet en France, il est naturel que cette cour aimerait aussi peu notre union plus intime avec la Russie que nous pourrions être contents de celle de la France avec la Prusse. Je vous communique en secret l'extrait du rapport du comte de Cobenzl sur ce qui a rapport à cette entrevue, avec les remarques du prince de Kaunitz sur cet objet.

Ce qui me fait toujours le plus de plaisir, c'est que l'intérieur de la cour et de la famille continue à être tranquille, et que l'ordre s'y soutient, du moins sans être troublé par quelque inconvénient majeur. Le retard de la grossesse de ma fille ne laisse pas de m'affecter; je souhaite que les remèdes qu'on pense employer à cet effet aient le meilleur succès; entretemps je suis bien aise que sa fille, ayant été sevrée, ne s'en est point ressentie.

Le baron de Breteuil peut être sûr du bon accueil que je lui ferai à son retour ici; d'ailleurs je ne saurais garantir s'il éprouvera ici trop d'agréments; je souhaite que vous en éprouviez des plus complets de votre voyage à Brest. Je suis curieuse d'apprendre des nouvelles au sujet de la commission dont je vous ai chargé pour Necker et sa femme.

## XXIV. — MARIE-ANTOINETTE A MARIE-THÉRÈSE.

*Versailles,* 14 *mai.* — Madame ma très-chère mère, Je ne pourrais, ma chère maman, vous faire que des répétitions affligeantes sur mon état. Le roi est toujours à merveille pour moi, ma santé assez bonne, à un peu d'échauffement près. L'heureux accouchement de la reine de Naples est un grand bonheur et la meilleure consolation pour les inquiétudes qu'elle nous a données dans sa grossesse. J'espère qu'elle sera la première à oublier ses peines passées et que sa santé y gagnera beaucoup.

Malgré mes idées sur l'impératrice de Russie, je lui saurais bien bon gré si sa politique se tournait à nous donner la paix. Je ne devinais pas que ma chère maman parlerait de ma lettre au prince Kaunitz. J'en suis charmée, parce qu'il paraît content de mon opinion sur lui. Ma chère maman veut-elle bien me permettre de joindre ici ma réponse, qu'elle lui remettra, si elle la juge bien (1)? Le ba-

---

(1) Marie-Thérèse envoya la lettre de sa fille au prince de Kaunitz, en y ajoutant de sa

ron de Breteuil est parti avant-hier; je crois qu'il s'arrête à Ratisbonne; il dira à ma chère maman des nouvelles de ma fille, que je l'ai mené voir le dernier jour qu'il est revenu à Versailles.

La santé de Marianne m'inquiète; il me semble qu'elle a beaucoup plus souffert cette année que les autres. Je souhaite qu'elle puisse bientôt aller à Schönbrunn, qui serait aussi bon pour que ma chère maman puisse se promener et se dissiper un peu.

J'envoie à ma chère maman un petit essai d'eau divine; on m'a dit qu'elle n'en avait plus de bonne depuis la mort de ma tante. Si celle-ci pouvait lui convenir, j'espérerais dorénavant d'avoir le plaisir d'être sa commissionnaire. Ma chère maman me permet-elle de l'embrasser bien tendrement?

### XXV. — Mercy a Marie-Thérèse.

*Paris,* 17 *mai.* — Sacrée Majesté, Le voyage que je viens de faire en Bretagne m'ayant tenu trois semaines absent, et n'ayant point eu encore depuis mon retour assez de temps et d'occasions de me remettre parfaitement au courant de tout ce qui concerne la reine, je me trouve aujourd'hui forcé d'abréger les détails accoutumés que contiennent mes très-humbles rapports, et je me bornerai pour cette fois à exposer à V. M. ce qui existe de plus essentiel.

Dans une conversation que j'ai eue avec le premier médecin Lassone, il m'a assuré que la santé de la reine était très-bonne quant au fond, mais S. M. éprouve cependant quelques légères incommodités qui, sans être de conséquence, exigent de n'être pas absolument négligées. Quoique la reine soit très-sobre, qu'elle ne prenne aucune nourriture irritante et qu'elle n'use d'aucune boisson fermentée, elle a, malgré cela, le sang fort échauffé, ce qui se manifeste par des aphtes dans l'intérieur de la bouche, par une constipation fréquente

---

main la note suivante : « Voilà le billet de la reine sur le vôtre, qui me paraît bien. Elle ne saurait faire ni dire assez sur votre compte et sur notre reconnaissance. » Voici la lettre de Marie-Antoinette : « Ce 15 mai. — Je ne pensais, Monsieur, qu'à exprimer à mon auguste mère mon sentiment le plus vrai sur l'avantage qu'elle a d'avoir un ministre aussi fidèle et aussi capable que vous. Je suis sensible au prix que vous mettez à mon témoignage, et charmée que ma chère maman vous en ait fait part, puisqu'elle me procure bien l'occasion de le confirmer et vous assurer tout à la fois et de ma plus haute estime et de la reconnaissance que je conserverai toute ma vie pour les services que vous ne cessez de rendre pour cette alliance qui m'est si précieuse. »

et par un dérangement dans le sommeil. Ces symptômes décident Lassone à suspendre le projet d'user des eaux minérales, et il leur substitue du lait d'ânesse, sans renoncer à proposer un voyage aux eaux de Forges quand les circonstances pourront le comporter. Les petites incommodités dont il s'agit n'empêchent point la reine de suivre ses habitudes ordinaires ; il serait à désirer qu'il y entrât un peu plus de repos et moins de veillées. C'est à cette dernière cause que Lassone attribue les plus mauvais effets, et entre autres celui d'éloigner une grossesse. D'après l'apparence bien fondée que la reine aime à veiller et à danser, tout le monde s'empresse à lui procurer ces sortes d'amusements. Il y a eu toutes les semaines des petits bals à Versailles chez les femmes de la cour qui se trouvent logées de manière à pouvoir donner de pareilles fêtes ; elles n'ont d'ailleurs aucun appareil et roulent sur fort peu de monde. Ces divertissements, purement de société, n'en sont que plus vifs et plus prolongés ; ils ont par-dessus cela les inconvénients d'un choix et d'une faveur exclusive, d'où il naît des jalousies, des dégoûts, et encore plus d'occasions d'extorquer des grâces, ce qui, à tous égards, entraîne des conséquences fâcheuses.

La cour viendra incessamment passer neuf jours à la Muette, et ce sont les couches de la comtesse Jules de Polignac qui décideront le moment de ce voyage. Le public de Paris n'applaudit pas du tout à ce motif, et le regarde comme une démonstration de faveur trop exagérée.

La reine a marqué une bonté très-particulière à toute la famille du prince George de Darmstadt, qui est ici à la poursuite d'un procès. Ce prince, le prince héréditaire son beau-fils, et les princesses mère et filles ont eu l'honneur de dîner avec S. M. au château du Petit-Trianon. Le baron de Breteuil a été admis à ce dîner ; il a d'ailleurs éprouvé en plusieurs occasions des grâces très-distinguées et des plus essentielles, en ce que la reine a daigné protéger efficacement ses vues sur un commandement de province dont il a l'assurance éventuelle. Cet ambassadeur est parti très-content, et bien persuadé que les intentions favorables de V. M. à son égard ont décidé la reine à le traiter avec tant de bonté.

La revue des régiments des gardes françaises et suisses, qui se fait chaque année, a eu lieu le 8 de ce mois. Toute la famille royale y a assisté, et selon l'usage la reine avait nommé un nombre de femmes de Paris pour être à sa suite. Ce cortége a été très-brillant, et le grand concours du peuple que cette occasion avait rassemblé a donné par ses acclamations des marques de zèle et de dévouement pour la reine. S. M. reçoit constamment le même accueil lorsqu'elle paraît en public ; cela est arrivé moins fréquemment dans le courant du mois, la reine n'étant venue qu'une seule fois au spectacle.

Je n'apprends pas que, pendant mon absence, il se soit passé la moindre chose de remarquable dans l'intérieur de la famille royale. J'ai rendu compte de ce qui s'était passé lors de la dernière promotion militaire, dans laquelle les protégés de la reine ont eu toute préférence ; il s'en est cependant trouvé un nombre de mécontents, et leurs clameurs contre le prince de Montbarey ont suffi pour lui attirer une apparence de discrédit qui a fait tenir beaucoup de propos et lui a donné assez d'inquiétude. Le directeur général des finances a été à peu près dans le même cas ; mais l'opinion de la reine lui est plus favorable et lui donne plus de moyens à écarter les atteintes que l'on voudrait lui donner dans l'esprit de S. M.

Le garde-noble (1) arrivé le 12 m'a remis les très-gracieux ordres de V. M. en date du 30 avril, et je me suis rendu sur-le-champ à Versailles pour présenter à la reine les lettres qui lui étaient adressées. Je trouvai S. M. dans ses cabinets, où elle daigna s'entretenir fort longtemps avec moi sur divers objets ; il fut beaucoup question de la favorite, des ministres et d'un nombre de gens de la cour. Elle fit la lecture de ses lettres, en commençant par celle de V. M.; elle parut extrêmement satisfaite de celle qu'elle recevait du prince de Kaunitz. La reine parla beaucoup des grandes qualités de ce ministre, et ajouta qu'elle était bien aise d'avoir une occasion de lui marquer elle-même par sa réponse l'estime et la vraie affection qu'elle lui conservait.

La reine passe souvent les journées à son château de Trianon et quelquefois les soirées ; on y donne alors des spectacles, auxquels le roi se trouve régulièrement ; il n'y a que l'intérieur de la cour qui soit admis à ces petites fêtes ; elles commencent par des promenades

---

(1) En 1780 la cour d'Autriche substitua comme porteurs des dépêches aux courriers de cabinet de jeunes officiers de la garde-noble hongroise. L'objet de ce changement était de procurer à ces jeunes gens l'occasion de voyager en pays étranger et d'en rapporter d'utiles notions. On recommandait aux ministres et ambassadeurs résidents de leur procurer toutes les facilités pour rendre leurs séjours fructueux et agréables.

dans les jardins jusqu'à l'heure du souper, après lequel on se rend au théâtre, et ce que cet arrangement a de plus utile, c'est qu'il fait diversion aux jeux de hasard.

XXVI. — Mercy a Marie-Thérèse.

*Paris, 17 mai.* — Deux jours après mon départ pour Brest, l'abbé de Vermond, qui était alors à Versailles, y tomba malade d'une fièvre bilieuse qui l'a retenu dix à douze jours dans la chambre, et l'a mis dans une sorte de danger. Cet accident, dont j'ai été informé en Bretagne, m'a fait hâter mon retour. J'ai retrouvé l'abbé presque entièrement rétabli ; il a eu lieu d'être bien pénétré des marques d'intérêt et de bonté que la reine a daigné lui donner à l'occasion de cette maladie ; mais comme elle l'avait empêché de faire son service ordinaire auprès de S. M., nous nous sommes vus, lui et moi, un peu arriérés dans le courant des différents objets dont il s'agit de reprendre le fil. Quelques moments d'audience que j'ai eus de la reine n'ont point encore suffi à cet effet. Je suis bien sûr que S. M. daigne me confier tout ; mais la rapidité avec laquelle les choses se succèdent ici et la grande variété des matières rendent presque impossible d'en parler avec ordre, et ce n'est que par une suite de conversations qu'il y a moyen d'éclaircir les faits. Ce que j'aperçois le plus distinctement, c'est que la comtesse de Polignac gagne de plus en plus, et que sa faveur ressemble à un prestige inconcevable. Je me vois obligé d'user de toutes les précautions possibles dans ce que j'ai à dire à la reine sur ce chapitre, et il devient infiniment difficile de lui exposer les remarques utiles à son service, pour peu qu'elles contrastent avec l'extrême prédilection dont jouit la favorite. La reine veut absolument se trouver présente au moment où cette comtesse accouchera. J'ai représenté à S. M. qu'il y avait toute sorte d'inconvénients à ce projet. La reine a le genre nerveux si délicat et irritable que le seul spectacle de voir souffrir une personne qu'elle aime peut causer une révolution fâcheuse à sa santé. Le premier médecin Lassone est de cette opinion ; mais comme il n'a pas le courage de la faire valoir, je me trouve peu en force pour persuader en pareilles occasions. Il est très-probable que la comtesse de Polignac, après ses couches, aura le titre de duchesse. Je sais que la reine y pense, et, dans le fond, c'est de toutes les grâces celle qui sera le moins à critiquer, attendu que la famille de Polignac est faite à tous les égards pour obtenir une pareille décoration ; mais il s'agit de plus de l'achat d'une terre de douze à quatorze cent mille livres, et cet article, s'il est ajouté à tous les autres, ne peut manquer de faire une grande et fâcheuse sensation. Le ministre de la finance s'y oppose avec fermeté ; la reine, par conviction de raison, ne lui en sait aucun mauvais gré ; mais il est à craindre que le comte de Maurepas ne décide le roi à faire ce don, et le public croira que c'est la reine qui l'a voulu. Dans le cas où le baron de Breteuil fût mis en même de parler à V. M. de cette matière, je dois observer que l'ambassadeur susdit a été recherché et fort accueilli par la comtesse de Polignac, qui désirerait ménager un mariage pour son fils avec la demoiselle de Matignon, petite-fille du baron (1). Ce dernier, sans prendre d'engagement formel, a été bien aise de saisir un moyen à se mettre bien auprès de la favorite. Il en a en effet tiré bon parti, et je prévois qu'il pourrait être disposé à en parler avec un peu de partialité.

Le contenu de la très-gracieuse lettre et du post-scriptum de V. M. exige que j'expose quelques remarques, et je commence par celles qui ont trait à la coadjutorerie de Cologne. La chancellerie d'État vient pour la première fois de me parler de cette grande affaire, en mettant en question s'il convient d'en faire dès ce moment confidence à cette cour, ou s'il est plus expédient de différer encore quelque temps, et je crois qu'à tous égards ce dernier parti est préférable. J'en déduis les raisons dans ma dépêche d'office ; aussitôt qu'il y aura certitude morale sur la bonne volonté des chapitres, le comte de Metternich pourrait être autorisé à m'avertir, et je serai encore fort à temps de donner ici toute l'apparence de confiance dans une chose de laquelle la France n'a aucun droit de se mêler, et qu'elle ne peut raisonnablement prétendre qu'on lui dise avant un certain point de maturité. Je crois donc devoir garder encore la lettre adressée à la reine, et ce qui me confirme dans cette opinion, c'est la manière dont s'exprime l'électeur de Cologne, en mandant à V. M. que le secret est encore nécessaire et la vigilance des soupçonneux extrême. Je re-

---

(1) M<sup>lle</sup> de Matignon, dont la mère était veuve, se trouvait excessivement riche ; elle n'avait encore que six ans. Ce mariage avec le jeune Armand de Polignac, fils de la comtesse, fut en effet décidé, puis rompu.

mets ici les pièces communiquées sur cette matière, en attendant que de nouveaux ordres de V. M. règlent la suite des démarches que j'aurai à faire ici.

Relativement à la prochaine entrevue de S. M. l'empereur avec l'impératrice de Russie, il semble que tout a été prévu dans les notes rédigées par le prince de Kaunitz, et que cette circonstance ne peut rien produire de bien embarrassant. Les insinuations odieuses du ministre de Prusse font à cet égard aussi peu d'effet ici que je me l'étais imaginé. Encore en dernier lieu, le comte de Vergennes s'en est expliqué vis-à-vis de moi d'une manière très-raisonnable, en me confiant les propos du baron de Goltz et les réponses que lui, Vergennes, y avait faites. Je rejoins pareillement ici les pièces que V. M. a daigné me confier sur cet objet.

Je demande très-humblement pardon à V. M. d'avoir omis de rendre compte, par le dernier courrier, de ce qui a trait au directeur général des finances Necker et son épouse (1). Dès le mois passé j'avais eu occasion de les informer l'un et l'autre de ce qu'il a plu à V. M. de me marquer à leur sujet. Ils en ont été si pénétrés qu'ils ne pouvaient trouver d'expressions à rendre leurs sentiments profonds et très-respectueux. M<sup>me</sup> Necker me sollicita de lui relire encore ce qu'elle venait d'entendre, et en admirant les grâces de V. M., elle aurait fort souhaité que je lui donnasse copie d'un témoignage de bonté si auguste, et qu'elle m'assurait ne désirer que pour conserver en secret, et se procurer la grande satisfaction de pouvoir le relire de temps en temps. J'ai dû me refuser à cette demande, et j'ai fait sentir que mes devoirs s'y opposaient. Le mari et la femme me prièrent ensuite de ne pas laisser ignorer à la reine l'opinion que V. M. daignait avoir d'eux, et je n'ai cru devoir faire aucune difficulté de le leur promettre, ainsi que je m'en suis en effet acquitté dans un de mes voyages à Versailles. La reine a paru entendre avec plaisir ce que j'avais à lui dire à ce sujet, et le suffrage de V. M. l'a engagée à dire sur le sujet des deux personnes en question tout le bien qu'elle est portée depuis longtemps à en penser.

L'abbé de Vermond est actuellement à Versailles; nous nous sommes concertés ensemble sur de nouvelles représentations très-instantes à faire à la reine sur la nécessité d'un régime plus tran-

---

(1) Voir plus haut la pièce XIV, page 406.

III.

quille. Il est infiniment essentiel que l'on puisse bientôt employer l'usage des eaux ferrugineuses, dont l'effet ne serait pas douteux si elles étaient prises avec les précautions et la suite nécessaires.

La jeune princesse, fille du roi, continue à jouir de la plus parfaite santé.

J'ai mis le garde-noble qui est expédié aujourd'hui à portée de voir la reine, qui a parlé assez longtemps avec lui, et a ordonné qu'il fût conduit auprès de la jeune princesse. Je ferai tout ce qui sera possible pour que ces officiers tirent le parti le plus utile de leurs séjours à Paris, et qu'ils en évitent les inconvénients qui ont donné lieu aux remarques mises sous les yeux de V. M.

La reine se propose d'offrir à V. M. un exemplaire des œuvres de l'abbé Métastase, et elle en destine un autre exemplaire pour être remis en son nom à ce célèbre auteur. C'est de son propre mouvement que la reine a eu cette dernière idée ; mais comme l'ouvrage n'est point encore imprimé en entier, j'ignore si les premiers volumes seront envoyés par l'occasion d'aujourd'hui (1).

### XXVII. — Marie-Thérèse a Mercy.

*Vienne, 31 mai.* — Comte de Mercy-Argenteau, J'ai reçu votre lettre du 17 par le garde-noble hongrois Doczy, arrivé ici le 26 de ce mois. Il serait à souhaiter que ma fille voulût se prêter au régime propre à éloigner tout ce qui pût altérer sa santé. Au reste les aphthes n'ont rien d'inquiétant : c'est un accident assez ordinaire dans la famille de Lorraine, qui l'a transmis dans mes enfants, surtout mes filles [vous direz cela de ma part à Lassone]. La suspension réitérée des habitudes matrimoniales n'est pas la marque d'une passion bien vive entre les deux époux.

L'inclination de ma fille pour la comtesse de Polignac paraît trop affermie pour pouvoir la détruire par des remontrances directes ; ce serait blesser sa délicatesse que de vouloir heurter de front ses goûts. Il pourrait suffire de lui faire envisager que l'on ne s'occupait que de sa propre gloire en tâchant de l'engager à mettre des bornes à

---

(1) L'édition de luxe des œuvres de Métastase dont parle Mercy fut publiée en douze volumes in-octavo, sous la direction de Pezzana, et dédiée à la reine Marie-Antoinette. Elle ne fut en effet achevée qu'en 1782.

son penchant pour cette favorite. Le baron de Breteuil m'en a dit un bien infini; il a soutenu qu'il était avantageux pour la reine d'avoir une compagne telle que la comtesse de Polignac, qui lui était attachée de cœur et possédait bien des ressources pour contribuer aux satisfactions de sa souveraine. J'en suis convenue, en l'assurant que je me rappelais toujours les amies, d'un âge plus avancé à la vérité, que j'avais; mais je lui ai fait sentir que je me doutais s'il convenait de leur prodiguer des largesses trop fortes en argent. Le baron de Breteuil n'a trouvé rien de trop dans celles que la reine voudrait procurer à la comtesse de Polignac, ni de trop onéreux pour un roi de France. J'ai trouvé à propos de ne plus y répliquer; au reste, je suis bien aise que la reine a bien traité le baron de Breteuil, et qu'il est parti de Paris content. Je le suis également de l'accueil qu'elle a fait à la famille de Darmstadt.

Vous aurez reçu entretemps un courrier du comte de Metternich; je suis impatiente d'apprendre quelle sensation aura faite à la cour de France la nouvelle de nos vues sur Cologne et Munster. Je compte pouvoir bientôt vous informer du succès de l'entrevue de Mohilew.

Le prompt rétablissement de l'abbé Vermond m'a bien réjoui; la perte de cet honnête homme aurait été irréparable. [Sa maladie m'a bien frappée; c'est un sujet unique de zèle et d'attachement.]

Je ne désapprouve pas que la reine soit informée de mes sentiments pour les Necker; je pense même les lui faire connaître en temps et lieu. Vous avez au reste bien fait de ne pas leur donner copie de ce que je vous ai mandé sur leur compte, parce qu'ils en auraient fait peut-être trop d'ostentation. [Si vous ne craignez les tentations, vous pouvez en disposer.]

Je recevrai avec plaisir l'exemplaire des œuvres de Metastasio que ma fille va m'envoyer. J'ai fait prévenir cet auteur de l'autre exemplaire qu'elle lui destine; il en est infiniment flatté; [je n'ai pas cru pouvoir différer d'un jour cette consolation à ce digne vieillard.]

Je suis bien aise que l'indisposition dont vous avez été attaqué dans votre voyage à Brest n'a pas eu des suites. [Je me suis bien entretenue avec Breteuil sur votre santé; je n'en ai pas eu toute la satisfaction; il faut penser qu'on vieillit tous les jours et vous conserver pour le bonheur de la mère et fille.]

## XXVIII. — Marie-Antoinette a Marie-Thérèse.

*Ce 16 juin.* — Madame ma très-chère mère, La peine de ma chère maman augmenterait encore la mienne, s'il était possible. Depuis que je sais mon oncle (1) sérieusement malade, je suis dans une agitation et une douleur que je n'avais jamais éprouvées. En toute occasion il m'a toujours témoigné amitié et tendresse. Je m'y suis attachée comme si j'avais eu le bonheur de le voir et le connaître personnellement; et quelle triste perspective de voir s'éteindre le dernier de la maison de Lorraine! Son âge n'est pas encore si avancé qu'il n'y eût bien de la ressource; mais on dit qu'il se trompe fort sur son état : à peine se croit-il malade. Lui qui est si bon, si aimé à Bruxelles et dans tout le pays, il se refuse à tout ce qu'on lui conseille pour sa santé. On m'assure qu'il veut faire refermer des ouvertures qu'il a aux jambes; cependant c'est un des plus grands moyens de le sauver. J'en ai le cœur navré.

L'élection de mon frère Maximilien (2) doit être finie à cette heure, au moins assurée. J'ai parlé cette semaine au neveu de M. de Belderbusch, qui est ministre de Cologne ici, et lui ai bien recommandé de faire tous mes remercîments. La semaine dernière M. de Châlons, ministre du roi à Cologne, est parti pour s'y rendre. Il a eu ordre de faire connaître à l'électeur et au chapitre que le roi verrait avec plaisir l'élection projetée, et moi, je l'ai bien chargé de parler de mon amitié pour mon frère, du vif intérêt que je prends à ce qui le regarde, et du bon gré que je saurais à tous ceux qui contribueront à son élection. Je désire bien vivement le retour de l'empereur, pour tirer ma chère maman d'inquiétude sur son voyage. Ma chère maman est inépuisable en bontés et attentions; je savais déjà que les aphthes sont plus incommodes qu'inquiétants; l'observation de ma chère maman n'en est pas moins bonne pour Lassone. Ma santé est bonne et fortifie mes espérances pour l'avenir. Quel bonheur ce serait pour moi, étant aussi sûre que ma chère maman partagerait toute ma joie! Permet-elle que je l'embrasse de tout mon

---

(1) Le prince Charles de Lorraine, beau-frère de Marie-Thérèse et gouverneur des Pays-Bas.

(2) A l'électorat de Cologne; l'élection se faisait par le chapitre.

cœur? Je n'ai pas reçu l'enseigne de l'eau divine; ma chère maman en recevra encore un autre essai par le courrier.

## XXIX. — Mercy a Marie-Thérèse.

*Paris,* 18 *juin.* — Sacrée Majesté, Le séjour d'une semaine que la cour a fait le mois dernier à la Muette n'a rien eu de bien remarquable. Les couches de la comtesse Jules de Polignac en étaient l'objet et en avaient décidé le moment. La reine, se trouvant à portée de sa favorite, a été la voir régulièrement tous les jours. S. M. venait quelquefois le matin; alors elle dînait chez la comtesse et restait avec elle jusqu'à l'heure de la soirée qui était indiquée pour se rassembler au salon de la Muette, où il y avait jeu avant et après souper. A l'exception de ce qui compose le service ordinaire, le nombre des personnes externes admises à faire leur cour a été peu nombreux. La reine se retirait de bonne heure; elle s'était assujettie à un régime plus suivi, qui a fait disparaître les petites incommodités que S. M. avait ressenties pendant quelque temps. Comme ce n'était qu'un peu d'échauffement, le premier médecin Lassone n'a employé que les remèdes les plus simples, c'est-à-dire l'usage du petit lait mêlé avec une décoction de laitues. Maintenant la reine se retrouve dans son état de santé ordinaire, et il y a tout lieu de s'assurer qu'elle sera constamment bonne, si S. M. veut s'abstenir des veillées qui ont été les seules causes de ces légères indispositions.

Pendant le séjour à la Muette, le roi a été voir la comtesse de Polignac; c'est la seule maison particulière de Paris où le monarque soit entré depuis qu'il règne, et une distinction si marquée a presque fait plus de sensation dans le public que toutes les grâces utiles accordées à la favorite.

La cour est rentrée à Versailles le 24 de mai pour y assister aux offices et à la procession de la Fête-Dieu. Depuis ce temps-là, la reine est venue en ville deux fois la semaine; S. M. y passait quelques heures chez la comtesse de Polignac; elle se rendait ensuite à un des spectacles de la ville, et était de retour à Versailles pour l'heure du souper. Les chasses à Saint-Hubert ont recommencé à la fin de mai; le roi y passe la journée entière chaque lundi; il y soupe et revient après minuit; c'est celui des petits voyages qui plaît le moins à la reine; cependant elle n'en manque aucun, et son auguste époux paraît fort sensible à cette complaisance. Il y a longtemps que la reine est fort attentive à lui marquer toutes celles de ce genre qu'elle croit pouvoir lui plaire. Cette réciprocité d'égards produit l'effet le plus désirable; il en résulte que le roi n'a d'autre société habituelle que celle de sa famille, et que tous les alentours dangereux sont écartés. La reine a parfaitement senti l'importance de ce système, et il n'est plus nécessaire de lui faire la moindre remarque à ce sujet. C'est dans ce principe que S. M. a imaginé les petites fêtes qu'elle donne de temps en temps à Trianon, et qui ont constamment bien réussi. Le 1er de ce mois il y en a eu une dont les apprêts ont été plus étendus que de coutume; elle commença par une belle illumination des jardins; après le souper on se rendit au spectacle, ensuite à la promenade, qui fut prolongée avant dans la nuit; un assez grand nombre de femmes de Paris ont été admises à cette fête. La reine se fait une occupation agréable de marquer dans ces occasions des bontés plus particulières aux personnes qui s'y trouvent, et tout le monde a lieu d'être très-content.

Selon les apparences, la cour ne se déplacera pas avant le mois de septembre. Il n'y aura pas de voyage à Compiègne, et celui de Fontainebleau reste indécis. Une grande partie de la noblesse allant passer la belle saison à la campagne, et tous les militaires étant absents, le séjour de Versailles offrira peu de ressources du côté des amusements. La reine a été instamment suppliée de retrancher celui des promenades qui se faisaient l'année dernière après le souper; S. M. en a éprouvé dans le temps des indispositions, et cela paraît la persuader.

Je n'ai rien à ajouter aujourd'hui sur ce que mes précédents et très-humbles rapports ont exposé relativement à la bonne union qui subsiste dans l'intérieur de la famille royale. Cette circonstance heureuse n'a été depuis bien longtemps traversée par aucun incident. Les deux princes, frères du roi, et les princesses leurs épouses sont très-attentifs à plaire à la reine, qui les traite avec amitié. M. le comte d'Artois tient une conduite plus réservée que par le passé. Mesdames tantes, quoique menant une vie assez retirée, restent avec la jeune famille dans un degré de liaison proportionné à leur âge et à la manière d'être qu'elles ont cru devoir adopter, de façon que les choses en sont à cet égard à Versailles dans la plus juste mesure, et la plus propre à y maintenir la meilleure harmonie.

Les audiences que j'ai eues de la reine sur l'objet de la coadjutorerie de Cologne ont donné lieu à plusieurs circonstances intéressantes que je n'exposerai point ici, parce qu'elles se trouvent amplement déduites dans un de mes rapports d'office précédents, ainsi que dans celui que j'adresse aujourd'hui à la chancellerie d'État. La reine a mis de l'intérêt et de la suite aux démarches que j'ai cru devoir lui proposer, et elles auront sans doute l'effet que l'on peut s'en promettre pour autant que cela regarde cette cour-ci.

Le courrier mensuel arrivé le 11 m'a remis les très-gracieux ordres de V. M. en date du 31 du passé. Je ne tardai pas à aller présenter les lettres adressées à la reine, et j'eus en même temps occasion de rendre compte à S. M. des incidents qui étaient survenus dans l'objet qui concerne son auguste frère. Cette matière fut écoutée avec le plus vif intérêt, ainsi que V. M. daignera l'observer par d'autres détails qui seront sans doute mis sous ses yeux.

Le mercredi 14 la reine, accompagnée des princes ses beaux-frères et des deux princesses leurs épouses, avec une suite peu nombreuse, a fait une petite excursion à douze lieues de Versailles pour voir, dans un endroit nommé Ermenonville, un jardin à l'anglaise qui a beaucoup de réputation dans ce pays-ci et qui appartient à un particulier (1). Comme la route à prendre est dirigée par Paris, S. M., pour avoir une avance de quatre lieues sur la journée, était venue coucher la veille à La Muette; mais elle avait eu l'attention de ne partir de Versailles qu'après la partie de jeu que le roi fait ordinairement à l'issue de son souper. La reine a été de retour à Versailles dans la soirée du jour où elle avait fait cette promenade.

---

(1) Voir plus haut sur Ermenonville la note 2 de la page 72. — Grimm, dans sa *Correspondance*, tome V, page 140, raconte ainsi cette visite : « La reine a été voir ces jours passés les jardins d'Ermenonville, accompagnée de toute la cour, excepté le roi. On a su qu'elle s'était arrêtée assez longtemps dans l'île des Peupliers, dans cette île bienheureuse où reposent les cendres de Jean-Jacques Rousseau, et l'on aurait bien voulu se persuader que la dévotion à la mémoire du saint philosophe avait été le principal objet de l'auguste pèlerinage. Mais tant de gloire ne paraît pas avoir été réservé à ses paisibles mânes. On a considéré le tombeau, on a trouvé l'architecture simple et de bon goût, le site des lieux qui l'entourent d'une mélancolie douce et romanesque, et l'on a paru s'occuper ensuite d'autres objets, sans avoir marqué aucune espèce d'intérêt pour le souvenir de l'homme auquel ce monument a été érigé. »

## XXX. — Mercy a Marie-Thérèse.

*Paris, 18 juin.* — Sacrée Majesté, On s'attendait à ce que la comtesse de Polignac aurait le titre de duchesse avant d'être relevée de ses couches ; mais cette grâce a été retardée jusqu'à présent. Toute cette famille presse moins sur les faveurs honorifiques que sur celles qui sont d'une utilité plus réelle, et dans ce dernier genre ils n'ont pas encore rempli tout ce qu'ils semblent se promettre. En cela on ne peut tout au plus que modérer les mouvements de la reine, sans oser se flatter de les arrêter. Nous nous sommes permis, l'abbé de Vermond et moi, plusieurs représentations sur toutes les clameurs publiques qui se sont élevées dans ces derniers temps. La reine les regarde comme des effets de l'envie et de la jalousie ; il est bien vrai que l'une et l'autre y entrent pour quelque chose ; mais cela ne détruit pas les très-justes plaintes sur l'excès des bienfaits accordés à la faveur dans une conjoncture où tant de gens s'efforcent à les mériter en servant l'État.

Deux jours après le départ du courrier de mai, j'en reçus un du comte de Metternich pour m'instruire de l'état favorable où se trouvait l'affaire de la coadjutorerie de Cologne. Je ne tardai pas à prendre ici les mesures en conséquence, et je crus que c'était le moment de présenter à la reine la lettre de V. M. que j'avais depuis longtemps entre les mains. A l'exception de cette circonstance, que je n'ai pas dû insérer dans mes rapports d'office, ils contiennent tous les détails relatifs à cette matière, et je vais passer au contenu de la très-gracieuse lettre de V. M.

J'ai dit à Lassone ce que V. M. m'a ordonné de lui faire connaître au sujet de la cause à laquelle on doit attribuer les aphthes dont la reine est incommodée de temps à autre. Le premier médecin a été bien aise d'avoir cette notion, qui prouve le peu de conséquence de ce léger accident. Quoique la santé de la reine soit parfaitement remise et que les habitudes matrimoniales aient repris comme ci-devant, cependant il ne survient encore aucun indice de grossesse, sans que l'on puisse se figurer d'où provient ce fâcheux retardement. Lassone est à l'égard de l'usage des eaux minérales dans une perplexité qui tient un peu à son caractère timoré ; je ne cesse de le presser pour qu'il décide son avis de manière ou d'autre. Il ne peut être difficile aux gens de l'art de juger de ce qui est convenable en pareils cas, et il semble que c'est un très-grand mal de n'y pas recourir plus tôt que plus tard.

Je vois que je ne m'étais pas trompé dans les conjectures, annoncées par mon très-humble et dernier rapport, sur le langage que le baron de Breteuil tiendrait à V. M. relativement à la comtesse de Polignac. Cet ambassadeur a réglé ses assertions un peu plus sur des convenances personnelles que sur un vrai zèle et l'exacte vérité. Je m'en tiendrai au reste bien attentivement à ce que V. M. daigne me prescrire dans la forme des remontrances à faire sur cet article. Il n'y a en effet d'autre moyen que celui de tâcher d'arrêter un peu les trop grands effets de la faveur, d'en dévoiler les abus quand ils ont lieu, et de laisser au temps le soin de ramener les choses dans leurs justes bornes.

Relativement à l'affaire de la coadjutorerie de Cologne, je n'ai rien à ajouter, si ce n'est que la reine a mis beaucoup de suite et de chaleur à cet objet. Elle a toujours conservé une grande sensibilité pour M$^{gr}$ l'archiduc Maximilien, et en général pour ce qui touche personnellement ses augustes frères et sœurs. La reine est maintenant fort occupée de l'entrevue de Mohilew; elle daigne m'en parler souvent et paraît fort empressée d'en apprendre l'issue, qui deviendrait à tous égards bien intéressante si elle avait donné les moyens à S. M. l'empereur de porter quelque atteinte au crédit du roi de Prusse, et c'en serait une bien marquée si l'impératrice de Russie se refusait de prendre part à la conduite révoltante que tient son allié dans l'affaire de Cologne.

J'ai dit à l'abbé de Vermond l'extrême bonté avec laquelle V. M. a daigné s'expliquer sur sa maladie; il est profondément pénétré de cette grâce. Quoique son zèle n'ait jamais varié, il est cependant depuis quelque temps beaucoup plus assidûment à Versailles. Quant à ce qui regarde le directeur-général Necker et son épouse, je crois que ce serait les exposer à une trop grande tentation que de leur donner copie de ce que V. M. a daigné me mander sur leur sujet; conséquemment je m'en abstiendrai, pour éviter tout abus qui pourrait résulter d'une grâce si distinguée.

La reine vient de me faire remettre les exemplaires reliés des œuvres de Metastasio pour V. M., pour l'auguste famille et pour l'auteur. Comme le tout forme deux caisses très-pesantes et impossibles à transporter sur les petites voitures des gardes-nobles; je vais les expédier par les rouliers, faute de voie plus prompte à les faire parvenir.

Les fâcheuses nouvelles qui arrivent ici sur l'état où se trouve Mgr le prince Charles de Lorraine affectent beaucoup la reine, qui a une amitié particulière pour le prince son oncle. Elle sait combien V. M. l'affectionne, et j'ai vu que c'était un des grands motifs qui ajoute à son sentiment personnel.

Le garde-noble qui est expédié aujourd'hui a eu occasion de voir Madame, fille de la reine. Cette jeune princesse jouit de la plus parfaite santé, et sa figure se déploie de jour en jour d'une manière plus avantageuse.

J'éprouve une nouvelle et bien grande marque de clémence et de grâce en ce que V. M. a daigné penser à l'état de ma santé dans l'audience qu'elle a donnée au baron de Breteuil. Le désir de marquer utilement mon zèle pour la personne sacrée de V. M. et pour son auguste fille sera toujours un des motifs qui m'attachera le plus à la vie ; cette vérité est mieux gravée au fond de mon âme qu'il ne m'est possible de l'exprimer.

### XXXI. — Marie-Thérèse a Mercy.

*Schönbrunn*, 30 *juin*. — Comte de Mercy-Argenteau, J'ai reçu votre lettre du 18 par le garde-noble hongrois Vass, arrivé ici le 27 de ce mois.

Par plus d'un trait il est assez constaté que la famille de Polignac est plus attachée à l'intérêt qu'aux distinctions honorifiques. C'est aussi l'article qui m'inquiète le plus par rapport au penchant de ma fille pour sa favorite, et sur lequel je voudrais qu'elle fût plus retenue ; [c'est du temps seul à espérer un changement.]

Quel que soit le sentiment de Lassone sur l'usage des eaux minérales, je serais plus portée pour celui de l'acier (1), vu le bon effet qui s'en est suivi par la grossesse de ma fille après en avoir fait l'é-

---

(1) Les boules de mars, c'est-à-dire de fer (voyez plus haut, page 340, note) ou d'acier, sont ainsi nommées parce qu'on les prépare en faisant passer une première décoction de plantes vulnéraires sur de la limaille de fer ou, pour obtenir finalement une poudre plus fine, sur de la limaille d'acier. Au résidu pulvérisé on ajoute le produit d'une seconde décoction à laquelle on a joint du tartre brut. On emploie ces pilules contre la chlorose.

preuve. Mais je ne saurais plus vous dissimuler les inquiétudes que j'ai d'abord conçues sur l'accident effrayant arrivé à ma fille dans le moment de son accouchement, inquiétudes qui me reviennent toujours. Cet événement n'aurait-il pas été produit par un attentat, de la malice la plus noire à la vérité, mais pas tout à fait impossible dans une nation où il y a nombre de scélérats, [et toute intrigue,] pour mettre ma fille hors d'état de porter des enfants? Ce ne sont que des doutes et même des doutes très-vagues, mais qui ne laissent pas de m'occuper.

L'affaire de la coadjutorerie de Cologne et de Munster va prendre une tournure toujours favorable. J'espère que l'issue y répondra, à moins d'une levée de boucliers de la part du roi de Prusse. Je me doute cependant qu'il voudra s'y déterminer, sans pouvoir colorer cette démarche d'un motif du moins plausible en apparence.

Je communiquerai à ma fille quelques nouvelles sur l'entrevue de Mohilew [je n'en ai pas moi-même ; ce voyage est pour moi de toute façon des plus tristes.] Tout s'y est bien passé jusqu'ici, mais le temps seul pourra en faire voir l'effet.

Ce qui me console toujours le plus est la bonne harmonie entre les deux époux et la tranquillité dans l'intérieur de la famille, en attendant que le temps et la réflexion opéreront ce qu'il y a à rectifier.

J'approuve votre délicatesse à ne pas donner à Necker copie du passage de ma lettre qui le concerne, quelque peu que je suis mécontente d'ailleurs que les gens sachent comment je pense sur leur compte.

## XXXII. — Marie-Thérèse a Marie-Antoinette.

*Schönbrunn*, 30 *juin*. — Madame ma chère fille, J'étais bien touchée de la façon que vous vous être prise sur la coadjutorerie de Cologne : cela ressemble au tendre cœur de ma chère fille pour sa famille ; mais je ne l'étais pas moins de la façon comme le roi s'est expliqué par rapport à vous et à moi. Je vous charge de lui en marquer combien j'étais touchée et que j'y compte, qu'il peut être assuré que c'est le seul moyen de faire du bon en empire, d'avoir le même langage. Nous n'en abuserons jamais ; mais nous préviendrons par là les cabales des autres, dont ils se servent adroitement, et même de vos ministres qui parlent toujours selon leur instigation, la plupart étant de jeunes gens qui croient par là se faire valoir.

L'état de mon cher beau-frère me désole. Je lui étais, et à juste titre, tendrement attachée; il était la bonté même, et a rendu sa province la plus heureuse de la monarchie. Vous dites fort bien que c'est triste de voir éteindre la maison de Lorraine! Vous avez bien raison; j'ai eu le malheur de voir celles d'Autriche et de Lorraine s'éteindre, et elles ne revivent qu'en vous, mes chers enfants; puissent leurs vertus et bontés s'éterniser en vous! Vous avez de beaux exemples. Je n'espère plus rien pour ce prince; il pourra traîner, mais misérablement; il ne veut pas connaître son état, il lutte contre. Il m'a écrit une assez longue lettre par le courrier le 20 de ce mois, qui m'a fait grand plaisir, où il ne me dit rien que fort légèrement sur sa situation.

J'ai envoyé à Mercy un extrait des nouvelles que j'ai du voyage de l'empereur. Il ne m'écrit que peu, étant surchargé de fêtes et représentations, et il ne pourra s'expliquer cordialement, les courriers passant par les états des Russes et de la république de Pologne, et même à cette heure de Pétersbourg par ceux de Prusse. Ce ne serait pas la première fois qu'un courrier fût perdu. Il vaut mieux ne rien risquer, pour ne pas gâter les choses; pour les améliorer, je ne crois pas qu'on y pense et oserait se flatter. Ce voyage me fait bien de la peine, et encore un qui mettra le comble à mes inquiétudes, surtout après la terrible émeute, inouïe entre les puissances civilisées, qui vient de se passer (1). Voilà cette liberté tant prônée, cette législation unique! sans religion, sans mœurs rien ne se soutient. On parle d'un grand avantage remporté à la Caroline par les Anglais; j'en serais bien fâchée : cela les rendra encore moins traitables, et la paix que je souhaiterais tant, éloignée.

Vous dites que je suis inépuisable en attentions; je le suis en tendresse et n'ai d'autre occupation plus chère que d'être occupée de mes chers enfants. Ce sont les seuls moments heureux de ma vie pénible; la charmante reine de France ne contribue pas peu, mais il nous faut un dauphin. Jusqu'à cette heure j'étais discrète, mais à la longue je deviendrai importune. Ce serait un meurtre de ne pas donner plus d'enfants de cette race, car on dit une merveille de santé et de charme de votre chère petite.

Vous voulez vous charger pour me fournir l'eau divine. Toutes

---

(1) Marie-Thérèse fait allusion ici au voyage que Joseph II projetait en Angleterre, et à la terrible émeute contre les catholiques, qui éclata dans Londres le 2 juin.

celles envoyées sont trop fortes. J'envoie une petite fiole à Mercy de mon ancienne, puisque vous en offrez si agréablement : cela me la rendra de toute façon salutaire. Je vous embrasse tendrement.

## XXXIII. — MARIE-ANTOINETTE A MARIE-THÉRÈSE.

*Ce 13 juillet.* — Madame ma très-chère mère, J'ai écrit à ma chère maman aussitôt que j'ai su la triste nouvelle de la mort de mon oncle ; mais comme le courrier de Bruxelles était déjà parti, je crains que ma lettre ne soit arrivée bien tard. Je n'ose plus en parler, pour ne pas renouveler une douleur si bien fondée.

J'ai raisonné avec Mercy sur l'affaire de l'élection, que j'espère et suis impatiente de voir terminée. Il m'a paru fort content de sa dernière conférence avec M. de Vergennes. Je compte parler à M. de Maurepas, l'avertir que M. de Goltz abuse de ses conversations, et l'engager à tenir un langage plus net. C'est une chose bien fâcheuse que cette interruption de courrier! Il me tarde de savoir l'empereur revenu de ce long voyage ; il aura eu le plaisir de voir bien du pays. Quoique je ne m'entende pas beaucoup à la politique, je doute qu'on puisse rien gagner auprès de cette impératrice. Mais comme mon frère a de l'esprit, de la prudence, je suis persuadée qu'il ne gâtera rien, et que ceux qui feront pareille course après lui ne l'éclipseront pas. Pour l'autre voyage (1), j'espère qu'il y pensera plus d'une fois avant d'aller dans un pays ennemi décidé de tous les souverains, et où les lois les plus nécessaires à la tranquillité et à l'honnêteté publique sont réduites à rien par l'esprit de liberté et d'indépendance. La dernière émeute m'a fait frémir et m'a bien donné à penser. La prise de Charlestown est très-fâcheuse par les facilités et l'orgueil qu'elle donnera aux Anglais ; elle l'est peut-être encore plus par la misérable défense des Américains ; on ne peut rien espérer d'aussi mauvaises troupes. J'ai dit au roi les bontés de ma chère maman ; il y a été fort sensible et m'a chargé de le lui témoigner, en lui renouvelant son respect et son attachement. Je suis ravie que ma chère maman ait envoyé l'essai de l'eau divine ; je vais en faire la comparaison, afin d'en être sûre ; je regrette seulement de n'en pouvoir envoyer que par le prochain courrier. Permet-elle que je l'embrasse?

---

(1) Celui d'Angleterre. Voir la lettre précédente de Marie-Thérèse.

## XXXIV. — Mercy a Marie-Thérèse.

*Paris,* 15 *juillet.* — Sacrée Majesté, Les détails les plus satisfaisants que j'aie à exposer très-humblement aujourd'hui à V. M., concernent le parfait état de santé où se trouve la reine, et il ne reste dans ce moment rien à désirer à cet égard. L'habitude de passer les soirées chez la princesse de Guéménée a repris en dernier lieu, et sans doute par la raison de l'absence de la comtesse de Polignac. La reine se rendait presque tous les soirs chez la gouvernante des enfants de France et y trouvait la société trop nombreuse et trop mêlée qui y a toujours existé. Il s'ensuivait un fort gros jeu et de très-longues veillées. Ces deux inconvénients ont eu lieu également dans les soirées passées à Trianon; la reine est de plus en plus occupée de cette maison de plaisance, elle s'y rend presque chaque jour, soit le matin, soit l'après-midi; S. M. n'y est suivie que par deux ou trois personnes, hors les occasions des petites fêtes qu'elle donne au roi et auxquelles il est admis beaucoup de monde.

Jusqu'à présent la reine a cédé aux instances qui lui ont été faites de ne point se promener après le souper sur les terrasses du château de Versailles; c'était de tous les amusements celui que le premier médecin Lassone redoutait le plus à cause de l'intempérie que les eaux stagnantes du parc occasionnent dans les heures de la nuit.

Maintenant que la comtesse de Polignac, bien rétablie de ses couches, est retournée à la cour, la présence de cette favorite a déjà produit quelques changements dans la distribution des heures de la reine, et je prévois avec certitude que S. M. retranchera tout à fait les soirées qu'elle passait chez la princesse de Guéménée, où depuis huit jours elle s'est rendue moins fréquemment. Le goût de la musique a un peu repris; dans le courant du mois il y a eu deux ou trois petits concerts chez la reine, et dans quelques moments de la journée elle s'est occupée à jouer de la harpe par forme de leçons. Il est survenu depuis peu à Versailles une grande tracasserie, dans laquelle les parties intéressées ont tenté vainement de faire intervenir la reine. Madame, belle-sœur du roi, avait pour dame d'atours la duchesse de l'Esparre, fille du maréchal de Noailles, à laquelle elle paraissait avoir accordé toute amitié et confiance. Cette duchesse, qui a beaucoup d'esprit et encore plus de manége, était le conseil de la princesse et la dirigeait presque en tout. Très-inopinément, et sans en prévenir la duchesse de l'Esparre, Madame nomma une survivancière à sa place, et choisit une comtesse de Balbi (1) qui, pour des causes fâcheuses et peu décentes, venait de se séparer de son mari. Une nomination de survivance contre le gré de la personne qui est dans l'activité d'une charge étant regardée ici comme un des plus grands dégoûts que l'on puisse éprouver, la duchesse de l'Esparre n'hésita pas à donner sa démission sur-le-champ. La famille de Noailles et leur nombreux parti éclatèrent en plaintes et mirent tout en mouvement pour porter la reine à donner quelques marques d'improbation contre un fait qui était dénoncé comme un affront, tandis que Madame, de son côté, n'oublia rien pour obtenir de la reine qu'elle parût approuver ce qui venait de se passer; mais S. M. ne se laissa induire à aucun de ces deux désirs contraires, et elle mit une si juste mesure dans ses réponses que personne ne put en tirer le moindre avantage. Entretemps cette dernière circonstance, jointe à quelques autres du même genre qui l'ont précédée, font un tort irréparable à Madame dans l'esprit du public; elle est soupçonnée, non sans grande vraisemblance, d'un caractère dissimulé et faux, peu capable de reconnaître le zèle et les services, et prête à sacrifier au moindre caprice les gens qui lui ont marqué le plus d'attachement. D'après cette opinion, Madame est tombée dans un discrédit duquel elle aura grand'peine à se relever. La reine, qui n'a pas une idée plus favorable de la princesse sa belle-sœur, la traite cependant aussi bien qu'il est convenable au maintien de la bonne harmonie intérieure. M$^{me}$ la comtesse d'Artois est toujours dans le plus parfait état de nullité. Elle ne tient ni avec Madame, sa sœur, ni avec personne; passive en tout, elle marque à la reine les attentions qu'elle lui doit, mais elle ne met rien dans la société de la famille, ni en agréments, ni en bien ni en mal.

Le 7 de ce mois, ayant reçu la triste nouvelle du décès de M$^{gr}$ le prince Charles de Lorraine, je ne tardai pas à en aller informer la reine, qui fut fort touchée de cet événement, surtout par la réflexion

---

(1) Si la faveur de la comtesse de Provence alla chercher la comtesse de Balbi, la faveur du comte de Provence soutint cette fortune singulière. Le rôle équivoque de cette personne auprès du prince dura jusqu'à l'émigration. Elle eut ensuite une vie fort aventureuse, et revint habiter Paris sous la Restauration; après avoir obtenu alors quelques secours de son ancien protecteur, elle mourut dans l'obscurité vers 1836.

sur la peine qu'en éprouverait S. M. La reine s'est décidée d'abord à ne paraître pendant dix à douze jours dans aucune occasion publique, quoique le deuil n'ait pas encore pu être annoncé à cette cour.

Le garde-noble mensuel m'a remis le 11 les très-gracieux ordres de V. M. en date du 30 juin. Dans la même matinée je présentai à la reine les lettres qui lui étaient adressées. Je rendis compte à S. M. de l'objet d'un exprès que je venais de recevoir du comte de Metternich, ainsi que de ce que la chancellerie de cour et d'État me mandait sur la même matière. Mes dépêches d'office contenant tout ce que j'ai à exposer à cet égard, je crois devoir en omettre ici les détails. La reine avait reçu peu de jours auparavant par la poste ordinaire une lettre de S. M., et j'exposai à la reine ce qui m'était mandé sur la suite du voyage de cet auguste monarque.

## XXXV. — Mercy a Marie-Thérèse.

*Paris, 15 juillet.* — Sacrée Majesté, La reine a été dans ces derniers temps fort tourmentée par des impulsions d'intrigues, et S. M. ayant daigné m'en communiquer les objets, je me suis vu en même de lui exposer ce qui m'a paru le plus convenable à l'ordre des choses et au bien de son service. Il s'était élevé une nombreuse cabale contre le ministre de la guerre, que l'on aurait voulu expulser pour procurer sa place au comte de Ségur, qui jouit de quelque réputation comme militaire, et qui a assez de partisans à la cour. Il serait trop long d'exposer ici tous les ressorts de cette intrigue, ainsi que leurs motifs, dont l'ambition de la comtesse de Ségur est le principal. On était déjà parvenu à décider l'indisposition de la reine contre le prince de Montbarey, et à la prévenir très-favorablement pour son antagoniste; mais S. M. m'ayant mis à portée de lui bien éclaircir les faits, elle a été dans le cas de voir : 1° que le comte de Ségur n'avait pas les qualités requises pour une place de cette importance; 2° qu'il n'était mis en avant que par des convenances particulières que je dévoilai; 3° que quoique le prince de Montbarey soit bien éloigné d'être un ministre capable, il a au moins la routine de sa place et un talent égal à celui du sujet proposé; d'ailleurs il a toujours été très-attentif et exact à remplir toutes les volontés de la reine; 4° le prince de Montbarey a été placé et il est soutenu par le comte de Maurepas; pour renvoyer son protégé, il faudrait former une attaque contre le principal ministre. Il m'est assez démontré que le crédit de la reine l'emporterait toujours si elle voulait y mettre le degré de force et de suite nécessaire; mais c'est ce qui n'arrive pas dans les occasions un peu importantes et qui exigent une continuité de démarches : la reine s'en ennuie, on sait qu'elle agit moins par volonté propre que par impulsion, moyennant quoi on compose avec les favoris et favorites; les choses commencées en restent là, et l'autorité de la reine se trouve compromise.

En déduisant toutes ces raisons avec la franchise qui est quelquefois permise au vrai zèle, il m'a paru que j'avais persuadé la reine, et à moins de violents efforts d'intrigue, je présume que le projet en question tombera ou sera fort retardé (1).

Cette matière conduisit à des réflexions sur l'époque de la fin ou de la retraite du comte de Maurepas, qui, à l'âge de plus de quatre-vingts ans, sera de manière ou d'autre bientôt hors de sa carrière. Il y a longtemps que je supplie la reine de s'occuper du remplacement futur de ce principal ministre. Dans la tournure personnelle du roi et dans l'état où toutes choses se trouvent ici, il est évident que quelqu'un, sous telle dénomination que ce soit, s'emparera d'une influence majeure dans les affaires, et il est de la dernière importance que ce personnage soit bien choisi par la reine, et devienne sa créature. Toutes les grandes raisons de prévoyance que je ne cesse de répéter à cet égard ne font pas toujours une impression bien vive; mais elles préparent cependant les idées, de manière qu'il sera plus facile de les développer et de les mettre en pratique quand le moment d'en user se présentera. Je dois soumettre aux profondes lumières de V. M. si, dans quelque occasion plus ou moins rapprochée, elle ne jugera pas à propos d'insinuer dans ses lettres quelques remarques sur le chapitre que je viens d'exposer. Il deviendrait bien moins essentiel par l'existence d'un dauphin; mais jusqu'à ce qu'il plaise à la Providence d'accorder cette grande faveur, il n'y a sans doute aucun moyen à négliger pour assurer à la reine l'éclat,

---

(1) Ce projet de la reine réussit quelques mois plus tard : le comte de Ségur fut nommé ministre de la guerre au mois de décembre 1780, par l'influence de la reine et de Necker, et en dépit de Maurepas. On ne saurait faire un reproche à Marie-Antoinette d'avoir favorisé ce choix. Le comte de Ségur, qui fut fait maréchal en 1783, était très-supérieur au prince de Montbarey par l'honnêteté et l'intégrité du caractère. Il tenta d'utiles réformes; son ministère dura jusqu'en 1787.

l'influence et le crédit solide dont elle doit jouir dans sa position.

Cette matière me conduit aux remarques que j'ai à exposer sur le contenu de la très-gracieuse lettre de V. M., et je commence d'abord par l'objet le plus essentiel à sa tranquillité. Dans l'instant de l'accouchement de la reine j'étais dans la chambre, fort près du lit de travail, et très-attentif à tout ce qui se passait. Avant l'accident et au moment où il arriva, personne n'avait touché la reine que l'accoucheur, le premier médecin Lassone, le premier chirurgien Chavignac, et les deux premières femmes de chambre Misery et Thibeau, toutes personnes dont la fidélité et probité sont si manifestes qu'il est humainement impossible de les suspecter. D'ailleurs l'accident en question avait une cause clairement reconnue, qui était l'abondance et la vivacité du sang. L'accoucheur avait insisté sur une dernière saignée qui ne se fit pas ; il voulait que la reine prît un bain à l'approche des douleurs, S. M. s'y refusa ; lorsque la veine fut ouverte au pied, l'accident cessa en quelques secondes. Je puis attester ces faits comme témoin oculaire, et après tant d'explications que j'ai eues avec les gens de l'art sur l'accident susdit, après tant d'observations et de recherches que j'ai faites après coup, il serait presque impossible que je ne fusse pas venu sur la trace de quelque attentat criminel, s'il en avait existé. Parmi les causes du retard d'une grossesse il en est une qui malheureusement ne semble que trop palpable ; elle peut consister dans es longues veillées, dans trop de mouvement, surtout dans de certains temps où un état tranquille deviendrait nécessaire. La fréquence des symptômes d'échauffement semble constater ces remarques. Le médecin Lassone ne cesse de m'en parler et de renouveler ses représentations. Lassone prétend que ce régime est le plus nuisible possible ; il n'est sorte d'instances que nous ne fassions, l'abbé de Vermond et moi, à ce sujet ; mais, par une fatalité inconcevable, il semble que de jour en jour la reine s'inquiète moins de ne pas devenir grosse, et quand nous réussissons quelquefois à fixer son attention et réflexion sur cet objet si majeur, ce n'est jamais que pour peu de moments. V. M. daignera se rappeler que la reine a déjà plusieurs fois fait usage de l'acier (1), mais la sensibilité de ses nerfs rend difficile une longue continuité de ce tonique, un peu trop actif.

---

(1) Voir plus haut, page 442.

J'en reparlerai avec Lassone et lui dirai les remarques de V. M. à cet égard.

Relativement à la coadjutorerie de Cologne et Munster, il paraît, par l'ensemble des pièces secrètes qui me sont communiquées, que le roi de Prusse, très-résolu à faire autant de bruit qu'il le pourra, est cependant très-éloigné d'en venir à des voies de fait, et cela posé, il semble que tout autre obstacle sera aisément surmonté, et que le succès de cette grande affaire est comme certain. La conduite que l'on tient ici à cet égard reste à la vérité dans des bornes peu actives en bien, mais on persiste dans des démonstrations honnêtes; et, moyennant l'attention que la reine y a mise, les machinations du roi de Prusse ont été sinon vivement repoussées, au moins très-froidement accueillies.

S. M. l'empereur, dans la lettre qu'il a écrite à la reine par la poste ordinaire, paraît fort satisfait du personnel de l'impératrice de Russie, et exalte fort l'accueil qu'il en a reçu. La reine trouve que le voyage de son auguste frère est bien prolongé; elle pense qu'une entrevue d'aussi longue durée et répétée doit produire des effets marqués en bien ou en mal. Si ces effets n'étaient décidés que par l'influence des hautes et grandes qualités personnelles de S. M. l'empereur, il n'en pourrait résulter que du bien; mais le caractère de l'impératrice de Russie, sa politique et celle de ses alentours ne peuvent que laisser des doutes sur l'utilité ou le désavantage qu'il y a à connaitre cette cour de près.

### XXXVI. — Marie-Thérèse a Mercy.

*Vienne, 31 juillet.* — Comte de Mercy-Argenteau, J'ai reçu votre lettre du 15 par le courrier mensuel, arrivé ici le 26. Il est heureux que la santé de ma fille, malgré le peu d'exactitude qu'elle met dans les soins qu'elle devrait en prendre, se soutient. C'est l'effet de ses dissipations qu'elle s'occupe trop peu de l'intérêt qu'elle aurait de donner à la France un dauphin. Si je me reproche d'un côté d'avoir pu soupçonner quelque attentat criminel arrivé au moment de l'accouchement de ma fille, je crois d'un autre que ce n'était pas légèrement, vu le caractère connu de nombre de scélérats dans la nation et à la cour.

Je préfère toujours la société de la comtesse de Polignac à celle de la princesse de Guémenée. Je vous suis bien obligée d'avoir détourné ma fille de prendre part aux tracasseries en faveur de la comtesse Balbi et du comte Ségur. Au reste, comme le cas du remplacement de Maurepas ne peut tarder longtemps d'arriver de façon ou d'autre, il est essentiel de s'occuper dès à présent du choix de son successeur, objet qui intéresse tant le roi de Prusse, comme vous en avez vu plusieurs traits dans la correspondance prussienne, nommément par rapport aux vues que notre ennemi a sur le duc de Nivernois. Je laisse à votre prudence et circonspection d'en mettre au fait ma fille, autant que vous jugeriez pouvoir le faire sans inconvénient. Si même il fallait employer à cet effet la comtesse de Polignac, j'en serais d'accord, en vous abandonnant les mesures à prendre pour la faire entrer dans nos vues.

Malgré les efforts de nos ennemis, la négociation de la coadjuterie a toujours les meilleures apparences de réussite; mais pour celle du séjour de l'empereur à Pétersbourg, il faut en attendre les suites. Pour pouvoir en juger, je vous communique l'extrait de ce que l'empereur m'a mandé sur cet objet.

### XXXVII. — Marie-Thérèse a Marie-Antoinette.

*Schönbrunn, 2 août.* — Madame ma chère fille, Vous m'avez sensiblement touchée de vos regrets pour votre cher oncle, et par l'attention de me l'avoir marqué tout de suite. Tout ce qui me vient de ma chère fille et de son cœur m'est bien cher. Je dois la réussite de l'établissement de votre frère au roi et à vous toute seule, qui vous vous êtes si obligeamment prise dans cette affaire, qui vous fait même honneur dans l'étranger, autant que de reconnaissance dans la famille. Mais notre mauvais voisin est furieux, et ses adhérents, comme Hanovre et l'Hollande. Il n'y a sorte de promesses et vilenies qu'on n'emploie pour faire manquer encore à Munster, et Mercy sera chargé de vous en informer plus en détail, et je vous prie de lui donner l'occasion qu'il puisse vous parler et informer. Pour votre propre bien et celui de la France, il faut prévenir les mauvaises intentions de nos ennemis, qui sont les mêmes de nous deux ; tant que nous resterons intimement unis, le bonheur de l'Europe sera fixé. On ne saurait trop prévoir et prévenir sur cet important objet. Je sais qu'un préjugé ancien prévaut chez vous : la prépotence de notre maison et son esprit d'agrandissement. Pour ce dernier je peux vous en répondre qu'il n'existe pas, hors que d'autres s'agrandiraient, alors on serait forcé aussi; mais pour la prépotence de notre maison, elle n'existe plus du tout et pour le bien général trop peu, depuis que le roi, notre méchant voisin, a tous les catholiques, surtout à cette heure la Saxe, qui renchérit en tout encore sur lui et qui, par sa situation, nous est très-incommode. Depuis quarante ans je n'ai pu gagner sur cette nation quelque chose, qui, en toute occasion, nous a plus fait de mal que les Prussiens mêmes. L'affection que je portais de tout temps à la famille et à leurs établissements n'a rien changé du ministère et du gros de la nation. Vous voyez dans l'affaire de Cologne que nous avons peu d'amis, et c'est la raison pourquoi je souhaite tant que la France envoie des ministres sages et qui se concertent avec les nôtres, surtout en Empire; autrement nous perdrons tous deux toute l'influence, et nos ennemis gagnent, et même ceux de notre religion. Il n'y a que le nouveau ministre, envoyé à Cologne, qui se comporte selon les intentions du roi, c'est ce qui ranime l'électeur et les bien-intentionnés, qui sans cela auraient pu se laisser intimider, sans qu'on aurait pu le leur trouver mauvais, étant exposés.

Je viens de recevoir un courrier de l'empereur du 23 de Riga; il est parti de Pétersbourg comblé de politesses et d'amitiés, mais rien de plus. Mercy vous informera plus en détail, et je ne crois pas que ces assertions qu'on lui prêtait, de vouloir servir les Anglais, aient pu avoir une apparence de vérité. J'espère que M. Vérac (1) rendra bien témoignage, et la lettre que l'empereur vous a écrite de là marque bien son attention et le contraire. Cela me fait bien plaisir; j'aime à voir éterniser mes sentiments dans mes enfants.

La sortie que vous faites sur l'autre voyage que l'empereur a en vue (2), mais seulement à la paix générale, est conforme à ma façon de penser; mais je vous avoue, il m'a un peu amusée de vous voir si vive sur ce point. Je ne le suis pas moins, et depuis quelques années cette nation gagne furieusement partout; on ne peut assez se précautionner et prévenir leur séduction et influence en tout. Je suis bien fâchée que cette campagne n'a pas été mieux que les autres, après toutes les dépenses du roi et bravoure de la nation en toute rencontre.

---

(1) Le marquis de Vérac, ministre plénipotentiaire de France en Russie de 1780 à 1783.
(2) Le voyage en Angleterre que projetait l'empereur.

Voilà assez politiquer, revenons à nos tendres intérêts. Point d'apparence de grossesse, cela me désole : il nous faut absolument un dauphin. Je regrette presque le mouvement modéré à cheval, et les longues veilles sont ce qui est le plus pernicieux pour cet objet. Il faut du repos et non de la lassitude. Pour constater votre bonheur et même celui de la France, il faut cela. Je ne peux être indifférente et vous embrasse tendrement.

XXXVIII. — MARIE-ANTOINETTE A MARIE-THÉRÈSE.

*Versailles*, 15 *août*. — Madame ma très-chère mère, Le cœur de ma chère maman partagera bien la joie que je viens d'avoir, en recevant la lettre de l'électeur, qui nous a envoyé un courrier pour la nouvelle de l'élection de mon frère. Mon premier mouvement était de lui en renvoyer un pour porter ma lettre de remercîments. M. de Vergennes m'a arrêtée parce que le roi n'a pas encore répondu, et par d'autres raisons d'étiquette : mais j'ai tenu bon à donner à l'électeur un témoignage de ma satisfaction personnelle. J'ai fait remettre tout de suite ma réponse à M. de Belderbusch, et j'y ai ajouté de ma main que je n'oublierai jamais la marque d'amitié qu'il vient de donner à mon frère. J'espère que nous aurons bientôt bonne nouvelle de Munster ; je l'attends avec impatience. La bonne conduite de M. de Châlons (1) me fait grand plaisir, et pour le bien des affaires et par rapport à ses parents, qui me sont tous fort attachés et que j'aime beaucoup. Le roi de Prusse sera bien puni de n'avoir pu réussir ; il n'en sera peut-être que plus animé dans ses intrigues. Pour la Saxe, je ne puis y penser sans indignation, en me rappelant les bontés infinies que, j'ose dire, ma chère maman lui a prodiguées.

Je sens combien il serait utile que le roi n'envoyât en Allemagne que des gens raisonnables ; j'y ferai tout ce que je pourrai dans les occasions. J'ai moins d'inquiétude des anciens préjugés de jalousie, qui me paraissent fort affaiblis, que d'un certain esprit de peur et de faiblesse qui conduit quelquefois nos ministres d'ici, et influe né-

---

(1) Le comte de Châlons, parent de M$^{me}$ de Polignac, avait été nommé ministre de France à Cologne sur la recommandation de la reine ; il s'y était montré zélé pour l'élection de l'archiduc Maximilien comme coadjuteur et successeur désigné de l'évêque-électeur de Cologne.

cessairement sur la conduite de ceux qu'ils dirigent et qui attendent d'eux leur avancement.

Ma santé est bonne, malgré les chaleurs et la sécheresse excessive que nous avons ici. J'ai bien peu veillé depuis trois mois, et quand cela est arrivé, c'était toujours avec le roi, soit à Saint-Hubert où l'on va souper les jours de chasse, soit à Trianon.

M. de Mercy sort de chez moi. Nous avons raisonné des affaires; il en rendra compte à ma chère maman. Je ne veux pas retarder le courrier et je me dépêche pour la grand'messe. Je me bornerai donc à lui dire qu'il n'y a rien à craindre sur M. de Nivernais; sa mauvaise santé et son moral l'éloignent absolument de la place, et d'ailleurs je suis persuadée que, du moins pendant quelque temps, le roi ne la donnera pas. Pour M. de Châlons, il sera sûrement bien satisfait quand il saura que ma chère maman m'a témoigné contentement de sa conduite. Je m'occuperai de lui procurer quelque distinction qui puisse être remarquée par ses camarades et changer leurs idées et propos. Permet-elle que je l'embrasse bien tendrement?

Ma chère maman aurait-elle l'extrême bonté de dire à l'empereur qu'il m'est impossible de trouver un moment pour lui écrire, vu la promptitude du courrier et la fête d'aujourd'hui?

## XXXIX. — Mercy a Marie-Thérèse.

*Paris, 16 août.* — Sacrée Majesté, Depuis le départ du courrier de juillet, il ne s'est rien passé à Versailles de fort intéressant pour autant que cela concerne la reine, et les détails que je vais mettre très-humblement sous les yeux de V. M. seront aussi succincts que semble l'exiger le peu d'importance des matières.

Au moment de la triste nouvelle du décès de M$^{gr}$ le prince Charles de Lorraine, la reine s'était décidée à s'abstenir pendant douze ou quinze jours de tout amusement public, et S. M. a rempli ce projet. Dans ce moment la maison de Rohan venait de faire à la cour les fiançailles de la princesse de Montbazon, fille de la princesse de Guéménée, avec le prince de Rohan-Rochefort. Deux jours après le mariage s'était célébré à Paris, et le surlendemain, dans un beau et vaste jardin que la princesse de Guéménée possède à Versailles, il devait y avoir une fête préparée pour la reine; mais les raisons que j'ai exposées plus haut y ayant mis obstacle, la fête a été différée et ne s'est donnée que le 20 de juillet. Les apprêts en étaient aussi considérables que magnifiques; le début en consistait dans une sorte d'Arcadie, avec des accessoires d'illumination, de feu d'artifice, de spectacle et de bal. Le roi, la reine, les princes et princesses royales assistèrent à cette fête et y passèrent toute la nuit.

Dans cette saison où tant de monde habite la campagne, joint à ce que la guerre tient presque tous les militaires absents, les objets d'amusement deviennent plus rares, et c'est pour y suppléer que la reine vient de penser à un moyen nouveau, qui est d'exécuter des petits spectacles de société sur le théâtre de Trianon. Ils seront représentés par la reine, la comtesse Jules de Polignac, la comtesse de Châlons; si les pièces comportent plus de rôles de femmes, il s'en trouvera parmi les dames de la cour. Les acteurs actuellement désignés sont le comte de Polignac, le comte d'Adhémar, ministre du roi à Bruxelles, et le comte Esterhazy; il en sera encore choisi d'autres au besoin. La reine est jusqu'à présent fort décidée à n'admettre à ces amusements d'autres spectateurs que le roi, les princes et princesses royales, sans aucune personne de leur suite. Les dames du palais, pas même les grandes charges chez la reine, ne seront exceptées de cette exclusion; il n'y aura dans le parterre du théâtre que les gens de service en sous-ordre, comme femmes de chambre, valets de chambre, huissiers, qui se trouveront alors à Trianon à raison de leur service momentané. Si cette règle est strictement maintenue, elle écartera sans doute la majeure partie des inconvénients. La reine a daigné m'en parler fort au long, et j'ai tâché de la fortifier contre toutes les demandes et sollicitations contraires à son plan, en lui exposant différentes remarques qui en établissent la nécessité.

J'ai quelque regret au projet dont il s'agit; mais, ne pouvant pas en détourner l'exécution, j'ai dû me borner à tâcher de faire adopter les modifications les moins nuisibles. Je ne prévois pas d'ailleurs que ce genre d'amusement puisse être d'une longue durée; entretemps le roi, qui semble y prendre un peu de goût, aura ce motif de plus pour être avec la reine. Le temps nécessaire pour apprendre des rôles, pour les répéter, deviendra une forte diversion contre le jeu, et les représentations mettront obstacle aux promenades du soir.

J'ai observé dans mes très-humbles rapports précédents que la reine était devenue beaucoup plus attentive à participer aux amusements du roi, et cette bonne disposition tourne en habitude journalière. Le roi aime assez un jeu qui se nomme le *loto* ; il consiste dans le tirage d'un nombre de boules portant des chiffres qui répondent à ceux d'un tableau et qui produisent un gain très-modique à ceux des joueurs qui ont le chiffre sorti. La reine n'a aucun goût pour ce jeu ; il lui cause même de l'ennui ; cependant elle est très-occupée à établir cette partie après le souper, et S. M. y joue tous les soirs jusqu'à l'heure où le roi se retire, c'est-à-dire peu après onze heures.

La retraite de la duchesse de l'Esparre et le don de sa charge, fait par Madame à la comtesse de Balbi, a prolongé les tracasseries à Versailles jusqu'à ce jour. Le roi a marqué du mécontentement à cette occasion ; Madame s'en est tellement aperçue qu'elle n'a pas, selon l'usage ordinaire, présenté elle-même au roi sa nouvelle dame d'honneur, qui a été traitée très-froidement par le monarque lorsqu'elle est venue prendre les grandes entrées, qui sont une prérogative de sa place. Cela s'est passé un peu moins sévèrement chez la reine, mais cependant d'une manière assez sérieuse pour que l'on pût remarquer que la reine n'approuvait pas le changement dont il s'agit. On prétend que le roi doit avoir tenu quelques propos à Monsieur sur le caractère changeant et peu sincère de Madame ; les familles qui ont à s'en plaindre débitent cette anecdote très-ouvertement. Je n'ai pu en vérifier la réalité ; mais il est démontré par d'autres circonstances que le roi a de Madame une opinion peu avantageuse. Depuis plusieurs mois la reine paraît très-affermie dans sa manière de juger chaque individu de la famille royale, et je crois que S. M. les connaît bien et les évalue avec justesse. La reine sait en même temps excuser quelques défauts ; elle fait ce petit sacrifice au maintien de la bonne harmonie, qui se soutient dans la forme la plus convenable. Mesdames tantes, qui se sont fort isolées de la jeune cour, ont lieu d'être très-satisfaites des égards que leur marque la reine. S. M. va les voir de temps en temps à leur maison de plaisance à Bellevue, qu'elles habitent plus souvent et plus longtemps que par le passé.

Le comte de Kaunitz-Guestenberg, qui, à son retour d'Espagne, s'arrêta ici quelques jours, a été fort bien traité par la reine. Après que j'eus présenté formellement cet ambassadeur, la reine a voulu le voir dans ses cabinets, et lui a marqué les bontés les plus distinguées.

Le courrier mensuel, arrivé le 12 au soir, m'ayant remis les très-gracieux ordres de V. M. en date du 31 juillet, je n'ai point tardé à faire parvenir à la reine les lettres qui lui étaient adressées, et à rendre compte à cette auguste princesse de plusieurs objets dont je fais une mention détaillée dans mes dépêches d'office.

La reine a été fort sensible à la bonne nouvelle de l'élection de S. A. R. M<sup>gr</sup> l'archiduc Maximilien, et à l'attention que l'électeur de Cologne a eue d'en donner part ici par courrier.

### XL. — Mercy a Marie-Thérèse.

*Paris, 16 août.* — Ces jours passés, la reine m'ayant fait venir chez elle, je la trouvai fort occupée et peinée d'un avis qu'on lui avait donné et qu'elle daigna me confier. Cet avis portait que les gazetins ou écrits à la main sur ce qui se passe à Versailles étaient maintenant imprimés à Düsseldorf ou aux Deux-Ponts, et que plusieurs exemplaires en étaient envoyés à Vienne; que S. M. l'empereur, lors de son départ, avait expressément ordonné qu'on lui envoyât les dits gazetins partout où il serait, que S. A. R. M<sup>me</sup> l'archiduchesse Marie marquait un singulier empressement à se procurer les mêmes nouvelles, et qu'elle semblait s'amuser de tous les petits sarcasmes qu'elle y trouvait contre la reine. S. M. ajouta qu'elle avait sollicité le roi de faire prendre quelques mesures pour tâcher de découvrir et d'intercepter les sources de pareils gazetins, et que le monarque avait promis de s'en occuper efficacement.

J'observai à la reine que, dans tout ce détail, je croyais voir l'œuvre de quelque intrigant, cherchant à se faire valoir et y employant des moyens qui ont le caractère de l'invraisemblance et de la malhonnêteté; que si on imprimait des gazetins à Düsseldorf ou aux Deux-Ponts, rien n'était si simple qu'ils parvinssent à Vienne et que S. M. l'empereur ainsi que S. A. R. M<sup>me</sup> l'archiduchesse Marie en eussent connaissance; mais que c'était une horreur d'oser annoncer que le monarque ou son auguste sœur prissent plaisir à lire des nouvelles qui seraient défavorables à la reine, et qui, sous cette forme, ne pouvaient exciter que leur indignation. Je n'eus pas grande peine à découvrir l'auteur des avis en question; ils sont donnés par un nommé Delisle que le prince de Ligne a emmené avec lui à Vienne. J'avais écrit par le dernier courrier un post-scriptum au baron de Pichler au sujet de ce particulier, qui entretient une correspondance avec

M. le comte d'Artois, auquel il mande toute sorte d'extravagances et de faussetés, particulièrement sur les personnes qu'il dit former la société de S. M. l'empereur, sur les prétendus propos qu'elles tiennent contre la France, et sur l'éloignement qu'il suppose que l'on a à Vienne pour la nation française. Il est inouï qu'une petite espèce comme ce Delisle soit en relation avec un prince de la famille royale, et qu'il ait même été au moment de se procurer quelque accès auprès de la reine. Heureusement j'ai réussi à l'écarter ; mais je n'avais pas les mêmes moyens relativement à M. le comte d'Artois. Comme la reine, en daignant me parler de ce que j'ai exposé plus haut, m'a enjoint le secret, je perdrais dans sa confiance si S. A. R. M$^{me}$ l'archiduchesse donnait à connaître qu'elle a été informée de la particularité qui la regarde. J'ai cru devoir soumettre cette remarque à ce qu'il plaira à V. M. d'en disposer.

Depuis que mon très-humble rapport ostensible est écrit, il y a eu une première représentation du spectacle de Trianon. M. le comte d'Artois y a exécuté un rôle, et la règle de n'admettre aucun spectateur a été strictement suivie. Le roi s'y est fort amusé, et dans ces occasions il prolonge ses soirées et ne paraît nullement pressé de se retirer à son heure ordinaire.

Sur la très-humble proposition que j'ai faite à la reine de donner quelque marque particulière de bonté à l'électeur de Cologne, S. M., en faisant répondre à la lettre de ce prince, a écrit de sa main par forme de post-scriptum : « Vous pouvez être sûr, Monsieur, que je n'oublierai jamais ni la marque d'amitié que vous venez de donner à mon frère, ni l'honnêteté de vos procédés pour moi. »

Relativement au contenu de la très-gracieuse lettre de V. M., j'observerai d'abord qu'ainsi que je m'y étais attendu la reine a de nouveau presque totalement abandonné la société de la princesse de Guéménée. Le retour de la comtesse de Polignac à la cour a le plus contribué à cette utile diversion, et les petites fêtes à Trianon, ainsi que les spectacles qui s'y donnent, suffiront à tenir la reine éloignée de tout autre objet de dissipation. Il y a bien plus d'espoir d'une grossesse depuis que les remontrances sur le régime nécssairee ont produit leur effet.

V. M. aura daigné observer dans mes très-humbles rapports précédents que depuis bien longtemps je ne cesse de représenter à la reine la nécessité de s'occuper du choix d'un successeur au comte de Maurepas. J'ai démontré à S. M. que de cet article pouvaient dépendre la gloire et le repos de la reine. Elle m'a paru frappée de tout ce que je lui ai exposé à ce sujet, et résolue d'y penser efficacement. Je veillerai toujours à ce grand objet, particulièrement à l'exclusion de ceux dont les intentions sont reconnues suspectes ; je prends même à cet égard des mesures de longue main. Il y a très-longtemps que j'ai fait connaître à la reine le duc de Nivernais pour ce qu'il est ; le roi en a médiocre opinion, et il n'est pas à présumer que ce duc parvienne à aucune place ; sa très-misérable santé suffirait seule pour l'en exclure.

Je mets aux pieds de V. M. mes très-humbles actions de grâce de ce qu'elle a daigné me confier les pièces si intéressantes que je remets ici, et qui ont satisfait mon zèle pour le bien de l'auguste service (1). On y voit que S. M. l'empereur, au milieu de toutes les démonstrations peut-être illusoires, reste dans un soupçon bien judicieux et qui pourrait n'être que trop fondé. L'idée mise en avant comme un appât, et qui a pour objet l'Italie, semble être d'une maladresse qui a de quoi étonner, et comme on ne peut pas soupçonner que cette idée parte d'une ignorance politique, il s'ensuit qu'elle porte le caractère d'une insigne mauvaise foi. Au reste la pénétration de S. M. l'empereur rendait de semblables piéges peu dangereux, et il semble palpable que cet auguste monarque a fait quelques découvertes importantes sur les projets futurs de la Russie, sans se laisser pénétrer en rien. Dans le détail que j'ai fait à la reine du voyage de S. M. l'empereur, j'ai cru devoir m'en tenir aux seuls objets matériels et aux circonstances de la bonne réception, sans toucher aucun article qui eût trait à la politique.

Il ne me reste à ajouter ici que le parfait état de santé dont jouit Madame, fille de la reine. Cette jeune princesse acquiert de la force, et sa physionomie de la grâce.

## XLI. — Mercy a Marie-Thérèse.

16 *août*. — Sacrée Majesté, Avant le départ du courrier, la reine m'a fait venir chez elle pour me communiquer ce qu'elle avait écrit

---

(1) Ces pièces avaient trait au voyage de l'empereur Joseph II en Russie, et à son entrevue avec Catherine II.

à V. M., et pour me charger d'exposer dans mon très-humble rapport les remarques que je croirais nécessaires à développer sur des idées que la reine a eu trop peu de temps pour déduire.

La reine est parfaitement résolue à s'occuper des deux objets que V. M. lui recommande, savoir celui d'une faveur publique à procurer au comte de Châlons, et qui fasse encouragement à ses autres collègues pour se comporter dans leurs postes d'une manière qui réponde à l'esprit de l'alliance. Il s'agit de la forme et de l'occasion de procurer cette grâce, et je proposerai là-dessus les meilleurs expédients qu'indiqueront les circonstances. Quant au second point, bien plus essentiel, et qui concerne le futur successeur du comte de Maurepas, V. M. daignera voir l'idée de la reine sur le duc de Nivernais. Cette auguste princesse semble comprendre à présent toute l'importance de cette matière, qui a tenu une grosse demi-heure d'entretien. Pour plus de précision j'éclaircirai encore quelques points, et mettrai par le prochain courrier sous les yeux de V. M. des détails plus clairs sur ce que la reine croit pouvoir et devoir faire pour atteindre au but proposé. Il est heureux que V. M. ait fixé l'attention de la reine sur ce point, et je la vois dans des dispositions dont je tâcherai de tirer bon parti pour le mieux de son service, pourvu que j'obtienne la suite et constance nécessaires à remplir un bon plan.

### XLII. — Marie-Thérèse a Mercy.

*Schönbrunn*, 31 *août*. — Comte de Mercy-Argenteau, J'ai reçu votre lettre du 16 par le garde-noble hongrois, Horvath, arrivé ici en courrier le 26 de ce mois.

La sensibilité dont ma fille a donné des marques à l'arrivée de la nouvelle de la mort du duc Charles, son oncle, et la satisfaction qu'elle a témoignée sur le succès de Cologne et de Munster font bien de l'honneur à son cœur et à moi beaucoup de plaisir. J'approuve fort ce qu'elle en a écrit à l'électeur de Cologne. Je serais encore contente si le comte de Châlons obtenait quelque marque d'approbation de la conduite qu'il a tenue dans cette occasion, mais c'est à vous à examiner ce qu'il conviendrait de faire à cet égard.

Telle que soit la comtesse de Polignac, je crois toujours que ma fille risque moins dans sa compagnie que dans la société de la princesse de Guéménée. Peut-être la favorite pourrait-elle influer dans nos vues sur le choix du successeur du comte de Maurepas. Vous n'en connaissez que trop toute l'importance, et je vois avec plaisir que vous allez vous en occuper; Nivernais ne pourrait en effet nous convenir.

Je crois bien que, malgré les soins que vous employez à faire mettre tout l'ordre et toute la décence possible dans les spectacles de Trianon, vous ne les goûtiez pas trop. Je suis de votre avis, sachant par plus d'un exemple que d'ordinaire ces représentations finissent ou par quelque intrigue d'amour ou par quelque esclandre. Au reste le meilleur est que ma fille s'accoutume à connaître les personnes de la famille et à se comporter en conséquence avec circonspection et modération, sans cesser de les bien traiter, pour ne pas troubler la paix domestique. Le procédé de Madame vis-à-vis de la duchesse de l'Esparre et les suites qui en sont arrivées peuvent lui faire naître des réflexions bien utiles.

Je ferai usage des notions que vous me mandez sur les gazetins de Delisle, sans vous compromettre vis-à-vis de ma fille Marie; [son mari ayant un grand faible pour Ligne (1), qui ne me convient nullement, surtout à cette heure].

Toujours d'accord avec vous sur le voyage de l'empereur en Russie, je ne me flatte guère d'en voir résulter quelque avantage réel, et j'en suis d'autant plus aise de son retour.

[Je vous préviens que j'adresse cette M<sup>me</sup> de Meuse à vous en cas qu'elle eût à me faire parvenir quelque chose. Au reste ce n'est pas une personne dont j'étais contente; mais elle est malheureuse, c'est un titre pour mon cœur, et une ancienne personne attachée à la maison de Lorraine. Le testament de feu mon cher beau-frère me cause bien des peines (2).]

## XLIII. — Marie-Thérèse a Marie-Antoinette.

*Schönbrunn*, 31 *août*. — Madame ma chère fille, Grâce à vos chers soins pour l'établissement de votre frère et vos attentions bien obligeantes à l'électeur, vous avez rendu ce bon vieillard tout content et nous tous. Cette affaire est terminée au mieux, et notre voisin en

---

(1) Voir sur le prince de Ligne notre tome II, page 485.
(2) Ce testament contenait un grand nombre de clauses, d'une exécution difficile.

a bien de l'humeur et tâchera en d'autres occasions à ne pas l'oublier et à faire des insinuations les plus fausses et dangereuses. Il nous prête que nous voulons envahir tous les évêchés et électorats ; il fait tous les enfants de Léopold, de neuf jusqu'à un an, évêques, car pour les deux aînés tout le monde doit être persuadé qu'on ne les destine pas pour cet état (1). Tout ce qu'il inventera sur le voyage en Russie ! L'empereur m'en paraît fort content, mais pas aveuglé. Je peux vous assurer qu'on n'a rien traité, mais qu'il me paraît qu'il a eu le bonheur d'effacer les préventions fausses contre nous, qui étaient fortes. Ce que vous me dites de Nivernais me rassure, et tout ce que le roi fera pour M. Châlons, nous le verrons avec reconnaissance ; et nous vous devrons à l'avenir le bien qui arrivera, comme celui qui vient d'être conclu.

Mon fils tiendra le chapitre de l'ordre (2) en octobre ; c'est un peu tard. Je ne sais s'il poussera plus loin ses pas, et si cela conviendra à son électeur ; j'avoue, la saison me paraît peu propre pour faire des voyages. L'empereur est revenu très-bien portant, et sa suite de même, mais depuis il y a déjà trois d'incommodés de fièvres. Il règne ici beaucoup de fièvres, mais pas mauvaises ; je ne voudrais pas que vous en preniez, mais je vous souhaite bien un dérangement de santé, cela me tient fort à cœur.

Tout ce que vous avez fait pour la mémoire de votre cher oncle vous fait grand honneur et m'a touchée au vif. Nous en sommes bien loin ici, et son régiment que j'avais tant souhaité qu'il puisse conserver son nom (3) a été donné pour le nom à Charles, son

---

(1) Le grand-duc de Toscane Léopold avait alors neuf enfants, dont six fils. Joseph II n'ayant point d'enfant, l'aîné des fils de Léopold était destiné à la succession d'Autriche, et le second à celle de Toscane.

(2) L'archiduc Maximilien était grand maître de l'Ordre teutonique.

(3) Dans une lettre à l'impératrice du 23 juillet 1780, Joseph II s'expliquait ainsi sur cette affaire : « Quant au régiment, il me paraît de mon devoir de faire cette représentation à V. M. La distinction de garder à perpétuité le nom de son propriétaire n'a été jamais accordée qu'au prince Eugène. Je la laisse juger de ce que toute la terre jettera de ridicule sur le défunt, si on le comparait à ce grand homme qui a exactement gagné à la monarchie sept batailles, pendant que le prince Charles lui en a perdu sept autres, voilà la différence ! Est-ce qu'elle désirerait que le nom de Lorraine lui soit conservé ? Je dois encore lui laisser imaginer si, après avoir renoncé positivement même à en porter le titre, il serait séant de garder un régiment avec ce nom. Voici mes raisons, elles me paraissent claires, et V. M. aura beau faire, elle n'effacera jamais dans l'opinion du public et de l'armée l'opinion désavantageuse que les revers (et de quel genre !) qu'il a eus pendant tout le temps qu'il a commandé ses armées ont attirée sur la personne du prince. »

filleul en Toscane (1), mais en propriété à un général bien mince (2). J'avoue, cela m'a fait une peine infinie. Je vous prie que cela ne vous passe.

L'empereur compte encore partir le 18 pour la Bohême, pour voir les deux forteresses. Les matinées et soirées commencent déjà à être bien fraîches ; je crois que nous aurons un hiver avancé, et que mon séjour ici ne sera guère plus de trois semaines. Encore le départ de votre sœur (3) pour les Pays-Bas ne sera qu'au printemps prochain. Elle compte revenir après quelques mois, et alors elle compte bien passer quelque part pour vous voir et me porter de vos chères nouvelles, et de ma chère filleule. Ce n'est qu'une idée ; vous voyez que cela va à deux ans presque, et tout cela dépendra plus de vous que d'une autre ; mais cette idée en attendant me fait plaisir, me console au départ des autres, de les voir revenir en droiture de chez vous, de ma chère reine, que j'embrasse tendrement.

P. S. Ce que vous avez fait pour l'abbé de Vermond me fait un plaisir infini et vous fait honneur.

### XLIV. — Mercy a Marie-Thérèse.

*Paris, 16 septembre.* — Depuis un mois toutes les occupations de la reine et tous ses amusements se sont concentrés dans le seul et unique objet de deux petits spectacles représentés sur le théâtre de Trianon. Le temps nécessaire à apprendre les rôles, celui qui a dû être employé à de fréquentes répétitions, joint à d'autres détails accessoires, a été plus que suffisant pour remplir les journées. Le roi, en assistant fort assidûment à tous ces apprêts, a donné preuve du goût qu'il prend à ce genre de dissipation. Il ne s'est plus trouvé de moments pour le jeu, non plus que pour les promenades du soir, de manière que ces avantages semblent compenser quelques inconvénients qui tiennent à la nature de l'objet dont il est question.

---

(1) Ce prince fut l'archiduc Charles, plus illustre que son prédécesseur, et qui commanda à diverses reprises les armées autrichiennes pendant les guerres du premier empire français. Napoléon, dont il fut peut-être le plus digne adversaire, estimait ses grands talents militaires. Son nom a été conservé au 3e régiment autrichien d'infanterie et au 3e de uhlans.

(2) Ce général était le lieutenant maréchal de Drechsel.

(3) L'archiduchesse Marie-Christine, qui était appelée à la lieutenance générale des Pays-Bas en remplacement du prince Charles de Lorraine.

## 16 SEPTEMBRE 1780.

La reine a persisté invariablement dans la résolution de n'admettre d'autres spectateurs que les princes et les princesses de la famille royale sans personne de leur suite. Je sais par les gens de service en sous-ordre, les seuls qui aient entrée au théâtre, que les représentations s'y sont faites avec beaucoup d'agrément, de grâce et de gaieté, et que le roi en marque une satisfaction qui se manifeste par des applaudissements continuels, particulièrement quand la reine exécute les morceaux de son rôle. Ces spectacles, qui durent jusqu'à neuf heures, sont suivis d'un souper restreint à la famille royale et aux acteurs et actrices. Au sortir de table la cour se retire, et il n'y a point de veillée.

Une manière d'amusement qui se borne à un si petit nombre de personnes devient un indice d'autant plus marqué de faveur pour ceux qui y sont admis, et par conséquent un motif de jalousie et de réclamation pour les exclus. La princesse de Lamballe, en raison de sa charge de surintendante, a cru pouvoir prétendre à une exception qu'elle n'a point obtenue. Ses grandes charges et les dames du palais de semaine ont représenté que, d'après les usages établis, aucune circonstance ne devait les priver de l'avantage de faire leur service, lequel se trouvait réduit à paraître les jours de dimanche et de fête à la toilette de la reine, et aux offices de l'église : toutes pareilles instances qui sont restées sans effet, ont causé des dégoûts, et ont donné lieu à quelques propos qui de Versailles se sont répandus à Paris. Quoique cette légère effervescence ne puisse point avoir de suites, la reine, pour en diminuer le motif, est restée toute cette semaine établie à Trianon avec la comtesse de Polignac, la duchesse de Guiche et la comtesse de Châlons. Il n'y a point eu de spectacles; S. M. a permis aux grandes charges et aux dames du palais qui sont de semaine d'aller dîner et souper à Trianon. Le roi s'y rendait régulièrement tous les matins et y retournait le soir. Les princes et princesses de la famille royale s'y rendaient à volonté dans les différents temps de la journée. Le mardi, la reine revint le matin à Versailles, pour que les ambassadeurs et ministres étrangers fussent en même de lui faire leur cour, après quoi S. M. retourna à Trianon. Cet arrangement a produit en partie l'effet que la reine en avait attendu. Les gens de la cour ont été moins mécontents ; mais les spectacles qui vont recommencer, en occasionnant de nouveau les exclusions, feront renaître les dégoûts et les plaintes. Cela pourra même être de quelque durée, parce qu'il semble qu'il n'y aura point de voyage à Marly, et que le roi et la reine, très-satisfaits des petits amusements que leur procurent les séjours à Trianon, s'en tiendront à cette forme de société, un peu trop restreinte pour une nation aussi active et empressée que l'est celle-ci. Le défaut d'occasions à faire sa cour pourrait à la longue en diminuer l'habitude et le désir. Il y en a eu cette année un indice au jour de la fête du roi, où il ne s'est pas trouvé à Versailles la moitié du monde que l'on y voyait les années précédentes.

Le choix que Madame a fait de la comtesse de Balbi pour sa dame d'honneur a donné lieu à un nouvel incident assez désagréable à cette princesse. La comtesse de Balbi, qui prend intérêt à un comte de Jaucourt, a été persuadée par ce dernier de proposer sa sœur, la comtesse du Cayla, pour dame de compagnie de Madame, laquelle s'est prêtée à cette demande. La comtesse du Cayla est d'une famille protestante ; son mari est gentilhomme de la chambre du prince de Condé, et aucun de ces deux titres ne favorisait l'obtention d'une place à la cour. Quand Madame demanda à présenter sa nouvelle dame de compagnie, le roi lui répondit fort sèchement qu'elle avait sans doute oublié qu'elle aurait dû lui parler de ce choix avant de s'y déterminer. Cependant la présentation a eu lieu, mais de manière que le roi ne jeta pas un regard sur la personne présentée. Cela se passa à peu près de même chez la reine, et Madame ne put échapper à cette double mortification. Elle en a même dû éprouver depuis une plus sérieuse en ce que le roi, qui paraît totalement aliéné de sa belle-sœur, a proposé à la reine de ne plus aller souper chez Madame quand Monsieur ne s'y trouvera pas. Ce prince fait quelquefois des absences de deux ou trois jours, qu'il passe à sa terre de Brunoy. Au dernier voyage qu'il y fit, le roi et la reine ont été souper à Trianon, ce qui a fait à Versailles une sensation très-défavorable à Madame. Depuis très-longtemps rien n'avait altéré la bonne harmonie dans l'intérieur de la famille royale, et le petit nuage qui s'y est élevé ne sera sans doute point de durée. Madame a trop d'intérêt de chercher à le dissiper, et Monsieur, qui est aussi politique que réfléchi, s'en occupera efficacement. Il n'y aura nul obstacle de la part de la reine ; elle aime la paix, et son penchant naturel la porte à aller au-devant de ce qui peut la maintenir ou la rétablir.

Lorsque la nouvelle de l'élection de Münster m'arriva par un exprès, je me hâtai d'aller mettre sous les yeux de la reine la lettre que m'écrivait le comte de Metternich à cette occasion ; mais la reine était déjà informée de cet agréable événement par une lettre de l'électeur de Cologne, qu'un courrier arrivé peu d'heures avant le mien avait apportée. La reine répondit le surlendemain à l'électeur ; elle daigna lui écrire quelques lignes de main propre, et ordonna que sa lettre fût remise au ministre de Cologne.

Le garde-noble mensuel m'ayant remis le 10 au matin les très-gracieux ordres de V. M. en date du 31 août, et l'abbé de Vermond étant venu me dire qu'il partait à l'instant pour Versailles, je lui remis les lettres qui étaient adressées à la reine, et qui lui parvinrent ainsi plus promptement que si je les avais portées moi-même. Dans une audience que la reine m'a donnée mardi, j'ai rappelé la convenance dont il est que le comte de Châlons obtienne quelque marque distinguée d'approbation de la conduite qu'il a tenue à Cologne. L'épouse de ce ministre lui a écrit de s'expliquer sur le genre de grâce qu'il pourrait désirer, et d'après sa réponse la reine est très-décidée à appuyer les demandes qu'il fera, en supposant qu'elles s'accordent avec la possibilité des circonstances ; mais, dans tous les cas, il y aura moyen de lui faire éprouver un peu plus tôt ou un peu plus tard les marques de satisfaction qu'il a méritées.

Le parfait état de santé de la reine ne donne lieu à d'autre remarque si ce n'est que, depuis un mois, S. M. a été dispensée de l'usage de quelques légers remèdes qui ont cessé d'être nécessaires. La jeune princesse se porte aussi toujours également bien ; elle gagne en croissance et en force au-delà de ce que l'on pouvait attendre de son âge.

## XLV. — Mercy a Marie-Thérèse.

*Paris, 16 septembre.* — Par un dernier et très-humble rapport V. M. aura daigné voir que l'attention de la reine commençait à se fixer sur le point important du choix futur d'un successeur au comte de Maurepas. Dans le courant du mois j'ai eu plusieurs conversations dans lesquelles la reine s'est expliquée avec autant de bonté et de confiance envers moi que de détail sur le fond de la matière. S. M. croit que le roi a beaucoup de répugnance et de peur d'être gouverné; qu'il en soupçonne aisément le projet quand on lui parle d'affaires de gouvernement, que par conséquent il y avait de grandes précautions à prendre pour ne pas s'égarer dans ses mesures sur un article aussi délicat. Je convins du principe, mais j'observai que la position de la reine lui offrait une marche aussi sûre que facile à tenir. De son propre aveu, il n'est point de jour où le roi ne lui parle et du personnel de ses ministres et de leur manière d'administrer les affaires. En pareilles occasions, des réponses bien méditées de la part de la reine, quelques remarques judicieuses, soit sur les individus, soit sur les choses, feraient connaître au roi que son auguste épouse s'occupe de tels objets, qu'elle est très en état d'en parler et d'aider le roi dans les doutes qu'il peut avoir. Si cela était à ce point, il est de toute certitude que le roi, de son propre mouvement, consulterait la reine et la mettrait à portée de décider les opérations les plus importantes, sans que le roi eût le moindre sujet de soupçonner qu'il y ait un projet de le conduire. Je développai la théorie de ce système par un nombre d'exemples et de faits tant anciens que récents. La reine ne m'opposa aucune objection, et elle parut généralement adopter ce que je lui représentais. Il s'agit maintenant des circonstances que l'on ne peut ni calculer ni avancer, et dont les principales tiendront à la plus ou moins longue durée de l'existence du comte de Maurepas; mais si la reine veut se mettre dans la mesure convenable, il est infaillible qu'elle décidera du choix du ministre à venir. Je n'ai aucun sujet de prévoir que la comtesse de Polignac pût influer utilement dans cette importante affaire. Il m'est trop démontré que la favorite est entièrement dévouée au comte de Maurepas, et de ce côté sa fidélité pour la reine est plus que suspecte. J'ai toujours tâché de retenir S. M. sur toutes confidences d'affaires sérieuses envers sa favorite, et j'y ai assez réussi. Dans quelques cas où il en est arrivé autrement, je n'ai pas tardé à découvrir des abus de confiance et je les ai dévoilés de la manière la plus convaincante. Dans ces derniers temps, je me suis fort occupé à tâcher de remuer l'esprit de la reine du côté du poids et de la considération politique qu'il lui convient d'obtenir dans les cours étrangères, soit pour son propre avantage, soit pour celui de son auguste maison, à laquelle son cœur est bien sincèrement attaché et le sera invariablement. Dans les différents moyens de persuasion dont je me suis servi, j'ai fait un usage très-utile du contenu d'une lettre écrite par le roi de

Prusse en date du 24 juillet à son ministre Goltz, et, sans que la reine pût se douter que ce que je lui disais fût tiré d'une lettre interceptée, j'assurai S. M. d'avoir connaissance positive de la manière dont le roi de Prusse jugeait de son influence présente et à venir, et je détaillai en même temps les idées de ce prince, dont les plus essentielles portent sur un successeur futur du comte de Maurepas, sur les effets que produirait la naissance d'un dauphin, et sur le degré de solidité que donnerait à l'alliance le crédit bien affermi de la reine. Elle parut extrêmement frappée de ces remarques du roi de Prusse, qu'elle a en horreur. J'observai à S. M. que c'était l'ennemi implacable de son auguste maison qui indiquait lui-même le plan de conduite propre à mettre un frein à ses odieuses manœuvres. J'étais bien sûr que cette réflexion opérerait fortement, et j'eus lieu de voir par les réponses de la reine que je ne m'étais pas trompé.

Relativement à la remarque que V. M. daigne faire dans sa très-gracieuse lettre sur les spectacles de Trianon, je ne crains d'autre inconvénient que celui de quelques petites tracasseries qui ne peuvent jamais être d'une certaine conséquence ; d'ailleurs je persiste à croire que cet amusement ne sera que momentané. Pour y faire diversion, j'insiste fortement auprès de la reine pour la déterminer à un voyage à Choisy et à un séjour de quelques semaines à Marly. Je fonde cette instance sur de bonnes raisons : les chasses à tirer du roi lui rendraient une course à Choisy commode et agréable ; un séjour à Marly ramènera beaucoup de monde à la cour et fera oublier les dégoûts qu'ont occasionnés les spectacles de Trianon. La reine n'a nulle envie des deux voyages en question ; il avait même été décidé qu'ils n'auraient pas lieu, mais je ne me tiens point encore pour tout à fait éconduit, et je tâcherai d'obtenir un changement à cette résolution.

La retraite que la reine a faite jusqu'aujourd'hui à Trianon est une idée suggérée par la comtesse de Polignac. Cette dernière voulait une exclusion absolue de toutes les grandes charges, des dames du palais et des gens de la cour. Ce n'a été qu'avec grand'peine que nous avons obtenu, l'abbé de Vermond et moi, qu'il fût donné à ce voyage la forme qui est énoncée dans mon très-humble rapport ostensible ; mais enfin nous l'avons emporté sur le désir de la favorite.

A l'occasion de la dernière lettre de l'électeur de Cologne, la reine était incertaine si elle lui répondrait quelques lignes de main propre ; mais je la décidai d'abord par une réflexion, qui était que, dans le cas présent, toutes les marques de bonté que la reine donnerait à l'électeur seraient autant de marques d'attention respectueuse qu'elle donnerait à V. M. Sur-le-champ la reine m'ordonna de lui proposer quelques lignes, et la phrase suivante fut adoptée : « Le succès de « l'élection à Munster, Monsieur, et votre attention à me l'annoncer « ajoutent au souvenir que je conserverai toujours de vos procédés « honnêtes envers moi et ma maison. »

Jusqu'à ce moment il n'a rien transpiré ici des dernières dispositions de feu S. A. R. M$^{gr}$ le prince Charles; mais dans le cas où l'on tiendrait sur cette matière un langage quelconque, et que la reine m'en parlât, j'arrangerai mes réponses de manière à prévenir tout commentaire inutile, et je me trouve à cet effet suffisamment informé par les ordres de V. M.

Le baron de Breteuil a écrit à la reine que l'on supposait à V. M. l'intention de confier à S. A. R. M$^{me}$ l'archiduchesse Marie-Anne le gouvernement de la Hongrie, mais que l'on ignorait si cette princesse inclinerait à un pareil établissement. Cette nouvelle a fort ému la reine : elle voulait écrire à son auguste sœur pour la persuader d'accepter. J'ai observé que cette démarche serait un peu précoce, et ne pouvait guère être hasardée sur le simple énoncé d'un ambassadeur, qui pourrait très-bien avoir été mal informé sur un fait de cette nature. Je n'expose cette circonstance que comme une marque du vrai attachement de la reine pour S. A. R. M$^{me}$ l'archiduchesse.

La lettre adressée à la comtesse de Meuse lui a été remise, et je me réglerai relativement à cette dame selon les ordres de V. M.

### XLVI. — Mercy a Marie-Thérèse.

*Paris*, 16 *septembre*. — Sacrée Majesté, Après que mes très-humbles rapports étaient écrits, j'ai encore eu occasion de faire ma cour à la reine, et il m'a réussi de persuader sur les deux voyages de Choisy et de Marly. Je me suis rendu un peu pressant pour que la reine en parlât tout de suite au roi, et les deux voyages sont déjà annoncés, l'un pour le 1$^{er}$, l'autre pour le 13 d'octobre. La reine m'a marqué un grand désir que le courrier prochain arrivât le 10, afin qu'elle eût le temps d'écrire avant de partir le 13 pour Marly. S. M. a remis jusqu'après le départ du présent courrier de me parler sur quelques articles de la dernière lettre de V. M. Je présume que la reine, dans sa lettre d'aujourd'hui, entrera en quelques détails sur les occasions d'intimité avec le roi que le séjour à Trianon a procurées, et il semble que de ce côté ce séjour a fort réussi. Les deux gardes-nobles y ont été, et la reine a daigné leur faire voir elle-même le château. S. M. l'empereur a désapprouvé les spectacles ; mais il ne m'a pas paru que cet avis ait produit beaucoup d'effet. La reine était fort empressée de savoir ce que pouvait penser V. M. sur cet article. J'ai répondu que cet amusement n'était pas de nature à obtenir approbation, mais que peut-être V. M. n'en témoignerait rien, dans l'attente très-vraisemblable que cet amusement ne pouvait être que très-passager et de fort peu de durée. Je crois en effet que le voyage à Marly y fera la diversion que j'ai espérée.

## XLVII. — Marie-Antoinette a Marie-Thérèse.

*Le 19 septembre.* — Madame ma très-chère mère, C'est une grande joie pour moi de voir ma conduite approuvée par ma chère maman ; mais je suis honteuse de recevoir tant d'éloges pour une chose dont je suis déjà si bien récompensée par le succès, et par mon amitié pour mon frère. Je ne suis pas étonnée de la mauvaise humeur de notre ennemi ; mais il me semble que, s'il consultait les intérêts de sa gloire et de son amour-propre, il n'en montrerait plus sur une affaire finie, et d'aussi bonne grâce. S'il continue à se compromettre, l'impuissance de sa colère finira par la rendre ridicule et sans effet.

Après la joie que j'ai de l'heureux retour de l'empereur, et qui est pour moi le principal, je partage la satisfaction de la réussite qu'il a eue là-bas. Ce sera un grand bien pour la suite si les intrigues et la politique ne changent pas les bonnes dispositions d'une cour comme celle-là. En attendant il faut être content de les voir un peu désabusés.

Ce sera un grand plaisir pour moi de revoir ma sœur Marie après plus de dix ans de séparation, et dans le moment où elle repartira pour voir ma chère maman. Il me semble que ce sera me rapprocher moi-même d'elle, quoique d'une manière bien imparfaite. Je causerai avec M. de Mercy sur la forme la plus convenable pour ce voyage. On ne peut pas pour une princesse s'en sauver, comme pour un homme, par l'incognito, le changement de nom et la non-réception des visites.

Je me suis établie à Trianon pour huit à dix jours, afin de faire les matins des promenades à pied qui sont essentielles pour ma santé; cela n'était pas possible à Versailles. Trianon n'est qu'à dix minutes de chemin en voiture, et on peut aisément y venir à pied. Le roi paraît s'y plaire beaucoup; il y vient souper tous les jours, et vient me voir le matin, comme dans mon appartement à Versailles. J'ai choisi ce moment-ci pour mon séjour ici, parce que c'est le mois où le roi chasse presque tous les jours, et où il a le moins besoin de moi. Ma santé et celle de ma fille sont très-bonnes. Pour de grossesse, je n'ose plus en parler, quoique la manière dont nous vivons me doive donner toute espérance.

Je serais bien fâchée de tout arrangement et en particulier du régiment (1), s'il ne répondait pas à l'affection et respect que nous devons à la mémoire de notre cher oncle. Ma chère maman permet-elle que je l'embrasse bien tendrement?

L'abbé est bien sensible à la bonté de ma chère maman. J'ai été enchantée de pouvoir faire quelque chose pour lui; mais jamais je ne pourrai récompenser entièrement tout son zèle et attachement pour moi.

## XLVIII. — Marie-Thérèse a Mercy.

*Schönbrunn, 30 septembre.* — Comte de Mercy-Argenteau, J'ai reçu votre lettre du 16 par le garde-noble hongrois Giulay, arrivé ici le 26 de ce mois.

Je vois avec plaisir que vous vous occupez du choix du successeur du comte de Maurepas, et que vous en faites encore sentir l'importance à ma fille; convaincue d'ailleurs que la comtesse de Polignac, toute dévouée au comte de Maurepas, ne serait propre à influer dans ce choix. Je crois au reste qu'il n'y aurait peut-être pas de mal si, après le décès du comte de Maurepas, le roi prenait le parti de vouloir gouverner par lui-même et non pas par quelque ministre, supposé qu'il ait assez de talents et d'application pour s'en acquitter comme il faut, et que ma fille conservât toujours assez de crédit et qu'elle en fît bon usage pour jouir de la confiance du roi dans le maniement des affaires. Je suis bien aise que les réflexions, tirées de la

---

(1) Voyez plus haut la pièce XLIII, et la lettre de Joseph II citée en note.

correspondance prussienne, que vous avez insinuées avec toute la circonspection à ma fille, lui aient donné l'éveil.

Je ne regarde que comme passagers les amusements de Trianon, sans m'en inquiéter, tant qu'il ne s'y mêle quelque inconvénient majeur ; seulement je ne saurais approuver que la reine y couche sans le roi. Au reste je voudrais avoir les pièces qu'on a représentées à Trianon, avec les noms des personnes qui ont joué chaque rôle, en m'indiquant notamment ceux de ma fille.

Tout mécontent que le roi paraît de Madame, par rapport à $M^{me}$ Balbi, je crois que tout sera raccommodé ; il me paraît qu'il aurait été plus à propos d'arrêter les projets que Madame a formés en faveur de cette dame. Je suis bien aise que ma fille n'a pas pris part à cette tracasserie.

J'approuve fort la réponse que ma fille a faite à l'électeur de Cologne sur l'élection de Munster, et j'approuve de même que vous l'avez persuadée de ne pas écrire sur la destination supposée de sa sœur Marianne pour le gouvernement de Hongrie. Il n'en est pas question, l'empereur étant surtout très-éloigné de se prêter à une telle idée.

D'après ce que je vous ai fait marquer sur le compte de MM. Bombelles et Châlons, je me doute que le dernier se trouve dans le cas de nous intéresser à ses convenances.

### XLIX. — MARIE-ANTOINETTE A MARIE-THÉRÈSE.

*Le 11 octobre.* — Madame ma très-chère mère, La santé de ma fille m'a occupée et un peu inquiétée depuis trois semaines. Plusieurs dents qui ont voulu sortir toutes à la fois lui ont causé de grandes douleurs, et donné une fièvre qui s'est réglée en tierce. Lassone en envoie le détail à ma chère maman, et m'assure qu'il n'y a pas de danger. Depuis hier l'accès a manqué ; Dieu veuille que cela soit fini ! Je suis touchée de la douceur et de la patience de cette pauvre petite au milieu de ses souffrances, qui dans certains moments ont été fort vives.

Le roi est allé faire une course de chasse pour trois jours à Compiègne ; je passe ce temps-là à Trianon. Le 13 nous irons à Marly ; la compagnie sera plus nombreuse et par conséquent bien plus d'étiquette, et à la Toussaint je reprendrai toute la représentation de cour, qui ne peut être entière ici que pendant l'hiver.

La paix serait un grand bien ; mais si nos ennemis ne la demandent pas, je serais bien affligée qu'on en fît une humiliante. Je suis bien charmée de ce que me marque ma chère maman de la santé et du voyage de Maximilien ; il est bien convenable qu'il témoigne reconnaissance à l'électeur, qui s'est si bien conduit pour lui. L'empereur m'a écrit au moment de son départ. J'espère qu'au moins l'hiver mettra une borne à ses voyages. Je fais des vœux pour qu'il ne soit pas contraire à la santé de ma chère maman. Permet-elle que je l'embrasse de toute mon âme?

Lassone envoie à ma chère maman un détail circonstancié de la maladie de ma fille ; la fièvre lui a repris cette après-dînée, mais si légère que j'espère que cela ne sera rien.

## L. — Mercy a Marie-Thérèse.

*Ce 14 octobre.* — Sacrée Majesté, Lors du départ du dernier garde-noble, c'est-à-dire le 16 de septembre, la reine était à son château de Trianon et devait en revenir le lendemain ; mais S. M. y est restée trois jours de plus pour y donner un spectacle qui a eu lieu le 19. Madame, fille du roi, avait éprouvé les premières atteintes de son indisposition le 17 ; la douleur des dents prêtes à percer fut d'abord si violente qu'elle occasionna des convulsions. Au premier avis qui en parvint à la reine, elle se rendit auprès de son auguste fille, et y vint passer deux fois le jour quelques heures, jusqu'à ce que la maladie se changea en une petite fièvre intermittente qui n'annonçait ni durée ni le moindre danger, et dont j'ai adressé successivement les détails par la poste ordinaire au secrétaire du cabinet baron de Pichler. Pour peu que l'état de la jeune princesse eût donné lieu à la plus petite inquiétude fondée, la reine était résolue de rester à Versailles et de contremander le spectacle ; mais le roi fut le premier à désirer qu'il n'y eût rien de changé dans l'arrangement projeté. La forme du dernier séjour à Trianon lui avait paru très-agréable ; il s'y rendait tous les jours le matin sans aucune suite, souvent en se promenant à pied, ou quelquefois dans une voiture légère qu'il conduisait lui-même. Toutes les matinées ne présentaient à Trianon que l'aspect d'une campagne habitée par des particuliers. La reine y était seule avec sa favorite et la duchesse de Guiche, fille de cette dernière. Il n'y avait de gens de service en sous-ordre que le nombre strictement nécessaire, sans aucune des charges de la cour. Les après-dînées prenaient toute une autre face; les princes et princesses de la famille royale, même Mesdames tantes, les personnes les plus distinguées de leur suite, les dames du palais et quelques externes les plus favorisés se rendaient à Trianon, et y passaient le reste de la journée et de la soirée. Les jardins charmants de cette maison de plaisance y procuraient les promenades les plus variées, et quelques jeux de commerce y remplissaient les intervalles de l'avant et de l'après-souper. Les bontés que la reine a marquées à un chacun ont produit le meilleur effet en faisant cesser les plaintes que les exclusions précédentes avaient occasionnées.

Immédiatement après le voyage de Trianon, le comte Jules de Polignac fut nommé duc héréditaire, et son épouse prit le tabouret à la cour. Il y avait longtemps que cette grâce devait être accordée; mais les dons pécuniaires considérables faits à cette famille et la sensation qui en était résultée dans le public avaient décidé le roi à différer la publication de cette dernière faveur. On prévoit que bientôt il lui en succédera une autre, puisqu'il s'agit maintenant d'asseoir le titre de duc sur une terre qui sera sans doute achetée aux dépens du trésor royal. Il est peu d'exemples d'une faveur qui en si peu de temps soit devenue aussi utile à une famille. Il serait à désirer que la reine voulût mettre quelques bornes, ou au moins de plus longs intervalles, à l'effet de ses bontés pour la duchesse de Polignac, et que cette dernière mît un peu plus de mesure dans les moyens d'en profiter.

A la nouvelle de la mort du prince de Carignan, frère de la princesse de Lamballe, la reine vint en ville pour voir cette dernière et passer quelques moments avec elle. Cette marque de bienveillance est la seule que la surintendante ait éprouvée depuis fort longtemps; déchue de tout crédit, elle ne paraît que bien rarement à la cour et passe sa vie avec le duc de Penthièvre, son beau-père, qui habite presque dans toutes les saisons de l'année ses différentes maisons de campagne. Le voyage de Choisy a eu lieu du 1er de ce mois jusqu'au 6; la cour y a été nombreuse, mais il ne s'y est donné aucune fête ni spectacle. L'objet de ce séjour était les chasses à tirer du roi; la reine y a quelquefois accompagné son auguste époux en forme de promenade. LL. MM. sont revenues à Versailles, d'où le roi a été passer trois jours à Compiègne pour y chasser. Avant le départ pour

Marly il y a encore eu une pièce de théâtre représentée à Trianon ; ce sera sans doute la clôture de ces petits spectacles de société, qui ne pourraient point avoir lieu dans la saison plus avancée, à cause du froid et de l'humidité auxquels le local est exposé.

Il ne s'est passé d'ailleurs rien de remarquable dans l'intérieur de la famille royale. Madame, belle-sœur du roi, y est encore traitée un peu froidement, à la suite des circonstances dont j'ai rendu compte dans mes très-humbles rapports précédents. Il n'en est cependant rien résulté d'assez marquant pour que l'harmonie apparente de l'intérieur en fût dérangée. La bonté naturelle de la reine la porte toujours vers les moyens de conciliation ; mais elle paraît décidée dans son jugement sur le caractère de Madame, qui n'est pas d'une tournure à se concilier beaucoup d'amitié ni de confiance. Monsieur n'a pris aucune part à ces petits événements ; il semble vouloir les ignorer, et il n'en est que plus attentif à tâcher de plaire au roi et à la reine.

M. le duc d'Angoulême a été retiré des mains des femmes et remis entre celles des hommes destinés à l'élever. Cette disposition a été faite deux ans plus tôt que ne le comporte l'usage établi pour les enfants de France. Le jeune prince a été conduit à une maison de campagne appartenante au marquis de Seran, son gouverneur. Tout le plan de cette éducation paraît établi sur des formes nouvelles, et dans lesquelles le public a voulu remarquer un peu d'ostentation et de projet de faire regarder M. le duc d'Angoulême comme un successeur vraisemblable à la couronne. Malheureusement cette idée n'est encore contredite par aucune apparence de grossesse de la reine ; mais la manière d'être entre les deux augustes époux donne lieu plus que jamais d'en espérer les effets désirés.

La reine depuis peu, et de son propre mouvement, vient de faire un usage très-bien placé de son crédit, en l'employant auprès du roi en faveur du comte de Brienne, archevêque de Toulouse (1). Ce prélat, qui, par son esprit et ses talents, a toujours été regardé comme un personnage des plus distingués de ce pays-ci, a souvent donné de l'ombrage aux ministres qui, empressés de le consulter dans les affaires épineuses et délicates, avaient grand soin d'ailleurs de l'écarter de toutes les places où ses talents auraient pu prendre leur essor. L'ar-

---

(1) Voir sur Loménie de Brienne le rapport de Mercy en date du 19 novembre 1775, tome II, page 402, et la note de la page 338 du tome I$^{er}$.

chevêque se prêtait en cela à leurs vues, en se tenant éloigné de la cour, ne demandant aucune grâce, et se bornant à donner ses avis quand on les lui demandait. La reine a cru qu'une conduite si sage méritait quelque marque de faveur, et elle a proposé au roi de donner à l'archevêque le premier cordon bleu ecclésiastique qui viendrait à vaquer, ce qui a été accordé sur-le-champ, avec la réserve cependant de tenir cette grâce secrète jusqu'à ce que l'occasion se présente de lui donner son effet.

Le garde-noble mensuel m'a remis le 10 au matin les très-gracieux ordres de V. M. en date du 30 de septembre. Les lettres adressées à la reine lui ont été présentées sur-le-champ, et cette auguste princesse a fort pressé l'expédition d'aujourd'hui à cause du départ de la cour pour Marly.

On s'était flatté trop tôt que l'indisposition de Madame, fille du roi, était décidément terminée. Cet espoir était fondé sur l'absence de la fièvre au jour ordinaire de l'accès; mais cette maladie a repris et s'est fixée de nouveau en très-petite fièvre tierce. Le médecin Lassone affirme qu'elle n'a rien du tout d'inquiétant. L'accès a manqué derechef le 9 ; le 11 il s'est trouvé dans le pouls un mouvement qui ne pouvait être caractérisé de fièvre. La jeune princesse n'est ni attristée ni affaiblie ; je présume que la reine confirmera à V. M. tout ce qu'il y a à dire de rassurant sur cet article.

## LI. — Mercy a Marie-Thérèse.

*Paris*, 14 *octobre*. — Lorsque la reine se trouvait à Trianon, elle me fit dire par l'abbé de Vermond, le dimanche 17 septembre, qu'il lui serait fort incommode d'aller à Versailles le mardi suivant pour y voir les ministres étrangers, mais qu'elle voulait savoir ce que je pensais du projet de s'exempter de cette petite gêne. J'écrivis à la reine que, comme elle avait daigné revenir le mardi précédent pour recevoir à Versailles les hommages des ambassadeurs, il me paraissait que S. M. était fort dans le cas de se dispenser de répéter cette même marque de bonté, et que, s'il en résultait quelques propos, j'étais bien sûr qu'au moins ils ne seraient point tenus par les ministres étrangers, qui ont lieu d'être et sont en effet très-contents de la manière dont la reine les traite dans les occasions.

Sur ces entrefaites, Madame ayant eu son indisposition, la reine vint le mardi matin 19 en déshabillé à Versailles chez son auguste fille, et elle m'y fit appeler. Son intention était de contremander le spectacle du soir; mais le roi s'y opposa en disant que, puisque le premier médecin Lassone assurait que l'indisposition de la jeune princesse n'était d'aucune conséquence, il ne fallait rien déranger aux amusements de la journée. Sur cela la reine daigna me dire qu'elle voulait que j'allasse au spectacle en question; mais, en témoignant combien je sentais le prix de cette grâce, j'ajoutai qu'il était de mon devoir d'observer qu'après une exclusion absolue de tous spectateurs, bien des gens se formaliseraient que j'eusse été excepté, et qu'il pourrait s'ensuivre des petits dégoûts. Cette remarque ne changea rien à la volonté de la reine; elle me répondit que personne ne me verrait, que je serais placé dans une loge grillée, et conduit au théâtre par un homme qui me ferait éviter la rencontre de qui que ce soit. Cela s'exécuta en effet à l'heure marquée, et je vis représenter les deux petits opéras-comiques *Rose et Colas* et *le Devin de village* (1). M. le comte d'Artois, le duc de Guiche, le comte d'Adhémar, la duchesse de Polignac et la duchesse de Guiche jouaient dans la première pièce. La reine exécutait le rôle de Colette dans la seconde, le comte de Vaudreuil chantait le rôle du Devin, et le comte d'Adhémar celui de Colin. La reine a une voix très-agréable et fort juste, sa manière de jouer est noble et remplie de grâce; en total ce spectacle a été aussi bien rendu que peut l'être un spectacle de société. J'observai que le roi s'en occupait avec une attention et un plaisir qui se manifestaient dans toute sa contenance; pendant les entr'actes il montait sur le théâtre et allait à la toilette de la reine. Il n'y avait d'autres spectateurs dans la salle que Monsieur, M<sup>me</sup> la comtesse d'Artois, M<sup>me</sup> Élisabeth; les loges et balcons étaient occupés par des gens de service en sous-ordre, sans qu'il y eût une seule personne de la cour. Le théâtre, qui a été construit en petit sur les dessins du grand théâtre de Versailles, est d'une forme très-élégante, et d'une richesse en dorures qui devient presque un défaut, et qui a été un objet de grande dépense.

A la première occasion que j'eus de paraître devant la reine, après lui avoir fait mes très-humbles actions de grâce d'une marque de

---

(1) *Rose et Colas*, opéra-comique de Sedaine et Monsigny, fut représenté pour la première fois en 1764. *Le Devin de village* est, comme on sait, de J.-J. Rousseau.

bonté si distinguée, j'en revins cependant au langage du vrai zèle, et j'exposai quelques remarques sur les inconvénients des spectacles de société par tout plein de petites circonstances que la reine daigna elle-même me confier. Je lui fis voir combien ses alentours cherchaient adroitement à mettre à profit les occasions de mêler des choses très-sérieuses et de conséquence à des objets de pur amusement, et j'en revins à une vérité incontestable dans ce pays-ci, qui est que tous ceux qui approchent les souverains ont toujours quelque plan formé d'intrigue, d'ambition ou de vues quelconques, soit pour eux ou pour les leurs, et qu'en mesure du plus petit nombre de gens qui obtiennent un accès presque exclusif, les intrigues en deviennent plus pressantes, plus difficiles à éclairer, par conséquent infiniment plus dangereuses. Une grande cour doit être accessible à beaucoup de monde ; sans cela les haines et les jalousies exaltent toutes les têtes, et font naître les plaintes, les dégoûts et une sorte d'aliénation. De semblables réflexions ne parurent point déplaire à la reine ; elle me dit qu'à l'époque du voyage de Marly il ne serait plus question de spectacles ; qu'elle n'avait jamais pensé qu'à en faire un amusement très-passager, et que pendant l'hiver prochain elle s'était bien proposé de donner plus à la représentation et aux moyens de rendre la cour nombreuse à Versailles. S. M. me parla du voyage que pourrait faire un jour en France S. A. R. M$^{me}$ l'archiduchesse Marie (1). La reine me parut effrayée des embarras d'étiquette qui existent ici plus qu'à aucune cour de l'Europe ; elle se représentait les fâcheuses tracasseries que feu M$^{me}$ la dauphine et même feu M$^{me}$ l'infante de Parme, quoique filles de France, avaient essuyées par cette même cause ; et la reine ajoutait qu'elle se résoudrait à employer des coups d'autorité plutôt que de souffrir qu'une archiduchesse éprouvât ici de ces sortes de difficultés odieuses. J'observai que le projet de voyage en question était d'une exécution encore fort éloignée, et que d'ici au temps où il pourrait avoir lieu, il y aurait sans doute moyen de préparer bien des expédients, et d'aplanir les difficultés qui se présenteraient.

Relativement au grand objet du remplacement futur du comte de Maurepas, j'ai vu que la reine s'était sérieusement occupée de cette matière ; c'est même par une suite de semblables réflexions qu'elle

---

1) Ce voyage ne se fit qu'en 1786.

s'est décidée à procurer à l'archevêque de Toulouse la décoration qui vient de lui être assurée. Ce prélat est l'ami intime de l'abbé de Vermond; mais je dois à ce dernier la justice qu'il est incapable d'user de la confiance que lui accorde la reine pour la tourner au profit de qui que ce soit, à moins qu'il n'en résulte un avantage réel pour le service de cette auguste princesse, et c'est ce qui arrive dans le cas en question, parce qu'il est fort probable que l'archevêque de Toulouse, par la supériorité de ses talents, pourrait parvenir un jour au ministère, et dès lors il paraît que c'est chose utile d'en faire une créature de la reine. S. M. ne m'a point caché nombre de détails sur des choix absurdes qui lui sont suggérés par ses alentours; mais puisque, malgré l'intrigue la plus compliquée et soutenue de toutes les personnes favorites, il y a eu moyen d'éclairer la reine sur le chapitre du duc de Guines, et d'écarter entièrement ce dangereux personnage, j'espère avec une sorte de sécurité qu'il y aura également moyen de réussir à arrêter dans leur marche les sujets qui ne seraient point dignes d'être protégés par la reine. Avant de finir cet article, je dois observer que S. M. m'a dit sous le secret la démarche qu'elle avait faite pour l'archevêque de Toulouse. Cette grâce ne sera connue que quand elle aura son effet; il reste soumis à V. M. de juger s'il ne serait pas utile qu'elle parût ignorer cette circonstance, à moins que la reine n'en fasse mention elle-même.

V. M. est informée que S. M. l'empereur a écrit par la poste ordinaire au roi et à la reine pour leur faire compliment sur les avantages que le comte de Guichen (1) avait remportés contre l'escadre anglaise dans les îles de l'Amérique; cette marque d'amitié et d'intérêt de l'empereur a produit un très-bon effet. S. M. I., en m'envoyant les lettres susdites, avait daigné m'en écrire une que j'ai mise sous les yeux de la reine et qu'elle a fait lire au roi. S. M. l'empereur s'y exprimait d'une manière fort naturelle sur l'absurdité de l'imputation que le roi de Prusse s'efforçait à faire valoir d'une prétendue partialité pour l'Angleterre.

Sur la nouvelle de la prochaine arrivée de S. A. R. M<sup>gr</sup> l'archiduc Maximilien à Cologne, le baron de Belderbusch, qui est ici ministre de l'électeur, avait demandé et obtenu de son oncle (2) la

---

(1) Voir plus haut la note de la page 387.
(2) Le commandeur de Belderbusch, l'un des ministres de l'électeur, à Cologne.

permission d'aller se mettre aux pieds de M<sup>gr</sup> l'archiduc. Il désirait, avant de partir, d'être chargé de quelque ordre de la reine, et à cet effet il s'adressa à moi. Je pris la liberté d'en écrire à S. M., et quoique, selon l'usage de cette cour, la reine n'accorde d'audience à aucun ministre étranger, elle daigna faire venir le baron de Belderbusch, lui donna une lettre pour M<sup>gr</sup> l'archiduc, et le chargea de dire de sa part les choses les plus obligeantes à l'électeur, de même qu'à son ministre, le commandeur de Belderbusch.

Relativement à la remarque que V. M. daigne faire dans sa très-gracieuse lettre, il serait sans doute préférable que le roi pût et voulût se passer d'un principal ministre, et si la reine se déterminait à lui donner l'assistance nécessaire, il ne serait pas impossible que le monarque gouvernât par lui-même. Il est indubitable qu'à la mort du comte de Maurepas le roi se proposera d'abord de ne pas le remplacer; mais le peu d'expérience des affaires, l'embarras de décider, et une infinité de raisons qui tiennent à l'ensemble de ce pays-ci, feront que l'un des ministres quelconque s'emparera de l'esprit du roi, gagnera la prépondérance, et peut-être, sans en avoir le nom, deviendra par le fait premier ministre, et dans ce cas tout ce qui reste à désirer, c'est que personne au moins n'arrive à ce but que sous la volonté et la protection de la reine.

En parlant des spectacles de Trianon, j'ai nommé ci-dessus tous les acteurs, à l'exception du vicomte de Crussol, qui a quelquefois des rôles. Le comte Esterhazy était aussi employé, mais actuellement il se trouve à son régiment; personne d'ailleurs n'a joué à ce spectacle. Quant au répertoire des pièces et à la désignation des rôles que la reine y a remplis, pour ne pas m'en fier à ma mémoire, je viens de demander une liste exacte (1), et elle doit m'être remise dans la journée d'aujourd'hui; si elle arrive à temps, elle se trouvera jointe à mon très-humble rapport; mais si elle me manquait pour cette fois, V. M. la recevrait le mois prochain.

L'abbé de Vermond, qui a passé quinze jours à sa nouvelle abbaye, est actuellement à son service auprès de la reine. Je me rendrai à Marly immédiatement après le départ du garde-noble, et comme son

---

(1) Cette liste ne se trouve pas aux Archives de Vienne. Les Mémoires du temps donnent, pour cette année, l'indication des pièces suivantes : *les Trois Fermiers, la Gageure imprévue, le Devin de village, Rose et Colas.*

expédition a été un peu pressée, je remets à mon prochain et très-humble rapport quelques détails qui peuvent avoir été omis dans celui-ci.

## LII. — Marie-Thérèse a Marie-Antoinette.

*Vienne, 3 novembre.* — Madame ma chère fille, J'étais hier (1) toute la journée plus en France qu'en Autriche, et j'ai récapitulé tout cet heureux temps d'alors, qui est bien passé. Le souvenir seul en console ; je suis bien contente que votre petite, que vous dites si douce, se rétablit.

Je suis bien aise que vous comptiez reprendre toute la représentation à Versailles : j'en connais tout l'ennui et le vide ; mais croyez-moi, s'il n'y en a pas, les inconvénients qui en résultent sont bien plus essentiels que les petites incommodités de la représentation, surtout chez vous, avec une nation si vive. J'aurais bien souhaité comme vous que l'hiver aurait mis fin aux voyages de l'empereur ; mais il est tout occupé de se rendre aux Pays-Bas au commencement de mars et rester tout l'été dehors. Cela augmente tous les ans, et cela augmente mes peines et inquiétudes, et à mon âge j'aurais besoin de secours et de consolation, et je perds tout ce que j'aime, l'un après l'autre ; j'en suis tout accablée. L'empereur, après avoir été à Bruxelles et vu le pays, compte se rendre en Hollande, et peut-être vous rendre une visite, que je préfère bien au passage de la mer, et même aux dépens de la durée de ce voyage.

Je suis inquiète pour la Marianne (2), qui est tourmentée par une dureté à l'estomac causée par sa terrible conformation, qui lui fait rendre tout ce qu'elle mange, sans effort, mais à la longue cela ne saurait se soutenir. Elle a pris un rhume, ce qui l'incommode beaucoup ; au premier accident à l'estomac il n'y a rien à faire, provenant d'une cause pareille. Je la vois souffrir avec peine, et son courage, que vous lui connaissez, commence presque à l'abandonner. Moi-même je suis travaillée quatre semaines d'un rhumatisme au bras droit, qui est cause que celle-ci est encore moins bien écrite que d'ordinaire, et qui me fait finir, vous assurant de toute ma tendresse.

---

(1) Le 2 novembre était le jour de naissance de Marie-Antoinette.
(2) L'archiduchesse Marie-Anne, sœur aînée de Marie-Antoinette, et qui était contrefaite.

## LIII. — Marie-Thérèse a Mercy.

*Vienne, 3 novembre.* — Comte de Mercy-Argenteau, J'ai reçu votre lettre du 14 du passé par le courrier mensuel, arrivé ici le 26 du même mois.

Je crois connaître assez l'avidité de la duchesse actuelle de Polignac et la facilité de ma fille pour ne pas espérer qu'on pourrait faire rentrer l'une et l'autre dans les justes bornes, tant que la favorite réussira à se maintenir dans le degré de la faveur dont elle jouit à présent. L'exemple de la princesse de Lamballe devrait cependant la rendre plus circonspecte.

[Il y aurait même à craindre qu'une nouvelle, car il y en aura toujours, suivra les mêmes traces de ces deux favorites, ou renchérirait même; tous ces attachements pour nous sont tels; c'est un des inconvénients et désagréments entre mille autres attachés aux trônes.]

Vous sauriez éplucher au mieux le caractère de l'archevêque de Toulouse, pour juger s'il pourrait un jour nous convenir de le voir dans le poste du comte de Maurepas. [Depuis l'éloignement de Sartines (1) et la nomination de Castries, je crois qu'on le prépare pour cette place, et j'avoue, celle-ci n'a jamais été pour nous, ni même à la reine (2). Depuis, par votre lettre écrite par la poste, vous marquez que Sartines a été si bien traité; peut-être pense-t-on pour lui à la place de Maurepas : je l'aimerais mieux qu'un autre.] L'essentiel est que ma fille ne se laisse pas entraîner par la cabale à s'intéresser pour quelqu'un dont le choix serait aussi peu avantageux à nos intérêts qu'aux siens propres. Comme ma fille ne me parle pas du cordon bleu qui vient d'être assuré, moyennant son entremise, à l'archevêque de Toulouse, je ferai semblant vis-à-vis d'elle de l'ignorer.

Je ne saurais qu'approuver l'empressement de ma fille de vous faire assister, à l'incognito, à une des représentations à Trianon. Si même des inconvénients ne s'y sont pas mêlés jusqu'à présent, je n'en

---

(1) M. de Sartines avait quitté le ministère de la marine le 18 octobre et y avait été remplacé par le marquis de Castries.

(2) Il faut avouer que tout ceci n'est pas exprimé clairement. Marie-Thérèse veut dire sans doute : Je crois qu'on se propose d'élever Sartines au rang de premier ministre.... Jusqu'à présent ce n'est pas un de nos amis ni de ceux de la reine qui a occupé cette place éminente.

serai pas moins bien aise de les voir finir, et je trouve très-fondées les observations que vous avez faites à cet effet à ma fille. Je souhaite que pendant l'hiver elle exécute le plan qu'elle se propose, de rendre plus nombreuse la cour [mais j'en doute ; voilà l'effet des étiquettes levées].

Ma fille Marie n'est pas empressée à aller en France ; si elle fait ce voyage, c'est dans la vue de pouvoir me rendre compte de l'état où elle aura trouvé la reine, sa sœur, ensuite du désir que je lui en ai fait entrevoir ; [et cela ne serait qu'à son premier voyage ici, qui ne serait encore de si tôt, ne s'y rendant qu'à la fin de mai. Elle ne se soucie nullement de voir Paris ; pour lui (1) il n'y aurait pas de difficulté ; il est oncle du roi, beau-frère de la reine, et traité ici et partout comme mes fils, comme prince royal et archiduc.] Au reste il ne devrait pas être difficile d'éviter les embarras d'étiquette si l'entrevue se faisait dans un lieu tiers à la campagne, sans la moindre publicité.

Quoiqu'on croie ne pas trouver de danger dans l'indisposition de ma petite-fille, la nouvelle de son entier rétablissement peut seule me rendre tranquille.

J'approuve que ma fille, par amitié pour son frère Maximilien, ait donné quelque marque de distinction au baron de Belderbusch à son départ pour Cologne. Ma fille fait bien de mettre des moyens de conciliation dans les brouilleries de Madame, mais de ne pas se fier à son caractère, ni à la fermeté du roi, qui marque du mécontentement et laisse faire ce qu'on veut, dangereuse maxime pour notre place.

[Vous verrez par ma lettre à la reine ce que je touche sur le voyage de l'empereur ; il en parle publiquement et même à Breteuil, qui l'aura déjà mandé. Ces voyages continuels mettent bien de l'amertume dans mes jours et ne sauraient à la longue faire honneur à l'empereur. Comme je dois me croire le sujet de ces absences, jugez combien j'en suis touchée, et à la longue je ne saurais le supporter. J'ai des vifs chagrins sur ce malheureux testament de mon cher beau-frère ; cela va à l'indécence, et l'affaire de la Meuse (2), si je

---

(1) C'est-à-dire pour le prince Albert, mari de l'archiduchesse Marie-Christine.
(2) Le prince Charles de Lorraine avait laissé par testament à la comtesse de Choiseul-Meuse, née de Martignies, une pension viagère de 40,000 livres.

ne m'en mêlais, irait encore pire. Je n'ai jamais estimé cette femme ; mais je révère les intentions de mon beau-frère, qui sont claires. Ce n'est pas le seul inconvénient, tout se fait avec la plus grande indécence et même perte et frais qu'on aurait pu épargner à mes finances ; et mes enfants (1), outre la perte que je fais d'eux, qui est grande pour moi, auront et en ont actuellement bien des déboires à supporter. Tant que j'existe encore, je ne laisse rien toucher au gouvernement des Pays-Bas ; mais je ne saurais croire que cela aille loin ; mes chagrins de toute espèce sont trop grands et augmentent journellement, et je suis sans secours ni aide ; à mon âge cela ne se peut plus supporter et ma santé va grand train.]

### LIV. — MERCY A MARIE-THÉRÈSE.

*Paris,* 18 *novembre.* — De tous les voyages qui, pendant le règne actuel, ont été faits à Marly, le dernier a été sans contredit celui qui s'est passé de la manière la plus convenable et avec le plus d'ordre. La cour y a observé les anciennes formes d'usage, particulièrement dans la tenue du salon, où il y a eu tous les soirs un lansquenet qui, de tous les temps, avait été regardé comme un jeu d'étiquette pendant les séjours à Marly. Le roi, la reine, Monsieur et les princesses ont joué un jeu fort modéré ; mais il n'en a pas été de même quand M. le comte d'Artois tenait la main, et comme il permettait des mises illimitées à la réjouissance, quelques particuliers se sont donné carrière, et il y a eu des pertes considérables. Le marquis de Chabre, officier dans les gardes du corps et très-gros joueur, avait débuté par gagner 18,000 louis, et il en avait perdu 30,000 à la fin du voyage. Il est vrai que cette inconduite n'a eu lieu que de la part de quelques individus ; mais pour le bon exemple il eût été à désirer que cela ne se passât pas sous les yeux des souverains.

Madame, fille du roi, était restée en convalescence à Versailles, où la reine allait la voir souvent, et passait plusieurs heures avec son auguste fille, dont elle est dans tous les temps fort occupée. Il avait été permis à la noblesse de Paris en hommes et en femmes d'aller à Marly, et il s'y est rendu successivement autant de monde

---

(1) Le prince Albert et l'archiduchesse Marie, qui succédaient au prince Charles dans le gouvernement des Pays-Bas.

que pouvait l'admettre une saison où la guerre tient les militaires dans l'éloignement, et où les particuliers libres habitent la plupart leurs terres en province. Au reste tous ceux qui se sont trouvés en même de faire leur cour ont été très-contents du voyage, et en cela la reine a rempli l'objet qu'elle s'était proposé, savoir de faire un peu oublier les exclusions lors des séjours à Trianon.

Il n'y a eu à Marly qu'un seul déjeuner dans la forme de ceux qui avaient été établis ci-devant, et où chacun arrivait en déshabillé, ce qui formait une sorte de pêle-mêle de société. Pour cette fois la reine y avait substitué les matins une séance assez longue chez la duchesse de Polignac, où il n'était admis qu'un très-petit nombre des personnes les plus favorisées. Le temps, variable et beaucoup plus mauvais qu'il ne l'est ordinairement en automne, a contrarié plusieurs objets d'amusement et particulièrement celui des promenades. Celles que la reine a faites lui ont toutes mal réussi. S. M. avait depuis quelque temps un commencement de rhume, qui cédait à un jour ou deux de régime, mais qui reparaissait d'abord à la première occasion où la reine s'exposait au grand air. Quoique cette incommodité n'ait jamais été accompagnée de fièvre, ni même du moindre symptôme de conséquence, cependant elle avait produit un effet visible en ce que la reine était amaigrie; mais l'usage de quelques fondants légers semble avoir totalement dissipé cette humeur de rhume, et S. M. se trouve maintenant très-bien. Elle s'est abstenue des veillées, sans rien changer d'ailleurs à ses habitudes ordinaires.

Le renvoi du ministre de la marine avait produit à la cour une commotion qui s'est soutenue pendant presque tout le séjour de Marly. Ceux qui visent au département de la guerre se sont donné de grands mouvements pour saisir un moment qu'ils supposaient favorable à leurs projets, et à cet effet la protection de la reine a été très-vivement sollicitée. Le comte d'Adhémar, ministre de France à Bruxelles, s'était imaginé de se mettre sur les rangs, et il comptait assez sur l'appui de son intime amie, la duchesse de Polignac, pour se permettre des idées d'ambition, lesquelles, en tout état de cause, étaient aussi absurdes que téméraires. La duchesse les a cependant secondées de son mieux; ses bons offices, devenus de plus en plus pressants, approchaient de l'importunité, et tourmentaient d'autant plus la reine qu'il lui en coûte infiniment de résister aux désirs de la favorite ; enfin S. M. prit le parti de lui déclarer qu'il fallait absolument renoncer à un objet que toutes les raisons réunies rendaient impossible, et dès ce moment les sollicitations ont cessé. Il se pourrait qu'elles n'aient été que suspendues, parce que la duchesse de Polignac est plus que jamais autorisée à croire que tout doit lui réussir à la longue. Il y a peu d'exemples d'un ascendant aussi marqué que l'est le sien sur l'esprit de la reine, et les abus pourraient devenir d'une grande conséquence s'ils s'étendaient sur les matières du gouvernement.

Avant de se rendre à Marly, le roi était allé passer deux journées à Compiègne avec une suite composée de beaucoup de jeunes gens. On fit jouer dans les soirées des proverbes un peu trop licencieux. La reine, qui en eut connaissance, en marqua du mécontentement à ceux qu'elle savait être les promoteurs de pareils amusements, lesquels d'ailleurs n'ont aucun attrait pour le roi. Le voyage de ce monarque à Fontainebleau, dans le choix de la suite ainsi que dans l'emploi des soirées, a été beaucoup mieux ordonné ; mais il sera toujours fort essentiel que ces parties de plaisir ne se répètent pas souvent sans que la reine y soit présente.

Mesdames tantes sont restées tout le mois d'octobre à leur château de Bellevue ; elles ont été dîner de temps en temps à Marly : la reine les traite avec attention et amitié. Il y a très-longtemps que cette bonne intelligence subsiste, et Mesdames se conduisent de manière à la rendre très-durable. Madame n'a pu se relever encore du tort que lui ont fait les dernières circonstances dont j'ai très-humblement rendu compte dans le temps. Il perce toujours dans le caractère de cette princesse des traits qui lui deviennent de plus en plus défavorables, et qui donnent lieu à la reine d'être assez froidement avec ses deux belles-sœurs, puisque auprès de l'une elle n'y voit que des inconvénients et qu'elle ne trouve auprès de l'autre que de l'ennui. Il n'en résulte cependant aucune mésintelligence apparente ; les deux princes, chacun par des moyens analogues à leur différente tournure, tâchent de réparer le défaut d'harmonie qui provient de la part de leurs épouses, et il en résulte que, sans beaucoup de cordialité et avec encore moins de confiance réciproque, il ne survient heureusement aucune tracasserie dans l'intérieur de la famille royale ; mais comme la reine n'y trouve que peu de ressource, elle n'en est que plus attachée à sa société particulière, qui devient celle du roi, et qui, par cette double raison, gagne une influence dont l'abus est toujours fort à craindre.

Le garde-noble mensuel arrivé le 13 m'a remis les très-gracieux ordres de V. M. en date du 3 de ce mois; les lettres adressées à la reine lui ont été présentées sur-le-champ. Cette auguste princesse a été purgée le samedi 11, et il semble que cette précaution a emporté totalement l'humeur de rhume dont il subsistait quelques restes. Ce succès a déterminé le premier médecin Lassone à conseiller une seconde médecine, que la reine a dû prendre hier.

Monsieur fait préparer pour la semaine prochaine une fête à sa terre de Brunoy, où le roi et la reine iront passer une journée.

Madame, fille du roi, est entièrement rétablie, et il semble que son indisposition passée n'a produit qu'un développement plus prompt des forces et de la croissance de cette jeune princesse.

## LV. — Mercy a Marie-Thérèse.

18 *novembre*. — En rendant compte, dans ma dépêche d'office, de ce qui s'est passé ici depuis un mois, j'ai omis tous les détails qui ont un rapport direct à la reine, et me suis réservé de les exposer à V. M. seule.

Le renvoi du ministre de la marine a été l'effet d'une intrigue fort extraordinaire, et qui m'induit à des soupçons dont je n'ai pu encore vérifier qu'une partie. Il est certain que le directeur général des finances a été le premier moteur de ce renvoi; mais il n'aurait jamais réussi à l'effectuer par son seul crédit. Il s'était toujours fort récrié contre les grâces énormes accordées aux Polignac. Ses représentations à la reine, le langage qu'il m'avait tenu, devaient me convaincre qu'il était en opposition directe avec les alentours favoris, et cependant il m'est démontré que, dans l'occasion dont il s'agit, ces mêmes alentours ont parfaitement coopéré aux vues du directeur général, et que pour les remplir, ils ont trompé la reine ainsi que le comte de Maurepas. Il fallait à cet effet beaucoup de secret et une grande célérité dans l'exécution, ce qui a été soigneusement observé.

Le courrier d'octobre était au moment de partir, lorsque tout à coup la reine fut assaillie par la duchesse de Polignac et par son ami le comte de Vaudreuil, qui s'efforcèrent d'engager S. M. de parler au roi de le décider au renvoi du sieur de Sartines et à la nomination du marquis de Castries. On proposa en même temps à la reine de faire venir ce dernier pour lui annoncer sa protection et le mettre dans le cas de connaître qu'il serait redevable de sa place à S. M. Par déférence pour sa favorite, la reine s'engagea simplement à sonder les dispositions du roi, et ne répondit rien sur l'audience à donner au marquis de Castries. Tout cela se passa si rapidement que je n'en fus informé que vingt-quatre heures après. J'allai me concerter avec l'abbé de Vermond, et il fut convenu qu'il mettrait sous les yeux de la reine par écrit des remarques dont les plus essentielles consistaient : 1° dans le doute très-fondé que le marquis de Castries fût un sujet propre au ministère de la marine ; 2° dans la probabilité très-vraisemblable que le comte de Maurepas formerait à ce projet une opposition qu'il n'aurait pas de peine à fonder sur des motifs les plus solides ; 3° dans l'embarras qui résulterait d'un conflit de crédit avec le principal ministre, surtout dans un objet où il pourrait étayer ses avis sur des raisons d'État. La reine, déjà inquiète des démarches dans lesquelles on voulait l'entraîner, accueillit très-bien nos représentations. Elle se décida à rester passive, et déclara qu'elle ne donnerait point d'audience au marquis de Castries. Le directeur général en avait eu une du roi ; il en obtint également une auprès de la reine, mais elle ne répondit à ses raisons rien qui pût donner à connaître ni si elle les approuvait, ni si S. M. interviendrait dans l'objet en question. D'un autre côté le roi, avant de rien prononcer, s'était réservé d'avoir un entretien avec le comte de Maurepas, de manière que toute cette affaire restait dans un état de crise. Ce fut alors que l'on fit jouer le ressort perfide d'une fausse confidence par laquelle on insinua, sous le plus grand secret, au comte de Maurepas que la reine avait obtenu du roi sa parole positive du renvoi du sieur de Sartines et du choix du marquis de Castries. Le vieux ministre, qui était à Paris très-affaissé de sa maladie, crut prendre un parti très-politique en paraissant concourir lui-même à un arrangement qu'il supposait impossible de changer, et quand le roi vint le voir, il applaudit sans hésiter au changement à faire dans le ministère. Je n'ai pu découvrir encore si le faux avis donné au comte de Maurepas est venu des Polignac ou d'autres partisans du marquis de Castries, ou du directeur général, ou d'une commune intelligence entre tous. Si le sieur de Necker n'y a point de part, cela justifierait une partie de sa conduite ; mais il resterait encore matière à soupçon sur ce que les alentours favoris ont si bien servi ses desseins. On avait cherché à accréditer dans le public le bruit que la reine avait fait renvoyer le sieur de Sartines ; je n'ai pas balancé à contredire cette assertion, et elle est tombée peu à peu.

En récapitulant à la reine les traits obscurs et compliqués de cette intrigue, elle m'en a paru frappée ; j'ai lieu de douter qu'elle en parlera à V. M., mais il est certain que cette conjoncture, qui aurait pu entraîner des embarras, et qui heureusement n'en a produit aucun, fera assez d'impression à la reine pour la rendre très-circonspecte à l'avenir dans des cas semblables. Il est vrai que la bonté naturelle de cette auguste princesse la porte toujours à vouloir excuser les intentions des personnes qu'elle affectionne. J'ai pris la liberté de lui observer qu'il s'agit bien moins de juger les intentions que les faits, et que, quand ces derniers ont des indices de partialité, d'intrigue, et qu'ils portent sur des objets majeurs, on se rend responsable des démarches que l'on provoque, ainsi que de leurs conséquences. La reine est maintenant assez disposée à s'occuper de grandes affaires : cette idée semble même lui plaire ; cependant il n'en résultera rien d'avantageux pour sa gloire ni rien d'utile pour les choses qu'autant qu'elle modérera ses complaisances pour les alentours favoris, et c'est le point qui me donne le plus d'inquiétude, parce que j'y vois le moins de moyens d'en prévenir ou écarter tous les effets. Ce n'est pas chose bien difficile d'éclairer la reine et de la détourner des objets peu raisonnables ; c'est ce qui nous réussit continuellement, à l'abbé de Vermond et à moi. Les prétentions du comte d'Adhémar en sont un exemple ; mais il arrive souvent que les surprises sont si promptes que l'on n'a pas la possibilité de les découvrir à temps, et c'est précisément ce qui a eu lieu dans la dernière affaire ministérielle.

J'ai fait mention, dans mon très-humble rapport ostensible, du jeu énorme de Marly, et je crois qu'il serait utile si V. M. daignait paraître informée par les bruits publics de ce qui s'est passé à cet égard. Il s'est commis au salon des friponneries scandaleuses, au point qu'il a été volé dans la poche du comte de Dillon un portefeuille qui contenait pour cinq cents louis de billets de banque (1). Il

---

(1) La *Correspondance secrète* publiée par M. de Lescure, tome I, page 330, parlant du jeu scandaleux qui eut lieu à Marly pendant ce voyage, raconte le vol dont le comte Arthur de Dillon fut victime, et ajoute une autre anecdote de dés pipés qui s'accorde avec tout ce que dit le rapport de Mercy.

est vrai que, sous le règne passé et de tout temps, pareils désordres ont toujours eu lieu au lansquenet de Marly ; mais il n'en serait que plus louable pour la reine s'il lui plaisait d'en abolir la source.

Relativement aux articles dont V. M. daigne me faire mention dans sa très-gracieuse lettre, je dois observer en premier lieu que, du côté de la réputation, de talents et de capacité, l'archevêque de Toulouse est sans contredit un des premiers personnages de ce pays-ci ; mais il s'agirait de s'assurer que ses intentions personnelles peuvent convenir au bien du système présent, et c'est ce que je tâcherai d'approfondir. Si ce prélat devait son existence politique à la reine, cela donnerait des moyens à régler sa conduite ministérielle ; d'ailleurs, étant homme d'esprit, il ne pourrait méconnaître une vérité aussi essentielle à la France qu'elle peut l'être à V. M., c'est que l'alliance actuelle est pour les deux cours la meilleure alliance possible, et d'une utilité réciproquement égale. Le sieur de Sartines a obtenu une bonne retraite (1) parce que la reine l'a protégé et que le roi lui voulait assez de bien. Il se pourrait que l'on lui confiât un jour le département de la maison du roi ; mais il n'est pas à présumer qu'il puisse jamais parvenir au principal ministère, et il n'a réellement ni le talent ni le nerf nécessaire à une place si importante.

Relativement au petit voyage que S. A. R. M^me l'archiduchesse Marie se propose de faire en France, il ne manquera pas d'expédients pour en écarter les embarras d'étiquette, et celui d'une entrevue en lieu tierce trancherait toutes les difficultés possibles ; mais sans même en venir à ce moyen, j'espère qu'il s'en trouvera d'autres plus susceptibles à réunir les différentes commodités et agréments que S. A. R. doit rencontrer dans l'exécution de ce projet, lequel, n'étant pas encore prochain, donne tout le temps d'en préparer les formes.

Quant au voyage de S. M. l'empereur, je ne puis dans ce moment m'arrêter qu'à la réflexion douloureuse que V. M. y trouve des motifs de déplaisir, et s'il devait en résulter la conséquence fatale que cela prît sur sa précieuse santé, ceux des fidèles serviteurs de V. M. qui sont attachés à sa personne sacrée, et qui ne peuvent l'être qu'avec un zèle bien pur, tomberaient dans le dernier accablement. Le ciel nous préservera d'un si grand malheur et bénira par des cir-

---

(1) Le bruit public était qu'on lui donnait 50,000 livres de rentes en plus des 20,000 qui étaient la retraite ordinaire des ministres, et 50,000 écus d'argent comptant.

constances plus satisfaisantes le règne glorieux et bienfaisant de V. M. Jusqu'à présent il n'a presque rien transpiré ici de tout ce qui a trait aux suites des dispositions testamentaires de feu M^gr le prince Charles. La reine a eu quelques petites notions inexactes, et je présume que c'est par la voie du comte d'Adhémar ; mais quand S. M. m'a interrogé sur ce chapitre, j'ai détourné de semblables idées, et je ne crains pas celles qui pourraient provenir de la comtesse de Meuse, parce qu'elle est trop peu intéressante ici pour que l'on fasse grande attention à ses propos.

---

Les dernières lettres de Marie-Thérèse à Marie-Antoinette et au comte de Mercy-Argenteau que nous ayons eu à insérer sont, comme on vient de le voir, du 3 novembre 1780, et les deux derniers rapports que Mercy lui ait adressés portent la date du 18. L'impératrice ne lut sans doute ni ces rapports ni les réponses à ces lettres; elle mourut dans la journée du 29 du même mois. On a conservé au couvent de Sainte-Ursule de Klagenfurt, en Carinthie, une relation de sa maladie suprême écrite au jour le jour par sa fille aînée l'archiduchesse Marie-Anne, âgée alors de quarante-deux ans, infirme et malade, et pour qui, dans sa lettre du 3 novembre à Marie-Antoinette, nous voyions Marie-Thérèse exprimer ses vives inquiétudes. Nous extrayons de cette pièce, rédigée en allemand avec une simplicité respectueuse et sincère, le court récit d'une belle et sainte mort.

« La maladie de Sa Majesté, constatée d'après l'autopsie, provenait, dit l'auteur du journal, d'un endurcissement des poumons qui lui rendit très-pénible le retour d'un catarrhe dont elle souffrait depuis longtemps. Elle se sentait, disait-elle, devenir intérieurement comme de la pierre. Elle se plaignait en même temps d'un feu intérieur, faisait ouvrir dans les derniers temps sa fenêtre jour et nuit, et sans cesse demandait de l'air. Les médecins n'osaient pas la saigner, craignant une hydropisie dont sa pâleur semblait être un indice. On peut dater du 24 novembre le commencement du mal; le retour de son catarrhe lui causait des accès de toux opiniâtre, auxquels s'ajoutaient des étouffements qui l'avaient, dès la veille, obligée de quitter son lit, où elle ne remonta plus. Dans cette journée du 24, bien que très-agitée, elle voulut recevoir Marie-Christine et son époux, qui revenaient de Presbourg ; elle s'entretint avec nous et avec l'empereur, qui ne croyait à nul danger. Le médecin Störck avait pourtant déclaré le matin même que l'indisposition devenait très-grave. Ayant promis de tout temps à l'impératrice un avis prompt et sincère, il se crut obligé de lui dire vers le soir qu'elle devait faire prévenir le prélat son confesseur (1), ce qu'elle fit, tout en disant autour d'elle qu'elle ne croyait pas au péril imminent, et que ce n'était qu'une mesure de précaution. Elle remercia Störck, lui renouvela son désir formel de tout savoir exactement sur son état, déclara qu'elle ne voulait pas voir d'autre médecin, et exprima le désir de ne pas être tourmentée par des remèdes inutiles. — La nuit du 25 fut mauvaise; néanmoins Sa Majesté nous fit venir le matin pour le déjeuner, et causa avec une liberté d'esprit qui ne laissait pas deviner qu'elle préparât l'acte sérieux de sa dernière confession; le prélat avait été mandé pour neuf heures. — La nuit du 26 n'ayant pas été plus satisfaisante, Sa Majesté écrivit un billet à l'empereur, lui disant qu'elle voulait absolument recevoir les derniers sacrements. L'empereur, qui n'était pas encore inquiet, essaya de l'en dissuader, mais obtint seulement qu'on ajournerait l'extrême-onction. La triste cérémonie eut lieu dans l'après-midi, elle fut publique; le nonce portait le saint-sacrement, et nous l'accompagnâmes jusqu'à la chambre à coucher. L'impératrice était agenouillée sur un prie-dieu et portait sur sa tête un voile de deuil, comme le vendredi saint. Après la communion, elle se reposa un peu, puis nous reçut, à six heures, avec une gaieté qui nous étonna. Sa respiration paraissait un peu plus libre; mais cela ne dura pas, et bientôt les étouffements reprirent. — Pendant la nuit du 27, elle ne put même rester sur sa chaise longue, et dut se mettre sur un fauteuil. L'empereur, qui couchait dans une chambre à côté, assista pour la première fois à ces terribles crises d'étouffement, et dès lors perdit tout espoir. — La nuit du 28 fut tellement mauvaise qu'on craignait que Sa Majesté ne passât. Störck l'avertit qu'il était temps de recevoir l'extrême-onction, et à quatre heures du matin on vint nous chercher, tout en nous disant que Sa Majesté nous dispensait d'assister à la cérémonie si nous craignions d'en être trop vivement impressionnés; mais nous vînmes tous et nous nous agenouillâmes autour d'elle. Sa Majesté avait sur la tête un bonnet blanc et portait une robe de chambre brune qu'elle garda jusqu'à sa dernière heure. J'ai acheté cette robe à ses gens après sa mort, et je la garde comme une relique, désirant en être enveloppée lorsqu'on me déposera dans mon cercueil. Sa Majesté s'unit aux prières avec une grande dévotion; après la cérémonie, elle demeura seule avec son confesseur quelque temps, puis nous revînmes, l'empereur, Maximilien, Marie, son époux, Élisabeth et moi. Nous étant placés

---

(1) Ignace Müller, abbé du couvent de Sainte-Dorothée à Vienne, dernier confesseur de Marie-Thérèse.

en cercle autour du fauteuil de S. M., elle nous parla pendant vingt minutes d'une voix claire et intelligible; elle nous remercia de l'avoir aimée si tendrement, et nous dit les choses les plus touchantes en fondant en larmes. L'empereur voulut répondre, mais il ne put que sangloter, s'agenouilla près de sa mère, reçut sa bénédiction et lui baisa la main. A la fin Sa Majesté nous dit : « Allez, il m'en coûte trop de vous voir. » L'empereur seul demeura; elle lui parla longuement, lui donna sa bénédiction pour ses frères et sœurs absents, écrivit beaucoup, expédia encore quelques affaires, et donna ses dernières recommandations pour son enterrement, réglant les prières qu'on devait réciter. Elle n'avait pas conservé la moindre crainte ni le plus petit scrupule de conscience. Elle disait : « J'ai toujours agi avec une intention bonne; j'espère que Dieu sera miséricordieux envers moi. » Elle disait encore : « J'ai toujours désiré mourir ainsi; mais je craignais que cela ne me fût pas accordé. Je vois à présent qu'on peut tout avec la grâce de Dieu. »

« Le 28 dans l'après-midi, elle eut un accès de toux accompagné d'un froid intérieur; elle dit : « C'est la gangrène, elle m'enlèvera en vingt-quatre heures. » Après un très-fort accès d'étouffement, lorsque S. M. revint à elle et nous vit désolés à ses côtés, elle dit à Störck : « Est-ce l'agonie? — Non, répondit-il; pas encore. — C'est donc quelque chose de pire », reprit-elle. Pendant tout ce jour et la nuit qui suivit, elle eut des accès de même violence, qui eussent pu nous l'enlever; dans une de ces crises elle s'écria : « Mon Dieu! cela finira-t-il bientôt? » Le prélat, qui était à ses côtés, croyant que ces paroles lui avaient été arrachées par la douleur, lui recommanda d'être résignée. Elle répondit : « Ce n'est pas pour moi que je désire voir finir ma souffrance, c'est pour vous tous. Je vous tue; je vois bien comme vous souffrez! »

« La nuit du 29 fut affreuse. S. M. eut des étouffements, pendant lesquels plus d'une fois elle faillit passer. Lorsqu'elle reprit ses sens, il nous sembla qu'elle était disposée au sommeil; comme elle voulait s'empêcher de dormir, nous lui conseillâmes de ne pas lutter; mais elle nous dit : « Comment voulez-vous que je m'endorme lorsqu'à chaque instant je puis être appelée devant mon juge? Je crains de m'endormir, je ne veux pas être surprise, je veux voir venir la mort. » A trois heures de la nuit, elle pria l'empereur d'aller s'étendre un peu sur un canapé, et de faire appeler Maximilien, qu'elle avait eu en très-grande amitié ces derniers temps. On alla le chercher et S. M. resta une heure avec lui. A cinq heures elle demanda du café au lait, on lui en apporta et elle en but deux tasses. Nous étions tous présents. Elle voulut que l'empereur fût servi à son goût; mais il ne pouvait manger tant il était ému. Après la messe, je causai une demi-heure avec elle. Nous parlâmes des moindres choses : S. M. avait les idées aussi nettes que lorsqu'elle était en pleine santé ; sa voix était seulement creuse et éteinte, son visage était très-changé et portait tous les signes avant-coureurs de la mort. S. M. me parla de ma retraite (1), me fit promettre de ne rien précipiter et de ne pas partir en hiver. Comme j'hésitais, elle me pressa plus vivement et me fit promettre de ne pas parler la première de mon voyage à l'empereur, mais d'attendre qu'il le fît lui-même ; elle croyait qu'il voudrait me garder auprès de lui. Je lui obéis à contre-cœur ; elle m'embrassa et me bénit encore. Élisabeth vint ensuite, puis Marie ; après avoir parlé à chacune de nous en particulier, elle désira ne plus nous voir entrer dans sa chambre, parce qu'elle ne voulait pas que ses filles la vissent mourir. Nous allâmes à l'église.

« Pendant cette après-midi elle parla de tout avec l'empereur en français ; mais elle souffrait beaucoup de la soif, à cause de la gangrène. Durant toute sa maladie elle avait pris avec la plus grande impatience les médecines qu'on lui avait ordonnées ; trois heures avant sa mort, Störck lui ayant apporté une nouvelle potion, elle dit en souriant : « Je pense que ceci est destiné à me soutenir ; je ne le prendrai donc pas. » Cinq minutes avant sa mort, elle se leva avec violence de son fauteuil, fit quelques pas jusqu'à sa chaise longue et s'y affaissa. On l'étendit aussi bien que possible et elle s'aida encore. L'empereur lui dit : « Vous êtes mal... » Elle répondit : « Assez bien pour mourir. » Elle dit à Störck : « Allumez le cierge mortuaire et fermez-moi les yeux, car ce serait trop demander à l'empereur. » L'empereur s'agenouilla près d'elle ; Maximilien et le prince Albert firent de même. Nous fûmes appelées, trop tard... — S. M. mourut en héroïne chrétienne. Elle est heureuse maintenant ; mais nous, infortunés, nous avons perdu la meilleure des mères ! Elle avait eu l'attention de nous défendre soit de prier auprès de son corps exposé, soit d'aller au service funèbre. Mes frères n'obéirent pas ; nous n'assistâmes, quant à nous, qu'au *Kreuzfest* (2). S. M. avait eu la bonté de m'envoyer deux jours avant sa mort son livre ordinaire de prières ; j'achetai la tasse à café dont elle se servait journellement, et je pris aussi des reliques que feu l'empereur et elle-même avaient portées jusqu'à leurs derniers moments. »

---

(1) L'archiduchesse Marie-Anne se retira en 1781 dans le couvent des sœurs de Sainte-Ursule à Klagenfurt, où elle mourut en 1789.

(2) Il s'agit sans nul doute de la solennité célébrée le 9 décembre 1780 dans l'église des Augustins à Vienne par les dames de l'ordre de la Croix étoilée (*Sternkreuzorden*) pour la mort de l'impératrice, leur Grande-Protectrice (*oberste Schutzfrau*). Les archiduchesses filles de Marie-Thérèse y assistèrent, ainsi que les autres dames faisant partie de l'ordre par leur naissance. Cet ordre, fondé en 1668 par l'impératrice Éléonore, veuve de Ferdinand III, existe encore aujourd'hui.

Aux détails précis de la relation que nous venons d'analyser les Mémoires du temps ajoutent quelques indications peut-être incertaines. Ils disent, par exemple, que l'impératrice interrogea son médecin sur le temps qui lui restait à vivre ; comme celui-ci avait peine à s'expliquer, elle le pressa successivement, en lui demandant si cela irait bien à quinze jours, à huit jours, en sorte qu'il finit par déclarer qu'il ne croyait pas que cela pût durer plus de quatre jours. Alors elle prit son parti, fit venir l'empereur qui, en apprenant cette déclaration, perdit connaissance. « Pour lui donner le temps de se remettre, dit alors l'impératrice, je continuerai aujourd'hui tous les actes de souveraineté, je ferai les signatures, je tiendrai le conseil, etc. » Le lendemain et les jours suivants, son fils écrivit sous sa dictée des lettres à tous ses enfants absents, particulièrement une à la reine de France, qu'on exalte, dit Bachaumont, comme un chef-d'œuvre de sagesse, de politique et d'éloquence maternelle.

Cette dernière lettre a-t-elle été réellement écrite, et où pourrait-on la retrouver ? nous l'ignorons. A n'en pas douter, des pensées et des bénédictions que Marie-Thérèse destina pendant ses derniers jours à ses filles Marie-Antoinette dut avoir une large part. Elle souhaita sans doute et espéra pour celle qu'elle appelait sa charmante reine une mort comme la sienne, paisible, digne et respectée...

Voici en quels termes Marie-Antoinette, écrivant à son frère Joseph II, laissa éclater à quelque temps de là sa douleur filiale :

« Le 10 décembre 1780. Accablée du plus affreux malheur, ce n'est qu'en fondant en larmes que je vous écris. Oh ! mon frère, oh ! mon ami, il ne me reste donc que vous dans un pays qui m'est et me sera toujours cher ! Ménagez-vous, conservez-vous ; vous le devez à tous. Il ne me reste qu'à vous recommander mes sœurs. Elles ont encore plus perdu que moi ; elles seraient bien malheureuses ! Adieu ! je ne vois plus ce que j'écris. Souvenez-vous que nous sommes vos amis, vos alliés ; aimez-moi. Je vous embrasse. »

FIN DU TOME TROISIÈME ET DERNIER.

# TABLE ANALYTIQUE

### DES MATIÈRES CONTENUES DANS LE TOME TROISIÈME.

#### ANNÉE 1777.

Pages.

I. — Marie-Thérèse a Marie-Antoinette, 2 *janvier*. — Projet de voyage de l'empereur en France; bons effets qui en doivent résulter.................... 1

II. — Marie-Thérèse a Mercy, 3 *janvier*. — Voyage de l'empereur en France; elle espère qu'il se relâchera un peu sur le strict incognito; elle ne compte sur aucun résultat heureux de ce voyage pour sa fille. Nouvel ordre des courriers......... 2

III. — Marie-Antoinette a Marie-Thérèse, 16 *janvier*. — Projets et espérances pour le séjour de l'empereur....................................... 3

IV. — Mercy a Marie-Thérèse, 17 *janvier*. — Occupations de la reine; personnes qui forment sa société. Acte de justice et de bonté de la reine envers un jeune comte de Chambord. Titre de duc accordé au comte de Mailly. Courses en traîneau. Préparatifs pour l'arrivée de l'empereur................................ 4

V. — Mercy a Marie-Thérèse, 17 *janvier*. — Dettes de la reine et générosité du roi. Entourage fâcheux de la reine; elle craint les remarques de son frère. Préparatifs pour le séjour de l'empereur...................................... 7

VI. — Mercy a Marie-Thérèse, 24 *janvier*. — Retard du voyage de l'empereur. Plaisirs à Paris et à Versailles............................................. 10

VII. — Mercy a Marie-Thérèse, 24 *janvier*. — Suppositions sur les causes du retard du voyage de l'empereur. Le duc de Choiseul semble avoir eu à ce sujet des informations particulières............................................... 11

VIII. — Marie-Thérèse a Mercy, 31 *janvier*. — Réflexions sur la générosité du roi envers la reine. Difficulté d'empêcher le comte d'Esterhazy et le prince de Rohan d'aller au devant de l'empereur; caractère dangereux de Rohan. Moyen d'empêcher le prince de Ligne de venir à Paris............................ 12

IX. — Marie-Thérèse a Mercy, 1er *février*. — Approbation et éloges d'une lettre du roi à l'empereur. Lettres et gazettes concernant la reine et interceptées de la correspondance du roi de Prusse........................................ 13

X. — Marie-Thérèse a Mercy, 3 *février*. — Réponse à faire à la comtesse de Brionne sur un projet de mariage pour son fils avec la princesse de Montmorency. Note sur la famille de Montmorency et le collége des Parchons de Gand......... 14

XI. — Marie-Thérèse a Marie-Antoinette, 3 *février*. — Désir d'étroite union entre France et Autriche; considérations politiques à ce sujet. Nouvelles et anecdotes fâcheuses que fait circuler le roi de Prusse sur les occupations et divertissements de la reine................................................. 16

XII. — Mercy a Marie-Thérèse, 15 *février*. — Les fêtes de la cour à Versailles sont désertées; pourquoi. Plaisirs que la reine prend à Paris : bals de l'Opéra, bals chez le duc de Chartres. Préférences accordées aux étrangers............. 18

XIII. — Marie-Antoinette a Marie-Thérèse, 17 *février*. — Réflexions sur les nouvelles que répand le roi de Prusse. Excuses sur les plaisirs du carnaval. Son espoir de bonne union entre France et Autriche. Promesse obtenue par le prince de Rohan pour la grande-aumônerie................................. 21

XIV. — Mercy a Marie-Thérèse, 19 *février*. — Intrigues du parti Choiseul et de la cabale des Rohan à propos de la nomination du prince de Rohan à la grande-aumônerie; rôle odieux de l'abbé Georgel. La reine aux bals du Palais-Royal et de l'Opéra : familiarité qu'elle autorise; article du *Journal de Paris*. Le baron de Breteuil peu écouté. Opinion probable de Joseph II sur la conduite de la reine. Voyage de l'empereur. Crainte qu'éprouve la reine de voir l'Autriche entraînée à de nouvelles guerres; communication de dépêches de Prusse................. 22

XV. — Marie-Thérèse a Mercy, 4 *mars*. — Voyage de l'empereur; ses dispositions à l'égard de la France............................................. 28

XVI. — Marie-Thérèse a Mercy, 4 *mars*. — Caractère de Rohan; inquiétude de le voir fixé dans un poste rapproché de la reine........................... 29

XVII. Marie-Thérèse a Marie-Antoinette, 4 *mars*. — Remercîments pour un cadeau. Conseil de ne point abuser de la facilité du roi. Regrets sur la place que va occuper Rohan........................................................ 29

XVIII. — Marie-Antoinette a Marie-Thérèse, 4 *mars*. — Rhume du roi. Opinion sur Rohan. Espoir de voir son frère................................. 30

XIX. — Mercy a Marie-Thérèse, 18 *mars*. — Plaisirs à la cour continués dans le carême : spectacles à Versailles et à Paris; courses de chevaux; gros jeu. Société de la reine. Attitude des princesses de la famille royale à l'égard de la reine. Brouillerie du roi et de M^me Louise la Carmélite........................... 31

XX. — Mercy a Marie-Thérèse, 18 *mars*. — Intrigues des Choiseul et des Rohan. Le jeu à la cour. Conseils du baron de Breteuil à la reine. Caractère de Breteuil. Projets pour le séjour de l'empereur....................................... 34

XXI. — Marie-Thérèse a Mercy, 31 *mars*. — Avis pour le séjour de l'empereur. Remarques sur Breteuil.................................................. 38

XXII. — Marie-Thérèse a Mercy, 11 *avril*. — Retour de Breteuil à Vienne...... 40

XXIII. — Mercy a Marie-Thérèse, 16 *avril*. — Affaire de la femme Cahuet de Villers. Choix d'un médecin pour la reine. Appréhension de la reine au sujet de l'arrivée de son frère. Mercy se propose de mettre l'empereur au fait de toutes choses. Tentative pour entraîner le roi au libertinage. Nouvelles du comte de Zinzendorff et du baron de Kock.................................................................... 40

XXIV. — Mercy a Marie-Thérèse, 18 *avril*. — Difficultés entre le comte de Tessé et le comte de Polignac par suite des faveurs accordées par la reine. Concerts spirituels. Théâtres. Le jeu à la cour. Certitude du voyage de l'empereur......... 44

XXV. — Mercy a Marie-Thérèse, 7 *mai*. — Séjour de l'empereur; espoir d'une heureuse influence sur la reine..................................................... 47

XXVI. — Marie-Antoinette a Marie-Thérèse, 14 *juin*. — Départ de l'empereur. Conseils écrits laissés par lui. Sentiments du roi. Elle espère que l'empereur a emporté des impressions favorables..................................................... 48

XXVII. Mercy a Marie-Thérèse, 15 *juin*. — Rapport sur tout le séjour de l'empereur à Paris : Son arrivée; première visite à la reine. Emploi des jours suivants : visites diverses, conversation avec le roi ; souper, jeux familiers du roi et de ses frères ; diner à Trianon, conversation et conseils. Crainte qu'exprime la reine de la sévérité que son frère peut inspirer au roi. Bonté de Joseph II pour Vermond. La reine et l'empereur à l'Opéra, à une course de chevaux. Conversation entre Mercy et Joseph II sur la reine. L'empereur assiste au jeu de la reine chez la princesse de Guéménée. Conversations étendues avec la reine et conversations intimes avec le roi. Opinion sur le comte de Provence, sur le comte d'Artois. Visite à Mesdames de France. Entretiens de l'empereur avec le banquier Laborde. Visites à l'administration des ponts et chaussées, au garde-meubles, au Colisée, etc. Conversation orageuse entre l'empereur et la reine. Conversation de la reine et de Mercy. Visite de l'empereur chez le ministre comte de St-Germain. Visites à l'Imprimerie royale, à la Savonnerie, au Cabinet de physique, à l'établissement de l'abbé de l'Épée. Présents faits à l'empereur. Avis un peu vifs donnés à la reine. Séance de l'Académie des sciences. Fête à Trianon. Visite de Joseph II à M$^{me}$ du Barry. Entretien avec Maurepas. Conversation entre Mercy et l'empereur sur les conseils écrits que ce dernier doit laisser à la reine. Séance de l'Académie des Inscriptions. Visite à M$^{me}$ Louise, aux Carmélites de St-Denis. Séance de l'Académie française. L'empereur et le duc de Choiseul. Confidences intimes du roi. Visite au dépôt des Affaires étrangères avec le comte de Vergennes. Loménie de Brienne présenté à Joseph II. La reine se plaint à Mercy de la sévérité de son frère. Cadeaux et actes de munificence de l'empereur. Excursions à Chantilly, Ermenonville, etc. Visites à M$^{me}$ Geoffrin, à la comtesse de Brionne, etc. Dernières conversations avec la reine et avec le roi. Audience au sieur Berthier, intendant de Paris. Derniers avis à la reine. Départ de l'empereur............................................................... 49

XXVIII. — Mercy a Marie-Thérèse, 15 *juin*. — Circonstances confidentielles à ajouter au rapport précédent : confiance de la reine envers Mercy. Rapport entre le roi et l'empereur. Conduite envers Rohan. Dissentiments entre la reine et son frère. Confidences intimes du roi. Conseils écrits laissés par Joseph II à sa sœur. Opinion que l'empereur emporte de son séjour............................................. 78

XXIX. — Mercy a Marie-Thérèse, 15 *juin*. — Regrets que le départ de l'empereur a laissés à la reine : elle semble vouloir profiter de ses avis..................... 83

XXX. — Marie-Antoinette a Marie-Thérèse, 16 *juin*. — Ses regrets sur le départ de son frère. Elle pose pour son portrait. Grossesse de la comtesse d'Artois. Elle demande à l'impératrice de se ménager pendant le carême................. 84

XXXI. — MARIE-THÉRÈSE A MARIE-ANTOINETTE, 29 *juin*. — Tendres témoignages de satisfaction pour l'accueil que l'empereur a trouvé en France et pour l'amitié qui s'est formée entre les deux beaux-frères. Fragment d'une lettre de Joseph II sur l'affection que lui a inspirée sa sœur. Désir d'avoir le portrait de la reine......... 86

XXXII. — MARIE-THÉRÈSE A MERCY, 30 *juin*. — Satisfaction sur le voyage de l'empereur en France, mais doute sur le profit qu'en tirera la reine. Première ouverture sur l'affaire de la succession de Bavière, et crainte d'être entraînée plus loin qu'elle ne voudrait................. 87

XXXIII. — MERCY A MARIE-THÉRÈSE, 1er *juillet*. — Légère maladie de la reine. Heureux indices de changement dans ses habitudes de dissipation. Détails sur le voyage de l'empereur dans les provinces de France : il évite de passer à Chanteloup. Comparaison avec le voyage que font le comte de Provence et le comte d'Artois.. 89

XXXIV. — MERCY A MARIE-THÉRÈSE, 15 *juillet*. — Continuation du bon effet produit par les avis de Joseph II. Accès de fièvre tierce.................. 92

XXXV. — MERCY A MARIE-THÉRÈSE, 15 *juillet*. — Mécontentement du parti de Choiseul sur ce que l'empereur a évité de passer à Chanteloup ; la reine le partage. Jalousie entre le duc de Coigny et la comtesse de Polignac. Témoignage de l'empereur en faveur de Loménie de Brienne. Admiration causée en France par l'empereur............... 94

XXXVI. — MERCY A MARIE-THÉRÈSE, 15 *juillet*. — Analyse d'une lettre de Joseph II à sa sœur : il y exprime vivement son indignation de la manière dont voyagent les comtes de Provence et d'Artois.................. 97

XXXVII. — MARIE-THÉRÈSE A MERCY, 31 *juillet*. — Réflexions sur le voyage de l'empereur en France : elle le blâme d'avoir évité d'aller à Chanteloup, d'avoir vu la du Barry ; elle l'approuve de n'avoir pas visité Voltaire. Ses vues sur les avantages que l'Autriche pourrait tirer d'un agrandissement en Bavière, d'établissements de commerce sur la mer Noire, d'un partage de l'empire ottoman. Mission du marquis de Jaucourt en Prusse. Caractère du comte de Scarnafis, ministre de Sardaigne en France. Remarque sur Breteuil.................. 98

XXXVIII. — MERCY A MARIE-THÉRÈSE, 15 *août*. — Détails de santé ; voyage à Choisy. Comparaison entre le succès qu'a eu l'empereur dans son voyage en France et l'insuccès des princes français. Remarques judicieuses de Mercy à ce sujet. La reine revient à ses habitudes de jeu et de dissipation.................. 101

XXXIX. — MERCY A MARIE-THÉRÈSE, 15 *août*. — Nouveaux détails sur le voyage de l'empereur dans les provinces de France. Importance du duc de Choiseul. Réflexions sur la mission du marquis de Jaucourt et la conduite du cabinet français vis-à-vis de la Prusse. Caractère du comte de Scarnafis. Situation du comte de Breteuil.................. 103

XL. — MARIE-ANTOINETTE A MARIE-THÉRÈSE, 19 *août*. — Elle annonce le rétablissement de sa santé, se félicite de savoir l'empereur revenu à Vienne. Nouvelles de famille. Nomination de l'évêque d'Autun à la feuille des bénéfices. Regrets de voir arriver le prince de Rohan à la grande-aumônerie.................. 108

XLI. — Marie-Thérèse a Mercy, 29 *août*. — Sa satisfaction des bonnes impressions que l'empereur a rapportées de France. Elle n'a pas espéré des conseils de l'empereur un changement solide chez la reine. Espérances sur son état conjugal. Raisons qui ont empêché l'empereur de voir Voltaire. Ses désirs relativement à la succession de Bavière et à l'empire ottoman.................................. 109

XLII. — Marie-Thérèse a Marie-Antoinette, 30 *août*. — Nouvelles de l'accouchement de la reine de Naples ; Retour de l'empereur. L'archiduc Ferdinand. Compliment pour l'abbé de Vermond................................................ 110

XLIII. — Marie-Thérèse a Mercy, 6 *septembre*. — Recommandation pour un dentiste de la cour, nommé Laveiraud........................................... 111

XLIV. — Marie-Antoinette a Marie-Thérèse, 10 *septembre*. — Elle se réjouit de la naissance d'un fils de la reine de Naples, et espère qu'elle-même aura un jour une semblable joie. Souhaits de revoir l'empereur en France. Départ pour Choisy. 112

XLV. — Mercy a Marie-Thérèse, 12 *septembre*. — Détails intimes : espoir d'une prochaine grossesse de la reine. Passion du jeu, inconvénients qu'elle entraîne. Promenades du soir sur la terrasse de Versailles. Lectures de la reine. Faveur de la comtesse de Polignac ; elle s'entend avec Maurepas. Décroissance de l'amitié de la reine pour la princesse de Lamballe............................................ 112

XLVI. — Mercy a Marie-Thérèse, 12 *septembre*. — Espoir de la reine au sujet d'une grossesse. Conseils de Mercy. Conseils de l'empereur..................... 115

XLVII. — Marie-Thérèse a Mercy, 1er *octobre*. — Conseils intimes sur les précautions à prendre au cas d'une grossesse de la reine. Réflexions sur la dernière lettre de sa fille.................................................................. 117

XLVIII. — Marie-Thérèse a Marie-Antoinette, 3 *octobre*. — Nouvelles de l'archiduc Ferdinand, de la reine de Naples....................................... 118

XLIX. — Mercy a Marie-Thérèse, 17 *octobre*. — Voyage de Fontainebleau. Le jeu est devenu le principal divertissement de la reine ; excès et graves inconvénients de ce passe-temps. Le séjour à Fontainebleau semble promettre de grandes dissipations...................................................................... 118

L. — Mercy a Marie-Thérèse, 17 *octobre*. — Les conseils de l'empereur sont complètement mis de côté, et la reine semble n'avoir aucun souci du mécontentement de son frère. Absence de Vermond motivée sur l'inutilité de ses conseils. Faveur de la comtesse de Polignac et du duc de Coigny : abus qui en résultent. Obstacles que les habitudes de dissipation de la reine mettent à son intimité avec son époux. Réponse aux craintes de l'impératrice dans le cas d'une grossesse de la reine............ 121

LI. — Marie-Antoinette a Marie-Thérèse, *octobre*. — Elle assure sa mère qu'elle emploie une partie de son temps en occupations sérieuses et ne se livre point à la passion du jeu. Nouvelles de famille : lettre de la reine de Naples...... 125

LII. — Marie-Thérèse a Mercy, 3 *novembre*. — Caractère de sa fille ; elle n'espère pas de changement. Le comte de Saint-Priest pense à demander l'ambassade de Vienne : difficulté à ce sujet. Le prince de Rohan nommé cardinal.......... 126

LIII. — Marie-Thérèse a Marie-Antoinette, 5 *novembre*. — Conseils sur ses occupations; danger de se livrer au goût du jeu. Nouvelles de la reine de Naples et de l'archiduc Ferdinand.................................................................. 127

LIV. — Marie-Antoinette a Marie-Thérèse, 18 *novembre*. — Elle va prendre des arrangements pour que le jeu n'ait pas d'inconvénients........................ 129

LV. — Mercy a Marie-Thérèse, 19 *novembre*. — Séjour à Fontainebleau : nouveaux appartements de la reine. Conversation et conseils. Le pharaon admis au jeu de la reine ; scandale qui en résulte dans le public. La représentation ordinaire en partie supprimée. Chasses et spectacles, courses de chevaux. Emploi ordinaire des journées de la reine. Ardeur du comte d'Artois pour les plaisirs et particulièrement pour le jeu. Dépenses de ce prince dans ses châteaux de Saint-Germain et Meudon. Comment il fait construire et meubler en sept semaines le petit château de Bagatelle. Fin du séjour à Fontainebleau ; la reine avoue s'y être peu amusée............. 129

LVI. — Mercy a Marie-Thérèse, 19 *novembre*. — Opinion de la reine sur le caractère du roi ; elle plaisante sur la peur de lui voir quelque galanterie ; conseils de Mercy sur l'importance qu'il y aurait pour elle à s'occuper des affaires. Nouveaux détails sur les inconvénients du jeu. Confiance excessive envers la comtesse de Polignac et influence fâcheuse de l'entourage de la reine. Manque de sincérité dans la dernière lettre de la reine à l'impératrice.......................................... 137

LVII. — Marie-Thérèse a Mercy, 5 *décembre*. — Caractère de sa fille ; craintes pour l'avenir........................................................................ 143

LVIII. — Marie-Thérèse a Marie-Antoinette, 5 *décembre*. — Reproches et conseils sur la manière dont la reine abuse de la bonté du roi, et sur sa passion pour le jeu. Projet de l'archiduc Ferdinand de venir en France.......................... 143

LIX. — Marie-Antoinette a Marie-Thérèse, 19 *décembre*. — Excuses sur son jeu. Le duc de Bragance. Espoir de voir son frère Ferdinand.................... 144

LX. — Mercy a Marie-Thérèse, 22 *décembre*. — Conversation de la reine et de l'abbé de Vermond ; la reine consent à faire un nouveau règlement pour son jeu ; difficulté de trouver des banquiers pour le jeu de la cour. Plaisirs de la reine, bals de l'Opéra...................................................................... 145

LXI. — Mercy a Marie-Thérèse, 22 *décembre*. — La reine désire une grossesse ; elle éprouve de l'ennui au milieu de la dissipation. Difficultés que rencontrerait le séjour de l'archiduc Ferdinand à la cour de France................................ 148

## ANNÉE 1778.

I. — Marie-Thérèse a Mercy, 4 *janvier*. — Elle espère peu pour la reine une grossesse. Son opinion sur le jeu. Le voyage de l'archiduc Ferdinand en France ne se fera pas. Mort de l'électeur de Bavière ; conséquences fatales à redouter de cet évènement....................................................................... 150

II. — Marie-Thérèse a Marie-Antoinette, 5 *janvier*. — Elle désire une grossesse de sa fille. Elle blâme les bals de l'Opéra et les plaisirs trop vifs. Mort de l'électeur de Bavière, avis à ce sujet. Tableaux destinés à Trianon. Insistance pour avoir le portrait de la reine.................................................. 151

III. — MARIE-ANTOINETTE A MARIE-THÉRÈSE, 15 *janvier*. — Ses préoccupations pour l'affaire de Bavière. Remercîments pour les tableaux; explication pour son portrait. Envoi d'un cadeau............................................. 153

IV. — MERCY A MARIE-THÉRÈSE, 17 *janvier*. — Plaisirs de la reine : la cour est désertée par la grande noblesse. Jeux, spectacles, musique. Entretiens avec l'abbé de Vermond. Bonne et intime union avec le roi. Différence des sentiments de la reine pour la princesse de Lamballe et pour M$^{me}$ de Polignac................. 154

V. — MERCY A MARIE-THÉRÈSE, 17 *janvier*. — Compte-rendu d'une lettre de Joseph II à la reine et de la réponse de celle-ci. Propos indiscrets de la reine au sujet de l'affaire de Bavière; son inconséquence à vanter le duc de Choiseul. Avis de Mercy relativement à la lettre de la reine à l'impératrice. Cadeau d'un service de porcelaine de Sèvres................................................ 157

VI. — MARIE-THÉRÈSE A MERCY, 31 *janvier*. — Elle blâme les dissipations et légèretés de sa fille. De quelle utilité il serait que la reine s'occupât d'affaires sérieuses. Inquiétudes sur l'affaire de Bavière.................................... 160

VII. — MARIE-THÉRÈSE A MARIE-ANTOINETTE, 7 *février*. — Instante demande à la reine de s'employer au maintien de l'alliance. Nouvelles de famille........... 161

VIII. — MARIE-ANTOINETTE A MARIE-THÉRÈSE, 13 *février*. — Son désir de déjouer les machinations du roi de Prusse. Demande de portrait. Crainte de guerre avec l'Angleterre. Son espoir du maintien de l'alliance............................ 162

IX. — MERCY A MARIE-THÉRÈSE, 18 *février*. — Attention et intérêt de la reine pour l'affaire de Bavière. Plaisirs du carnaval. Discrédit de la princesse de Lamballe; faveur de la comtesse de Polignac; intrigues et espérances du parti de Choiseul. Détails de famille.................................................. 163

X. — MERCY A MARIE-THÉRÈSE, 18 *février*. — Zèle mais légèreté de la reine à s'occuper des affaires qui concernent l'Autriche. Compte-rendu d'une conversation entre la reine et le roi à propos de l'affaire de Bavière. Opinion de Mercy sur les moyens de faire accepter à la France les arrangements pris en Bavière. Vive impression que font à la reine les lettres de l'impératrice........................ 167

XI. — MARIE-THÉRÈSE A MARIE-ANTOINETTE, 19 *février*. — Ses craintes d'une guerre. Elle presse vivement sa fille d'user de son influence pour combattre les insinuations du roi de Prusse............................................ 170

XII. — MARIE-THÉRÈSE A MERCY, 3 *mars*. — Elle lui recommande le maintien de l'alliance; elle craint toutefois de compromettre sa fille en la mêlant trop aux affaires. Elle redoute le retour de Choiseul au ministère; le ménager en tous cas. Elle blâme la manière dont a été engagée l'affaire de Bavière............. 171

XIII. — MARIE-THÉRÈSE A MARIE-ANTOINETTE 6 *mars*. — Recommandation sur l'affaire de Bavière. Pourquoi elle ne peut faire faire son portrait par Roslin..... 173

XIV. — MARIE-THÉRÈSE A MARIE-ANTOINETTE, 14 *mars*. — La guerre devient plus imminente; elle demande à la reine les derniers efforts pour obtenir du roi conseil et secours.................................................. 173

XV. — Marie-Antoinette a Marie-Thérèse, 18 *mars*. — Le roi veut le maintien de l'alliance. La France se prépare à soutenir les Américains contre l'Angleterre. Anecdote du duel du comte d'Artois et du duc de Bourbon.................... 174

XVI. — Mercy a Marie-Thérèse, 20 *mars*. — Dissipation extrême du carnaval. Conversations d'affaires avec la reine. Nomination de la princesse d'Hénin comme dame du palais surnuméraire. Rapports du roi et de la reine. Duel du comte d'Artois et du duc de Bourbon..................................................... 175

XVII. — Mercy a Marie-Thérèse, 20 *mars*. — Il se plaint que la reine ne s'occupe pas assez sérieusement des affaires politiques ; dissipation extrême. Conduite habile de Choiseul. La reine refuse de recevoir Voltaire à la cour. Conduite du ministère français à l'égard de l'affaire de Bavière ; instances à la reine pour qu'elle intervienne efficacement.................................................... 179

XVIII. — Mercy a Marie-Thérèse, 20 *mars*. — Avis à donner à la reine sur ce qu'elle doit demander au roi à l'égard de la Prusse............................ 182

XIX. — Mercy a Marie-Thérèse, 25 *mars*. — Il engage la reine à parler directement aux ministres sur l'affaire de Bavière.................................. 183

XX. — Marie-Antoinette a Marie-Thérèse, 25 *mars*. — Le roi est très-attaché à l'alliance. Conversation avec les ministres.................................. 183

XXI. — Marie-Thérèse a Mercy, 2 *avril*. — Elle compte peu sur l'aide de sa fille. Conduite diplomatique du comte de Breteuil, du marquis de Bombelles, et du sieur Marbois. Anecdote au sujet de ce dernier. S'assurer le concours de la France pour la conservation des Pays-Bas. Ménager Breteuil................. 184

XXII. — Marie-Thérèse a Marie-Antoinette, 6 *avril*. — Désir d'être aidée par la France. Plaintes sur la conduite des agents diplomatiques français........... 185

XXIII. — Marie-Antoinette a Marie-Thérèse, 19 *avril*. — Espérances de grossesse. Conversation avec Maurepas et Vergennes sur l'affaire de Bavière. Nouvelles de la reine de Naples..................................................... 186

XXIV. — Mercy a Marie-Thérèse, 20 *avril*. — Détails sur les apparences de grossesse de la reine. Conversation de la reine avec les ministres................ 187

XXV. — Mercy a Marie-Thérèse, 20 *avril*. — Précautions et soins relatifs à l'état de la reine. Zèle de la reine dans les démarches qui intéressent la politique de l'Autriche. Lettre de l'empereur à sa sœur. Réponse aux plaintes sur Breteuil et Marbois. Propos intéressés de Choiseul................................... 189

XXVI. — Marie-Thérèse a Marie-Antoinette, 2 *mai*. — Conseils pour son état de grossesse. Joie que cette nouvelle cause en Allemagne. Affaires politiques : remerciments à la reine pour ses utiles démarches. L'ancienne rivalité se réveille en France contre l'Autriche. La guerre est bien préparée, néanmoins l'impératrice voudrait l'éviter.................................................... 192

XXVII. — Marie-Thérèse a Mercy, 2 *mai*. — Elle a peine à se livrer à l'espérance de la grossesse de la reine. Joseph II hostile au baron de Breteuil. Ménager Choiseul. Précautions à prendre pour la reine................................ 194

XXVIII. — Mercy a Marie-Thérèse, 5 *mai*. — Détails sur la santé de la reine. Conversations politiques de la reine avec Mercy, avec le roi et ses ministres...... 195

CONTENUES DANS LE TOME TROISIÈME.

Pages.

XXIX. — Mercy a Marie-Thérèse, 5 mai. — Difficulté de porter la reine à tirer le meilleur parti de son crédit pour les affaires politiques. Vive irritation d'une dépêche de Vergennes lue au prince de Kaunitz. L'abbé de Vermond veut quitter la cour, instances de la reine et de Mercy pour l'y retenir.................. 196

XXX. — Marie-Antoinette a Marie-Thérèse, 5 mai. — Vif déplaisir de la dépêche de Vergennes ; démarches pour en obtenir la rectification. On nomme la maison de M$^{me}$ Élisabeth........................................... 198

XXXI. — Marie-Antoinette a Marie-Thérèse, 16 mai. — Nouvelles de santé. Actes de charité à l'occasion de sa grossesse. Combien son cœur la porte à s'occuper des affaires politiques en ce moment. Elle parlera aux ministres. Elle excuse le roi et se loue de sa tendresse.................................... 199

XXXII. — Marie-Thérèse a Marie-Antoinette, 17 mai. — Sa joie de la grossesse de la reine. Situation politique, lettres échangées entre Joseph II et Frédéric II. Caractère de Frédéric II ; sa politique odieuse menace tous les États d'Europe, sinon dans le présent, au moins dans l'avenir........................ 201

XXXIII. — Mercy a Marie-Thérèse, 18 mai. — Nouvelles de santé et détails sur les occupations de la reine. Intelligence de la reine pour saisir les affaires politiques....................................................... 203

XXXIV. — Marie-Antoinette a Marie-Thérèse, 29 mai. — Nouvelles de sa santé. Son opinion sur la correspondance du roi de Prusse et de l'empereur. Vives expressions de tendresse.................................... 205

XXXV. — Mercy a Marie-Thérèse, 29 mai. — Choix d'un accoucheur. Éloignement volontaire et momentané de l'abbé de Vermond. Maison des enfants de France. Conduite de la reine dans les affaires politiques. Sentiments dans la famille royale à l'égard de la grossesse de la reine.................... 206

XXXVI. — Marie-Thérèse a Mercy, 31 mai. — Satisfaction sur les soins dont sa fille est entourée. Elle regretterait que Vermond s'éloignât. Elle approuve les mesures de prudence pour le choix des personnes qui composeront la maison des enfants de France. Arrivée imprévue à Vienne de l'Américain Arthur Lee......... 208

XXXVII. — Marie-Thérèse a Marie-Antoinette, 1$^{er}$ juin. — Joie publique à Vienne de la grossesse de la reine. Conseils pour les soins à prendre de l'enfant. Conduite politique de la Prusse ; situation de l'Autriche ; aveu des fautes passées, mais vif désir que l'alliance ne soit pas ébranlée...................... 211

XXXVIII. — Marie-Antoinette a Marie-Thérèse, 12 juin. — Elle s'est plainte au roi de la conduite des ministres ; excuses touchantes que le roi lui en a faites. Nouvelles de santé ; ses projets pour son futur enfant. Lettre de la reine de Naples....................................................... 212

XXXIX. — Mercy a Marie-Thérèse, 17 juin. — Séjour de Marly : occupations de la reine. Vermond revient pour quelques jours. Discrédit complet de la princesse de Lamballe..................................................... 214

XL. — Mercy a Marie-Thérèse, 17 juin. — Le favoritisme de la reine excite de vives jalousies. Nonchalance que met la reine à s'occuper des affaires politiques. Explication au sujet de Lee. Désir qu'aurait la reine de pouvoir montrer au roi une lettre de sa mère..................................... 215

| | Pages. |
|---|---|

XLI. — Marie-Thérèse a Mercy, 30 *juin*. — Elle approuve les remarques sur le séjour de Marly. Elle interroge sur une brouillerie entre l'abbé de Vermond et la princesse de Lamballe. Nouvelles recommandations de ne pas compromettre la reine dans les affaires politiques. Réponse sur Lee. Elle trouve gênant que ses lettres soient communiquées au roi............................................. 218

XLII. — Marie-Antoinette a Marie-Thérèse, 7 *juillet*. — Ne croit pas à une prédiction que sa mère lui a envoyée. Nouvelles de santé................... 219

XLIII. — Marie-Thérèse a Mercy, 7 *juillet*. — La guerre est déclarée. Tristes prévisions. Elle n'ose insister près de la reine.............................. 219

XLIV. — Marie-Thérèse a Mercy, sans date. — Recommande la situation des Pays-Bas. Ses vives inquiétudes............................................. 220

XLV. — Marie-Antoinette a Marie-Thérèse, 15 *juillet*. — Ses inquiétudes et tristesses au sujet de la guerre. Affection que lui témoigne le roi. Elle a vu M. de Maurepas et obtenu une démarche de lui.................................... 220

XLVI. — Mercy a Marie-Thérèse, 17 *juillet*. — Détails de santé. Marques de faveur prodiguées au duc de Guines. Avances et flatteries de Madame envers la reine. Confiance continuée à l'abbé de Vermond........................................ 221

XLVII. — Mercy a Marie-Thérèse, 17 *juillet*. — Causes qui empêchent l'influence de la reine. Son aversion pour le prince cardinal de Rohan. Intrigues détestables de Georgel et de la comtesse de Marsan. Réponse sur une prétendue brouillerie entre la princesse de Lamballe et l'abbé de Vermond. Comment la reine s'est occupée des affaires politiques. Conseils de Mercy. Fête contremandée à Trianon. La reine voudrait se refuser à tout amusement........................................... 224

XLVIII. — Marie-Thérèse a Mercy, 31 *juillet*. — Lettre confidentielle sur la situation politique : tentative désespérée auprès du roi de Prusse pour obtenir la paix. Dissentiment avec l'empereur. Ce dernier est irrité contre Kaunitz. Mauvaise situation de l'armée. Habileté du roi de Prusse. Inertie du cabinet autrichien.... 229

XLIX. — Marie-Thérèse a Marie-Antoinette, 3 *août*. — Vives inquiétudes sur la guerre. Elle est touchée de la douleur de la reine, mais l'engage à la fermeté... 232

L. — Marie-Thérèse a Marie-Antoinette, 6 *août*. — Début malheureux des opérations de guerre. Instances pour avoir l'aide de la France................... 233

LI. — Marie-Thérèse a Marie-Antoinette, 14 *août*. — Conversation avec le roi et les ministres. Affaire des Margraviats. Le roi est bien porté pour l'alliance. Nouvelles de santé. Elle demande à sa mère d'être marraine de son enfant...... 234

LII. — Mercy a Marie-Thérèse, 17 *août*. — Nouvelles de santé. Chagrin de la reine en apprenant la déclaration de guerre ; le roi rappelle la comtesse de Polignac pour l'aider à consoler la reine. Faveurs obtenues par le duc de Guines. Accident qui eût pu être funeste à la reine. Nouvelles de cour....................... 236

LIII. — Mercy a Marie-Thérèse, 17 *août*. — Faveur que la reine veut procurer au comte Esterhazy. Inquiétudes de la reine au sujet de la guerre............. 238

LIV. — Mercy a Marie-Thérèse, 17 *août*. — Il la rassure sur les conséquences des inquiétudes de la reine. Médiation à demander à la France................... 239

LV. — Mercy a Marie-Thérèse, 17 *août*. — Réponse à la lettre confidentielle du

31 juillet. Il examine ce qu'il y a à attendre de la France, de la Russie, de l'empire. Influence du roi de Prusse sur l'opinion par l'entremise des Encyclopédistes; comment le combattre sur ce terrain.................................................. 241

LVI. — MARIE-THÉRÈSE A MARIE-ANTOINETTE, 23 *août*. — Les négociations ont échoué; inquiétudes sur la continuation de la guerre. Appel à la France au nom de ses intérêts mêmes. Paroles d'affection; elle accepte d'être marraine............ 244

LVII. — MARIE-THÉRÈSE A MERCY, 23 *août*. — Elle demande des informations sur ses obligations comme marraine. S'oppose à la faveur demandée pour Esterhazy. Elle tremble que la guerre continue.................................................. 246

LVIII. — MARIE-THÉRÈSE A MERCY, 31 *août*. — Difficultés au sujet du baron de Groschlag. Nomination au cardinalat du comte de Hrzan. Paroles de désolation sur la situation................................................................................ 247

LIX. — MARIE-ANTOINETTE A MARIE-THÉRÈSE, 3 *septembre*. — Tout espoir de paix est perdu. Elle est plus contente des ministres. Arrangements pour le baptême de son enfant. Ses inquiétudes...................................................... 248

LX. — MERCY A MARIE-THÉRÈSE, 5 *septembre*. — Bons sentiments du roi pour l'alliance; conduite que doit tenir la reine pour en tirer parti. Nécessité de répondre promptement aux écrits dont le roi de Prusse inonde la France. Paroles d'espérance. Avis pour le baptême........................................................ 250

LXI. — MARIE-THÉRÈSE A MARIE-ANTOINETTE, 9 *septembre*. — Nouvelles des armées. Vives instances pour obtenir une efficace intervention de la France............ 251

LXII. — MARIE-ANTOINETTE A MARIE-THÉRÈSE, 17 *septembre*. — Elle trouve meilleures les dernières nouvelles de l'armée. Nouvelles de famille et de santé. 253

LXIII. — MERCY A MARIE-THÉRÈSE, 17 *septembre*. — Elle croit que sa fille a peu d'influence. Maladie de l'archiduc Maximilien..................................... 254

LXIV. — MERCY A MARIE-THÉRÈSE, 19 *septembre*. — Nouvelles de cour; voyage de Choisy; le roi a joué au pharaon. Éloignement momentané de la société favorite de la reine. Sollicitations maladroites de la princesse de Lamballe. Heureux changement dans le caractère de la reine.............................................. 254

LXV. — MERCY A MARIE-THÉRÈSE, 19 *septembre*. — Explications au sujet du baron de Groschlag et de la nomination du comte Hrzan. Inquiétudes affectueuses de la reine pour sa mère.................................................................. 256

LXVI. — MARIE-ANTOINETTE A MARIE-THÉRÈSE, 17 *octobre*. — Sa joie de la situation meilleure des armées et de la convalescence de son frère Maximilien. Son mécontentement de la conduite de Maurepas; le roi est bien disposé. La politique qu'elle désire est pour la gloire et le bien de ses deux patries.................. 257

LXVII. — MERCY A MARIE-THÉRÈSE, 19 *octobre*. — Nouvelles de santé et de cour. Conduite de la reine dans les affaires politiques. Faveur de la comtesse de Polignac. 258

LXVIII. — MERCY A MARIE-THÉRÈSE, 19 *octobre*. — Nonchalance de la reine à s'occuper d'affaires politiques; il demande à l'impératrice de faire à sa fille quelques représentations sur ce sujet.................................................. 260

LXIX. — MARIE-THÉRÈSE A MARIE-ANTOINETTE, 2 *novembre*. — Souvenir affectueux du jour de naissance de sa fille. Son mécontentement de la France. Nouvelles fâcheuses de la guerre. Conseils de santé.................................. 261

LXX. — MARIE-THÉRÈSE A MERCY, 2 *novembre*. — Elle craint que sa fille ne se compromette en se mêlant trop vivement des affaires...................... 263

LXXI. — MERCY A MARIE-THÉRÈSE, 17 *novembre*. — Séjour à Marly : mauvaise tenue de la cour. Sollicitations de la reine en faveur du duc de Chartres. Jeu effréné. La reine blâmée par Mesdames de France. Intervention de la reine dans les affaires qui concernent l'Autriche. Bon régime de santé de la reine............ 263

LXXII. — MERCY A MARIE-THÉRÈSE, 17 *novembre*. — Réflexions de la reine au sujet des circonstances communes à la France et à l'Autriche. Détails sur les préparatifs pour le moment des couches de la reine............................ 267

LXXIII. — MARIE-THÉRÈSE A MERCY, 25 *novembre*. — Situation de l'Autriche envers la Prusse ; nécessité de faire la paix. Quelle pourrait être la marche des négociations. Avis au sujet des arrangements pour le baptême et sur la manière dont on doit lui envoyer la nouvelle de l'accouchement de la reine................ 268

LXXIV. — MARIE-THÉRÈSE A MARIE-ANTOINETTE, 25 *novembre*. — Espérance de l'heureuse délivrance de la reine ; prières qui se font à Vienne à ce sujet. Médiation demandée à la France pour l'affaire de Bavière............................ 270

LXXV. — MARIE-THÉRÈSE A MERCY, 30 *novembre*. — Regrets sur la dissipation de la reine. Vœux d'une prompte paix......................................... 271

LXXVI. — MERCY A MARIE-THÉRÈSE, 5 *décembre*. — Nouvelles de santé. Étiquette pour l'envoi du courrier annonçant les couches de la reine................. 272

LXXVII. — MERCY A MARIE-THÉRÈSE, 5 *décembre*. — Négociations pour la paix. La reine ne doit pas nourrir son enfant..................................... 273

LXXVIII. — MARIE-THÉRÈSE A MERCY, 9 *décembre*. — Son impatience de recevoir la nouvelle de la délivrance de sa fille. Mariage d'un parent du comte de Mercy. Détails sur les munificences et présents à faire pour le baptême............... 274

LXXIX. — MERCY A MARIE-THÉRÈSE, 18 *décembre*. — Préparatifs pour les couches de la reine. Elle continue à s'occuper des négociations pour la paix......... 275

LXXX. — MERCY A MARIE-THÉRÈSE, 20 *décembre*. — Annonce la naissance d'une princesse ; accident arrivé à la reine au moment de l'accouchement............ 277

LXXXI. — MERCY A MARIE-THÉRÈSE, 24 *décembre*. — Détails sur la santé de la reine, sur l'enfant, sur le baptême........................................ 277

LXXXII. — MERCY A MARIE-THÉRÈSE, 24 *décembre*. — Nouveaux détails sur l'accouchement de la reine, et les jours qui ont suivi. Zèle de l'abbé de Vermond ; le roi lui a parlé. Marques d'attachement pour la reine données par le peuple....... 279

LXXXIII. — MERCY A MARIE-THÉRÈSE, 29 *décembre*. — Bon rétablissement de la reine ; détails de service................................................. 281

LXXXIV. — MERCY A MARIE-THÉRÈSE, 29 *décembre*. — Projets que fait la reine pour l'éducation de son enfant. Témoignages d'affection du roi. Nouvelles envoyées à la reine de Naples..................................................... 282

## ANNÉE 1779.

Pages.

I. — MARIE-THÉRÈSE A MERCY, 13 *janvier*. — Accident arrivé à la reine pendant ses couches; habileté de l'accoucheur Vermond. Désapprobation de l'éducation selon Rousseau pour les enfants des princes. Envoi de cadeaux pour diverses personnes et détails à ce sujet......................................................... 283

II. — MERCY A MARIE-THÉRÈSE, 25 *janvier*. — Nouveaux détails : sur le service de la reine, sur les preuves d'affection que lui a données le roi pendant ses couches, sur les soins dont se voit entourée la jeune princesse, sur le retranchement de certaines étiquettes, et sur les œuvres de charité faites par la reine en cette occasion. Visite solennelle que le roi et la reine feront à Paris. Présents du roi d'Espagne, parrain de la jeune princesse......................................................... 285

III. — MERCY A MARIE-THÉRÈSE, 25 *janvier*. — Cadeau de 102,000 livres du roi à la reine. Dettes de la reine; dépenses du jeu. Bonnes résolutions de la reine. Retraite partielle de l'abbé Vermond. Bonnes dispositions du public pour la reine, moyen de les mettre à profit. Désir de la reine d'une nouvelle grossesse. Remise des cadeaux envoyés par l'impératrice. Plan de la reine pour l'éducation de son enfant. Réflexions politiques......................................................... 289

IV. — MERCY A MARIE-THÉRÈSE, 16 *février*. — Occupations et plaisirs de la reine. Visite du roi et de la reine à Paris; les cent mariages à Notre-Dame, médaille à cette occasion; aumônes diverses. Plaisirs modérés pour le carnaval................. 293

V. — MERCY A MARIE-THÉRÈSE, 16 *février*. — Anecdotes fausses et absurdes répandues par les gazetiers. Froideur des démonstrations publiques lors de la visite solennelle à Paris. Confiance de la reine en Mercy et en l'abbé de Vermond..... 295

VI. — MARIE-THÉRÈSE A MERCY, 28 *février*. — Ses craintes sur le délai d'une nouvelle grossesse. Remerciment sur les portraits de sa fille et de sa petite-fille. Engager la France à pourvoir en cas de continuation de la guerre à la sûreté des Pays-Bas. 297

VII. — MERCY A MARIE-THÉRÈSE, 17 *mars*. — Bal de l'Opéra; comment la reine y arrive en fiacre. Tendresse du roi et de la reine pour leur fille. La reine reprend le goût de monter à cheval......................................................... 298

VIII. — MERCY A MARIE-THÉRÈSE, 17 *mars*. — Espérances pour la paix. Détails intimes et de famille......................................................... 300

IX. — MARIE-THÉRÈSE A MERCY, 31 *mars*. — Nouvelles recommandations pour les Pays-Bas. Elle se défie des prétendus progrès de sa fille en raison; elle a peu d'espérance d'une nouvelle grossesse......................................................... 302

X. — MARIE-THÉRÈSE A MARIE-ANTOINETTE, 1$^{er}$ *avril*. — Nouvelles de famille, maladie de l'archiduc Maximilien. Inquiétudes sur la paix. Recommandations de santé. Joie d'avoir le portrait de la reine......................................................... 302

XI. — MERCY A MARIE-THÉRÈSE, 19 *avril*. — Détails sur la rougeole que vient d'avoir la reine. Entrevue avec le roi; quatre seigneurs admis à rester près de la reine pendant sa maladie. Médisances de cour à ce sujet......................................................... 303

XII. — MERCY A MARIE-THÉRÈSE, 19 *avril*. — Détails plus complets sur la maladie de la reine. Les quatre seigneurs admis comme gardes-malades de la reine; leur assiduité excessive; singularité de cet arrangement; propos et inconvénients qui en résultent. Tracasserie entre la reine et le roi. Imprudences du baron de Breteuil.... 305

XIII. — Marie-Antoinette a Marie-Thérèse, *avril*. — Elle a été très-souffrante de la rougeole, mais se remet bien............................................. 308

XIV. — Mercy a Marie-Thérèse, 30 *avril*. — Elle déplore l'entourage que sa fille s'est donné pendant sa maladie. Inquiétudes sur le mal dont souffre l'archiduc Maximilien; elle demande des renseignements sur les chirurgiens français qu'on pourrait appeler à Vienne. Elle défend Breteuil........................................ 309

XV. — Marie-Thérèse a Marie-Antoinette, 1$^{er}$ *mai*. — Annonce la prochaine signature de la paix. Remerciments au roi et à la reine. Utilité de l'alliance pour les deux pays. Nouvelles de Maximilien. Sa résignation dans ses souffrances. Conseils de santé; ménagements dans l'espoir d'une grossesse................. 311

XVI. — Marie-Antoinette a Marie-Thérèse, 15 *mai*. — Sa joie de la conclusion de la paix. Nouvelles de santé et de famille................................. 311

XVII. — Mercy a Marie-Thérèse, 17 *mai*. — Séjour à Trianon et à Marly. Occupations et plaisirs. Détails de santé. La reine résolue à se modérer sur l'exercice du cheval................................................................... 312

XVIII. — Mercy a Marie-Thérèse, 17 *mai*. — Tracasserie entre le roi et la reine. Maurepas cherche à diminuer la confiance du roi envers la reine; conseils de Mercy à ce sujet. La reine juge et estime peu les gens dont elle s'entoure, sauf la comtesse de Polignac. Informations sur les chirurgiens français. La reine est encore prévenue contre Breteuil....................................................... 314

XIX. — Marie-Thérèse a Mercy, 31 *mai*. — Elle approuve les conseils de Mercy à sa fille et l'en remercie. Elle croit fâcheux de faire éloigner Breteuil. Elle engage Mercy à surveiller le duc de Nivernais, partisan du roi de Prusse. Mortification qu'elle éprouve de ce que Kaunitz demande l'adjonction d'un vice-chancelier............................................................................ 318

XX. — Mercy a Marie-Thérèse, 17 *juin*. — Détails de santé; occupations régulières de la cour. Faveur croissante de la comtesse de Polignac. Charge de capitaine des gardes donnée au comte de Gramont, gendre futur de la comtesse de Polignac; mécontentement qu'excite cet arrangement....................................... 319

XXI. — Mercy a Marie-Thérèse, 17 *juin*. — Il découvre qu'on a cherché à entraîner le roi dans une intrigue de galanterie : la reine en est émue. Influence fâcheuse que prend le duc de Guines sur la reine. Nivernais sera surveillé. La reine montre meilleure volonté au baron de Breteuil; maladresse de celui-ci. Réflexions sur l'arrangement qui a été fait dans le cabinet autrichien................... 322

XXII. — Marie-Thérèse a Mercy, 30 *juin*. — De la conduite à tenir au cas que le roi soit entraîné à quelque galanterie. Elle regrette la grâce accordée au duc de Gramont aux dépens du duc de Lorges. Paroles favorables à Breteuil. Considérations politiques sur les changements dans les alliances. Espérance d'une grossesse. Explosion d'une poudrière à Vienne............................................... 325

XXIII. — Marie-Thérèse a Marie-Antoinette, 1$^{er}$ *juillet*. — Nouvelles de famille. Elle redoute la guerre où va s'engager la France. Situation politique de l'Europe. Sedéfier de la Prusse et de la Russie..................... 326

XXIV. — Mercy a Marie-Thérèse, 14 *juillet*. — Les espérances de grossesse sont déçues. Nouvelles de cour. Régime sage et modéré suivi par la reine. Préoccupations de la reine au sujet de l'éducation de sa fille. Difficulté qu'il y aura à retirer à la princesse de Guéménée la charge de gouvernante des enfants de France. Mécontentement excité par la faveur accordée au comte de Gramont............ 328

XXV. — Mercy a Marie-Thérèse, 14 *juillet*. — Manœuvres pour entraîner le roi dans une intrigue galante. Tendresse et confiance du roi envers la reine; elle ne sait pas en profiter. Influence du duc de Guines, démarches inconséquentes où il entraîne la reine. Intrigues de la Prusse, la reine y est attentive. Le public français a confiance dans l'impératrice, mais se défie de l'empereur............... 330

VI. — Marie-Thérèse a Mercy, 31 *juillet*. — Approuve les réflexions de Mercy sur la faveur accordée au duc de Gramont, la princesse de Guéménée, etc. Son opinion sur la manière dont une femme doit supporter les écarts de conduite de son mari. Elle se méfie du duc de Guines. L'empereur donne lieu de croire qu'il ne tient pas à l'alliance. Correspondance entre Joseph II et la reine. Elle craint une excursion de Rohan à Vienne. L'Angleterre accepte la médiation de l'Autriche.... 333

XXVII. — Marie-Thérèse a Mercy, 1$^{er}$ *août*. — Regrets sur la perte des espérances d'une grossesse. Elle redoute pour la France une guerre avec l'Angleterre. Offre de médiation. Recommandation pour Breteuil. Désir que Rohan ne reparaisse pas à Vienne. Demande pour la maison où M$^{me}$ de Beauvau est religieuse. Désir d'être informée directement des succès de la France........................ 336

XXVIII. — Marie-Thérèse a Mercy, 4 *août*. — Mort d'un jeune de Stein; en informer avec ménagement son père. Inquiétudes sur le mal de son fils Maximilien. Sur la médiation offerte à la France et à l'Angleterre. Le baron de Thugut souhaiterait un poste à Paris..................................... 337

XXIX. — Marie-Antoinette a Marie-Thérèse, 16 *août*. — Elle ne croit pas la paix possible; ses inquiétudes. Le roi est disposé à profiter des bontés de l'impératrice. Nouvelles de santé. Son désir d'avoir des enfants. Madame n'est pas grosse. Le baron de Breteuil. Le prince de Rohan. Elle s'occupera de M$^{me}$ de Beauvau. Paroles affectueuses pour son frère. Nouvelles de sa fille..................... 338

XXX. — Mercy a Marie-Thérèse, 18 *août*. — Détails de santé; vie régulière. La reine regrette l'absence de la comtesse de Polignac. Promenades du soir sur la terrasse de Versailles. Faveur du duc de Guines..................... 340

XXXI. — Mercy a Marie-Thérèse, 18 *août*. — Danger de la faveur du duc de Guines; moyen suggéré à l'impératrice pour en dégoûter sa fille. Manœuvres de la Prusse. Opinion sur la médiation proposée par l'Autriche. Lettres de l'empereur à sa sœur. Réponse au sujet de Rohan et du baron de Stein. Maladie de l'archiduc Maximilien. Comparaison entre les chirurgiens français et anglais. Son opinion sur le baron Thugut.................................. 342

XXXII. — Mercy a Marie-Thérèse, 18 *août*. — Envoi du portrait de la petite princesse, fille de la reine. Analyse d'une lettre de l'empereur. Réponse qu'y fera la reine............................................... 346

XXXIII. — Marie-Thérèse a Marie-Antoinette, 19 *août*. — Lettre de compliment et recommandation pour Breteuil, qui revient en France................ 346

XXXIV. — Marie-Thérèse a Mercy, 31 *août*. — Réponse au sujet de Guines. Elle sera contente d'éviter la médiation. Propos de l'empereur fâcheux pour la France. Projet de Rohan de venir à Vienne. Portrait de sa petite-fille.................. 347

XXXV. — Marie-Thérèse a Marie-Antoinette, 1er *septembre*. — Portrait de sa petite-fille. Nouvelles de famille. Éruption du Vésuve. Ses inquiétudes pour la flotte française. Pourquoi on a offert une médiation. Sur le duc de Guines............ 348

XXXVI. — Mercy a Marie-Thérèse, 15 *septembre*. — Plaisirs modérés de la reine : visite à l'exposition des tableaux ; spectacles au théâtre de Versailles ; promenades du soir ; inconvénients de cette dernière distraction. Faveur du comte de Guines ; jalousie des ministres. Retour de M<sup>me</sup> de Polignac. Leçons de musique........ 350

XXXVII. — Mercy a Marie-Thérèse, 15 *septembre*. — Effet que les paroles de l'impératrice concernant le comte de Guines ont produit sur la reine. Soupçons et colère contre le roi de Prusse. Réception gracieuse faite par la reine au baron de Breteuil. Incendie du château de Saverne, appartenant au prince de Rohan. Légère espérance de grossesse.................................................. 352

XXXVIII. — Marie-Antoinette a Marie-Thérèse, 15 *septembre*. — Nouvelles de santé et de famille. Accueil au baron de Breteuil. Succès et revers militaires. Explication sur la faveur du duc de Guines.................................. 355

XXXIX. — Marie-Thérèse a Mercy, 30 *septembre*. — Réflexions sur la faveur du duc de Guines ; sur la médiation proposée à la France. Choix à faire pour l'ambassade de Vienne. Comparaison entre la reine de France et la reine de Naples... 356

XL. — Marie-Antoinette a Marie-Thérèse, 14 *octobre*. — Mauvaises nouvelles de guerre. Inoculation de M<sup>me</sup> Élisabeth. Nouvelles de famille.................. 357

XLI. — Mercy a Marie-Thérèse, 16 *octobre*. — Voyages à Choisy et à Marly. Opéra de Gluck. Occupations de la reine ; intimité avec M<sup>me</sup> de Polignac ; ennui. Confiance de la reine en Mercy et Vermond. Intimité avec le roi. Discrédit de la princesse de Lamballe...................................................... 358

XLII. — Mercy a Marie-Thérèse, 16 *octobre*. — La reine soupçonne le duc de Guines d'ambition. Accueil au baron de Breteuil. Abus de faveur de M<sup>me</sup> de Polignac en faveur du comte de Vaudreuil. Affection de la reine pour sa mère....... 361

XLIII. — Marie-Thérèse a Mercy, 1er *novembre*. — Elle approuve les derniers rapports de Mercy, et espère que le roi de Prusse ne pourra prendre envers la France un rôle de médiateur. L'évêque de Cologne et Munster désire l'archiduc Maximilien pour son successeur ; difficultés à ce sujet............................. 363

XLIV. — Marie-Antoinette a Marie-Thérèse, 16 *novembre*. — Nouvelles de santé. Nouvelles de la guerre. Excuses sur ses négligences.................... 366

XLV. — Mercy a Marie-Thérèse, 17 *novembre*. — Séjour à Marly ; jeu extravagant. Nouvelles de cour ; disgrâce du duc de Guines............................ 368

XLVI. — Mercy a Marie-Thérèse, 17 *novembre*. — Détails sur la disgrâce du duc de Guines. La reine refuse au comte de Maurepas le retour du duc d'Aiguillon à la cour. Intimité et affectueux rapports entre le roi et la reine ; prêts d'argent pour

CONTENUES DANS LE TOME TROISIÈME. 513

Pages.

le jeu. Réflexions sur la proposition de l'électeur de Cologne en faveur de l'archiduc Maximilien............................................................................. 369

XLVII. — Marie-Thérèse a Mercy, 28 *novembre*. — Recommandation pour le comte de Saint-Ignon............................................................... 374

XLVIII. — Marie-Thérèse a Mercy, 30 *novembre*. — Elle désapprouve le gros jeu ; loue l'amabilité du roi. Approuve la disgrâce de Guines et la sévérité envers d'Aiguillon. Projet pour son fils Maximilien....................................... 375

XLIX. — Marie-Thérèse a Marie-Antoinette, 1er *décembre*. — Elle désire un dauphin. Ses sympathies pour la France dans sa lutte avec l'Angleterre. Nouvelles de la reine de Naples................................................................ 376

L. — Marie-Antoinette a Marie-Thérèse, 15 *décembre*. — Intimité avec le roi. Détails de santé. Nouvelles de la flotte. Négociateur apocryphe en Prusse. Paroles affectueuses.................................................................... 377

LI. — Mercy a Marie-Thérèse, 17 *décembre*. — La cour est déserte ; la reine en ressent de l'ennui. Bals masqués du théâtre de Versailles. Maladie de M$^{me}$ de Polignac ; société intime de la reine. La comtesse de Brionne et sa fille la princesse Charlotte. Bons rapports entre les membres de la famille royale.......... 378

LII. — Mercy a Marie-Thérèse, 17 *décembre*. — Intrigues qui suivent la disgrâce du duc de Guines. Projet de donner le comté de Bitche à M$^{me}$ de Polignac ; avantages d'argent déjà reçus par elle ou les siens........................... 380

ANNÉE 1780.

I. — Marie-Thérèse a Mercy, 1er *janvier*. — Solitude de Versailles, résultat de l'abolition des étiquettes. Sur les favoris et favorites. Demande l'ouvrage intitulé : *Semaines évangéliques*. Confusion dans l'envoi de présents.................... 384

II. — Marie-Thérèse a Marie-Antoinette, 1er *janvier*. — Souhaits de bonne année. Explication sur un M. Zoteux. Elle veut des rapports sincères avec la cour de France en face des intrigues du roi de Prusse. Craintes au sujet de la guerre d'Amérique. Sur le voyage de l'archiduc Ferdinand en Italie....................... 385

III. — Marie-Antoinette a Marie-Thérèse, 15 *janvier*. — Elle espère des rapports toujours satisfaisants entre les deux pays, et est prête à s'employer pour les maintenir. Nouvelles de la guerre. Épidémie de rhumes à Versailles. Confusion dans les cadeaux qu'elle a envoyés. Elle a reçu le prince Lobkowitz et le comte Colloredo............................................................................ 386

IV. — Mercy a Marie-Thérèse, 17 *janvier*. — D'heureux changements rendent la cour plus nombreuse à Versailles. Légères indispositions de la reine. Crédit de M$^{me}$ de Polignac. Exclusion pour les charges de cour des femmes d'extraction de finance. Nouvelles de la petite princesse............................................ 388

V. — Mercy a Marie-Thérèse, 17 *janvier*. — Discrédit complet du duc de Guines. Avidité et importunité de la comtesse de Polignac et des siens. Grâces d'argent

III. 33

considérables; l'impératrice pourrait faire certaines observations à ce sujet. Réflexions sur l'établissement de l'archiduc Maximilien. Difficulté de se procurer le livre de piété demandé par l'impératrice. Remerciments pour un envoi de vin de Tokay.................................................................... 390

VI. — Marie-Thérèse a Mercy, 31 *janvier*. — Approbation du dernier rapport.. 394

VII. — Marie-Thérèse a Mercy, 31 *janvier*. — Affaire de la coadjutorerie de Cologne et Munster. Différer d'en parler à la reine............................ 395

VIII. — Marie-Thérèse a Marie-Antoinette, 1$^{er}$ *février*. — Conseils de santé. Observations sur la faveur de M$^{me}$ de Polignac. Inquiétudes sur la continuation de la guerre entre la France et l'Angleterre. Remerciments pour des cadeaux. Nouvelles du voyage en Italie de l'archiduc Ferdinand................................ 396

IX. — Marie-Antoinette a Marie-Thérèse, 15 *février*. — Nouvelles du carnaval. Elle reçoit le prince Georges de Hesse-Darmstadt et sa famille. Explication sur les grâces accordées aux Polignac; ils ont la faveur du roi. Édit de réforme dans la maison du roi et dans celle de la reine............................ 397

X. — Mercy a Marie-Thérèse, 18 *février*. — Plaisirs du carnaval. Faveur de la comtesse de Dillon. Intimité du roi et de la reine. Bonne tenue de la cour........ 399

XI. — Mercy a Marie-Thérèse, 18 *février*. — Faveur de la comtesse de Dillon; combien inférieure à celle de M$^{me}$ de Polignac. Confiance continuée par la reine à l'abbé de Vermond. Réflexions sur la coadjutorerie de Cologne............. 401

XII. — Marie-Thérèse a Mercy, 3 *mars*. — Elle est satisfaite des nouvelles. Elle croit très-solide la faveur de M$^{me}$ de Polignac. Elle désire que l'abbé de Vermond reste dans la confiance de sa fille........................................ 403

XIII. — Marie-Thérèse a Mercy, 3 *mars*. — Projet de voyage en Russie de l'empereur; inquiétudes et regrets à ce sujet................................... 404

XIV. — Marie-Thérèse a Mercy, 3 *mars*. — Compliments pour M. de Necker. Anecdote flatteuse pour M$^{me}$ de Necker.................................... 405

XV. — Marie-Antoinette a Marie-Thérèse, 16 *mars*. — Inquiétudes pour la reine de Naples. Détails sur sa fille; son affection pour cette enfant. Mauvaises nouvelles de la guerre. Détails sur les princes de Hesse-Darmstadt qui sont encore en France. Grâce et souvenir pour M$^{me}$ de Brandis. Post-scriptum annonçant l'heureuse arrivée d'un convoi à Rochefort................................ 406

XVI. — Mercy a Marie-Thérèse, 18 *mars*. — Détails intimes. Plaisirs continués pendant le carême; bal durant jusqu'à onze heures du matin. Promotion militaire: faveurs accordées aux favoris de la reine. Arrangements de cour. Le roi ne va que chez la comtesse de Polignac.............................................. 408

XVII. — Mercy a Marie-Thérèse, 18 *mars*. — Petits jeux peu convenables à la cour. Le roi néglige les affaires. Nouveaux détails sur les grâces pécuniaires accordées aux Polignac. Réflexions sur l'affaire de Cologne, sur le voyage de l'empereur en Russie. Le ministère français se montre attaché à l'alliance................. 411

XVIII. — Marie-Thérèse a Marie-Antoinette, 1$^{er}$ *avril*. — Inquiétudes sur la guerre avec l'Angleterre. Remerciments pour M$^{mes}$ de Brandis et Starhemberg. Tristes nouvelles de la reine de Naples. Avis sévère sur les Polignac............ 415

XIX. — Marie-Thérèse a Mercy, 2 avril. — Elle blâme les divertissements de la reine. La négociation de Cologne. Le voyage de l'empereur en Russie............ 416

XX. — Marie-Antoinette a Marie-Thérèse, 13 avril. — Nouvelles de guerre. Conversation avec le comte Joseph de Kaunitz; compliments pour le prince de Kaunitz (Lettre de remercîment de ce dernier, en note). Réponse au sujet des Polignac. La charge de colonel-général de l'infanterie donnée au prince de Condé. Lettre à la reine de Naples................................................................. 417

XXI. — Mercy a Marie-Thérèse, 17 avril. — Plaintes contre une grâce accordée aux princes de Lorraine. Ambition de la comtesse de Brionne. Amitié du roi pour M$^{me}$ de Polignac. Le comte de Kaunitz très-bien accueilli par la reine. Réformes dans le département des finances. Le directeur Necker est en bonne situation près de la reine................................................................. 419

XXII. — Mercy a Marie-Thérèse, 17 avril. — L'avis donné par l'impératrice au sujet des Polignac a produit une vive impression : les prétentions du comte d'Adhémar à une grande ambassade sont écartées. Retour de Breteuil à Vienne. L'affaire de Cologne ne transpire pas en France. Les insinuations de la Prusse sur l'entrevue de Joseph II et Catherine ne sont point accueillies par le cabinet de Versailles. Embarras de la reine à répondre sur M. de Vaudreuil......................... 423

XXIII. — Marie-Thérèse a Mercy, 30 avril. — Approuve sa fille d'avoir résisté à diverses sollicitations d'après les conseils de Mercy. Elle renonce à lui parler des Polignac. Entrevue de Mohilew. Elle s'affecte du retard d'une grossesse. Elle fera bon accueil à Breteuil............................................... 426

XXIV. — Marie-Antoinette a Marie-Thérèse, 14 mai. — Meilleures nouvelles de la reine de Naples. Réponse au prince de Kaunitz. Départ de Breteuil. Inquiétude pour sa sœur Marie-Anne. Envoi d'eau divine....................... 427

XXV. — Mercy a Marie-Thérèse, 17 mai. — Conversation avec le médecin Lassone sur la santé et le tempérament de la reine. La cour viendra à la Muette, à cause des couches de la comtesse de Polignac. Bontés de la reine pour les princes de Darmstadt. Revue des régiments de gardes-françaises et suisses; cortège de la reine. Conversation avec la reine. Plaisirs à Trianon..................... 428

XXVI. — Mercy a Marie-Thérèse, 17 mai. — Maladie de Vermond, bontés de la reine. Prestige inconcevable et faveur de la comtesse de Polignac. Le baron de Breteuil la ménage. Affaire de la coadjutorerie de Cologne. Les insinuations de la Prusse sur l'entrevue de Mohilew restent sans effet. Reconnaissance de M. et M$^{me}$ Necker pour les témoignages de faveur de l'impératrice. La reine envoie à sa mère un exemplaire des œuvres de Métastase et joint un autre exemplaire pour l'auteur............................................................... 431

XXVII. — Marie-Thérèse a Mercy, 31 mai. — Détails de santé. Le baron de Breteuil défend la comtesse de Polignac. Courrier pour informer la France des vues sur l'évêché de Cologne. Encore M. et M$^{me}$ Necker. Remercîment pour l'exemplaire de Métastase. Métastase aussitôt informé de la bonté de la reine. Paroles affectueuses pour Mercy.............................................. 434

XXVIII. — Marie-Antoinette a Marie-Thérèse, 16 juin. — Son chagrin de savoir le prince Charles de Lorraine gravement malade. Ce qu'elle a fait pour l'élection à Cologne de son frère Maximilien. Remerciment pour les observations envoyées à Lassone.................................................................. 436

XXIX. — Mercy a Marie-Thérèse, 18 *juin*. — Séjour à la Muette; le roi va voir M^me de Polignac; combien particulière est cette distinction. Amabilité de la reine pour le roi; petites fêtes à Trianon. Bons rapports entre les membres de la famille royale. Intérêt que marque la reine pour l'affaire de Cologne. Excursion à Ermenonville................................................................................ 437

XXX. — Mercy a Marie-Thérèse, 18 *juin*. — Nouvelles grâces demandées par les Polignac. Détails de santé. Opinion intéressée de Breteuil sur la comtesse de Polignac. Zèle de la reine pour les intérêts de son frère Maximilien. Son désir de connaître les résultats de l'entrevue de Mohilew. Envoi des exemplaires de Métastase. Inquiétudes de la reine pour le prince Charles.................................... 440

XXXI. — Marie-Thérèse a Mercy, 30 *juin*. — Elle redoute l'abus que les Polignac font de leur faveur. Elle soupçonne une cause criminelle à l'accident arrivé à la reine au moment de ses dernières couches. Bonnes espérances pour l'affaire de Cologne. Nouvelles de l'entrevue de Mohilew........................................... 442

XXXII. — Marie-Thérèse a Marie-Antoinette, 30 *juin*. — Satisfaction et remerciments pour la manière dont la reine et aussi le roi ont traité l'affaire de Cologne. Regrets de voir s'éteindre avec son beau-frère la maison de Lorraine. Nouvelles du voyage de l'empereur. Elle n'aime pas ce voyage, encore moins celui qu'il projette en Angleterre. Réflexions sur ce pays. Son désir de voir naître un dauphin. Remerciment pour l'eau divine................................................ 443

XXXIII. — Marie-Antoinette a Marie-Thérèse, 13 *juillet*. — Compliments sur la mort du prince Charles. Ses démarches pour l'affaire de Cologne. Son opinion sur le voyage de son frère en Russie et sur celui qu'il projette en Angleterre...... 445

XXXIV. — Mercy a Marie-Thérèse, 15 *juillet*. — Soirées chez la princesse de Guéménée; jeu. Goût de la reine pour Trianon. Elle se remet à la musique. La comtesse de Provence prend la comtesse de Balbi comme dame d'atours; intrigues à ce sujet; mécontentement du roi. Deuil du prince Charles de Lorraine......... 446

XXXV. — Mercy a Marie-Thérèse, 15 *juillet*. — Intrigues pour porter le comte de Ségur au ministère de la guerre en remplacement du prince de Montbarey. Importance de préparer la nomination d'un successeur de Maurepas. Il dissipe les soupçons de l'impératrice sur l'accident arrivé à la reine lors de son accouchement. Succès assuré de l'affaire de Cologne. Nouvelles du voyage de l'empereur en Russie.... 448

XXXVI. — Marie-Thérèse a Mercy, 31 *juillet*. — Combien il est important que la reine donne un dauphin à la France. Elle justifie ses soupçons par le mauvais entourage de la reine. Elle préfère M^me de Polignac à M^me de Guéménée. Elle approuve que l'on prépare le choix d'un successeur à Maurepas, mais elle craint le duc de Nivernais............................................................... 451

XXXVII. — Marie-Thérèse a Marie-Antoinette, 2 *août*. — Remerciments pour la part prise par la reine et le roi dans l'affaire de Cologne. Fureur du roi de Prusse; il intrigue pour faire manquer l'élection à Munster. Importance pour la France et l'Autriche de demeurer unies. Mécontentement contre la Saxe. Nouvelles de l'empereur. Elle remarque la vivacité de l'aversion de la reine pour l'Angleterre, mais l'approuve. Désir d'un dauphin............................................. 452

XXXVIII. — Marie-Antoinette a Marie-Thérèse, 15 *août*. — Sa joie de recevoir la nouvelle officielle de l'élection de Maximilien à Cologne. Sa satisfaction de la bonne conduite de M. de Châlons, ministre à Cologne, parce qu'il est de la famille de Polignac. Ce qui nuit dans les rapports avec l'Autriche. Elle a causé avec Mercy ; M. de Nivernais n'est point à craindre comme successeur de Maurepas.................................................................................... 454

XXXIX. — Mercy a Marie-Thérèse, 16 *août*. — Fête pour le mariage de la fille de la princesse de Guéménée, différée à cause du deuil du prince Charles. Spectacles à Trianon dont la reine et sa société sont les acteurs. Goût du roi pour le jeu de loto ; complaisance de la reine, que ce jeu ennuie. Mécontentement du roi contre Madame. La reine maintient la bonne harmonie dans la famille royale. Accueil au prince de Kaunitz-Guestenberg................................................. 455

XL. — Mercy a Marie-Thérèse, 16 *août*. — La reine inquiète des gazetins sur la cour de Versailles qui se répandent en Europe ; elle croit que son frère Joseph II et sa sœur Marie s'amusent des sarcasmes qui s'y trouvent contre elle. Comment cet avis est arrivé à la reine. Première représentation de la troupe de la reine à Trianon. Lettre de la reine à l'électeur de Cologne. Encore sur le choix d'un successeur à Maurepas. Réflexions sur l'entrevue de l'empereur et de Catherine II...... 458

XLI. — Mercy a Marie-Thérèse, 16 *août*. — Il est chargé par la reine d'assurer l'impératrice qu'elle s'occupera de récompenser M. de Châlons et qu'elle comprend l'importance du choix d'un successeur à Maurepas............................. 460

XLII. — Marie-Thérèse a Mercy, 31 *août*. — Elle approuve la conduite de sa fille dans les dernières affaires. Peut-être pourrait-on faire entrer M^me de Polignac dans des vues utiles pour le choix d'un successeur de Maurepas. Inconvénients probables des spectacles de Trianon. Réponse sur les gazetins........... 463

XLIII. — Marie-Thérèse a Marie-Antoinette, 31 *août*. — Satisfaction complète sur l'affaire de Cologne. Humeur et calomnies du roi de Prusse. Nouvelles de famille. Ses regrets au sujet de l'arrangement pris pour le régiment du prince Charles de Lorraine. Projets de voyages de l'empereur et de l'archiduchesse Marie-Christine.................................................................................. 463

XLIV. — Mercy a Marie-Thérèse, 16 *septembre*. — Spectacles à Trianon. Petit nombre des personnes admises. Mécontentement des exclus. La reine se prête à recevoir la cour pendant une semaine. Nouveau mécontentement entre le roi et Madame. Nouvelles de l'élection de Munster....................................... 464

XLV. — Mercy a Marie-Thérèse, 16 *septembre*. — Conseils sur la manière dont la reine peut diriger le choix du roi pour un successeur à Maurepas. Il se sert de la correspondance interceptée du roi de Prusse pour animer la reine. Insistance pour que la reine ne s'enferme pas avec sa société particulière à Trianon, selon le désir de la comtesse de Polignac. Lettre de la reine à l'électeur de Cologne...... 467

XLVI. — Mercy a Mercy-Thérèse, 16 *septembre*. — Il a décidé la reine à deux voyages à Choisy et à Marly............................................................. 470

XLVII. — Marie-Antoinette a Marie-Thérèse, 19 *septembre*. — Sa conduite envers son frère ne mérite pas de remerciement. Mauvaise humeur du roi de Prusse.

Elle est heureuse du bon succès du voyage de l'empereur en Russie. Sur l'espoir d'un voyage en France de sa sœur Marie. Son séjour à Trianon.............. 471

XLVIII. — MARIE-THÉRÈSE A MERCY, 30 *septembre*. — Elle souhaiterait que le roi pût gouverner par lui-même, la reine conservant son crédit. Elle désapprouve que la reine soit à Trianon sans le roi et demande la liste des pièces représentées. Du reste elle est satisfaite des conseils que Mercy a donnés à la reine.............. 472

XLIX. — MARIE-ANTOINETTE A MARIE-THÉRÈSE, 11 *octobre*. — Inquiétudes sur la santé de sa fille. Projets de voyages. Elle ne désire la paix que si elle n'est point humiliante. Amitiés et vœux pour sa famille.................................. 473

L. — MERCY A MARIE-THÉRÈSE, 14 *octobre*. — Maladie de Madame, fille du roi. Agréments du séjour à Trianon. Le titre de duc donné au comte de Polignac; de nouvelles faveurs sont à prévoir. Visite à la princesse de Lamballe. Voyage à Choisy. Nouvelles de famille et de cour : le duc d'Angoulême passe entre les mains des hommes. La reine obtient le cordon bleu pour l'archevêque de Toulouse, Loménie de Brienne................................................. 474

LI. — MERCY A MARIE-THÉRÈSE, 14 *octobre*. — Il a assisté à un des spectacles de Trianon. Inconvénients d'une société si restreinte. Difficultés que prévoit la reine au voyage de sa sœur Marie. Vues sur l'archevêque de Toulouse comme successeur de Maurepas. Lettre de compliment de l'empereur sur un succès de la flotte française. La reine témoigne sa satisfaction de l'élection de son frère Maximilien. Mercy croit difficile que le roi gouverne par lui-même. Détails sur les spectacles de Trianon................................................................... 477

LII. — MARIE-THÉRÈSE A MARIE-ANTOINETTE, 3 *novembre*. — Souvenir affectueux du jour de naissance de sa fille. Elle lui conseille de reprendre la représentation de cour. Nombreux projets de voyages de l'empereur. Inquiétudes pour la santé de l'archiduchesse Marie-Anne....................................... 482

LIII. — MARIE-THÉRÈSE A MERCY, 3 *novembre*. — Quelle que soit l'avidité de la duchesse de Polignac, une autre favorite serait peut-être plus à redouter. L'impératrice craint qu'on destine Sartines pour la place de premier ministre. Elle désire la fin des spectacles de Trianon, et que la cour reprenne sa forme régulière. Sur le voyage de sa fille Marie en France. Elle désire être rassurée sur sa petite-fille. Son chagrin et ses inquiétudes des continuels voyages de l'empereur; difficultés par rapport au testament du prince Charles de Lorraine. Sa santé s'épuise; pressentiment de sa fin prochaine....................................... 483

LIV. — MERCY A MARIE-THÉRÈSE, 18 *novembre*. — Bon ordre qui a régné à la cour pendant le voyage à Marly ; cependant excès du jeu. Convalescence de Madame, fille du roi. Légères indispositions de la reine. Changement dans le ministère ; instances de M<sup>me</sup> de Polignac pour y faire entrer M. d'Adhémar ; peine que ressent la reine à lui résister. Voyage de chasse à Fontainebleau ; proverbes licencieux joués devant le roi, mécontentement de la reine. Elle trouve peu de ressources dans la famille royale. Fête préparée à Brunoi chez Monsieur................ 485

LV. — MERCY A MARIE-THÉRÈSE, 18 *novembre*. — Intrigues à propos des changements ministériels. Le marquis de Castries appelé à la marine. Friponneries commises au jeu de Marly. L'archevêque de Toulouse semble un des hommes les plus

Pages.

propres au principal ministère; Sartines n'a aucune chance d'y arriver. Arrangements pour le voyage projeté de l'archiduchesse Marie; moyens d'éviter les embarras d'étiquette. Il est affligé des ennuis que lui a confiés sa souveraine et craint pour la santé de l'impératrice............................................................... 488

Relation de la dernière maladie et de la mort de Marie-Thérèse (29 novembre 1780) par sa fille Marie-Anne. Lettre de Marie-Antoinette à Joseph II sur cette mort................................................................................ 492

FIN DE LA TABLE ANALYTIQUE.

# INDEX.

## A

*Académies.* Joseph II assiste à une séance de l'Académie des sciences; mémoire lu par Lavoisier et expériences faites en présence de l'empereur, III, 64. — Séance de l'Académie des inscriptions et belles-lettres ; incidents, 67. — Récit de la Harpe sur la présence de Joseph II à une séance de l'Académie française, 68.

ACTON, ministre d'Espagne à Naples, I, 284.

ADÉLAÏDE (Madame), fille de Louis XV. Voir MESDAMES.

ADHÉMAR (comte d'), ministre de France à Bruxelles, I, LVI. — Il est question de le nommer ambassadeur à Constantinople, III, 127. — Marie-Thérèse désire qu'il ne soit pas envoyé à Vienne, 357, 364. — La reine ne lui est pas favorable pour ce poste, 362. — Recommandation de M<sup>me</sup> de Polignac en sa faveur pour l'ambassade de Vienne ou de Londres. Refus du comte de Vergennes. Proposition extravagante du comte d'Adhémar, 424, 425. — Il se met sur les rangs pour être ministre de la guerre ; appuyé par la duchesse de Polignac ; insuccès, 486.

ADRAS (évêque d'). Voir COLLET.

AGÉNOIS (duc d'), fils du duc d'Aiguillon, III, 371.

AIGUILLON (duc d'), I, XVII. — Reçoit son congé, XLIII. — Son procès, 36. — Il est question de lui donner la place de Choiseul, 47. — Sa nomination ; note biographique, 172. — Dépendance fâcheuse où est la dauphine à l'égard du duc d'Aiguillon, 257. — Jugement porté sur lui, 258. — Son projet de réconcilier les princes du sang avec la cour, 295. — Sa cabale opposée à celle de Maupeou, 298. — Il devient plus traitable, 331. — Ses sentiments concernant les arrangements relatifs à la Pologne, 353, 360. — Aversion de la dauphine à son égard, 375. — Comment ses représentations sont reçues par Mercy, 402. — Vers contre d'Aiguillon, 419. — Sa conduite dans le démêlé entre la Russie et la Porte, 421. — Horreur qu'il inspire à la dauphine, 445. — Ses brouilleries avec les parents de la favorite, 456, 465. — Il cherche l'appui de M<sup>me</sup> Adélaïde, 465. — Ses intrigues avec M<sup>me</sup> de Narbonne en faveur de M<sup>me</sup> du Barry ; comment il est qualifié par le dauphin, II, 5. — Pourquoi Marie-Thérèse préfère d'Aiguillon à Choiseul, 15. — Ses intrigues avec M<sup>me</sup> de Narbonne échouent, 21. — Son crédit baisse auprès de M<sup>me</sup> du Barry, 32. — Sa conversation avec Mercy, 68. — Son empressement à accorder les grâces demandées par la dauphine, 117. — Le duc et la duchesse d'Aiguillon sont reçus froidement par la reine Marie-Antoinette, 162. — Disgrâce de d'Aiguillon, 197. — Pension de 500,000 livres accordée à d'Aiguillon, 205. — Ce qu'en pense la reine, 207. — On lui attribue les écrits anonymes contre le gouvernement et la reine, 239. — D'Aiguillon principal acteur des intrigues contre la

reine, avec sa tante M$^{me}$ de Maurepas, 231.
— Son rôle dans le procès de Guines, 322.
— Renvoi du duc d'Aiguillon dans ses terres, 344. — C'est la reine qui a demandé son éloignement, 362. — Grâce faite au duc d'Aiguillon sur la demande de la reine, 462. — Influence, en cette occasion, de M$^{me}$ de Polignac et du duc de Guines, 465.
— Tentative de M$^{me}$ de Maurepas en faveur de d'Aiguillon; réponse de la reine, III, 371.

AILESBURY (mylady), parente d'Horace Walpole, II, 280.

ALBANY (comte et comtesse d'). Le prétendant Charles-Édouard et sa femme habitent, sous le nom d'Albany, la ville de Florence; plaintes du grand-duc contre eux, II, 514.

ALBERT, duc de Saxe-Teschen, beau-frère de Marie-Antoinette, I, 4. Voir à SAXE-TESCHEN.

ALFORT, école vétérinaire, visitée par Joseph II, III, 65.

ALIGRE (Étienne-François d'), II, 266.

*Alliance austro-française.* Conclue en 1756, I, XXIV. — Menacée par les affaires de Pologne, par les manœuvres de l'Angleterre et de la Prusse, 321. — La dauphine employée pour conserver l'alliance, 321 et 322. — L'alliance recommandée par Marie-Thérèse au moment de l'avénement au trône de Louis XVI, II, 150, 156 et 158. — Tentatives du roi de Prusse contre cette alliance, III, 162. — La succession de Bavière met l'alliance en péril, 168 et suiv. — Instances de Marie-Thérèse auprès de sa fille pour que celle-ci prévienne les tentatives de la Prusse, 170. — Sentiments de l'impératrice sur les suites probables d'un renversement de cette alliance, 171.
— Le danger qui menaçait l'alliance s'éloigne; le roi de Prusse est démasqué, 181. — Conversation de la reine avec Maurepas et Vergennes sur l'alliance, 183.
— Détails sur cette conversation et sur celle de la reine avec le roi, 188, 189. — Réflexions de Mercy sur le ministère français, 191.

AMELOT remplace Malesherbes au ministère, II, 441 et 442.

AMÉRIQUE. Proclamation par les États-Unis de leur indépendance, envoi d'ambassadeurs à la France et à l'Espagne, III, 17. — Traité de la France avec les Américains, 174. — Arthur Lee, Franklin et Sileas Dean envoyés en France par les États-Unis, 209. — Envoi par la France de huit à dix mille hommes en Amérique, 407. — Embarquement; pas assez de vaisseaux de transport; on laisse deux régiments, 417. — Prise de Charlestown par les Anglais, 445.

ANDLAU (comtesse d'), tante de M$^{me}$ de Polignac; son renvoi de la cour, II, 391. — Perdue de réputation, elle dirige sa nièce toute-puissante auprès de la reine, 490. — Pension qui lui est accordée; scandale qui en résulte, 496.

ANGIVILLIERS (La Billarderie, comte d'). Directeur-général des bâtiments du roi. La dauphine demande pour lui des minéraux de Hongrie et d'Autriche, I, 309. — Envoi de ces minéraux, 344. — Portrait du roi fait sous la surveillance du comte d'Angivilliers, présent de l'impératrice, II, 487. — Présent que lui fait remettre Joseph II, III, 71.

ANGLETERRE (Guerre de la France avec l'). — Les affaires se brouillent entre l'Angleterre et la France, III, 163. — Louis XVI annonce au roi d'Angleterre son traité avec les Américains; lord Stormond a ordre de quitter la France, 174. — Guerre déclarée à l'Angleterre; armée française réunie en Normandie sous le commandement du maréchal de Broglie, 255. — Joseph II favorable à l'Angleterre, 335. — L'Angleterre accepte la médiation de l'Autriche pour mettre fin à la guerre, 336. — Prédilection que l'on a à Vienne pour l'Angleterre, 338. — Flotte espagnole réunie à la flotte française; alliance de la France et de l'Espagne contre l'Angleterre, *ibid.* et 347. — Prise de l'île de Grenade et victoire sur l'escadre anglaise par d'Estaing, 355. — Combat d'Ouessant, 23 juillet 1778; causes qui rendirent cette campagne infructueuse, 355, 357. — Désarmement de la flotte française; les troupes en quartiers d'hiver, 366. — Préparatifs énormes de l'Angleterre, 396. — Perte d'un convoi envoyé à l'Ile de France, 407. — Arrivée heureuse d'un convoi à Rochefort, 408. — Projet de voyage de Joseph II en Angleterre, 444, 445. — Opinion de Marie-Antoinette sur l'Angleterre, 445. — Réflexion de Marie-Thérèse à ce sujet, 453. — Avantages remportés par le comte de Guichen contre l'escadre anglaise, 480.

ANGOULÊME (duc d'), fils du comte d'Artois, II, 397. — Sollicitude de la reine pour ce jeune prince, 452, 457. — Il est retiré des mains des femmes et remis aux hommes destinés à l'élever; le marquis de Seran sous-gouverneur; ostentation dans la manière d'élever ce prince, III, 476.

*Antal* ou *Andal*, mesure de vin en Hongrie, II, 543.

*Apocryphes*. Lettres de Louis XVI et de Marie-Antoinette apocryphes, I, II, et note; VIII. II, 264, 284. — Lettres de Marie-Thérèse apocryphes, III, 24.

APPONYI (comte d'). Ses engagements envers Mercy au sujet des biens de ce dernier en Hongrie, I, 423.

ARANDA (comte d'), ambassadeur d'Espagne à Paris, II, 159. — Son caractère, 174. — Nécessité qu'il y ait bonne intelligence apparente entre cet ambassadeur et celui d'Autriche, 189. — Conduite de Mercy à l'égard du comte d'Aranda, 201.

*Archives* diverses mises à contribution pour cet ouvrage, I, II, III, IX.

ARENBERG (duc d'), père du comte de la Marck, I, 45. — Recommandation en sa faveur par Marie-Thérèse, 82. — Son arrivée à Paris, 97.

ARENBERG (duchesse d'), I, 72.

ARGENTAL (comte d'), ministre de Parme à la cour de France, I, 390.

ARGENTEAU (M. d'), parent du comte de Mercy; projet de mariage, III, 274.

ARGICOURT (comte d'). Voir BARRY (marquis du).

ARMENTIÈRES (maréchal d'), I, 64. — Sa mort, II, 110.

ARPAJON (chevalier d'), fils de la comtesse de Noailles, I, 322.

ARTOIS (comte d'). Les légèretés du comte d'Artois compromettent Marie-Antoinette, I, XIII. — Confidence du comte d'Artois à la dauphine, 252. — Opinion de la dauphine à son sujet, 261. — Il est question de son mariage avec la sœur de la comtesse de Provence, 353. — Ce mariage paraît décidé, 412. — Intrigues à cette occasion, 418. — Opinion de Marie-Thérèse sur ce mariage, 424 et 427. — Le jour du mariage est fixé; la maison du comte d'Artois est nommée. Opinion de la dauphine sur son beau-frère, 438. — Intrigues pour la nomination de sa maison, 440. — Mariage du comte d'Artois, II, 81. — Son caractère, 94. — Sa conduite à l'égard de tout le monde, 127. — Mécontentement du roi à son égard, 209. — Soin qu'il prend de ses intérêts, 210. — Refus de se soumettre à l'étiquette à l'égard du roi, 216. — Conduite inconvenante du comte d'Artois, 217. — Son insolence envers le roi, 246. — Sa turbulence réprimée par la reine, 254. — La tenue du comte d'Artois devient meilleure chez le roi et la reine, 281. — Mœurs de ce prince; courses qu'il établit au bois de Boulogne, 312. — Ses confidences à la reine, 323. — Ses chasses au bois de Boulogne, 332. — Mauvaise tenue du comte d'Artois au sacre du roi, 347. — Sa démarche en faveur de Choiseul; ses liaisons trop familières avec la reine, 350. — Ses légèretés continuent et s'aggravent; mécontentement du roi à son égard, 355. — Changement de la reine à l'égard du comte d'Artois; promenades nocturnes de ce prince au Palais-Royal, 369. — Le comte d'Artois soutient la princesse de Lamballe, 397. — Nul, ainsi que sa femme, du côté de l'influence et de la considération, 400. — Dispositions du public à l'égard du comte d'Artois, 421. — Courses de chevaux près du bois de Boulogne, 426. — Son attitude scandaleuse dans l'affaire de ses pâques, 439. — Rougeole du comte d'Artois, 452. — Le comte d'Artois rentre en faveur auprès de la reine, 489. — Son caractère emporté; ses dépenses en paris et au jeu; son anglomanie, 519. — Jeux de paume et de billard, *ibid*. — Portrait du comte et de la comtesse d'Artois : désordre d'une part, ineptie de l'autre, III, 33. — Opinion de Joseph II sur le comte d'Artois, 57. — Voyage du comte d'Artois dans les provinces de l'est et du sud, 91. — Lettre de Joseph II à la reine sur le déplorable effet produit par le voyage du comte d'Artois, 97. — Goût du comte d'Artois pour les courses de chevaux ; scandales et propos occasionnés par son mécontentement de perdre tous ses paris, 133. — Prodigalités pour ses châteaux de Saint-Germain, de Maisons et de Bagatelle, 135. — Duel du comte d'Artois et du duc de Bourbon, 175, 177 et suiv. — Le comte d'Artois se mêle dans les bals aux plus mauvaises compagnies, 176. — La reine est considérablement revenue sur le chapitre de ce prince, 208. — Conduite du comte et de la comtesse d'Artois pendant la rougeole de la reine, 303. — Il donne un domaine au comte de Vaudreuil, 418. — Il a un entretien très-vif avec Necker à propos de quelques réformes, 422. — Il joue la comédie à Trianon, 478.

ARTOIS (comtesse d'). Jugement de Marie-Antoinette sur elle, I, XIV et 7. — Arrivée de la comtesse d'Artois à Fontainebleau ; son portrait, II, 78, 82. — Son caractère, 94. — Ses mauvaises dispositions à l'égard de la dauphine, 119. — Fâcheuses impressions qu'elle produit, 128. — Sa grossesse, 268, 344. — Elle accouche d'un fils, 366. — Soins de la reine, 369. — Cadeaux du roi et du comte d'Artois, 374. — Nouvelle grossesse, 409, 462. — Causes qui éloignent d'elle la sympathie, 458. — Elle accouche d'une fille, 474, 475. — Troisième grossesse, III, 85. — Parfaite nullité de la comtesse d'Artois, 447.

ASTURIES (prince et princesse des), II, 294.

AUMONT (duc d'), premier gentilhomme de la chambre, I, 95.

*Authenticité* des documents contenus dans cet ouvrage, I, III.

# B

BADEN-DURLACH (le margrave et la margrave de), I, 190.

BAGATELLE, maison appartenant au comte d'Artois, dans le bois de Boulogne, II, 426. — Le comte d'Artois fait raser Bagatelle pour le rebâtir en six ou sept semaines ; les moyens de violence qu'il y emploie révoltent le public, III, 135.

*Bagatelles morales*, par l'abbé Coyer, I, 74. Voir *Lctures*.

BALBI (comtesse de), nommée par Madame comme survivancière de M$^{me}$ de l'Esparre ; rôle équivoque de cette dame auprès de Monsieur, III, 447. — Mécontentement du roi à ce sujet, 457. — Elle prend intérêt au comte de Jaucourt, dont elle propose la sœur, M$^{me}$ du Cayla, pour dame de compagnie de Madame, 466.

*Bals.* Bals de la dauphine, à Versailles, I, 120. — Comment y paraît le dauphin, 134. — Quadrilles masqués, II, 280 et 295. — Bals de la reine à Versailles, 295 et suiv. — Bals pour le mariage de M$^{me}$ Clotilde ; avec quelle grâce y figure la reine, 369 et 375. — Changements dans l'étiquette des bals de la reine, 406. — Bals chez la princesse de Guéménée, 419. — Chez le duc de Chartres, 427 et 430. — Causes qui éloignent la plupart des dames des bals de la reine, 337. — Empressement pour se rendre de Paris aux bals de la cour, III, 164. — Bal somptueux, quadrilles et masques à Versailles, 175. — Bal chez la comtesse Diane de Polignac continué jusqu'à onze heures du matin ; on en médit., 409. Voir OPÉRA (bals de l').

*Ballets.* Voir NOVERRE, II, 459.

BANAT de Temeswar, I, 460.

BARBANTANE (marquis de), ministre de France à Florence. Marie-Thérèse, sur la prière de son fils Léopold, demande le rappel de cet ambassadeur, II, 514. — Il est protégé par le duc d'Orléans, 528.

BARBÉ-MARBOIS (comte de). Méfiance qu'il inspire à Marie-Thérèse. Note biographique, III, 184, 185. — Réflexions de Mercy à son sujet, 191.

BARRÉ (Georges de), attaché à l'ambassade d'Autriche à Paris, chargé de fournir les bulletins de nouvelles, II, 433, 439.

BARRY (comte du), I, 465.

BARRY (M$^{me}$ du), I, XVII. — Marie-Thérèse

demande que Marie-Antoinette lui témoigne quelques politesses, XXXII. — Sentiment de la dauphine à son sujet, 17 et 26.—. Sa présence au théâtre de Choisy, 29.— Les soupers au château de l'Hermitage, 37, 39. — Mépris du dauphin pour M$^{me}$ du Barry, 41. — Opposition de M$^{me}$ du Barry au retour de M$^{me}$ de Gramont, 87. — Sa cabale avec le duc de la Vauguyon, 97. — Le trône avili par elle, 159. — Sa conversation avec Mercy au sujet de la dauphine, 202. — Son esprit et son caractère jugés par Mercy, 215. — Nouvelle entrevue de M$^{me}$ du Barry avec Mercy, lettre de Louis XV, 225. — Ascendant de M$^{me}$ du Barry sur le roi, 251. — Négociations pour faire rompre son mariage et la mettre à même d'épouser le roi, 283. — La favorite et sa famille s'enrichissent le plus qu'elles peuvent, 298. — Bonne réception que la dauphine fait à M$^{me}$ du Barry, 336. — Soupers du petit château, 338 et 346. — Opinion de M$^{me}$ du Barry sur le roi de Prusse, 352. — Répulsion de la dauphine pour M$^{me}$ du Barry, 371. — Sa réception par le dauphin et par la dauphine, 401. — Conseils de Marie-Thérèse à la dauphine sur sa conduite à l'égard de M$^{me}$ du Barry, 407. — Fête donnée par d'Aiguillon à M$^{me}$ du Barry, 430. — Conversation de Mercy avec la favorite au sujet de la dauphine, *ibid.* — M$^{me}$ du Barry veut donner à ses créatures les places de la maison du comte d'Artois, 440. — Bruits sur le prochain renvoi de la favorite, 452. — Refroidissement du roi à son égard, 462. — Ses avances à la dauphine, 468. — Intrigues en sa faveur par M$^{me}$ de Narbonne et d'Aiguillon, II, 5. — Mariage de son neveu, 6. — Ses propositions à la dauphine au sujet de M$^{me}$ de Gramont, 41, 43. — Mariage d'un des beaux-frères de la favorite avec M$^{lle}$ de Fumel, 56. — M$^{me}$ du Barry cherche à se rapprocher de la dauphine, *ibid.* — Sa conversation avec Mercy, 70. — Elle offre de faire faire à la dauphine un cadeau de diamants par le roi, 95. — Manœuvres sourdes contre la favorite, 122. — Départ de M$^{me}$ du Barry pendant la maladie du roi, 136. — Son exil après la mort de Louis XV; expulsion de toute sa famille, 139. — Marie-Thérèse recommande la pitié pour la du Barry, 140, 150. — Elle reproche la rigueur dont on a usé envers l'ex-favorite, 157. — Visite de Joseph II à M$^{me}$ du Barry à Luciennes, III, 66.

BARRY (M$^{lle}$ de Tournon, vicomtesse du), son mariage, II, 6. — Sa présentation à la dauphine, 17.

BARRY (M$^{lle}$ du), belle-sœur de la favorite, I, 396. — Fête somptueuse donnée par elle. Louis XV refuse d'y paraître, 430. — Mercy apprend par elle ce qu'il veut savoir, II, 18.

BARRY (marquis du), beau-frère de la favorite, épouse M$^{lle}$ de Fumel, II, 56. — Prend le nom de comte d'Argicourt, *ibid.* — Sa femme, attachée à la comtesse d'Artois, est traitée avec rigueur à la cour, 108.

BARTHÉLEMY (abbé), I, 261.

BAVIÈRE (succession de), I, XXXVI et suiv. — Marie-Thérèse craint les manœuvres du roi de Prusse auprès de la France dans la question de la succession de Bavière, III, 88. — Mort de l'électeur de Bavière; prétentions de plusieurs princes allemands sur diverses parties de l'électorat; alliance du roi de Prusse et de l'électeur de Saxe contre l'Autriche, 150, 151. — Impression produite à Paris par la mort de l'électeur de Bavière; mot de la reine sur son frère à ce sujet, 158. — Conduite de Joseph II à la nouvelle de cet événement; sa lettre à Mercy, *ibid.* — Les mesures prises par l'Autriche en cette circonstance ne sont pas vues de bon œil en France, 160. — Plan de Marie-Thérèse; elle veut maintenir l'alliance avec la France, 161. — Conversation entre le roi et la reine sur les affaires de Bavière, 169. — Protestation et menaces de la Prusse; refus de Louis XVI de se mêler des affaires de Prusse, 174. — Le roi de Prusse commence la guerre en entrant en Bohême à la tête de ses troupes, 219, 220. — Conduite de la reine à la nouvelle du commencement des hostilités; son langage avec le roi et avec Maurepas, 227. — Tentative infructueuse de négociation de Marie-Thérèse auprès du roi de Prusse, à l'insu de Joseph II, 229, 230. — L'armée autrichienne inférieure en nombre à celle de Prusse. Réflexions et prévisions de Marie-Thérèse, 231. — Le commencement de la campagne n'est pas heureux pour l'Autriche, 234. — Proposition de Marie-Thérèse relativement aux margraviats d'Anspach et de Bayreuth; contre-proposition de Frédéric II concernant la haute et la basse Lusace, 235. — Intervention diplomatique de la France, 235. — Plan proposé à Marie-Thérèse par Mercy pour la négociation avec la Prusse, 243. — Rosenberg envoyé par l'impératrice à Joseph II; conduite de celui-ci en présence des négociations entamées avec la Prusse, 248. — Note de Pichler relative aux négociations de la France pour la paix, 254. — L'armée prussienne forcée par la mauvaise saison d'évacuer la Bohême, 257. — Conduite habile de Joseph II pendant cette campagne, 260. — Circulaire projetée mais non envoyée aux ministres de France près les cours étrangères, 261. — Intervention de la Russie en faveur de la Prusse, 262. — Le roi de Prusse dans la Silésie autrichienne, ibid. — Nouvel entretien de la reine avec le roi sur ce qu'il y aurait à faire à l'égard de la Prusse, 266. — La France et la Russie acceptées comme puissances médiatrices, 268. — Conditions de paix proposées par Marie-Thérèse, 269. — Congrès de Teschen qui met fin à la guerre, 301. — Inquiétudes de Marie-Thérèse avant la signature de la paix, 302. — La paix est arrangée et non encore signée, 310. — Paix de Teschen, signée le 13 mai 1779, 319.

BEAUMARCHAIS, I, LXXI. — Aventure scandaleuse où il joue un rôle important; libelle contre Marie-Antoinette, II, 224. — Réflexions de Mercy à ce sujet et conversation avec Sartines, 230. — Examen du pamphlet attribué à Beaumarchais, 232 et suiv. — Résolution du roi à l'égard de Beaumarchais, 234. — Il est remis en liberté; don qu'il reçoit de l'impératrice, 235 et 244. — Le roi informe la reine de l'aventure de Beaumarchais, 240. — Le roi s'en entretient avec Mercy, 241.
— La reine en parle à sa mère, 254. — Des lettres de Beaumarchais circulent à Vienne, 279. — Marie-Thérèse le croit secrétaire du prince de Conti, ibid. — Malesherbes le soupçonne de contribuer à des chansons et écrits contre la reine, 420. — C'est aussi l'opinion de Marie-Thérèse, 422.

BEAUMONT (Christophe de), archevêque de Paris, I, 397. — Ses intrigues à propos du confesseur du roi; jugement porté sur lui, II, 429.

BEAUMONT (comte de), jugement du dauphin sur son compte, I, 90.

BEAUVAIS (abbé de), évêque de Senez, prédicateur de la cour pendant le carême de 1773, I, 428. — Chargé de prononcer l'oraison funèbre de Louis XV, II, 202.

BEAUVAU ($M^{me}$ de), religieuse de la Visitation, sœur du maréchal de Beauvau, I, 49. — Reçoit de Marie-Thérèse une lettre avec une somme d'argent, 57. — Recommandation de Marie-Thérèse de donner de l'argent à $M^{me}$ de Beauvau, 381. — Visite que lui fait la dauphine, II, 83. — Nouvelles visites de la reine à $M^{me}$ de Beauvau, 223. — Générosités de la reine pour le couvent de la Visitation, 236. — Recommandation de Marie-Thérèse, III, 337; réponse de Marie-Antoinette, 339.

BEAUVAU (maréchal prince de). Sa sœur, la duchesse de Mirepoix, I, 29. — Note biographique sur le prince et la princesse de Beauvau, 127. Voir STANDISH. — Sa rentrée en grâce en même temps que celle de Choiseul; ses sollicitations, II, 193. — Succès avorté, 199.

BELDERBUSCH (baron de), ministre représentant l'électeur de Cologne auprès de la cour de Versailles, III, 403. — Commission que lui donne la reine pour son oncle, le commandeur de Belderbusch, et pour l'électeur de Cologne, 481.

BELDERBUSCH (commandeur de), ministre de l'électeur à Cologne. Remerciments que lui adresse la reine au sujet de l'élection de l'archiduc son frère à la coadjutorerie de Cologne, III, 454 et 480.

BELGIOJOSO (comte Louis-Charles de), fait partie de la suite de Joseph II à Paris. Note biographique, III, 50. — Reçu à Trianon, 65.

BELLEVUE (Château de), donné à M<sup>me</sup> de Pompadour, I, LXVII. — Détails sur ce château, 17. — Il est donné à Mesdames, II, 389. — Le roi et la reine reçus par Mesdames à Bellevue, 467. — Joseph II visite ce château, III, 65.

BÉRENGER, trésorier du duc d'Orléans, III, 41.

BERNIS (cardinal de), ambassadeur de France à Rome, I, 289. — Sa participation supposée à la promotion de l'archevêque de Rouen au cardinalat, 290. — Reçoit à Rome l'archiduc Ferdinand, III, 397.

BERTIER DE SAUVIGNY, intendant de la généralité de Paris. Il donne à Joseph II tous les détails concernant l'organisation des intendances, III, 73.

BESENVAL (baron de), lieutenant-colonel des Suisses, I, XLVIII. — Ses mémoires, 124. — Il est admis dans la société intime de Marie-Antoinette, II, 350 et 361. — Marie-Antoinette fait son éloge au comte de Rosenberg, 363. — Il intrigue en faveur du duc de Chartres, 366. — Abus qu'il fait de la confiance de la reine, 378. — Confidence que lui fait la reine sur Louis XVI, 383. — Ses importunités ; faveur dont il jouit auprès de la reine ; abus qu'il en fait, 396, 397. — Il soutient la comtesse de Polignac, *ibid.* — Ses intrigues pour les créatures de Choiseul, 398. — Déclin de la faveur de Besenval ; motif de sa disgrâce, 407. — Chanson sanglante contre lui, 420. — Diminution de son crédit auprès de la reine, 436. — Il est admis à rester près de la reine pendant sa rougeole, III, 304 et 306.

BÉTHISY (abbé de), II, 171.

BEYER (M<sup>me</sup>), née Gabrielle Bertrand, peintre, II, 265.

*Bibliothèque* de Marie-Antoinette. Voir LECTURES.

BICÊTRE, maison de force ; visite de Joseph II, III, 59.

BINDER (baron de), sous-chef de la chancellerie d'État, à Vienne, supplée Kaunitz, II, 151. — Il perd de son activité, III, 230.

BIRON (maréchal, duc de), I, 64. — Ses jardins anglais, II, 54. — Il est nommé au gouvernement de Languedoc, 366. — Joseph II visite ses jardins, III, 72.

BLOME (baron de), ministre de Danemark en France ; son témoignage sur la cour de Vienne à propos du partage de la Pologne, I, 315.

BLOT (comtesse de), dame d'honneur de la duchesse de Chartres, II, 106.

BOIS DE LA MOTTE (comtesse du), sœur du comte de Boisgelin, I, 245.

BOISGELIN, envoyé de France à Parme, I, 169. — Sa conduite imprudente, 181 et 214. — Il envoie l'apologie de sa conduite, 282. — Marie-Thérèse s'oppose à ce qu'il retourne à Parme, 233. — Obstacles à son retour à Parme, 245.

BOLTS (Guillaume de), navigateur, note biographique, III, 99.

BOMBELLES (M<sup>me</sup> de), sa correspondance avec M<sup>me</sup> Élisabeth, III, 184.

BOMBELLES (marquis de), note biographique, III, 184.

BORDEU, médecin, III, 42.

BOUFFLERS (duchesse de), dame du palais, I, 162. — Son remplacement, 222.

BOUGAINVILLE, distingué par Joseph II lors de son voyage à Brest ; note biographique, III, 104.

BOUILLON (duchesse de), pension que lui fait accorder la dauphine, II, 107.

BOUKAREST (traité de), I, 421.

*Boules* ou pilules de fer ou d'acier, III, 340, 442.

BOULOGNE (bois de). Amusements qu'y établit le comte d'Artois, II, 312. — Chasses de ce prince dans le bois de Boulogne, 332.

BOURBON-BUSSET (marquis de), ce que pense de lui le dauphin, I, 90.

BOURBON (duc et duchesse de), duel du duc de Bourbon et du comte d'Artois, III, 174, 177 et suiv.

BOURBON (M<sup>lle</sup> de), surintendante de la reine Marie Leczinska, II, 386.

BOYNES (de), ministre de la marine, I, 268. — Ses intrigues au sujet du futur mariage du comte d'Artois, 418. — Son renvoi ; il est remplacé par Turgot, II, 207.

BRAGANCE (duc de), note biographique, III, 144.
BRAMBILLA, chirurgien de Joseph II, III, 337.
BRANCAS (duc de). Voir LAURAGUAIS.
BRANCAS (duchesse de), I, 258. — Éloignée du service de la comtesse de Provence, 261.
BRANDIS (comtesse de), I, 35. — Nouvelles qu'elle écrit à la dauphine, 422. — Sentiment de Marie-Thérèse sur cette correspondance, 425. — Cette correspondance plaît à la dauphine, 438. — Chagrin qu'elle éprouve de ne plus recevoir exactement les lettres de M$^{me}$ de Brandis, 444. — Marie-Thérèse supprime cette correspondance, 449. — Marie-Antoinette protége un parent de M$^{me}$ de Brandis, III, 408.
BRETEUIL (baron de), I, XXXIX. — Note biographique, 149. — Ambassadeur de France à Naples, 268. — Il est question de lui ou du comte de Noailles pour l'ambassade de Vienne, 444. — Recommandations du roi et de la reine de Naples en sa faveur, II, 200. — Mouvements qu'il se donne pour obtenir l'ambassade de Vienne, 213. — La reine lui est favorable, 222. — Sentiment de Marie-Thérèse à son égard, 228. — Il est nommé ambassadeur à Vienne, 234. — Dispositions de Marie-Thérèse pour lui et sa fille, M$^{me}$ de Matignon, 247. — Difficultés qu'il pourra rencontrer à Vienne, 267. — Breteuil et Rohan, 277, 303. — Dispositions de l'empereur envers Breteuil; situation difficile; il renvoie Georgel, 303. — Cabale contre lui de la famille et des partisans de Rohan, 315. — Éloge que fait l'impératrice du début de Breteuil, 317. — Acte de délicatesse de la part de celui-ci, 353. — Il est grand ami de la princesse de Chimay, 391. — Grâce que la reine veut demander pour lui, 401. — Sa nomination comme cordon bleu, 424. — Conversation qu'il a avec Marie-Thérèse avant son départ pour la France, 512 et suiv. — Arrivée de Breteuil; il est reçu par la reine, 516. — Son entrevue avec Mercy à Fontainebleau, 530. — Il est bien traité par la reine, 538. — Conduite prudente de Breteuil auprès de la reine, 540. — Effet produit par lui sur les comtes de Maurepas et de Vergennes, III, 37. — Son humeur sombre depuis qu'il est de retour à Vienne, 40, 101, 107. — Le baron de Breteuil trop facile pour le parti prussien; plaintes de Joseph II contre lui, 308. — Marie-Thérèse rend de Breteuil un bon témoignage lors des négociations pour la paix, 309. — La reine très-indisposée contre cet ambassadeur par une lettre de Joseph II, 317, 318. — Marie-Thérèse prend son parti, 318. — Satisfaction qu'elle lui témoigne pour son concours au traité de paix, 324. — Bienveillance de Marie-Thérèse pour Breteuil, 336. — Marie-Antoinette redoute son ambition, 339. — Marie-Thérèse écrit en sa faveur à la reine, 346. — Audience qu'il obtient de la reine, 353 et 355. — Il est nommé d'un voyage de Choisy, 361. — L'impératrice désire le voir retourner à la cour, 357 et 364. — Il est très-bien traité par la reine, 367. — Son départ pour Vienne, 425, 428. — Raisons pour lesquelles il parlera avec partialité de M$^{me}$ de Polignac, 432. — Il dit un bien infini de M$^{me}$ de Polignac, 435.
BRIENNE (LOMÉNIE DE), archevêque de Toulouse. Note biographique; sa harangue au roi à l'occasion de l'assemblée du clergé, I, 328. — Protégé par la reine, désiré au ministère par Turgot et Malesherbes, II, 402. — Caractère et talent de ce prélat, 411. — Son entrevue avec Joseph II, III, 70. — L'empereur revoit l'archevêque de Toulouse dans son diocèse; haute idée qu'il conçoit de lui; lettre que Joseph II écrit à la reine à ce sujet, 95. — Opinion de Mercy sur ce prélat, *ibid.* — La reine demande pour lui le premier cordon bleu ecclésiastique qui sera vacant, 477. — Idée que la reine aurait sur lui comme successeur de Maurepas, 480. — Étude que Mercy veut faire de ses dispositions concernant l'alliance, 491.
BRIONNE (comtesse de), note biographique, I, 140. — Elle négocie le mariage de sa fille avec un prince d'Allemagne, II, 271. — Son insuccès, 308. — Fête qu'elle donne à Versailles; présence de la reine, 295. —

# INDEX.

La comtesse de Brionne et le duc d'Aiguillon, 301. — Mémoires qu'elle remet à la reine en faveur de Choiseul, 340. — Intrigue dangereuse de M^me de Brionne, 357. — Elle veut marier son fils, le prince d'Elbeuf, avec la princesse de Montmorency; difficultés, III, 15. — Visite que lui fait Joseph II, 69. — La reine ne l'aime pas, 379. — Réclamation de M^me de Brionne sans succès auprès du roi, 420.

BROGLIE (comte de), évêque de Noyon, I, 241.

BROGLIE (comte de), frère du maréchal de Broglie. La diplomatie secrète de Louis XV, dirigée par de Broglie, I, 81. — Motifs de doutes à ce sujet, 100. — Marie-Thérèse a des preuves de cette correspondance secrète, 102. — Demande pour sa femme la charge de dame du palais, 162 et 211. — Sentiments de Marie-Thérèse pour le comte de Broglie, 197. — Mécontentement de Marie-Antoinette contre lui, 211 et 221. — Singulières aventures du comte de Broglie, II, 59. — Intrigues résultant de cette affaire, 69. — Lettres de de Broglie interceptées, 77. — Affaire du comte de Broglie, 85. — Marie-Thérèse croit qu'il continue sous Louis XVI la correspondance secrète, 177. — Fin de son exil et de la correspondance secrète, 186. — Voir DIPLOMATIE SECRÈTE.

BROGLIE (comtesse de) désire remplacer comme dame du palais la comtesse de Boufflers, sa sœur, I, 162, 211.

BROGLIE (maréchal de). Ses intrigues pour avoir le droit de nommer les officiers sous ses ordres, III, 213. — Corps d'armée commandé par lui en Normandie, 237.

BRUNOY (château de), appartenant à Monsieur. Fêtes qui y sont données par Monsieur au roi et à la reine, II, 502; III, 488.

BUDZIECH ou BUDSCHAK (Tartares du), I, 81.

BUFFON. Visite que lui fait Joseph II, III, 60.

BUKOWINE, province cédée à l'Autriche par la Turquie, II, 464; III, 404.

BURGAU (comte de), nom sous lequel l'archiduc Maximilien voyage en France. Voir MAXIMILIEN.

BUSSY-CASTELNAU (comte de). Services qu'il rendit à la France dans les Indes, I, 221. — Sa femme, M^lle de Messey, 222.

BUTTLER (comtesse de), I, 185, note.

## C

Cabale opposée à Marie-Antoinette, I, XVI. — La cabale veut éloigner Vermond, 11. — Jugement porté sur elle par la dauphine, 26. — M^me du Barry et le duc de la Vauguyon à la tête de la cabale, 97. — Manière de la combattre, 161. — Elle est favorable aux Jésuites, 167. — Ses avances à la dauphine, 188. — La cabale du chancelier Maupeou et celle de d'Aiguillon, 198. — Menées de la cabale à Compiègne, 341. — Elle paraît s'affaiblir, 464. — Son attitude devant l'enthousiasme des Parisiens, II, 4. — Craintes de Marie-Thérèse au sujet de la cabale après l'arrivée de la comtesse d'Artois, 16. — Prépondérance que reprend la cabale, 22. — Fin de la cabale par la retraite de M^me de Marsan et l'exil du duc d'Aiguillon, 344. — Voir aux noms suivants : MESDAMES, comte de PROVENCE, M^me de MARSAN, duc d'AIGUILLON, prince de ROHAN.

Cabinet de physique du roi, visité par Joseph II; note particulière, III, 63.

Cabinet volant, à Schœnbrunn, I, 439.

Cabriolet, nouvelle sorte de voiture, II, 38, 208, 333.

CAHUET DE VILLERS, femme d'un trésorier de la maison du roi, emprunte de l'argent au moyen de lettres supposées de la reine, III, 38 et 40.

CAMPAN (M^me), I, XXXV. — Ses mémoires, cités en note, I, 7, 356; II, 212, 407, 478, 502; III, 41. — Erreur, 114, note.

CAPRINI, marchand italien, chargé des commissions de Marie-Thérèse, I, 317, 335.

CAPUCINS (église des), à Vienne, II, 191.

CARACCIOLI (marquis de), ambassadeur de Naples à Paris, II, 376.

CARAMAN (comte de), II, 209. — La reine visite son jardin anglais, *ibid.*

34

CARAMELLI (comte Charles de), général de cavalerie autrichien, II, 85.

CARIGNAN (prince de), père de M$^{me}$ de Lamballe. Sa mort, III, 286.

CARIGNAN (prince Eugène-Marie-Louis de), second fils du précédent. Faveur obtenue par la protection de la reine, II, 281. — Blâme de Marie-Thérèse à ce sujet, 291.

CAROLINE, reine de Naples, sœur de Marie-Antoinette, I, 4, 5. (*Voir* MARIE-CAROLINE.)

CASTRIES (marquis de). Note biographique, I, 141. — Il remplace M. de Sartines au ministère de la marine, III, 483. — Intrigues de M$^{me}$ de Polignac et du comte de Vaudreuil en sa faveur, 489.

CATHERINE II. Lettres d'elle sur la délimitation de la frontière de Pologne, II, 190. — Alliance personnelle entre elle et Marie-Antoinette rêvée par Lauzun, 539. Joseph II prépare une entrevue avec elle ; aversion que le caractère de Catherine II inspire à Marie-Thérèse, III, 404 et 405. — Opinion de Vergennes au sujet de cette entrevue, 413, 417 et 425. — Entrevue de Catherine II et de Joseph II à Mohilew, 417, 427, 443, 444, 445.

CAUMONT (M$^{me}$ de), I, 148.

*Cavagnole*, jeu de cour, I, 10.

CAVRIANI (comte), chambellan de l'infant de Parme. Sa mission à la cour de France, I, 232.

CAYLA (comtesse du), sœur du comte de Jaucourt, agréée par Madame comme dame de compagnie ; sa présentation au roi et à la reine ; mauvais accueil qui lui est fait, III, 466.

CEVALLOS (marquis de), envoyé d'Espagne à Parme, I, 181.

CHABRE (marquis de), III, 485.

CHABRILLANT (M$^{me}$ de), fille de d'Aiguillon ; sa mort, II, 462.

CHALABRE (de), officier des gardes du corps ; tient la banque au jeu de la cour à Marly, III, 368. — Peut-être le même que le marquis de CHABRE.

CHALONS (comte de), ministre du roi à Cologne, III, 351. — Il est chargé de faire connaître à l'électeur et au chapitre l'intérêt que Louis XVI et Marie-Antoinette prennent à l'élection de l'archiduc Maximilien à la coadjutorerie de Cologne, 436. — Satisfaction de la reine pour sa bonne conduite dans l'élection de Maximilien, 454. — Faveur qu'elle veut lui faire accorder, 461.

CHALONS (comtesse de), I, LXI. — Cousine de la comtesse Jules de Polignac ; on dit qu'elle s'est attiré les regards et les attentions du roi, III, 328. — Elle joue la comédie avec la reine, 456. — Elle est de la société intime de Trianon, 465.

CHAMBORD (comte de), tué à la chasse par le dauphin. Engagement pris à l'égard de son fils. Le jeune Chambord nommé gentilhomme d'honneur du comte d'Artois sur la demande de la reine, III, 5.

CHAMPCENETZ (marquis de), gouverneur de Meudon et Bellevue, III, 141.

CHAMPFORT. Sa pièce, *Mustapha et Zéangir*, représentée devant la cour à Fontainebleau. Gracieuseté de la reine envers lui, II, 517.

*Chansons satiriques*, I, 65, 419 ; II, 244 (note) ; 404, 416. — Malesherbes soupçonne Beaumarchais d'être l'auteur de quelques-unes, 420.

CHANTELOUP (Château de), au duc de Choiseul, I, 127. — Vie qu'y mènent le duc et la duchesse de Choiseul après leur disgrâce, 136. — Joseph II traversant la Touraine, évite d'y passer, III, 91. — Mortification qu'en ressent la famille des Choiseul, 94. — Marie-Thérèse eût mieux aimé que l'empereur s'arrêtât à Chanteloup, 98.

CHANTILLY, voyage qu'y fait la dauphine, I, 17. — Visité par Joseph II, III, 72.

CHARLES, archiduc d'Autriche, fils de Léopold, grand-duc de Toscane, III, 464.

CHARLES DE LORRAINE (Prince), oncle de Marie-Antoinette, gouverneur des Pays-Bas, I, 4. — Il est sérieusement malade, III, 436. — Son éloge, 444. — Sa mort, 445, 447. — Son régiment ne conservera pas son nom, contrairement au désir de l'impératrice ; lettre de Joseph II à sa mère sur ce sujet, 463.

CHARLOTTE DE LORRAINE (princesse), belle-sœur de Marie-Thérèse, I, 4. — Note biographique, 130. — Abbesse de Remiremont, 221. — Sa lettre à l'infante de Parme, 405. — Sa mort, II, 78.

CHARLOTTE DE LORRAINE (princesse), fille de la comtesse de Brionne. La reine a du goût pour elle, III, 379. — Coadjutrice de Remiremont ; envoyée à Versailles par sa mère pour plaider en faveur du prince de Vaudemont, 420.

CHARTRES (duc de). Il protége M<sup>me</sup> de Blot, II, 106. — Son opposition à la cour et à la reine, 107. — Ses intrigues dans le salon de la princesse de Lamballe, 398. — Celle-ci lui fait donner le gouvernement de Poitou, 476. — Il est, avec le comte d'Artois, promoteur des courses de chevaux, 430, 434. — La reine va au bal chez le duc de Chartres, III, 19 et 25. — Son jeu scandaleux à Fontainebleau, 157. — Sa conduite au combat naval d'Ouessant ; sa nomination comme colonel-général des hussards, due à la protection de la reine ; mauvais effet dans le public, 264. — Voir ORLÉANS et PALAIS-ROYAL.

CHARTRES (duchesse de), I, 222. — Plaintes portées par elle à la dauphine, II, 106.

*Chartreux* (Pépinières des), I, 389, note.

CHASTEL (abbé du), aumônier ordinaire de la dauphine, I, 385.

CHASTENAY (comte de). Note biographique, I, 114.

CHATEAUGIRON (sieur de), II, 23.

CHATELET (comte du), colonel au régiment du roi, I, 86. — Témoignage rendu de lui par Marie-Thérèse, II, 51. — Intrigues en sa faveur par le comte d'Esterhazy, 438.

CHAULNES (duchesse de), I, 91. — Placée auprès de la dauphine comme dame pour accompagner, 385. — Ses sollicitations en faveur du sieur de Gyac, II, 23. — Son mariage avec Gyac, 68.

CHAUVELIN (marquis de), I, 169. — Note biographique, 181. — Sa mort, II, 110.

CHIMAY (prince de), I, 267.

CHIMAY (princesse de). Sa bonne réputation, I, LVII. — Placée auprès de la dauphine comme dame pour accompagner, 385. — Son rôle dans l'affaire du comte de Guines, II, 318. — Ses intrigues pour faire nommer son père, le duc de Fitz-James, maréchal de France, *ibid*. — Elle remplace M<sup>me</sup> de Cossé auprès de la reine, 344, 375. — Ses prétentions, 387. — Son caractère jugé par Mercy, 391.

*Chirurgie*, art bien tombé en France, III, 317, 345.

CHOISEUL (duc de). Sa chute au moment où Marie-Antoinette arrive en France, I, XVI. — Cabale contre lui, *ibid*. — Marie-Antoinette obtient son rappel en 1774, XLIII. — Entrevue de Choiseul avec la reine, XLIV. — Son entrevue avec la dauphine, 38. — Bruits sur sa disgrâce et sur son remplacement par d'Aiguillon, 47. — Intrigues contre lui, 58. — Sa lettre relative à la médiation en faveur de la Turquie, 98 et 99. — Sa chute du ministère très sensible à Marie-Thérèse, 115. — Causes de sa disgrâce, 126 et suiv. — Sa vie à Chanteloup, 136. — Sa démission de colonel des Suisses, intrigues à ce sujet, 262. — Conversation à son sujet : sentiments de M<sup>me</sup> Adélaïde et de la dauphine, 451. — Calomnies contre Choiseul à propos de la mort du dauphin, II, 153. — Marie-Thérèse recommande Choiseul à Louis XVI, 155. — Causes de la haine de M<sup>me</sup> de Marsan, 166. — Intervention de la reine pour le rappel de Choiseul, 172. — Sa politique à l'égard de la Turquie, 187. — Satisfaction de Marie-Thérèse du retour en grâce de Choiseul, 191 et 198. — Aversion du roi contre lui, 198. — Billet de Choiseul à Mercy, 201. — Compliments que lui envoie Marie-Thérèse, 206. — Démarche de la reine en sa faveur ; réponse qu'aurait faite le roi, 340. — Marie-Thérèse redouterait son retour au ministère, 349, note. — Audience qui lui est donnée à Reims par la reine ; démarche du comte d'Artois en faveur de Choiseul : mauvaises dispositions du roi à l'égard de celui-ci, 350. — Détails sur l'audience de Reims : intrigues de Choiseul pour le comte de Guines, le prince de Beauvau, le comte du Châtelet, et contre le baron de Breteuil et le ministère, 357 et suiv. — Comment la reine a obtenu du roi de voir le duc de Choiseul, 362. — Intrigues du parti de Choiseul, 389. — La

34.

reine ne désire pas son retour au ministère, 471. — Nouvelles intrigues de Choiseul et de son parti, III, 22, 23. — Sa réception par Joseph II, 68. — Mortification causée au duc de Choiseul par Joseph II évitant de passer à Chanteloup, 91. — Plaintes de Choiseul à ce sujet, 94. — Marie-Thérèse n'approuve pas que Joseph II ne soit pas allé à Chanteloup, 98. — Craintes de l'impératrice si Choiseul revenait au ministère, 159, 172. — Audience que lui donne la reine, 192.

CHOISEUL (duchesse de), I, 34.

CHOISEUL (marquis de). Opinion du dauphin sur lui, I, 90.

CHOISEUL-MEUSE (comtesse de), III, 462. — Pension qui lui est laissée par le testament du prince Charles de Lorraine, 484.

CHOISY (Château de), I, 16. — Spectacle que Louis XV y fait donner; affront fait à M$^{me}$ du Barry par les dames du palais, 29. — Bonne tenue de la cour à Choisy, II, 250. — Joseph II à Choisy, III, 67.

CIVRAC (duc de). Voir DURFORT.

CLÉMENTINE de Bavière (duchesse douairière). Réunion chez elle des partisans du roi de Prusse, III, 185.

CLÉRY (abbé de), pension que lui fait donner la reine, II, 375.

CLOTILDE (M$^{me}$). Voir MARIE CLOTILDE.

CLUGNY (de), remplace Turgot au ministère, II, 441.

COBENZL (comte Jean-Philippe), II, 89; note biographique, III, 65. — Il est nommé vice-chancelier, sur la demande de Kaunitz, 319.

Coiffures. Singularité des coiffures, II, 298. — Coiffures de la reine, 293, 298, 306, 307, 311, 434, 453, 498, 504.

COIGNY (duc de), I, LVIII, LIX, LXI. Nommé premier écuyer du roi, et notice biographique, II, 269. — Son crédit auprès de la reine, 477. — Il cherche à rendre M$^{me}$ de Polignac suspecte à la reine, III, 94. — Il extorque de la reine toutes les grâces pour ses protégés; plaintes dans le public, 123. — Il est un des quatre garde-malades de la reine pendant sa rougeole, 306. — Grand attachement qu'il marque à madame de Châlons, 328.

Colisée de Paris, visité par Joseph II, III, 60.

COLLET (François-Marie), évêque d'Arras, II, 3. — Sa mort, 13.

COLLOREDO (comte Joseph), II, 89. — Reçu à Trianon, III, 65. — Voltaire lui adresse une lettre, 110. — Il est mêlé au projet de Marie-Thérèse sur l'électorat de Cologne, 366. — Invité par la reine à son bal, 388.

COLOGNE (Électeur archevêque de). Il voudrait avoir pour coadjuteur Maximilien, le plus jeune des fils de Marie-Thérèse, III, 365. — Billet de la reine à l'électeur de Cologne, pour le remercier de l'élection de l'archiduc Maximilien, 459.

COME (frère), moine chirurgien, II, 384.

Concerts spirituels. III, 46.

CONDÉ (prince de), I, 127. — Son opposition dans l'affaire des parlements, 148. — Ses sentiments à l'égard de la dauphine, 150. — Retour du prince de Condé à la cour, 382. — Il demande la charge de grand-maître de l'artillerie, II, 111. — Il est mal vu de Louis XVI, 185. — Ses intrigues pour avoir le commandement des troupes, III, 213. — Il est nommé colonel-général de l'infanterie, 419.

CONDILLAC. Fait avec Mably l'éducation de don Ferdinand, duc de Parme et de Plaisance, I, XXI.

CONFLANS (marquis de), II, 479.

CONTAT (M$^{lle}$), III, 43.

CONTI (prince de). Correspondance secrète de Louis XV, I, 81 et 382. — Sa tentative pour revenir en grâce à la cour; réponses qui lui sont faites, II, 160. — Il cherche à se concilier la bienveillance de la reine, 241. — Son ambition; espérances qu'il a eues au trône de Pologne, 279. — Note biographique, ibid. — Chef de l'opposition dans le parlement, 282. — Circonspection à observer vis-à-vis de lui, 290. — Sa mort, 474.

CORDOVA (Don Luis de), amiral espagnol, III, 366.

COSSÉ-BRISSAC (duc de), I, 228. — Créature de M$^{me}$ du Barry, 371.

COSSÉ-BRISSAC (duchesse de). Sa bonne réputation, I, LVII. — Elle est nommée dame d'atours de la dauphine, 222 et

228. — Son refus d'aller au souper donné par le duc de la Vrillière à M$^{me}$ du Barry, 371. — Témoignage honorable du comte de Creutz, 372. — M$^{me}$ de Cossé comparée à M$^{me}$ de Noailles, II, 97. — Elle pense à se retirer de la cour, 275. — Causes qui la forcent de s'absenter ; crainte qu'elle ne se démette de sa charge, 319. — Son retour, 334. — Sa retraite motivée par la santé de son enfant, 343. — Son *testament* de fidélité, 354.

*Courriers.* Échange des courriers entre Paris et Vienne, I, VII. — Gardes nobles substitués par la cour d'Autriche aux courriers de cabinet, III, 430.

*Courses de chevaux.* Dans la plaine des Sablons, II, 312. — Courses de chevaux au bois de Boulogne, 430. — Présence de la reine à ces courses ; inconvénients, 434. — Fameuse course où le roi est présent, 515. — Société inconvenante qui entoure la reine, les princes et les princesses aux courses de chevaux, 525. — Courses à Fontainebleau ; incidents ; mécontentement du roi, 536. — Courses de chevaux anglais dans la plaine des Sablons ; le comte d'Artois promoteur de ces courses, III, 31. — Goût de la reine un peu diminué pour les courses de chevaux, 133. — Courses de chevaux et d'ânes à Fontainebleau ; prix de la course à ânes, un chardon d'or, 137.

*Courses en traîneaux*, à Versailles et à Paris, II, 269, 415. — Part que la reine prend à ces courses, 426. — Courses en traîneaux au bois de Boulogne, III, 6. — Promenade de la reine en traîneau sur les boulevards de Paris, III, 160.

CRAON (prince de), I, 49, note.

CREUTZ (comte de), ministre de Gustave III à Paris, I, LXII. — Son témoignage sur la duchesse de Cossé, 372. — Son jugement sur Louis XV, 463. — Sur Besenval, II, 389. — Procès du comte de Guines, 446.

# D

DEGENFELD-SCHONBURG (comte de), envoyé de Hollande à Vienne, III, 335.

DELISLE, agent du prince de Ligne à Vienne. Sa correspondance avec le comte d'Artois, III, 458.

*Dépenses* de la reine, I, LXVII. — Plaintes dans le public au sujet de ces dépenses ; détails, II, 493, 494. — Écuries de la reine, 495. — Dépenses à Trianon, *ibid.* — Appointements de la surintendante, pensions que celle-ci fait accorder, 496. — Pension à M$^{me}$ d'Andlau, tante de M$^{me}$ de Polignac et perdue de réputation, *ibid.* — Dettes de la reine ; jeux excessifs chez elle, 497. — Relevé de ces dettes ; bonté du roi, III, 7. — Pertes considérables aux jeux de hasard, 102. — Finances de la reine épuisées par sa passion du jeu, 113, 139. — Ses dettes de jeu sont payées par le roi, 155. — Nouvelles pertes de la reine, 222. — Bilan des gains et des pertes ; bonnes résolutions de la reine, 289. — Voir *Diamants.*

DEUX-PONTS (duc de), III, 172.

*Diable*, nouvelle sorte de voiture, II, 333.

*Diamants.* Œillet en diamants donné par Marie-Thérèse, I, 14 et 49. — Diamants payés sur la cassette de la reine à raison de 460,000 francs, II, 418. — Opinion de Marie-Thérèse sur cette emplette, 422. — Achat par la reine de bracelets de diamants ; demande au roi de deux mille louis, 469, 470. — Blâme de Marie-Thérèse, 485. — Excuses de la reine, 487 et 492. — Les dettes contractées pour l'achat des diamants se paient mal, III, 102. — Diamant chrysolithe donné par Marie-Thérèse à la reine, 291. — Divers cadeaux en diamants faits par Marie-Thérèse à l'occasion de la naissance du premier enfant de la reine, 291 et suiv.

DIETRICHSTEIN (comte de), grand écuyer de Joseph II, I, 379 ; II, 249.

DILLON (comtesse de), I, LVIII. — Amitié de la reine pour la comtesse de Dillon, bientôt remplacée par la comtesse de Polignac, II, 367. — M$^{me}$ de Dillon, admise au nombre des dames du palais surnuméraires, III, 400 ; note biographique, *ibid.* — Effet produit à la cour par cette circonstance, 401.

*Diplomatie secrète de Louis XV*, I, VI.

— Note sur ce sujet, 81. — Incrédulité de Mercy, 100. — Preuves fournies par Marie-Thérèse, 102. — Réflexions de Mercy, 111. — Nécessité d'en garder le secret, 115. — Organisation de la diplomatie secrète, 124. — Le comte de Broglie continue à la diriger, 193. — Le duc d'Aiguillon la découvre et le comte de Broglie est disgrâcié en apparence, II, 59. — La correspondance secrète continue néanmoins, 77. — Marie-Thérèse croit que Louis XVI continue la correspondance secrète, 177. — Fin de la diplomatie secrète et de l'exil du comte de Broglie, 186.

DORSET (duc de), cavalier anglais, bien traité par la reine, III, 19.

DRECHSEL, lieutenant-maréral dans l'armée autrichienne, III, 464.

DROMGOLD, littérateur, I, 412.

DU DEFFAND (marquise), ses lettres citées I, XLIX et note; 128, 261 et 269; II, 209.

DUFOUAR, chirurgien français, III, 317.

DUPLESSIS, peintre du roi, II, 304. — Son portrait de Louis XVI, 487.

DURAND de Distroff, chargé d'affaires à Vienne, I, XXXV. — Correspondance secrète de Louis XV, 81. — Avait été ministre de France en Pologne, fut un des agents les plus actifs du duc de Choiseul, 25, note. — Autres renseignements sur son compte, 131. — Extrait d'une lettre de lui, 275. — Jugement porté sur lui par Marie-Thérèse, 345.

DURAS (duc de), I, 176 et 313.

DURAS (maréchale de), proposée pour succéder à la comtesse de Noailles, maréchale de Mouchy, II, 368. — Visite que lui fait Joseph II, III, 75.

DURFORT (marquis de), envoyé de France à Vienne pour demander la main de Marie-Antoinette, I, 7. — Intérêt que lui porte Marie-Thérèse, 46. — Démarches de la dauphine en sa faveur, 53 et 95. — Assurance donnée qu'il sera nommé duc et pair, 122. — Recommandation en sa faveur par Marie-Thérèse à Louis XVI, II, 155. — Nouvelles recommandations de Marie-Thérèse, 191 et 266. — Durfort est nommé duc de Civrac, 269. — Sa nomination comme cordon bleu, 424. — Consternation de la famille de Civrac, au sujet de la nomination du comte de Gramont à la survivance du duc de Villeroy, III, 321 et 330.

DURFORT (marquise de), dame d'atours de Mesdames, I, 38. — Mercy a ses informations, 98. — Fêtes chez elle, II, 17, 26 et 43.

DURFORT-DURAS (Jeanne de) duchesse de Mazarin, II, 139.

# E

*Eau divine*, III, 445.

ECHARD (Laurent), historien anglais, II, 453.

*Écriture de la reine*, II, 263 et 289.

ÉLISABETH (Madame), sœur de Louis XVI, I, 7. — Sa sensibilité au départ de sa sœur, M$^{me}$ Clotilde ; projet de mariage avorté, II, 352. — Attachement de la reine pour M Élisabeth, 374. — Sa correspondance avec M$^{me}$ de Bombelles (M$^{lle}$ de Mackau), III, 134. — La grossesse de la reine est cause que l'on commence à nommer la maison de M$^{me}$ Élisabeth, 199. — M$^{me}$ Élisabeth auprès de la reine à Trianon, 303. — Elle demande à être inoculée, 358. — Succès de l'inoculation, 366.

*Émeutes*. En Bohême, II, 359. — Dans les marchés de Versailles à cause du prix du pain, 331. — Réflexions de Marie-Thérèse sur les émeutes en France et en Bohême, 339 et 341. — Émeute à Londres contre les catholiques, III, 444 et 445.

ÉPÉE (abbé de l'). Visite et présent que lui fait Joseph II, III, 63.

ERMENONVILLE (château d'), visité par Joseph II, III, 72. — Excursion de la reine à Ermenonville, 439.

ESPARRE (duchesse de l'), dame d'atours de Madame ; causes qui lui font donner sa démission, III, 446.

ESTAING (comte d'), prend l'île Grenade et bat une escadre anglaise, III, 355. — Son échec au siége de Savannah, 377.

ESTERHAZY (comte d'). Sa présentation à la dauphine, I, 376. — Son duel avec le prince de Nassau, II, 121. — Il est sévèrement blâmé par Marie-Thérèse, 123. — La reine Marie-Antoinette implore en sa faveur l'indulgence de l'impératrice, 139 et 148. — Sévérité de cette dernière, 157.

ESTERHAZY (comte Valentin d'), autre que le précédent, I, LIX. — Famille d'Esterhazy, 376. — Voyage de Marie-Thérèse au château de ce nom, II, 33. — Note biographique sur le comte Valentin d'Esterhazy ; recommandation en sa faveur, 181. — Il est reçu par la reine, 191. — La reine assiste aux manœuvres du régiment du comte d'Esterhazy, 348. — Faveur que la reine lui procure, 399. — Étonnement de Marie-Thérèse à ce sujet, 413. — C'est à lui que la reine marque le plus de confiance ; son caractère, 437. — Ses intrigues en faveur du comte du Châtelet, 438. — La reine entretient une correspondance avec lui, 456. — Réflexion de Marie-Thérèse à ce sujet, 461. — Il va à Strasbourg au-devant de l'empereur, III, 10. — Distinction qui lui est accordée par la reine ; jalousie qui en résulte, 155. — Commission que la reine veut lui faire donner d'aller à Vienne annoncer ses couches, 238-9. — Avis opposé de Marie-Thérèse, 246. — Un des quatre garde malades qui veillent la reine pendant sa rougeole, 306.

EU (comte d'). Sa mort, son héritage, II, 352.

ÉVÊQUE D'ORLÉANS, Louis de Jarente de La Bruyère, I, 13.

*Expositions* de tableaux, au Louvre, en 1773, II, 37. — En 1779, III, 350.

# F

FAGEL, greffier des États-généraux à La Haye, III, 335.

FALKENSTEIN (comte de), nom sous lequel Joseph II fit son voyage en France, III, 49.

*Famille impériale d'Autriche* (Tableau de la), I, 4, 5.

FAUCHERON. Voir FORCHERON.

*Favoris de la reine*, I, LIX et suiv.; II, 419.

— Voir aux noms suivants : baron de BESENVAL, comte de GUINES, comte ESTERHAZY, chevalier de LUXEMBOURG, duc de COIGNY, prince de LIGNE, duc de LAUZUN.

*Favorites de la reine*, I, LV et suiv.; II, 419.

— Voir aux noms suivants : M$^{mes}$ de LAMBALLE, de DILLON, de POLIGNAC, de GUÉMÉNÉE.

FAVRAS (Thomas de Mahy, marquis de). Il est recommandé par l'impératrice à Marie-Antoinette ; note biographique, II, 535.

FELINO (marquis de). Voir TILLOT (du).

FERDINAND, roi de Naples ; sa femme, Marie-Caroline, sœur de Marie-Antoinette, I, 5. Voir MARIE-CAROLINE. — Éloignée des affaires par Tanucci, I, 290, 291, 300. — Projet de voyage du roi et de la reine de Naples en Espagne, II, 204. — Marie-Thérèse opposée à ce voyage, 294.

FERDINAND, archiduc d'Autriche, fils de Marie-Thérèse, gouverneur de la Lombardie. Sa femme, fille du duc de Modène, I, 5. — Satisfaction que l'impératrice éprouve de cette union, 317. — Heureux accouchement de la princesse épouse de Ferdinand, II, 61. — Elle met au monde un fils, 342. — Maladie de Ferdinand ; son voyage à Vienne, III, 125. — Son projet de venir en France ; joie de Marie-Antoinette à cette nouvelle, 144. — Réflexions de Mercy au sujet de ce projet, 148.

FERDINAND (don), duc de Parme et de Plaisance, I, XIX. — Son éducation par Condillac et Mably, XXI. — Sa situation à Parme, 170. — Voir PARME et PLAISANCE.

FICQUELMONT (comte de), chambellan de la cour d'Autriche, I, 185.

FITZ GERALD, son aventure à une chasse où était la reine, II, 518. — Son duel à la suite d'une course à Fontainebleau, 536.

FITZ-JAMES (duc de), père de la princesse de Chimay. Sa nomination comme maréchal de France, II, 318.

FLAVIGNY (marquis de), envoyé à Parme comme ministre de France, I, 331.

FONTAINEBLEAU. Séjour de la cour dans cette résidence, en octobre 1770 ; promenades de la dauphine, I, 65. — Voyage en 1771, 244. — Voyage de 1772, octobre, 362. —Voyage de 1773, octobre, II, 63.—Voyage de 1774, octobre, 247 et 255 ; III, 130. — Voyage de 1775, octobre, 385. — Voyage de 1776, du 9 octobre au 15 novembre, 503, 516. — Voyage de 1777, du 9 octobre au 15 novembre, III, 118. — L'abbé de Vermond refuse d'être de ce voyage, 122. — Mauvaise tenue de la cour, 131. — La reine renonce au voyage à Fontainebleau en octobre 1779, 358.

FORCHERON ou FAUCHERON, envoyé en courrier à Vienne, I, 18.

FORGES, ses eaux minérales, III, 421.

FORNARI, ministre de Gênes. Discours que Joseph II lui a tenu, I, 48 et 59.

FOSSIÈRES (comte de), recommandé par Marie-Thérèse, II, 252. — Difficultés aux grâces qu'il demande, 287.

FRANÇOIS I, père de Marie-Antoinette, I, 4 ; II, 150.

FRANKLIN, envoyé en France par les États-Unis, III, 209.

FRÉDÉRIC II, roi de Prusse. — Ses espions, I, VI. — Sentiments de Marie-Thérèse envers lui, XLI. — Ses flatteries à l'égard de l'Autriche, 61. — Son entrevue avec Joseph II à Neustadt ; jugement porté sur lui par Marie-Thérèse, 79. — Menace de guerre contre la Prusse et la Russie, 146. — Les intrigues du roi de Prusse inspirent des craintes à Marie-Thérèse, 319. — Conversation avec Louis XV, où il est question du roi de Prusse, 352. — Danzig et Thorn et le roi de Prusse, 410. — Frédéric II convoite la Poméranie suédoise, 421. — Il voit d'un mauvais œil le projet de voyage en France de Joseph II, II, 125, 133. — Sa cupidité à l'endroit de la Pologne, 202. — Son opinion quant à l'influence de Marie-Antoinette sur le roi et les ministres, 508. — Marie-Thérèse l'appelle « ce monstre », 126, « son mauvais voisin », III, 17. — Nouvelles qu'il répand contre la reine, ibid. et 21.— Manœuvres dangereuses de la cour de Berlin, 28. — Ses insinuations auprès de la cour de France relativement à la succession de Bavière, 88, 96. — Il désire se rapprocher de la France ; sa crainte de Marie-Antoinette, 162. — Sa protestation contre les prétentions de l'Autriche ; menace d'entrer en campagne, 174. — Louis XVI refuse de se mêler des affaires de Prusse, ibid. — Réponse impertinente du roi de Prusse à la lettre de Joseph II, 202, 205. — Marie-Thérèse prédit tout le mal que la Prusse fera à l'Allemagne et à l'Europe, 203. — Le roi de Prusse veut faire une alliance entre la France, la Russie et lui ; ses cajoleries, 211. — Il commence la guerre de la succession de Bavière en entrant à Nachod, petite ville de Bohême, à la tête de ses troupes, 219. Voir BAVIÈRE et TESCHEN. — Les encyclopédistes, apôtres du roi de Prusse, 243. — Écrits répandus par ses soins pour égarer l'opinion publique, 250. — Moyen de combattre les impostures prussiennes, 251. — Projet du roi de Prusse d'allier la France avec lui et la Russie, 326. — Ses menées et ses insinuations captieuses, 327. — Marie-Antoinette l'accuse de répandre des bruits contre elle, 352. — Cherche à faire le médiateur entre la France et l'Angleterre, 377. — Son opposition contre l'élection de l'archiduc Maximilien à la coadjutorerie de Cologne, 451. — Sa mauvaise humeur du succès de l'élection de Maximilien, 463. — Son opinion sur l'influence de la reine, 469.

FRIES (baron puis comte Jean de), négociant autrichien, II, 125.

FRONSAC (duc de), fils du maréchal de Richelieu ; son mariage, II, 452. — Part qu'il prend aux jeux de hasard chez la reine, III, 92.

FUENTES (comte de), ambassadeur d'Espagne à la cour de France, I, 79.

# G

GALITZIN (prince de), ministre de Russie à Vienne, II, 189. — Ouverture que lui fait Joseph II sur son projet de se rencontrer avec l'impératrice de Russie ; Marie-Thérèse opposée à ce projet, III, 404.

GAND, collège des Parchons, III, 15.

GAP (François de Narbonne Lara ; évêque

de), premier aumônier de M$^{mes}$ Victoire et Sophie; capitulation entre la comtesse de Narbonne et de la marquise de Durfort à son sujet, I, 121.

*Garde-meuble* du roi, visité par Joseph II, III, 59, note.

*Gardes-nobles*, envoyés de Vienne en courriers de cabinet, III, 430.

GARNIER, secrétaire d'ambassade à Londres. La reine exige son rappel, II, 366.

GATTI, médecin florentin, propagateur de la vaccine, I, 322.

GAUSSEN (chevalier de), chargé d'affaires de France en Prusse, III, 253, 261.

GAVRE (prince de), note biographique, I, 376.

*Gazetins.* Comment ces feuilles étaient rédigées, II, 430 et 438. — Arrangement pour faire parvenir ces gazettes à l'impératrice, 449. — Outre les gazettes envoyées à Marie-Thérèse, les nouvelles curieuses sont recueillies par un homme de police, pour lui être transmises, II, 14. — Anecdotes scandaleuses publiées par une gazette à la suite de l'accouchement de la reine, 295. — Gazetins imprimés à Düsseldorf ou aux Deux-Ponts : articles contre Marie-Antoinette, 458.

GEOFFRIN (M$^{me}$), son salon. Bontés que la reine lui témoigne, II, 396. — Visite que lui fait Joseph II, III, 73.

GEORGEL, ex-jésuite, secrétaire du prince de Rohan à Vienne, I, VI, XXXV. — Sa correspondance connue du comte de Mercy, 288. — Ses mémoires, cités en note, 284. — Marie-Thérèse demande à être débarrassée de lui, II, 2. — Il est resté après le départ de Rohan; l'impératrice insiste de nouveau pour qu'il soit rappelé, 203. — Sa conduite envers le baron de Breteuil, 303. — Breteuil le renvoie, *ibid.* — Sa conversation avec le comte de Mercy, 336. — Il est employé par la cabale de Rohan à écrire des lettres supposées, III, 24. — Il reste comme homme de confiance auprès de Rohan; désir du roi que Georgel soit chassé de la cour, 226.

GÉRARD, premier commis aux affaires étrangères, à Paris, I, 281. — Envoyé comme ministre près des États-Unis, III, 191.

GÉRAULT, un des agents de la diplomatie secrète de Louis XV, I, 103.

GLUCK. Première représentation d'*Iphigénie en Aulide* II, 131. — Il se partage entre Paris et Vienne, 251. — Projet de Marie-Thérèse de faire représenter *Iphigénie* à Vienne, 254. — La reine assiste à la représentation d'*Iphigénie* à l'Opéra de Paris, 283, 284. — Difficultés à faire représenter l'*Iphigénie* à Vienne, 285. — Marie-Thérèse y renonce, 293. — Projet d'opéra français à Vienne, 301 et 305. — Première représentation de l'opéra d'*Orphée*, 320. — Opéra comique, *Cythère assiégée*, joué à Vienne et à Paris, 385. — Première représentation d'*Alceste* à l'Opéra; la reine y assiste; la pièce reçue froidement, 443. — Deux opéras nouveaux de Gluck : *Iphigénie en Tauride*, *Écho et Narcisse*, paraissent en 1779, III, 359.

GOBELINS (Manufacture des), visitée par Joseph II, III, 60.

GOLTZ (baron de), ministre de Prusse en France; sa correspondance connue de Marie-Thérèse, I, 334. — Précautions prises à son égard par le comte de Mercy, II, 527. — Sa correspondance interceptée, 533. — Ses manœuvres, 542. — Révélations de sa correspondance interceptée, III, 13, 27. — Sa liaison avec le duc de Nivernais, 324. — Ses mensonges connus du ministère français, 344 et 349. Voir *Intercepts.*

GORITZ ou GORICE. Séjour que veut y faire l'impératrice, II, 414.

GRAFFIGNY (M$^{me}$ de), I, 412.

*Grains de mars*, III, 340. — Voir *Boules* ou pilules de fer ou d'acier.

GRAMONT (comte de), doit épouser la fille de la comtesse Jules de Polignac; intrigues pour le faire nommer à la survivance du duc de Villeroy comme capitaine des gardes du corps, III, 321. — Sa nomination due au crédit de la reine; rumeurs qui en résultent, 330.

GRAMONT (comtesse de), mère du précédent. Son exil à cause de propos contre M$^{me}$ du Barry, I, 29. — Démarche de la dauphine en sa faveur, 37. — La dauphine demande son retour, II, 24, 25.

GRAMONT (duchesse de), sœur du duc de

Choiseul. Son opposition à M^me du Barry, I, 29, note. — Dispute à son sujet entre le duc de Choiseul et le duc de Richelieu, 36. — Son caractère, 126.
GRASSALKOVITS (comte), I, 270.
GRATZ, ville autrichienne, en Styrie, I, 18.
GRIMALDI (marquis), I, 316 et 361.
GROSCHLAG (baron de), ministre de France près du cercle du Haut-Rhin, III, 247.
GUÉBRIANT (duchesse de), II, 249. — Sa dot donnée par la reine, 270.
GUÉMÉNÉE (princesse de). Sa réputation, I, LVII. — Ses soirées, LX. — Affection que lui témoigne la reine; note sur M^me de Guéménée, II, 390. — Réunion du parti de M^me de Polignac chez la princesse de Guéménée; ses salons fréquentés par la reine, 398. — Intrigues de M^me de Guéménée en faveur de la famille de Rohan, 417. — Bal et jeux chez elle, 427. — Inconvénients pour la reine d'aller aux soirées de M^me de Guéménée, 437, 445, 456. — Son intervention auprès de la reine en faveur de Rohan, 470. — Son appartement est le point de ralliement du parti de la comtesse de Polignac, 520. — Sa démarche auprès du roi pour faire nommer Rohan grand-aumônier; condition posée par Louis XVI, III, 24. — Manœuvres de M^me de Guéménée en faveur de Lauzun, 32 — Joseph II juge sévèrement le salon de M^me de Guéménée, 56. — La reine prend la résolution de ne plus fréquenter ce salon, 83. — Elle y retourne néanmoins, 102, 113, 131, 446, etc. — Droits de M^me de Guéménée comme gouvernante des enfants de France; note sur elle et sur son mari, 206. — N'est pas propre à l'emploi qu'elle occupe, 329. — Fête donnée par M^me de Guéménée à l'occasion du mariage de sa fille, la princesse de Montbazon; la famille royale assiste à cette fête, 455.
GUÉRIN, chirurgien français, III, 317.
GUIBERT (comte de), auteur de la tragédie *Le Connétable de Bourbon*, II, 376.
GUICHE (comtesse de), nièce de M^me de Noailles, I, 62. — La comtesse de Noailles demande pour elle une place de dame du palais; accueil fait à sa demande par Mesdames, 123.
GUICHEN (comte de) remplace d'Estaing dans le commandement de la flotte française, III, 387. — Avantages remportés par lui sur l'escadre anglaise, 480.
GUINES (comte de). Son procès, I, XLVI. Faveur que Marie-Antoinette lui témoigne, *ibid.* Il est fait duc, L. — Son procès; protection de la reine, II, 221. — Preuve de l'influence de la reine en sa faveur, 313. — Son procès gagné, 345. — Son rappel de l'ambassade d'Angleterre, 428. — La reine déteste Turgot et Vergennes, qu'elle considère comme ennemis du comte de Guines; lettre qu'elle fait écrire à celui-ci par le roi, qui le nomme duc, 442, 446. — Mariage de la fille du duc de Guines avec le fils du marquis de Castries; dot demandée pour elle et titre demandé pour M. de Castries, III, 222 et 237. — Il est un des quatre seigneurs qui gardent la reine pendant sa rougeole, 306. — Dangers de son influence sur la reine, 323. — Conseils intéressés qu'il donne à la reine, 331, 332. — Son ascendant sur la comtesse de Polignac, *ibid.* — Jalousie qu'il inspire aux ministres, 341. — L'impératrice le redoute, 347. — Mémoires instructifs remis par lui à la reine, 342. — Moyen dont Marie-Thérèse pourrait se servir pour en dégoûter la reine, 343. — Réflexion de Marie Thérèse à son sujet, 350. — Réponse de Marie-Antoinette, 356. — Diminution de son crédit, 368, 370, 379, 390. — Sensation produite par ce changement, 381.
GÜNZBURG, ville de Bavière, I, 322.
GUSTAVE III, roi de Suède. Sa complaisance pour la favorite, I, 147 et 156. — Coup d'État du 19 août 1772 : opinion de Louis XV et de Joseph II à ce sujet, 378. — Affaires de Suède peu claires, 410. — Factions des *Bonnets* et des *Chapeaux*; dispositions du roi de Prusse; attitude de la France, 421.
GYAC (sieur de), nommé surintendant des finances de la dauphine, II, 23. — Son mariage avec la duchesse de Chaulnes, 66. — Son expulsion du conseil d'État, 69.

# H

HADIK (Comte André de), succède au maréchal de Lacy, II, 136.

HALLER, savant et poète suisse, II, 101.

*Harpe*. Goût de la reine pour cet instrument, II, 236.

HAUTEFORT (marquis d'), ambassadeur à Vienne en 1750, I, 271.

HAVRINCOURT, un des agents de la diplomatie secrète de Louis XV, I, 103.

HÉNIN (prince et princesse d'), III, 177.

HERMITAGE (Château de l'), rendez-vous de chasse de Louis XV et petits soupers avec M$^{me}$ du Barry, I, 37 et 39.

HESSE-DARMSTADT (princes et princesses de). Leur présence à la cour de France; note biographique, III, 397. — Lettres de Marie-Antoinette aux princesses de Hesse-Darmstadt, *ibid*. — Leur séjour en France. III, 407, 410. — Ils dînent à Trianon, 429.

HESSE - RHEINFELS - ROTHENBURG (prince cadet de), pension que la reine lui fait accorder; note biographique, II, 478.

HILDBURGHAUSEN (prince de Saxe-). Note biographique, I, 333; II, 439.

*Hôtel-Dieu* de Paris. Incendie du 29 décembre 1772, I, 397.

HOUDETOT (marquis d'), II, 287.

HRZAN (comte de), représentant de l'Autriche à Rome, I, 270 et 299. — Proposé par Marie-Thérèse pour être nommé cardinal; note biographique, III, 247, 248.

# I

ILES MALOUINES, appartenant aux Espagnols et convoitées par l'Angleterre, I, 59.

*Imprimerie royale*, visitée par Joseph II, III, 63.

*Infants d'Espagne*, don Louis et don Gabriel, II, 294.

INGENHOUSE, médecin de l'impératrice, I, 119. — Il est reçu par la dauphine, 120. — Son rapport à Marie-Thérèse, 129. — Nouvelle audience de la dauphine, 279.

*Instructions* rédigées par Marie-Thérèse pour sa fille Marie-Antoinette en 1770, I, III. — pour sa fille Marie-Amélie, XX. — Texte des instructions pour Marie-Antoinette, 1 à 6.

*Intercepts*. Peu de sécurité des communications diplomatiques, I, XXXV. — Dépêches du chargé d'affaires de Prusse interceptées, 246, 260, 267. — Combien les intercepts étaient fréquents (lettre de d'Aiguillon à Rohan), 333. — Lettres de la diplomatie secrète de Louis XV interceptées, II, 77. — Billet intercepté du prince de Rohan, 92. — Lettres de Joseph II au comte de Lacy interceptées, 125. — Ordre de Louis XVI au sieur d'Ogny, chef du département de l'interception, 164. — Dépêches prussiennes interceptées, 533; III, 13, 17, 344, etc.

# J

*Jardin des Plantes*. Cabinet d'histoire naturelle visité par Joseph II, III, 60.

*Jardins anglais*. Goût de la reine pour ces jardins; celui de Trianon, II, 208. — La reine visite celui de l'hôtel Caraman, à Paris, 209 et note.

JAUCOURT (marquis de), maréchal du camp, III, 100. — Jugement porté sur lui. 106. — Il fait proposer par M$^{me}$ de Balbi la comtesse du Cayla, sa sœur, pour dame de compagnie de Madame, 466.

*Jésuites*. Expulsion des jésuites, I, 5. — Bruits sur leur retour, 157. — Raisons qui s'y opposent, 167. — Les jésuites de Fribourg et les moines de Cluny, 184. — L'avénement de Louis XVI ne chan gerien au sort des jésuites, II, 167.

*Jeux* à la cour. Cavagnole, I, 10. — On fait venir des banquiers de Paris pour tailler au pharaon, II, 521, 524. — Complaisances du roi à l'occasion de ces jeux, 527. — Goût immodéré de la reine pour les jeux de hasard, III, 35. — Désordres qui en résultent dans les finances de la reine, *ibid*. — Somme considérables perdues par le comte et la comtesse d'Artois et par Madame, 92. — Parties de jeu tumultueuses et indécentes; scène entre le duc de Fronsac et la comtesse de Gramont, 113. — Nouveaux détails ; scandale et murmures dans le public, 119. — Opinion de Marie-Thérèse sur le jeu de pharaon, 128. — Jeux de la cour à Fontainebleau, 132. — Les abus qui s'y commettent déplaisent au roi, 139. — Nouvelles pertes qu'y fait la reine, 222. — Le roi joue pour la première fois au pharaon, 255. — Abus pendant le séjour de la cour à Marly ; filouteries au jeu, 265. — Jeux excessifs chez la princesse de Lamballe ; désapprobation et mécontentement de la reine, 367. — Modération dans les jeux, 401. — Introduction à la cour de divertissements frivoles et bruyants ; mauvais effets sur l'opinion publique à cause des circonstances, 411. — Goût du roi pour le jeu de loto, 457. — Jeux pendant le séjour de la cour à Marly, 485. — Friponneries scandaleuses au jeu de Marly ; portefeuille pris dans la poche du comte de Dillon, 490.

JOSEPH II. Ses témoignages sur Marie-Antoinette et Louis XVI, I, LXVIII, LXIX. — Note biographique, 5. — Dissentiment entre lui et Marie-Thérèse, 48. — Affaire de Fornari, ministre de Gênes, 59. — Son entrevue avec le roi de Prusse à Neustadt, 79. — Ouverture du duc d'Aiguillon au sujet d'un mariage avec $M^{me}$ Marie, sœur du dauphin, 178 et 183. — Voyage de Joseph II en Bohême, 236. — Comment il traite Rohan, 289. — Il désapprouve le coup d'État de Gustave III, 378. — Sa correspondance avec la dauphine, 443. — Projet de voyage en Pologne, 447. — L'impératrice désapprouve ce voyage, II, 1. — Pourquoi elle ne lui communique pas les lettres de Mercy, 14. — Correspondance de Joseph II avec la dauphine, 30. — Ses faveurs envers Rohan ; son projet d'aller à Paris, 62. — Plan de ce voyage, 84. — Divergence entre Joseph II et Marie-Thérèse, 87. — Personnages qui composeront la suite de Joseph II pendant son voyage en France, 89. — Réflexions de Mercy concernant ce voyage, 100. — Préventions inspirées à Joseph II contre la nation française, 104. — Il renonce momentanément à son voyage en France, 125. — Renseignements qu'il demande à Mercy relativement à ce voyage, 133. — Depuis la mort de Louis XV, l'empereur voit les lettres de Mercy à Marie-Thérèse, 176. — Lettre en allemand de Joseph II à la reine, 279 et 289. — Lettres de l'empereur à Marie-Antoinette sur son projet de voyage en France, 305. — Ce projet prend de la consistance ; Joseph II tient à garder l'incognito, 316. — Voyage de Joseph II en Italie, 326. — L'empereur se laisse circonvenir par les flatteurs et les intrigants qui l'amusent, 328. — Il pousse trop loin la popularité ; conséquences fâcheuses, 329. — Sa correspondance avec la reine, 337. — Joseph II à Venise avec ses trois frères, Léopold, Ferdinand et Maximilien, 342. — Mécontentement de l'empereur par suite de l'expression « le pauvre homme » employée par la reine pour désigner Louis XVI, 360. — Projet de lettre sévère de Joseph II à Marie-Antoinette, 363 et suiv. — Paraît décidé à faire le voyage de France, 509. — Plan de l'empereur pour son voyage ; il veut garder le plus strict incognito, 541. — Marie-Thérèse voudrait quelque tempérament dans les idées de l'empereur au sujet de son voyage, III, 2. — Logement loué pour l'empereur à Versailles ; ses recommandations pour le moment de son arrivée, 7. — Voyage retardé par des circonstances politiques ; conjectures à ce sujet, 11. — Lettre de Louis XVI à Joseph II à propos du voyage retardé, 14. — Son arrivée à Paris, le 18 avril 1777, 47. — Récit du séjour en France de Joseph II, par Mercy, 49 et suiv. — Ses regrets en quittant sa sœur ; ce qu'il écrit à ce sujet à l'impératrice, 86. — Il a été content de la nation française ; ses préjugés ont cessé, 87. — Lettres qu'il écrit de Brest et de Rochefort au roi et à la reine, 90. — Impression produite par Joseph II dans son voyage à travers la France ; sa lettre à son frère Léopold, 96. — Son indignation contre la conduite du comte d'Artois et de Monsieur pendant leurs voyages dans les provinces de l'est et du sud ; mot de l'empereur à l'adresse de M. de Maurepas, 97. — Récit fait par Joseph II de son voyage dans les provinces de France, 104. — Comment Joseph II appréciait la passion de la reine pour les jeux de hasard, 132. — Sa lettre à la reine sur les menaces de guerre, 191. — Sa lettre au roi de Prusse et réponse qu'il en reçoit, 202, 205. — Joseph II favorable à l'Angleterre contre la France, 335. — Son projet d'une entrevue avec l'impératrice de Russie ; désapprobation de Marie-Thérèse, 404 413, 417 et 425. — Sympathie pour l'Angleterre et projet de voyage, 405 et 445. — Son opinion sur Necker, 405. — Ses lettres à la reine annoncent de la bienveillance pour la nation française, 414. — Son entrevue avec Catherine II à Mohilew, et voyage qu'il fait avec elle jusqu'à Saint-Pétersbourg, 427, 433, 451, 453, 460 et 463.. — Contrariété de l'impératrice causée par le voyage de Joseph II en Russie, 443, 444.

## K

KAUNITZ (comte Dominique), fils du prince chancelier d'Autriche, II, 474.

KAUNITZ (comte Joseph de), le plus jeune fils du prince chancelier. Son entrevue avec la reine, III, 417, 422.

KAUNITZ-QUESTENBERG (comte de), reçu par la reine, III, 457.

KAUNITZ (prince de). Déférence de Marie-Thérèse pour lui, I, XVIII. — Ses conseils pour la conduite de la dauphine à l'égard de Louis XV et des personnes de la société du roi, 192. — Ce qu'il pense de Rohan, 290 et 319. — Ses plaintes sur la prétendue négociation du baron de Neny en France, II, 60. — Il demande à se retirer ; proposition de Marie-Thérèse à Mercy ; billet de Kaunitz à l'impératrice, 86, 87, 89. — Impression produite sur lui par la mort de Louis XV, 151. — Notes du prince de Kaunitz pour Louis XVI, 158, 172. — Il est prévenu contre le baron de Breteuil, 292. — Son amitié pour Georgel, 303. — L'empereur irrité contre lui, III, 230. — Ses négligences pendant la guerre de la succession de Bavière, 231. — Il demande la nomination d'un vice-chancelier ; billet que lui écrit l'impératrice après la signature de la paix de Teschen, 319. — Altération de sa santé, 326. — Lettre du prince de Kaunitz à Marie-Antoinette, 418. — Réponse de la reine, 428.

KOCH (baron de), III, 40.

## L

LABORDE (Jean-Joseph de), banquier célèbre. Ses rapports avec Joseph II ; son dévouement au roi et à la reine, III, 58.

LA CHALOTAIS (affaire de), I, 36.

LACY (maréchal de), I, 379. — Son voyage dans le midi de la France ; note biographique, II, 76. — Son genre d'existence à Montpellier, 86. — Doit faire le voyage de Paris, 113. — Marie-Thérèse le recommande à la dauphine, 123. — Présentation du maréchal de Lacy, 130. — Sa réception à la cour et son séjour à Paris, 131, 142. — Il donne sa démission de président de la guerre ; il a pour successeur le comte de Hadik, 136. — Réflexions de Marie-Thérèse à ce sujet, 189. — Lacy à la tête des divertissements de la cour de Vienne, 385. — Son avis dans la guerre de 1778, III, 231.

LAFARE (marquise de), I, 304.

LAFAYETTE (marquis de), III, 315.

LAFOSSE, banquier, III, 41.

LA MARCHE (comtesse de), II, 362. — Pension demandée pour la comtesse de la Marche, 407. — Note particulière, 414.

LA MARCK (comte de), recommandé par Marie-Thérèse, note biographique, I, 45.

LA MARCK (comtesse de), sœur du duc et du comte de Noailles. Ses relations avec Gustave III, roi de Suède, I, 324. — Ses démarches auprès de la dauphine en faveur de la baronne de Nieukerk et de M$^{lle}$ Nieuvenhem ; elle compromet la dauphine, 325. — Son appréciation sur les réde Fronsac et la comtesse de Gramont, 113. — Nouveaux détails ; scandale et murmures dans le public, 119. — Opinion de Marie-Thérèse sur le jeu de pharaon, 128. — Jeux de la cour à Fontainebleau, 132. — Les abus qui s'y commettent déplaisent au roi, 139. — Nouvelles pertes qu'y fait la reine, 222. — Le roi joue pour la première fois au pharaon, 255. — Abus pendant le séjour de la cour à Marly ; filouteries au jeu, 265. — Jeux excessifs chez la princesse de Lamballe ; désapprobation et mécontentement de la reine, 367. — Modération dans les jeux, 401. — Introduction à la cour de divertissements frivoles et bruyants ; mauvais effets sur l'opinion publique à cause des circonstances, 411. — Goût du roi pour le jeu de loto, 457. — Jeux pendant le séjour de la cour à Marly, 485. — Friponneries scandaleuses au jeu de Marly ; portefeuille pris dans la poche du comte de Dillon, 490.

JOSEPH II. Ses témoignages sur Marie-Antoinette et Louis XVI, I, LXVIII, LXIX. — Note biographique, 5. — Dissentiment entre lui et Marie-Thérèse, 48. — Affaire de Fornari, ministre de Gênes, 59. — Son entrevue avec le roi de Prusse à Neustadt, 79. — Ouverture du duc d'Aiguillon au sujet d'un mariage avec M<sup>me</sup> Marie, sœur du dauphin, 178 et 183. — Voyage de Joseph II en Bohême, 236. — Comment il traite Rohan, 289. — Il désapprouve le coup d'État de Gustave III, 378. — Sa correspondance avec la dauphine, 443. — Projet de voyage en Pologne, 447. — L'impératrice désapprouve ce voyage, II, 1. — Pourquoi elle ne lui communique pas les lettres de Mercy, 14. — Correspondance de Joseph II avec la dauphine, 30. — Ses faveurs envers Rohan ; son projet d'aller à Paris, 62. — Plan de ce voyage, 84. — Divergence entre Joseph II et Marie-Thérèse, 87. — Personnages qui composeront la suite de Joseph II pendant son voyage en France, 89. — Réflexions de Mercy concernant ce voyage, 100. — Préventions inspirées à Joseph II contre la nation française, 104. — Il renonce momentanément à son voyage en France, 125. — Renseignements qu'il demande à Mercy relativement à ce voyage, 133. — Depuis la mort de Louis XV, l'empereur voit les lettres de Mercy à Marie-Thérèse, 176. — Lettre en allemand de Joseph II à la reine, 279 et 289. — Lettres de l'empereur à Marie-Antoinette sur son projet de voyage en France, 305. — Ce projet prend de la consistance ; Joseph II tient à garder l'incognito, 316. — Voyage de Joseph II en Italie, 326. — L'empereur se laisse circonvenir par les flatteurs et les intrigants qui l'amusent, 328. — Il pousse trop loin la popularité ; conséquences fâcheuses, 329. — Sa correspondance avec la reine, 337. — Joseph II à Venise avec ses trois frères, Léopold, Ferdinand et Maximilien, 342. — Mécontentement de l'empereur par suite de l'expression « le pauvre homme » employée par la reine pour désigner Louis XVI, 360. — Projet de lettre sévère de Joseph II à Marie-Antoinette, 363 et suiv. — Paraît décidé à faire le voyage de France, 509. — Plan de l'empereur pour son voyage ; il veut garder le plus strict incognito, 541. — Marie-Thérèse voudrait quelque tempérament dans les idées de l'empereur au sujet de son voyage, III, 2. — Logement loué pour l'empereur à Versailles ; ses recommandations pour le moment de son arrivée, 7. — Voyage retardé par des circonstances politiques ; conjectures à ce sujet, 11. — Lettre de Louis XVI à Joseph II à propos du voyage retardé, 14. — Son arrivée à Paris, le 18 avril 1777, 47. — Récit du séjour en France de Joseph II, par Mercy, 49 et suiv. — Ses regrets en quittant sa sœur ; ce qu'il écrit à ce sujet à l'impératrice, 86. — Il a été content de la nation française ; ses préjugés ont cessé, 87. — Lettres qu'il écrit de Brest et de Rochefort au roi et à la reine, 90. — Impression produite par Joseph II dans son voyage à travers la France ; sa lettre à son frère Léopold, 96. — Son indignation contre la conduite du comte d'Artois et de Monsieur pendant leurs voyages dans les provinces de l'est et du sud ; mot de l'empereur à l'adresse de M. de Maurepas, 97. — Récit fait par Joseph II de son voyage dans les provinces de France, 104. — Comment Joseph II appréciait la passion de la reine pour les jeux de hasard, 132. — Sa lettre à la reine sur les menaces de guerre, 191. — Sa lettre au roi de Prusse et réponse qu'il en reçoit, 202, 205. — Joseph II favorable à l'Angleterre contre la France, 335. — Son projet d'une entrevue avec l'impératrice de Russie ; désapprobation de Marie-Thérèse, 404 413, 417 et 425. — Sympathie pour l'Angleterre et projet de voyage, 405 et 445. — Son opinion sur Necker, 405. — Ses lettres à la reine annoncent de la bienveillance pour la nation française, 414. — Son entrevue avec Catherine II à Mohilew, et voyage qu'il fait avec elle jusqu'à Saint-Pétersbourg, 427, 433, 451, 453, 460 et 463.. — Contrariété de l'impératrice causée par le voyage de Joseph II en Russie, 443, 444.

## K

KAUNITZ (comte Dominique), fils du prince chancelier d'Autriche, II, 474.
KAUNITZ (comte Joseph de), le plus jeune fils du prince chancelier. Son entrevue avec la reine, III, 417, 422.
KAUNITZ-QUESTENBERG (comte de), reçu par la reine, III, 457.
KAUNITZ (prince de). Déférence de Marie-Thérèse pour lui, I, XVIII. — Ses conseils pour la conduite de la dauphine à l'égard de Louis XV et des personnes de la société du roi, 192. — Ce qu'il pense de Rohan, 290 et 319. — Ses plaintes sur la prétendue négociation du baron de Neny en France, II, 60. — Il demande à se retirer ; proposition de Marie-Thérèse à Mercy ; billet de Kaunitz à l'impératrice, 86, 87, 89. — Impression produite sur lui par la mort de Louis XV, 151. — Notes du prince de Kaunitz pour Louis XVI, 158, 172. — Il est prévenu contre le baron de Breteuil, 292. — Son amitié pour Georgel, 303. — L'empereur irrité contre lui, III, 230. — Ses négligences pendant la guerre de la succession de Bavière, 231. — Il demande la nomination d'un vice-chancelier ; billet que lui écrit l'impératrice après la signature de la paix de Teschen, 319. — Altération de sa santé, 326. — Lettre du prince de Kaunitz à Marie-Antoinette, 418. — Réponse de la reine, 428.
KOCH (baron de), III, 40.

## L

LABORDE (Jean-Joseph de), banquier célèbre. Ses rapports avec Joseph II ; son dévouement au roi et à la reine, III, 58.
LA CHALOTAIS (affaire de), I, 36.
LACY (maréchal de), I, 379. — Son voyage dans le midi de la France ; note biographique, II, 76. — Son genre d'existence à Montpellier, 86. — Doit faire le voyage de Paris, 113. — Marie-Thérèse le recommande à la dauphine, 123. — Présentation du maréchal de Lacy, 130. — Sa réception à la cour et son séjour à Paris, 131, 142. — Il donne sa démission de président de la guerre ; il a pour successeur le comte de Hadik, 136. — Réflexions de Marie-Thérèse à ce sujet, 189. — Lacy à la tête des divertissements de la cour de Vienne, 385. — Son avis dans la guerre de 1778, III, 231.
LAFARE (marquise de), I, 304.
LAFAYETTE (marquis de), III, 315.
LAFOSSE, banquier, III, 41.
LA MARCHE (comtesse de), II, 362. — Pension demandée pour la comtesse de la Marche, 407. — Note particulière, 414.
LA MARCK (comte de), recommandé par Marie-Thérèse, note biographique, I, 45.
LA MARCK (comtesse de), sœur du duc et du comte de Noailles. Ses relations avec Gustave III, roi de Suède, I, 324. — Ses démarches auprès de la dauphine en faveur de la baronne de Nieukerk et de M$^{lle}$ Nieuvenhem ; elle compromet la dauphine, 325. — Son appréciation sur les ré-

formes opérées par le ministère Turgot, II, 416.

LAMBALLE (princesse de), I, LV. — Affection que lui porte la dauphine, 140. — M$^{me}$ de Lamballe traitée avec la même amitié par Marie-Antoinette devenue reine, II, 161. — Conseils de l'impératrice relatifs à cette liaison, 177. — Il n'est pas vrai qu'elle doive remplacer la comtesse de Noailles, 195. — Conduite de la reine à l'égard de la princesse de Lamballe, 238. — — Intention de la reine d'en faire la surintendante de sa maison, 275, 291, 314, 320. — Faveur qu'elle obtient de la reine pour son frère, le prince de Carignan, 281. — Elle est nommée surintendante de la maison de la reine, 359, 363, 367, 375. — Prérogatives de cette place, 377. — Exigences de M$^{me}$ de Lamballe, 386, 387. — Elle s'évanouit en voyant des gens tomber à l'eau, 388 et 392. — Opinion de Mercy sur cette princesse, 390. — Rivalité et jalousie entre elle et M$^{me}$ de Polignac ; elle est soutenue par le comte d'Artois et le duc de Chartres, 397, 493, 520, 538. — Intrigues de ses partisans ; salons de M$^{me}$ de Lamballe, 398. — Son traitement fixé à 50,000 écus, 399. — Ce que la princesse de Lamballe coûte à l'État ; abus qu'elle fait de son crédit, 408. — Sa faveur auprès de la reine diminue, 427, 436. — Ses prétentions et son despotisme, 444. — Rougeole dont elle est attaquée à Plombières, 466. — Elle fait nommer le duc de Chartres au gouvernement du Poitou, 476. — Citée comme la seule femme de bonne réputation dans l'entourage de la reine, 490, note. — Gros jeux qui se jouent chez M$^{me}$ de Lamballe, 521. — Ordre qui lui est donné par la reine de ne point s'abstenir de tenir maison, 538. — Grâces qu'elle obtient pour elle et les siens ; clameurs à ce sujet, III, 32. — L'affection que la reine a pour elle diminue, 115. — Causes de son discrédit, 165. — La reine a ouvert les yeux sur sa surintendante, 208. — Demande exagérée et injuste de M$^{me}$ de Lamballe, 255. — Elle fait son service près de la reine malgré la mort de son père, le prince de Carignan, 286. — M$^{me}$ de Lamballe devenue pour la reine un objet d'ennui et d'embarras, 360. — Elle paraît rarement à la cour, 475.

LAMBERG-SPRINZENSTEIN (comte de), envoyé d'Autriche à Naples, III, 415.

LAMBESC (prince de), fils de la comtesse de Brionne, grand écuyer de Louis XV, I, 140 et 141. — Ses équipages de chasse, II, 518. — Envoyé à Vienne pour porter la nouvelle de l'heureux accouchement de la reine, III, 277. — Il obtient de remettre son régiment à son frère cadet le prince de Vaudemont ; plaintes à ce sujet, 419.

LANGEAC (abbé de) et sa mère la Sabatin, I, 223.

LAROCHE-AYMON (comte de), jugé par le dauphin, I, 90.

LA ROCHE-AYMON (de), cardinal-archevêque de Reims, I, 269. — Sa maladresse au sujet d'une recommandation de la dauphine, 385. — Sa mort prochaine ; sa charge de grand-aumônier promise à Rohan, II, 32.

LA ROCHE-AYMON (M$^{me}$ de), nommée dame du palais, II, 375.

LAS CASAS, ministre d'Espagne à Vienne, I, 283. — Son mémoire sur les affaires de Parme, 361.

LA MARMORA (comte de), ambassadeur de Sardaigne à Paris, I, 175. — Son projet de former un parti piémontais à la cour de France, II, 82.

LASSONE (de), premier médecin de Marie-Antoinette et de Louis XVI, I, LVII et 350. — Conférence du dauphin avec ce médecin, 437. — Conseils donnés à Lassone par Mercy, II, 28. — Il deviendra premier médecin de Louis XVI, III, 42. — Caractère de ce médecin, 124, 206. — Billet de Marie-Thérèse à Lassone au sujet de la grossesse de la reine, 209. — Reconnaissance que lui témoigne l'impératrice, 284. — Cadeau qu'elle lui fait offrir, 291, 292.

LAUDON (baron de), feld-maréchal d'Autriche, III, 234.

LAURAGUAIS (comte de-duc de Brancas), littérateur, I, 325.

LAURAGUAIS (duc de), I, 325.

LAUZUN (duc de), I, LIX. — Moyen qu'il emploie pour attaquer la comtesse de Polignac, II, 538. — Projets et manœuvres de Lauzun, jugement porté sur lui, 539, 540, III, 2. — Lauzun démasqué, 8. — Il est poursuivi par ses créanciers ; manœuvres de la princesse de Guéménée en sa faveur, 32.

LAVAL (vicomtesse de), non agréée comme dame de compagnie de Madame, à cause de son extraction de finance, III, 390.

LA VALLIÈRE (duc de), I, 64.

LAVERAN, dentiste de la cour de Vienne, attaché au service de Marie-Thérèse, III, 111.

LA VILLE (abbé de), I, 124. — Sa mort, II, 110.

LA VRILLIÈRE (Comte de saint-Florentin, duc de), I, XLVIII et 24, 38, 87. — Réprimande qu'il reçoit de la dauphine, 88. — Sa maîtresse devenue comtesse de Langeac, 223. — La reine demande son renvoi, II, 323. — Il quitte le ministère de la maison du roi, 354.

LAXENBURG, résidence d'été de la cour d'Autriche, I, 170. — Fêtes qui y sont données, 356.

LEBZELTERN (Marie-Élisabeth de), femme du baron de Neny, I, 409.

Lectures de Marie-Antoinette. Catalogue de sa bibliothèque à Versailles, I, LXIV. — Lettres d'un vieillard à un jeune prince, par le comte de Tessin, 73. — Marie-Thérèse lui conseille la lecture de Bossuet, 84. — Bagatelles morales, de l'abbé Coyer, 74. — Catalogues publiés par MM. Paul Lacroix et Louis Lacour, ibid, note. — Mémoires de l'Estoile, 322. — Lettres d'une mère à sa fille, ibid. — Anecdotes de la cour de Philippe-Auguste, par M<sup>lle</sup> de Lussan, 355. — Lettres provinciales, 399. — Bibliothèque de campagne, 454. — Histoire romaine, de Laurent Echard, II, 453. — Histoire d'Angleterre, de Hume, III, 114.

LEE (Arthur), envoyé en France par les États-Unis ; sa visite à la cour de Vienne, où Marie-Thérèse refuse de le recevoir, III, 209, 210.

LE GROS, musicien, III, 46, note.

LE NOIR, lieutenant de police, II, 320.

LÉOPOLD II, frère de Marie-Antoinette, I, 5. — La grande duchesse de Toscane, femme de Léopold, 196. — Leur projet d'aller en Espagne, 395. — Opinion de Marie-Thérèse sur la grande duchesse, 407. — Mort de l'archiduc Albert, fils de Léopold, II, 216. — Voyage de Léopold à Goritz pour y voir l'impératrice, 404. — Voyage à Vienne en septembre 1776, 485. — Ses plaintes contre le comte de Barbantane et le prétendant Charles-Édouard, 514. — Son voyage à Vienne en septembre 1778, III, 252.

LESPARRE. *Voyez* ESPARRE.

*Lettres* de Marie-Antoinette non retrouvées. A Joseph II, I, 393. — Au comte d'Esterhazy, II, 456, 460 ; III, 307.

*Lettres d'État.* Sens de ce mot, III, 82.

*Lettres provinciales*, par Pierre Bouquet, I. 399.

LÉVIS (duc de). Ses Mémoires, I, XLVI.

LIEUTAUD, premier médecin du roi avant Lassone, III, 42.

LIGNE (prince de). Supplique en faveur de son fils, transmise à Marie-Thérèse par Marie-Antoinette, II, 471. — Réponse de Marie-Thérèse ; jugement qu'elle porte sur lui, note biographique, 485. — Faveur du prince de Ligne auprès de la reine, 493. — La reine lui fait donner l'uniforme de Choisy et le grand uniforme de chasse ; intimité du prince de Ligne avec le comte d'Artois ; son caractère, 529. — Il désire venir en France pendant le séjour de l'empereur, III, 10. — Moyen de mettre obstacle à ce projet, 13. — Il trouve ressemblant un portrait de la reine, 303.

LINSINGEN (baron de), colonel au service de la France, I, 131. — Opinion sur son compte, 137.

LIOTARD (Jean-Étienne), peintre. Note biographique I, 85 et 184. — Portrait de M<sup>me</sup> Necker par Liotard, possédé par Marie-Thérèse, III, 406.

LLANO (de), marquis de Zuvero, envoyé d'Espagne à Parme, I, 220. — Lettre de l'infant contre cet envoyé, 331. — Il est détesté de Marie-Amélie, 342. — Son renvoi par l'infant, 376. — Son rapport sur la cour de Parme, II, 34. — Note, *ibid*.

LOBKOWITZ (prince de), ambassadeur d'Autriche en Espagne, I, 196. — Sa présentation à la dauphine, 296. — Sa mission au sujet du marquis de Tanucci, *ibid.*, et suiv. — Sa communication au sujet des affaires de Pologne, 361. — Entente de Mercy avec le prince de Lobkowitz pour empêcher le voyage du roi de Naples en Espagne, II, 214. — Lobkowitz visité par la reine à son bal, III, 387.

LORGES (duc de), fils du duc de Civrac, demandé par le duc de Villeroy pour être son survivancier comme capitaine des gardes du corps, III, 321. — Le comte de Gramont est nommé à cette place, 330. — Marie-Thérèse regrette que le duc de Lorges ait échoué, 325.

LOSADA (duc de), I, 290. — Ministre dirigeant en Espagne, II, 482.

LOUIS XV. Son caractère, I, xiv. — Son affection pour la dauphine, 17. — Sa faiblesse pour M$^{me}$ du Barry, *ibid.* — Ses soupers à l'Hermitage, 37. — Sa conduite à l'égard de la dauphine, 51. — Son indifférence pour les affaires, son dégoût pour le travail, 112. — Ses observations à la dauphine par l'intermédiaire de M$^{me}$ de Noailles, 142. — Lit de justice pour l'affaire du parlement, 148. — Le trône avili par la favorite ; propos et écrits séditieux contre le roi, 154. — La tête du roi s'affaiblit, 156. — Marques d'affection qu'il donne à la dauphine, 165. — Louis XV reçoit Mercy chez M$^{me}$ du Barry, 201, 203. — Ascendant sans bornes de M$^{me}$ du Barry sur le roi, 251. — Il n'a d'estime ni pour Maupeou ni pour d'Aiguillon, 298. — Semble indifférent aux arrangements relatifs à la Pologne, 305. — Accident de chasse, conduite de la dauphine, 340. — Soupers du petit château, 338 et 346. — Conversation avec Louis XV, où il est question de l'infante de Parme, de Joseph II et du roi de Prusse, 352. — Opinion de Louis XV sur les affaires de Suède et de Pologne, 378. — Son indifférence à l'égard des affaires de Parme, 389 et 391. — Revue passée par Louis XV dans la plaine des Sablons, 450. — Affaiblissement du roi, quant à la santé et à l'esprit, 455. — Son refroidissement à l'égard de M$^{me}$ du Barry, 462. — Réponse de Louis XV à une lettre de M$^{me}$ Adélaïde, II, 19. — Billets de Louis XV et de la dauphine au sujet de M$^{me}$ de Gramont, 24, 25. — Situation de Louis XV vieillissant, 31. — Changements dans son caractère ; ses appréhensions de la mort, 110. — Intrigues pour éloigner de lui l'abbé Maudoux, son confesseur, 111, 112, 132. — Maladie de Louis XV ; petite vérole d'un caractère dangereux, 134. — Confession du roi ; éloignement de la favorite, 137. — Ses derniers moments, sa mort, *ibid.*, et 139, 145, 165. — Cassette du monarque défunt, 152, 166, 179, 182. — Causes de l'inhumation précipitée du feu roi, 167. — Testament de Louis XV, 189, 200 et 202. — État moral de la France à la fin du règne de Louis XV, 230 et suiv.

LOUIS XVI. Lettres apocryphes de ce roi, I, ii. — Sa correspondance avec Vergennes, vi. — Sa bonne attitude politique dans l'affaire de la succession de Bavière, xli. — Son ardeur au plaisir de la chasse ; sa gourmandise, 32. — Sa présence aux soupers de Louis XV et de M$^{me}$ de Barry, 37. — Ses sentiments pour la dauphine, 44. — Sa timidité dans ses rapports avec elle, 78. — Leçon que lui fait la dauphine sur sa passion pour la chasse, 94. — Son indifférence à la chute de Choiseul, son état général de nonchalance, 126. — Changements qui se remarquent en sa personne aux bals de la dauphine, 134. — Vive réprimande de la dauphine au sujet du goût du dauphin pour la chasse, 189. — Empressement du dauphin pour la dauphine, 245. — Il recherche le comte de Mercy, 260. — Porcelaine brisée dans une rixe entre le dauphin et le comte de Provence, 313. — Sa situation à l'égard de la dauphine est incompréhensible, 317. — Ses badinages avec le comte de Provence, 335. — Soupers du petit château, 347. — Son caractère froid et réservé, 351. — Accident du dauphin à la chasse, 355. — Revue passée par le dauphin, 364, 366 et 367. — Changements avantageux qui s'opèrent chez le dauphin, 374. — Portrait du dauphin par la dauphine, 400. — Ordres qu'il établit dans ses finances, 432. — Ses occupations, 441. — Entrée solennelle du dauphin et de la dauphine à Paris, 458-59. — Leurs visites aux spectacles de Paris, II, 3. — Réponse du dauphin à M<sup>me</sup> Adélaïde, au sujet du duc d'Aiguillon, 5. — Goût du dauphin pour les travaux manuels, 10. — Avis que Louis XV lui fait donner par M<sup>me</sup> Adélaïde, 19. — Sans force et sans volonté pour régner un jour par lui-même, 31. — Froideur du dauphin vis-à-vis de la dauphine, 88. — Ascendant que celle-ci prend sur lui, 97. — Chute du dauphin à la chasse, 100. — Intimité du dauphin avec la dauphine, II, 119, 120, 142. — Comparaison entre le dauphin et ses deux frères, 128. — Conseils donnés par Mercy à la reine pour sa conduite et celle du nouveau roi, 138. — Premiers actes de Louis XVI, 139. — Billet du roi à Marie-Thérèse, 141. — Ordre donné par lui dans les derniers moments de Louis XV, 145. — Réponse de Louis XVI au prince de Conti, 160. — Sa simplicité dans ses rapports avec ses frères et ses belles-sœurs, *ibid.* et 177. — Il donne à la reine le petit Trianon, 162. — Inoculation du roi et de ses frères, 175, 182 et 183. — Inquiétudes de Marie-Thérèse à ce sujet, 190. — Rétablissement du roi, 191 et 192. — Son aversion à l'égard de Choiseul, 198. — Caractère de Louis XVI, 200. — Promenade du roi, de la reine et des princes sur les boulevards de Paris ; attitude du public, 210. — Conséquences des trop grandes familiarités avec ses frères, 217. — Santé et occupations du roi, 223. — Impression produite sur Louis XVI par le pamphlet de Beaumarchais, 240. — Remarques sur l'amabilité du roi ; diminution dans l'exercice de la chasse, 248. — Confiance du roi envers la reine dans l'affaire du rétablissement des parlements, 253. — Amabilité de Louis XVI en société, 272. — Notes de Louis XVI à Vergennes sur la politique de l'Autriche en Orient, 292. — Le roi au bal costumé de la cour, 296. — Portrait du roi par le peintre Duplessis, 304 et 487. — Communication établie entre l'appartement du roi et celui de la reine, 323. — Déplaisir du roi causé par le comte d'Artois et les dissipations où il entraîne la reine, 334. — Sacre de Louis XVI raconté par la reine, 342, 345 et suiv. — Chasses du roi à Saint-Hubert ; la reine l'y accompagne, 352. — Opération qu'il est question de faire au roi, 373. — Sa générosité envers la veuve du maréchal comte du Muy, 384. — Froid accueil du roi et de la reine à Monsieur et Madame, lors de leur retour de Chambéry, 388. — Bonté et confiance du roi à l'égard de la reine, 399. — Chansons contre le roi et la reine, 410. — Reproches intimes que lui fait la reine, 429. — Indifférence du roi et de la reine pour la maladie dont se trouvent atteints Monsieur et le comte d'Artois, 467. — Faiblesse excessive du roi pour la reine, 524. — Il paie sur sa cassette les dettes de la reine, III, 7. — Échange de lettres entre Louis XVI et Joseph II, 14. — Parole de Louis XVI sur le roi de Prusse au sujet du voyage de Joseph II en France, 17. — Tentatives pour induire le roi à des écarts de conduite ; la Contat, de la Comédie française, 43. — Témoignage rendu par la reine de l'amitié de Louis XVI pour Joseph II, ainsi que des attentions et des recherches de tendresse qu'il a pour elle, 48. — Longue conversation de Joseph II avec Louis XVI ; jugement porté par l'empereur sur le roi, 73, 74, 78. — Louis XVI entretient son beau-frère de son chagrin de ne point avoir d'enfants, 80. — Il désapprouve les jeux de hasard qui se font à la cour, 139. — Il paie les dettes de jeu de la reine, 155. — Sa conversation avec la reine sur le roi de Prusse et les affaires de Bavière, 167 et suiv. — Joie de Louis XVI de la grossesse de la reine 195. — Lettre du roi à Marie-Thérèse pour lui annoncer cette nouvelle, 201. — Bonnes dispositions du roi quant aux complications politiques du moment, 204. — Marques de sensibilité de Louis XVI pour la reine, 222. — Joie et sensibilité du roi à l'heureux accouchement de la reine ; attentions et tendresse qu'il lui marque, 277, 278, 282. — Son assiduité auprès de la reine pendant le temps des couches ; bontés qu'il marque à l'abbé de Vermond pour son dévouement à la reine, 285. — Présent du roi à la reine, 290. — Éloignement du roi pendant la rougeole de la reine; billet de la reine au roi, 306. — Mécontentement de la reine de ce que, après le terme de sa rougeole, le roi n'avait pas paru chez elle; nuage aisément dissipé, 314. — Louis XVI, influencé par Maurepas, ne parle pas à la reine de l'expédition projetée par Lafayette, 315. — Reprise des habitudes matrimoniales entre le roi et la reine, 320. — Tentatives pour pervertir le roi; conversation provoquée par la reine, 323. — Visite du roi à M<sup>me</sup> de Polignac pendant le séjour de la cour à la Muette, 437. — Proverbes licencieux joués devant le roi à Compiègne; mécontentement de la reine, 487.

LOUIS, chirurgien célèbre, désigné à Marie-Thérèse pour soigner l'archiduc Maximilien; autres chirurgiens désignés en même temps : Moreau, Guérin, Sabatier et Dufouar, III, 317.

LOUISE (madame). Voir MESDAMES.

LUCIENNES, I, LXVII. — Visite de Joseph II à Luciennes; il y voit M<sup>me</sup> du Barry; note sur Luciennes ou Louveciennes, III, 66.

LUSSAN (M<sup>lle</sup> de), auteur de romans historiques, I, 355.

LUXEMBOURG (chevalier de); l'un des favoris de la reine, II, 398.

LUXEMBOURG (duchesse de), I, 222.

LUXEMBOURG (palais du), visité par Joseph II, 363.

LUYNES (duchesse de), dame du palais de la reine, II, 431.

# M

MABLY, fait avec Condillac l'éducation de don Ferdinand, duc de Parme et de Plaisance, I, XXI.

MACHAULT (comte de), II, 146.

MADAME, fille du roi (Marie-Thérèse-Charlotte). — Maison de la jeune princesse, III, 292. — État de sa santé et de sa constitution, 294. — Sollicitude du roi et de la reine pour leur enfant, 299. — Physionomie de la jeune princesse, 320. — Idées sages de la reine concernant la gouvernante et les sous-gouvernantes, 330. — Envoi à Marie-Thérèse du portrait de sa petite-fille, 339. — Détails sur la jeune princesse, 339, 355 et 417. — Légère indisposition, 473 et 488.

MAGALLON, chargé d'affaires d'Espagne, I, 361. — Il indique la condition à laquelle les relations se rétabliraient entre l'Espagne et Parme, 456.

MAHONY, ministre d'Espagne en Autriche, I, 345.

MAILLEBOIS (M. de), I, 47.

MAILLY (comte de), fils du marquis de Mailly, mari de la dame d'atours de la reine; il est nommé duc, III, 5.

MAILLY (M<sup>me</sup> de). Sa bonne réputation, I, LVII. — Nommée dame du palais, 141. — La dauphine lui fait une visite; billet de Louis XV à ce sujet, II, 116. — Elle est nommée dame d'atours de la reine, 375. — Ses prétentions, 387. — Son caractère jugé par Mercy, 391.

MAILLY (marquis d'Hautecourt de). Sa nomination comme cordon bleu, II, 424.

MAISONS (château de), acheté par le comte d'Artois, III, 135.

MALASPINA (comtesse de), I, 170.

MALESHERBES, I, XLVIII. — Sa nomination au ministère, mal accueillie par la reine; bonnes intentions de Malesherbes, II, 354 et 355. — Jugement porté par Mercy sur ce ministre, 358. — La reine revenue de sa prévention contre Malesherbes, 366, 387. — Il est remplacé au ministère par Amelot, 441. — Intrigues qui amenèrent sa chute; Marie-Antoinette y contribue, 442, note, et 447. — Jugement de Marie-Thérèse à ce sujet, 449.

MARCHISIO, ministre de Modène à Vienne, II, 60.

MARCY (abbé), directeur du cabinet impérial de physique, à Vienne, I, 212.

*Margraviats* (affaire des), III, 235.

MARIE-AMÉLIE (archiduchesse), sœur de Marie-Antoinette, duchesse de Parme et de Plaisance, I, XIX. — Tableau de la famille impériale, 5. — Note biographique, 169. Voir PARME ET PLAISANCE. — Conduite de Marie Amélie envers don Llano, l'envoyé d'Espagne, 342. — Conversation de Louis XV au sujet de cette princesse, 351.

MARIE-ANNE ou Marianne, sœur aînée de Marie-Antoinette, I, 4. — Présent qu'elle envoie à la dauphine, 85. — Mauvaise conformation de cette princesse; inquiétudes de Marie-Thérèse à son sujet, III, 482. — Sa relation de la maladie et de la mort de Marie-Thérèse, 492.

MARIE-ANTOINETTE. Son éducation inachevée en 1770, I, XII. — Sa situation de mariage pendant sept ans, ibid. — Sa répugnance à l'égard de M$^{me}$ du Barry, XXXIII. — Son attitude dans l'affaire de la succession de Bavière, XXXVI et suiv. — Elle fait renvoyer le duc d'Aiguillon et rappeler Choiseul, XLIV. — Favoris et favorites de la reine, LV, LIX. — Les quatre gardes-malades de la reine pendant sa rougeole, LXII. — Lectures de la reine, LXIII. — Jeu de la reine, LXV et LXVI. — Prétendue inconduite de la reine, LXVIII. — Tableau de la famille de Marie-Antoinette, I, 4 et 5. — Le vrai nom est Marie-Antoine, 5. — Son opinion sur M$^{me}$ du Barry, 17. — Emploi de ses journées à Choisy, juillet 1770, 19. — Choix de son confesseur, 22. — Elle refuse de mettre un corset, 33. — Son sentiment sur le dauphin, 40. — Son caractère et son esprit, 54. — Ses lectures, 55 et 64. — Marques d'amitié du roi pour la dauphine, 65. — Le corset accepté, ibid. et 111. — La dauphine monte à cheval pour la première fois, 91. — Reproches de l'impératrice à ce sujet, 104, 129, 171, 185. — Preuve de la bonté de la dauphine pour ses gens, 107. — Opinion du peuple de Paris sur la dauphine, 108. — Empressement du dauphin à lui plaire, 109. — Ses œuvres de charité, ibid. — Buste de la dauphine envoyé à Louis XV par Marie-Thérèse, 114. — Son attitude à la chute de Choiseul, 118. — Observations que lui fait adresser Louis XV, 142. — Influence funeste de Mesdames et surtout de M$^{me}$ Adélaïde, 144 et suiv. — Traits de bonté de la dauphine, 163 et 206. — Preuve de son bon caractère, 176. — Son plaisir à jouer avec des enfants, ibid. — Billets de Louis XV et de la dauphine, 228. — Manière dont elle écrit ses lettres, 259. — Son impression en apprenant une maladie de l'impératrice, 274. — Gaspillage des fonds affectés à la dauphine, 277. — Ses lectures et ses occupations d'agrément, 279. — Concerts chez la dauphine; son goût pour la musique, 312 et 433. — Son désir de voir Paris, projet avorté, 312. — La dauphine s'emploie à maintenir l'alliance entre la France et l'Autriche, 322. — Sa tristesse par suite de la situation du dauphin à son égard, 330. — Bonne réception qu'elle fait à M$^{me}$ du Barry, 336. — La dauphine s'affranchit de l'influence de Mesdames, 337. — Ses attentions pour Louis XV, à l'occasion d'un accident de chasse, 340. — Trait d'humanité de la dauphine, comparaison entre elle et la comtesse de Provence, 346. — Progrès dans son instruction, 348. — Elle résiste à ses tantes, 357. — Assiduités du comte de Provence auprès d'elle, 363. — Son goût pour l'exercice du cheval, ibid. — Sa parcimonie dans les actes de libéralité, 364. — Sa conduite à la revue du régiment du dauphin, 367. — Répulsion de la dauphine pour M$^{me}$ du Barry, 371. — Son aversion pour le duc d'Aiguillon, 375. — Son peu d'empressement pour les étrangers, 376. — La tutelle de Mesdames a cessé, 387. — Nature de ses rapports avec le comte de Provence, 390. — Ses lettres à Joseph II, 393. — Portraits des jeunes frères de la dauphine; réception du jour de l'an, 396. — Bienfaisance de la dauphine, 397. — Trait de charmante naïveté, 398. — Ses recommandations irréfléchies et abusives, 433. — Son ascendant sur le dauphin, 435. — Ce qu'elle pense de sa sœur, l'infante de Parme, 439. — Sa conduite politique, 442. — Son aptitude pour les affaires sérieuses, 445. — Son horreur pour le duc d'Aiguillon, ibid. — Son opinion sur le roi de Prusse et sur les Anglais, 449. — Le seau d'eau jeté par une fenêtre de M$^{me}$ du Barry, 450. — Sentiments de la dauphine sur le duc de Choiseul; sa réponse à M$^{me}$ Adélaïde, 451. — Conduite qu'elle doit tenir en prévision de l'éloignement de M$^{me}$ du Barry, 452. — Règlement qu'elle s'est tracé elle-même, 453. — Son désir et sa demande à Louis XV pour l'entrée publique à Paris, 450, 455. — Entrée solennelle du dauphin et de la dauphine à Paris le 8 juin 1773, 458, 459, 465, 466. — Trait de sensibilité, 468. — La dauphine, avec le dauphin, aux spectacles de l'Opéra, de la Comédie française et de la Comédie italienne; enthousiasme du peuple, II, 3 à 8. — Rapports de la dauphine avec le comte de Provence; sa liaison avec M$^{me}$ Marie-Clotilde, 7. — Ses sentiments au sujet de l'entrevue de Joseph II avec le roi de Prusse, 9 et 34. — Sa trop grande facilité à céder aux sollicitations, 23. — Elle demande le retour de M$^{me}$ de Gramont; réponse du roi, et billet de la dauphine, 24, 25. — Sa bonté envers un postillon blessé, 29. — Voyage de la dauphine à Paris, 37, 44 et 53. — Promenade en cabriolet, 38. — Joie de la dauphine en recevant les cadeaux de sa mère, 49. — Reproches de Marie-Thérèse sur la conduite de la dauphine avec le roi et sur sa passion pour monter à cheval, 52. — Enthousiasme de la population aux diverses apparitions de la dauphine à Paris, 54. — Paysan blessé par un cerf; conduite admirable de la dauphine, 63, 64 et 67. — Dispute entre un garçon appartenant au service de la dauphine et un garde du corps, 67. — Conversation intime avec le dauphin, 75. — Influence de la dauphine; son crédit auprès des ministres, 80. — Trait de générosité, 81. — Sa réponse à l'offre d'un cadeau de diamants, 95. — Intrigues de madame Adélaïde auprès de la dauphine en faveur de Monteynard et contre d'Aiguillon, 99. — Bals de l'Opéra et chez la dauphine, 100. — Billet du roi à la dauphine, 117. — Visite à M$^{me}$ de Mailly, ibid. — Mauvaises dispositions des comtesses d'Artois et de Provence à l'égard de la dauphine, 119. — La dauphine abuse des recommandations, 129. — Présent qu'elle reçoit du dauphin, 131. — Conduite de la dauphine en présence de la maladie du roi, 134, 137 et 143. — Conseils du comte de Mercy à la reine, ibid. — Remercîments de Marie-Antoinette à sa mère, 140. — Règle de conduite proposée par Mercy, 146 et suiv. — Visite de la reine à Madame Louise la Carmélite, 160. — Accueil froid fait par la reine au duc et à la duchesse d'Aiguillon, 162 et 163. — Abolition de l'étiquette qui ne permettait pas aux reines et princesses de manger avec des hommes, 164. — Nécessité que la reine ne reste pas éloignée des affaires, 165 à 171. — Son intervention en faveur de Choiseul, 172. — Hommages qu'elle reçoit du public de Paris, 173. — Droit de ceinture de la reine, 179. — Trop de familiarité de la part des frères du roi, 184, 207 et 217. — Son influence sur le roi et les ministres, 185. — Elle montre peu de goût aux affaires sérieuses, 193. — Caractère de la reine, 197. — Elle exige du roi le rappel de Choiseul, 198. — Promenades en cabriolet, 208. — Visite au jardin anglais du comte de Caraman, 209. — Demande d'augmentation de la cassette de la reine, 211. — Bonté qu'elle témoigne aux ministres Vergennes et Turgot, 212. — Opinion de Marie-Thérèse sur le caractère de sa fille, 215. — Emploi des journées de la reine, 218. — Conduite de la reine dans l'intérieur de la famille royale, 220. — Son influence dans les affaires publiques, ibid. — Pamphlet contre la reine attribué à Beaumarchais, 224, 231 et suiv. — Occupations et amusements de la reine à Compiègne; ses visites au couvent de la Visitation à Paris, 236. — Elle est consultée par le roi sur les questions politiques, 237. — Conduite de ses beaux-frères et de ses belles-sœurs à son égard, 238. — Aversion de la reine contre d'Aiguillon et Maurepas, 239. — Confidence du roi à Marie-Antoinette concernant le pamphlet attribué à Beaumarchais 240. — Position et crédit de la reine, 244. — Conduite du comte d'Artois à son égard, 245. — Inhabileté des peintres à saisir la ressemblance de la reine, 248. — Augmentation de la cassette de la reine, 249. — Confiance et bonté du roi envers la reine, dans les affaires du parlement, des soupers de la cour, de la cassette et de Beaumarchais, 253 et 254. — Retard dans l'envoi de son portrait à sa mère, 254. — Soupers où les hommes sont admis à la table de la reine, 255. — Goût de la reine pour la musique, 256 et 261. — Conversations sur la politique, 257. — Échange de cheveux et de portraits entre la reine et l'impératrice, 258. — Changements dans l'écriture de la reine, 263 et 289. — Envoi à Marie-Thérèse d'un portrait de la reine, 264. — Discrétion de Marie-Antoinette dans l'affaire du parlement, 266. — Accident dans une promenade en traîneau, 269. — Plaisirs à la cour réglés par la reine; gracieuseté du roi à son égard, 270. — Tristesse que lui cause la grossesse de la comtesse d'Artois, 274. — Bals de la cour, quadrilles costumés, 280. — Sa faiblesse pour la princesse de Lamballe, 282. — Sa joie de la prochaine arrivée à Paris de son frère, l'archiduc Maximilien, 283. — La reine à la représentation de l'opéra d'*Iphigénie*; enthousiasme du public, *ibid.* — Lettre allemande qu'elle reçoit de l'empereur, 289. — Coiffures de la reine, 293. Voir *Coiffures*. — Plaisirs et dissipations, 295 et 298. — Blâmes de Marie-Thérèse à ce sujet, 302. — Explications de la reine avec le duc d'Orléans sur une question d'étiquette relative à l'archiduc Maximilien, 307. — Société de la reine; elle assiste à une course de chevaux; accueil moins enthousiaste du public, 312. — Son influence dans l'affaire du procès du comte de Guines, 314. — Portraits de la reine, 315. — Conséquences fâcheuses de son intervention dans l'affaire de Guines, et dans la nomination du duc de Fitz-James comme maréchal de France, 318 et 319. — Propos calomnieux dans Paris sur la cour et la reine, 320. — Conversation de la reine avec le roi au sujet de d'Aiguillon, 322. — Communication établie entre son appartement et celui du roi, 323. — Indulgence de la reine pour le comte d'Artois; danger de se trouver compromise, 324. — Son indifférence sur la question de participer au sacre du roi, 325. — Abus que l'on fait de la bonté de la reine, 331. — Sa présence aux chasses du comte d'Artois, 332, 333, 336 et 341. — Inconvénients pour la reine de vivre sans intimité avec le roi, 334. — Démarche de la reine en faveur de Choiseul, 340. — Ses regrets de la retraite de M$^{me}$ de Cossé, 344. — Portrait de Marie-Thérèse, envoyé à la reine par le baron de Breteuil, *ibid.* — Marie-Antoinette à Reims; sa présence au sacre du roi, 445 et suiv. — Son caractère toujours porté à la dissipation; elle est livrée aux amis de Choiseul; audience donnée à celui-ci à Reims, 349 et suiv. — Envoi à l'impératrice d'une montre contenant des cheveux du roi et de la reine, 353. — Accueil bienveillant de la reine au comte de Maurepas, 354. — Elle est contrariée de la nomination de Malesherbes, 354. — Détails sur l'audience donnée à Reims au duc de Choiseul, 356. — Ses lettres au comte de Rosenberg où elle nomme le roi « le pauvre homme »; danger qu'elle court si Choiseul redevient ministre, 360, 361 et suiv. — Projet de lettre sévère de Joseph II, 363. — Tristesse de la reine à l'accouchement de la comtesse d'Artois, 366. — Accueil de la reine à Malesherbes et grâces abusives exigées des ministres, *ibid.* — L'amitié de la reine passe de la princesse de Lamballe à la comtesse de Dillon et de celle-ci à la princesse de Polignac, 367. — Refroidissement à l'égard du comte d'Artois, 369. — La reine applaudie du public aux spectacles; témoignage flatteur d'Horace Walpole; soins touchants qu'elle donne à la comtesse d'Artois, *ibid.* — Les favoris et favorites de la reine, 370. — Explication au sujet de sa lettre à Rosenberg, 371. — Réponses sèches à sa mère et à son frère, 372. — Présent de l'ambassadeur d'Espagne à la reine, 374. — La reine à la fête donnée par l'ambassadeur de Sardaigne; ses adieux à M$^{me}$ Clotilde, princesse de Piémont, 376. — Sa présence aux spectacles, et sa visite à l'exposition du Louvre, 396. — Ses inquiétudes au sujet des lettres de sa mère et de son frère; sa soumission à l'égard de l'impératrice ; son dépit contre l'empereur, 380. — Ses confidences à Besenval, 383. — Faiblesse de la reine pour M$^{me}$ de Lamballe ; meilleures dispositions pour Maurepas et Malesherbes ; Turgot traité froidement, 385 et suiv.— La reine pose la première pierre d'un bâtiment nouveau du couvent de la Visitation à Paris ; accueil moins empressé du public ; promenade en gondoles, incident, 388. — Crainte de la reine au sujet d'une promenade à cheval ; ses doutes relativement à une grossesse possible ; son affection pour M$^{me}$ de Guéménée, 390. — Jugement de la reine sur le comte d'Artois et sur Monsieur, 393. — Elle se loue de l'amitié et de la confiance du roi ; ses regrets sous un autre rapport, 394. — Tableau de la vie de la reine pendant le séjour à Fontainebleau en 1775, 394. — Crédit de la reine ; secret gardé par elle sur la nomination du ministre de la guerre, 396. — Son ascendant sur l'esprit du roi, 399. — Elle protège le baron de Breteuil, grâce qu'elle veut demander pour lui, 401. — Réciprocité de sentiments peu sincères entre la reine et Monsieur ; épidémie de chansons satiriques, 404. — Envoi de deux vases à l'impératrice, 405. — Ennui pendant la fin du séjour à Fontainebleau ; présence de la reine au spectacle à Paris et au bal de l'Opéra ; légère indisposition, 406. — Manière dont elle traite les princes et princesses de la famille royale, 407. — Sa joie d'un projet qui lui permettra de revoir l'impératrice, 414. — Diamants de la reine, 418. — Diminution de l'influence des favoris et des favorites, 419. — La reine au bal de l'Opéra le lundi gras ; incident relatif à Monsieur, 431, 432 et 438. — Les amusements empêchent pendant trois semaines que la reine reçoive les ministres étrangers, 435. — Son rôle dans le renvoi de Malesherbes et Turgot, 441, 442 et 446. — Faveur extrême du comte de Guines et ses causes, 446. — Elle se justifie des reproches faits par l'impératrice, 453. — Jubilé de la reine, 454. — Sa correspondance avec M$^{me}$ de Polignac et le comte Esterhazy, 456 et 501. — La comtesse de Polignac et le duc de Guines établis à Marly auprès de la reine, 457. — Faveurs accordées au comte de Polignac, au duc de Chartres sur la demande de M$^{me}$ de Lamballe, au médecin Richard par la voie du duc de Coigny, 477. — La reine adopte un petit paysan, 478. — Caractère de la reine, son habileté à éluder les observations, 480. — Ses dépenses exagérées, *ibid.* — Conversation entre l'abbé de Vermond et la reine au sujet des amis et amies de celle-ci, 490. — Audience de la reine aux États de Languedoc et à l'ambassadrice d'Angleterre, 501. — Société peu convenable où se trouve la reine aux courses et au jeu de paume, 518 (et III, 31). — Son désir et ses craintes relativement au voyage de l'empereur en France, 529 et 542. — Elle apprend de Marie-Thérèse le prochain voyage de l'empereur, 533 et 534. — Sa présence aux spectacles de Paris ; accueil plus froid du public, 536. — Sa présence aux bals du Palais-Royal et à ceux de l'Opéra, III, 19 et 20. —Aucun vrai zèle dans les alentours de la reine, 32 et 45. — Tentative auprès de la reine pour l'éloigner de toute confiance envers l'empereur, 43. — Témoignage qu'elle rend des bons sentiments du roi pour l'empereur et pour elle, 48. — Sa conduite pendant le séjour de Joseph II, 49 et suiv. — Ses bonnes résolutions à la suite du voyage de son frère, 83. — Son chagrin du départ de Joseph II, 84. — Portrait en grand de la reine pour Marie-Thérèse, 87. — Indisposition de la reine, 89. — Elle observe un meilleur plan de conduite, *ibid.* — Choix qu'elle a fait de l'*Histoire d'Angleterre* par Hume pour ses lectures, 92. — Les abus du jeu continuent, 92, 102, 113, 119, 131. — Espérance qu'elle a d'être enceinte, 112 à 115. — La reine profite de ses lectures, 114. — Les conseils de son frère sont oubliés, 121. — Inconvénients de faire lit à part avec le roi, 123. — Plaisanteries de Marie-Antoinette sur Louis XVI, 137. — Conseils de Marie-Thérèse pour le cas d'une grossesse, 151 et 152. — Conduite de la reine avec le roi, qui persiste à vivre maritalement avec elle, 155. — Lettre sévère de Joseph II à sa sœur sur les abus du jeu à Fontainebleau, 157. — Portrait de la reine par Alexandre Roslin, 163. — Son vif intérêt pour les affaires de l'Autriche au sujet de la Bavière, 164. — Ses entretiens avec le roi et avec les ministres sur les affaires de Bavière, 168, 183, 186, 188, 199, 213 et 235. — Ses espérances de grossesse se confirment, 186 et suiv. — L'espérance est changée en certitude, 195. — Joie que cette nouvelle produit dans le public, 196. — Libéralités de la reine en faveur des pauvres, à l'occasion de sa grossesse, 200. — Précautions de Mercy pour veiller au bien de la reine, 206. — Projets de la reine pour son enfant, 213. — Son chagrin de voir l'Autriche en guerre ; fête contremandée, 221 et 227. — Détails intéressants donnés par la reine sur sa grossesse ; elle demande à sa mère d'être marraine de son enfant, avec le roi d'Espagne pour parrain, 236. — La reine met au monde une princesse, le 20 décembre 1778, 277. — Détails sur l'accouchement ; danger que la reine a couru ; précaution rigoureusement observée malgré l'étiquette, 279 et suiv. — Attitude convenable des princes et princesses de la famille royale, 281. — Projets de Marie-Antoinette pour l'éducation de son enfant ; soins et tendresse du roi pour son épouse et sa fille, 282. — Somme de cent mille francs employée en bonnes œuvres à l'occasion des couches, 287 et 294. — Cérémonie à Notre-Dame de Paris en présence du roi et de la reine, *ibid.* — Charités aux pauvres de Versailles ; relevailles de la reine, 288. — Présent en or fait par le roi à la reine, 289. — Estime et amitié de Marie-Antoinette pour Louis XVI, 290. — Son entrée à Paris après la naissance de Madame, 293. — Portraits de Marie-Antoinette et de son enfant envoyés à l'impératrice, 298. — Accident qui force la reine à se rendre en fiacre au bal de l'Opéra, 299. — Changements dans les habitudes de la reine quant à ses sociétés intérieures, 301. — Régime de la reine ; sa rougeole, 303. — Ducs de Coigny et de Guines, comte d'Esterhazy et baron de Besenval autorisés à rester auprès de la reine pendant sa rougeole ; propos fâcheux qui en résultent, 304 et 306. — Installation de la reine à Trianon, 308. — Son mécontentement contre le roi ; nuage dissipé, 314. — Elle protège le comte de Gramont pour la nomination à la survivance du duc de Villeroy, 321. — Marie-Thérèse lui parle de l'empire que l'on attribue sur elle au duc de Guines, 350. — Finances de la reine ; cadeau du roi, 372. — Présents de Marie-Antoinette à sa mère, 387. — Réception du jour de l'an 1780 ; indisposition de la reine, 389. — Projet d'un voyage de la reine aux eaux de Forges, 421. — Elle s'intéresse à l'élection de son frère Maximilien à la coadjutorerie de Cologne, 436. — Satisfaction qu'elle éprouve du succès de cette élection, 454. — La reine joue la comédie aux petits spectacles de Trianon, 465, 469. — Sa lettre à Joseph II sur la mort de l'impératrice, 496.

MARIE-CAROLINE, sœur de Marie-Antoinette, épouse de Ferdinand, roi de Naples, I, 5. — Son accouchement, 316. — Nouvelle grossesse, réflexion de la dauphine, 395. — Souvenir qu'elle conservait de la sévérité de sa mère, 404. — Opinion de Marie-Thérèse sur la reine et sur le roi de Naples, 457 et 458. — On fait son éloge, II, 9. — Marie-Thérèse s'oppose à un voyage en Espagne du roi et de la reine de Naples, 294. — Elle renvoie Tanucci, Marie-Antoinette l'en félicite, 534. — Elle accouche d'un fils (François II de Naples), III, 110. — Situation affreuse où elle se trouve au moment de ses couches, 126. — Elle est hors d'inquiétude, 128. — Annonce l'inoculation du roi, 187. — On lui envoie la nouvelle de l'accouchement de Marie-Antoinette, III, 282. — Dangers qu'elle court lors de l'éruption du Vésuve, 348. — Marie-Thérèse la compare à Marie-Antoinette, 357. — Ses attentions pour sa mère et son chagrin de la perte d'un fils, 377. — Vives inquiétudes de l'impératrice à son sujet, 406 et 415.

MARIE-CHRISTINE, archiduchesse d'Autriche, duchesse de Saxe-Teschen, sœur de Marie-Antoinette. — Tableau de la famille impériale, I, 5. — Voyage de Marie-Christine en Italie, II, 403.— Appelée à la lieutenance générale des Pays-Bas en remplacement du prince Charles de Lorraine, décédé, III, 464. — Projet de voyage en France, 464, 471, 479 et 484.

MARIE-CHRISTINE de Saxe, sœur de la mère de Louis XVI, II, 107. — Conduite de la dauphine à son égard, ibid.

MARIE-CLOTILDE, sœur de Louis XVI, mariée au prince de Piémont, I, 7. — Époque où son mariage est projeté, 428. — Son entrée publique à Paris, II, 7. — Épouse le prince de Piémont (Charles-Emmanuel IV), 344. — Son départ pour la Savoie, 374. — Fêtes données à l'occasion de son mariage, 375.

MARIE-ÉLISABETH (abbesse), sœur de Marie-Antoinette, I, 5.

MARIE-THÉRÈSE, son grand caractère, I, XVIII. — Instructions à ses filles, III et XX. — Ses angoisses au sujet du premier partage de la Pologne, XXVII. — Tableau de la famille impériale d'Autriche, 4, 5. — Marie-Thérèse autorise le comte de Mercy à avancer jusqu'à mille louis à la dauphine, 6. — Ses recommandations à l'égard de Louis XV et de Mesdames, 6 et 7. — Sa recommandation à Mercy en faveur d'un fils du duc d'Arenberg, 45. — Elle veut que la France prenne part à la médiation demandée par la Turquie, 47. — Félicitation pour l'anniversaire de la dauphine (2 novembre 1770), 80. — Conseils à la dauphine sur sa tenue, 83 et suiv. — Conseils sur les promenades à cheval, 104, 129, 171 et 393. — Ses regrets de la disgrâce de Choiseul, 115 et 131. — Elle redoute l'influence de Mesdames sur la dauphine, 117, 186, 197, 217, 235. — Bureau envoyé à Marie-Thérèse, 146 et 155. — Portraits de la dauphine envoyés à l'impératrice, 157, 192 et 196. — Conseils sur la conduite à tenir à l'égard de Mᵐᵉ du Barry, 195, 218, 271, 321, 394, 407. — Ses sentiments pour le comte de Broglie, 197. — Sa première audience à Rohan, 270. — Elle se plaint de la gêne où sont tenues ses filles, la reine de Naples et l'infante de Parme, 273. — Son aversion pour le caractère de Rohan, 284, etc. Voir ROHAN. — Ses sentiments à l'égard du partage de la Pologne, 307, 318, 320, 345. — Sa rupture avec l'infante de Parme, 308. — Ses sentiments à l'égard de cette princesse, 317 et 319. — Médailles frappées en l'honneur de Marie-Thérèse, 323. — Elle craint qu'on ne suppose qu'elle veuille faire dominer ses filles, 392. — Sentiments de crainte de ses enfants à son égard, 404. — Exhortation à la bienfaisance, 406. — L'impératrice se plaint de la sécheresse des lettres de sa fille, 424. — Témoignage de sa bienveillance pour Mercy, 429. — Son opinion sur la reine et sur le roi de Naples; sa répugnance à engager ses filles dans le gouvernement des affaires, 457 et 458. — Sa joie de l'entrée de la dauphine à Paris, II, 1. — Anecdote sur Marie-Thérèse lors de la naissance de son premier petit-fils, 8. — Elle envoie divers présents par Neny, 14. — Elle redoute pour le bonheur de sa fille son ingérence dans les affaires politiques, 35. — Elle s'inquiète au sujet de la comtesse d'Artois, 61. — Divergences entre Marie-Thérèse et Joseph II, 86. — Son opinion sur le caractère français, 89. — Jugements sur Voltaire, Tissot et Haller, 89 et 105. — Ses regrets de la mort de Louis XV; ses craintes pour sa fille; elle recommande la pitié pour la du Barry, 149 à 151. — Avis pour les commencements du nouveau règne, 150. — Ses questions au sujet des partis en France, et d'un trésor qu'aurait laissé Louis XV, 151 et 152. — Ses amabilités pour le roi; sages conseils qu'elle lui donne; recommandations pour Choiseul et Durfort, 154. — Elle insiste auprès de Marie-Antoinette pour l'union des deux monarchies, 156. — Réponse à une note de Vermond, 177. — Marie-Thérèse semble moins irritée contre Rohan, 178. — Satisfaction de Marie-Thérèse pour les premiers actes du règne de Louis XVI, 179. — Ses recommandations au sujet de la petite vérole, 180. — Sa défiance sur le caractère du roi, 187 et 188. — Te Deum qu'elle fait chanter pour le rétablissement de Louis XVI, 203. — Compliments de Marie-Thérèse sur les commencements du règne ; recommandations et conseils, 204 et suiv. — Indignation de l'impératrice au sujet de l'affaire Beaumarchais ; elle ne veut plus de Rohan, 224 et suiv. — Elle recommande à la reine de ne pas faire de dettes et d'être généreuse, 266. — Envoi de son portrait et de celui de l'empereur, 278. — Sa confiance dans le comte de Rosenberg, *ibid.* — Elle tâche d'apaiser Joseph II, irrité contre la reine, 279. — Elle demande le portrait de Louis XVI, 304. — Confidences de l'impératrice sur ses chagrins intimes ; son découragement, 329. — Réponse de Mercy, 337. — Marie-Thérèse désapprouve l'intérêt trop marqué de la reine en faveur de Choiseul et son esprit de vengeance contre d'Aiguillon, 350. — Son indignation de la manière dont la reine a parlé du roi dans une lettre à Rosenberg, et ses craintes si Choiseul revient au ministère, 359, 360 et 373. — Réflexions de Marie-Thérèse sur l'accouchement de la comtesse d'Artois, 374. — Craintes au sujet du caractère des dames de la cour de sa fille ; elle s'étonne du silence de Marie-Antoinette sur l'abbé de Vermond, et de la nomination du comte de Saint-Germain au ministère de la guerre, 392. — Elle se réjouit de la présence de Vermond auprès de la reine ; promesse d'intervention en faveur de Breteuil, 403. — Son projet de voyage à Goritz, *ibid.* et 414. — Son projet de voyage en Flandre, 414. — Elle blâme les imprudences de la reine, à propos de l'aventure arrivée au bal de l'Opéra ; elle demande qu'on lui envoie toutes les feuilles de nouvelles, 432. — Ses regrets de la disgrâce de Turgot et de Malesherbes, 449. — Critique de la vie dissipée de la reine, 450. — Opinion de l'impératrice sur la correspondance de la reine avec le comte d'Esterhazy, 460. — Son entretien avec le baron de Breteuil avant le départ de celui-ci pour la France, 512 et suiv. — Souhaits de bonne alliance, III, 16. — Marie-Thérèse annonce les projets sur la Bavière et se montre en dissentiment avec son fils, 88, 110 et 150. — Elle désapprouve que l'empereur ait vu à Luciennes M$^{me}$ du Barry, et se réjouit qu'il n'ait pas vu Voltaire en passant par Genève, 98 et 99. — Réflexions de Marie-Thérèse au sujet de la grossesse possible de la reine, 117. — Envoi à la reine de deux tableaux pour Trianon, 152. — Inquiétudes de Marie-Thérèse sur les apparences d'une guerre avec la Prusse et sur la durée de l'alliance avec la France (note de Pichler), 172. — Sa joie en apprenant que les espérances de grossesse de la reine se confirment, 192 et 201. — Prédictions de l'impératrice sur les maux que la Prusse produira en Allemagne et en Europe, 203 et 245. — Ses recommandations pour l'enfant de la reine, 210. — Réflexions de Marie-Thérèse sur le roi de Prusse et la Russie, 211. — Présents qu'elle envoie comme marraine de l'enfant royal, 274, 291 et 292. — Prières qu'elle fait dire à Vienne pour l'heureuse délivrance de Marie-Antoinette, 270. — Œuvres de bienfaisance qu'elle désire à l'occasion des couches de sa fille, 275. — Lettre du roi et de la reine à Marie-Thérèse pour lui faire part de la naissance de leur fille, 282. — Joie de Marie-Thérèse ; sa reconnaissance envers le médecin Lassone et l'accoucheur Vermond, 284. — Souhaits de l'impératrice pour que la reine ait bientôt un fils, 303, 311, 348, 385, 415, 444, 454. — Ses inquiétudes au sujet de l'accident arrivé à la reine au moment de son accouchement, 442 et 450. — Elle craint les menées du roi de Prusse contre l'élection de son fils Maximilien à la coadjutorerie de Cologne, 395 et 443. — Son opinion sur le voyage de Joseph II en Russie, 404, 417 et 444. — Eau divine demandée par Marie-Thérèse à la reine, 445. — Rhumatisme dont souffre l'impératrice, 482. — Ses contrariétés au sujet du testament de son beau-frère, Charles de Lorraine, 463 et 484. — Sa mort ; relation écrite par sa fille l'archiduchesse Marie-Anne, 492 à 496.

MARIGNY (marquis de), intendant des bâtiments, I, 390.

MARLY (château de), I, 23. — Machine de Marly, visitée par Joseph II, III, 66.

MARMIER (M$^{me}$ de), II, 140.

MAROLLES (M<sup>lle</sup> de), femme de chambre de la dauphine. — Son caractère, I, 356.

Mars (grains de). Voir *Boules* ou pilules de fer ou d'acier.

MARSAN (comtesse de), I, xvi. — Sa cabale, avec La Vauguyon, contre la dauphine, 11 et 54. — Sa méchanceté à l'égard de la dauphine, 252. — Ses intrigues en faveur du prince de Rohan, son neveu, 288. — Ses intrigues contre les princes du sang, 295. — Inimitié du duc d'Aiguillon contre elle et contre son frère le maréchal de Soubise, 298.— Nouvelles intrigues de la comtesse de Marsan, 303. — Elle cherche à prendre de l'influence sur la dauphine, 387. — Son appui en faveur de Rohan, 405. — Fête donnée par elle à la dauphine, 415. — M<sup>me</sup> de Marsan et le comte de Modène, II, 6 et 7. — La dauphine parle à M<sup>me</sup> de Marsan du prince de Rohan, 36. — Entretien entre M<sup>me</sup> de Marsan et Mercy sur le même sujet, 47. — Calomnies de M<sup>me</sup> de Marsan contre Choiseul, 166. — Marie-Thérèse craint l'influence de M<sup>me</sup> de Marsan sur Louis XVI, 188. — Déclin de la faveur de M<sup>me</sup> de Marsan, 200, 222 et 275. — Elle cherche à se lier avec la comtesse de Maurepas, 315. — Ses cabales avec le parti des Jésuites, 326. — Retraite de M<sup>me</sup> de Marsan, 344. — Ses intrigues doivent être surveillées, 389. — Cabale de M<sup>me</sup> de Marsan en faveur du prince de Rohan, III, 24. — Caractère vindicatif de M<sup>me</sup> de Marsan ; sa haine contre la reine, son dévouement à Monsieur, 226.

MARSCHALL (comte de) et son fils, II, 284. — Recommandation de Marie-Thérèse en faveur du fils, 285.

MATIGNON (marquise de), fille du comte de Breteuil, II, 242. — Elle est reçue par la reine, 471. — Impression qu'elle a laissée à Vienne, 473. — Bontés que l'impératrice a eues pour elle, 471. — Sa fille, âgée de six ans, demandée en mariage par le fils de la duchesse de Polignac, III, 432.

MAUDOUX (abbé), confesseur de Louis XV, du dauphin et de la dauphine, I, 13.— Ses représentations à la dauphine sur l'emploi du temps, 383. — Ses qualités remarquables, II, 72. — Intrigues pour l'éloigner de la cour ; ces intrigues sont déjouées par la dauphine, 111, 122 et 132. — Son maintien comme confesseur de la reine, 201. — Il devient, à la mort de l'abbé Soldini, confesseur du roi, 325. — Sa retraite ; difficulté de lui trouver un successeur, 429.

MAUPEOU, chancelier, I, xvii. — Sa cabale opposée à celle de d'Aiguillon, 298. — Son renvoi ; joie publique à cette occasion, II, 229. — Opinion de la reine sur Maupeou, 253.

MAUREPAS (comte de), I, xlviii. — Placé à la tête du cabinet, II, 146. — Instruction secrète que lui aurait laissée le dauphin, père de Louis XVI, 152. — Pension qu'il fait obtenir à son neveu, le duc d'Aiguillon, 205. — Sa conduite envers la reine, 239. — Traitement de la reine à l'égard du comte de Maurepas, 281. — Le parti Maurepas, 322. — Déférence du comte de Maurepas pour la reine, 384 et 387. — Manœuvre du comte de Maurepas en faveur du vicomte de Polignac, protégé de la reine, 408. — Son rôle lors du renvoi de Malesherbes et de Turgot, II, 442. — Ses accointances et ses intrigues avec M<sup>mes</sup> de Guéménée et de Polignac, 520. — Il intercède auprès de l'empereur en faveur de d'Aiguillon, III, 66. — Louis XVI subjugué par lui, 225. — Langage ferme que la reine tient au comte de Maurepas au sujet des affaires entre la Prusse et l'Autriche, III, 227, 235 et 249. — Faiblesse et variations de ce ministre, 258 et 260. — Il éloigne le roi de parler d'affaires à la reine, 315. — Se prête à favoriser M<sup>me</sup> de Polignac, 321, 382 et 391. — La reine a des conversations avec lui, 332, 341 et 351. — Attention de la reine appelée sur l'éventualité du remplacement du comte de Maurepas, 449, 452, 459, 467, 472, 479, 481 et 483.

MAUREPAS (comtesse de). Manière dont elle est traitée par la reine, II, 256. — Elle est soupçonnée de mauvaise volonté envers la reine, 315. — Sa tentative en faveur de d'Aiguillon ; réponse de la reine au comte de Maurepas, III, 371.

MAXIMILIEN, archiduc, frère de Marie-Antoinette, I, 5. — Projet d'un voyage en France, II, 105. — Désir de Marie-Antoinette de voir son frère, 192 et 201. — Consentement de Marie-Thérèse au voyage de Maximilien à Compiègne, 216. — Voyage retardé, 223. — Louis XVI désire voir Maximilien, 228. — Préparatifs pour son arrivée à Versailles, 289. — Il doit garder l'incognito et prendre le nom de comte de Burgau, 291. — L'archiduc Maximilien à la cour de France, 296. — Fête qui lui est donnée à Versailles, 300. — Remercîments de Marie-Thérèse pour l'accueil fait à Maximilien, 305. — Départ de celui-ci ; dispute d'étiquette à son sujet avec les princes du sang, 307, 317, 324. — Maladie de Maximilien, III, 252, 254, et 302. — Inquiétudes de l'impératrice au sujet de cette maladie, 302 et 337. — Projet de faire nommer Maximilien coadjuteur de l'électeur de Cologne, évêque de Munster, 364, 373, 395. — Marie-Antoinette s'intéresse au succès de l'élection de son frère à la coadjutorerie de Cologne, 436. — Elle reçoit la nouvelle de l'élection de son frère ; joie qu'elle éprouve, 454. — Maximilien grand maître de l'Ordre teutonique, 463. — Son élection à la coadjutorerie de Munster, 467.

MAXIMILIEN-JOSEPH, électeur de Bavière, I, XXXVII. — Sa mort, III, 150.

MAYENCE (électeur de). Embarras où il se trouve vis-à-vis la cour de France, III, 247, 256.

MAZARIN (duchesse de). Fête donnée par elle, I, 52, 60. — Ses bassesses vis-à-vis de M<sup>me</sup> du Barry, 71. — Manière dont elle est traitée par le peuple, à la mort de Louis XV, II, 189. Voir VILLEQUIER.

MERCY-ARGENTEAU (comte de). Comment ses papiers ont été conservés, I, III. Confiance de Marie-Thérèse en lui, IV. — Style de Mercy, X. — Sincérité de ses rapports, XI. — Son rôle auprès de Marie-Antoinette, XXV. — Sa lettre à Marie-Thérèse au sujet de ses biens en Hongrie, 423. — Bienveillance de Marie-Thérèse à son égard, 429. — Confiance intime de Marie-Thérèse, II, 14, 35. — Proposition d'entrer dans le ministère à Vienne ; réponse de Mercy, 86 et 90. — Confidences de Marie-Thérèse, 329 et 337. — Assurance inexacte qu'il ne conserve pas de copies des rapports secrets par lui adressés à Marie-Thérèse, 503. — Joseph II habite à Paris chez Mercy au Petit-Luxembourg, III, 49. — Joseph II est surpris de toute la confiance de la reine en Mercy, 178, 179.

MERLE (comte de). Son rôle dans les jeux de la reine, III, 119.

MESDAMES, filles de Louis XV, I, XV. — Notes biographiques, 7. — Opinion sur elles, 30. — Elles demandent les grandes entrées pour leurs dames d'atours, 38. — Inconvénients de leur influence, 41, 43, 47, 51, 55. — M<sup>me</sup> Adélaïde subit l'influence de M<sup>me</sup> de Narbonne, 56. — Dépendance de la dauphine à l'égard de Mesdames, 62. — Mesdames Adélaïde et Sophie veulent éloigner la dauphine de M<sup>me</sup> Victoire, 68. — M<sup>me</sup> Adélaïde excite la dauphine à monter à cheval, 91. — Son attitude à la chute de Choiseul, 118. — Continuation de la fâcheuse influence de Mesdames sur la dauphine, 120, 121, 132, 143, 151, 164, 167, 173, 186, 197, 223, 235, 240. — Lettres échangées entre Louis XV et M<sup>me</sup> du Barry au sujet de Mesdames, 225. — Leur influence sur la dauphine s'affaiblit, 262, 296, 327, 357. — M<sup>me</sup> Louise ; sa négociation auprès du pape pour faire rompre le mariage de M<sup>me</sup> du Barry, 282. — M<sup>me</sup> Victoire, plus modérée et plus prudente que M<sup>mes</sup> Adélaïde et Sophie, 337. — Leurs jalousies, 386. — M<sup>me</sup> Victoire et le futur mariage du comte d'Artois, 418. — Nature des rapports de la dauphine avec Mesdames, 433. — M<sup>me</sup> Adélaïde, inspectrice de l'éducation du comte d'Artois, 440. — Elle prétend donner les places dans la maison du jeune prince ; rivalité avec M<sup>me</sup> du Barry, ibid. — Propos de M<sup>me</sup> Adélaïde sur le duc de Choiseul, 451. — Attitude de Mesdames à l'égard de la dauphine, 456, 462. — Réponse du dauphin à M<sup>me</sup> Adélaïde au sujet de d'Aiguillon, II, 5. — Intrigues de M$^{me}$ Adélaïde pour réconcilier la famille royale avec M$^{me}$ du Barry; sa lettre à Louis XV et réponse du roi, 19. — Jalousie de Mesdames au sujet de l'accueil fait à la dauphine par les Parisiens, 54. — Conduite différente de M$^{me}$ Adélaïde et de M$^{me}$ Victoire à l'égard de la dauphine, 65. — Intrigues de M$^{me}$ Adélaïde contre le duc d'Aiguillon, 99. — Petites manœuvres de Mesdames contre la dauphine, 116. — Maladie de M$^{me}$ Adélaïde, 140. — Mesdames veulent se mêler des matières de gouvernement après la mort de Louis XV, 146. — Comment elles ont usé des recommandations, 170. — Bruits infamants sur le compte de Mesdames, 178 et 186. — Petite vérole de Mesdames, 180 et 184. — Rente annuelle qu'elles possèdent, 211. — Elles s'associent aux prétentions de leurs neveux dans leur conduite à l'égard du roi, 216. — Jalousie de M$^{me}$ Adélaïde, 220. — Bruit non fondé de la retraite de Mesdames en Lorraine, 242. — Maladie de M$^{me}$ Adélaïde, 247. — M$^{mes}$ Victoire et Sophie se séparent; maison de M$^{me}$ Sophie, 344. — Mesdames vivent plus retirées que jamais, 355. — Château de Bellevue mis en leur possession; leur tenue réservée à l'égard de la reine, 389. — Mesdames reçoivent le roi et la reine à Bellevue, 467. — Brouilleries entre le roi et M$^{me}$ Louise la Carmélite; sentiments de M$^{mes}$ Adélaïde, Sophie et Victoire pour la reine III, 33. — Leur conduite à l'égard du roi et de la reine depuis que Marie-Antoinette est enceinte, 208. — Mesdames sortent peu de leur château de Bellevue; traitées avec attention et amitié par la reine, 487.

MESSINES (abbaye de), en Flandre. Contestation de cette abbaye avec celle d'Hénin en France, II, 434, 442. — Conclusion de cette affaire; remercîments de Marie-Thérèse à Louis XVI, 462.

MESSMER (Joseph), directeur des écoles de Vienne, II, 449.

MÉTASTASE (abbé). Envoi de ses œuvres par la reine à l'impératrice et à lui, III, 434 et 441.

METTERNICH (comte de), III, 395.

MEUDON (Château de), III, 141.

MEUSE (comtesse de). Voir CHOISEUL-MEUSE (comtesse de).

MICHELESSI (abbé), poëte et littérateur italien, I, 426.

MIREPOIX (duchesse de), sœur du maréchal de Beauvau, I, 29.

MIROMESNIL (Hue de), remplace le chancelier Maupeou, II, 229.

MISERY (M$^{me}$ de), première femme de chambre, I, 36. — Elle abuse de sa position auprès de la dauphine, 304. — Son indiscrétion punie, 441.

MOCENIGO, ambassadeur de Venise en France; il s'entremet, pour faire plaisir à la reine, à propos d'un danseur nommé Pick, II, 528.

MODÈNE (comte de). Son caractère, II, 6 et 7.

MOHILEW, ville de Russie, III, 404. — Joseph II a, dans cette ville, une entrevue avec Catherine II le 4 juin 1780, 417. Voir CATHERINE II.

MOLDAVIE. Affaires désagréables, II, 266. — Opposition entre Marie-Thérèse et Joseph II sur la politique suivie à l'égard de la Moldavie, 292. — Notes de Louis XVI sur cette politique, *ibid*. — Conclusion de l'affaire des frontières de Moldavie favorable à l'Autriche, 464.

MONTBAREY (comte de), adjoint comme directeur de la guerre au comte de Saint-Germain, III, 45. — Clameurs contre le comte de Montbarey à l'occasion des promotions militaires, 430. — Cabale qui veut le faire remplacer par le comte de Ségur, 448.

MONTBAZON (princesse de), fille de M$^{me}$ de Guéménée. Son mariage avec le prince de Rohan-Rochefort, III, 455.

MONTESQUIOU (marquis de), premier écuyer de Monsieur, II, 410.

MONTESSON (comtesse de), femme du duc d'Orléans, III, 381.

MONTEYNARD (marquis de), ministre de la guerre, I, 302. — Intrigues de d'Aiguillon pour le renverser, II, 59, 98. — Pension qu'il obtient de Louis XVI, 205. — Cette faveur est juste, 207.

MONTMORENCY (baron de), lieutenant-général du pays d'Aunis, I, 241.
MONTMORENCY (chevalier de), I, XLVIII. — La reine demande pour lui la surintendance des courriers, postes et relais. Suppression de cette place sur la proposition de Turgot, 366.
MONTMORENCY (princesse de). Son mariage avec le fils de la comtesse de Brionne. Notes généalogiques, III, 15. — Prétendants à sa main, 16.
MONTMORIN (comte de), jugé par le dauphin, I, 90.
*Mops*, race de chiens, I, 50.
MOREAU, chirurgien français, III, 317.
MORLIÈRE (comte de la), II, 212.
MUETTE (la), maison royale, II, 161 et 434. — Séjour qu'y fait la reine à l'occasion des couches de M$^{me}$ de Polignac, III, 429 et 437.
MURRAY, ambassadeur anglais à Constantinople, I, 319.
MUY (comte du). Sa disgrâce, I, XLVII. — Il remplace le duc d'Aiguillon à la guerre ; dispositions de la reine pour M$^{me}$ du Muy, II, 248. — Accueil qu'elle reçoit de la reine, 255. — Le comte du Muy opposé à la nomination du duc de Fitz-James comme maréchal de France, 318. — Mort du comte maréchal du Muy ; désespoir de sa veuve ; générosité du roi envers celle-ci, 384. — Douleur de la maréchale du Muy, 405.

# N

NACHOD, petite ville de Bohême. Le roi de Prusse y entre à la tête de ses troupes ; château de Nachod, III, 219 et 220.
NAILLAC (Dombais de), attaché à l'ambassade de France à Vienne. — Marie-Thérèse demande son éloignement, II, 328. — Son départ de Vienne, 351.
NARBONNE (comtesse de), I, 38. — Son caractère et son influence sur M$^{me}$ Adélaïde, 56. — Ses intrigues, 71. — Ses indiscrétions, 77. — Jugement porté sur elle, 174. — Ses intrigues avec d'Aiguillon en faveur de M$^{me}$ du Barry, II, 5. — Elle pousse M$^{me}$ Adélaïde à de fausses démarches, 19, 21. — Dissensions provenant de ses conseils, 65. — On dit qu'elle doit être placée auprès de la comtesse d'Artois ; ce qu'en pense Marie-Thérèse, 177. — Cette place ne lui sera pas donnée ; perte de son crédit, 186.
NECKER. Anecdote fausse sur une prétendue générosité de M. Necker à l'égard de la reine, III, 7. — Visite que lui fait Joseph II, 60. — Directeur général des finances, 103. — Opinion de Marie-Thérèse et de Joseph II sur les talents de Necker ; paroles flatteuses que l'impératrice fait adresser à M. et M$^{me}$ Necker, 405, 406 et 433. — Jugement de Mercy sur l'un et sur l'autre, 414. — Sa fermeté à maintenir les réformes, malgré l'opposition des frères du roi et du duc d'Orléans, 422.
NEISSE. Entrevues de Frédéric II et de Joseph II à Neisse et à Neustadt, I, 79.
NENY (baron de), secrétaire intime de Marie-Thérèse, I, XVIII. — Envoi de lettres sous son couvert, 8. — Part que prend Marie-Thérèse aux malheurs domestiques de Neny, 409. — Mort de sa femme, Marie-Élisabeth de Lebzeltern, *ibid*. — Lettre confidentielle de Marie-Thérèse sur son caractère et lettre ostensible de recommandation, II, 13, 14. — Il est reçu par la dauphine, 49. — Séjour de Neny à Versailles et à Paris, 53 à 57. — Interprétation donnée à son voyage en France, 60. — Neny est parent de l'abbé de Cléry, 375. — Sa mort prochaine, 414. — Regrets de Mercy, 421.
NEUILLY. Inauguration du pont de Neuilly ; incident à cette occasion dans la famille royale, I, 357.
NEUSTADT (camp de) en Moravie. Entrevue de Frédéric II et de Joseph II, I, 79.
NIEUKERK ou NIEUWERKERKE (baronne de), I, 324 et 325, note.
NIEUVENHEM (M$^{lle}$ de), I, 325.
NIVERNAIS (duc de), I, 222. — Note biographique. Partisan du roi de Prusse, III, 318. — Sa liaison avec le baron de Goltz, 324. — Le roi de Prusse le désire pour successeur à Maurepas, 452. — Il n'est pas à craindre qu'il arrive au ministère,

455 et 460. — Marie-Thérèse se rassure à ce sujet, 463.

NOAILLES (cardinal de), archevêque de Paris. Livre d'heures composé par lui, I, 84.

NOAILLES (comtesse de) I, 3. — Recommandations qui lui sont faites par Marie-Thérèse, 28. — Sa conduite à l'égard de la dauphine, 33. — Jugement sur M<sup>me</sup> de Noailles, 45. — Demande d'une place pour sa nièce la comtesse de Guiche, 62. — Son caractère, 133. — Son entrevue avec Louis XV, 142. — Irritation de la dauphine contre M<sup>me</sup> de Noailles, 151. — Marie-Thérèse favorable à M<sup>me</sup> de Noailles, 234. — Présent de l'impératrice, 247. — Opposition de M<sup>me</sup> de Noailles aux prétentions du duc de Noailles, du duc d'Aiguillon et du prince de Soubise, 294. — Nouvelles imprudences, 386. — Fête donnée à la dauphine, 430. — Sollicitations abusives, 433. — Lectures proposées par M<sup>me</sup> de Noailles, 454. — Part qu'elle prend à la nomination du sieur de Gyac, II, 23. — Son peu d'esprit et d'aptitude, 275. — Retraite de la comtesse de Noailles, maréchale de Mouchy, 359.

NOAILLES (duc de). Son jugement sur la dauphine, I, 84. — Ses démarches pour que son fils, le marquis de Noailles, remplace le prince de Rohan à Vienne, 419.

NOAILLES (marquis de). Doit remplacer le prince de Rohan à Vienne, I, 419. — Ce choix convient à Marie-Thérèse, 425. — Jugement porté sur lui, 437. — Sa nomination comme ambassadeur à Vienne paraît assurée, II, 112. — Concurrence du baron de Breteuil, 200.

NOSTITZ (comte de), général autrichien, II, 89.

NOVERRE, compositeur de ballets. Note sur l'art chorégraphique, II, 459.

# O

O'DONEL (comte Karl). Sa mort, I, 147.

OGNY (d'), chef du bureau secret à la poste, I, 124. — Ordre qu'il reçoit de Louis XVI relativement à la correspondance de la reine, II, 164.

*Opéra.* La dauphine y va pour la première fois, II, 3. — Enthousiasme dont la reine y est l'objet à une représentation d'*Iphigénie* de Gluck, 283. — Fondation et organisation de l'Opéra, 285. — Joseph II y est applaudi, III, 54. Voir GLUCK.

*Opéra* (bals de l'). Le dauphin et la dauphine y viennent pour la première fois, II, 108. — La reine y va masquée, II, 427. — Aventure de Monsieur, récits calomnieux, 431 et 438. — Manière dont la reine y est accompagnée, III, 19 et 21. — Inconvénients de ces bals, 25. — La reine y va du Palais-Royal, 125, 175 et suiv. — Querelle qui y a lieu entre le comte d'Artois et la duchesse de Bourbon, 178. — La reine y arrive en fiacre, 298.

*Ordre teutonique.* L'archiduc Maximilien grand-maître de cet ordre, III, 463.

ORLÉANS (duc d'), I, 382. — Retour des princes d'Orléans à la cour, 396. — Disgrâce des ducs d'Orléans et de Chartres, 207. — Explication de la reine avec le duc d'Orléans sur une dispute d'étiquette entre l'archiduc Maximilien et les princes du sang, II, 107. — Voir *Palais-Royal.*

ORLOFF (prince). Son présent à l'impératrice de Russie, II, 103.

ORVILLIERS (comte d'). Note biographique, III, 355.

OSSUN (marquis d'), ambassadeur de France en Espagne, I, 361. — Part qu'il prend aux jeux de hasard chez la reine, III, 92.

OUESSANT (combat naval d'), III, 264.

# P

PAAR (comtesse de), grande maîtresse de l'impératrice. Demande faite par Marie-Thérèse d'un cadeau pour M<sup>me</sup> de Paar, I, 28. — Même sujet, 44 et 47. — Envoi reçu, 86. — Mort du comte et de la comtesse de Paar, 147.

*Pacte de famine*, aboli par l'influence de la reine, II, 221. — Le pacte de famine et l'abbé Terray, 229.

*Palais de justice*, incendié dans la nuit du 10' au 11 janvier 1776, II, 415.

*Palais-Royal* (coterie du), I, LXV; II, 106. — Bal où assiste la reine, chez le duc et la duchesse de Chartres, 427. — Nouveaux bals au Palais-Royal; la reine y assiste, III, 19, 20 et 175.

PALFFY (comtesse de), I, 371. — Elle est reçue par la dauphine, 373. — Autres audiences, 417.

PALM (comte de), chambellan de la cour d'Autriche, I, 128.

PANIN (comte de). Sa lettre sur le premier partage de la Pologne, II, 189 et 190.

*Parchons* (collége des) à Gand, III, 15.

PARENT, directeur de la manufacture de Sèvres; présent que lui fait remettre Joseph II, III, 71.

*Parlements.* Affaire de la Chalotais, I, 36. — Cassation de l'ancien parlement et son remplacement par le parlement Maupeou; attitude des princes du sang à ce sujet, 148. — Attachement du peuple à l'ancien parlement, II, 210. — Opinion de Marie-Thérèse sur les parlements, 252. — Rétablissement du parlement, 253. — Opposition du parlement, 268. — Accueil de la reine à la députation du parlement, 274. — Projet d'attacher le parlement à la reine, *ibid.* — Obstacles que le parlement oppose aux réformes de Turgot, 282.

PARME ET PLAISANCE. Gouvernement de don Ferdinand et de Marie-Amélie, I, XIX et suiv. — Situation difficile de la cour de Parme, 170. — Brouilleries graves, 181. — Écarts des souverains de Parme, 220. — Rupture de Marie-Thérèse avec l'infante de Parme, 308. — Faiblesse de l'infant, 316. — L'infante continue ses écarts; sentiments de Marie-Thérèse à l'égard de cette princesse, 317 et 319. — Sa conduite envers don Llano, ministre d'Espagne, 342. — Il est question de faire aller l'infant et son épouse en Espagne, 345. — L'infant renvoie don Llano; conséquences de cette mesure, 376. — Rupture des familles royales de France et d'Espagne avec l'infant et l'infante de Parme, 380. — Indifférence de Louis XV sur les affaires de Parme, 389. — Sentiment sur l'infant et l'infante, 391. — Grossesse de l'infante, 392 et 395. — Les affaires de Parme ne s'améliorent pas, 436. — Jugement de la dauphine sur l'infante, 439. — Marie-Thérèse disposée à reprendre la correspondance avec sa fille, 448. — Conditions de la cour d'Espagne pour rétablir ses rapports avec Parme, 456. — Marie-Thérèse abandonne l'infante de Parme, II, 1. — L'infant annonce à Louis XV que l'infante vient de mettre au monde un prince, 10. — Négociation pour amener un raccommodement entre Parme et les cours de France et d'Espagne, 11. — Lettre de Marie-Thérèse à l'infant et à l'infante, 16. — Le raccommodement se fait, 34, 48 et 51. — Comment l'impératrice qualifie le mari de l'infante, 62.

PAULMY, un des agents de la diplomatie secrète de Louis XV, I, 103.

*Paume* (jeu de), II, 518.

PAYS-BAS. L'impératrice voudrait le concours de la France pour la conservation des Pays-Bas, III, 185. — Promesses du roi et des ministres à ce sujet, 189. — Précautions à prendre par la France pour la sûreté des Pays-Bas, en cas que la guerre de l'Autriche avec la Prusse continue, 298. — Déclaration à ce sujet du comte de Vergennes au baron de Goltz, 300. — Voir CHARLES DE LORRAINE et MARIE-CHRISTINE.

PEIREIN (M$^{me}$), première femme de chambre de la reine, II, 429.

PELLEGRINI (général comte de), recommandé par l'impératrice au comte de Mercy à propos de son voyage en France, II, 441. — Sa présentation à la reine, II, 520.

PENTHIÈVRE (duc de), II, 239. — Beau-père de M$^{me}$ de Lamballe, 386.

PHILIDOR, musicien, III, 46, note.

PICHLER, secrétaire intime de Marie-Thérèse, I, V, VIII. — Ses lettres à Mercy, II, 198. — Confiance de l'impératrice en lui, 227. — Notes de Pichler sur le duc de Choiseul, 349, 351. — Il remplace le baron Neny auprès de l'impératrice, 414 et 421. — Note qu'il envoie de Mercy sur une lettre « trop stérile » de Marie Antoinette à sa mère, 442. — Sur une lettre de la reine, 508; III, 172.

PICK, danseur, II, 528.

PISTRICH (Jacques de), conseiller auprès du gouvernement de la Basse-Autriche, III, 40.

PŒHME (Éléonore), femme de chambre de la reine de Naples, I, 309.

POIX (prince de), gendre du prince de Beauvau, II, 193. — Bal chez le prince de Poix, gouverneur du château de Versailles, III, 294.

POLIGNAC (comte Jules de), premier écuyer, I, LVII. — Nommé survivancier du comte de Tessé, II, 476, 486 et 488. — Jugement porté sur lui, 495. — Complications résultant de la nomination du comte de Polignac ; démêlés entre lui et le comte de Tessé, III, 45. — Il est nommé duc héréditaire, et sa femme prend le tabouret à la cour, 475.

POLIGNAC (comtesse Diane de), dame d'honneur de M<sup>me</sup> Élisabeth. Bal donné par elle, où assiste la famille royale, III, 409.

POLIGNAC (comtesse Jules de), sa domination sur l'esprit de la reine, I, LV. — Sa liaison avec le comte de Vaudreuil, LVI et LVII. — Faveur que lui témoigne la reine ; II, 367, 376, 378. — Son caractère jugé par Mercy, 391. — Ses intrigues avec Besenval ; jalousie entre elle et M<sup>me</sup> de Lamballe ; parti de la comtesse de Polignac ; réunions chez M<sup>me</sup> de Guémenée, 396 et suiv. — Intrigues de M<sup>me</sup> de Polignac avec le comte de Maurepas, 437, 445. — Correspondance de la reine avec elle, 456. — Ses principes en matière de mœurs et de dogme, 490, 495. — Jalousie entre M<sup>mes</sup> de Polignac et de Lamballe, 520, 538. — Impression peu favorable qu'elle fait sur Joseph II, III, 81. — Sa faveur auprès de la reine ne fait que s'accroître, 114, 123. — Rôle de fausseté qu'elle joue entre la reine et Maurepas, 140. — Seule en possession de la faveur de la reine, elle est investie par le parti des Choiseul, 165. — Sa faveur toujours extrême, 297, 321. — Abus choquant qu'elle fait de son crédit en faveur du comte de Vaudreuil, 361, 412. — Maladie de la comtesse de Polignac, 379 et 390. — Demande de faveurs exorbitantes pour elle et sa famille, 381 et suiv., 391, 396, 401. — Le roi va dans son salon, 410. — Dot de sa fille : 800,000 livres, 412. — La cour va passer à la Muette le temps des couches de M<sup>me</sup> de Polignac ; 429. — Breteuil fait à Marie-Thérèse l'éloge de M<sup>me</sup> de Polignac, 435. — Visite du roi à M<sup>me</sup> de Polignac, 437. — Il est question de conférer le titre de duchesse à M<sup>me</sup> de Polignac ; préférence qu'elle donne à des faveurs pécuniaires, 440. — Son mari est nommé duc héréditaire et elle prend le tabouret à la cour, 475. Voir VAUDREUIL.

POLIGNAC (vicomte de), beau-père de la favorite de la reine, nommé à l'ambassade de Suisse, II, 408.

POLOGNE (premier partage de la), I, XXVI et suiv. — Démembrement de ce royaume, XXXIII. — La peste en Pologne, 57. — Traité de partage de la Pologne, négociations secrètes, 290. — Signature du traité, 298. — Sentiments de Marie-Thérèse au sujet de cette affaire ; sa lettre à Joseph II, 307. — Témoignage du ministre de Danemark sur les motifs de la cour de Vienne quant au partage de la Pologne, 315. — Dispositions du cabinet de Saint-James au sujet de ce partage, 319. — Considérations qui ont forcé l'Autriche à prendre part au traité du partage de la Pologne, 320 et suiv. — Manière dont les arrangements de Pologne sont envisagés par Louis XV, 353. — Sentiments de lord Stormond et du duc d'Aiguillon sur le même sujet, 354 et 360. — Dispositions de la cour de Madrid à cet égard, 361. — Opinion de Louis XV sur les affaires de Pologne, 378. — Nombreux écrits contre le partage de la Pologne, 408. — Regrets de Marie-Thérèse sur ce partage, 410. — Causes qui ont empêché l'Autriche de s'y opposer, 420. — Voyage de Joseph II en Pologne désapprouvé par Marie-Thérèse, II, 1, note. Lettre de l'impératrice de Russie, relative à la Pologne, 190, note, et 202. — Affaires désagréables de Pologne et de Moldavie, 226. — Entretien de Marie-Thérèse avec le baron de Breteuil sur la Pologne, 512. — Opinion de Louis XVI, III, 168.

POMERI, trésorier de la dauphine, I, 69. —

Abus dans l'emploi des fonds destinés aux dépenses de cette princesse, 135 et 277.

POMPADOUR (M$^{me}$ de). Marie-Thérèse nie avoir écrit en 1756 un billet à M$^{me}$ de Pompadour, I, XXXII. — Don à cette favorite du château de Bellevue, LXVII. — Opinion émise à son sujet par le dauphin, 26.

PONIATOWSKI (Stanislas-Auguste), roi de Pologne, fait obtenir à Rohan le cardinalat ; mot de l'impératrice à ce sujet, III, 127.

PONS (marquis de), ministre plénipotentiaire de France près la cour de Berlin, III, 249.

*Portraits :* de la dauphine ; I, 114, 157, 184, 192 et 196. — De la reine, II, 248, 254, 264, 265, 315 ; III, 87, 163, 298 et 316. — Du roi, II, 304, 315 et 487. — De Madame, fille du roi et de la reine, III, 298 et 339. — De l'impératrice Marie-Thérèse, II, 37, 278, 344 et 353 ; III, 173. — Des jeunes frères de la dauphine, I, 396. — Portraits de Rohan montés en bagues, II, 316.

*Poudre* pour enlever les poils follets au visage, II, 423.

POUJAUD, fermier général, II, 212, note.

PRAGUE. Comment cette ville fut délivrée des Prussiens, I, 198.

PRASLIN (César-Gabriel de Choiseul, duc de), ministre de la marine, cousin du duc de Choiseul, I, 7. — Sa rencontre avec la dauphine, 84.

PREVILLA, envoyé d'Espagne à Parme, I, 169.

*Princes étrangers,* leurs prétentions, II, 417.

PROVENCE (comte de). Son caractère peu sincère ; son attitude à la cour. Jugement de Louis XVI sur lui, I, XIII. — Sa joie à l'arrivée de la comtesse de Provence, 165. — Son caractère, 175. — Il fait la revue de son régiment, 239. — Ce que l'on dit de lui à propos du duc de Choiseul, 249. — Sa fausseté, son ambition, paroles que lui adresse la dauphine sur sa duplicité, 253 et suiv. — Jugement porté sur lui et sur sa femme par la dauphine, 261. — Ses intrigues pour être nommé colonel des Suisses, 262. — Son despotisme à l'égard de sa femme, 276. — Rixe à coups de poings entre lui et le dauphin, 313. — Badinages du dauphin avec le comte de Provence, près de dégénérer en rixe, 335. — Mauvaise santé de ce prince, 353. — Proposition qu'il fait au dauphin et à la dauphine, 359. — Conseils de Marie-Thérèse sur les inconvénients d'une intimité trop étroite avec ce prince, 362. — Ses assiduités auprès de la dauphine, 363. — Conseils écrits qu'il lui donne, 365, 374. — Quels sont ses rapports avec elle, 390. — Ses confidences, 416. — Sentiment de Marie-Thérèse sur les relations du comte de Provence avec la dauphine, 425. — Cette liaison s'attiédit, 434. — Caractère du comte de Provence jugé par la dauphine, 454. — Ses relations cachées avec d'Aiguillon, 461. — Les soupçons contre ce prince ne font qu'augmenter, II, 6. — Comparaison du comte de Provence avec le dauphin, 128. — Lettres du comte et de la comtesse de Provence trouvées dans les papiers du feu roi, 184. — Réflexion de Louis XVI à l'adresse du comte de Provence, *ibid.* — Soin qu'il prend de ses intérêts, 210. — Refus de se soumettre à l'étiquette à l'égard du roi, 216. — Conduite suspecte de Monsieur et de Madame à l'égard de la reine, 323. — Leur habileté à tenir une conduite qui contraste avec celle du comte d'Artois et de la reine, 286. — Genre de vie du comte et de la comtesse de Provence, 355. — Ambition et dissimulation de Monsieur, 368. — Voyage à Chambéry de Monsieur et de Madame, 385. — Froid accueil du roi et de la reine à leur retour, 388. — Caractère, conduite et lettres de Monsieur, 393. — Attitude de Monsieur en présence du crédit de la reine, 399. — Intrigue pour rentrer en grâce près de la reine ; Marie-Antoinette le compare à Louis XVI, 404. — Protestations d'attachement à la reine, 410. — Incident, lorsque Monsieur accompagne la reine au bal de l'Opéra, 431. — Rougeole de Monsieur, 462. — Fête donnée à son château de Brunoy, 502. — L'intérêt pécuniaire, objet de la conduite politique de Monsieur et de Madame, III,

33. — Opinion de Joseph II sur le comte de Provence, 57. — Voyage de Monsieur dans les provinces de l'est et du sud, 91. — Appréciation faite par Joseph II du voyage de Monsieur ; son indignation, 97. — Attitude de Monsieur et de Madame en présence de la grossesse de la reine ; lettre de Monsieur à Gustave III, 207 et 208. — Monsieur protecteur de la comtesse de Balbi, 447. — Ses absences de plusieurs jours, qu'il passe à sa terre de Brunoy, 466. — Fait préparer une fête à Brunoy pour recevoir le roi et la reine, 488.

PROVENCE (comtesse de). Jugement de Marie-Antoinette sur elle, I, XIV. — La cabale hostile à la dauphine est favorable à la comtesse de Provence, 53. — Dispositions de la dauphine à son égard, 63. — Conseils de M$^{me}$ Adélaïde relativement à M$^{me}$ de Provence, 68. — La cabale compte sur la protection de cette princesse, 97. — Dispositions de la dauphine à l'égard de la comtesse de Provence, 133. — Préparatifs pour le mariage de la comtesse de Provence ; manque d'argent, 148. — Son portrait par Marie-Thérèse, 158. — Son arrivée à Fontainebleau, 165, 166. — Jugement sur cette princesse, 173. — Sa conduite avec M$^{me}$ du Barry, 212. — Sa maladie de petite vérole, 237 et 239. — Son manque de bonne foi, 263, 387. — Ses intrigues pour rapprocher la dauphine de M$^{me}$ du Barry, II, 41. — Sa mauvaise volonté à l'égard de la dauphine, nouvelle preuve de fausseté, 119. — La comtesse de Provence, depuis la mort de Louis XV, est nommée Madame, sans autre titre, 160. — Esprit de conduite et prudence de Madame, 410. — Lettre de Marie-Thérèse à Madame, qui doit la suppléer comme marraine, III, 272. — Présents que l'impératrice destine à cette princesse, 275. — Grossesse supposée de Madame, 339. — Madame nomme la comtesse de Balbi survivancière de sa dame d'atours, la duchesse de l'Esparre, et contre le gré de celle-ci ; plaintes de la famille de Noailles ; discrédit de Madame, 447. — Mécontentement du roi et de la reine à l'égard de Madame, 457. — Elle prend pour dame de compagnie la comtesse du Cayla ; nouveau mécontentement du roi, 466. — Froideur de la reine à son égard, 487.

PRUSSE. Voir FRÉDÉRIC II.

## Q

*Quadrille*, mot employé au féminin, II, 280 et 295.

QUÉLEN (Antoine de —, duc de la Vauguyon). Voir VAUGUYON.

## R

RAMEAU, son opéra de *Castor et Pollux*, paroles de Gentil-Bernard, joué à Versailles en présence de la reine et de l'empereur, III, 62.

REALE (duc de), I, 291.

*Referat*. Sens de ce mot, I, 409.

*Réformes*. Dans les troupes et dans la maison du roi, II, 404. — Édits de Turgot ; mécontentement de ceux qui trouvent leur intérêt dans le désordre, 410. — Effet produit par la réforme, 416. — Opposition du parlement ; lit de justice, 425. — Réformes dans la maison du roi et dans celle de la reine ; édits abolissant des charges inutiles ; plaintes des seigneurs possesseurs de charges, III, 398. — Réclamations à ce sujet des frères du roi et du duc d'Orléans ; tentatives infructueuses du comte d'Artois auprès de la reine, 422.

*Revue* du régiment du dauphin ; conseils de Mercy à ce sujet, I, 364, 366. — Revue passée par le roi, 450. — Revue des gardes suisses et françaises, III, 429.

REVILLA, ministre d'Espagne à Parme, I, 379.

RICHARD, médecin de Louis XV et de Louis XVI, II, 188. — Opération faite sous ses yeux par le frère Côme sur le maréchal du Muy, 384. — Faveur que lui fait obtenir le duc de Coigny, 477.

RICHELIEU (duc de). Sa dispute avec le duc de Choiseul au sujet de la duchesse de Gramont, I, 36. — Mécontent du mariage de son fils, II, 452 et 459.

RINK, jardinier de l'impératrice. Com-

# INDEX.

mande d'arbres fruitiers, I, 362. — Envoi des arbres demandés, 390.
ROCHFORD (lord), ministre d'Angleterre, I, 319.
RODNEY (sir George), amiral anglais, III, 396.
ROHAN (prince de), coadjuteur, puis évêque de Strasbourg et cardinal. Prétendue lettre du prince de Rohan contre Marie-Thérèse, I, XXXIV et suiv. — Répugnance qu'il inspire à Marie-Thérèse, XXXV et XXXVI. — Il est question de l'envoyer comme ambassadeur de France à Vienne; opinion de Marie-Antoinette sur son compte, 172. — Il est entièrement livré à la cabale de $M^{me}$ du Barry, 180. — Mécontentement de Marie-Thérèse au sujet du choix de Rohan comme ambassadeur à Vienne, 184. — Influences qui amenèrent la nomination de cet ambassadeur, 215. — Sa première audience de Marie-Thérèse, 270. — Jugement porté sur lui par l'impératrice; 284, 289. — Rohan soutenu par le maréchal de Soubise et $M^{me}$ de Marsan contre l'inimitié de d'Aiguillon, 298. — Son ambassade paraît ne pas devoir être de longue durée, 299. — Kaunitz est assez content de Rohan, 319. — Son style d'affaires, 332. — Marie-Thérèse désire qu'il soit rappelé, 333. — Les femmes de la cour de Vienne ensorcelées de lui, 345. — Motifs qui nécessiteront son retour, 353. — Ses extravagances, 355. — Sa situation à l'égard de $M^{me}$ du Barry et de d'Aiguillon, 377 et 378. — Contrebande faite par cet ambassadeur, 378. — Conversation entre Mercy et le duc d'Aiguillon sur le prince de Rohan, 405. — Espoir que Rohan sera remplacé par le marquis de Noailles, 419. — Ses vanteries; il prétend à la succession de d'Aiguillon, 438. — Le duc d'Aiguillon s'occupe de son rappel, 444. — Marie-Thérèse presse ce rappel, 449. — Le cardinal de Rohan, évêque de Strasbourg, est à l'extrémité, 457. — Embarras du duc d'Aiguillon pour le rappel du prince de Rohan, 468. — Conduite scandaleuse de Rohan et de ses gens, II, 2. — Difficulté à son rappel, 12. — Nouvelles plaintes sur Rohan, 16. — Promesse du roi de le nommer grand-aumônier, 32. — Le maréchal de Soubise et $M^{me}$ de Marsan sont parmi les initiés aux griefs de l'impératrice contre le prince de Rohan, 46 et suiv. — Nouvelles incartades de Rohan et de ses gens, 51. — Ses insolences; il se plaint à Kaunitz, 62. — Comment il est traité par Joseph II, *ibid*. — Bruits répandus par lui sur le voyage du baron de Neny, 60. — Son projet d'aller à Paris; craintes de Marie-Thérèse au sujet de la haine de Rohan et de son parti, 77. — Il est désavoué et blâmé par sa famille, 84. — Billet du prince de Rohan, 92. — Son rappel demandé au roi par le maréchal de Soubise, 100. — Il suppose des lettres de l'impératrice, 104. — Son rappel est décidé, 112. — Nouveaux retards, 121 et 135. — Il essaie de rentrer en grâce, 152. — Ses calomnies contre Choiseul, 153. — Joseph II et Kaunitz désireraient son maintien, *ibid*. — Nouveaux retards à son retour, 185. — Son départ de Vienne, 188. — Son changement en bien, 191 et 203. — Il est reçu avec bonté par la reine, 213. — Son peu de crédit; ses embarras d'argent, 222. — Réputation qu'il a laissée à Vienne; histoires scandaleuses; ses menaces contre la reine; l'impératrice ne veut pas qu'on le lui renvoie, 225 et 226. — Il obtient une pension, 229. — Nombreux partisans de Rohan à Vienne; son projet d'y faire un voyage, 252 et 267. — Empêchements qui seront mis à ce voyage, 275. — Ses mauvais propos sur la reine; ses rapports avec la société de Vienne, 279. — Manière dont il est traité par la reine, 290. — Intrigues de Rohan pour être nommé premier aumônier du roi; portraits-bagues envoyés à ses amis de Vienne, 316. — Son projet d'aller à Venise pour y rencontrer Joseph II, 326. — Il continue ses intrigues à Vienne par l'entremise de l'attaché d'ambassade de Naillac, 328. — Il obtient du roi la permission d'aller à Venise faire sa cour à Joseph II, 336. — L'évêché de Bâle demandé par Rohan, 339. — Marie-Thérèse craint qu'il n'aille de Venise à Vienne,

ROCHFORD (lord), ministre d'Angleterre, I, 319.

RODNEY (sir George), amiral anglais, III, 396.

ROHAN (prince de), coadjuteur, puis évêque de Strasbourg et cardinal. Prétendue lettre du prince de Rohan contre Marie-Thérèse, I, XXXIV et suiv. — Répugnance qu'il inspire à Marie-Thérèse, XXXV et XXXVI. — Il est question de l'envoyer comme ambassadeur de France à Vienne; opinion de Marie-Antoinette sur son compte, 172. — Il est entièrement livré à la cabale de M$^{me}$ du Barry, 180. — Mécontentement de Marie-Thérèse au sujet du choix de Rohan comme ambassadeur à Vienne, 184. — Influences qui amenèrent la nomination de cet ambassadeur, 215. — Sa première audience de Marie-Thérèse, 270. — Jugement porté sur lui par l'impératrice; 284, 289. — Rohan soutenu par le maréchal de Soubise et M$^{me}$ de Marsan contre l'inimitié de d'Aiguillon, 298. — Son ambassade paraît ne pas devoir être de longue durée, 299. — Kaunitz est assez content de Rohan, 319. — Son style d'affaires, 332. — Marie-Thérèse désire qu'il soit rappelé, 333. — Les femmes de la cour de Vienne ensorcelées de lui, 345. — Motifs qui nécessiteront son retour, 353. — Ses extravagances, 355. — Sa situation à l'égard de M$^{me}$ du Barry et de d'Aiguillon, 377 et 378. — Contrebande faite par cet ambassadeur, 378. — Conversation entre Mercy et le duc d'Aiguillon sur le prince de Rohan, 405. — Espoir que Rohan sera remplacé par le marquis de Noailles, 419. — Ses vanteries; il prétend à la succession de d'Aiguillon, 438. — Le duc d'Aiguillon s'occupe de son rappel, 444. — Marie-Thérèse presse ce rappel, 449. — Le cardinal de Rohan, évêque de Strasbourg, est à l'extrémité, 457. — Embarras du duc d'Aiguillon pour le rappel du prince de Rohan, 468. — Conduite scandaleuse de Rohan et de ses gens, II, 2. — Difficulté à son rappel, 12. — Nouvelles plaintes sur Rohan, 16. — Promesse du roi de le nommer grand-aumônier, 32. — Le maréchal de Soubise et M$^{me}$ de Marsan sont parmi les initiés aux griefs de l'impératrice contre le prince de Rohan, 46 et suiv. — Nouvelles incartades de Rohan et de ses gens, 51. — Ses insolences; il se plaint à Kaunitz, 62. — Comment il est traité par Joseph II, ibid. — Bruits répandus par lui sur le voyage du baron de Neny, 60. — Son projet d'aller à Paris; craintes de Marie-Thérèse au sujet de la haine de Rohan et de son parti, 77. — Il est désavoué et blâmé par sa famille, 84. — Billet du prince de Rohan, 92. — Son rappel demandé au roi par le maréchal de Soubise, 100. — Il suppose des lettres de l'impératrice, 104. — Son rappel est décidé, 112. — Nouveaux retards, 121 et 135. — Il essaie de rentrer en grâce, 152. — Ses calomnies contre Choiseul, 153. — Joseph II et Kaunitz désireraient son maintien, ibid. — Nouveaux retards à son retour, 185. — Son départ de Vienne, 188. — Son changement en bien, 191 et 203. — Il est reçu avec bonté par la reine, 213. — Son peu de crédit; ses embarras d'argent, 222. — Réputation qu'il a laissée à Vienne; histoires scandaleuses; ses menaces contre la reine; l'impératrice ne veut pas qu'on le lui renvoie, 225 et 226. — Il obtient une pension, 229. — Nombreux partisans de Rohan à Vienne; son projet d'y faire un voyage, 252 et 267. — Empêchements qui seront mis à ce voyage, 275. — Ses mauvais propos sur la reine; ses rapports avec la société de Vienne, 279. — Manière dont il est traité par la reine, 290. — Intrigues de Rohan pour être nommé premier aumônier du roi; portraits-bagues envoyés à ses amis de Vienne, 316. — Son projet d'aller à Venise pour y rencontrer Joseph II, 326. — Il continue ses intrigues à Vienne par l'entremise de l'attaché d'ambassade de Naillac, 328. — Il obtient du roi la permission d'aller à Venise faire sa cour à Joseph II, 336. — L'évêché de Bâle demandé par Rohan, 339. — Marie-Thérèse craint qu'il n'aille de Venise à Vienne,

340. — Il n'a pas paru au sacre du roi, 351. — Joseph II est surpris de voir Rohan à Venise, où il ne l'avait pas invité à venir, 359. — Rohan visite incognito Milan ; sa mauvaise conduite, 360. — Prétentions de la famille de Rohan au cordon bleu, 412 et 417. — Il a la promesse de la grande aumônerie, 413. — Ses efforts pour se rapprocher de la reine, 457, 470. — Inquiétudes de Marie-Thérèse sur ses insinuations dans l'esprit de la reine, 473. — Son voyage à Fontainebleau sans voir la reine, 530. — Obstacles apportés à l'exécution de son désir d'aller à Strasbourg au-devant de l'empereur, III, 10. — Intrigues de la famille de Rohan pour faire donner la grande-aumônerie au coadjuteur, 23 et 24. — Il ne peut obtenir d'être reçu par Joseph II, III, 79. — Il est protégé par le roi de Pologne, qui le fait nommer cardinal, 127. — Il prend le nom de cardinal de Guéménée ; ses intrigues auprès du comte de Maurepas, 226. — Projet de voyage à Vienne, 337 et 348. — Incendie de son château de Saverne, 354.

ROHAN-ROCHEFORT (prince de). Son mariage avec la princesse de Montbazon, III, 455.

RONCY (de), II, 171.

ROSENBERG (comte de), I, XVIII. — Lettres que lui adresse Marie-Antoinette, XLIV et XLV. — Notes biographique, 158. — Projet de Marie-Thérèse à son sujet, 234. — Effets de sa présence à Parme, 297. — Sa mission a peu de succès ; son départ de Parme, 308. — Confiance que lui accorde Marie-Thérèse, II, 278. — Il accompagne l'archiduc Maximilien en France, 291 et 296. — Accueil que lui fait la reine, 305. — Compte qu'il rend de son séjour en France à l'impératrice, 317. — Lettres de Marie-Antoinette au comte de Rosenberg, 361 et 362. — Restriction dans la confiance de l'impératrice envers le comte de Rosenberg, III, 12. — Sa mission auprès de Joseph II, pendant la guerre de Bavière, 248.

ROSLIN, peintre suédois, membre de l'Académie de peinture en France ; son portrait de Marie-Antoinette, III, 162. — Combien il demande de séances, 173. — Il a fait le portrait de l'archiduchesse Marie, *ibid*.

ROUSSEAU (J.-J.). Son système d'éducation blâmé par Marie-Thérèse, III, 283. — Son tombeau à Ermenonville, 439.

RUSSIE. Ses projets ambitieux, I, 155. Voir CATHERINE II. — Lettres de Catherine II et de Panin au sujet des limites des nouvelles possessions autrichiennes en Pologne, II, 189 et 190. — Entretien de Marie-Thérèse avec le baron de Breteuil sur les vues de la Russie à l'égard de la Turquie, 512. — Difficultés entre la Russie et la Turquie, III, 17. — Réflexions de Marie-Thérèse sur la cour de Russie, 311. — Voyage de Joseph II en Russie. Voir JOSEPH II.

# S

SABATIER, chirurgien français, III, 317.
SABATIN (la). Voir LANGEAC (abbé de).
SABLONS (plaine des). Voir *Courses* de chevaux.
SABRAN (abbé de), évêque de Nancy, premier aumônier de Marie-Antoinette, II, 140.
SACCO (comte de), II, 34.
*Sacre* des rois de France. Manuscrit d'un prêtre de l'Oratoire, II, 313. — Indifférence de la reine sur la question de participer au sacre du roi, 325. — Louis XVI a gardé le manuscrit relatif au sacre ; apparition de nouvelles brochures sur le même sujet, 326. — Sacre de Louis XVI, raconté par la reine, 342. — Nouveaux détails par Mercy, 345 et suiv.
SAINT-DENIS. La reine y va visiter madame Louise, 2, 160. — Visite de Joseph II à madame Louise, III, 67.
*Saint-Esprit* (ordre du), II, 348. — Le cordon bleu demandé par la reine pour le baron de Breteuil, 401. — Prétentions de la famille de Rohan au cordon bleu, 412 et 417. — Nominations de cordons bleus : baron de Breteuil, duc de Civrac (marquis de Durfort), marquis de Tessé, marquis d'Hautecourt de Mailly, 424. — Réunion du chapitre du Saint-Esprit, à laquelle assiste Joseph II, III, 68.

SAINT-GERMAIN (château de), donné par le roi au comte d'Artois, III, 135.

SAINT-GERMAIN (comte de), I, XLVII. — Il est nommé ministre de la guerre après la mort du comte du Muy, II, 384. — Étonnement de Marie-Thérèse au sujet de cette nomination, 392. — Éloge qu'en fait la reine, 393. — Jugement porté sur lui par Mercy, 402. — Réformes commencées par Saint-Germain, 404. — Visite que lui fait Joseph II, III, 61.

SAINT-HUBERT, rendez-vous de chasse, I, 21. — Chasses que Louis XVI fait à Saint-Hubert, II, 368, 453 et 455. — La reine y accompagne le roi, 453, 455; III, 320, 322, 329, 341 et 437. — Joseph II y chasse avec le roi, III, 73.

SAINT-IGNON (comte de), recommandé par Marie-Thérèse à Mercy, III, 474.

SAINT-MÉGRIN (duc de), fils du duc de la Vauguyon, I, 13. — Sentiment de la dauphine à son sujet, 35. — Opinion du dauphin sur le même, 90. — Plus méchant que son père, suivant la dauphine; aurait voulu être ambassadeur à Vienne, 148. — Ce que pense de lui Mercy, 156.

SAINT-MÉGRIN (duchesse de). Le duc de la Vauguyon voudrait la placer comme dame d'atours auprès de la dauphine, I, 22. — Lettre de la dauphine à Louis XV sur ce sujet; réponse du roi, 164.

SAINT-PAUL (de), diplomate, I, 331.

SAINT-PRIEST (comte de). Correspondance secrète de Louis XV, I, 103. — Il est question de M. de Saint-Priest pour remplacer à Vienne le baron de Breteuil; difficulté à cause de la naissance de son épouse, III, 127 et 142.

SAINT-REMI (abbaye de). Cavalcade du roi et des princes à Saint-Remi; cérémonie où le roi, après son sacre, touche les malades atteints d'écrouelles, II, 348.

SAINTE-CLAIRE. Couvent de religieuses à Vienne, II, 191.

SALM (comtesse de), II, 246.

SALM (prince de), évêque de Tournai. Note biographique, III, 365.

SALM (prince Emmanuel de). La reine lui procure la place de colonel commandant du régiment d'Anhalt, destiné à être embarqué pour l'Amérique, III, 407.

SALMOUR (M$^{me}$ de), de la cour de Vienne, II, 423.

SALPÊTRIÈRE (hôpital de la), visité par Joseph II, III, 59.

SAMBUCCA (marquis de la), ministre d'Espagne à Naples, I, 283 et 284. — Sa mauvaise foi, 290, 308 et 316.

SANDOZ, chargé d'affaires de Prusse à Paris, I, 246. — Ses dépêches interceptées, 260, etc. Voir Intercepts.

SARTINES (de), ministre de la marine, I, XLVII. — Remplace à la marine Turgot, qui passe aux finances, II, 229. — Reproche de Marie-Thérèse à l'adresse de Sartines, 235. — Remarque de la reine sur la nomination de Sartines à la marine, 237. — Sartines et l'affaire Beaumarchais, 244. — La reine désire qu'il remplace le duc de la Vrillière comme ministre de la maison du roi, 354. — Entretien de Joseph II avec Sartines sur la marine de France, III, 72. — Sartines desservi auprès de la reine par le duc de Chartres, 383. — Remplacé à la marine par le marquis de Castries, 18 octobre 1780, 483. — Commotion produite par son renvoi, 486. — Le premier moteur de ce renvoi est le directeur général des finances, 488. — Bonne retraite qui lui est accordée, 491.

SAVONNERIE (manufacture de la), visitée par Joseph II; note particulière, III, 68.

SCARNAFIS (comte Ponte de), ministre de Sardaigne à la cour d'Autriche; il passe à celle de France, III, 100. — Portrait qu'en fait Mercy, 107.

SCHAFFGOTSCH (comte de), I, 3.

SCHEFFER (baron de), diplomate suédois, I, 156.

SCHŒNBRUNN, l'une des résidences de la cour d'Autriche, I, 146. — Plan de cette résidence envoyé à la dauphine, 356. — Le cabinet volant, 439.

SCHWARZENBERG (princesse de), I, 460.

SÉGUR (comte de), II, 59. — Cabale qui veut le faire nommer ministre de la guerre; projet retardé, III, 448.

Semaines évangéliques, livre demandé par Marie-Thérèse, III, 393.

SENEZ (évêque de) Voir BEAUVAIS (abbé de).

SERAN (marquis de), gouverneur du duc d'Angoulême, III, 476.

SÈVRES (manufacture de). Exposition annuelle de ses plus beaux produits, II, 543. — Parent, directeur de la manufacture, III, 71. — Note sur la manufacture de Sève ou Sèvres et sur celle de Saxe, 160.

SICKINGEN (comte de), III, 247.

SINETTI (marquis), premier maître d'hôtel du comte de Provence, I, 374.

SINZENDORFF (comte Louis de). Sa femme reçue par la reine, II, 486 et 499. — Opinion de la reine sur son compte, 507. — Marie-Thérèse demande de ses nouvelles à Mercy, III, 40. — Mercy en donne, 44.

SMITH, Anglais admis au jeu de la reine, I, LXVI.

SOLDINI (abbé), confesseur du dauphin, II, 72. — Mort de l'abbé Soldini, qui était resté confesseur du roi ; intrigues pour lui donner un successeur, II, 325.

SOPHIE (madame). Voir MESDAMES.

SOUBISE (maréchal de Rohan-), I, XVII. — Note biographique, 139. — Ses prétentions combattues par la comtesse de Noailles, 294. — Inimitiés entre lui et le duc d'Aiguillon, 298. — Soutient le prince de Rohan, son neveu, contre le duc d'Aiguillon, 405. — Il est initié aux griefs de l'impératrice contre Rohan, II, 46. — Sa démarche auprès du roi pour obtenir le rappel de Rohan, 100. — Son crédit baisse, 222. — Lui et sa sœur, M<sup>me</sup> de Marsan, ont perdu toute influence, 275. — Situation que font à Soubise les nouvelles réformes, 417.

SOUFFLOT, inspecteur des manufactures des Gobelins et de la Savonnerie ; présent que lui fait remettre Joseph II, III, 71.

SOUZA (de) de Coutinho, ambassadeur de Portugal à la cour de France, II, 73.

STAINVILLE (comte de CHOISEUL-). Demande qu'il adresse à la reine, II, 399.

STARHEMBERG (prince de), ministre d'Autriche dans les Pays-Bas, I, V. — Note biographique, 3 et 13. — Prend part au choix du confesseur de la dauphine, 13. — Confiance que Marie-Thérèse lui témoigne, 27. — Ses communications sur l'état des affaires politiques, 348. — Il serait propre à remplacer Kaunitz, II, 92. — Regrets de la reine de n'avoir pas vu le prince de Starhemberg lors de son voyage à Paris, 463. — Son refus motivé de faire visite à la reine, 465. — Entretiens de Mercy avec Starhemberg, 468. — Intérêt qu'il a dans l'élection pour l'évêché de Cologne, III, 365.

STEIN (major général baron de), I, 460. — Il est reçu par la reine, II, 333. — Recommandation de Marie-Thérèse en faveur de l'abbaye de Château-Châlons, où sont deux sœurs du général de Stein, 452. — Demande de M<sup>me</sup> de Stein recommandée par Marie-Thérèse, III, 172 à 182. — Mort du fils du général de Stein, 387.

STŒRCK, médecin de l'impératrice, I, 322 et 448. — Il est malade : sa perte serait à déplorer, II, 474. — Ses soins pendant la dernière maladie de Marie-Thérèse, III, 492 et suiv.

STORMOND (lord), ambassadeur d'Angleterre à Vienne, puis à Paris, I, 319. — Ses sentiments sur le partage de la Pologne, 345 et 354. — Craintes que ces sentiments inspirent, 360. — Il paraît revenu de ses préventions, 396. — Assemblée des ambassadeurs chez lord Stormond ; Joseph II y assiste, III, 72. — Il reçoit l'ordre de quitter la cour de France, 174.

STORMOND (lady), ambassadrice d'Angleterre. Elle est reçue par la reine et par le roi, II, 501.

SUZE (marquis de la), II, 29. Voir TRANS.

SWIETEN (Gérard van), médecin de l'impératrice. Note biographique, I, 168. — Sa mort, 322.

SWIETEN (van), fils du précédent, ministre d'Autriche à Berlin, I, 61.

SYLVA-TAROUCA (comte de), I, XVIII. — Chagrin que Marie-Thérèse éprouve de sa mort, 146 et 147, note.

# T

TANUCCI, I, XXIII. — Rôle qu'il joue à Naples, 283. — Sa conduite avec Ferdinand IV, et recommandations de Marie-

Thérèse à son sujet, 290, 291, 300, 308. — Note relative à Tanucci, II, 482. — Marie-Antoinette applaudit à son renvoi du ministère, 534.

*Temple.* La reine y dîne chez le comte d'Artois, III, 160.

TERCIER, un des agents de la diplomatie secrète de Louis XV, I, 102.

TERRAY (abbé), contrôleur général, I, XLVII. — Ses extorsions, 298. — Son renvoi ; joie publique à cette occasion, II, 229.

TESCHEN (Congrès de), III, 301. — Paix de Teschen, signée le 6 mai 1779, met fin à la guerre de la succession de Bavière, 319.

TESSÉ (comte de), premier écuyer de la reine, nommé cordon bleu, II, 424. — Mécontentement des familles de Tessé et de Noailles au sujet de la survivance de premier écuyer accordée au comte de Polignac, II, 476, 486, III, 44.

TESSIN (comte Charles-Gustave). Ses *Lettres* au prince de Suède, son élève, I, 73.

THERMES (abbé), II, 462. — Son voyage en France ; note biographique, 463.

THIBAULT (M$^{me}$) succède comme femme de chambre de la reine à M$^{me}$ Thierry ; traitement des femmes de chambre ; note sur M$^{me}$ Thibaut, II, 526.

THIERRY, valet de chambre du dauphin, I, 35. — Devenu valet de chambre favori de Louis XVI ; sa femme succède comme femme de chambre de la reine à M$^{me}$ Peirein, II, 429. — M$^{me}$ Thierry se retire pour cause de mauvaise santé, 526.

THUGUT (baron de), chargé de négocier avec la Prusse pendant la guerre de 1778, III, 229, note. — Souhaite d'être employé à Paris comme chargé d'affaires de Toscane, 338 et 345.

TILLOT (du), marquis de Felino, ministre de l'infant de Parme, I, 169. — Il est remplacé par don Llano, I, 220. — Mémoire présenté contre lui, 232 et 233. — Son langage sur l'infant et l'infante de Parme, 393 et 404. — Compliments que lui envoie Marie-Thérèse, II, 216. — Mort subite de du Tillot, 268.

TINGRY (prince de), II, 67.

TIRON (abbaye de), donnée à l'abbé de Vermond, III, 198.

TISSOT, médecin célèbre, II, 101.

TONNERRE (comtesse de), I, 40.

TORT DE LA SONDE, secrétaire du comte de Guines, I, XLVI ; II, 221. — Sa condamnation, 345.

TOULOUSE (archevêque de). Voir BRIENNE.

TOUR-TAXIS (princesse de la —). Elle est reçue par la reine, II, 333.

TRANS (marquise de), fille du marquis de la Suze, II, 29. — Nommée dame de la maison de la comtesse d'Artois, sur la demande de la dauphine, 79.

TRIANON. Le petit Trianon donné par le roi à Marie-Antoinette, II, 162. — La reine y fait établir un jardin anglais, 193. — Embellissements de Trianon, 208. — Fête donnée par la reine au petit Trianon en réjouissance du rétablissement de la santé des frères du roi, 475. — Dépenses faites par la reine à Trianon, 495. — Nouvelle fête à Trianon, 502. — Joseph II à Trianon, III, 52. — Fête où assistent le roi et l'empereur, 65. — Nouvelle fête à Trianon, où sont invités le comte et la comtesse de Maurepas, 114. — Tableaux demandés pour Trianon, 152, 153, 162 et 175. — Installation de la reine à Trianon, 223 et 312. — Fête contremandée à cause de la guerre entre Autriche et Prusse, 228. — Marie-Antoinette y reçoit à dîner le prince de Darmstadt et sa famille, 429. — Petites fêtes à Trianon, 438. — La reine est très-occupée de cette maison de plaisance, 446. — Spectacles organisés à Trianon uniquement entre les personnes de la société de la reine, 456, 459, 462, 464, 481. — Réclamations au sujet des exclusions, 465. — Mercy assiste à une de ces représentations dans une loge grillée, 478.

TRONCHIN, médecin célèbre, II, 153.

TRUDAINE, famille illustre au XVII$^e$ et XVIII$^e$ siècle. Note biographique, III, 58. — Visite de Joseph II à M. de Trudaine, directeur des ponts et chaussées, *ibid.*

TURGOT. Marie-Antoinette contribue à le faire renvoyer du ministère, I, XLVIII et suiv. — Sa nomination comme successeur de M. de Boynes au ministère de la marine, II, 207. — Il est traité avec bonté par la reine, 212. — Il passe de la marine aux finances, 229. — Éloge de Turgot par Mercy, 241. — Ses bons procédés à l'égard de la reine, 250. — Il est ami intime de l'abbé de Vermond, 337. — Nouvelle appréciation des vues de Turgot par Mercy, 358. — Injustes préventions de la reine contre Turgot, 387. — Il est remplacé au ministère par de Clugny, 441. — Part qu'eut la reine dans les intrigues qui amenèrent sa chute, 442 et 446. — Opinion de Marie-Thérèse sur Turgot, 449.

TURQUIE. Médiation de la France en faveur de cette puissance, I, 47, 58, 80, 81, 99, et suiv. — Politique double de Joseph II à l'égard de la Turquie ; répugnance de Marie-Thérèse, 138. — L'ambassadeur anglais blâmé pour ses démarches contraires à la médiation, 319. — Les hostilités entre la Turquie et la Russie menacent de recommencer, 410. — Conduite du duc d'Aiguillon en cette conjoncture, 421 et 426. — Alliance présumée entre l'Autriche et la Russie aux dépens de la Turquie, 445. — Fausseté de ces bruits ; démonstration de la France en faveur de la Turquie, 447.

## V

VALENTINOIS (comtesse de), I, 29. — Dame d'atours de la comtesse de Provence ; elle est du parti de M<sup>me</sup> du Barry, 148. — Sert d'intermédiaire entre M<sup>me</sup> du Barry et la comtesse de Provence, II, 41.

VANLOO, peintre célèbre, I, 167.

VANWOLDEN (abbé de), I, 157.

VAUDEMONT (prince de), fils de M<sup>me</sup> de Brionne et frère du prince de Lambesc ; passe-droit en sa faveur, III, 419. — Sa position régularisée par décision du roi, 420.

VAUDREUIL (comte de). Sa liaison avec la comtesse Jules de Polignac, I, LVI et LVII. — Faveur scandaleuse que M<sup>me</sup> de Polignac obtient pour lui, III, 361, 362 et 412. — Question de Marie-Thérèse à son sujet, 416. — Réponse de Marie-Antoinette, 418.

VAUGUYON (Antoine de Quélen, duc de la), I, XVII. — Sa faction à la cour, 11. — Il veut donner un confesseur à la dauphine, *ibid.* — Son aventure en écoutant aux portes, 17. — Conduite et sentiment de la dauphine à son égard, 31 et 35. — Opinion du dauphin sur le duc de la Vauguyon et son fils le duc de Saint-Mégrin, 41. — Sa cabale avec M<sup>me</sup> du Barry, 97. — Dangers de ses intrigues, 143. — Sa méchanceté contre la dauphine, 252. — Sa mort, effet qu'elle produit, 279.

VAUX (comte maréchal de), III, 332.

VÉRAC (marquis de), ministre plénipotentiaire de France en Russie, III, 453.

VERGENNES (comte de). Correspondance de Louis XVI avec lui, I, VI. — Ministre des affaires étrangères, XLVII. — Correspondance secrète de Louis XV, 103. — Sa brouille avec le baron de Widmann, 426. — Son caractère et sa conduite comme ambassadeur, II, 187. — Nommé ministre des affaires étrangères, 198. — Traité avec bonté par la reine, 212. — Vergennes et Rohan, 215. — Difficultés relatives à la présentation de la comtesse de Vergennes, 243. — Présentation de M<sup>me</sup> de Vergennes, 253. — Reconnaissance du comte de Vergennes, 271. — Il empêchera le voyage projeté de Rohan à Vienne, 275. — Il est protégé par la reine, 288. — Le comte de Vergennes et le comte de Guines, 314. — Il ne peut empêcher le voyage de Rohan à Venise, 336. — En désaccord avec la reine au sujet du secrétaire d'ambassade à Londres, 366. — Remercîments que lui fait adresser Marie-Thérèse, 403. — Conversation de Joseph II avec Vergennes sur les matières politiques, III, 69. — La reine le voit pour lui parler de l'affaire de Bavière, 183 et 186. — Dépêche sur cette conversation, 188. — Dépêche *indécente*, suivant la reine, de Vergennes à Breteuil, 197, 198, 213. — La reine prend part à une conférence avec lui, 235 et 249. — Son plan de médiation pour la paix, 273 et 276. — Son opinion sur le voyage de

# INDEX.

Joseph II en Russie, 413, 417 et 425. — S'oppose à donner une grande ambassade au comte d'Adhémar, 425.

VERMOND, chirurgien distingué, choisi pour être l'accoucheur de la reine, 200, 206. — Sa présence d'esprit lors de l'accident arrivé à la reine pendant son accouchement, 279. — Marie-Thérèse dit qu'on lui doit le salut de la reine, 238 et 284. — Cadeaux faits par Marie-Thérèse à Vermond, 275, 284 et 292. — Propos grossier qui lui est faussement attribué, 295.

VERMOND (abbé de), frère du précédent, lecteur de la dauphine. Son dévouement, I, v, xxv. — Ses représentations à la reine, LVIII. — Note biographique, 7. — Cabale contre lui, 11. — Bonne conduite de l'abbé de Vermond, 24. — Son traitement, 33. — Opinion de Mercy sur lui, 43. — Présent de Marie-Thérèse, 114. — Abbaye accordée à l'abbé de Vermond, 136. — Son amitié avec Loménie de Brienne, archevêque de Toulouse, I, 328 (II, 402). — L'abbé de Vermond sollicite sa retraite, II, 39, 40. — Dispositions du dauphin à son égard, 44 et 55. — Attachement de la dauphine à Vermond, 57. — Éloge de Vermond, 165. — Note de Vermond donnant les motifs qui expliquent les diverses recommandations faites par la reine, 167. — Réponse de Marie-Thérèse à cette note, 177. — Confiance de la reine en Vermond, 222. — Il est ami intime de Turgot, 337. — Son découragement par suite des intrigues de M<sup>me</sup> de Brienne, 357. — Il se concerte avec Mercy pour détruire les impressions contraires au bien de la reine, 398. — Se tient constamment à portée de la reine ; correspondance presque journalière avec Mercy, 401. — Marie-Thérèse se réjouit de la présence de Vermond auprès de la reine, 402. — Toujours dévoué à la reine et en position de la servir utilement, 411. — Notes sur une conversation entre lui et la reine, 490. — Mémoire adressé par lui à la reine ; il veut se retirer, 491. — Billet de Marie-Thérèse à Vermond, 498. — Lettre de Vermond à Marie-Thérèse, 510. — Impression de l'empereur à son sujet, III, 53. — Présent que lui fait Joseph II, 72. — L'abbé de Vermond est plus content des lectures de la reine, 92. — Motifs qui lui font désirer d'être moins assidu auprès de la reine. Son départ pour son abbaye ; nécessité de sa présence auprès de la reine ; son retour, 197 et 198. — Il va à son abbaye dans le Perche, 316. — Lectures à la reine pendant qu'elle est en couches, 280. — Le roi lui parle avec bonté, 285. — Il fait le bilan de dettes de jeu de la reine, 289. — Il adoucit une tracasserie entre la reine et le roi, 306. — Nouvel éloge de l'abbé de Vermond par Mercy, 369, 402. — Bonté que lui témoigne la reine pendant une maladie, 431.

VÉRY (abbé de), proposé par Malesherbes pour être son successeur, II, 442. — Il est reçu par Joseph II, 75.

VÉSUVE. Éruption du 8 août 1779, III, 348.

VICTOIRE (madame). Voir MESDAMES.

VILLARS (duchesse de), I, 32 et 38. — Sa mort, 228.

VILLE D'AVRAY, terre érigée en baronie pour Thierry, I, 35.

VILLEQUIER (duc de), mari de la duchesse de Mazarin, II, 139.

VILLEROY (duc de), III, 321.

VILLEROY (duchesse de), II, 171.

VIRY (comte de), ambassadeur de Sardaigne, II, 82. — Grande fête donnée par lui à l'occasion du mariage de M<sup>me</sup> Clotilde avec le prince de Piémont, 376.

*Visitation Ste-Marie* (Couvent de la), I, 40 et 49. — Visites de Marie-Antoinette à M<sup>me</sup> de Beauvau, qui habite ce couvent, II, 236. — La reine contribue à la reconstruction de ce couvent, 388.

VOLTAIRE. Projet de Joseph II de visiter Voltaire ; peine qu'en éprouve Marie-Thérèse, II, 89. — Comment celui-ci est jugé par Mercy, 101. — Joseph II passe par Genève et ne va pas visiter Voltaire ; détails à ce sujet, III, 99, 106 et 109. — Arrivée de Voltaire à Paris ; accueil du public, non imité par la cour, 181.

# W

WALPOLE, cité, I, XVI. — Témoignage flatteur qu'il rend de la reine, II, 369. —

Son opinion sur le parlement à propos des réformes de Turgot, 425.

WECKERSDORF, village de Bohème, II, 329.

WIDMANN (baron de), envoyé d'Autriche en Suède, I, 426.

WILCZEK (comte de), ministre d'Autriche à Naples, I, 457. — Marie-Thérèse engage Mercy à entrer en correspondance avec le comte de Wilczek, II, 2.

WINDISCHGRÆTZ (comtesse de), I, 42. — Son rapport à Marie-Thérèse sur la dauphine, 85.

WURMBRAND, ministre d'Autriche à Naples, I, 61.

WURTEMBERG (duc de). Son arrivée à Versailles; note sur ce prince, II, 424.

## Z

ZUCKMANTEL, un des agents de la correspondance secrète de Louis XV, I, 103.

ZOTEUX (de), III, 377.

ZWETTL (abbé de), I, 194.

FIN.